# TABLEAU
### HISTORIQUE ET CRITIQUE
#### DE LA
# POÉSIE FRANÇAISE
## ET DU THÉATRE FRANÇAIS
### AU XVIe SIÈCLE

## PAR SAINTE-BEUVE
DE L'ACADÉMIE FRANÇAISE

ÉDITION REVUE ET TRÈS-AUGMENTÉE

suivie de portraits particuliers des principaux poëtes.

---

## PARIS
### G. CHARPENTIER, ÉDITEUR
13, RUE DE GRENELLE-SAINT-GERMAIN, 13

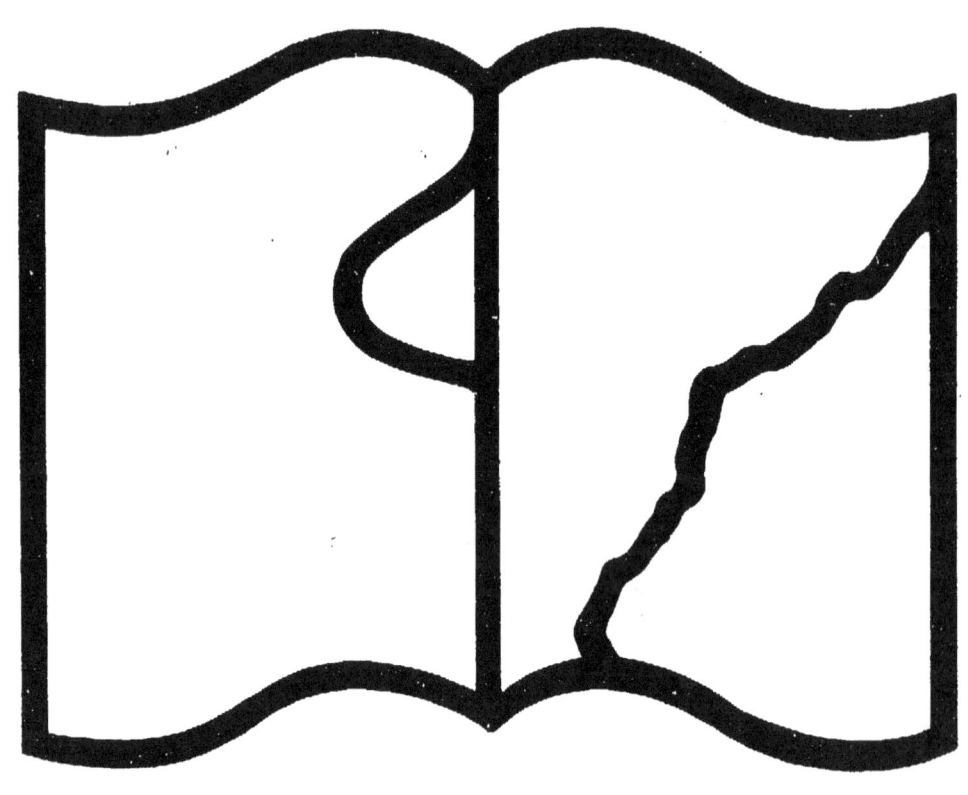

Texte détérioré — reliure défectueuse

**NF Z 43**-120-11

# TABLEAU

Historique et Critique

DE LA

# POÉSIE FRANÇAISE

ET DU THÉATRE FRANÇAIS

AU XVI° SIÉCLE

OUVRAGES DU MÊME AUTEUR

PUBLIÉS DANS LA BIBLIOTHÈQUE CHARPENTIER

à 3 fr. 50 le volume

POÉSIES COMPLÈTES (Joseph Delorme. — Consolations. — Pensées d'août). Édition revue et augmentée. . . . . 1 vol.

VOLUPTÉ. Sixième édition, revue et corrigée, avec un appendice contenant les témoignages et jugements contemporains. 1 vol.

# TABLEAU

HISTORIQUE ET CRITIQUE

DE LA

# POÉSIE FRANÇAISE

ET DU THÉATRE FRANÇAIS

AU XVIe SIÈCLE

PAR

**SAINTE-BEUVE**

DE L'ACADÉMIE FRANÇAISE

NOUVELLE ÉDITION

SUIVIE DE PORTRAITS PARTICULIERS DES PRINCIPAUX POÈTES

PARIS

G. CHARPENTIER, ÉDITEUR

13, RUE DE GRENELLE, 13

A

# MONSIEUR P. DUBOIS

SON DÉVOUÉ ET RECONNAISSANT ÉLÈVE

SAINTE-BEUVE

---

Ce livre a été mon début en littérature; quand je l'ai commencé, j'étais étudiant en médecine, et j'avais vingt-trois ans; voilà mon excuse pour les incertitudes et les ignorances des premières pages. Ce que je savais le moins, c'était mon commencement. J'avais bien en général l'instinct et le goût de l'exactitude; je n'en avais ni la méthode, ni surtout ces scrupules continuels qui en sont la garantie, et qui ne viennent qu'avec le temps, après les fautes commises. Il ne faudrait donc pas chercher en cet ouvrage une considération de notre poésie avant le xvi° siècle; je débute avec celui-ci, et ne sais guère d'antérieur que ce qu'il en savait lui-même et ce qu'il m'en apprend.

Quelque chose finit au xvi° siècle en poésie, et quelque chose commence ou tente de commencer. Je constate ce qui finit; j'épie et dénote avec intérêt et curiosité ce qui commence.

Pour la première fois, un point, ce me semble, a été bien posé et éclairci : le moment et le caractère de la tentative de la *Pléiade*, c'est-à-dire de notre première poésie classique avortée.

Elle débute sous et avec Henri II, et non auparavant; elle se prolonge plus qu'on n'avait cru.

Des Portes et Bertaut, sous Henri III, s'y rattachent sans rompre. Les troubles de la Ligue préparent l'interruption.

Malherbe vient et coupe court, aussi bien à Des Portes qu'à Ronsard.

Le terme final et le point de départ de toute cette école ne se trouvaient nulle part encore déterminés et étudiés d'aussi près qu'ici. On y saisit au net : 1° le passage de l'école de Marot à celle de Ronsard ; 2° le passage de celle-ci à l'établissement de Malherbe.

Ronsard, qui formait vraiment le centre de mon travail, n'y est pas trop surfait selon moi, et je crois qu'il a obtenu depuis et qu'il gardera à peu près la place que j'avais désirée pour lui.

Je n'ai voulu faire dans cet Essai qu'une sorte d'introduction à l'histoire de notre poésie classique proprement dite, en ressaisir un premier âge dans sa fleur, et comme un premier printemps trop tôt intercepté. Malgré la réputation outrée que quelques-uns ont daigné faire à ma tentative, je n'ai prétendu qu'à très-peu de chose. Y ai-je réussi ?

Jeune et confiant toutefois, j'y multipliais les rapprochements avec le temps présent, avec des noms aimés, avec tout cet âge d'abord si fervent de nos espérances. Je n'en retranche rien ou à peu près rien aujourd'hui, même là où il semblerait qu'il y eût mécompte. La poésie française du xix° siècle et celle du xvi° ont peut-être en cela un rapport de plus pour la destinée : l'espérance y domine ; il y eut plus de fleur que de moisson.

Et tout bien considéré, on n'a pas encore trop à se dédire ; on n'a pas à rougir d'une poésie lyrique qui, dans le jeu alternatif de ses saisons, va s'encadrer de l'*Avril* de Belleau aux *Feuilles d'Automne* de Hugo.

J'ai beaucoup revu, beaucoup vérifié, quant aux faits de détail et aux particularités dont ce genre d'ouvrage abonde ; j'ai dû m'arrêter. Une correction plus minutieuse et poussée plus avant serait, j'ose dire, dans l'intérêt de mon amour-propre plutôt que dans celui de la question littéraire elle-même. Le peu d'utilité que ce livre peut avoir, le petit nombre de vues nouvelles qu'il met en lumière, il les porte suffisamment ainsi. Qu'on en profite donc, et qu'on fasse mieux.

Mai 1842.

# PRÉFACE

DE LA PREMIÈRE ÉDITION

En août 1826, l'Académie française annonça qu'elle proposerait l'année suivante pour sujet du prix d'éloquence un *Discours sur l'histoire de la langue et de la littérature françaises depuis le commencement du* $xvi^e$ *siècle jusqu'en* 1610. C'est ce qui donna naissance à l'ouvrage qu'on va lire. Le savant et respectable M. Daunou voulut bien m'encourager à l'entreprendre, en me promettant les secours de son érudition. Je me mis donc à l'œuvre, et d'abord je ne songeais qu'à remplir le programme de l'Académie. Mais avant de faire un *Discours* sur l'histoire de notre littérature à cette époque, je sentis le besoin de connaître cette littérature; je commençai naturellement par la poésie, et le sujet me parut si intéressant et si fécond, que je n'en sortis pas. Il me fallut dès lors renoncer au concours, et je m'y résignai sans trop de peine, d'autant plus que les résultats nouveaux auxquels je tenais tout particulièrement, présentés sans leurs développements et leurs preuves, eussent pu sembler bien hasardés et téméraires. Quelques parties de ce travail ont déjà été insérées dans *le Globe* (à partir du 7 juillet 1827 et durant les mois suivants); je les ai revues, développées et refondues avec le reste du livre. Surtout je n'ai perdu aucune occasion de rattacher ces études du $xvi^e$ siècle aux questions littéraires et poétiques qui s'agitent dans le nôtre. C'est sur ce point que je réclame en particulier l'attention et l'indulgence du public : car j'ai parlé avec conviction et franchise, sans reculer jamais devant ma pensée. Un autre point pour lequel j'ai besoin encore d'un mot d'explication, sinon d'excuse, c'est le choix et l'espèce de quelques citations que je me suis hardiment permises. La faute en est, si faute il y a, aux auteurs du temps et à la nature même de mon sujet. D'ailleurs, j'ai le malheur de croire que la pruderie est une chose funeste en littérature, et que, jusqu'à l'obscénité exclusivement, l'art consacre et purifie tout ce qu'il touche.

Juin 1828.

— Cet ouvrage, au moment de sa première publication, essuya assez de critiques pour qu'il nous soit permis de rappeler et d'indiquer ici qu'il fut honoré de quatre articles au *Globe*, le premier de M. Dubois (19 juillet 1828), et les trois autres (3 et 27 septembre, et 5 novembre) de M. de Rémusat, qui le jugea digne d'un examen aussi attentif que bienveillant, et aussi de quelques objections sérieuses. Il nous a été doux, après des années, de retrouver ces encouragements et ces conseils au point de départ, et de les rapporter à des noms amis.

# TABLEAU
## HISTORIQUE ET CRITIQUE
### DE LA
# POÉSIE FRANÇAISE
### ET DU
# THÉATRE FRANÇAIS
## AU XVIe SIÈCLE

---

Lorsque les races gauloise, romaine et franke, longtemps froissées et pressées entre la Seine et la Loire, se furent intimement confondues, et qu'il en sortit, vers le règne de Hugues Capet, une nation nouvelle, forte, homogène, avec ses mœurs, ses intérêts et sa destinée à part, on ne tarda pas à voir se former au sein de cette nation un idiome à la fois commun et propre, qui n'était ni tudesque, ni latin, ni même roman, bien qu'il renfermât, en portions inégales, ce triple élément. La langue véritablement française prit naissance. Dès le XIIe et le XIIIe siècle, on aperçoit les premiers essais littéraires et poétiques qui appartiennent à cette langue au berceau; une double génération, et même très-nombreuse, de poëtes et de rimeurs se dessine déjà, les Anglo-Normands et les Français proprement dits : à la tête des premiers, Robert Wace; parmi les seconds, Chrestien de Troyes. Le *Brut* de Wace ouvre la série des romans de la Table-Ronde, que prolongent et varient avec intérêt les Tristan et les Lancelot; parmi ceux du cycle de Charlemagne, on nommera comme mieux sonnante, la *Chanson de Roland*. *Ogier le Danois, Reynaud de Mautauban, les Quatre fils Ay-*

*mon, vêtus de bleu,* et tant d'autres, chevauchent dans les mêmes traces. Il se rédigeait de plus toutes sortes de romans en vers, tels que *Godefroi de Bouillon* et le poëme souvent cité d'*Alexandre* : c'étaient de longs récits platement rimés. La prose, par Villehardouin et Joinville, arrivait plus légitimement et comme de plain pied, à la prédominance naturelle qu'elle n'a plus guère perdue depuis. Les érudits qui se sont occupés des productions de ces temps difficiles croient remarquer qu'il y eut, littérairement parlant, quelque chose comme un siècle de Philippe Auguste et de saint Louis, ou du moins que, vers la première partie du xiii$^e$ siècle, la *romane française* avait acquis un commencement de perfection qu'on ne retrouve plus aux abords du xvi$^e$. Le genre lyrique rendit, dès l'origine, d'assez doux et légers accords sur la guitare de Thibaut de Champagne, de Quênes de Béthune et du châtelain de Coucy. On trouve encore aujourd'hui en les lisant de quoi s'y complaire à travers les obscurités, ainsi qu'aux *Lais* gracieux de Marie de France. Les *Fables* de celle-ci touchent déjà au genre satirique, le plus riche sans contredit d'alors. Les fabliaux forment pour nous un butin piquant ; ils viennent assez bien, quant à l'esprit et au jeu qui les anime, aboutir et s'enchaîner dans la trame du *Roman du Renart*, qui en représente comme l'Odyssée. Par malheur, le genre allégorique l'emporta, et le *Roman de la Rose*, plus récent, eut tous les honneurs. Cette production célèbre, commencée par Guillaume de Lorris, mais surtout continuée et couronnée par Jean de Meun, qui en agrandit le cadre et en modifia le caractère, demeura jusqu'au milieu du xvi$^e$ siècle, c'est-à-dire jusqu'à la réforme classique de Ronsard, l'épopée en vogue et la source banale où chaque rimeur allait puiser ; durant cette longue période, elle exerça sur notre poésie l'autorité suprême d'une *Iliade* ou d'une *Divina Commedia*. Ce singulier poëme national, si souvent imité dans sa forme et dans sa mythologie, n'était-il lui-même qu'une imitation ? L'idée de l'amant qui s'endort, a une vision, puis se réveille à l'instant où la vision finit, était-elle empruntée simplement au Songe de Scipion conservé par Macrobe, ainsi que l'auteur en fait parade en commençant ; ou déjà, plus probablement, n'était-elle qu'un lieu commun en circulation ; et les chantres provençaux, les premiers, avaient-ils donné l'exemple des fictions de ce genre ? A l'origine, en effet, il y eut, comme on sait, d'étroits rapports entre la littérature française et la poésie *romane*, qui fut, sinon la mère, du moins la sœur ainée de la nôtre. La croisade des Albigeois en particulier, qui précipita le Nord de la France contre le Midi, tout en ruinant la brillante patrie des troubadours, dut contribuer, ce semble, à enrichir les trouvères de quelque portion de leur héritage. Dans tous les cas, si cette invasion brutale et de pure destruction ne concourut pas à servir directement la poésie des vainqueurs, elle lui laissa au moins la place libre et le dernier mot. Lorsque, après le xiii° siècle, la littérature du Midi fut tombée en pleine décadence, la nôtre continua de cheminer dans la voie où elle était engagée. Plus les progrès réels avaient de lenteur, plus les variations de la langue elle-même étaient rapides. Malgré la grande réputation dont elle jouissait déjà en Europe, malgré l'honorable éloge que lui décernait Brunetto Latini, et la stabilité que semblait lui promettre, à dater d'un certain moment, l'autorité du *Roman de la Rose*, elle allait se modifiant et changeant de cinquante en cinquante ans environ, et, à chaque phase nouvelle, les écrivains étaient réduits à *translater* leurs devanciers pour les entendre. Une langue ainsi dénuée de bonne et solide littérature est comme un vaisseau sans lest, qui dérive incessamment. Les implacables guerres de rivalité entre la France et l'Angleterre, qui remplirent une grande partie du xiv° siècle, puis la première moitié du xv°, et où se perdirent les bénéfices du règne tout réparateur de Charles V, furent sans doute pour beaucoup dans cette lenteur ou plutôt cette interruption des progrès littéraires; mais elles ne suffisent pas pour l'expliquer. On conçoit même que, loin d'étouffer tout à fait la poésie, elles auraient dû maintes fois la provoquer en lui prêtant une noble matière. Les faits d'armes chevaleresques et les luttes valeureuses s'étaient reflétées en deux ou trois remarquables fragments épiques: on se demande si, aux approches de Jeanne d'Arc, l'inspiration de patrie ne s'y joignit pas. On est tenté de chercher sur cette fin du xiv° siècle un Béranger, un chantre sympathique, avec quelque chose de cette énergie et de cette rudesse qu'on aime dans le *Combat des Trente*. Le brillant et léger Froissart, toujours amusé, n'offre rien de tel parmi les jolies pièces galantes qu'il brode complaisamment dans les intervalles de ses histoires. On se prend à regretter que, sentiments et forme, tout soit fiction dans les poésies de Clotilde de Surville. Christine de Pisan, plus docte que poëte, a fait entendre du moins de patriotiques *Lamentations*. Olivier Basselin[1], le chansonnier normand, le créateur des *Vaux-de-Vire*, dut quelquefois mêler à l'éloge du vin et du cidre quelques accents de plainte pour cette belle France si ravagée, quelques imprécations généreuses contre ces Anglais qui le *mirent* lui-même *à fin*, selon la chronique, c'est-à-dire le tuèrent. Si le souvenir de ces autres poëmes s'est perdu avec celui des événements, comme il arrive trop souvent dans notre oublieuse France, ce serait pour l'antiquaire une belle tâche de les exhumer et de les produire au jour[2]. Quoi qu'il en soit de ces conjectures ou de ces désirs, et sans remonter plus haut que le milieu du xv° siècle, époque où finit cette rivalité cruelle et où la découverte de l'imprimerie vient assurer aux travaux de la pensée une notoriété authentique, si l'on se demande quel était alors l'état de la poésie en France, et qu'on en veuille, pour ainsi dire, dresser l'inventaire, on est à la fois surpris et du nombre prodigieux des ouvrages écrits en vers, et de la pauvreté réelle qui se cache sous cette stérile abondance. Une sorte de décadence pédantesque semble régner et s'étendre, avant

---

1. Les *Vaux-de-Vire* d'Olivier Basselin, qui ont été réimprimés en 1811 et en 1821, ne sont pas les pièces originales telles que les a composées le poëte, mais telles que les éditeurs les ont remaniées et rajeunies au seizième siècle. — On peut lire dans les Mémoires de l'Académie de Caen (1836) un mémoire sur lui par M. Vaultier, qui cite de la partie authentique des œuvres de Basselin la seule pièce ayant trait à un événement d'intérêt public; elle est de bon cru. Les Anglais assiégent Vire (1417); le poëte s'écrie :

> Tout à l'entour de nos remparts
> Les ennemis sont en furie;
> Sauvez nos tonneaux, je vous prie!
> Prenez plustost de nous, souldars,
> Tout ce dont vous aurez envie :
> Sauvez nos tonneaux, je vous prie !
>
> Nous pourrons après, en beuvant,
> Chasser nostre mérencolie :
> Sauvez nos tonneaux, je vous prie !
> L'ennemi, qui est cy-devant,
> Ne nous veult faire courtoizie :
> Vuidons nos tonneaux, je vous prie !
>
> Au moins, s'il prend nostre cité,
> Qu'il n'y treuve plus que la lie :
> Vuidons nos tonneaux, je vous prie !
> Deussions-nous marcher de costé,
> Ce bon sildre n'espaignons mie :
> Vuidons nos tonneaux, je vous prie!

2. Guillaume de Macheau est encore inédit. Voir le choix des Poésies d'Eustache Deschamps publié par M. Crapelet, et ce qu'en dit M. Vaultier Mémoires de l'Académie de Caen, 1840).

qu'aucune maturité fructueuse ait eu son jour. Les romans de chevalerie sont sortis désormais du domaine de la poésie et des rimes, pour circuler de plus en plus terre à terre en prose; on peut dire, sans trop de plaisanterie, que les chevaliers sont mis à pied. Quant aux vers, le genre allégorique domine : c'est encore le *Roman de la Rose* et sa menue monnaie, retournée et distribuée en cent façons; c'est toujours *Dangier, Malebouche, Franc-vouloir*, ou *Faux-rapport*, et, à côté de ces éternelles visions de morale galante, ce sont les devis grivois, les propos naïfs d'amour et de table, les plaisanteries malignes contre le sexe et l'Eglise. Ceux-mêmes qui, comme Martin Franc[1], ont l'air de vouloir protester, ne font qu'imiter et affadir. Trop heureux le lecteur en peine à travers ces rangées de rimes, si, dans l'agréable entrelacement d'un triolet, dans la chute bien amenée d'un rondeau, dans le refrain naturel et facile d'une ballade, il trouve par instants de quoi rompre l'uniformité de son ennui! Toutefois, au temps même dont nous parlons, ces humbles essais d'un tour subtil, dont la vogue se prolongeait depuis le XIV° siècle, durent quelques grâces nouvelles à Charles d'Orléans et à Villon; le père de Louis XII et l'auteur chéri de Marot méritent bien de nous arrêter un peu : ils nous introduiront tout naturellement à la poésie du XVI° siècle.

Les œuvres de Charles d'Orléans, découvertes par l'abbé Sallier il y a une centaine d'années, et dont on attend encore une édition correcte et complète[2], tombèrent dans l'oubli presque en naissant, malgré le nom illustre de l'auteur et le mérite exquis des vers. Elles n'eurent donc à peu près aucune influence

---

1. Auteur du *Champion des Dames*.
2. L'édition de 1803 (Grenoble) n'est en effet ni correcte ni complète. Un des Manuscrits de Charles d'Orléans (Bibliothèque royale) ne renferme pas moins de 155 ballades, 7 complaintes, 151 chansons, 400 rondeaux, un discours à l'occasion du procès du duc d'Alençon, et deux rondeaux anglais. L'éditeur de 1803 s'est guidé dans son choix sur un manuscrit d'Antoine Astezan, secrétaire de Charles d'Orléans, qui a mis en vers latins un grand nombre des poésies françaises de son maître. L'éditeur a pensé que, le secrétaire ayant dû traduire les meilleures pièces, il suffisait de se borner sans plus d'examen à celles-là. Il paraît que les poésies du prince furent aussi traduites en anglais par un contemporain; on a récemment retrouvé et imprimé en Angleterre cette traduction curieuse que M. Watson Taylor, l'éditeur, attribue à Charles d'Orléans lui-même : *Poems written in english by Charles duke of Orléans*..... (London, 1827). — Au moment où cette note s'imprime, on annonce tout d'un coup à la fois deux éditions nouvelles des Poésies de Charles d'Orléans, l'une d'après les manuscrits, tant de Grenoble que de Paris, par M. A. Champollion, et l'autre sur les manuscrits de Paris, par M. Guichard (1842).

sur le goût de l'époque, et ne font qu'en donner un échantillon brillant. C'est même là un des traits principaux par lesquels Charles d'Orléans, successeur paisible et presque ignoré de Thibaut de Champagne, de Jean Froissart, et plus récemment rival inaperçu d'Alain Chartier, se distingue, comme poëte, de François Villon, qui fut à certains égards novateur et chef d'école. Il existe d'ailleurs entre eux bien d'autres différences. Le prince, comme on peut croire, a plus d'urbanité que l'écolier de Paris. Le fils de Valentine de Milan a retenu des accents de cette langue maternelle, où déjà Pétrarque avait passé. Prisonnier d'Azincourt, vingt-cinq ans retenu en terre étrangère, a-t-il dû encore, comme Froissart, à cette patrie de Chaucer d'ouïr en effet des tons plus choisis, des échos plus épurés? Il y a du moins contracté tout naturellement l'habitude de la plainte : ses ballades respirent une monotonie douce et une tristesse qui plaît. Quand il s'adresse à sa dame, c'est avec une galanterie décente qui trahit le chevalier dans le trouvère. Sensible comme un captif aux beautés de la nature, il peint le *renouveau*[1] avec une gentillesse d'imagination et une fraîcheur de pinceau qui n'a pas vieilli encore. Souvent, quand il y songe, un sentiment délicat d'harmonie lui suggère cet enchaînement régulier de rimes féminines et masculines qui a été une élégance de style avant d'être une règle de versification. On en pourra juger par les trois petites pièces suivantes, qui justifient tous nos éloges, et au-dessus desquelles il n'y a rien dans leur genre :

> Rafraischissez le chastel de mon Cueur
> D'aucuns vivres de joyeuse plaisance;
> Car faulx Dangier, avecq' son alliance,
> L'a assiégié en la tour de douleur.
>
> Se ne voulez le siége sans longueur
> Tantost lever ou rompre par puissance,
> Rafraischissez le chastel de mon Cueur
> D'aucuns vivres de joyeuse plaisance.

---

[1]. Rien de plus gracieux et de plus frais que les deux rondeaux sur le printemps, l'un commençant par ces vers : *Les fourriers d'Été sont venus;* et l'autre par ce vers : *Le Temps a laissié son manteau, etc.* Ils sont trop connus pour être cités. — Jaloux de suppléer à ce que je ne dis pas, je renvoie à deux ou trois pages sémillantes de M. Michelet sur Charles d'Orléans (*Histoire de France*, tome IV, p. 521) et à M. Villemain (*Cours de Littérature*).

Ne souffrez pas que Dangier soit seigneur,
En conquestant soubs son obéissance
Ce que tenez en vostre gouvernance;
Avancez-vous et gardez vostre honneur.
Rafraischissez le chastel de mon Cueur.

---

Prenez tost ce baisier, mon Cueur,
Que ma maistresse vous présente,
La belle, bonne, jeune et gente,
Par sa très-grant grâce et doulceur.

Bon guet feray, sur mon honneur,
Afin que Dangier riens n'en sente.
Prenez tost ce baisier, mon Cueur,
Que ma maistresse vous présente.

Dangier, toute nuit en labeur,
A fait guet; or gist en sa tente.
Accomplissez brief vostre entente,
Tandis qu'il dort; c'est le meilleur.
Prenez tost ce baisier, mon Cueur.

---

Fuyez le trait du doulx regard,
Cueur, qui ne vous savez deffendre :
Veu qu'estes désarmé et tendre,
Nul ne vous doit tenir couard.

Vous serez pris ou tost ou tard,
S'Amour le veult bien entreprendre.
Fuyez le trait de doulx regard,
Cueur qui ne vous savez deffendre.

Retraiez-vous sous l'estendard
De nonchaloir sans plus attendre;
S'à plaisance vous laissiez rendre,
Vous estes mort, Dieu vous en gard !
Fuyez le trait de doulx regard.

C'est encore de Charles d'Orléans que sont ces quatre vers, dont seraient fiers et heureux nos plus charmants poëtes :

Comment se peut ung poure cueur deffendre,
Quand deulx beaulx yeulx le viennent assaillir?
Le cueur est seul, désarmé, nu et tendre,
Et les yeulx sont bien armés de plaisir.

La première et la plus longue pièce de vers que présente le recueil de 1803, celle qui commence par ce vers :

Au temps passé, quand Nature me fist, etc.

est tout à fait dans le goût des fictions allégoriques à la mode. *Dame Nature* confie le nouveau-né aux mains de *Dame Enfance*; bientôt *Aage*, messager de *Dame Nature*, apporte à *Dame Enfance* une lettre de créance pour qu'elle ait à remettre son pupille aux soins de *Dame Jeunesse*, qui à son tour le présente à Vénus et à *Cupido*. La description de la demeure et de la cour de *Cupido* ressemble fort au temple du même dieu décrit plus tard par Marot, et a tout autant de délicatesse.

Si nous passons de Charles d'Orléans à Villon [1], le contraste a lieu de nous surprendre. Ce dernier, écolier libertin et fripon, véritable enfant de Paris, élevé dans quelque boutique de la Cité ou de la place Maubert, a un ton qui, pour le moins autant que celui de Régnier, *se sent des lieux que fréquentait l'auteur*. Ses plus tolérables espiègleries consistent à voler le vin du cabaretier, la marée des halles, ou le chapon du rôtisseur [2]. Les beautés qu'il célèbre, j'en rougis pour lui, ne sont rien autres que *la blanche savatière* ou *la gente saulcissière* du coin. Comme Charles d'Orléans, il a connu la prison, mais cette prison est le Châtelet, et il pourra bien n'en sortir que pour Montfaucon ; déjà même l'épitaphe est prête [3], la complainte patibulaire est rimée. S'il échappe, c'est grâce à Louis XI, *le bon roi*, comme il l'appelle, dont il connaissait peut-être quelque compère, et qui était bien capable d'avoir ri du récit d'un des tours pendables. En voilà pourtant plus qu'il n'en faut, ce semble, pour dégoûter les honnêtes gens; mais, avec un peu d'indulgence et de patience, on se radoucit envers Villon; en remuant son fumier, on y trouve plus d'une perle enfouie. Lui aussi, au milieu du jargon de la *canaille*, il a des *mets* pour *les plus délicats* [4]. La

---

1. Charles d'Orléans né en 1391, mort en 1465; Villon né vers 1431.
2. Voir les *Repues franches*, dont Villon est le héros, quoiqu'il n'en soit pas l'auteur. Voir aussi l'espièglerie un peu cruelle que raconte de lui Rabelais. Les apostrophes à la savetière et à la saulcissière sont dans la pièce intitulée : *Ballade et Doctrine de la belle Heaulmière aux Filles de joie*, laquelle est insérée au *Grand Testament*.
3. L'épitaphe de Villon est connue : *Je suis Français dont ce me poise, etc.*... La complainte patibulaire est intitulée : *Épitaphe en forme de ballade, que fit Villon pour lui et pour ses compagnons, s'attendant à être pendu avec eux.*
4. Mot de La Bruyère sur Rabelais.

ballade dans laquelle il se félicite d'avoir fort à propos interjeté appel de sa condamnation, celle qu'il adresse à *Monseigneur de Bourbon* pour lui demander de l'argent, et que Marot n'a eu garde d'oublier en faisant sa charmante Épître au roi; celle enfin des *Dames du Temps jadis*, insérée dans *le Grand Testament*, sont autant de petites pièces ingénieuses où la grâce perce encore sous les rides : on devine aisément que la poésie a passé par là. Villon excelle surtout dans les refrains, qui font la difficulté et l'ornement de la ballade. Les trois morceaux que nous venons de nommer en reçoivent un tour très-piquant [1]. De toutes

---

[1]. Malgré les difficultés et les obscurités du texte, nous nous hasardons à citer ces trois ballades, en priant le lecteur de ne les juger qu'après les avoir bien comprises, ou du moins à peu près bien.

### BALLADE
#### DE L'APPEL DE VILLON.

Que vous semble de mon appel,
Garnier, feis-je sens ou follie?
Toute beste garde sa pel.
Qui la contrainct, efforce ou lie,
Se elle peult, elle se deslie.
Quand donc, par plaisir volontaire,
Chanté me fut ceste homélie,
Estoit-il lors temps de me taire ?

Se fusse des hoirs Hue Capel,
Qui fut extraict de boucherie,
On ne me eust parmy ce drapel
Faict boire à celle escorcherie * ;
Vous entendez bien joncherie ?
Mais, quand ceste peine arbitraire
On m'adjugea par tricherie,
Estoit-il lors temps de me taire?

Cuidez-vous que soubs mon cappel
N'y eust tant de philosophie
Comme de dire : J'en appel?
Si avoit, je vous certifie :
Combien que point trop ne m'y fie.
Quand on me dit, présent notaire,
Pendu serez, je vous affie,
Estoit-il lors temps de me taire?

Prince, si j'eusse eu la pépie,
Pieça je fusse où est Clotaire,
Aux champs debout comme une espie.
Estoit-il alors temps de me taire ?

### LA REQUESTE
#### QUE VILLON BAILLA A MONSEIGNEUR DE BOURBON.

Le mien seigneur et prince redoubté,
Fleuron de lys, royale géniture,
François Villon, que travail a dompté,

---

* On ne m'eût pas mis à la question.

les pièces qu'il a enchâssées dans son *Grand Testament*, et qu'il lègue à ses amis et parents, faute de mieux, celle qu'il a intitulée *les Contredicts de Franc Gontier* est assurément la plus remarquable par l'expression ; surtout elle donne beaucoup à penser pour l'idée. Je ne sais quel poëte s'était avisé de célébrer la vie pastorale, et avait pris pour son héros un berger du nom de *Franc Gontier*. Villon, qui, pour n'être qu'un *pauvre petit écolier*, comme il s'appelle lui-même, n'avait pas moins les inclinations passablement splendides, et qui ne sentait que mieux la nécessité du superflu, pour avoir souvent manqué du nécessaire, trouva le poëte pastoral fort impertinent, et se plut à le railler dans cette pièce qui rappelle naturellement celle du *Mondain*. Ici l'on n'a pas seulement à louer en Villon un refrain heureux,

A coups orbes\*, par force de batture,
Vous supplie par ceste humble escriture,
Que lui faciez quelque gracieux prest.
De s'obliger en toutes cours est prest.
Si ne doubtez, que bien ne vous contente,
Sans y avoir dommage ne intérest :
Vous n'y perdrez seulement que l'attente.

A prince n'a ung denier emprunté,
Fors à vous seul, vostre humble créature ;
De six escuz que luy avez presté,
Cela pieça il mist en nourriture.
Tout se payera ensemble : c'est droiture ;
Mais ce sera légièrement et prest ;
Car si du gland rencontre la forest
D'entour Patay, et chastaignes ont vente\*\*,
Payé vous tiens, sans dèlay ny arrest :
Vous n'y perdrez seulement que l'attente.

Si je peusse vendre de ma santé
A ung Lombard usurier par nature,
Faulte d'argent m'a si fort enchanté,
Que j'en prendrois (ce croy-je) l'adventure.
Argent ne pend à gippon\*\*\* ne ceincture ;
Beau sire Dieux, je me esbahyz que c'est.
Car devant moy Croix ne se comparoist.
Si non de boys ou pierre (que ne mente).
Mais se une fois la vraye me apparoist,
Vous n'y perdrez seulement que l'attente.

Prince du lys, qui à tout bien complaist,
Que cuydez-vous comment il me desplaist,
Quand je ne puis venir à mon entente ?
Bien entendez, Aidez-moy, s'il vous plaist,
Vous n'y perdrez seulement que l'attente.

### BALLADE
#### DES DAMES DU TEMPS JADIS.

Dictes-moy où, ne en quel pays,
Est Flora la belle Romaine,
Archipiada, ne Thaïs,
Qui fût sa cousine germaine ?

---

\* A coups aveugles, cachés.
\*\* Il n'y a là aucune forêt, et l'on n'y vend pas de châtaignes.
\*\*\* Jupon.

comme pour d'autres ballades; presque chaque vers fait image, presque chaque mot est un trait. Le malicieux poëte, avec un air de bonhomie, avoue que depuis certain jour qu'il aperçut par le trou de la serrure,

> Sur mol duvet assis un gras chanoine,
> Lez (*près*) ung brazier, en chambre bien nattée
> A son costé gisant dame Sydoine,
> Blanche, tendre, pollie et atteintée,

il ne prise plus guère la vie champêtre de Franc Gontier et de sa compagne Hélène, ni leurs ébats sous le *bel églantier* et sur la dure :

> S'ils se vantent coucher soubs le rosier,
> Ne vault pas mieux lict costoyé de chaise ?
> Qu'en dictes-vous [1] ?

Il juge plus commode de *boire hypocras* jour et nuit que de boire de l'eau froide *tout au long de l'année*, et de s'écorcher le gosier d'une *croûte de gros pain bis frotté d'ail*. Bref, il s'en tient ingénument, pour son compte, à ce vieux dicton qu'il a ouï répéter dans sa *petite enfance* :

> Qu'il n'est trésor que de vivre à son aise.

Des idées si mondaines, et je dirais presque si profanes, dans la poésie, au milieu d'un siècle si peu avancé, méritent quelque

> Echo parlant quand bruyt on maine
> Dessus rivière ou sus estan,
> Qui beaulté eut trop plus que humaine ?
> Mais ou sont les neiges d'antan [*] ?

> Où est la très-sage Héloïs,
> Pour qui fut chastré (et puis moyne)
> Pierre Esbaillart à Sainct-Denys,
> Pour son amour eut cest essoyne ?
> Semblablement, où est la Royne
> Qui commanda que Buridan
> Fust jetté en ung sac en Seine :
> Mais où sont les neiges d'antan ?

> La Royne blanche comme ung lys,
> Qui chantoit à la voix de Sereine ;
> Berthe au grand pied, Biétris, Allys,
> Harembouges qui tint le Mayne?
> Et Jehanne la bonne Lorraine,
> Que Angloys bruslèrent à Rouen ?
> Où sont-ils, Vierge souveraine ?
> Mais où sont les neiges d'antan ?

[*] C'est-à-dire d'avant l'an, des années passées.

1. Ceci rappelle l'apostrophe de Voltaire à notre père Adam et à notre mère Ève. Voir *le Mondain*.

attention; elles se rattachent aux caractères qui distinguent les littératures sorties du moyen âge, et la nôtre en particulier, d'avec celles de l'antiquité. Ce n'est pas en Grèce assurément que la poésie au berceau eût tenu ce langage. Sous un climat heureux, parmi un peuple enfant, elle commença par avoir elle-même la superstition sacrée et la candeur de l'enfance; elle crut longtemps à l'âge d'or; toujours elle crut aux charmes d'un beau ciel, aux délices d'une belle nature. Chez nous, au contraire, voilà Villon qui mène tout d'abord les Muses au cabaret et presque à la potence [1]; le voilà qui les désenchante en naissant de leurs chères illusions, les endoctrine de sa morale commode, et les façonne à des manières tant soit peu lestes, qu'elles ne perdront plus désormais. Quelque pudeur naîtra peut-être avec l'âge, une pudeur acquise; mais la familiarité, la malice, et le penchant au badinage, reviendront toujours par instants, j'en réponds par Clément Marot et Jean La Fontaine. La dignité, la noblesse de ton, aura son tour; mais la vieille gaîté française aura ses rechutes. Le sentiment n'étouffera pas la moquerie. Nous rencontrerons l'auteur du *Mondain* dans l'auteur de *Zaïre*, et, si de Villon à Voltaire [2] il y a loin à tous égards, le seul trait qu'ils auront de commun n'en sera que plus saillant; le fonds original de la poésie française n'en ressortira que mieux. Villon est l'aïeul d'une nombreuse famille littéraire dont on reconnaît encore, après des siècles, la postérité à une certaine physionomie gauloise et française. Cette extraction, moins que bourgeoise, n'a rien qui doive faire rougir; elle a depuis été cou-

1. Si l'on remonte encore plus haut que Villon, on trouve la remarque de plus en plus confirmée. Jean de Meun, dans sa continuation du *Roman de la Rose*, dit ces mots ou à peu près : *Toutes vous autres femmes êtes ou fûtes, de fait ou volonté, p......* « De quoi, raconte Brantôme, il encou-
« rut une telle inimitié des dames de la cour, qu'elles, par une conjura-
« tion, et de l'avis de la reine, entreprirent un jour de le fouetter, et elles
« le dépouillèrent tout nu, et étant prêtes à donner leurs coups, il les
« pria qu'au moins celle qui étoit la plus grande p..... de toutes com-
« mençât la première. Chacune, de honte, n'osa commencer, et par ainsi
« il évita le fouet. J'en ai vu l'histoire représentée dans une vieille tapis-
« serie des vieux meubles du Louvre. » (Brantôme, *Dames galantes*.) Le *Roman de la Rose* est tout plein de ces railleries graveleuses. La *Bible Guyot*, composée par un moine, Hugues de Bercy (ou Bersil), est une satire scandaleuse du temps.
2. Malgré toute la disproportion, et, pour ainsi dire, l'*étrangeté* de ce rapprochement, je le crois très-fondé. Sans revenir sur la comparaison du *Mondain* avec les *Contredicts de Franc Gontier*, il y a dans la petite pièce de Voltaire intitulée *la Bastille*, qu'il composa sous les verrous, des idées et des vers presque semblables à des vers et des idées de Villon sur sa prison, d'ailleurs un peu mieux méritée. Le dépit de Villon s'exhale surtout contre un certain Thibault d'Aussigny, dont on a voulu faire un juge

verte d'assez de gloire. Tel d'ailleurs qui, pour avoir dressé un guet-apens au quinzième siècle, fut logé au Châtelet et rima sur Montfaucon, aurait bien pu, en des jours plus polis, mériter tout simplement par quelque couplet les honneurs d'un logement royal, et rimer sur la *Bastille* ou *Sainte-Pélagie*[1].

Les cinquante-quatre années qui séparent le *Grand Testament* de Villon des premières productions de Clément Marot (1461-1515) semblent avoir été aussi fertiles en faiseurs de vers que pauvres en véritables talents. Les imitateurs se partageaient désormais entre le genre du *Roman de la Rose* et celui des *Repues franches*. De jour en jour plus répandue et plus familière, sans devenir plus vigoureuse, la versification se prêtait à tout. Faute d'idées, on l'appliquait aux faits, comme dans l'enfance des nations : Guillaume Crétin chantait *les chroniques de France*; Martial d'Auvergne psalmodiait le règne de Charles VII année par année ; George Chastelain et Jean Molinet rimaient *les choses merveilleuses* arrivées de leur temps. Pour relever des vers que la pensée ne soutenait pas, on s'imposait des entraves nouvelles qui, loin d'être commandées par la nature de notre prosodie, en retardaient la réforme et ne lais-

---

de Melun, mais qui paraît avoir été certainement un évêque d'Orléans et l'auteur de l'emprisonnement du poëte ; il lui reproche amèrement l'eau froide à laquelle il a été réduit tout un été,

> Dieu mercy et Jacques Thibault
> Qui tant d'eau froide m'a faict boire.

Et il ajoute :

> ....... Quant j'en ay mémoire,
> Je pry pour luy (et reliqua)
> Que Dieu luy doint (et voire voire)
> Ce que je pense, et cætera.

Et ailleurs :

> Tel luy soit Dieu qu'il m'a esté !

Ce ton ne rappelle-t-il pas Voltaire s'en prenant à *Marc-René* d'avoir si longtemps *bu chaud et mangé froid ?* L'exclamation n'est-elle pas la même ?

> Que quelque jour le bon Dieu vous le rende !

Dans une épître de Chaulieu à Voltaire, le bon abbé apostrophe le jeune poëte en ces termes :

> Pour vous, successeur de *Villon*,
> Dont la muse toujours aimable, etc.

Et Chaulieu disait vrai, quoique Voltaire n'eût peut-être jamais lu Villon.

1. Voir sur Villon un article de M. Daunou (*Journal des Savants*, septembre 1832), qui fixe et résume très au complet l'état des documents et des discussions à son sujet.

saient place à nul agrément. Jean Meschinot écrivait en tête d'un huitain : « Les huit vers ci-dessous écrits se peuvent lire « et retourner en trente-huit manières. » Si la rime avait longtemps été l'unique condition des vers, du moins nos anciens poëtes l'avaient assez soignée; dans Villon surtout elle est fort riche. On ne s'en tint pas là : Molinet imagina de finir chaque vers par la même syllabe deux fois répétée, et de rimer en *son son*, en *ton ton*, en *bon bon*; c'était proprement ramener la poésie à balbutier. Crétin, d'un bout à l'autre de ses œuvres, se tourmente à faire rimer ensemble, non pas une et même deux syllabes de chaque vers, mais un ou plusieurs mots tout entiers[1]. Chez lui, ce qui devrait n'être qu'une agréable cadence devient un tintamarre étourdissant; la pensée disparaît au milieu du bruit, et il faut convenir que la perte n'est pas grande pour le lecteur. Dans le mauvais goût général, quelques auteurs conservaient encore assez de naturel et de simplicité pour que la tradition n'en fût pas interrompue jusqu'à Marot. Nous citerons le bon moine Guillaume Alexis, sur lequel un reflet du siècle de Louis XIV est venu tomber : La Fontaine l'a honoré d'une imitation[2]. Martial d'Auvergne lui-même, dans *les Vigiles de Charles VII*, a plus d'une fois rendu avec un accent vrai l'amour d'un peuple pour un roi qui avait chassé l'étranger. D'ailleurs son livre en prose des *Arrêts d'Amour* lui a valu aussi un souvenir de La Fontaine. C'est à lui encore, procureur au parlement de Paris, qu'on attribue *l'Amant rendu Cordelier à l'observance d'Amour*, joli petit poëme qui, sous la forme ordinaire de la vision, contient tous les secrets du code galant, toutes les finesses de la chicane érotique. On ignore à quel spirituel auteur est due *la Confession de la belle Fille*, qui est comme le pendant de *l'Amant Cordelier*. Pierre Michault, dans *la Danse aux Aveugles*, voit en songe tout le pauvre genre humain qui danse devant Cupidon, la Fortune et la Mort. Au lieu de la Mort,

---

1. C'est ce qu'on nommait des vers *équivoqués*. Cl. Marot, qui appelle Crétin *le bon Crétin au vers équivoqué*, l'a imité quelquefois; mais c'était par manière d'escrime. Thomas Sébilet, en son *Art poétique* (1548), regarde encore cette rime comme la plus élégante et *la plus poignant l'ouïe*. Du Bellay et Ronsard ont purgé notre poésie des vers *équivoqués*, aussi bien que des vers *couronnés*, faits à l'instar de Molinet.

2. La Fontaine (*Œuvres diverses*) a fait une petite pièce, *Janot et Catin*, dans laquelle il imite, par la forme des stances et du style, le *Blason des fausses Amours*, de Guillaume Alexis. A côté de cette pièce, il en est une autre imitée des *Arrêts d'Amour*.

mettez Plutus, et vous aurez pour épigraphe de cette production piquante du quinzième siècle les vers connus de Voltaire :

> Plutus, la Fortune et l'Amour,
> Sont trois aveugles-nés qui gouvernent le monde.

Vers ce temps, Guillaume Coquillart, prêtre de Reims, se distingue par l'abondance de son style et le jeu facile de ses rimes redoublées, autant que par le cynisme naïf de ses tableaux. Jean Marot, grâce à quelques rondeaux et à deux ou trois chansons qu'on lit dans ses *Voyages de Gênes* et *de Venise*, ne semble pas indigne de son fils[1]. Jean Le Maire, historien érudit pour son temps et rimeur d'un ton assez soutenu, a mérité aussi d'avoir Clément Marot pour élève, ou du moins de lui donner des conseils utiles de versification. L'évêque d'Angoulême enfin, Octavien de Saint-Gelais, tournait assez galamment les compliments d'amour, en attendant que son fils Mellin fût d'âge à faire mieux que lui. C'est de la sorte que la poésie atteignit, en se traînant, la fin du règne de Louis XII.

François I$^{er}$ venait de monter sur le trône (1515) ; de tous côtés arrivaient les félicitations poétiques, les ballades et chants royaux, quand le fils d'un poëte et valet de chambre de la cour, jeune page de vingt ans, présenta au monarque de même âge un petit traité d'amourettes sous le titre de *Temple de Cupido*. Depuis le *Roman de la Rose*, si l'on excepte quelques pièces de Charles d'Orléans et *l'amant Cordelier*, nulle part les propos de galanterie n'avaient été aussi agréablement tournés, ni les objets symbolisés aussi vivement ; c'était d'ailleurs le même fonds d'idées, la même mythologie. Bel-accueil, à la robe verte, sert de portier au temple ; Beau-parler, Bien-aimer,

---

1. On lit en tête d'un recueil des œuvres de Jean Marot ce huitain, qui est, je crois, de La Monnoye :

> En ce recueil, qui n'est pas des moins vieux,
> De Jean Marot les œuvres pourrez lire :
> Pas toutefois, je veux bien vous le dire,
> N'y trouverez ce qu'il a fait de mieux.
> Ailleurs pourrez trouver ce digne ouvrage
> Si plein de sens, d'esprit et d'agrément,
> Ja n'est besoin s'expliquer davantage :
> Bien entendez que c'est maître Clément.

on pourrait de même appliquer ce huitain à Octavien de Saint-Gelais, dont le fils Mellin fut assurément le meilleur ouvrage. Etienne Pasquier dit, à ce propos, de Clément Marot et de Mellin de Saint-Gelais, *qu'ils sembloient avoir apporté la poésie du ventre de leur mère.*

Bien-servir, en sont les joyeux et très-glorieux patrons. Le pèlerin amoureux esquive adroitement Refus, qui se promène dans la nef, et se glisse à la faveur de Bel-accueil, jusque dans le cœur où repose Ferme-amour. Mais toute cette allégorie, déjà antique, était rajeunie par la fraîche imagination et les saillies piquantes du poëte. Déjà il avait reconnu les deux carquois de l'Amour, ou du moins il avait remarqué que le joli dieu, sur son écusson, porte *de gueules à deux traits*; de ces traits, l'un a une pointe d'or et enflamme les cœurs, l'autre a une pointe de plomb et les glace :

> De l'un Apollo fut touché,
> De l'autre Daphné fut atteinte.

Parmi les reliques précieusement suspendues aux autels, il n'oublie ni *escus* ni *ducats*.

> Grands chaisnes d'or dont maint beau corps est ceint,
> Qui en amour font trop plus de miracles
> Que Beau-parler, ce très-glorieux saint.

Pour missel, bréviaire et psautier, on lit dans le temple Ovide, maître Alain Chartier, Pétrarque et *le Roman de la Rose*,

> Et les saints mots que l'on dit pour les âmes,
> Comme *Pater* ou *Ave Maria*,
> C'est le babil et le caquet des Dames.

Quiconque pénètre en ce lieu est fait incontinent moine de l'ordre, sans pour cela qu'on le tonde ; et le sot, comme le sage, y devient du premier coup passé-maître ;

> Car d'amourettes les services
> Sont faits en termes si très-clairs,
> Que les apprentifs et novices
> En sçavent plus que les grands clercs.

Dans le chœur du temple enfin, à côté de Ferme-amour, qui n'a d'ailleurs, comme on peut bien penser, qu'une fort petite suite de vrais et loyaux sujets, le pèlerin est assez adroit pour découvrir au fond d'un bosquet, sous la ramée et sur les lis, le bon feu Louis XII avec sa bien aimée Anne de Bretagne. Cette façon délicate d'adoucir, en le rappelant, le deuil récent de la France, était bien propre à charmer un jeune prince galant et chevalier. Marot ne s'en tint pas là : en courtisan habile, il lui conseillait, dans un rondeau joint à la dédicace, de suivre, par manière de passe-temps royal, le *noble état des armes* et le *beau train d'amour*. L'âge du poëte prêtait à ce conseil une convenance et une grâce de plus ; ajoutez qu'on était à la veille de Marignan. Qu'on me pardonne ces détails sur le premier ouvrage de Marot : c'est à la fois le plus long de ses poëmes et celui où il a fait la plus grande dépense d'imagination. Avec cette tournure facile qui ne l'a jamais abandonné, on sent, là plus qu'ailleurs, ce besoin de peindre, qui est surtout un besoin de jeunesse.

Gardons-nous pourtant d'exagérer. Maître Clément n'était pas un poëte de génie ; il n'avait pas un de ces talents vigoureux qui devancent les âges et se créent des ailes pour les franchir. Une causerie facile, semée par intervalles de mots vifs et fins[1], est presque le seul mérite qui le distingue, le seul auquel il faille attribuer sa longue gloire, et demander compte de son immortalité. Avec un esprit d'une portée plus ambitieuse, il est à croire qu'il n'eût fait que s'élancer, un peu plus tôt que Ronsard, vers ces hauteurs poétiques, inaccessibles encore, auxquelles Malherbe le premier eut l'honneur d'atteindre et de se maintenir. Heureusement pour lui, son esprit était mieux accommodé à la médiocrité des temps. En poésie comme dans le reste, facile à vivre et prompt à jouir, Marot tire parti de tout ce qu'il trouve, sans rien regretter ni deviner de ce qui manque. On aime à le voir jouer si à l'aise au milieu de tant de gênes ; et, à cette parfaite harmonie entre l'homme et les choses, on reconnaît le poëte du siècle par excellence. Né d'un valet de chambre auteur, il annonce de bonne heure lui-même cette double inclination d'auteur et de courtisan. La chicane à laquelle on le destine l'ennuie ; et, secouant la poudre du greffe, il monte à quinze ans sur les tréteaux des *Enfants sans souci*. Bientôt après devenu page, il puise dans le commerce des grands

---

1. « Clément Marot, dit Étienne Pasquier, avoit une veine grandement
« fluide, un vers non affecté, un sens fort bon, et encore qu'il ne fût accom-
« pagné de bonnes lettres, ainsi que ceux qui vinrent après lui, si n'en
« étoit-il si dégarni qu'il ne les mit souvent en œuvre fort à propos. »
(*Recherches de la France*, livre VII.)

« Clément Marot, dit le bon Du Verdier de Vauprivas en sa *Bibliothèque*
« *françoise*, a si doucement écrit, et si gracieusement entassé les mots de
« sa composition, yssante ou de son propre esprit ou de l'esprit d'autrui,
« que jamais on ne verra son nom éteint, ni ses écrits abolis. »

cette délicatesse que l'écolier Villon ne connut jamais. Valet de chambre à son tour [1], et mêlé à tous les plaisirs des cours de Navarre et de France, sa galanterie, aventureuse comme celle d'Ovide et du Tasse, se prend aux plus nobles conquêtes, et le voilà rival de deux rois. La science, du reste, de l'occupe guère. *J'ai leu*, nous dit-il quelque part avec une satisfaction ingénue,

> J'ai leu des Saints la Légende dorée ;
> J'ai leu Alain, le très-noble orateur,
> Et Lancelot, le très-plaisant menteur ;
> J'ai leu aussi le Romant de la Rose.
> Maistre en amours, et Valère et Orose,
> Contans les faits des antiques Romains.

Le choix de ces lectures, comme on le voit, est aussi curieux que borné. Pour être juste cependant, il faut ajouter au catalogue Virgile, Ovide, Catulle, Martial, Pétrarque et Villon, dans lesquels le poëte n'avait pas dû moins profiter que dans Orose et Valère Maxime. Les disgrâces qui suivirent les premiers débuts de Marot ne font qu'achever son portrait, et donner à sa physionomie je ne sais quelle teinte plus nationale encore.

---

1. Jean Marot avait été poëte et secrétaire de la reine Anne de Bretagne, et ensuite valet de chambre de François I<sup>er</sup>. Clément fut attaché en cette qualité à la duchesse d'Alençon, sœur du roi, depuis reine de Navarre, et ensuite au roi lui-même. On a prétendu qu'il aima successivement, et non sans quelque retour, Diane de Poitiers et la reine Marguerite. Remarquons ici que les princes du seizième siècle payèrent d'ordinaire les poëtes et gens de lettres avec deux monnaies principales. 1° Ils les prenaient pour valets de chambre, et c'est ainsi que la domesticité de François I<sup>er</sup> et de sa sœur Marguerite de Navarre était presque toute littéraire. On y voyait Jean et Clément Marot ; Bonaventure Des Periers, auteur des *Contes* et du *Cymbalum Mundi* ; Hugues Salel, traducteur d'Homère ; Victor Brodeau, qui fit le fameux huitain des *Frères mineurs* ; Claude Chappuy, qui blasonna *la main* et *le ventre* ; Antoine Du Moulin, dont on a *la Déploration de Vénus sur le bel Adonis*. Plus tard, Malherbe, Racine et Voltaire, furent bien gentilshommes de la chambre. 2° On dotait les auteurs, même les poëtes galants, d'abbayes, de bénéfices ou d'évêchés, et c'était la monnaie le plus en usage. Octavien de Saint-Gelais dut son évêché d'Angoulème à une ballade dont il fit hommage à Charles VIII. Mellin obtint au même titre de François I<sup>er</sup> l'abbaye de Notre-Dame-de-Reclus, ordre de Citeaux. Les livres de Rabelais ne furent pas inutiles à lui procurer la cure de Meudon. La traduction de *Théagène et Chariclée*, par Amyot, fut récompensée de l'abbaye de Bellozane, tandis qu'Héliodore avait perdu, dit-on, son évêché pour avoir composé le roman. Ronsard fut successivement militaire, et prieur d'abbayes qu'il tenait de la munificence de Charles IX. Joachim Du Bellay, Pontus de Thiard, profitèrent des mêmes faveurs. Philippe Des Portes fut le plus riche abbé de son temps, grâce à ses sonnets. Sans remonter si haut, on a vu les petits vers galants ne pas nuire aux bénéfices de l'abbé de Chaulieu, ni à la fortune ecclésiastique de l'abbé de Bernis.

A l'exemple de Villon, il fit connaissance avec le Châtelet, et même à deux fois différentes : la première, pour avoir prêté à des soupçons d'hérésie (1525) ; la seconde, pour avoir enlevé un prisonnier aux gens du guet (1527). Toujours il s'en tira en poëte, et rima sur ses infortunes avec raillerie et gaité. Cette fâcheuse accusation d'hérésie pourtant, une fois soulevée contre lui, demeura suspendue sur sa tête ; tout favori du prince qu'il était, elle l'exposa à des tracasseries journalières, à des fuites fréquentes, et l'envoya finalement mourir à quarante-neuf ans sur une terre étrangère. Au milieu d'un grand nombre d'admirateurs, Marot avait eu quelques envieux de sa fortune et de son talent. Dans ses démêlés avec Sagon et La Hueterie, dont il traine les noms comme à la suite du sien devant la postérité, il a le premier aiguisé ces armes du dédain et du ridicule dont on s'est tant servi après lui dans la polémique littéraire [1]. Ce ne sont pas d'ailleurs les seules armes qu'il ait connues : François Ier faisait des vers auprès de Marot, Marot fit la guerre à côté de François Ier : il combattit à Pavie (1525), y reçut une blessure, et partagea quelque temps la captivité de son maître. C'est même à son retour de là que cette autre prison moins honorable le saisit ; ses ennemis profitèrent contre lui de l'absence du prince. Telle fut l'existence passablement agitée du *gentil maître Clément*, qu'invoquaient plus tard si à loisir La Fontaine et Chaulieu. Elle réunit tout ce qu'il y a de piquant à cette époque : valeur guerrière, politesse de cour, galanteries éclatantes, querelles littéraires, brouilleries avec la Sorbonne [2] et visites au Châte-

---

1. Quand Sagon attaqua Marot, celui-ci était absent, et ses amis Charles Fontaine et Bonaventure Des Periers prirent sa défense. A son retour, Marot ne daigna répondre à Sagon que sous le nom de son valet *Fripelipes*. Il y a du Voltaire dans cette idée-là. Il est vrai que le valet Fripelipes ne se montre guère délicat dans ses expressions : de *Sagon* il fait sans difficulté *Sagouin*, comme Sagon à son tour fait *Maraud* de *Marot*. Mais, en un siècle poli, n'a-t-on pas vu aussi *Frelon*, *Sabotier* et *Volaterre* ?
Au reste, l'attaque de Sagon fut celle d'un dévot hypocrite et jaloux. Marot exilé avait lâché quelques railleries contre la Sorbonne dans une épître au roi. Sagon cria à *l'hérétique*, et dénonça Marot pour avoir sa place à la cour.

2. C'est à la Sorbonne que Marot dut son dernier exil, pendant lequel il mourut. Il s'était mis à la traduction des Psaumes par le conseil de Vatable, et avec l'agrément de François Ier. Dès que cette traduction parut, la cour en fut charmée ; le roi fredonnait tout le long du jour quelque psaume, et c'était à qui en accompagnerait les airs parmi les dames et les courtisans. Mais la Sorbonne découvrit dans les mauvais vers de Marot tout autre chose qu'une hérésie littéraire, et, nonobstant son succès de cour, le poète jugea à propos de voyager. Il se retira d'abord à Genève, d'où le libertin

let; peut-on imaginer pour lors une vie de poëte qui soit plus véritablement française?

Cette vie se réfléchit tout entière dans les ouvrages de Marot; ses poésies en ont recueilli et consacré les moindres souvenirs. De là naît le plus souvent une heureuse convenance entre les sujets qu'il traite et la nature de son esprit; de là encore la convenance merveilleuse de ces sujets avec l'esprit de notre nation et les ressources du langage contemporain. Il n'a guère dérogé en effet au génie de ce langage et à sa propre vocation que lorsqu'il a voulu traduire les Psaumes, et accompagner sur son *flageolet* la harpe du Prophète. C'était bien assurément l'esprit le moins biblique, et l'humeur la moins calviniste; une chose légère. La plupart des menus genres de poésie qu'embrasse notre littérature se trouvent éclos chez lui sans effort d'invention, et avec tout l'attrait de leur simplicité primitive. L'épitre familière, l'épigramme, le conte et la chanson y étincellent souvent de grâces originales qui n'ont pas été effacées. Et qu'on ne s'y trompe pas : tout secondaires qu'ils sont depuis devenus, ces genres ont fait longtemps la principale ou même l'unique substance de notre poésie; longtemps ils ont formé la trame du tissu dont ils ne semblent aujourd'hui qu'une broderie élégante; et sous ces

---

trouva bientôt moyen de se faire chasser. Il mourut l'année suivante (1544), à Turin. Deux ans après (1546), un de ses amis, Etienne Dolet, était brûlé comme hérétique en place Maubert. Ce pauvre Dolet, qui avait été mis deux fois en prison, s'était délassé, comme Marot, en composant à chaque fois un *Enfer;* il n'était pas d'ailleurs inconnu à François 1er, dont on est même allé, quoique sans raison, à le dire fils naturel. Marot avait pu aussi être témoin de la fin tragique de son camarade Bonaventure des Periers, valet de chambre de la reine de Navarre. Ce malheureux se perça de son épée, sans doute pour mettre fin aux persécutions que lui suscita son *Cymbalum Mundi*. Les craintes de notre poète n'avaient donc rien de panique. Durant l'un de ses exils, Marot écrivait au roi :

> Autant comme eux (*les juges*), sans cause qui soit bonne,
> Me veut du mal l'ignorante Sorbonne :
> Bien ignorante elle est d'être ennemie
> De la trilingue et noble Académie (*le Collége de France*),
> Qu'as érigée. Il est tout manifeste
> Que là-dedans, contre ton vueil céleste,
> Est defendu qu'on ne voyse alléguant
> Hébrieu, ni grec, ni latin élégant;
> Disant que c'est langage d'hérétiques.
> O pauvres gens, de savoir tout éthiques,
> Bien faites vrai ce proverbe courant :
> Science n'a haineux que l'ignorant.

Ce sont ces paroles qui donnèrent lieu à l'attaque de Sagon, espèce de poëte de congrégation et défenseur de la Sorbonne.

minces enveloppes que l'âge n'a pas flétries encore était recélé le germe de presque tout notre avenir littéraire.

Parmi les épîtres de Marot, il en est deux qu'on a souvent citées, et qu'on ne se lassera jamais de relire. Datées également du Châtelet, et adressées, pour la délivrance du captif, l'une à son ami Lyon Jamet, et l'autre au roi lui-même, elles rendent mémorables, dans l'histoire de notre poésie, les deux emprisonnements dont nous avons parlé. La première n'est que la fable du *Lion* et du *Rat*, heureusement appliquée à la situation du pauvre reclus. Le nom de son ami (Lyon) donne à Marot l'idée de l'exhorter à faire le lion et à délivrer le rat prisonnier : ce rôle du rat convient d'autant mieux au patient, qu'il paraît être accusé, pour tout méfait, d'avoir *mangé du lard*, probablement en carême. A part ces calembours assez futiles, qui d'ailleurs rentrent tout à fait dans le goût du temps et même dans le goût français, rien de plus spirituel que cette petite pièce. Le mouvement du début a souvent été reproduit :

> Je ne t'escri de l'amour vaine et folle,
> Tu vois assez s'elle sert ou affolle;
> Je ne t'escri, etc...
> . . . . . . . . . . . . .
> Je ne t'escri de Dieu ne sa puissance,
> C'est à luy seul t'en donner connoissance;
> Je ne t'escri des Dames de Paris,
> Tu en sçais plus que leurs propres maris.
> . . . . . . . . . . . . .
> Mais je te veux dire une belle fable.

Cette fable, que La Fontaine a depuis resserrée en douze vers, est développée par Marot avec une supériorité contre laquelle notre grand fabuliste, en disciple respectueux, s'est évidemment abstenu de lutter. Marot, en effet, lui avait dérobé par avance les traits les plus charmants du récit. Le lion, par exemple, trouve-t-il moyen *par ongles et dents* de rompre la ratière,

> *Lors* maistre Rat eschappe vitement,
> Puis met à terre un genouil gentement,
> Et en ostant son bonnet de la teste
> A mercié mille fois la grand'beste,
> Jurant le Dieu des Souris et des Rats
> Qu'il lui rendroit. . . . . . . .

Quand le lion est pris à son tour, et que le rat reconnaissant va lui faire ses offres de service, la grand'bête ouvre ses grands yeux, et, les tournant *un petit* vers son chétif allié, lui dit avec pitié :

Va te cacher, que le chat ne te voye !

Mais le *fils de souris* ne tient compte de ces propros :

> Lors sire Rat va commencer à mordre
> Ce gros lien. Vrai est qu'il y songea
> Assez long-temps ; mais il vous le rongea
> Souvent et tant, qu'à la parfin tout rompt.

La Fontaine, avec tout son génie, aurait-il fait, je le demande, un rat plus sensé que celui duquel Marot a pu dire : *Vrai est qu'il y songea assez long-temps ?*

L'épitre au roi, *pour le deslivrer de prison* (c'est de la seconde prison qu'il s'agit ici), est d'un bout à l'autre un chef-d'œuvre de familiarité décente et d'exquis badinage :

> . . . . . . . . . . . . . . .
> Trois grands pendards vinrent à l'estourdie,
> En ce palais, me dire en désarroy :
> Nous vous faisons prisonnier par le Roy...
> Sur mes deux bras ils ont la main posée,
> Et m'ont mené ainsi qu'une espousée,
> Non pas ainsi, mais plus roide un petit...

Voltaire, quand il nous raconte son départ pour la Bastille, a bien dit :

> Tous ces messieurs, d'un air doux et benin,
> Obligeamment me prirent par la main :
> Allons, mon fils, marchons...

Cela est insinuant, plein de tendresse et d'onction sans doute ; mais franchement *l'épousée* ne vaut-elle pas encore mieux ? A la fin de sa pièce, le poëte s'excuse auprès du monarque de l'audacieuse épitre qu'il lui envoie sans façon ; peut-être eût-il été plus convenable d'aller en personne parler de l'affaire à Sa Majesté, mais ajoute-t-il en se ravisant,

Je n'ay pas eu le loisir d'y aller.

Si l'on songe que Marot abonde en traits semblables, on concevra et l'on partagera presque le culte d'amour qu'ont rendu nos plus beaux génies à ses écrits et à sa mémoire ; on concevra aussi que cet amour ait pu aller parfois jusqu'à l'engouement, que le moins dogmatique des poëtes ait fait école jusque dans le dix-huitième siècle, et que J.-B. Rousseau ait pris pour son livre de *pupitre* l'auteur que prenait volontiers le grand Turenne pour son livre de chevet [1].

Que dire encore de cette autre épître au roi, *pour avoir esté desrobé* ; de ce portrait tant cité du valet de Gascogne, gourmand, ivrogne, larron et menteur,

> Sentant la hart de cent pas à la ronde,
> Au demourant le meilleur fils du monde ?

Que dire de cette demande d'argent, presque libérale à force d'être ingénieuse, et de cette promesse, digne à la fois d'un poëte, d'un courtisan et d'un Gascon (Marot était tout cela), par laquelle le créancier royal est assuré du paiement de sa créance, *sans intérêt s'entend,*

> *Lorsque* son los et renom cessera ?

Ce mot-là n'était pas venu à Villon quand il fit une requête toute pareille à monseigneur de Bourbon. Boileau, parmi les traits si variés de louanges qu'il a tournés pour Louis XIV, n'en a pas inventé de plus pénétrant, de plus soudain et en apparence de plus négligemment jeté.

---

1. Il semble que J.-B. Rousseau se soit proposé en tout Marot pour modèle : dans l'épigramme et l'épître il a tâché de copier jusqu'à son style ; il a traduit, comme lui, des Psaumes, quoique sur ce point la ressemblance finisse là ; enfin, les persécutions et les voyages forcés ne lui ont pas manqué. S'il n'a pas prodigué la sensibilité dans ses poésies, une ou deux petites pièces montrent qu'il n'en était pas dépourvu. On cite aussi quelques vers de Marot qui respirent une vraie tendresse. Quant à Turenne, il aimait fort à lire Marot, et, un jour qu'il était en route pour prendre le commandement de l'armée, il récita à son compagnon de voyage, La Fontaine, une épigramme et une ballade du vieux poëte. La Fontaine, dans une épître adressée au héros, lui rappelle cette circonstance piquante :

> . . . . . . . . . . . . . . . . . . .
> Car on vous aime autant qu'on vous estime.
> Qui n'aimeroit un Mars plein de bonté ?
> Car en tels gens ce n'est pas qualité
> Trop ordinaire. Ils savent déconfire,
> Brûler, raser, exterminer, détruire.
> Mais qu'on m'en montre un qui sache Marot ?
> Vous souvient-il, Seigneur, que, mot pour mot,
> *Mes créanciers, qui de dizains n'ont cure,*
> *Frère Lubin,* et mainte autre écriture,
> Ne fut par vous récitée en chemin ?

C'est dans cette même pièce que Marot lance, à propos des trois docteurs appelés en consultation sur sa maladie, ce vers plaisant trop peu remarqué au milieu des autres :

> Tout consulté, ont remis au printemps
> Ma guérison. . . . . . . . . .

A ces trois épîtres, vraiment délicieuses, on peut joindre celle qu'il adresse au roi en faveur du poëte *Papillon*, et dans laquelle, au calembour près du papillon, on croirait entendre La Fontaine [1]. Une autre épître *pour succéder en l'estat de son père*, quoique inférieure aux précédentes, ne manque ni d'adresse ni de facilité [2].

Marot a fait des satires en forme, sous le titre de *coq-à-l'asne*. « On les nommoit ainsi, dit un contemporain (Th. Sebilet), « pour la variété inconstante des non cohérents propos que les « François expriment par le proverbe du sault du coq à « l'asne. » Mais nulle part il n'aborde la satire avec plus de franchise et de sérieux que dans son *Enfer*, qu'il composa durant son premier emprisonnement. Cet enfer n'est autre que le Châtelet lui-même, et l'on devine aisément que les diables ne sont pas les prisonniers. L'indignation se mêle ici à la plaisanterie, et il y a un moment où l'horreur échappe par un cri au sensible poëte :

> O chers amis, j'en ai veu martyrer
> Tant, que pitié me mettoit en émoy !

Scarron n'avait pas oublié cet *Enfer* lorsqu'il travestissait celui de Virgile, ni Despréaux lorsqu'il creusait l'antre de la Chicane. Les juges du temps ne l'oublièrent pas non plus, et

---

1. Ce jugement sur l'*Épitre au Roi pour Papillon* est de Marmontel. Voici le début de la pièce :

> Me pourmenant dedans le parc des Muses
> (Prince sans qui elles seroient confuses)
> Je rencontrai sus un pré abattu
> Ton Papillon, sans force ne vertu,
> Je l'ai trouvé encor avec ses ailes,
> Mais sans voler, etc.

Nous avons déjà vu le jeu de mot sur *Lyon* Jamet et sur *Sagon*.

2. On y remarque ces vers faciles (le poëte regrette de n'avoir pas immédiatement succédé à son père dans la place de valet de chambre du roi) :

> Certes mon cas pendoit à peu de chose,
> Et ne falloit, Sire, tant seulement
> Qu'effacer Jean et escrire Clément.

s'en vengèrent. Exilé dans la suite et réfugié à Ferrare, Marot se plaint qu'ils lui veuillent *grand mal pour petit œuvre.*

Après l'épître, l'épigramme a été le triomphe de Marot; il semble l'avoir inventée, tant il la tourne avec aisance, la manie dans tous les sens, la rapproche à son gré du conte, du madrigal et de la chanson, ou, la laissant à elle-même, l'aiguise avec finesse et la lance au but en se jouant. Il égale plus d'une fois Anacréon, Catulle et Martial [1]; il traduit même ce dernier. Mais le talent de l'imitation est bien mince dans l'épigramme, et Marot pouvait s'en passer. Poëte de son époque et de sa nation avant tout, il emprunte de préférence à la gaîté contemporaine les objets qu'il voue à la raillerie. Le Frère Thibault, magister Lourdis, docteur en Sorbonne, le lieutenant criminel Maillard, quelque époux infortuné ou quelque dame intraitable, sont les textes favoris sur lesquels il glose, et que l'esprit français a commentés longtemps après lui. Réprouver ces plaisanteries du vieux temps contre les gens d'église, les gens de lois, les dames et les maris, serait d'aussi mauvais goût que de prétendre les éterniser. Elles ont fait le charme de nos aïeux, et notre littérature naissante n'a pas eu d'autre sève pour se nourrir. Qui voudrait les supprimer ou les omettre retrancherait stoïquement au xvie siècle tout le côté qui nous touche le plus, et le frapperait non-seulement dans quelques agréables poésies, dans quelques romans ingénieux, mais jusqu'en ses productions les plus fortes et les plus généreuses. On peut l'affirmer en effet, sans cet esprit qui dicta telle épigramme gaillarde de Marot, ou telle bouffonnerie graveleuse de Rabelais, la Satire Ménippée se-

---

1. L'épigramme qui commence par ce vers:

Amour trouva celle qui m'est amère, etc.

est digne d'Anacréon : *le Passereau de la jeune Maupas* a la gentillesse de celui de *Lesbie*. *Le Oui et le Nenni* exprime au naturel ce qu'il y a de plus inexprimable. *Le gros Prieur* est un conte achevé, en même temps qu'une excellente raillerie. On peut regarder comme une jolie chanson la pièce *Plus ne suis ce que j'ai été*, et comme une exquise élégie celle *Un jour la Dame en qui si fort j'espère*, etc... Voltaire se plaisait à citer *Monsieur l'abbé et monsieur son Valet*, etc.; et il a fait aussi à magister *Lourdis* l'honneur de se rappeler son nom.

Sans doute Marot n'est point partout également de cette délicatesse, et, si j'ose le dire, de cette friandise. Il a fait *le laid Tétin*, et il s'encanaille aussi quelquefois avec des cordeliers. Mais Horace et Catulle ne sont pas toujours eux-mêmes aux pieds de Lydie ou de Lesbie, et Marot a de plus qu'eux l'excuse de son siècle.

rait encore à naître ; et qui sait si plus tard, avec tout son jansénisme, Pascal eût écrit ses petites Lettres immortelles ?

Nous ne suivrons pas Marot dans ses chansons, ballades, chants royaux et rondeaux, non plus que dans l'élégie, qu'il essaya avec quelque succès. Remarquons pourtant, après La Harpe, que l'aimable railleur n'est pas dépourvu de tendresse, et qu'autre part même que dans l'élégie, jusque dans la chanson et l'épigramme, il a laissé échapper quelques vers d'une mélancolie voluptueuse[1] ; mais la sensibilité chez lui n'a qu'un éclair, et une larme est à peine venue que déjà le badinage recommence. En décernant avec justice à Marot le prix du rondeau et de la ballade[2], Boileau semble d'ailleurs oublier que la ballade florissait bien auparavant, et que le rondeau était depuis longtemps *asservi aux refrains réglés*, qui le distinguent parmi les autres petits poëmes. Marot, encore une fois, n'a rien inventé, mais il s'est habilement servi de tout. Loin de *montrer pour rimer des chemins tout nouveaux*, il s'en est tenu aux traces de ses devanciers, et a même laissé à un assez mauvais poëte de sa connaissance, appelé Jean Bouchet[3], l'honneur par trop incommode d'entrelacer régulièrement pour la première fois les rimes féminines et masculines. Le seul perfectionnement de versification qu'on lui puisse attribuer, c'est ce qu'il appelle la *coupe féminine*,

---

1. Témoin le vers qui termine la chanson *Puisque de vous je n'ai autre visage* :

> Adieu, amour ; adieu, gentil corsage ;
> Adieu ce teint, adieu ces frians yeux.
> Je n'ai pas eu de vous grand avantage :
> Un moins aimant aura peut-être mieux.

Témoin encore le vers qui termine l'épigramme *Un jour la Dame en qui si fort j'espère*. Le poëte supplie sa Dame de ne pas lui avouer qu'elle aime :

> ...... N'ai garde qu'il m'advienne
> Un si grand bien ; et si j'ose affirmer
> Que je devrois craindre que cela vienne ;
> Car j'aime trop quand on me veut aimer.

D'ailleurs, on peut citer, parmi les élégies, la quatrième, la sixième et la seizième. Dans la quatrième, en passant au poëte l'allégorie du cœur, si usitée dans ce temps-là, on lui saura gré du sentiment naïf qui règne dans le style. Dans la sixième, il raconte à sa maîtresse un songe qu'il a fait, et dans la seizième il lui peint la douleur qu'il éprouva e brûlant un billet qu'elle lui avait envoyé à cette condition. Cette dernière surtout est remarquable.

2. Le meilleur rondeau qu'on ait fait est peut-être celui de Marot intitulé *De l'Amour du siècle antique* :

> Au bon vieux temps, un train d'amour régnoit. etc.

3. Ce Jean Bouchet, dont la naissance est de 1476, et le dernier ou-

et encore Jean Le Maire la lui avait enseignée. Elle consiste simplement à ne pas terminer le premier hémistiche d'un vers de dix syllabes par un *e* muet sans l'élider : ainsi Marot n'aurait pas dit, comme Villon en parlant de dame Sidoine :

> Blanche, tendre, pollie et atteintée;

mais il dit fort bien :

> Dès que m'amie est un jour sans me voir.

Cette élision, qu'il juge nécessaire à la fin du premier hémistiche, ne lui semble plus telle dans le courant du vers lorsque l'*e* muet est précédé d'une voyelle, et dans ce dernier cas il s'en abstient toujours.

Si la versification n'a dû à Marot aucune réforme matérielle d'importance, personne mieux que lui alors n'en a possédé l'esprit et entendu le mécanisme. Il s'est voué de prédilection au vers de dix syllabes; vers heureux et naïf, qui, sur ses deux hémistiches inégaux, unit dans son allure tant de laisser-aller avec tant de prestesse [1], et duquel on pourrait dire, comme du distique latin, que cette irrégularité même est une espièglerie de l'Amour :

> . . . . . . . . . . *Risisse Cupido*
> *Dicitur, atque unum subripuisse pedem.*
>
> (Ovide.)

Ce vers déjà si familier à Villon, et depuis si cher à La Fontaine, à Voltaire et à Parny, Marot ne le fait pas, il le trouve et le

---

vrage de 1555, versificateur aussi fécond que médiocre, a dit dans une épître de 1557 :

> Je trouve beau mettre deux féminins
> En rime platte avec deux masculins,
> Semblablement quand on les entrelasse
> En vers croisés...

Il faut remarquer cependant que, dans un grand nombre de ses psaumes, Marot a observé cette règle fort exactement. Selon Du Bellay, c'était « afin que plus facilement on les pût chanter, sans varier la musique pour la diversité des mesures qui se trouveroient à la fin des vers. » (*Illustrat. de la langue françoise.*)

1. Dans le conte des *Trois Manières*, Voltaire a dit:

> Apamis raconta ses malheureux amours
> En mètres qui n'étaient ni trop longs, ni trop courts:
> Dix syllabes par vers, mollement arrangées,
> Se suivaient avec art, et semblaient négligées,
> Le rhythme en est facile, il est harmonieux ;
> L'hexamètre est plus beau, mais parfois ennuyeux.

parle; c'est son langage de conversation, de correspondance; on concevrait à peine qu'il pût s'en passer. En lui reprochant la fréquence des enjambements, il faut reconnaître qu'il en a souvent rencontré les bons effets. Après le vers de dix syllabes, c'est celui de huit qu'il préfère. Quant à l'alexandrin, l'idée ne lui vient presque jamais d'y recourir : qu'en faire en des sujets si peu solennels? Il le voit du même œil qu'il verrait la Joyeuse de Charlemagne ou une vieille armure trop pesante, et ne se sent pas de force à le porter. L'honneur d'avoir soulevé et commencé à dérouiller le vers héroïque [1] appartient en entier à Ronsard et à son école.

Nous nous sommes arrêté sur Marot avec soin et même complaisance, parce qu'il représente la vieille poésie française dans sa plus grande pureté, et qu'on trouve en lui le descendant naturel et direct de Guillaume de Lorris, de Jean de Meun, d'Alain Chartier et de Villon. Leur manière, leurs idées, sont communément les siennes, et plus d'une fois il les avoue pour maîtres. Il se fait l'éditeur du *Roman de la Rose*, dont il corrigea le style, et des poésies de Villon, qu'il recueillit, déchiffra et restaura de son mieux [2]. On rencontre dans ses œuvres des exemples et en quelque sorte des échantillons complets de toutes les surannées élégances poétiques, telles que rimes *équivoquées, consonnées, concatenées, annexées, fratrisées,* autant d'hommages rendus aux coutumes gauloises. Il a poussé son respect pour les anciens jusqu'à proclamer *souverain Poëte françois* Crétin, qu'il avait connu dans sa jeunesse. C'était à lui-même que ce titre convenait à tous égards, et l'admiration de ses contemperains n'a pas hésité à le lui décerner. Marot, en effet, au milieu des troubles de son existence, jouit constamment de la gloire la plus entière et la moins contestée. Sagon et la Hueterie n'excitèrent qu'une clameur d'indignation quand ils l'osèrent attaquer du-

---

1. Remarquez qu'on appelait alors *héroïque*, non pas l'alexandrin, mais le vers de dix syllabes, tant l'alexandrin était hors d'usage; on le jugeait plus qu'héroïque. Une fois Marot s'avisa de faire des alexandrins pour célébrer *le Roi et ses perfections:* mais il est aisé de voir, à la solennité si peu habituelle de sa louange, quelle haute idée il avait conçue de ce vers majestueux. « Cette espèce, dit Thomas Sebilet en son *Art poétique*, ne se peut proprement appliquer qu'à choses fort graves, comme aussi au pois de l'oreille se trouve pesante. » L'*alexandrin* avait été employé autrefois dès l'origine de notre poésie, et son nom lui était venu du *Poëme d'Alexandre*, écrit au treizième siècle en vers de cette mesure.

2. L'édition de Villon parut en 1532; celle du *Roman de la Rose* en 1527; Marot avait préparé celle-ci durant sa première captivité pour s'y distraire.

rant son exil à Ferrare, et tous les illustres d'alors [1] se croisèrent entre eux pour la défense d'un ami et d'un maître absent. Cette sympathie si vive qui unit Marot aux poëtes de son âge s'explique par la merveilleuse opportunité de son talent, non moins que par l'exellence de son humeur : il était trop naïvement de son siècle pour n'en être pas goûté.

Un trait encore au portrait de Marot. En restant le disciple de nos vieux poëtes français, il l'était peu à peu devenu des anciens grecs et latins, et il les traduisait quelquefois. Mais jamais ces nouveaux maîtres ne lui inspirèrent de dédain pour les premiers; parce qu'une églogue était belle, il ne jugea pas qu'une ballade dût être sans agrément ; et, en présence de Virgile, il ne songea pas à rougir des rondeaux de son père. Cette ingénuité fait honneur à son naturel et profita à son talent. Plus tard nous aurons occasion de la relever [2].

Au nom de Marot s'associe naturellement celui de Marguerite de Navarre, qui fut la protectrice de sa vie, le sujet fréquent de ses vers, et peut-être plus encore. Nous ne parlons pas ici des

---

1. Marot met les vers suivants dans la bouche de son valet Fripelipes ;

> Venez, ses disciples gentils,
> Combattre cette lourderie;
> Venez son mignon *Borderie*,
> Grand espoir des Muses hautaines,
> Rocher, faites saillir *Fontaines;*
> Lavez tous deux aux veaux les testes,
> *Lyon*, qui n'est pas roi des bestes,
> Car Sagon l'est, sus, haut la pate;
> Que du premier coup on l'abatte.
> . . . . . Nous aurons *Bonaventure,*
> A mon advis, assez sçavant
> Pour le faire tirer avant.
> Viens *Brodeau* le puisné, son fils,
> Qui si très bien le contrefis
> Au huictain des Frères mineurs,
> Que plus de cent beaux divineurs,
> Dirent que c'étoit Marot mesme, etc.

On trouve dans la même épître l'énumération suivante:

> Je ne vois point qu'un *Saint-Gelais*
> Un *Heroet*, un RABELAIS,
> Un *Brodeau*, un *Scève*, un *Chappuy,*
> Voysent escrivant contre luy.
> Né *Papillon* pas ne le point, etc.

La plupart des poëtes ci-dessus nommés travaillèrent au *Blason du Corps humain*, dont Marot leur avait donné l'idée par son épigramme du *beau Tétin* : c'étaient comme les disciples glorieux d'achever l'ouvrage du maître. Il est assez curieux que Sagon, qui n'était pas alors en querelle avec Marot, se soit choisi le blason du *pied*. Sa pièce, d'ailleurs, n'a pas été insérée avec les autres.

2. Voir au *Dictionnaire* de Bayle l'article Clément Marot, un de ces articles excellents, écrits *con amore* par ce calviniste libertin, des mieux faits pour goûter l'autre.

contes de cette spirituelle princesse, ni de ses mystères ou comédies pieuses. Plusieurs chansons assez faciles montrent qu'elle sut profiter des exemples et des services de son valet de chambre favori [1]. Elle est la première des trois *Marguerites* du sang royal dont les talents et les noms poétiques inspirèrent aux rimeurs de ce siècle tant de compliments et de dédicaces *fleuries*. La seconde, Marguerite de Savoie, était sœur de Henri II ; et la troisième, sœur des trois derniers Valois, épousa Henri IV, qui finit par la répudier. La reine de Navarre transmit ses goûts littéraires à Jeanne d'Albret, sa fille dont il reste des sonnets adressés à Joachim Du Bellay, et Henri IV dut sans doute à quelque saillie de cette verve héréditaire les couplets de *Charmante Gabrielle*. Pour en finir tout de suite avec les petits vers des grands personnages, disons que François Ier en a écrit quatre sur le portrait d'Agnès Sorel, huit sur le tombeau de Laure, que Henri II en a rimé dix pour Diane de Poitiers, et que Charles IX en a adressé une vingtaine à Ronsard, ou même davantage. Les adieux de Marie Stuart à la France sont connus. Au reste, en réunissant d'avance ces titres légers, qui n'auraient pas mérité d'être rappelés à part, et qu'il ne faudrait pas trop discuter, nous n'entendons nullement leur reconnaître un droit de préséance en faveur de leur haute origine. C'est seulement d'un bon augure aux muses quand les rois prennent le devant.

---

1. Nous devons en avertir, ce sont les badins qui disent cela ; d'estimables biographes l'ont pris plus au sérieux et s'en sont fâchés. Marguerite a trouvé des champions déclarés de sa vertu, l'abbé Goujet d'abord, un peu Rœderer, et surtout récemment M. Génin, éditeur instruit des *Lettres* de la reine de Navarre. M. Charles Nodier, dans un très-spirituel article (*Revue des Deux Mondes*, novembre 1839), a tâché de retirer à la princesse l'*Heptaméron* pour en reporter l'honneur à Bonaventure Des Periers. Les écrivains protestants surviennent là-dessus, et, comme ils revendiquent le plus qu'ils peuvent Marguerite, ils ne seraient pas fâchés de lui voir enlever ses *Contes* ; mais ils tiennent bon pour sa vertu de tout temps contre les insinuations de Brantôme et les légèretés de Lenglet Du Fresnoy, copiées par M. Auguis. Chacun est dans son rôle ; restons dans le nôtre. Que croire à cette distance, et même de plus près ! Les hautes qualités de Marguerite sont hors de cause ; mais il y a de certains moments dans la jeunesse. Et puis, quand une femme écrit, on est tenté toujours de demander, en souriant, qui est là derrière. Le poëte Motin disait à une femme auteur :

> Ce beau sonnet est si parfait
> Que je crois que ne l'ayez fait.
> Mais je crois, Pauline, au contraire,
> Que vous vous l'êtes laissé faire.

— Voir pourtant sur les relations de Marot et de la reine de Navarre la judicieuse notice de M. Génin, page 40, en tête des *Lettres de Marguerite* (1841).

L'on a vu que Marot, tant qu'il vécut, n'eut pas de rival en poésie. Celui qui aurait eu le plus de titres pour le devenir est sans contredit Mellin de Saint-Gelais, fils de l'évêque Octavien. Son éducation avait été plus soignée que celle de son ami ; et l'état ecclésiastique, qu'il avait embrassé, lui donnait avec plus de tranquillité d'esprit, plus d'occasions d'études. A une connaissance assez profonde de l'antiquité, il joignit le goût de la littérature italienne, que Catherine de Médicis naturalisa à la cour, et, en sa qualité d'aumônier du dauphin, depuis roi Henri II, il ne put se dispenser, pour plaire à la future reine, de laisser quelquefois le rondeau pour le sonnet [1]. Aussi, avec plus de correction peut-être et plus d'éclat que Marot, Saint-Gelais est bien loin de la franche naïveté gauloise. Les pièces qu'il a laissées, fort courtes pour la plupart, étincellent de traits soit gracieux, soit caustiques ; mais elles n'ont presque jamais le laisser-aller d'un conte ou d'une causerie. Quand Marot est excellent, il y a chez lui quelque chose de La Fontaine ; quand Saint-Gelais invente le plus ingénieusement, c'est dans le tour de Voiture et de Sarrasin. Ces beaux-esprits lui auraient envié le dizain que voici :

> Près du cercueil d'une morte gisante,
> Mort et Amour vinrent devant mes yeux.
> Amour me dit : La mort t'est plus duisante,
> Car, en mourant, tu auras beaucoup mieux.
> Alors la Mort, qui régnoit en maints lieux,
> Pour me navrer, son fort arc enfonça ;
> Mais, de malheur, sa flèche m'offensa
> Au propre lieu où Amour mit la sienne ;
> Et, sans entrer, seulement avança
> Le trait d'Amour en la playe ancienne.

Après une rupture, il écrit à sa maîtresse qu'on peut raccommoder la flèche brisée de l'Amour :

> L'acier, au lieu de sa soudure,
> Est plus fort qu'ailleurs et plus ferme.

---

1. C'est à Mellin de Saint-Gelais et à Joachim Du Bellay qu'on doit l'introduction du sonnet en France. Du Bellay reconnaît que Mellin est le premier des poëtes français qui en ait composé. Celui-ci a de plus traduit en prose la *Sophonisbe* du Trissin, et en vers quelques morceaux de l'Arioste.

Il dit ailleurs :

> Ne tardez pas à consentir
> Et à tel ami satisfaire :
> Mieux vaut faire et se repentir
> Que se repentir et rien faire.

Entre deux beautés qui l'agaçaient, il choisit la plus petite :

> La grande en fut, ce crois-je, bien despite ;
> Mais de deux maux le moindre on doit choisir.

Par malheur, cette gentillesse de Saint-Gelais va souvent jusqu'à la *mignardise*, suivant l'expression d'Etienne Pasquier [1] ; et si son mauvais goût n'est pas celui auquel nos vieux poëtes et Marot lui-même sont quelquefois sujets, s'il ne fait pas *coigner Cognac* et *remémorer Romorantin* [2], il joue sur les idées aussi puérilement que d'autres sur les mots, et n'évite le défaut national que pour tomber dans l'afféterie italienne ; témoin le sonnet suivant, qui n'est peut-être pas encore le plus maniéré de tous :

> Voyant ces monts de veue ainsi lointaine,
> Je les compare à mon long déplaisir :
> Haut est leur chef, et haut est mon désir ;
> Leur pied est ferme, et ma foy est certaine ;
>
> D'eux maint ruisseau coule et mainte fontaine,
> De mes deux yeux sortent pleurs à loisir ;
> De forts soupirs ne me puis dessaisir,
> Et de grands vents leur cime est toute pleine.
>
> Mille troupeaux s'y promènent et paissent,
> Autant d'amours se couvent et renaissent
> Dedans mon cœur, qui seul est ma pasture.

---

1. Pasquier dit en ses *Recherches sur la France* : « Or, se rendirent Clément et Mellin recommandables par diverses voies : celui-là pour *beaucoup et fluidement*, et cettui-ci pour *peu et gratieusement* écrire. » (Jugement d'une grande sagacité.) Il ajoute : « Ce dernier produisoit de petites fleurs, et non fruits d'aucune durée : c'étoient des mignardises qui couroient de fois à autres par les mains des courtisans et dames de cour, et qui lui étoit une grande prudence, parce qu'après sa mort on fit imprimer un recueil de ses œuvres, qui mourut aussitôt qu'il vit le jour. » Selon lui, Mellin n'aurait brigué et obtenu qu'un succès de société, ce qui peut bien être vrai. Remarquons pourtant que, lorsqu'on publia les pièces de Mellin, l'école de Ronsard était en pleine vogue, et que l'ami de Marot tomba aux mains de juges un peu sévères.

2. Jeux de mots qu'on trouve dans la complainte de Marot sur la mort de la duchesse d'Angoulême.

> Ils sont sans fruit, mon bien n'est qu'apparence ;
> Et d'eux à moi n'a qu'une différence,
> Qu'en eux la neige, en moi la flamme dure.

Mellin de Saint-Gelais semble n'avoir négligé aucun des contrastes que la poésie pouvait offrir avec sa profession, et il fait souvent servir sa science ecclésiastique à des allusions assez profanes. Tantôt il inscrit un compliment d'amour sur le livre d'Heures d'une pénitente, il lui esquisse, pour ainsi dire, la *Confession de Zulmé*; tantôt, un jour de Pâques fleuries, il fait remarquer à sa dame qu'elle doit bien lui alléger ses peines de cœur, puisque Dieu délivre en ce moment les âmes languissantes des limbes. Les portraits de saint Jacques, de saint Michel, de saint George, et même de saint Antoine, lui inspirent plus de quatrains érotiques que d'oraisons, et il ne respecte ni Madeleine, ni les Onze mille Vierges.

Que dire du sonnet suivant :

> Je suis jaloux, je le veux confesser,
> Non d'autre amour qui mon cœur mette en crainte,
> Mais des amis de la parole sainte,
> Pour qui j'ai vu ma Dame me laisser.
>
> Je commençois à propos luy dresser
> Du jeune Archer dont mon âme est atteinte,
> Quand, s'éloignant de moy et de ma plainte,
> A un prescheur elle alla s'adresser :
>
> Qu'eussé-je fait, fors souffrir et me taire?
> Il devisa du céleste mystère,
> De trois en un, et de la Passion ;
>
> Mais je ne croy qu'elle y sut rien comprendre,
> Quand l'union de deux ne sait apprendre,
> Ni de ma Croix avoir compassion[1] !

Sacrilège pour sacrilège, j'aime encore mieux cette autre pièce dans laquelle il catéchise une dame nouvellement arrivée à la cour :

> Si du parti de celles voulez être
> Par qui Vénus de la cour est bannie;

---

1. On lit à la suite de cet étrange sonnet, de peur qu'on n'en ignore : *Fait après le sermon du jour de la Trinité à Esclairon*, 1548.

> Moy, de son fils ambassadeur et prêtre,
> Savoir vous fais qu'il vous excommunie.
> Mais, si voulez à leur foy être unie,
> Mettre vous faut le cœur en leur puissance,
> Pour répondant de votre obéissance :
> Car on leur dit qu'en vous, mes Damoiselles,
> Sans gage sûr y a peu de fiance
> Et que d'Amour n'avez rien que les ailes.

Tout consommé qu'était Mellin dans la galanterie du sonnet et du madrigal, l'obscénité de l'épigramme ne l'a pas rebuté. On doit convenir pourtant qu'il a très-bien réussi en ce dernier genre [1], et que plus il s'y rapproche de la gaité un peu grossière de l'époque, plus il en trouve aussi les saillies et le naturel. La douceur de son style et l'indolence de son humeur n'émoussaient point chez lui le piquant de la causticité; et Ronsard, avec lequel il eut quelques démêlés littéraires, s'est plaint douloureusement de la *tenaille de Mellin* [2].

Après Saint-Gelais et Marot, nous n'essaierons pas d'examiner ni même d'énumérer tous les versificateurs qui appartiennent à la première moitié du seizième siècle. Aux causes ordinaires qui, dans presque tous les temps, font naître à foison les mauvais poëtes, il s'en joignit ici de particulières, telles que l'imperfection du langage, la faveur peu éclairée des princes; mais nous en indiquerons surtout une qui s'étend sur l'époque entière. Durant cette grande renaissance des lettres, les esprits studieux embrassaient tout ; la vocation de créer n'était pas distincte du besoin de savoir ; et, dans ce vaste champ de conquête, au milieu de cette communauté de connaissances, on ne

---

1. Qu'on lise les épigrammes : *Un jour que Madame dormoit*, etc.; *Notre vicaire, un jour de fête*, etc.; *Un maistre ès arts mal chaussé et vêtu*, etc.; *Un mari se voulant coucher*, etc.; *Une jeune et belle épousée*, etc. Je ne citerai que celle-ci :

> Tu demandes, ami, comment
> Le bon saint François, qui fut prêtre,
> Tant de moines gris a fait naître
> Au monde successivement ?
> L'effet se montre évidemment :
> Car, ces jours passés, l'un de ceux
> Qui portent ce gris vêtement
> D'un seul coup en engendra deux.

2. Ces démêlés se lient, comme on le verra bientôt, à une grande querelle d'école. Ce que je dis de l'indolence de Mellin est prouvé par tous les témoignages; lui-même il développe sa doctrine épicurienne dans une épître à *Diane sa nièce* ou sa fille, selon Du Verdier. Il était né vers 1491, et mourut en 1558.

songeait pas encore à l'apanage du talent. On faisait des vers
comme on faisait de la médecine, de la jurisprudence,
de la théologie ou de l'histoire ; et tout lettré d'alors,
pourrait à la rigueur, être rangé parmi les poëtes. La
langue française, dont l'usage se popularisait, ou, pour parler
plus exactement, s'ennoblissait de jour en jour, partagea bientôt avec la langue latine les frais de cette poésie sans inspiration,
et, sur la fin du siècle, elle en était presque surchargée. Que
trouver aujourd'hui dans les rimes de l'imprimeur Etienne Dolet,
de l'avocat Thomas Sebilet, du mathématicien chimiste Jacques
Gohorry[1] ? Ne suffisait-il pas à Pelletier du Mans d'être à la
fois médecin, grammairien et géomètre ? Osons dire d'avance la
même chose du savant et judicieux Pasquier. Non pas qu'oubliant les exemples des L'Hospital et des de Thou, nous préten-
dions qu'une instruction profonde soit incompatible avec la
poésie ; mais, si elle ne l'exclut pas, du moins elle n'y supplée
jamais. Au reste, cette espèce de confusion de limites entre le
talent et la science n'a cessé, même pour nos bons esprits,
qu'au dix-septième siècle, à l'apparition de nos chefs-d'œuvre
littéraires. On a compris dès lors tout ce que vaut le génie en
lui-même, et combien profondément il se distingue de cette
facilité commune où l'habitude peut atteindre. Le goût, qui n'est
après tout que l'art de discerner et de choisir, a désormais
interdit aux hommes d'un vrai mérite en d'autres genres l'envie
de devenir versificateurs médiocres, et la ressource d'être réputés poëtes excellents.

A considérer le talent plutôt que le nombre des ouvrages,
nous devons un souvenir à Victor Brodeau, le plus cher favori
de Marot, qui le surnomma son fils, et qui nous a conservé de

---

1. Pour être juste, disons que Jacques Gohorry a fait une jolie imitation du célèbre passage de Catulle : *Ut flos in septis secretus nascitur
hortis*, que l'Arioste avait déjà imité : *La verginella è simile alla
rosa*, etc.

    La jeune fille est semblable à la rose,
    Au beau jardin, sur l'épine naïve,
    Tandis que sûre et seulette repose,
    Sans que troupeau ni berger y arrive.
    L'air doux l'échauffe, et l'aurore l'arrose,
    La terre, l'eau, par sa faveur l'avive.
    Mais jeunes gens et dames amoureuses
    De la cueillir ont les mains envieuses.
    La terre et l'air, qui la souloient nourrir,
    La quittent lors et la laissent flétrir.

Celui qui a trouvé cet heureux couplet a été pourtant, au dire de Gabriel
Naudé, le premier fauteur du Paracelsisme en France.

lui le huitain *à deux Frères mineurs*. Cette petite pièce avait été attribuée par les meilleurs connaisseurs du temps à Marot lui-même, et elle égale en effet ce qu'il a fait de mieux en ce genre :

> Mes beaux pères Religieux,
> Vous disnez pour un grand merci.
> O gens heureux ! ô demi-dieux !
> Pleust à Dieu que je fusse ainsi !
> Comme vous, vivrois sans souci :
> Car le vœu qui l'argent vous oste,
> Il est clair qu'il défend aussi
> Que ne payez jamais votre hoste.

On trouve encore dans les œuvres de Marot une jolie réponse au rondeau du *bon vieux temps*, faite par Brodeau, et, dans les œuvres de Saint-Gelais, le quatrain suivant, adressé par le même à une dame qu'il aimait :

> Si la beauté se perd en si peu d'heure,
> Faites-m'en don tandis que vous l'avez ;
> Ou s'elle dure, hélas, vous ne devez
> Craindre à donner un bien qui vous demeure.

Saint-Gelais répondit non moins agréablement au nom de la dame :

> Si ma beauté doit périr en peu d'heure,
> Aussi fera le désir qu'en avez ;
> Ou s'elle dure, hélas ! vous ne devez
> Estimer bien si le mieux me demeure.

Brodeau, mort jeune, a laissé un fils qui s'est distingué dans l'érudition. Quant à lui, tout légers que puissent paraître ses titres auprès de la postérité, son nom s'est conservé avec celui de son maître ; et Voiture s'en est souvenu encore cent ans après, un jour qu'il cherchait une rime à *rondeau*.

Un démêlé poétique qui agita assez vivement les amis et disciples de Marot nous donnera occasion de mentionner quelques autres personnages célèbres du temps, et à la fois de signaler un nouvel exemple de l'influence sociale sur la littérature. La chevalerie avait depuis longtemps perdu l'esprit de son origine, et d'institution utile qu'elle était d'abord, elle avait dégénéré en pure cérémonie de parade. François I$^{er}$, en la recevant de Bayard, en fit une mode de cour, et ce fut à qui en prendrait les couleurs. Les poëtes ne furent pas les derniers : chacun avait dit sa devise, formée de son nom par anagramme ou empruntée au blason de l'antique chevalerie. C'étaient *l'esclave fortuné, l'humble espérant, le dépourvu, le banni de liesse, le traverseur des voies périlleuses ;* tous paladins fades et langoureux que Joachim Du Bellay, dans son *Illustration de la Langue françoise,* renvoie avec colère à la Table-Ronde. Vers ce temps Antoine Héroet, qui fut plus tard évêque de Digne, composa un poëme intitulé *la parfaite Amye,* et couronna son héroïne de toutes les perfections platoniques. La Borderie, le même que Marot appelait son *mignon,* opposa à la Dulcinée d'Héroet une *Amye de Cour* moins métaphysique et plus profane ; il la proclama néanmoins la plus parfaite des belles. Cette témérité, qui semblait incivile envers le beau sexe, mit en émoi Charles Fontaine, qui entra en lice, et se déclara, dans *la Contr'Amye,* le champion de l'amour honnête et légitime. Paul Angier vint alors briser une lance pour la dame de cour, et la venger par une apologie en vers. On voit que le tournoi poétique se pratiqua dans toutes les règles de l'étiquette. C'est sans doute à cette réminiscence de chevalerie que certaines poésies doivent une teinte sentimentale qui, à tous autres égards, contraste si fort avec les mœurs du temps. La lecture plus répandue des livres italiens et espagnols y contribua aussi ; et d'ailleurs il convenait assez qu'à une époque de renaissance littéraire il y eût quelque vif sentiment des jouissances de l'âme. On peut citer pour l'élégance du style et la chasteté de la pensée le conte du *Rossignol,* par l'imprimeur Gilles Corrozet, si c'est à lui qu'on le doit. Ce n'était pas chose vulgaire alors de concevoir deux amants qui plaçassent le bonheur dans le sacrifice. Quoi qu'on en ait dit, ce conte n'a de commun que le nom avec celui, d'un ton bien différent, qu'on lit dans certaines éditions de La Fontaine. *Le tuteur d'Amour,* par Gilles d'Aurigny, est un poëme tout classique par la décence et la composition. Ici, la mythologie du *Roman de la Rose* semble avoir fait place à celle d'Anacréon ; seulement Anacréon eût resserré en douze vers plutôt que délayé en quatre chants l'agréable idée de ce *tuteur d'amour* qui finit par devenir le pupille, comme tant de tuteurs de comédie[1]. J'en

---

1. Quoique *le Tuteur d'Amour* soit peut-être postérieur à la mort de François Iᵉʳ, je le place ici, parce qu'il appartient par le ton à l'école de Marot plutôt qu'à celle qui suivit. Il en est de même de Louise Labé, née

dirai autant de l'ingénieux *Débat de la Folie et de l'Amour*, par Louise Labé de Lyon, surnommée *la belle Cordière*. La Fontaine, dans sa fable de *l'Amour et la Folie*, a trouvé moyen de rassembler et d'embellir encore ce qu'il y a de jolis traits épars dans les cent pages de prose de l'original. Surtout il nous a fait grâce de ces longs plaidoyers qu'Apollon et Mercure, avocats d'office des parties plaignantes, débitent par devant Jupiter et l'Olympe comme par devant un parlement, et dans lesquels, pour fortifier leur cause, ils remontent de citations en citations jusqu'à Salomon, David et Jonathas. Louise Labé a laissé peu de vers; mais, quoiqu'ils paraissent aujourd'hui assez insignifiants, on y reconnaît sans peine, à la douceur et à la pureté des sentiments et de l'expression, que la belle cordière soupirait non loin de la patrie de Laure. A Lyon, vers le même temps, Maurice Scève célébrait en dizains une maîtresse du nom de *Délie*, avec une érudition profonde dont nos vieux poëtes ne se doutaient pas, et une constance exemplaire dont ils se piquaient encore moins[1].

Mais ce n'étaient là que des fleurs artificielles, et la France n'était pas à beaucoup près purgée du fumier de Villon. On a vu Marot, tout en restant fidèle à la bonne vieille gaîté, la tempérer et la relever à la fois par une délicatesse de meilleur goût. La cour avait été sa *maîtresse d'école*, suivant son heureuse expression. Autre part qu'à la cour, au fond des provinces, surtout dans ces provinces étrangères par leur situation à tout rapport avec l'Italie, telles que l'Anjou et le Poitou, la jovialité la plus effrénée perpétuait ses traditions et prolongeait ses *repues franches*. Mais on peut dire qu'elle s'est surpassée elle-même dans la *Légende de Maître Pierre Faifeu*, et qu'elle y a fait des miracles. Ce Pierre Faifeu, écolier d'Angers, avait laissé dans le pays la réputation du plus joyeux compagnon et du gaudisseur le plus insigne qu'on eût vu depuis Villon. Il paraît en effet que Villon, après avoir manqué le gibet à Montfaucon, s'était retiré sur ses vieux jours à Saint-Maixent, entre Poitiers et Angers, et, à en juger par le récit de Rabelais, il y donnait passe-temps au peu-

---

en 1526, et morte en 1566. Le *Débat de la Folie et de l'Amour* ressemble tout à fait aux *Arrêts d'Amour* de Martial d'Auvergne, et Gilles d'Aurigny a composé lui-même un *Arrêt* qu'il a joint aux autres, et qui est le cinquante-deuxième du recueil.

1. Comme Maurice Scève est peu connu, et sa *Délie* à peu près illisible,

ple, en célébrant des mystères et jouant des diableries. Faifeu avait pu recueillir les souvenirs tout récents de maître François ; et, si la légende est véridique, il a bien égalé son patron, du moins en tours pendables. Comparés à lui, Villon, Patelin, le valet de Gascogne et Panurge sont presque des honnêtes gens et de la bonne compagnie. Ce qui ajoute encore à l'effet de cette chronique scandaleuse, c'est qu'elle est dédiée à maître Jean Alain, prêtre, et mise en vers par son *très-humble serf, petit disciple et obéissant chapelain*. *Charles de Bourdigné*, lequel, selon La Croix du Maine, *florissoit* à Angers en 1531. J'ignore si le chapelain n'a pas renchéri sur les hauts faits de son héros ; du moins il n'a pu les atténuer, car, en matière d'escroquerie et de débauche, on ne connaît rien au delà. Le bonhomme d'ailleurs, disons-le pour sa justification, nous a l'air de trou-

---

j'en citerai ici deux ou trois dizains, qui m'ont semblé les meilleurs du livre.

    Dans son jardin Vénus se reposoit
    Avec Amour, sa douce nourriture,
    Lequel je vis, lorsqu'il se déduisoit.
    Et l'aperçus semblable à ma figure ;
    Car il estoit de très-basse stature,
    Moi très-petit ; lui pasle, moi transi.
    Puisque pareils nous sommes donc ainsi,
    Pourquoi ne suis second Dieu d'amitié ?
    Las ! je n'ay pas l'arc ni les traits aussi,
    Pour esmouvoir ma maistresse à pitié.

    Le jeune Archier veut chatouiller Délie,
    Et se jouant d'une épingle se poinct.
    Lors tout soudain de ses mains se deslie,
    Et puis la cherche et voit de point en point ;
    La visitant, lui dit : Aurois-tu point
    Traits comme moi, poignans tant asprement ?
    Je lui réponds : Elle en a voirement
    D'autres assez dont elle est mieux servie ;
    Car par ceux-ci le sang bien maigrement,
    Et par les siens tire l'âme et la vie.

    Le peintre peut de la neige dépeindre
    La blancheur telle à peu près qu'on peut voir ;
    Mais il ne sait à la froideur atteindre,
    Et moins la faire à l'œil apercevoir.
    Ce me seroit moi-mesme decevoir,
    Et grandement me pourroit-on reprendre,
    Si je taschoi à te faire comprendre
    Ce mal qui peut voire l'ame opprimer,
    Que d'un objet comme peste on voit prendre,
    Qui mieux se sent qu'on ne peut exprimer.

    Délie aux champs troussée et accoustrée,
    Comme un veneur, s'en alloit esbatant.
    Sur le chemin, d'Amour fut rencontrée,
    Qui partout va jeunes amans guettant,
    Et lui adit, près d'elle voletant :
    Comment vas-tu sans armes à la chasse ?
    — N'ay-je mes yeux, dit-elle, dont je chasse
    Et par lesquels j'ay maint gibier surpris ?
    Que sert ton arc qui rien ne pourchasse,
    Vu mesmement que par eux je t'ay pris ?

ver tout cela fort innocent, et qui plus est, fort plaisant; au besoin même, il y glisse son proverbe ou un petit bout d'*oremus*. Le seul trait tolérable de la facétie est d'avoir fait mourir Faifeu de *mérancolie* aussitôt après son entrée en ménage[1]. Ce serait ici le lieu de parler de Rabelais, si nous le rangions parmi les poëtes comme Marot l'a fait sans hésiter. Mais en reconnaissant qu'il y a plus de poésie, c'est-à-dire d'invention réelle, dans son inconcevable et monstrueuse épopée qu'en aucun ouvrage du temps, nous le réservons à part pour lui consacrer l'examen détaillé qu'il mérite et qui dans ce moment nous éloignerait trop de notre sujet.

Jusqu'à la mort de François I<sup>er</sup> (1547), la poésie ne présente aucune autre production digne de remarque ; et, si nous jetons les regards en arrière, nous verrons que, même en se polissant par degrés, elle était restée constamment fidèle à l'esprit de son origine. Quelque différence de ton qu'il y ait entre *le Temple de Cupido* et la *Légende de Faifeu*, entre *la parfaite Amye* d'Héroet et l'épigramme contre *Magister Lourdis*, on y saisit toujours plus ou moins l'accent de Charles d'Orléans ou de Villon, de Thibaut de Champagne ou du *Roman de la Rose*. Mais subitement tout change. Henri II monte sur le trône; comme son père il aime les lettres, et même il les cultive. Son aumônier, c'est l'ami de Marot, Mellin de Saint-Gelais ; son poëte en titre, c'est François Habert, disciple des deux précédents. Thomas Sebilet publie un *Art poétique* en 1548. Cet art poétique, nourri d'ailleurs des préceptes de l'antiquité et des remarques les plus

---

[1]. Nous ne citerons qu'une espièglerie de maître Faifeu. Un boulanger avait séduit une chambrière, sous promesse de mariage. Pierre Faifeu, qui pour lors était de la basoche, s'avisa de jouer le boulanger séducteur en public, à carême-prenant :

> Pour mieulx jouer à la vraye vérité
> Le cas qui est cy-dessus récité,
> En une charte ou en un tombereau
> Il fit mettre un cuvier tout plein d'eau,
> Et s'y pousa tout nud ô (*avec*) une fille,
> Et charier se fit parmi la ville :
> Pour mieulx donner entendre le bagaige,
> Le alloit faisant par nom de mariage.

Cette mascarade cynique choqua quelques *suppôts d'église*, qui lui firent une affaire à ce sujet. Mais le chroniqueur lui-même s'arrête ici brusquement, comme effrayé :

> Pl s n en diray, car pas n'en serois cru!!!

Qu'on rapproche de ce trait celui que Rabelais raconte de Villon, comme une gentillesse, mais qui n'est rien moins qu'un assassinat, et l'on aura peine à concevoir cette simplicité des mœurs antiques.

judicieuses, rend solennellement hommage *à nos bons et classiques poëtes français, comme sont, entre les vieux, Alain Chartier et Jean de Meun*[1]; *et, entre les jeunes, Marot, Saint-Gelais, Salel, Héroët, Scève, et tant d'autres bons esprits.* Marot surtout y obtient d'un bout à l'autre les honneurs de la citation, et l'ouvrage, à le bien prendre, n'est qu'un inventaire, un commentaire de ses poésies, une perpétuelle invocation d'un texte consacré. Tout enfin semble promettre à Marot une postérité d'admirateurs encore plus que de rivaux, et à la poésie un perfectionnement paisible et continu, lorsqu'à l'improviste la génération nouvelle réclame contre une admiration jusque-là unanime, et, se détachant brusquement du passé, déclare qu'il est temps de s'ouvrir par d'autres voies un avenir de gloire. L'*Illustration de la Langue françoise* par Joachim Du Bellay est comme le manifeste de cette insurrection soudaine, qu'on peut dater de 1549 ou 1550[2], qui se prolonge, telle qu'une autre ligne, durant la dernière moitié du siècle, et dont Malherbe, sous Henri IV, a été le pacificateur.

Cet éclat, si mémorable en lui-même et par ses suites, a eu des causes qu'il importe d'expliquer. Depuis la renaissance des lettres, les savants proprement dits ne s'étaient pas occupés de prose ni à plus forte raison de poésie française; et, lorsqu'au milieu de leurs doctes commentaires, une velléité poétique, provoquée le plus souvent par le génie de l'imitation, venait distraire leur esprit, c'était en grec ou pour le moins en latin qu'ils avaient coutume d'y satisfaire. Les poëtes français étaient pour la plupart des ignorants assez spirituels, élevés dans les maisons des grands ou dans les loisirs de quelque monastère; et, s'ils laissaient par moments les sujets oiseux d'amour et de facétie, c'était moins pour étudier l'antiquité que pour écrire en rime ou en prose la chronique du temps. Quelques-uns, il est vrai, comme Jean Le Maire de Belges, étaient allés loin dans cette espèce d'érudition moderne; mais elle ne pouvait exercer aucune influence heureuse sur leur veine poétique. Cependant la langue française gagnait du terrain chaque jour. François Ier la consacra dans les tribunaux par son ordonnance de 1539,

---

1. L'érudition nationale du seizième siècle ne remontait pas au delà de ces poëtes du second ou même du troisième âge.
2. J'ai discuté et déterminé avec précision cette date dans l'article particulièrement consacré à Du Bellay, et inséré dans la seconde partie de ce volume.

l'imposa dans l'enseignement à ses professeurs du Collège de France, et lui prêta en toute occasion la sanction de sa faveur. On vit Guillaume Budée se mettre, déjà vieux, à écrire en français *l'institution du Prince*, Louis Le Roy se préparait à devenir célèbre par ses traductions. Mais ces savants, malgré leur volonté de plaire au monarque, ne purent jamais vaincre leurs premières habitudes au point de s'abaisser à notre poésie[1], et elle resta, durant le règne de François I*er*, à la disposition de Clément Marot et de ses amis, qui, sans mériter du tout le nom d'ignorants, étaient néanmoins la plupart, sauf quelques exceptions, des courtisans assez dissipés et paresseux, plus versés dans Alain Chartier et Jean de Meun que dans les textes d'Euripide ou d'Homère. On avait donc, si je puis ainsi la définir, une sorte de *reflorescence* un peu mixte et semi-gothique encore en poésie. Le contre-coup de la vraie renaissance grecque-latine retardait sensiblement sur notre Parnasse. Voilà pourtant que, sous les érudits de l'époque, et soumise à leur forte discipline, s'élevait en silence une génération studieuse et ardente, qui se prenait à la fois d'une admiration jalouse pour les chefs-d'œuvre antiques et d'une vive compassion pour cette langue maternelle jusque-là si délaissée. Les lauriers d'Athènes et de Rome enlevaient ces jeunes cœurs; et, autour d'eux, quelques rondeaux naïfs, quelques joyeuses épigrammes, n'avaient pas de quoi les remplir. Ils allaient même jusqu'à mépriser ces humbles mais piquantes productions du terroir gaulois, et l'on aurait dit qu'elles eussent perdu toute leur saveur pour des palais ainsi abreuvés de vieux falerne. La frivolité des poëtes français ne leur inspirait aussi qu'une fort médiocre estime; ils la jugeaient du haut de leur érudition, et ne se souvenaient pas assez que cette frivolité diminuait de jour en jour, et que la poésie n'était déjà plus une simple affaire de cabaret ou de salon. Clément Marot, en effet, dont le père rimait, sans savoir ni grec ni latin, avait acquis de lui-même une instruction assez étendue, si l'on a égard à sa vie bien courte, sans cesse partagée entre les plaisirs de la cour et les soins de l'exil. Saint-Gelais unissait à l'étude de l'antiquité et de la littérature italienne, au talent du chant et de la musique, les connaissances qu'on avait alors en médecine, géométrie, astronomie et théologie. Hugues Salel

---

1. Budée alla pourtant jusqu'à composer en vers français un *Chant royal*, qu'il présenta à François I*er*, lors du retour de Madrid.

traduisait l'*Iliade*, Antoine Héroët l'*Androgyne* de Platon, François Habert les *Métamorphoses* d'Ovide. Charles Fontaine possédait la didactique de son art beaucoup mieux qu'il ne le pratiquait. La réforme en un mot s'introduisait peu à peu dans la poésie, et les hommes qui la cultivaient ne restaient aucunement étrangers au mouvement intellectuel de cette mémorable époque. C'est ce qu'oublièrent trop les jeunes disciples de l'antiquité. Colorant leurs préjugés d'érudits de toutes les illusions de la jeunesse et du patriotisme, ils prononcèrent qu'il n'existait rien en France, et se promirent de créer tout. Sur la foi d'un si beau vœu, ils rêvaient déjà pour leur pays une gloire littéraire pareille à celle dont resplendissait pour la seconde fois l'Italie. Du premier jour de sa majorité, cette jeunesse s'émancipa impétueusement, et, selon l'énergique expression d'un contemporain (Du Verdier), on vit une troupe de poëtes s'élancer de l'école de Jean Dorat[1] comme du cheval troyen. Joachim Du Bellay les harangua pour ainsi dire avant l'action. Résumons ici les principales idées de son livre remarquable, et justifions par là nos assertions, qui pourraient sembler exagérées et ne sont pourtant que rigoureuses.

« Les langues, disait Du Bellay[2], ne naissent pas, comme les plantes, les unes infirmes et débiles, les autres saines et robustes : toute leur vertu gît au vouloir et arbitre des mortels. Condamner une langue comme frappée d'impuissance, c'est prononcer avec arrogance et témérité, comme font aujourd'hui certains de notre nation, qui, n'étant rien moins que Grecs ou Latins, déprisent et rejettent d'un sourcil plus que stoïque toutes choses écrites en françois. Si notre langue est plus pauvre que la grecque ou la latine, ce n'est pas à son impuissance qu'il faut l'imputer, mais à l'ignorance de nos devanciers, qui nous l'ont laissée si chétive et si nue qu'elle a besoin des ornements et pour ainsi dire des plumes d'autrui. Qu'on ne perde pourtant pas courage : les langues grecque et latine n'ont pas toujours été ce qu'on les vit du temps de Dé-

---

1. Jean Dorat (ou Daurat, en latin *Auratus*) fut d'abord précepteur particulier de Jean-Antoine de Baïf, fils naturel de Lazare de Baïf. Devenu principal du Collège de Coqueret, il eut pour élèves, avec le même Baïf, Ronsard, Lancelot de Cartes, Remi Belleau, Antoine Muret. Du Bellay, ayant rencontré Ronsard dans un voyage, se lia avec lui et avec Baïf, et ils se mirent dès lors à vivre et à étudier tous trois ensemble, sous Dorat.
2. Ce qui suit est une analyse de l'*Illustration de la Langue française*, faite autant que possible avec les propres expressions de Du Bellay.

mosthènes et de Cicéron, et d'ailleurs le règne du grand roi François a montré, par toutes sortes de traductions, que notre langue françoise n'avoit pas eu à sa naissance les astres et les Dieux si ennemis. Philosophes, historiens, médecins, poëtes, orateurs grecs et latins, ont appris à parler françois [1]. Les Hébreux même ont été mis au langage vulgaire, au grand regret de ces druides vénérables, qui ne craignent rien tant que la découverte de leurs mystères. Cependant les traductions ne suffisent pas pour illustrer la langue. Elles peuvent bien reproduire cette partie des anciens qu'on nomme invention, mais non pas celle qu'on nomme élocution. Or, sans l'élocution, toutes choses restent comme inutiles et semblables à un glaive encore couvert de sa gaîne ; sans métaphores, allégories, comparaisons et tant d'autres figures et ornements, toute oraison et poëme sont nus et débiles. D'où il arrive que, si dans la lecture d'un Homère, d'un Démosthènes, d'un Cicéron ou d'un Virgile, vous passez du texte à la traduction, il vous semble passer de l'ardente montagne de l'Etna sur le froid sommet du Caucase. Pour ces raisons, qu'on se garde bien, entre autres choses, d'oser jamais traduire les poëtes; car ce seroit les trahir et les profaner, à moins pourtant qu'on n'y soit forcé par le commandement exprès des princes et grands seigneurs, et par l'obéissance qu'on doit à de tels personnages. Les Romains ont bien su enrichir leur langue sans vaquer à ce labeur de traduction ; mais ils imitoient les meilleurs auteurs grecs, se transformant en eux, les dévorant, et, après les avoir bien digérés, les convertissant en sang et en nourriture. C'est en cette manière qu'il nous faut imiter les Grecs et les Latins. Autant néanmoins que ces emprunts sont louables à l'égard des sentences et des mots d'une langue étrangère, autant ils sont odieux et sordides à l'égard des auteurs d'une même langue,

---

1. On lit dans Thomas Sebilet, dont l'*Art poétique* résume l'histoire de la poésie sous François I<sup>er</sup> : « Des poëmes qui tombent sous l'appellation
« de grand œuvre, comme sont en Homère l'*Iliade*, en Virgile l'*Énéide*,
« tu trouveras peu ou point entrepris ou mis à fin par les poëtes de notre
« temps. Te faudra recourir au *Roman de la Rose*, qui est un des plus
« grands œuvres que nous lisons aujourd'hui en notre poésie françoise,
« et croy que cette défaillance d'œuvres grands et héroïques part de faute
« de matière, ou de ce que chacun des poëtes famés savants aime mieux,
« en traduisant, suivre la trace approuvée de tant d'âges et de bons
« esprits, etc. Pourtant t'averty-je que la version ou traduction est aujourd'hui le poëme le plus fréquent et le mieux reçu des estimés poëtes
« et des doctes lecteurs.... »

comme on voit faire à certains savants qui s'estiment meilleurs à proportion qu'ils ressemblent davantage à Héroët ou à Marot.

« Tout ce qui précède s'adresse également à l'orateur et au poëte, qui sont comme les deux piliers de l'édifice de chaque langue. Mais, comme Étienne Dolet a formé l'*orateur françois*, je ne m'occuperai qu'à ébaucher le poëte. Il faut lui recommander avant tout l'imitation des Grecs et des Latins. Que Marot plaise aux uns parce qu'il est facile et ne s'éloigne point de la commune manière de parler ; qu'Héroët plaise aux autres parce que tous ses vers sont doctes, graves et élaborés : pour moi, de telles superstitions ne m'empêchent point d'estimer notre poésie françoise, capable de quelque plus haut et meilleur style que celui dont nous nous sommes si longuement contentés. De tous nos anciens poëtes, il n'est presque que Guillaume de Lorris et Jean de Meun qui méritent d'être lus, et encore pour curiosité bien plus que pour profit. Les plus récents sont assez connus par leurs œuvres, et j'y renvoie les lecteurs pour en faire jugement. Je dirai pourtant que Jean Le Maire de Belges me semble avoir le premier illustré et les Gaules et la langue françoise, en lui donnant beaucoup de mots et de manières de parler poétiques, qui ont bien servi même aux plus excellents de notre temps. Ceux-ci ne sont pas en bien grand nombre ; hors cinq ou six, qui servent au reste comme de porte-enseignes, la tourbe des imitateurs est si ignorante en toutes choses, que notre langue n'aura garde de s'étendre par leur moyen. Toi donc qui te destines au service des Muses, tourne-toi aux auteurs grecs et latins, même italiens et espagnols, d'où tu pourras tirer une forme de poésie plus exquise que de nos auteurs françois. Ne te fie point aux exemples de ceux des nôtres qui ont acquis grande renommée avec point ou peu de science, et ne m'allègue point que les poëtes naissent ; ce seroit chose trop facile que d'atteindre ainsi à l'immortalité. Qui veut voler par les bouches des hommes doit longuement demeurer en sa chambre ; et qui désire vivre en la mémoire de la postérité doit, comme mort en soi-même, suer et trembler maintes fois ; et autant que nos poëtes courtisans boivent, mangent et dorment à leur aise, il doit endurer la faim, la soif et de longues veilles : ce sont les ailes dont les écrits des hommes volent au ciel. Lis donc, et relis jour et nuit les exemplaires grecs et latins ; et laisse-moi aux Jeux Floraux de Toulouse et au Puy de Rouen toutes ces vieilles poésies françoises, comme rondeaux, ballades, virelais, chants royaux, chansons, et telles autres épiceries, qui corrompent le goût de notre langue et ne servent sinon à porter témoignage de notre ignorance. Jette-toi à ces plaisantes épigrammes, à l'imitation d'un Martial ; distille d'un style coulant ces lamentables élégies, à l'exemple d'un Ovide, d'un Tibulle et d'un Properce ; fredonne sur la musette ces églogues rustiques dont Marot a montré l'usage dans l'églogue sur la naissance d'un enfant royal ; sonne-moi aussi ces beaux sonnets de savante et agréable invention italienne ; remplace-moi les chansons par les odes, les coq-à-l'âne par la satire, les farces et moralités par les comédies et tragédies. Choisis-moi, à la façon de l'Arioste, quelqu'un de ces beaux vieux romans françois, comme un Lancelot, un Tristan, ou autres, et fais-en renaître au monde une admirable Iliade ou une laborieuse Énéide. Sur toute chose, observe que ton poëme soit éloigné du vulgaire. Je voudrois bien dire ici, en passant, à ceux qui écrivent nos romans en beau langage pour les demoiselles, d'employer cette grande éloquence à recueillir les fragments de vieilles chroniques françoises, et, comme a fait Tite-Live des annales et autres anciennes chroniques des Romains, d'en bâtir le corps entier d'une belle histoire. »

Suivent plusieurs conseils de versification, la plupart fort judicieux ; puis, venant à parler des mauvais poëtes français, Du Bellay leur lance cette invective : « O combien je désire voir *sécher ces printemps* (Jean Le Blond, ami de Sagon, avait intitulé un poëme, de 1536, le *Printemps de l'humble Espérant*), *rabattre ces coups d'essay* (Sagon avait intitulé son attaque contre Marot *Coups d'Essay*), *tarir ces fontaines* (Charles Fontaine intitulait ses poésies *Ruisseaux de Fontaine*)! Je ne souhaite pas moins que ces *dépourvus*, ces *humbles espérants*, ces *bannis de lyesse* (François Habert, poëte de Henri II, prenait ce nom), ces *esclaves fortunés* (Michel d'Amboise), ces *traverseurs* (Jean Bouchet, *traverseur des voies périlleuses*), soient renvoyés à la Table-Ronde, et ces belles petites devises aux gentilshommes et demoiselles dont on les a empruntées! Je supplie Phébus-Apollon que la France, après avoir été si longuement stérile, enfante bientôt un poëte dont le luth bien résonnant fasse taire ces enrouées cornemuses. »

Après avoir, dans une dernière et chaleureuse allocution, exhorté nos auteurs à se convertir à la langue maternelle, après les avoir, pour ainsi dire, enivrés d'un dithyrambe en l'honneur de la France, et s'être écrié, à la manière de César, qu'il vaut mieux être un Achille chez soi qu'un Diomède ailleurs, Du Bellay poursuit dans son style de poëte, et passe en ces termes le Rubicon :

« Là doncques, François, marchez courageusement vers cette superbe Cité romaine, et des serves dépouilles d'elle (comme vous avez fait plus d'une fois) ornez vos temples et vos autels. Ne craignez plus ces oies criardes, ce fier Manlie, et ce traître Camille, qui, sous ombre de bonne foi, vous surprenne tout nuds, comptant la rançon du Capitole ; donnez en cette Grèce menteresse, et y semez encore un coup la fameuse nation des Gallo-Grecs. Pillez-moi, sans conscience, les sacrés trésors de ce temple delphique, ainsi que vous avez fait autrefois, et ne craignez plus ce muet Apollon, ses faux oracles, ni ses flèches rebouchées. Vous souvienne de votre ancienne Marseille, seconde Athènes, et de votre Hercule gallique, tirant les peuples après lui par leurs oreilles, avec une chaine attachée à sa langue [1]. »

Quoi qu'on puisse aujourd'hui penser de ces éblouissantes promesses, l'augure en est sur l'heure accepté, et la croisade commence. « Ce fut une belle guerre que l'on entreprit lors contre l'ignorance, » nous dit en ses *Recherches* Pasquier, dont le vieux cœur se réchauffe après quarante ans à ces souvenirs de jeunesse. Son imagination s'anime pour les peindre, et il se plaît à nous montrer Pierre de Ronsard, Pontus de Thiard, Remi Belleau, Étienne Jodelle, Jean-Antoine de Baïf [2], s'avançant en brigade, et formant ce qu'il appelle le gros de la bataille. « Chacun d'eux avoit sa maîtresse qu'il magnifioit, et chacun se pro-

---

1. D'Alembert a dit des *Tropes* de Dumarsais que tout y était à lire, même le post-scriptum. On peut en dire autant du livre de Du Bellay. Son *post-scriptum*, comme celui de Dumarsais, se rapporte à l'orthographe. Du Bellay s'excuse de n'avoir pas suivi le nouveau système d'orthographe, introduit alors par Meygret, et qui consistait à écrire comme on prononce. Il juge cette innovation grammaticale très-légitime ; mais il paraît craindre de compromettre, en l'adoptant, le succès de son innovation poétique. Toutes ces réformes d'ailleurs se liaient entre elles, et avaient en général les mêmes partisans et les mêmes adversaires.

2. Pasquier ajoute encore à cette *brigade* Jacques Tahureau, Guillaume Des Autels, Nicolas Denisot, dit *le Conte* (Comte) *d'Alsinois* par anagramme, Louis Le Carond, Olivier de Magny, Jean de La Péruse, Marc-Claude de Buttet, Jean Passerat, Louis Des Masures, et enfin lui-même, qui faisait alors ses premières armes.

mettoit une immortalité de nom par ses vers : vous eussiez dit que ce temps-là étoit du tout consacré aux Muses. » Le siècle entier est désormais gagné à cette génération ardente ; tous les nouveaux poëtes s'enrôlent sous leurs bannières, et quelques-uns même des anciens, tels que Maurice Scève de Lyon [1], Jacques Pelletier du Mans, Thomas Sebilet et Théodore de Bèze, se rallient à eux. Vainement le bon Gaulois Rabelais prodigue-t-il ses bouffées de railleries à un style qui rappelle le jargon de son écolier limousin : on ne prend pas son rire au sérieux, et, quand il meurt, ceux même dont il s'est moqué lui font à l'envi de belles épitaphes [2]. Vainement Saint-Gelais, avec son goût raffiné et sa plaisanterie caustique, essaie-t-il de parodier devant le monarque les odes enflées de Ronsard : il est réduit, dans l'intérêt de sa propre renommée, à en passer par une réconciliation, à subir les éloges du jeune vainqueur, et, lui laissant désormais libre carrière, il se réfugie tristement dans les vers latins. Charles Fontaine pourtant voulut répliquer : il était personnellement attaqué par Du Bellay, et, comme celui-ci avait joint au livre de l'*Illustration* plusieurs sonnets où il célébrait une maîtresse du nom d'*Olive*, Fontaine tenait à prouver que *l'eau de sa Fontaine dureroit autant que le feu de l'huile d'Olive*. Sa réponse intitulée *Quintil Horatian* (1551) est une critique de détail quelquefois ingénieuse, mais le plus souvent futile. Le poëte grammairien reproche à Du Bellay, ici d'avoir écrit *défense* avec deux *ff* et un *c* ; là d'avoir appelé Horace le *Pindare latin* ; plus loin d'avoir hasardé la métaphore du *sourcil stoïque* ou celle du *glaive engainé*. Il lui fait même un crime d'avoir employé, au lieu de *pays*, le mot de *patrie*, qui n'avait pas encore apparemment droit de cité en France. S'il en vient à l'examen des poésies, les remarques sont toujours de la même force. Du Bellay avait appelé le Parnasse le mont *deux fois cornu*, et

---

1. Maurice Scève trouva grâce auprès des novateurs. Du Bellay le loue d'avoir, l'un des premiers, retiré la poésie du peuple et de l'ignorance. Pasquier le range à côté de Bèze et de Pelletier, dans *l'avant-garde* de Ronsard. Sebilet, au contraire, regarde ses vers comme si obscurs, qu'il juge souvent impossible de les entendre. Nous avons précédemment cité de lui quelques dizains. Il avait dans sa jeunesse mérité les éloges de Marot, et avait travaillé au *Blason du Corps Féminin*.

2. Bayle rapporte, il est vrai, que Ronsard, qui ménageait Rabelais vivant, lui fit à sa mort une épitaphe mordante. On peut voir dans mon Choix des poésies de Ronsard cette pièce bachique plutôt que satirique. Mais on a une autre épitaphe par Baïf, qui célèbre l'illustre *rieur*, et Joachim Du Bellay a dit *l'utile-doux* Rabelais.

Fontaine lui observe très-judicieusement que c'est assez d'une fois : « Car, dit-il, il n'y a que deux croupes, et s'il étoit deux fois cornu, il y en auroit quatre. » Quant aux critiques plus importantes et réellement décisives, Fontaine les touche bien en passant, mais il les fait trop peu ressortir. Nous y insisterons davantage.

Dans le noble dessein d'illustrer la langue et en particulier la poésie française, il ne fallait pas injustement flétrir tout ce que la France avait produit jusque-là de naïf et d'indigène. Du Bellay se fâche hors de propos contre les rondeaux et ballades, dont la vogue était déjà passée; il oublie que Saint-Gelais, Scève, Salel et Héroet faisaient fort peu de rondeaux, et que ceux de Marot n'avaient guère été que des exercices de jeunesse, des réminiscences de la muse paternelle. Ces innocents poëmes, quoiqu'un peu vieillis, méritaient de sa part moins de mauvaise humeur ; ils ne corrompaient aucunement la langue, et, en fait d'*épiceries*, les sonnets à l'italienne et les épigrammes à la Martial pouvaient compter pour bien davantage. Ces sonnets n'étaient pas d'ailleurs exclusivement propres à la nouvelle école, puisque Saint-Gelais en composait d'excellents[1] ; et les épigrammes de Martial n'avaient pas de quoi faire oublier les épigrammes toutes récentes de Marot. Les élégies de celui-ci, puisqu'on voulait absolument des élégies, avaient droit à quelque mention ; son églogue en avait bien moins, et c'était montrer peu de discernement que de proposer en modèle cette froide allégorie. Le *coq-à-l'âne*, en devenant *satire*, changeait de nom plutôt que de nature, et l'on ne faisait que récuser, comme parrain du genre, Marot, qui, pour des Français, était aussi compétent que Thespis. A quel propos encore repousser la chanson[2] et lui défendre de fleurir à distance respectueuse de l'ode? La tragédie nous manquait, sans doute ; mais la farce

---

1. Marot lui-même avait déjà composé quelques sonnets.
2. Pasquier dit en ses *Recherches :* « On retint de l'ancienne poésie l'é-
« légie, l'églogue, l'épitaphe, et encore *la chanson*, nonobstant l'avis de
« Du Bellay. » Du Bellay parle avec dédain de la chanson de Saint-Gelais,
*Déploration de Vénus à la mort d'Adonis*, qui commence par ces vers :

Laissez la verte couleur,
O Princesse Cythérée, etc.

Cependant elle était jusque-là regardée comme la meilleure de Mellin, qui avait la palme du genre. Charles Fontaine, qui gourmande à ce propos Du Bellay, nous apprend que, non content de composer des chansons, Saint-Gelais les mettait en musique, et les chantait en s'accompagnant sur une lyre.

était par moments de la bonne et franche comédie : comme étude dramatique, *Patelin* et quelques chapitres de Rabelais valaient bien *l'Andrienne*. A tout prendre, la réforme proclamée par Du Bellay comme une découverte de la veille se réduisait à deux parts, dont l'une n'était pas aussi neuve ni l'autre aussi praticable qu'il le prétendait. L'épigramme, l'élégie, l'églogue, le sonnet, la satire et l'étude des chefs-d'œuvre anciens appartenaient déjà à Marot, à Saint-Gelais, et à leur école : restait à Du Bellay l'honneur de proposer l'ode pindarique, la comédie et la tragédie grecques, aussi bien que le poëme épique. Mais l'exécution a montré que lui et ses amis ont en cela méconnu et forcé le génie de leur époque. Ne trouvant point en France de vocabulaire poétique tout fait, ni même assez d'éléments dont on pût le composer à leur guise, ils se sont mis à exploiter en grammairiens le grec, le latin et l'italien ; manœuvres avant d'être architectes, ce n'est qu'après la fatigue de ces doctes préliminaires qu'ils ont abordé la poésie. Surtout ils ont évité d'en faire une chose accessible et populaire [1] : *Odi profanum vulgus* était leur devise, et elle contrastait d'une manière presque ridicule avec la prétention qu'ils affichaient de fonder une littérature nationale ; alors qu'on se moquait des *vénérables druides* et des *recéleurs de mystères*, il convenait mal de les imiter. Qu'est-il donc advenu, que devait-il advenir de cette langue savante, construite sur la langue populaire ? La langue populaire a fait un pas, et tout l'échafaudage de la langue savante a croulé. L'accident était soudain ; et, comme le sublime désappointé touche au grotesque, un long rire a éclaté comme à une chute de tréteaux.

Pour nous, qui venons plus tard, une disposition plus sérieuse et plus équitable dirigera notre examen, et, la part une fois faite à la sévérité, nous reconnaîtrons que l'erreur de Du Bellay et de Ronsard n'a pas été une erreur vulgaire ; qu'elle suppose une rare vigueur de talent, de longues veilles, un dévouement profond, une pure et sainte conception de la poésie. Nous compatirons à ces nobles cœurs qui se débattaient contre une langue rebelle à leur pensée ; et les victimes enchaînées sous l'écorce des arbres dans la forêt enchantée du Tasse nous donneront l'idée du supplice qu'ils durent subir. Tant d'efforts, après tout

---

1. Du Bellay pousse cette aversion théorique contre *le familier* et *le populaire* jusqu'à rejeter *l'épître*, dans laquelle Marot avait si fort excellé.

n'ont pu rester sans effets. La langue y a gagné une foule de mots et de tours dont jusque-là elle n'avait pas ressenti le besoin, et dont plus tard elle s'est heureusement prévalu. Si l'importation a été parfois violente et capricieuse, comme dans une sorte de seconde invasion romaine, elle a laissé du moins de ces traces récentes et vives, telles qu'on en retrouve encore tout à nu dans le grand Corneille. De plus il faut songer que les innovations même les plus légitimes ne s'accomplissent jamais à l'amiable ; en toute réforme on n'obtient que peu quoiqu'on réclame beaucoup ; ce qui semble un appareil superflu d'efforts n'est souvent que l'instrument nécessaire du moindre succès ; et peut-être, pour reprendre une image déjà employée, peut-être l'échafaudage fastueux dressé par Ronsard et abattu par Malherbe n'avait-il rien que de strictement indispensable à la construction de l'édifice régulier qui l'a remplacé.

Mais avant d'aborder Ronsard, qui fut le grand artisan de la réforme poétique, arrêtons-nous encore à Du Bellay, qui l'avait prêchée avec tant de zèle et qui la pratiqua avec un vrai succès. Il tint en partie les promesses de son *Illustration de la Langue Françoise*, et se garda de la plupart des excès où tombèrent ses contemporains. Des images, de l'énergie, de la dignité, du sentiment, telles sont les qualités jusque-là inconnues qu'on distingue en lui quelquefois et dont les vestiges révèlent un poëte. Son mauvais goût n'est guère pire que celui de Saint-Gelais ; s'il lui arrive souvent de *pétrarquiser*, comme on le disait alors, du moins il ne *pindarise* pas ; sa facilité le sauve de l'enflure pédantesque. Lui-même nous apprend que ses amis mettent ses chansons à côté de celles de Ronsard, et qu'ils en donnent pour raison

Que l'un est plus facile et l'autre plus savant[1].

Malherbe a eu tort de le reprendre de cette facilité : elle valait mieux que le *cerveau rétif* qu'il reprochait à Ronsard. Les poëmes principaux de Du Bellay sont *l'Olive*, *les Regrets* et *les Antiquités de Rome* ; il les a composés en sonnets qui se succèdent sans beaucoup de liaison. Dans *l'Olive*, il célèbre sa maîtresse, et, parcourant en détail toutes ses beautés, il les com-

---

1. Pasquier a dit : « Chacun donne à Ronsard la gravité, à Du Bellay la « douceur. »

pare successivement aux beautés analogues de la nature, sa voix au souffle du zéphyre, ses yeux au soleil, etc., etc. Fontaine critique ce luxe de comparaisons dans *le Quintil Horatian :*
« Tu es trop battologie, qui, en quatre feuilles de papier répètes
« plus de cinquante fois *ciel* et *cieux*, tellement que tu peux
« sembler tout célestin. Semblablement tu redis souvent même
« choses et paroles, comme *armées*, *ramées*, *oiseaux*, des
« *eaux*, *fontaines vives* et leurs *rives*, *bois*, *abois*, *Orient*,
« *Arabie*, *perles*, *vignes*, *ormes*, et telles paroles et choses par
« trop souvent redites en même et petit œuvre, et quasi en
« même forme, qui témoignent ou affectation ou pauvreté. »
Cependant on avait trop ignoré jusque-là en France cette poésie de sentiments et d'images ; bien ménagée, elle pouvait tempérer à propos la gaieté de cabaret, et répandre sur la langue un peu de décence et d'éclat. C'est dans *l'Olive* qu'on trouve ce vers pittoresque, dont Marot ne se fût jamais avisé :

Du cep lascif les longs embrassements.

*Les Regrets* sont des espèces de *Tristes*, composées par Du Bellay durant le séjour de trois ou quatre ans qu'il fit à Rome avec le cardinal Du Bellay son parent. Les dégoûts d'un office subalterne, le spectacle des mœurs italiennes et de la cour pontificale, les souvenirs de l'antiquité déchue, et plus encore ceux de la patrie absente, tout abreuva le poëte d'un ennui qui n'a que trop passé dans ses vers. Mais c'est déjà quelque chose de remarquable que ce sérieux et parfois amer sentiment d'une âme qui s'ennuie et qui souffre [1]. Le gentil

---

1. Il se reproche en un endroit d'avoir sacrifié ses études et sa gloire aux soins de sa fortune :

<blockquote>
Las ! où est maintenant ce mépris de fortune ?
Où est ce cœur vainqueur de toute adversité,
Cet honnête désir de l'immortalité,
Et cette belle flamme au peuple non commune ?

Où sont ces doux plaisirs qu'au soir, sous la nuit brune,
Les Muses me donnoient, alors qu'en liberté,
Dessus le verd tapis d'un rivage écarté,
Je les menois danser aux rayons de la lune ?

Maintenant la Fortune est maîtresse de moi,
Et mon cœur, qui souloit être maître de soi,
Est serf de mille maux et regrets qui m'ennuient ;

De la postérité je n'ai plus de souci ;
Cette divine ardeur, je ne l'ai plus aussi,
Et les Muses de moi, comme étranges, s'enfuyent.
</blockquote>

(A partir de 1550, je n'observerai en général que l'indispensable dans la vieille orthographe des citations. La poésie moderne en effet commence.)

maître Clément, emprisonné et persécuté, ne savait que badiner avec ses maux; et Rabelais, qui, vingt ans avant Du Bellay, faisait le voyage d'Italie, comme médecin du même cardinal, Rabelais disciple ou compère de Marot, de Villon et de la bonne vieille école facétieuse, ne paraît pas s'être consumé en regrets mélancoliques dans le pays des *Papimanes*.

Les ruines de la ville éternelle inspirèrent à Du Bellay ses *Antiquités de Rome*, qui nous semblent, après *les Regrets*, son meilleur poëme. Il s'y élève par moments jusqu'à l'énergie, et dans sa manière d'évoquer ce *vieil honneur poudreux* il y a déjà des expressions qui appartiendront plus tard à la langue de Corneille [1]. A la vue de ces débris éloquents, le poëte se replie sur lui-même, et dit à son âme de se consoler, parce que les désirs meurent aussi bien que les empires; interrogeant brusquement ses vers, il leur demande s'ils espèrent encore l'immortalité.

Du Bellay a composé des poésies lyriques où se rencontrent beaucoup de strophes d'un ton élevé et soutenu. Dans une ode sur *l'immortalité*, il s'écrie avec un dédain de conviction :

> L'un aux clameurs du palais s'étudie ;
> L'autre le vent de la faveur mendie :
> Mais moi, que les grâces chérissent,
> Je hais les biens que l'on adore ;
> Je hais les honneurs qui périssent
> Et le soin qui les cœurs dévore :
> Rien ne me plaît, fors ce qui peut déplaire
> Au jugement du rude populaire.

Ailleurs il s'excite à chanter dans sa langue maternelle, plutôt que de se traîner à la suite des anciens. La pièce est adressée à Marguerite, sœur de Henri II et protectrice des novateurs contre la cabale de cour :

> Quiconque soit qui s'étudie
> En leur langue imiter les vieux
> D'une entreprise trop hardie
> Il tente la voie des cieux,

---

1. Il dit, en parlant des guerres civiles des Romains :
> Quand, si cruellement l'un sur l'autre animés,
> Vous détrempiez le fer en vos propres entrailles.

Il dit qu'on n'aperçoit plus *Rome en Rome*.

Croyant en des ailes de cire
Dont Phœbus le peut déplumer ;
Et semble à le voir qu'il désire
Nouveaux noms donner à la mer.

. . . . . . . . . . .

Princesse, je ne veux point suivre
D'une telle mer les dangers,
Aimant mieux entre les miens vivre
Que mourir chez les étrangers.

Mieux vaut que les siens on précède
Le nom d'Achille poursuivant,
Que d'être ailleurs un Diomède,
Voire un Thersite bien souvent.

Quel siècle éteindra ta mémoire,
O Boccace ! et quels durs hivers
Pourront jamais sécher la gloire,
Pétrarque, de tes lauriers verds ?

. . . . . . . . . . .

Et moi, si la douce folie
Ne me déçoit, je te promets,
Loire, que ta lyre abolie,
Si je vis, ne sera jamais.

Mais c'est surtout par la grâce et la douceur qu'il paraît exceller, ainsi que l'avaient bien senti ses contemporains en le surnommant *l'Ovide françois*. L'éloge qu'il donne quelque part à un poëte de ses amis s'applique tout à fait à lui-même :

L'amour se nourrit de pleurs,
Et les abeilles de fleurs ;
Les prés aiment la rosée,
Phœbus aime les neuf Sœurs,
Et nous aimons les douceurs
Dont ta muse est arrousée.

Dans l'ode *à deux Damoiselles*, lorsque, après avoir célébré *leurs beautés*, il les engage à fuir *les façons cruelles* et à laisser conduire leur nef au port de l'hyménée, on croit entendre le poëte moderne qui montre à sa bien-aimée le golfe chéri :

Ces petites ondes enflées,
Des plus doux zéphyrs soufflées,
Sans fin vont disant à leur bord :
Heureuse la nef arrêtée
Par le mors de l'ancre jetée
Dedans le sein d'un si beau port !

Victor Hugo n'a pu trouver, pour la charmante ballade de
*Trilby*, de plus sémillante épigraphe que cette chanson de Du
Bellay adressée aux vents par un *vanneur de blé* :

> A vous, troupe légère,
> Qui d'aile passagère
> Par le monde volez,
> Et d'un sifflant murmure
> L'ombrageuse verdure
> Doucement ébranlez,
>
> J'offre ces violettes,
> Ces lis et ces fleurettes,
> Et ces roses ici,
> Ces vermeillettes roses.
> Tout fraîchement écloses,
> Et ces œillets aussi.
>
> De votre douce haleine
> Éventez cette plaine
> Éventez ce séjour,
> Ce pendant que j'ahanne[1].
> A mon bled que je vanne
> A la chaleur du jour !

Du Bellay, en effet, qui proscrivait les chansons, en faisait de
fort jolies, et Marmontel en cite une qu'il compare aux meilleures d'Anacréon et de Marot. On y est frappé, entre autres
mérites, de la libre allure, et en quelque sorte de la fluidité
courante de la phrase poétique, qui se déroule et serpente sans
effort à travers les sinuosités de la rime :

> Ayant, après long désir,
> Pris de ma douce ennemie
> Quelques arrhes du plaisir
> Que sa rigueur me dénie,
>
> Je t'offre ces beaux œillets,
> Vénus, je t'offre ces roses,
> Dont les boutons vermeillets
> Imitent les lèvres closes
>
> Que j'ai baisé par trois fois,
> Marchant tout beau dessous l'ombre
> De ce buisson que tu vois ;
> Et n'ai su passer ce nombre,

---

1. *Ahanner*, travailler, fatiguer.

Pour ce que la mère étoit
Auprès de là, ce me semble,
Laquelle nous aguettoit ;
De peur encore j'en tremble.

Or, je te donne ces fleurs ;
Mais, si tu fais ma rebelle
Autant piteuse à mes pleurs
Comme à mes yeux elle est belle,

Un myrte je dédierai
Dessus les rives de Loire,
Et sur l'écorce écrirai
Ces quatre vers à ta gloire :

« Thenot, sur ce bord ici,
« A Vénus sacre et ordonne
« Ce myrte et lui donne aussi
« Ses troupeaux et sa personne [1]. »

Dans plusieurs épîtres de Du Bellay, dans l'*Hymne à la Surdité* [2] et *le Poëte Courtisan*, l'alexandrin est manié avec la gravité et surtout l'aisance qu'il avait durant ces premiers temps de rénovation. Malherbe ne lui avait pas encore imposé, comme loi de sa marche, le double repos invariable du milieu et de la fin du vers. Si le mouvement de la pensée était plus fort, la césure, obéissante et mobile, se déplaçait ; et, bien qu'elle ne disparût jamais complétement après le premier hémistiche, elle ne faisait dans ce cas qu'y glisser en courant, y laisser un vestige d'elle-même, et s'en allait tomber et peser ailleurs, selon les inflexions du sens et du sentiment. La rime aussi, au lieu d'être un signal d'arrêt et de sonner la halte, intervenait souvent dans le cours d'un sens à peine commencé, et alors, loin de l'interrompre, l'accélérait plutôt en l'accompagnant d'un son large et plein. Cet alexandrin primitif, à la césure variable, au libre enjambement, à la rime riche, qui fut d'habitude celui de Du Bellay, de Ronsard, de D'Aubigné, de Régnier, celui de Molière dans ses comédies en vers, et de Racine en ses *Plaideurs*, que Malherbe et Boileau eurent le tort de mal comprendre et de toujours combattre, qu'André Chénier, à la fin du dernier

1. Cette pièce et la précédente sont imitées du latin de Naugerius.
2. Dans l'*Hymne à la Surdité*, le poëte se félicite d'être devenu sourd comme Ronsard. Cette surdité de Ronsard avait alors quelque chose d'aussi vénérable que la cécité d'Homère.

siècle, recréa avec une incroyable audace et un bonheur inouï ; cet alexandrin est le même que la jeune école de poésie affectionne et cultive, et que tout récemment Victor Hugo par son *Cromwell*, Émile Deschamps et Alfred de Vigny par leur traduction en vers de *Roméo et Juliette*, ont visé à réintroduire dans le style dramatique[1]. Nos vieux poëtes ne s'en sont guère servis que pour l'épître et la satire, mais ils en ont connu les ressources infinies et saisi toutes les beautés franches. On est heureux, en les lisant, de voir à chaque pas se confirmer victorieusement une tentative d'hier et de la trouver si évidemment conforme à l'esprit et aux origines de notre versification[2].

*Le Poète Courtisan* de Du Bellay est remarquable encore à d'autres égards ; on peut considérer cette pièce comme une de nos premières et de nos meilleures satires régulières ou classiques. Elle est dirigée contre les poëtes de cour, qui en voulaient à l'érudition de leurs jeunes rivaux et les traitaient de pédants. Du Bellay raille la fatuité et l'ignorance de ces beaux esprits qui ne savent que flatter les grands seigneurs et les grandes dames ; il les représente avec leur léger bagage poétique, un *sonnet*, un *dizain*, un *rondeau bien troussé*, ou bien une *ballade* (*du temps qu'elle couroit*), débitant mystérieusement leurs petits vers de ruelle en ruelle, déchirant sans pitié toute œuvre étrangère à leur coterie, et se gardant de rien publier eux-mêmes, de peur de représailles. Je ne puis croire que le trait suivant ne soit pas un peu adressé à Mellin de Saint-Gelais, chef de la cabale :

> Tel étoit de son temps le premier estimé,
> Duquel, si on eût lu quelque ouvrage imprimé,
> Il eût renouvelé peut-être la risée
> De la montagne enceinte ; et sa muse, prisée
> Si haut auparavant, eût perdu, comme on dit,
> La réputation qu'on lui donne à crédit.

Si cette conjecture est exacte, Du Bellay ne tarda pas à se

---

1. Je maintiens, comme on voit, la trace des promesses, de celles même qui n'ont pas également tenu. Un tort des poëtes du *Cénacle* a été de ne point publier une bonne fois toutes ces traductions vraiment distinguées qu'ils avaient faites en commun des plus belles pièces de Shakspeare. Chacun a gardé jalousement sa quote-part, et ils ont manqué le moment.
2. N'est-ce pas cet irrévérent M. de Stendhal qui a dit : « Le vers fran« çais (l'alexandrin) ressemble assez à une paire de pincettes brillantes « et dorées, mais droites et roides : il ne peut fouiller dans les recoins. »

rétracter. Injuste envers l'école de Marot au moment de la rupture, il se radoucit aussitôt après la victoire. On trouve dans ses œuvres une épitaphe en l'honneur de Clément. C'est, il est vrai, le seul et unique hommage qu'il ait rendu à cette muse bourgeoise, et il y a même lieu de penser qu'il fit cette épitaphe de très-bonne heure, avant ses relations avec Ronsard. Du moins il a l'indulgence et l'équité de proclamer Héroet et Saint-Gelais, dans des odes qu'il leur adresse, *les favoris des Grâces* et *l'honneur du Parnasse françois* [1]. Jusqu'ici peut-être on ne l'avait pas lui-même suffisamment apprécié. Novateur en poésie, il le fut avec autant de talent et plus de mesure qu'aucun de ses contemporains. Mais, comme il mourut jeune, sa réputation s'est de bonne heure allée perdre dans la gloire de Ronsard avant d'être enveloppée dans la même chute [2].

Ce fameux Ronsard, en effet, dont nous avons à parler maintenant, exerça sur la litérature et la poésie, du moment qu'il

---

1. Du Bellay, dans son *Illustration*, avait défendu de traduire les poëtes ; pourtant il a traduit plus d'une fois les poëtes anciens, et en particulier les quatrième et sixième livres de l'*Énéide*. Il fait dans la préface de cette dernière traduction un aveu remarquable, qui prouve son retour à la modération, après le premier feu de la querelle : « Je n'ai pas oublié « ce qu'autrefois j'ai dit des translations poétiques ; mais je ne suis si « jalousement amoureux de mes premières appréhensions que j'aie honte « de les changer quelquefois, à l'exemple de tant d'excellents auteurs, « dont l'autorité nous doit ôter cette opiniâtre opinion de vouloir toujours « persister en ses avis, principalement en matière de lettres ; quant à « moi, je ne suis pas stoïque jusque là, etc., etc. »

2. Victime des soucis et de l'étude, Du Bellay mourut d'apoplexie à trente-cinq ans (1560). Il était chanoine de Paris, et allait être nommé archevêque de Bordeaux. Né en Anjou (fin de 1524), il y avait passé son enfance et sa première jeunesse ; son éducation avait été très-négligée, et il nous dit lui-même qu'il ne se livra que bien tard aux lettres. Tous les biographes ont commis sur son compte une erreur assez grave. Ils nous le montrent déjà en faveur auprès de François I*er* et de sa sœur Marguerite. Mais François I*er* était mort en 1547, avant les premiers essais de Du Bellay. Il est vrai que celui-ci adresse un grand nombre de ses pièces à Marguerite sœur unique du Roi, mais cette Marguerite est la sœur de Henri II, pour laquelle il fit plus tard un épithalame lorsqu'elle épousa le duc de Savoie. Il est vrai aussi qu'il adresse des sonnets à la reine de Navarre, qui lui répond également en vers ; mais cette reine est Jeanne d'Albret, fille de Marguerite et mère de Henri IV. Quand Du Bellay parle de Marguerite de Navarre, c'est pour déplorer sa mort, qui était arrivée en 1549. Cette méprise, qui semble insignifiante en elle-même, devient plus grave en ce qu'elle assigne une date fausse aux premiers essais de la réforme poétique. Cette réforme en effet commença sous Henri II, et non sous François I*er*. Henri II s'y montra d'abord peu favorable, et ce ne fut qu'à la sollicitation de sa sœur Marguerite, conseillée elle-même par Michel L'Hospital, qu'il accorda faveur et protection à la nouvelle école. Malgré des patronages si puissants, Du Bellay ne fut pas à l'abri des persécutions. Quelques sonnets de ses *Regrets* le firent accuser d'impiété, et on le desservit auprès du cardinal son parent, dont il perdit pour un temps la faveur ; il la regagna toutefois, puisque le cardinal devait se démettre pour lui de l'archevêché de Bordeaux.

parut, une souveraineté immense qui, durant cinquante années, ne souffrit ni adversaires ni rivaux. Si nous voulions chercher dans notre histoire un autre exemple d'un ascendant pareil, nous n'aurions à opposer que celui de Voltaire : il faut bien se résigner au ridicule et presque au scandale d'un tel rapprochement. Au reste, pour mieux en apprécier toute la justesse, suspendons un instant la critique, oublions les œuvres de Ronsard, et, avant de porter un jugement sur l'écrivain, donnons-nous le spectacle impartial de son étonnante destinée littéraire : ce drame, mêlé d'héroïque et de grotesque, aura bien sa moralité, son intérêt, et même aussi son genre d'émotions sérieuses.

L'enfance et la première jeunesse de Ronsard furent singulièrement actives : dégoûté à neuf ans du collége, il devint page de cour, passa près de trois ans en Écosse au service du roi Jacques, puis, de retour en France, suivit Lazare de Baïf à la diète de Spire, et le célèbre capitaine Langey en Piémont. Des naufrages, des guerres, des aventures galantes, une connaissance des hommes et des langues, voilà ce qu'il y gagna : nous verrons plus tard s'il en aura profité en poëte. Du moins il ne versifiait pas encore ; et, parfois seulement, on le surprenait dans les écuries du roi un Marot ou un Jean Le Maire à la main. Cette vie dura jusqu'à dix-huit ans, et aurait continué sans doute, si tout à coup le jeune courtisan n'était devenu sourd. Cette surdité, que les contemporains ont proclamée *bienheureuse*, valut Ronsard à la France. Il avait connu chez Lazare de Baïf le savant Dorat, précepteur du fils : il se fait aussitôt son élève, et même s'enferme avec le jeune Baïf au collége de Coqueret, lorsque Dorat en est nommé principal. Là, il rencontre Remi Belleau, futur poëte, Antoine Muret, déjà érudit, ses condisciples alors, et bientôt ses commentateurs. Tous sont frappés et remués de ses progrès et de son audace d'esprit ; en l'entendant, le laborieux mais pesant Baïf s'électrise et ne rêve plus qu'innovations. Du Bellay, que Ronsard a rencontré un jour en voyage, est du premier abord séduit à ses idées, et s'associe avec transport aux études communes. Dorat et Turnèbe eux-mêmes s'étonnent de leur propre admiration pour un disciple, pour un poëte français né d'hier, et ne savent que le saluer, dès ses premiers essais, du surnom d'Homère et de Virgile. Cette forte discipline de collége[1] se prolonge sept ans entiers ; et, quand ensuite l'ancien

---

1. « Ronsard, dit Claude Binet, son ami et son biographe, ayant été

page reparaît à la cour, sa renommée l'y a déjà précédé. Une fois Mellin de Saint-Gelais réduit au silence, le succès est rapide, unanime, et ressemble à un triomphe. Proclamé par les Jeux Floraux *le prince des poëtes*, Ronsard, comme on l'avait déjà dit de Marot, devient *le poëte des princes*. Marguerite de Savoie, sœur de Henri II, est pour lui sa Marguerite de Navarre [1]. Marie Stuart l'accueille durant le règne si court de son époux ; plus tard elle se souviendra de lui sur le trône d'Écosse, et plus tard encore elle le lira dans sa captivité. Charles IX, qui eut des talents et aurait pu avoir des vertus, Charles IX, meilleur poëte et moins jaloux émule que Néron, chérissait Ronsard, le comblait d'abbayes, de bénéfices ; et un jour de belle humeur il lui adressa des vers pleins d'élégance, où il abjurait gaîment devant lui son titre de roi : plût au ciel qu'il ne l'eût jamais autrement abjuré ! A ces faveurs royales se joignaient les hommages non moins enivrants d'un peuple d'admirateurs : « Nul alors, nous dit Pas« quier, ne mettoit la main à la plume qui ne le célébrât par « ses vers. Sitôt que les jeunes gens s'étoient frottés à sa robe, ils « se faisoient accroire d'être devenus poëtes. » C'était un hymne continuel, un véritable culte. Par une sorte d'apothéose, Ronsard imagina une Pléiade poétique, à l'imitation des poëtes grecs qui vivaient sous les Ptolémées ; il y plaça auprès de lui Dorat son maître, Amadis Jamyn son élève, Joachim Du Bellay et Remi Belleau ses anciens condisciples, enfin Étienne Jodelle et Pontus de Thiard, ou par variante Scévole de Sainte-Marthe et Muret. La vénération du siècle s'empressa de consacrer cette constellation nouvelle. Tous les choix sans doute n'emportaient pas égale fa-

« nourri jeune à la cour et dans l'habitude de veiller tard, demeuroit à « l'étude sur les livres jusqu'à deux ou trois heures après minuit, et en se « couchant il réveilloit le jeune Baïf, qui, se levant et prenant la chandelle, « ne laissoit pas refroidir la place. » Baïf était plus fort en grec, et Ronsard en poésie française, et il se donnaient l'un à l'autre des conseils et des secours.

1. Il ne faut pas oublier non plus Diane de Poitiers, qui joua un grand rôle pour l'introduction de la nouvelle école. Vers la fin du règne de François I", il y eut un moment où la littérature et la poésie, sous l'influence de Marguerite de Navarre, semblèrent prendre une teinte calviniste prononcée. Une partie de cette cour badine et légère s'en effraya comme d'une menace, et il éclata sur l'heure une réaction vive, dont le jeune règne s'empara. Diane de Poitiers surtout, et le cardinal de Lorraine, nouvellement produit par elle, en furent les moteurs. Aux Psaumes de David on substitua vite Horace et le goût païen. Quand les poëtes de la Pléiade parurent, ils devinrent, sans bien le savoir, les organes de ce goût anti-puritain, et ils trouvèrent des protecteurs tout préparés. Ce point de vue, en ne le forçant pas trop, doit être exact. Le succès de Ronsard acquiert ainsi une sorte de sens politique et social.

veur, et même certains suffrages célèbres se montrèrent dès lors sévères contre quelques-uns : Pasquier faisait assez peu de cas de Baïf, et Du Perron méprisait Jodelle et Belleau. Mais sur Ronsard l'accord était universel; les plus illustres, sans nulle exception, s'agenouillaient devant lui : et De Thou, qui, rapportant la naissance du poëte à l'année du désastre de Pavie, y voyait pour la patrie une compensation suffisante [1]; et L'Hospital, qui protégea si hautement ses débuts contre la cabale de la cour [2]; et Du Perron, qui prononça si pompeusement son oraison funèbre, et qui le citait toujours, lui, Cujas et Fernel, comme les trois merveilles du siècle; et Pasquier, qui ne faisait nul triage dans ses œuvres, « car, disait-il, tout est admirable en lui; » et Muret, qui écrivit une fois en français pour commenter ses sonnets d'amour; et Passerat, qui préférait je ne sais plus laquelle de ses odes au duché si prisé de Milan [3]; et Jules-César Scaliger, et Lambin, et Galland, et Sainte-Marthe, et en particulier ce bon Montaigne, si indépendant et si sensé, qui d'une seule ligne déclare la poésie française arrivée à sa perfection et Ronsard égal aux anciens. Hors de France, et dans toute l'Europe civilisée, le nom de Ronsard était connu et révéré comme un de ces noms désormais inséparables de celui de la nation qu'ils honorent. La reine Élisabeth envoya un diamant de grand prix à celui qui avait célébré sa belle rivale sur le trône, et qui la charmait encore dans les fers. Le Tasse, venu à Paris en 1571, s'estima heureux de lui être présenté et d'obtenir son approbation pour quelques chants du *Godefroy* dont il lui fit lecture [4]. Il y eut un poëme italien composé par Sperone Speroni à la louange de Ronsard, et ses œuvres étaient publiquement lues et expliquées aux écoles françaises de Flandres, d'Angleterre, de Pologne, et jusqu'à Dantzick. Ce concert de louanges dura, comme je l'ai dit,

---

1. Cela ne suffit pas à Claude Binet qui, pour mieux faire cadrer la chose, le fait naître, non-seulement l'année de la défaite de Pavie, mais le *jour même*.
2. On lit dans les œuvres de Ronsard une élégie ou satire latine adressée comme par lui à ses détracteurs, et qui est de L'Hospital :

*Magnificis aulæ cultoribus atque poetis*
*Hæc Loria scribit valle poeta novus....*

3. On attribue le même mot à Galland, principal du collége de Boncour J.-C. Scaliger disait qu'il aimerait mieux avoir fait l'ode d'Horace *Donec gratus eram* que devenir roi de Perse, d'autres disent roi d'Aragon; et Nicolas Bourbon préférait les Psaumes de Buchanan à l'évêché de Paris.
4. Voir, dans les *Curiosités et Anecdotes italiennes* de M. Valery (1842), le chapitre intitulé : *le Tasse en France.*

durant cinquante années pleines; et, loin de s'affaiblir, il allait croissant avec le temps. Il est vrai qu'à la mort de Charles IX, Ronsard, vieillissant et malade, s'était retiré dans une de ses abbayes, et que le poëte Des Portes jouissait de toute la faveur de Henri III; mais, quoi qu'en ait dit Boileau, Des Portes, aussi bien que Bertaut et tous ceux de son âge, admirateur, élève, et non pas rival du vieux poëte, s'était produit sous son patronage et formé sur son exemple. Lorsque Ronsard mourut (1585), la France entière le pleura; des oraisons funèbres, des statues de marbre lui furent décernées, et sa mémoire, revêtue de toutes les sortes de consécrations, semblait entrer dans la postérité comme dans un temple [1].

Quinze ans à peine s'étaient depuis écoulés, qu'un jour Henri IV, amateur de poésie, ayant demandé à Du Perron pourquoi il ne faisait plus de vers, le prélat répondit qu'il y avait renoncé depuis qu'un gentilhomme de Normandie, établi en Provence, en faisait de si bons, qu'il imposait silence aux plus vieux. Ce gentilhomme normand était Malherbe. Il réforma tout. Grammairien autant que poëte, sévère pour lui, rigoureux pour les autres, il lui arriva, dans un instant de mauvaise humeur, où sa veine était à sec, de rencontrer sous sa main un exemplaire de Ronsard: il se mit à le biffer vers pas vers. Comme on lui fit remarquer depuis qu'il en avait oublié quelques-uns, il reprit la plume et biffa tout. C'était l'arrêt de la postérité qu'il venait d'écrire. Depuis lors, il devint peu à peu de bon goût et de bon ton de ne parler de Ronsard que comme d'une grande renommée déchue, et les plus bienveillants crurent lui faire honneur en le comparant à Ennius ou à Lucile. Décrédité à la cour et auprès des générations nouvelles, il ne garda plus de partisans que dans l'université, dans les parlements, surtout ceux de province, et parmi les gentilshommes campagnards. L'Académie française et Boileau l'achevèrent. N'oublions pas que, par l'effet d'une bien naturelle sympathie, il eut pour derniers admirateurs les Théophile, les Scudéri, les Chapelain et les Colletet.

A notre tour, avant d'aller au delà, il nous semble que cette condamnation portée par Malherbe, Boileau et la postérité, fût-

---

1. Pour de plus grands détails, nous renvoyons le lecteur à la *Vie de Ronsard* placée en tête de ses *Œuvres choisies :* nous la reproduisons ci-après.

elle au fond légitime, n'a pas été exempte d'aigreur ni de colère.
Toute grande célébrité dans les lettres a sa raison, bonne ou
mauvaise, qui la motive, l'explique et la justifie du moins de
l'absurdité : c'est un devoir d'en tenir compte et de comprendre
avant de sévir; dans les sentences de ce genre, biffer ne vaut
pas mieux que brûler. Ce poëte, qu'on flétrit de ridicule pour
avoir cru trop aisément à son immortalité, n'y a cru que sur
la foi de tout son siècle; et un siècle qui unissait tant de bon
sens à tant de science n'a pas dû pécher par pur engouement.
Son erreur n'a pas été une duperie niaise : elle mérite bien
qu'on l'éclaircisse et qu'on en trouve, s'il est possible, une in-
terprétation moins amère.

Que si, dans ces dispositions dont la bienveillance est encore
de l'équité, on aborde la lecture des ouvrages de Ronsard, on
en viendra, après un peu d'ennui et de désappointement, sinon
à faire grâce à sa renommée, du moins à la concevoir. Lorsqu'il
parut, l'étude de l'antiquité, affranchie des premiers obstacles,
était dans toute sa ferveur et son éclat. D'abord le seul labeur
avait été de déchiffrer les manuscrits, de rétablir les textes et
de publier des éditions avec commentaires. La mode des traductions s'était peu à peu introduite et avait surtout pris un
grand développement sous François I$^{er}$. Mais les traductions satisfaisaient peu les goûts littéraires des érudits, c'est-à-dire de
tous les lettrés du temps, et, s'ils daignaient songer quelquefois
à la langue maternelle, c'était pour regretter qu'elle ne fît pas
d'elle-même quelque tentative plus libre dans les voies antiques.
Ronsard sentit ce besoin et y répondit merveilleusement. Admirateur des anciens avec une certaine indépendance d'esprit, au
lieu de les traduire, il les imita; toute son originalité, toute son
audace, est d'avoir innové cette imitation. Ordonnant ses sonnets
sur ceux de Pétrarque, ses odes sur celles de Pindare et d'Horace,
ses chansons sur Anacréon, ses élégies sur Tibulle, sa *Franciade* sur l'*Énéide*, il déploya dans ces cadres d'emprunt une
verve assez animée pour qu'on lui en sût alors un gré infini.
C'était la première fois que la physionomie du passé semblait
revivre dans notre idiome vulgaire, et le monde des lettrés
accueillit le poëte avec cette sorte de complaisance et de faible
qu'on ressent pour qui nous reproduit ou nous rappelle des
traits révérés.

Le grand but que Ronsard ne perdit jamais de vue dans ses

poésies, et qu'il atteignit si bien au gré de ses contemporains, fut la noblesse, la gravité et l'éclat du langage; c'est par ce mérite qu'on l'égalait unanimement aux anciens, et il en reste encore chez lui de vives traces pour le lecteur de nos jours : bien des fois sa période nous paraît arrondie, harmonieuse, et sa pensée revêt de fières ou brillantes images. Trop souvent, il est vrai, dans ses morceaux épiques et lyriques les plus soutenus, une métaphore triviale ou burlesque, fait grimacer ce style qui veut être sérieux, et, comme une note criarde au milieu d'un ton grave, nous avertit que Ronsard forçait son instrument. Une pompeuse description du dieu vainqueur de l'Inde, par exemple, se terminera par ce trait :

Ses yeux étinceloient *tout ainsi que chandelles.*

Au lieu de remuer l'Olympe d'un froncement de sourcil, Jupiter n'aura qu'à secouer sa *perruque*. Le soleil lui-même, à la crinière d'or, sera l'astre *perruqué de lumière*. L'hiver *enfarinera les champs*, et un héros menacera son rival de lui *escarbouiller* la tête. Voilà ce qui nous choque à tout instant, mais ce qui ne choquait point sans doute les contemporains de Ronsard; et il faut convenir qu'en semblable matière chaque siècle est un juge aussi compétent de ses propres goûts que la postérité[1]. La noblesse des mots dans le style, comme celle des

---

1. Pour mettre à couvert notre responsabilité sur ce chapitre un peu paradoxal, on nous permettra d'alléguer deux témoignages, assez divers, qui s'accordent tout à fait avec notre opinion. Suard (lequel peut-être ici n'est autre que mademoiselle de Meulan) dit en son *Histoire du Théâtre Français* :
« Garnier se sert quelquefois d'expressions qui peuvent nous paraître singulières. Par exemple, il appelle le soleil *le Dieu perruquier*, c'est-à-dire *le Dieu porte-perruque*, ce qui signifie simplement, dans le langage du temps, *le Dieu chevelu*, le mot *perruque* s'employant toujours alors pour *chevelure*, et les poètes de ces premiers âges parlant aussi souvent de la *perruque* d'Apollon que les nôtres de sa *chevelure dorée*. Hécube dit aussi en parlant de la manière dont Pyrrhus tua Priam :

Le bonhomme il tira par sa perruque grise;

et *perruque grise* équivaut ici aux *cheveux blancs*, expression aussi noble qu'usitée; mais qui s'en douterait? Il est fort simple aussi qu'on soit assez peu touché de cette image que présente Phèdre lorsque, dans les transports de sa passion, elle se peint Hippolyte

Dégoûtant de sueur et d'une honnête crasse.

Mais *crasse* était alors synonyme de *poussière*; et *l'honnête crasse* n'est autre chose que la *noble poussière* de Racine.
« . . . . . . . Un personnage de Hardy, une femme, en se plaignant de l'insensibilité de celui qu'elle aime, lui dit qu'il a fait *un fourneau de son*

noms propres dans la société, est fille de l'opinion : il suffit qu'on y croie pour qu'elle existe. Si, au xvi⁰ siècle, *chandelle* n'avait rien de plus vulgaire que *lumière* ou *flambeau ;* si *enfariner* ne présentait pas une idée plus ignoble que *balayer*, dont la haute poésie se sert encore ; si *perruque* en ces temps respectables ne signifiait qu'une majestueuse chevelure, et, à l'anachronisme près, ne compromettait pas plus la divinité de Jupiter et du soleil qu'elle n'a compris plus tard celle de Louis XIV[1], sommes-nous en droit de nier, je le demande, que

cœur, un *égout de ses yeux*. C'est encore la *Marianne* de Hardy qui déclare qu'elle est pressée de mourir, pour se trouver *bourgeoise de l'éternel empire.* Hardy emploie quelquefois aussi le mot d'*estomac* au lieu de *cœur*, ce qui fait un plaisant effet dans ce vers que prononce, dans sa *Chariclée*, un chœur d'Éthiopiens pleurants :

Sa prière fendroit l'estomac d'une roche.

Mais c'est peut-être encore ici l'occasion de remarquer que tel mot, qui a pris pour nous une nuance de ridicule en raison des idées et des images accessoires dont nous l'avons environné, pouvait fort bien, il y a deux siècles, se présenter d'une toute autre manière à des esprits moins avancés dans la civilisation, et moins accoutumés par conséquent à joindre à la signification naturelle des mots et à l'image des choses en elles-mêmes ces attributs étrangers qu'elles doivent toujours aux combinaisons de la société. C'est nécessairement par l'effet de quelques-unes de ces combinaisons qu'on dit *le cœur d'une roche*, au lieu de *l'estomac d'une roche*, ce qui serait bien aussi naturel, et l'on ne voit pas pourquoi *l'estomac de la cheminée* ne vaudrait pas autant que *le cœur de la cheminée*. Si le mot d'*égout*, qui s'applique également à tout écoulement d'eaux, ne nous offre plus, dans le langage ordinaire, que l'image dégoûtante d'un réservoir destiné à délivrer les villes de leurs plus sales immondices, ce n'est pas la faute de Hardy, qui, écrivant dans un temps où la signification de ce mot était moins restreinte, pouvait l'employer comme nous employons habituellement celui de *ruisseau*, qui pourra passer d'usage à son tour : car, si on vient à le borner, comme on a fait de celui d'*égout*, à signifier exclusivement les écoulements des rues de Paris, il ne sera pas plus permis de verser des *ruisseaux* de larmes que de faire de ses yeux un *égout*. C'est peut-être pour cela que les *torrents de larmes* commencent à remplacer les *ruisseaux*, dont on se servait beaucoup plus autrefois. »

On lit dans une lettre de l'abbé Galiani à madame d'Épinay le passage suivant, dont la tournure peut paraître irrévérente, mais dont la justesse me semble incontestable (il s'agit de commentaires sur Corneille) :

« Du mérite d'un homme, il n'y a que son siècle qui ait droit d'en juger ; mais un siècle a droit de juger d'un autre siècle. Si Voltaire a jugé l'homme Corneille, il est absurdement envieux ; s'il a jugé le siècle de Corneille, et le degré de l'art dramatique d'alors, il le peut, et notre siècle a le droit d'examiner le goût des siècles précédents. Je n'ai jamais lu les notes de Voltaire sur Corneille, ni voulu les lire, *malgré qu*'elles me crevassent les yeux sur toutes les cheminées de Paris, lorsqu'elles parurent ; mais il m'a fallu ouvrir le livre deux ou trois fois, au moins par distraction, et toutes les fois je l'ai jeté avec indignation, parce que je suis tombé sur des notes grammaticales qui m'apprenaient qu'un mot ou une phrase de Corneille n'était pas en bon français. Ceci m'a paru aussi absurde que si on m'apprenait que Cicéron et Virgile, quoique Italiens, n'écrivirent pas en aussi bon italien que le Boccace et l'Arioste. Quelle impertinence ! Tous les siècles et tous les pays ont leur langue vivante, et toutes sont également bonnes. Chacun écrit la sienne. »

1. Il faut en dire autant de ces noms vulgaires de *Toinon, Margot, Cas-*

Ronsard ait été de son temps réellement sérieux et sublime, et, tout en cessant de le goûter et de le lire, pouvons-nous lui reprocher autre chose que le malheur d'être venu trop tôt et le tort d'avoir marché trop vite ? Un vocabulaire de choix n'existait pas en France : Ronsard en eut besoin et se mit à l'improviser. Il créa des mots nouveaux, en rajeunit d'anciens ; aux Latins, aux Grecs, il emprunta quelques expressions composées, quoiqu'il le fît avec plus de discrétion qu'on ne semble le croire [1]. Aux vieux romans français, aux patois picard, wallon, manceau, lyonnais, limousin, ainsi qu'à divers arts et métiers, tels que la vénerie, la fauconnerie, la marine, l'orfévrerie, etc., etc., il prit sans hésiter les termes qui lui parurent de bon aloi ; et quant à ceux déjà en usage parmi le peuple, il tâcha de les relever par des alliances nouvelles. Le système était conçu en grand, et le succès qu'il obtint nous prouve qu'il fut habilement exécuté. Tout ce qu'il y avait de gens éclairés l'accueillirent, l'exaltèrent ; il semblait que la langue française eût retrouvé ses titres, et qu'elle ne cédât plus à aucune autre le droit de préséance. Il se glissait dans la joie du triomphe quelque chose de l'enivrement d'un parvenu et de la morgue d'un anobli. Par malheur, ce faste dura peu, parce qu'il manquait d'appui solide dans la nation. Non pas, selon moi, que, pour se maintenir, la

---

sandre, Madelon, dont Ronsard et ses amis se servent dans leurs poésies bucoliques ou érotiques. On peut affirmer que, si ces noms avaient paru alors du même ridicule qu'aujourd'hui, des hommes d'esprit et de sens n'auraient pas même songé à les employer. Il est si vrai d'ailleurs que Ronsard était regardé comme un modèle de style, qu'on disait proverbialement : *Donner un soufflet à Ronsard*, pour indiquer une faute contre la pureté du langage.

1. On lit dans l'avertissement placé en tête des *Tragiques* de D'Aubigné : « Il (D'Aubigné) racontoit que le bonhomme Ronsard, lequel il estimoit par-dessus son siècle en sa profession, disoit quelquefois à lui et à d'autres : — Mes enfants, défendez votre mère de ceux qui veulent faire servante une damoiselle de bonne maison. Il y a des vocables qui sont françois naturels, qui sentent le vieux, mais le libre et le françois (et il en cite quelques-uns, par exemple *bouger*). Je vous recommande par testament que vous ne laissiez point perdre ces vieux termes, que vous les employiez et défendiez hardiment contre des marauds qui ne tiennent pas élégant ce qui n'est point écorché du latin et de l'italien, et qui aiment mieux dire *collauder, contemner, blasonner*, que *louer, mépriser, blâmer* : tout cela est pour l'écolier limousin. — Voilà les propres termes de Ronsard. » Henri Estienne dans sa *Précellence du Langage françois*, dans ses *Dialogues du nouveau Langage françois italianisé*, où il s'élève contre cette manie d'innovation, ne l'impute jamais à Ronsard, non plus qu'à Des Portes ni aux *excellents poëtes du temps*; il les propose au contraire en exemple, et les loue de leur modération. Quand Molière se moquait des *Précieuses ridicules*, il ne songeait pas à s'attaquer aux vraies précieuses, madame de La Fayette ou madame de Sévigné.

langue de Ronsard eût dû nécessairement être adoptée par le peuple : dès ce moment, au contraire, elle eût cessé d'être une langue d'élite. Mais, prématurée comme elle était, et pour ainsi dire née avant terme, il lui aurait fallu, pour survivre, une assistance plus efficace que des louanges et des compliments. Qu'on la suppose en effet vantée un peu moins et pratiquée un peu davantage par les savants de l'époque; que L'Hospital, De Thou et tous les hommes de cette trempe lui confient leurs pensées et la consacrent par leur adoption ; qu'elle soit établie et parlée à la cour ; que cette cour, surtout, moins misérable et moins agitée, ne souille plus, par des complots et des crimes, les délassements de l'esprit, auxquels d'abord elle semblait se complaire ; qu'à la place de ces atroces attentats commis tour à tour sur les rois et sur les peuples, les règnes des derniers Valois se succèdent paisibles, honorés, pleins de loisirs et de fêtes, au sein des plaisirs et des arts : qui pourrait dire alors que le siècle de Louis XIV n'eût pas été prévenu, et que, parmi nos ancêtres littéraires, Ronsard, quoique avec moins de génie, n'eût pas tenu la place qu'occupe aujourd'hui le grand Corneille[1] ?

Mais sans rechercher ce qui aurait pu arriver, en des conjonctures plus opportunes, de cette langue savante inventée par Ronsard, et si l'on n'envisage de sa réforme que la portion plus humble et plus durable, il a bien assez fait de ce côté pour que son nom soit entouré de quelque estime et de quelque reconnaissance. A ne le prendre que dans des genres de moyenne hauteur, dans l'élégie, dans l'ode épicurienne, dans la chanson, il y excelle; et le charme, mêlé de surprise, qu'il nous fait éprouver, n'y est presque plus, comme ailleurs, gâté de regrets. Ici, point de prétention ni d'enflure : une mélodie soutenue, des idées voluptueuses et de fraîches couleurs. La langue de Marot est retrouvée, mais avec plus d'éclat ; elle a déjà revêtu ces beautés vives qui, plus tard, n'appartiendront qu'à La Fontaine :

> Mignonne, allons voir si la Rose,
> Qui ce matin avoit déclose

[1]. Il est évident que les troubles civils et religieux furent une des grandes causes qui empêchèrent la littérature française de s'établir sur les bases posées par Ronsard. Il semblait le pressentir lui-même. Peu après le commencement des troubles (1560), il adressa à Catherine de Mé-

Sa robe de pourpre au soleil,
A point perdu cette vesprée
Les plis de sa robe pourprée,
Et son teint au vôtre pareil.

Las! voyez comme en peu d'espace,
Mignonne, elle a dessus la place,
Las, las, ses beautés laissé choir!
O vraiment marâtre Nature,
Puisqu'une telle fleur ne dure
Que du matin jusques au soir!

Donc, si vous me croyez, Mignonne,
Tandis que votre âge fleuronne
En sa plus verte nouveauté,
Cueillez, cueillez votre jeunesse;
Comme à cette fleur, la vieillesse
Fera ternir votre beauté.

Est-il besoin de faire remarquer le vif et naturel mouvement de ce début : *Mignonne, allons voir ?* Et pour le style, quel progrès depuis Marot ! que d'images, *la robe de pourpre, laisse choir ses beautés,* cet âge qui *fleuronne en sa verte nouveauté, cueillir sa jeunesse !* Malherbe a-t-il bien osé biffer de tels vers, et Despréaux les avait-ils lus ? Son goût le plus sévère n'eût-il pas encore été fléchi par la petite pièce suivante :

La belle Vénus un jour
M'aména son fils Amour;
Et l'emmenant me vint dire :
Écoute, mon cher RONSARD,
Enseigne à mon enfant l'art
De bien jouer de la lyre.

Incontinent je le pris,
Et soigneux je lui appris
Comme Mercure eut la peine
De premier la façonner,
Et de premier en sonner
Dessus le mont de Cyllène;

dicis des *Discours en vers sur les Misères du Temps.* Plusieurs ministres calvinistes répondirent à Ronsard avec amertume, et Florent Chrestien lui-même se joignit à l'attaque. C'est le seul échec qu'ait reçu la renommée de Ronsard depuis la défaite de Saint-Gelais jusqu'à la venue de Malherbe.

Comme Minerve inventa
Le hautbois, qu'elle jeta
Dedans l'eau toute marrie ;
Comme Pan le chalumeau,
Qu'il pertuisa du roseau
Formé du corps de s'amie.

Ainsi, pauvre que j'étois,
Tout mon art je recordois
A cet enfant pour l'apprendre :
Mais lui, comme un faux garçon,
Se moquoit de ma chanson
Et ne la vouloit entendre.

Pauvre sot, ce me dit-il,
Tu te penses bien subtil !
Mais tu as la tête folle
D'oser t'égaler à moi,
Qui jeune en sais plus que toi,
Ni que ceux de ton école.

Et alors il me sourit,
Et en me flattant m'apprit
Toutes les œuvres de sa mère,
Et comme pour trop aimer
Il avoit fait transformer
En cent figures son père.

Il me dit tous ses attraits,
Tous ses jeux, et de quels traits
Il blesse les fantaisies
Et des hommes et des Dieux,
Tous ses tourmens gracieux ;
Et toutes ses jalousies.

Et me les disant, alors
J'oubliai tous les accords
Et ma Lyre dédaignée,
Pour retenir en leur lieu
L'autre chanson que ce Dieu
M'avoit par cœur enseignée [1].

C'est ainsi qu'il fallait toujours reproduire la grâce antique et nous pénétrer de son parfum. La Fontaine, encore une fois, ne faisait pas mieux. On a ce nom de La Fontaine sans cesse à la

---

[1]. On peut comparer cette imitation exquise de Bion avec la seconde élégie d'André Chénier.

bouche quand on parle de nos vieux poëtes, dont il fut, en quelque sorte, le dernier et le plus parfait. Lui, qui traduisait *l'Amour mouillé* avec la délicatesse d'Anacréon et sa propre bonhomie, n'eût pas rougi d'avouer cette autre imitation, où la même bonhomie se fond dans la même délicatesse :

>   Les Muses lièrent un jour,
>   De chaînes de roses Amour,
>   Et, pour le garder, le donnèrent
>   Aux Grâces et à la Beauté
>   Qui, voyant sa déloyauté,
>   Sur Parnasse l'emprisonnèrent.
>
>   Sitôt que Vénus l'entendit,
>   Son beau ceston [1] elle vendit
>   A Vulcan, pour la délivrance
>   De son enfant, et tout soudain,
>   Ayant l'argent dedans la main,
>   Fit aux Muses la révérence :
>
>   « Muses, Déesses des chansons,
>   Quand il faudroit quatre rançons
>   Pour mon enfant, je les apporte;
>   Délivrez mon fils prisonnier. »
>   Mais les Muses l'ont fait lier
>   D'une chaîne encore plus forte.
>
>   Courage donques, Amoureux,
>   Vous ne serez plus langoureux,
>   Amour est au bout de ses ruses;
>   Plus n'oseroit ce faux garçon
>   Vous refuser quelque chanson,
>   Puisqu'il est prisonnier des Muses.

Chaulieu, dans un accès de goutte, aurait pu joindre à l'un de ses billets doux rimés ce couplet spirituel, qui termine une chanson de Ronsard, car Ronsard était goutteux aussi :

>   Chanson, va-t'en où je t'adresse,
>   Dans la chambre de ma maîtresse;
>   Dis-lui, baisant sa blanche main,
>   Que, pour en santé me remettre,
>   Il ne lui faut sinon permettre
>   Que tu te caches dans son sein.

---

1. Sa ceinture.

Que conclure de ces citations, qu'on pourrait aisément multiplier¹? On dirait vraiment qu'il y eût deux poëtes en Ronsard : l'un asservi à une méthode, préoccupé de combinaisons et d'efforts, qui se guinda jusqu'à l'ode pindarique, et *trébucha* fréquemment ; l'autre encore naïf et déjà brillant, qui continua, perfectionna Marot, devança et surpassa de bien loin Malherbe dans l'ode légère².

Ce n'est point toutefois à dire que Ronsard n'était pas fait pour la haute poésie lyrique, qu'il n'avait pas une âme capable d'en concevoir les beautés profondes, et qu'en des temps meilleurs il n'aurait pas réussi à les exprimer. Sous les entraves qui le resserrent, il sent lui-même l'impuissance de s'élancer où une voix secrète l'appelle, et plus d'une fois il en gémit avec une sincérité de tristesse qui n'appartient qu'au vrai talent. Dans une élégie adressée à Jacques Grévin, nous le voyons s'accuser de n'être qu'un *demi-poëte* et envier le sort des *cinq ou six* privilégiés qui, jusque-là, sont apparus au monde. Aux nobles traits dont il les signale, on comprend assez qu'il n'était pas indigne de marcher sur leurs traces :

> Dieu les tient agités, et jamais ne les laisse ;
> D'un aiguillon ardent il les pique et les presse.
> Ils ont les pieds à terre et l'esprit dans les cieux ;
> Le peuple les estime enragés, furieux ;
> Ils errent par les bois, par les monts, par les prées,
> Et jouissent tous seuls des Nymphes et des Fées.

1. Et cette fin d'un sonnet encore, où le poëte, après avoir énuméré tous ses ressouvenirs et ses rêves légers de bonheur amoureux, achève en disant :
> Sur le métier d'un si vague penser
> Amour ourdit la trame de ma vie ;

et ce vers d'une physionomie toute moderne, pour signifier une mort prématurée :
> Avant le soir se clora ta journée.

Voyez au plus tôt, dans les *Poésies choisies* de Ronsard, l'élégie *contre les Bûcherons de la Forêt de Gastine*; l'amourette, *Or que l'hiver roidit la glace épaisse...*; le sonnet, *Quand vous serez bien vieille...*; *Je vous envoie un bouquet que ma main*, là où se trouve exprimé ce retour si plein à la fois de tristesse et d'insouciance :
> Le temps s'en va, le temps s'en va, ma Dame ;
> Las ! le temps, non ; mais nous nous en allons...

et tant d'autres petits chefs-d'œuvre.

2. La Bruyère a dit : « Marot, par son tour et par son style, semble « avoir écrit depuis Ronsard. » Oui, si l'on compare Marot avec Ronsard le *pindarique*; non, si on le compare avec Ronsard l'*anacréontique*. Ainsi du mot de Bayle sur Marot : « Les poëtes de la Pléiade sont *de fer* en comparaison de celui-là. » Oui, si on les parcourt à livre ouvert et légèrement ; non, si on en brise l'écorce et qu'on les étudie.

Lui-même, osons le dire, il n'a pas toujours été malheureux dans ses hardiesses généreuses. Là où le *peuple* des lecteurs serait tenté de l'*estimer enragé, furieux* et inintelligible, il suffit quelquefois de pardonner une expression basse, de comprendre un tour obscur, de pénétrer une allusion érudite, en un mot de soulever un léger voile pour le trouver éblouissant et inspiré. Ses beautés ont souvent besoin d'être démontrées avant d'être senties. C'est ce rôle délicat d'interprète que nous avons tâché de remplir dans le volume consacré en entier à Ronsard et à ses œuvres : heureux si nous avons réussi à venger sans fanatisme et à relever sans superstition une grande mémoire déchue [1] !

La versification dut à Ronsard de notables progrès. Et d'abord, il imagina une grande variété de rhythmes lyriques et construisit huit ou dix formes diverses de strophes, dont on chercherait vainement les modèles, dont on trouverait au plus des vestiges chez les poëtes ses prédécesseurs. Plusieurs de ces rhythmes ont été supprimés par Malherbe, qui les jugea probablement trop compliqués et trop savants pour être joués sur sa lyre à quatre cordes. C'est seulement de nos jours que l'école nouvelle en a reproduit quelques-uns. Le premier, après Jean Bouchet, Ronsard adopta l'entrelacement régulier des rimes masculines et féminines, et en fit incontinent un précepte d'obligation par son exemple. Du Bellay, qui d'abord avait négligé cette règle, et même l'avait qualifiée de *superstitieuse* dans son livre de *l'Illustration*, s'empressa depuis, ainsi que tous les autres poëtes, de se conformer à ce qu'on appelait *l'ordonnance* de Ronsard [2]. Celui-ci, de concert avec le même Du Bellay, réhabilita le vers alexandrin, tombé dans l'oubli en naissant ; il en fit souvent usage dans ses premières poésies, dans ses *hymnes* en particulier, et il l'avait jugé propre aux sujets graves. Mais dans sa préface de *la Franciade*, il se rétracte et déclare que « les « alexandrins sentent trop la prose très-facile, sont trop éner- « vés et flasques, si ce n'est pour les traductions, auxquelles,

---

1. M. Ampère, dans ses doctes et ingénieuses leçons du Collége de France, m'a reproché d'être plutôt resté en deçà du vrai dans ma réparation envers Ronsard à titre de poëte épique ou héroïque. Aucun reproche, à coup sûr, ne pouvait m'aller plus agréablement au cœur.
2. Ce qui décida surtout Ronsard à l'entrelacement régulier des rimes féminines et masculines, ce fut l'idée de rendre ses vers « plus propres « à la musique et accord des instruments, en faveur desquels la poésie « est née. »

« à cause de leur longueur, ils servent de beaucoup pour inter-
« préter le sens de l'auteur. » Il leur reproche aussi « d'avoir
« trop de caquet, s'ils ne sont bâtis de la main d'un bon arti-
« san, » et les exclut de sa *Franciade*, qu'il compose en vers de
dix syllabes : c'était reculer devant ses propres innovations [1].
Ronsard nous avoue aussi qu'il condamnait dans sa jeunesse les
enjambements d'un vers sur un autre, mais que l'exemple
des Grecs et des Latins l'a fait changer d'avis. Ces variations
témoignent de sa part moins d'assurance que de bonne foi. Il
n'a pas été, en effet, si orgueilleux et confiant qu'on l'a bien
voulu dire [2]. On raconte même que, devenu vieux, il douta de
lui et de sa gloire, au point de vouloir corriger ou supprimer,
au grand scandale de ses contemporains, plusieurs de ses œuvres les plus admirées. La grande réforme de l'orthographe, que
tentèrent à cette époque Meyret, Ramus et Pelletier du Mans, et
qui se liait jusqu'à un certain point avec la grande réforme poétique, ne pouvait être indifférente à Ronsard ; mais, à l'exemple de son ami Du Bellay, il se contenta d'y applaudir sans la
pratiquer. Seulement il réclama dès lors quelques changements
de détail, que le temps a depuis confirmés : « Tu éviteras, dit-il,
« toute orthographe superflue, et ne mettras aucunes lettres en
« tel mot si tu ne les préfères ; au moins tu en useras le plus
« sobrement que tu pourras, en attendant meilleure réfor-
« mation. Tu écriras *écrire* et non *escrire*, *cieus* et non pas
« *cieulx*. » Il conseillait d'ajouter une s aux imparfaits *j'aimeroy*,
*j'alloy*, quand le mot suivant commençait par une voyelle, et de
dire *j'allois à Tours*, *j'aimerois une dame*. C'est ainsi que Voltaire (qu'on me passe encore une fois ce rapprochement) parvint

---

1. Ronsard tenait avant tout à marquer, à établir la délimitation entre la *poésie* et la *prose* française ; il les appelle quelque part *deux mortelles ennemies*. C'est le contraire de la théorie de Voltaire, laquelle a prévalu : « Voulez-vous savoir si des vers français sont bons ? mettez-les en prose. Voulez-vous savoir si un cavalier est bon cavalier ? mettez-le à pied. » Ronsard voulait faire de la poésie quelque chose de supérieur à la prose et de tout différent : il n'a pas réussi. La langue poétique française n'a jamais pu, par rapport à la prose, devenir un *balcon ;* chez Malherbe, chez Boileau, elle n'est tout au plus qu'un *trottoir*. En parlant ainsi, je suis tenté à chaque mot de demander pardon *de la liberté grande*.

2. Ronsard, dans la vie privée, était le plus doux et le plus modeste des hommes. Il ne garda jamais rancune à ses ennemis, et se réconcilia de bonne grâce avec Saint-Gelais et Florent Chrestien. Etranger à toute idée d'envie, il protégeait les jeunes poëtes et combla d'encouragements Des Portes et Bertaut. L'un des préceptes de son *Art poétique* est celui-ci : « Tu
« converseras doucement et honnêtement avec les poëtes de ton temps, tu
« honoreras les plus vieux comme tes pères, tes pareils comme tes frères,
« les moindres comme tes enfants, et leur communiqueras tes écrits. »

à introduire quelques changements dans l'orthographe sans être à beaucoup près aussi exigeant que l'abbé de Saint-Pierre, Dumarsais et Duclos. Ronsard enfin ne fut pas un ennemi de cette autre espèce d'innovation dont Baïf se montrait alors le plus ardent promoteur, et qui avait pour objet une versification française métrique, à l'instar des anciens. Il a même composé deux odes saphiques dans lesquelles il observe la quantité, sans pourtant négliger la rime.

A l'envisager d'après les règles établies, la tentative d'une versification française métrique peut sembler ridicule, et c'est ainsi que l'ont qualifiée la plupart des critiques qui en ont fait mention. Le dix-huitième siècle pourtant, dont les idées de réforme en tout genre se rattachent si souvent à celles du seizième, nous offre deux hommes célèbres qui en ont jugé différemment. Marmontel pense qu'une prosodie française, notamment cette partie de la prosodie appelée *quantité*, serait praticable ; et, par les études profondes auxquelles il s'est livré sur l'harmonie de la langue, sa décision a quelque poids en cette matière. Turgot est allé plus loin encore : cet homme éminent, dont la pensée fut encyclopédique comme son époque, au milieu de tant d'autres vues originales et neuves qui l'occupaient, a songé aux vers français métriques et s'est exercé à en composer. On comprend déjà qu'une idée qui a eu faveur auprès de tels esprits à la fin de notre troisième siècle littéraire peut bien n'avoir pas été si déraisonnable du temps de Ronsard, c'est-à-dire à l'origine de notre littérature : on nous permettra donc d'y insister un peu.

Durant les derniers âges de la basse latinité, la quantité prosodique s'était presque entièrement perdue et oubliée ; mais comme on avait toujours besoin de vers ou de quelque chose qui y ressemblât, ne fût-ce que pour les chants d'église, on imagina de ranger les unes sous les autres des lignes composées chacune d'un même nombre de syllabes et relevées finalement par la rime : l'oreille était ainsi dispensée de l'appréciation délicate des longues et des brèves ; elle n'avait à régler qu'une espèce de compte numérique fort court ; et, de peur qu'elle s'y méprît, le retour du même son ou, si l'on veut, le coup de cloche était là pour l'avertir qu'un vers étant fini, un autre vers allait commencer [1]. La rime d'ailleurs par elle-même n'est pas

---

1. En adoptant cette origine de la rime, je ne prétends nullement

à beaucoup près dénuée d'agrément, comme l'atteste l'usage instinctif qu'en font dans leur langage les enfants et les gens du peuple ; et, bien qu'un peu superficiel et vulgaire, cet agrément alors tenait lieu de tous les autres. Les innovations apportées par la barbarie dans la langue latine dégénérée s'appliquèrent naturellement aux divers jargons qui en naquirent; la langue française s'y trouva sujette à mesure qu'elle se forma, et l'on était arrivé au milieu du seizième siècle avant d'avoir même songé qu'il y aurait eu pour elle un autre système possible de versification. Lors cependant qu'à cette époque la génération laborieuse et ardente dont nous avons déjà parlé vint à étudier les anciens avec la noble vue de les reproduire dans la littérature maternelle; lorsque, épris de ces langues antiques où la poésie est un chant, l'oreille encore retentissante de l'harmonie d'Homère et de la mélodie de Virgile, les élèves de Dorat retombèrent sur le patois national, sur des vers sans mesure, terminées en rimes plates, redoublées, ou *équivoquées, couronnées, fratrisées*, le mécompte fut grand sans doute; ils durent ne pas comprendre d'abord, même en lisant Marot, ce qui pouvait un jour sortir d'harmonieux de ce chaos apparent; et leur première idée, à tous, dut être de le débrouiller au plus vite avec la prosodie des anciens. Malheureusement leur courage se démentit à l'épreuve, et ils manquèrent surtout de concert entre eux. Du Bellay écrivait dans son livre de *l'Illustration*, en 1550, « Quant aux pieds et nombres qui nous manquent, de telles choses ne se font pas par la nature des langues. Qui eût empêché nos ancêtres d'allonger une syllabe et accourcir l'autre, et en faire des pieds et des mains? et qui empêchera nos successeurs d'observer telles choses, si quelques savants et non moins ingénieux de cet âge entreprennent de les réduire en art? » On lit dans une *Abréviation de l'Art poétique* qui parut quelques années plus tard : « Jà les François commencent à monstrer aux Grecs et aux Latins comme ils peuvent bien mesurer un carme, et à adapter en leur langue les pieds et mesures des Grecs et Latins. Nous avons des carmes mesurés à la forme des élégiaques grecs et latins, que deux excellents poëtes de notre âge, Jodelle et le comte d'Alsinois (nom anagrammatisé que

---

exclure l'influence de la poésie arabe, qui a certainement contribué par son exemple à propager l'usage des vers rimés dans le midi de l'Europe, et particulièrement en Provence.

prenait Nicolas Denisot), ont escrits. Celui de Jodelle est un distique tel :

« Phœbus, Amour, Cypris veut sauver, nourrir et orner
  « Ton vers, cœur et chef, d'ombre, de flamme, de fleurs.

« Tel est celui du comte :

« Vois de rechef, ô alme Venus, Venus alme, rechanter
  « Ton los immortel par ce poëte sacré.

« Toutefois en élégiesle seigneur de Ronsard n'use de tels carmes... Il faut attendre la souveraine main de quelque grand poëte, lequel marchant d'un plus grand style passe les traces communes de la vulgaire rimaillerie, et que de plus longue haleine il chante un juste poëme, lequel étant reçu et approuvé, sera l'exemplaire pour façonner les règles des pieds, mesures et syllabes. » Or, ce qui a manqué, c'est précisément ce poëme dans lequel *une main souveraine* devait graver comme sur le marbre les mesures désormais fixes et éternelles de notre poésie. Si Ronsard avait pris la peine d'en écrire un dans cette vue, peut-être ses contemporains s'y seraient conformés comme à un décret. Du moins les plus savants d'alors semblaient favorables à ces idées de réforme. Ramus, causant un jour avec Pasquier encore jeune, l'engagea à composer en distiques français une élégie qui a été consignée par l'auteur en ses *Recherches*. Claude de Buttet, le premier, s'avisa de conserver la rime, tout en observant la mesure, et cet exemple eut bientôt pour imitateurs Nicolas Rapin et Jean Passerat, deux hommes érudits et spirituels qu'on retrouve parmi les auteurs de la *Satire Ménippée*. Jacques de la Taille, poëte dramatique, publia un traité sur *la Manière de faire des vers en françois, comme en grec et en latin*, et d'Aubigné soutint avec Rapin une gageure à ce sujet[1]. Mais de

---

1. Voir *Petites OEuvres mêlées* du sieur d'Aubigné (Genève, 1630).—Henri Estienne, tout en approuvant ces tentatives métriques, pense judicieusement « qu'il vaut beaucoup mieux pour nous et notre postérité que les « excellents poëtes de ce temps se soient voulus rendre dignes du laurier « par l'autre sorte de composition de vers qu'on appelle rime, et que, si « quelqu'un d'entre eux s'est voulu amuser à cette autre, elle ait été « comme son *parergon*, mais ceste-là *ergon*. » (*l'excellence du Lang. franç.*)

tous ceux qui s'essayèrent dans cette voie, le plus persévérant, sinon le plus habile, fut Jean-Antoine de Baïf, condisciple de Ronsard et l'un des poëtes de la *Pléiade*. Il avait commencé, selon la mode du temps, par chanter ses amours en sonnets; et comme sa *Méline* et sa *Francine* (c'étaient les noms de ses maîtresses) n'avaient pas obtenu grande faveur après l'*Olive* de Du Bellay, la *Cassandre* et l'*Hélène* de Ronsard, il fit serment, dit-on, de ne plus versifier dorénavant qu'en vers mesurés[1]. Le mauvais succès de ses nouvelles œuvres en ce genre ne le découragea pas. Comprenant quelle relation intime unit la poésie mesurée et la musique vocale, il avait établi dans sa maison de plaisance au faubourg Saint-Marceau une académie de beaux esprits et de musiciens, dont l'objet principal était de mesurer les sons élémentaires de la langue. A ce travail se rapportaient naturellement les plus intéressantes questions de grammaire et de poésie. En 1570, Charles IX octroya à l'Académie des lettres patentes dans lesquelles il déclare que, « pour que ladite Académie soit suivie et honorée des plus grands, il accepte le surnom de Protecteur et de premier Auditeur d'icelle. » Ces lettres, envoyées au Parlement pour y être vérifiées et enregistrées, y rencontrèrent les difficultés d'usage. L'Université par esprit de monopole, l'évêque de Paris par scrupules religieux, intervinrent dans la querelle; pour en finir, il fallut presque un lit de justice[2]. A la mort de Charles IX, la compagnie naissante se mit sous la protection de Henri III, qui lui prodigua des marques de faveur; mais bientôt les troubles civils, et finalement la mort du fondateur Baïf, la dispersèrent. C'était un véritable essai d'Académie française, comme on le voit à l'importance qu'y attache La Croix du Maine. « Lorsqu'il plaira au roi, écrivait-il en 1584, de favoriser cette sienne et louable entreprise, les étrangers n'auront point occasion de se vanter d'avoir en leurs pays choses rares qui surpassent les nôtres. » Par ces *choses rares*, le bon écrivain ne peut entendre que les académies d'Italie[3]. Ce nouveau fait nous semble ap-

1. C'est du moins la version de Pasquier, qui n'estimait point Baïf. Il paraît toutefois de reste que Baïf n'abandonna jamais entièrement les vers non mesurés.
2. Voir sur ces détails l'exact et excellent Goujet (*Bibliothèque française*, tome XIII, p. 318). J'en profite sans cesse pour le courant et le positif des faits.
3. Dans un manuscrit des *Vies des Poëtes françois*, par Guillaume Colletet, qui se trouve à la bibliothèque du Louvre, et dont nous devons com-

puyer ce que déjà nous avons jeté en avant, que peut-être, avec plus de loisir et de paix dans l'État, la fin du xvie siècle eût prévenu en littérature le siècle de Louis XIV.

En lisant le petit nombre de pièces composées en vers métriques par Baïf, Jodelle, Pasquier, Rapin, d'Aubigné, Sainte-Marthe, Passerat, et en dernier lieu par Turgot, on ne peut guère se former une idée juste de ce qu'aurait été l'harmonie de notre poésie si le système prosodique avait prévalu. D'abord, nous qui lisons ces vers, nous ne savons pas la quantité de notre langue, puisqu'elle n'a pas été fixée ; et de plus, ceux qui les ont écrits, tout occupés de leur recherche inusitée, ont négligé le naturel et l'élégance, assez semblables à ces écoliers qui pour la première fois mettent sur leurs pieds des vers latins. Mais qu'on suppose la quantité française solidement établie, ce qui, semble à la rigueur possible, puisqu'il n'y a jamais dans une langue que des syllabes brèves, longues et douteuses, et que les syllabes douteuses, en quelque proportion qu'elles soient,

munication à la bienveillance de M. Valeri, on lit le passage suivant, qui ne laisse aucun doute sur la destination et l'importance de cette Académie : il s'agit de discours philosophiques d'Amadis Jamyn, « lesquels, se-
« lon toute apparence, dit Colletet, furent prononcés en présence du roi
« Henri III dans l'Académie de Jean-Antoine de Baïf, établie dans le voi-
« sinage du faubourg Saint-Marcel. Car je sais par tradition qu'Amadis
« Jamyn étoit de cette célèbre compagnie, de laquelle étoient aussi Guy
« de Pibrac, Pierre de Ronsard, Philippe Des Portes, Jacques Davy Du
« Perron et plusieurs autres excellents esprits du siècle. A propos de quoi
« je dirai que j'ai vu autrefois quelques feuilles du livre manuscrit de
« l'Institution de cette noble et fameuse Académie entre les mains de
« Guillaume de Baïf, fils d'Antoine de Baïf, qui les avoit retirées de la bou-
« tique d'un pâtissier, où le fils naturel de Philippe Des Portes, qui ne
« suivoit pas les glorieuses traces de son père, les avoit vendues avec
« plusieurs autres livres manuscrits doctes et curieux; perte irréparable
« et qui me fut sensible au dernier point, et ce d'autant plus que dans le
« livre de cette Institution, qui étoit un beau vélin, on voyoit ce que le
« roi Henri III, ce que le duc de Joyeuse, ce que le duc de Retz, et la plu-
« part des seigneurs et des dames de la cour, avoient promis de donner
« pour l'établissement et pour l'entretien de l'Académie, qui prit fin avec
« le roi Henri III et dans les troubles et les confusions des guerres civiles
« du royaume. Le roi, les princes, les seigneurs, et tous les savants qui
« composoient ce célèbre corps avoient tous signé dans ce livre, qui
« n'étoit après tout que le premier plan de cette noble Institution, et qui
« promettoit des choses merveilleuses, soit pour les sciences, soit pour
« notre langue. Veuille le bonheur de la France que cette Académie fran-
« çoise qui fleurit à présent, et de laquelle j'ai l'honneur d'être, répare le
« défaut de l'autre, et que l'on recueille de cette noble compagnie les
« fruits que l'on se promettoit de celle du dernier siècle !........ etc., etc. »
Enfin, s'il fallait une dernière preuve que l'Académie de Baïf était, comme celle de Conrart, une ébauche d'Académie française, nous citerions les épigrammes qui ne lui manquèrent pas non plus dès sa naissance. Le spirituel et mordant Passerat en fit une; Henri III en fut courroucé, manda Passerat, et lui fit des reproches amers, *voire même*, dit la chronique, *des menaces sanglantes*. Mais Passerat répondit prudemment

finissent toujours par se résoudre en longues et en brèves ; qu'on suppose un grand poëte disposant de cette quantité avec aisance, et des lecteurs éclairés la suivant sans effort : n'aurait-on pas le droit de présumer d'une telle versification qu'elle serait autant qu'aucune autre un instrument docile au génie, et qu'au besoin il en saurait tirer des accords puissants? Au reste ce n'est pas un regret, encore moins un vœu, que j'exprime: depuis que l'harmonie de la langue est définitivement écrite et notée dans les admirables pages de Racine et de nos grands poëtes, toute idée de pratiquer les vers métriques ne peut plus être qu'un caprice, un jeu de l'esprit, et il est même probable que Turgot ne l'entendait pas autrement, quand, jeune encore, il se mit à construire des mètres français durant ses loisirs de séminaire[1].

Outre les vers métriques avec ou sans rime, il y eut au XVIe siècle quelques essais de vers blancs. Bonaventure Des Périers, ami de Marot, traduisit la première satire d'Horace : *Qui fit,*

qu'il n'avait pas entendu attaquer l'Académie en corps, qu'il n'avait eu en vue qu'un seul académicien, et après quelques explications tout s'apaisa.

— J'ajouterai de nouveaux détails sur cette fondation de Baïf dans l'article séparément consacré à Des Portes. Le *Recueil des Œuvres poétiques de Passerat* (1606) fournit quelque chose d'assez précis à l'appui de la dernière particularité. On y lit (page 151) la traduction des vers de Virgile (*Tu regere imperio...*) adressée à Henri III; cela veut dire que le roi de France a de plus graves affaires à régler que ces vétilles littéraires. Mais, un peu plus loin (page 198), on voit que ces vers avaient déplu, et qu'on les avait dénoncés au roi comme une irrévérence ; Passerat répond :

> Ma muse n'est point ennemie
> De la nouvelle Académie,
> Ni ne veut déplaire à son Roi...

Et il conclut assez joliment :

> Mais si cela seulement pique
> Quelque petit Académique,
> Laissez aller les combattans.
> Qui me voudra livrer bataille,
> Que hardiment sa plume il taille :
> Vous en aurez du passe-temps.

1. Nous avions terminé ces pages lorsque nous lûmes un mémoire sur ces deux questions : *Quelles sont les difficultés qui s'opposent à l'introduction du rhythme des anciens dans la poésie française ? — Pourquoi ne peut-on faire des vers français sans rime ?* — par le savant et modeste M. Mahlin. Ce mémoire, plein d'idées neuves et profondes, et d'une érudition aussi forte qu'ingénieuse, nous a prouvé, ce qu'au reste nous savions déjà, combien les questions dont il s'agit sont délicates, et quelle témérité il y aurait de notre part à prétendre les trancher en passant. Nous ne pouvons mieux faire que de renvoyer les lecteurs curieux de ces matières à l'opuscule même de M. Mahlin. La distinction capitale entre l'*accent* et la *quantité* y est solidement établie, et c'est à quoi les partisans du système métrique n'avaient pas pris garde.

*Mœcenas*, etc., en vers de huit syllabes non rimés, « ce qui est
« aussi étrange en notre poésie françoise, dit Sebilet dans son
« *Art poétique*, comme le seroit en la grecque et latine lire des
« vers sans observations de syllabes longues et brèves, c'est-à-
« dire sans la quantité des temps qui soutiennent la modulation
« et musique du carme en ces deux langues, tout ainsi que fait
« en la nôtre la rime. » Cette innovation de Des Périers n'eut
pas de suite. Du Bellay dans *l'Illustration* engage ceux qui seraient tentés de s'en prévaloir à compenser par la force du sens
l'absence de la rime, « tout ainsi, ajoute-t-il, que les peintres
« et les statuaires mettent plus grande industrie à faire beaux
« et proportionnés les corps qui sont nus. » Mais une si plate
invention ne méritait pas un si bon conseil. En d'autres langues,
en anglais, en italien, par exemple, elle peut avoir son mérite;
dans la nôtre, elle n'est bonne qu'à parodier la poésie; et Voltaire le savait bien, lorsqu'il l'appelait à son aide pour mieux
travestir *Gilles* Shakspeare[1].

Malgré le jugement un peu sévère que j'ai paru adopter sur
Baïf, on aurait tort de croire que le lecteur de nos jours découvre tout d'abord une différence bien sensible entre ses œuvres
et celles des poëtes de son temps les plus estimés, tels que
Du Bellay et Ronsard. Il faut l'avouer, à notre honte, sauf un
certain nombre de jolies pièces qui frappent au premier coup
d'œil, tous ces recueils de poésies, toutes ces centaines d'odes
et de sonnets nous semblent d'un caractère assez uniforme;
et si l'on n'y revenait à diverses reprises, si surtout l'on n'était
soutenu et redressé par les témoignages qu'ont laissés les contemporains, on aurait peine à départir à chaque auteur avec
quelque précision et quelque justesse les traits qui le distinguent
entre tous. L'invention, en effet, sur laquelle il est toujours
aisé de prononcer, même à travers la distance des temps et la
différence des langues, n'a presque rien d'original chez Ronsard
et ses amis; ce n'est d'ordinaire qu'une copie plus ou moins
vive ou pâle des Grecs, des Latins, des Italiens. Reste l'élocution, le style. Mais la langue dans laquelle écrivaient ces novateurs est devenue pour nous une espèce de langue morte, et
nous ne sommes guère bons juges de ce que pouvaient être, par

---

1. Nous n'ignorons pas que de pareils essais ont été renouvelés avec
bonne foi et talent par M. de Sorsum, mais nous persistons à les juger
contraires à la nature même de notre versification.

rapport à elle, l'incorrection ou l'élégance. Nous l'avons dit, en effet, depuis Marot jusqu'à nous, le tronc commun n'est pas allé grandissant et croissant d'une force lente et continue. Ronsard y a voulu greffer un dialecte qui, trop différent de nature, s'est bientôt flétri et détaché. Toutes les fois pourtant que les poëtes de cette école ont adopté la langue de Marot, nous nous entendons avec eux, et le plus souvent ils nous charment. Jamais ils ne réussissent mieux que quand ils empruntent à Bion, Moschus, Anacréon et Théocrite, ou encore à Martial et Catulle, quelque pièce courte et légère, dont la simplicité n'exige point l'appareil de leur lexique artificiel. C'est aussi le cas de Baïf, et ces agréables exceptions sont même assez nombreuses chez lui pour nous permettre d'adoucir un peu sur son compte les jugements rigoureux de Pasquier et de Du Perron. De plus, le mécanisme de sa versification, soit dans l'alexandrin, soit dans les vers de moindre mesure, ses rejets fréquents, ses coupes variées et la marche toute prosodique de sa phrase, nous présentent, avec la manière d'André Chénier, des analogies frappantes qui tournent à l'honneur du vieux poëte ; on s'aperçoit que l'un comme l'autre avait étudié l'accent des syllabes et savait scander son vers. Quelques citations décisives nous absoudront du reproche qu'on nous fait déjà, peut-être, de chercher et de voir partout des ressemblances.

## AMOUR OISEAU

(IMITÉ DE BION.)

Un enfant oiseleur, jadis en un bocage
Giboyant aux oiseaux, vit, dessus le branchage
D'un houx, Amour assis ; et, l'ayant aperçu,
Il a dedans son cœur un grand plaisir conçu :
Car l'oiseau sembloit grand. Ses gluaux il apprête,
L'attend et le chevale, et, guêtant à sa quête,
Tâche de l'assurer ainsi qu'il sauteloit.
Enfin il s'ennuya de quoi si mal alloit
Toute sa chasse vaine, et ses gluaux il rue,
Et va vers un vieillard étant à la charrue,
Qui lui avoit appris le métier d'oiseleur ;
Se plaint et parle à lui, lui conte son malheur,
Lui montre Amour branché. Le vieillard lui va dire,
Hochant son chef grison et se ridant de rire :
« Laisse, laisse, garçon, cesse de pourchasser
La chasse que tu fais ; garde-toi de chasser

Après un tel oiseau : telle proye est mauvaise.
Tant que tu la lairras, tu seras à ton aise ;
Mais si à l'âge d'homme une fois tu atteins.
Cet oiseau qui te fuit, et de qui tu te plains
Comme trop sautelant, de son motif s'apprête,
Venant à l'impourvu, se planter sur ta tête [1]. »

La requête suivante, adressée à MM. *les Prévost et Échevins de Paris*, en offrant un nouvel exemple de cette facture du vers alexandrin, nous apprend sur la vie de Baïf quelques particularités curieuses. Il paraît que d'officieux voisins avaient voulu l'enrôler, un peu malgré lui, dans la *garde nationale* du temps :

Messieurs, Baïf, qui n'a ni rente ni office
En votre prévôté, ne pas un bénéfice
En votre diocèse, et qui n'est point lié ;
Mais, s'il veut, vagabond ; ni veuf, ni marié,
Ni prêtre, seulement clerc à simple tonsure,
Qu'il a pris à Paris avec sa nourriture,
Pour laquelle il s'y aime et y tient sa maison,
En faisant son pays, non pour autre raison
Que pour libre jouir d'un honnête repos ;
Ce Baïf fait sa plainte et dit que sans propos,
Et sans avoir égard à son peu de chevance,
A sa profession et à sa remontrance,
Son voisinage veut le contraindre d'aller
A la garde et au guet, le voulant égaler
De tous points par cela au simple populaire,
Et contre son dessein l'attacher au vulgaire,
Duquel, tant qu'il a pu, il n'a eu plus grand soin,
En toutes actions, que s'en tirer bien loin ;
Et pour ce il a choisi aux faubourgs sa retraite,
Loin du bruit de la ville, en demeure secrète.
Ainsi dans vos maisons loge paix et santé,
Baïf, comme d'emprunt, soit du guet exempté !

Il nous serait aisé de choisir entre plusieurs chansons, pleines de gentillesse et de lasciveté, que Baïf a mêlées à ses sonnets de *Méline* et de *Francine*. Dans un éloge du *Printemps*, on lit ces stances d'une facilité vive et brillante :

La froidure paresseuse
De l'hiver a fait son temps.

1. Au second livre des *Passetemps* (1573).

Voici la saison joyeuse
Du délicieux printemps.

. . . . . . . .

De grand matin la pucelle
Va devancer la chaleur,
Pour de la rose nouvelle
Cueillir l'odorante fleur,

Pour avoir meilleure grâce,
Soit qu'elle en pare son sein,
Soit que présent elle en fasse
A son ami de sa main,

Qui, de sa main l'ayant eue
Pour souvenance d'amour,
Ne la perdra point de vue,
La baisant cent fois le jour.

Mais oyez dans le bocage
Le flageolet du berger,
Qui agace le ramage
Du rossignol bocager,

Voyez l'onde claire et pure
Se cresper dans les ruisseaux,
Dedans voyez la verdure
De ces voisins arbrisseaux [1]...

Baïf a fort habilement manié le vers de dix syllabes. Il nous raconte sur ce rhythme ses habitudes et ses goûts en fait d'amour, avec un accent de bonhomie parfaite et un ton charmant de causerie :

Quand je connois que l'amour que je porte
Est déplaisant, je lui ouvre la porte :
L'amour s'envole ; et je n'en sois blâmé :
Aimer ne puis, si je ne suis aimé.
Sortant ainsi de telle servitude,
Libre je vis, fuyant l'ingratitude
Tant que je puis. Sans désir mutuel,
Quel amour peut être perpétuel ?
Voilà pourquoi les poëtes du vieil âge
Feignent qu'Amour, le petit dieu volage,

1. Au premier livre des *Passetemps*.

> Tant qu'il fut seul, sans frère, que jamais
> Ne se fit grand, ne pouvant croître ; mais
> Que, demeurant toujours en son enfance,
> Avec les ans ne prenoit accroissance
> Comme faisoient les fils des autres Dieux.
> Sur quoi se tint un conseil dans les cieux,
> Où fut conclu que Vénus iroit prendre
> L'avis certain de Thémis, pour apprendre
> A quoi tenoit que son fils ne croissoit,
> Et que toujours enfant apparoissoit.
> « Donne à ton fils Amour (répond l'Oracle)
> Un frère Amour, et tu verras miracle.
> Lui que tu vois seul demourer enfant,
> Tu le verras, Vénus, devenir grand. »
> Ainsi, qui veut qu'un bon amour prospère
> De mieux en mieux, lui faut donner un frère,
> Son contr'amour. Qui m'en demandera,
> S'il n'est aimé, d'aimer se gardera [1].

C'est d'un ton plus gaillard, mais non moins piquant, qu'il dit ailleurs (car, à l'exemple de ses contemporains, il se délecte parfois aux *gaietés* et *gaillardises*) :

> Je n'aime ni la pucelle
> (Elle est trop verte), ni celle
> Qui est par trop vieille aussi.
> Celle qui est mon souci,
> C'est la femme déjà meure (*mûre*) [2] :
> La meure est toujours meilleure.
> Le raisin que je choisi
> Ne soit ni verd ni moisi.

Il a imité, ou, si l'on veut, traduit librement et décemment de Théocrite *l'Amour Vangeur* [3], et pour peu que l'on compare sa pièce avec la fable de La Fontaine, *Daphnis et Alcimadure*, dont le sujet est le même, on verra que l'avantage de la naïveté, sinon de l'originalité, reste tout à fait à Baïf. En voilà plus qu'il n'est besoin pour faire concevoir que Pelletier du Mans, caractérisant les poëtes de l'époque, ait pu louer Baïf de sa veine *fluide* [4].

---

1. Dédicace des *Amours* (1572).
2. *Mitia poma* (Virgile).
3. Au troisième livre des *Poëmes* (1573).
4. Baïf était né vers 1532, et mourut vers 1590. Je reparlerai de lui dans l'article à part sur Des Portes.

Remi Belleau a été moins heureux que ses amis, quand il a essayé de traduire en entier Anacréon, que Henri Estienne avait retrouvé et publié en 1554. Peut-être faut-il attribuer sa sécheresse à l'exactitude dont il s'est piqué, à moins qu'on ne dise comme Ronsard, par un assez mauvais jeu de mots, que Belleau (*belle eau*) était trop sobre pour se mesurer avec l'ivrogne de Téos. On trouverait, au reste, de jolis passages à citer dans sa traduction. Ce poëte eut et mérita une grande réputation en son temps. On l'appelait *le gentil Belleau*, et Ronsard le surnommait *le Peintre de la nature*. Dans ses vers, en effet, les descriptions abondent. Il décrivit en détail les *Pierres précieuses*, telles que le diamant, la topaze, le rubis, etc., etc., avec leurs propriétés physiques et leurs vertus occultes : et cet ouvrage, fort goûté lorsqu'il parut, fit dire que l'auteur « s'étoit taillé un glorieux tombeau dans ses pierres précieuses. » Les *Bergeries* de Belleau présentent quelquefois des scènes champêtres vivement retracées ; surtout il y a une profusion de couleurs et d'images bien contraire à l'idée qu'on se fait de la simplicité de la vieille langue. Brillant et suranné à la fois, vieilli et non pas antique, ce style ne ressemble pas mal à ces étoffes que portaient les petits-maîtres du temps passé, et dont le lustre terni éclate encore par places. La pièce du mois d'*Avril* est celle qui a le mieux conservé sa fraîcheur [1] :

> Avril, l'honneur et des bois
> Et des mois ;
> Avril, la douce espérance
> Des fruits qui, sous le coton
> Du bouton,
> Nourrissent leur jeune enfance :

1. Le rhythme délicat dans lequel est jetée cette chanson d'*Avril*, et dont Ronsard fit également usage dans sa chanson connue :

> Quand ce beau printemps je voy,
> J'aperçoy
> Rajeunir la terre et l'onde,
> Et me semble que le jour
> Et l'Amour,
> Comme enfans, naissent au monde...;

ce curieux rhythme n'est pas tout à fait de l'invention des poëtes de la Pléiade, comme je l'avais cru d'abord (*OEuvres choisies de Ronsard*, 1828, page 49). M. Vallet de Viriville, dans la *Bibliothèque de l'Ecole des Chartes* (tome III, p. 468), en cite un exemple approchant, tiré d'un mystère du quinzième siècle. J'aurais dû me souvenir moi-même que Marot l'a em-

Avril, l'honneur des prez verds,
　　Jaunes, pers,
Qui, d'une humeur bigarrée,
Émaillent de mille fleurs
　　De couleurs
Leur parure diaprée ;

Avril, l'honneur des soupirs
　　Des Zéphirs,
Qui, sous le vent de leur aile,
Dressent encore ès forêts
　　De doux rets,
Pour ravir Flore la belle ;

Avril, c'est ta douce main
　　Qui, du sein
De la Nature, desserre
Une moisson de senteurs
　　Et de fleurs
Embasmant l'air et la terre.

Avril, l'honneur verdissant,
　　Florissant,
Sur les tresses blondelettes
De ma Dame, et de son sein
　　Toujours plein
De mille et mille fleurettes ;

Avril, la grâce et le ris
　　De Cypris,
Le flair et la douce haleine ;
Avril, le parfum des Dieux,
　　Qui, des cieux,
Sentent l'odeur de la plaine ;

C'est toi, courtois et gentil,
　　Qui d'exil
Retires ces passagères,
Ces arondelles qui vont,
　　Et qui sont
Du printemps les messagères.

---

ployé une fois dans la traduction du xxxviii° psaume. Mais ce n'est que chez les poëtes de la *Pléiade* que ce rhythme du moins prend toute sa vogue ; ce n'est que chez eux que, grâce à l'entrelacement, pour la première fois obligé, des rimes masculines et féminines, il acquiert sa vraie légèreté et son tour définitif. Cette remarque peut s'appliquer aux autres rhythmes dont on retrouverait des échantillons antérieurs, et que cette confusion des rimes laissait toujours plus ou moins à l'état d'ébauche.

L'aubépine, et l'églantin,
    Et le thym,
L'œillet, le lys, et les roses,
En cette belle saison,
    A foison,
Montrent leurs robes écloses.

Le gentil rossignolet,
    Doucelet,
Découpe, dessous l'ombrage,
Mille fredons babillards,
    Frétillards,
Au doux chant de son ramage.

C'est à ton heureux retour
    Que l'Amour
Souffle, à doucettes haleines,
Un feu croupi et couvert
    Que l'hiver
Recéloit dedans nos veines.

Tu vois en ce temps nouveau
    L'essaim beau
De ces pillardes avettes
Volleter de fleur en fleur
    Pour l'odeur
Qu'ils mussent en leurs cuissettes.

Mai vantera ses fraîcheurs,
    Ses fruits meurs,
Et sa féconde rosée,
La manne, et le sucre doux,
    Le miel roux
Dont sa grâce est arrosée.

Mais moi je donne ma voix
    A ce mois
Qui prend le surnom de celle
Qui de l'écumeuse mer
    Vit germer
Sa naissance maternelle.

Il suffit de jeter les yeux sur ce petit tableau étincelant pour sentir quel vernis neuf et moderne la réforme de Ronsard avait répandu sur la langue poétique [1].

---

1. Remi Belleau était né en 1528, et mourut en 1577. J'en redirai quelque chose dans l'article sur *Anacréon au seizième siècle*. Il fut attaché

Il nous reste peu à dire des autres poëtes de la *Pléiade*. Dorat n'y était que par déférence, car il ne lui arrivait pas souvent de versifier en français [1]. Pontus de Thiard avait dans sa jeunesse, et dès les premiers temps de la réforme poétique, publié, sous le titre d'*Erreurs amoureuses*, des sonnets dans lesquels il célébrait une maîtresse du nom de *Pasithée*; mais il s'était depuis livré sans partage aux mathématiques et à la théologie, et avait abjuré ses *erreurs* de jeunesse pour l'évêché de Châlons [2]. Le plus beau titre d'Amadis Jamyn était la prédilection toute particulière dont l'honorait Ronsard : il l'avait servi comme page en sa jeunesse, et resta toujours son page en poésie. Moins savant que Ronsard, mais doué d'une prodigieuse facilité, Étienne Jodelle avait acquis l'admiration de la plupart de ses contemporains; mais le plus grand nombre de ses poésies légères s'est perdu par sa propre négligence ; et d'ail-

aux d'Elbeuf, suivit l'un d'eux en Italie pour l'expédition de Naples (1557), et, au retour de là, il passa et finit paisiblement ses jours dans la maison de Lorraine. Il lui fut fait, à Paris, où il mourut, de très-honorables funérailles : on l'enterra dans la nef des Grands-Augustins, où il fut porté sur *les pieuses épaules* de ses doctes et illustres amis, Pierre de Ronsard, Jean-Antoine de Baïf, Philippe Des Portes, et Amadis Jamyn.

1. Dorat, le maître des poëtes de la Pléiade, vécut assez (jusqu'en novembre 1588) pour les voir à peu près tous finir. Il les avait tous comme bénis et baptisés au départ : il contresignait leurs livres de ses éloges. Il en est peu de ce bord qui n'aient paru tant avec privilège du Roi qu'avec *distiques grecs* de Dorat. Il était l'approbateur universel (Voir *Dictionnaire* de Bayle, article Dorat).

2. Par ce titre d'*Erreurs amoureuses* l'auteur faisait allusion à son nom de Pontus (Pontus était l'un des chevaliers errants de la Table-Ronde). G. Colletet, dans sa vie de Pontus, parlant de l'universalité de connaissances qui distinguait ce poëte, lui applique le mot d'Ovide : *Omnia Pontus erat*. Le premier livre de ces *Erreurs* date de 1548. Pontus est, à proprement parler, un disciple de son voisin Maurice Scève, de Lyon; et il s'adresse à celui-ci tout d'abord. C'est, parmi nos doctes poëtes, un des plus hérissés. On le pourrait qualifier *l'Astrologue* de la Pléiade ; dans une pièce latine à Ronsard *de Cœlestibus Asterismis*, il tire l'horoscope de son ami et lui assigne une place parmi les étoiles. Il semble dans sa vie avoir pris pour devise les vers de Virgile sur les Muses... : *Cœlique vias et sidera monstrent;* ou plutôt encore ces autres beaux vers de Properce:

> Me juvat in prima : oluisse Helicona juventa,
> Musarumque choris implicuisse manus...
> Atque ubi jam Venerem gravis interceperit ætas,
> Sparserit et nigras alba senecta comas,
> Tum mihi naturæ libeat perdiscere mores,
> Quis Deus hanc mundi temperet arte domum;
> Qua venit exoriens, qua deficit, unde coactis
> Cornibus in plenum menstrua luna redit...

Je pourrais continuer; Pontus a comme voulu remplir tout le programme. Ce fut au reste le dernier survivant des sept de la Pléiade : il ne mourut qu'en 1605, âgé de quatre-vingt-trois ans; il avait débuté en poésie cinquante-sept ans auparavant. — Le général Thiard, qui a marqué dans les chambres sous la restauration, est de sa descendance.

leurs nous aurons occasion de le retrouver parmi les dramatiques, dont il fut le premier, du moins en date. Alors aussi nous reviendrons sur Baïf et Belleau, qui donnèrent des pièces de théâtre.

Si nous avions l'ambition d'être complet, et si c'était l'être que de tout dire, il nous faudrait maintenant dénombrer cette milice de poëtes qui combattirent sous *les sept chefs*, et marchèrent, comme s'en vantait Ronsard, à la conquête de Thèbes. Mais, pour ce dénombrement, non plus que pour celui de toutes les épopées, *cent poitrines de fer* et *cent voix infatigables* ne suffiraient point. Mieux vaut donc nous taire, en avertissant bien que notre silence n'est pas du pur dédain. Parmi ces hommes dont les noms à peine sont connus des érudits en cette matière, plusieurs jouirent de la célébrité durant leur vie, plusieurs espérèrent la gloire, et peut-être n'en furent pas indignes. Nous n'en prendrons que trois presque au hasard, Jacques Tahureau, Olivier de Magny et Jean de La Taille. Le premier mourut en 1555 à l'âge de vingt-huit ans, comme un soldat frappé dans le premier choc de la mêlée; Magny ne passa point 1560. Voici deux excellents sonnets de celui-ci :

>Je l'aime bien, pource qu'elle a les yeux
>Et les sourcils de couleur toute noire,
>Le teint de rose et l'estomac d'ivoire,
>L'haleine douce et le ris gracieux;
>
>Je l'aime bien pour son front spacieux
>Où l'Amour tient le siége de sa gloire,
>Pour sa faconde et sa riche mémoire,
>Et son esprit plus qu'autre industrieux;
>
>Je l'aime bien pource qu'elle est humaine,
>Pour ce qu'elle est de savoir toute pleine,
>Et que son cœur d'avarice n'est poingt.
>
>Mais qui me fait l'aimer d'une amour telle,
>C'est pour autant qu'ell' me tient bien en point
>Et que je dors quand je veux avec elle.

---

>Ce que j'aime au printemps, je te veux dire, Mesme :
>J'aime à fleurer la rose, et l'œillet, et le thym;
>J'aime à faire des vers, et me lever matin,
>Pour, au chant des oiseaux, chanter celle que j'aime.

En été, dans un val, quand le chaud est extrême,
J'aime à baiser sa bouche et toucher son tétin,
Et, sans faire autre effet, faire un petit festin,
Non de chair, mais de fruit, de fraises et de crème.

Quand l'automne s'approche et le froid vient vers nous,
J'aime avec la châtaigne avoir de bon vin doux,
Et, assis près du feu, faire une chère lye.

En hiver, je ne puis sortir de la maison,
Si n'est au soir, masqué ; mais, en cette saison,
J'aime fort à coucher dans les bras de m'amie [1].

Lequel, entre nos poëtes érotiques, y compris les chevaliers de Bertin et de Parny, a jamais rendu la chaleur âpre et le délire cuisant de la jouissance en traits plus saisissants que Jacques Tahureau du Mans, dans ce *baiser* tout de flamme ?

> Qui a lu comme Vénus,
> Croisant ses beaux membres nus
> Sur son Adonis qu'ell' baise,
> Et lui pressant le doux flanc,
> Son cou douillettement blanc
> Mordille de trop grand' aise ;

---

1. *Soupirs* d'Olivier de Magny (Paris, 1557). — Il y a encore de lui les *Amours* (1555), les *Gayetés* (1554), et cinq livres d'*Odes* (1559) : ce dernier recueil, le plus remarquable, est postérieur au voyage de Rome qu'il fit comme attaché à l'ambassadeur d'Avanson, et où il rencontra Du Bellay. Je dis le bien, je dois indiquer aussi le mauvais en ce qui marque le goût de l'époque. Le sonnet suivant des *Soupirs* d'Olivier de Magny fit longtemps, nous dit Colletet, l'entretien de la cour et des curieux ; les plus habiles musiciens, comme Orlande le jeune, et plusieurs autres, le mirent en musique à l'envi ; c'est le dialogue d'un amant et du vieux nocher Caron :

L'Amant : — Holà ! Caron, Caron, nautonnier infernal !

Caron : — Quel est cet importun qui, si pressé, m'appelle ?

L'Amant : — C'est l'esprit éploré d'un amoureux fidèle,
Qui, pour toujours aimer, n'eut jamais que du mal.

Caron : — Que cherches-tu, dis-moi ? — L'Amant : — Le passage fatal.

Caron : — Quel est ton homicide ? — L'Amant : Ô demande cruelle !
Amour m'a fait mourir. — Caron : Jamais dans ma nacelle
Nul sujet à l'Amour je ne conduis à val.

L'Amant : — Mais de grâce, Caron, reçois-moi dans ta barque.

Caron : — Cherche un autre nocher ; car ni moi, ni la Parque,
N'entreprenons jamais sur ce maître des Dieux !

L'Amant : — J'irai donc malgré toi ; car j'ai dedans mon âme
Tant de traits amoureux, tant de larmes aux yeux,
Que je serai le fleuve, et la barque, et la rame !

Qui a lu comme Tibulle
Et le chatouillant Catulle
Se baignent en leurs chaleurs ;
Comme l'amoureux Ovide,
Sucrant un baiser humide,
En tire les douces fleurs ;

Qui a vu le passereau,
Dessus le printemps nouveau,
Pipier, battre de l'aile,
Quand d'un infini retour
Il mignarde sans séjour
Sa lascive passerelle ;

La colombe roucoulante,
Enflant sa plume tremblante,
Et liant d'un bec mignard
Mille baisers dont la grâce
Celle du cygne surpasse
Sus sa Lœde frétillard ;

Les chèvres qui vont broutant
Et d'un pied léger sautant
Sur la molle verte rive,
Lorsque d'un trait amoureux
Dedans leur flanc chaleureux
Ell' brûlent d'amour lascive ;

Celui qui aura pris garde
A cette façon gaillarde
De tels folâtres ébats,
Que par eux il imagine
L'heur de mon amour divine,
Quand je meurs entre tes bras[1] !

Jean de La Taille avait eu un jeune frère, Jacques, qui mourut aussi dans l'ardeur première, victime de l'étude et de la science. Il lui survécut longtemps ; fit, comme lui, plusieurs ouvrages dramatiques ; et, de bonne heure, dégoûté du monde et de la cour, se retira aux champs, où il continua de cultiver la poésie. Lui-même a célébré ses vœux et son bonheur dans sa

1. Jacques Tahureau est le Parny du seizième siècle. Né au Mans, il paraît qu'il descendait à quelque degré, par son père, de Bertrand Du Guesclin. Il relève vertement, en un endroit, ceux qui lui reprochaient d'user ses ans à des écritures paresseuses et de ne point suivre la trace de ses *nobles aïeux*. Il étudia d'abord à Angers, voyagea ensuite en Italie, et porta les armes, très-jeune, dans les dernières guerres de François 1ᵉʳ. Le peu qu'on sait de sa vie et tous ses écrits dénoncent une vive exalta-

pièce du *Courtisan retiré*, qui est une fort bonne satire, quoiqu'elle ne porte pas ce titre :

> Il (*le courtisan*) doit négocier pour parents importuns,
> Demander pour autrui, entretenir les uns ;
> Il doit, étant gêné, n'en faire aucun murmure,
> Prêter des charités et forcer sa nature ;
> Jeûner, s'il faut manger ; s'il faut s'asseoir, aller ;
> S'il faut parler, se taire ; et, si, dormir, veiller.
> . . . . . . . . . . . . . . . . . . . .
> O ! combien plus heureux celui qui, solitaire,
> Ne va point mendiant de ce sot populaire
> L'appui ni la faveur ; qui, paisible, s'étant
> Retiré de la cour et du monde inconstant,
> Ne s'entremêlant point des affaires publiques
> Ne s'assujettissant aux plaisirs tyranniques
> D'un seigneur ignorant, et ne vivant qu'à soi,
> Est lui-même sa cour, son seigneur et son roi [1] !

Comme tous ses contemporains, La Taille a chanté l'amour. En parlant d'une jeune fille qui passe sa jeunesse sans aimer, il lui est échappé cette strophe ravissante dans le rhythme si cher à Lamartine :

> Elle est comme la rose franche
> Qu'un jeune pasteur, par oubli,
> Laisse flétrir dessus la branche,
> Sans se parer d'elle au dimanche,
> Sans jouir du bouton cueilli.

tion. Il avait reçu en plein le *coup de soleil* de Ronsard ; il rêvait la gloire avec ivresse :

> Pendant qu'Amour, d'une flèche dorée,
> De la jeunesse enflammera les cœurs,
> Des amoureux la plume enamourée
> Vivra toujours entre cent mille honneurs !

Il mourut, je l'ai dit, en 1555, seulement peu de jours après son mariage, funeste mariage *qui fut cause de sa mort*, dit Colletet sans s'expliquer autrement. L'édition de ses *Poésies* (1574), bien qu'assez fautive, est très recherchée.

1. Les Œuvres poétiques de Jean de La Taille de Bondaroy, avec celles de son frère Jacques, parurent en 1572-1574 (deux volumes). On y voit Jean, guerrier à la fois et poëte, qui est *pourtrait* tout cuirassé, avec cette devise : *In utrumque paratus*. Il avait reçu une honorable blessure en combattant pour le roi dans les premières guerres civiles. Les de La Taille, très-ancienne famille, subsistent encore : on les considère comme les Montmorency de la Beauce. — Une remarque devient évidente : ces poëtes de la Pléiade étaient, somme toute, une pure école aristocratique ; à ce titre, ils n'ont jamais cherché ni gagné le populaire.

Gracieuse image qu'on serait tenté d'appliquer à la poésie de ce temps-là ! Elle aussi, on l'a *laissée flétrir dessus la branche par oubli*, et nous venons bien tard aujourd'hui pour la cueillir. Avec un peu de patience toutefois, on est presque sûr de retrouver de ces beautés encore jeunes et fraîches jusque chez les poëtes d'alors les moins connus [1].

Cela même ne laisse pas d'être un inconvénient quand on y pénètre, que cette quantité de traits plus ou moins agréables auxquels peuvent atteindre les talents d'alentour, même secondaires ; il y aurait un autre écueil à s'y trop amuser. Sous le coup du premier succès de Ronsard et de ses amis, une étonnante émulation, en effet, s'était emparée de toutes les jeunes têtes. Du Mans et d'Angers, de Poitiers et de Cahors, à la suite des Tahureau et des Magny, les nouveaux venus affluaient sans relâche ; chaque province, chaque ville fournissait sa levée poétique et doublait en quelque sorte son contingent. Les vrais chefs, si l'on n'y prenait garde, finiraient par disparaître au milieu de ces folles recrues. De graves contemporains, Pasquier et De Thou, ont signalé énergiquement le danger et n'ont point parlé de cette tourbe sans colère. Pasquier, écrivant à Ronsard, dès 1555, s'écrie : « En bonne foi, on ne vit « jamais en la France telle foison de poëtes ; je crains qu'à la « longue le peuple ne s'en lasse. Mais c'est un vice qui nous est « propre que, soudain que voyons quelque chose succéder heu- « reusement à quelqu'un, chacun veut être de sa partie... » Et il en cite maint exemple, l'héroïque *Pucelle*, qui eut incontinent pour imitatrices deux ou trois *affronteuses* qui firent les inspirées, et, aux choses de l'esprit, Rabelais, lequel, avec son *Gargantua* et son *Pantagruel*, s'attira aussitôt pour singes deux imitateurs et plats copistes, auteurs de *Propos rustiques* et de *Fanfreluches*. Ainsi encore le roman d'*Amadis*, traduit en français par le seigneur des Essars, avait engendré sur l'heure toute une postérité de fades chevaliers ; un Palmerin d'Olive, un Palladien, un Primaléon : « Autant en est-il arrivé, continue Pas- « quier, à notre poésie françoise... Chacun s'est fait accroire à part

---

1. Il faut tout dire : le malheur et la vérité, c'est que ces charmants passages ne se soutiennent pas, et que ce qui suit gâte presque toujours. Croirait-on bien, par exemple, qu'après cette jolie strophe de La Taille, il y ait tout immédiatement :

   Bref, il faut que je m'en dépêtre !

« soi qu'il auroit même part au gâteau. » Et sur la fin de sa lettre, il rappelle assez vertement Ronsard à la discrétion dans les louanges en présence des nouveaux *écrivasseurs*, et il ose le prémunir contre la banalité [1]. De Thou va plus loin encore ; il touche à fond le côté moral ; exposant au livre XXII de son *Histoire*, à l'endroit de la mort de Henri II, les divers jugements qui couraient : « On n'oublioit pas, dit-il, les actions particulières
« de ce prince qui, étant marié, avoit pris une maîtresse, la-
« quelle l'avoit comme enchanté par ses maléfices et avoit seule
« régné. On disoit que de là étoient nés un luxe prodigieux, la
« dissipation des finances, des débauches honteuses, et la cupidité
« insatiable des courtisans. En parlant de ce siècle corrompu, il
« ne faut pas oublier les poëtes françois qu'il enfanta en grand
« nombre. Ces poëtes, abusant de leurs talents, flattoient par
« des éloges honteux une femme vaine, détournoient les jeunes
« gens des études sérieuses et utiles, pour lire des vers obscènes,
« et gâtoient l'esprit et le cœur des jeunes personnes du sexe
« le plus foible par des chansons licencieuses [2]. » Toujours est-il, pour nous en tenir à la simple considération littéraire, que le succès même de Ronsard et de Du Bellay nuisit dans un certain sens à leur gloire, en leur suscitant trop de disciples et trop proches d'eux. Le fond des défauts, surtout les bornes des qualités, ressortirent davantage, et, alors comme depuis, ce mot

1. Ronsard semble avoir tenu compte du conseil, à en juger par son élégie ou épître à Jules Gassot au sujet de Remi Belleau ; il y compare ses propres imitateurs à des *grenouilles*, et Du Bellay, en une épigramme latine, les comparait encore plus crûment aux *petits chiens*, dont on noie presque toute la portée pour n'en garder qu'un ou deux :

Si bene curati tecto asservantur herili !
A corvis illi vel rapiuntur aquis.

2. « Non inter postrema corrupti sæculi testimonia recensebantur poetæ Galli, quorum proventu regnum Henrici abundavit, qui, ingenio suo abusi... » Nous retrouvons ici Diane de Poitiers et son influence déjà indiquée. On conçoit mieux les vives paroles de De Thou, quand on lit ces incroyables vers d'Olivier de Magny adressée à Diane (et c'est un échantillon que je prends sous ma main au hasard) :

Partout où vous allez, et de jour, et *de nuit*,
La piété, la foi, et la vertu vous suit,
*La chasteté, l'honneur*, et l'alme tempérance !
(Odes, livre III, p. 82.)

Et quelques pages plus loin, dans les *Louanges du Jardin d'Anet*, le poète montre l'écusson de Diane allant de pair avec celui de la Reine :

Comme les deux grandes clartés
Des deux astres au ciel plantés...

Il est fort heureux que *Diane* soit nécessairement *la lune*, ce qui permet du moins à la Reine d'être *le soleil*.

assez piquant fut vérifié : « Les plus cruels critiques des poëtes sont encore les imitateurs : ils se mettent, comme les mouches, sur l'endroit gâté et le dessinent. »

Cependant, hors de la Pléiade, loin de la capitale, et au plus fort de la célébrité de Ronsard (vers 1578), s'en élevait une autre, qui, toute provinciale qu'elle était, se plaça très-vite au premier rang dans l'opinion. Guillaume de Salluste, seigneur Du Bartas, capitaine au service du jeune roi de Navarre, composa sur divers sujets sacrés des vers pleins de gravité et de pompe, qu'on accueillit avec transport. Une certaine idée de réaction religieuse et morale dut s'y rattacher dans l'esprit du public comme dans la pensée de l'écrivain. Le plus admiré de ses poëmes fut celui de *la Création du Monde*, aussi appelé *la Semaine*. L'auteur l'avait divisé en sept journées; il y commentait amplement l'œuvre de chaque jour et jusqu'au repos du septième. Des comparaisons sans fin, tour à tour magnifiques et triviales, des explications savantes empruntées à la physique de Sénèque et de Pline, des allégories païennes mêlées aux miracles de l'Écriture, enfin un style hérissé de métaphores bizarres et de mots forgés, voilà les défauts que rachetaient à peine çà et là quelques vers nobles et pittoresques. C'était, pour tout dire, la création du monde racontée par un Gascon. Le poëme fit fureur et eut près de vingt éditions en dix ans. Il fut traduit en latin, en italien, en espagnol, en allemand, et en anglais [1]. Pasquier et De Thou se laissèrent prendre à l'engouement général. Ronsard en jugea mieux et protesta contre ce succès usurpé. Quoique dans sa longue carrière la jalousie n'ait jamais approché de son âme, on peut croire sans injure que l'amour-propre piqué ne nuisit pas en lui à ce réveil imprévu du bon goût. Reconnaissons toutefois que, là même où Ronsard est mauvais, il ne l'est pas avec l'exagération de Du Bartas; c'est bien celui-ci qui *parle grec et latin en françois*, et qui étale *le faste pédantesque de ses grand mots;* c'est bien à sa manière plutôt qu'à celle de son rival qu'il faut rapporter tous les ampoulés poëmes épiques du temps de Louis XIII. Le cardinal Du Perron, contemporain de tous deux, avait déjà fait la distinction [2].

---

1. Il est très-vraisemblable, comme le pense Ginguené, que l'ouvrage de Du Bartas donna au Tasse l'idée du poëme que ce grand poëte composa précisément sur ce sujet, vers 1592; et il paraît que Du Bartas lui-même avait emprunté l'idée du sien à un auteur du Bas-Empire, George Pisidès, qui avait célébré l'œuvre des six jours.

2. Du Perron était fort à portée de bien juger en pareille matière. Plein

Il condamne Du Bartas avec une sévérité pleine de sens, tandis que, pénétré d'estime pour Ronsard, il lui reproche seulement des rudesses qu'il eût été facile de corriger. On aurait tort pourtant de croire que l'auteur de *la Semaine* manquait de talent. Il y a plus : le caractère même de ce talent, cette recherche constante du grand, du chaste et du sérieux, l'élévation de sentiments et la fierté d'âme qui percent souvent dans ses vers, ses vertus privées auxquelles De Thou rend un éclatant hommage, tout le rapproche, selon nous, de l'auteur de *la Pétréide*, qui, s'il était venu du temps de Du Bartas, n'aurait guère fait autrement ni mieux que lui [1].

---

de sagacité naturelle, poëte lui-même autant qu'il le fallait pour avoir l'intelligence du métier sans en prendre la jalousie, il vit les dernières années de Ronsard et assista aux réformes de Malherbe. Il introduisit celui-ci à la cour, et il avait prononcé l'oraison funèbre sur la tombe de l'autre. On l'a appelé le *Colonel général de la littérature*; il en était plutôt le grand maître des cérémonies. Les styles et les auteurs du temps lui passaient tous par les mains, et, autant qu'il nous en semble aujourd'hui, il lui arrivait rarement de s'y méprendre. Sorel, dans ses remarques sur le treizième livre du *Berger extravagant*, confirme par son jugement la distinction qu'avait déjà établie Du Perron entre Du Bartas et Ronsard; il trouve le *style* de celui-ci *bien plus beau* que celui de l'autre.

1. Gabriel Naudé, grâce à sa méthode digressive, a trouvé moyen de raconter dans ses *Coups d'Etat* l'anecdote suivante, qui, vraie ou fausse, est trop caractéristique pour être omise ; « L'on dit en France que Du
« Bartas, auparavant que de faire cette belle description du cheval où il
« a si bien rencontré, s'enfermoit quelquefois dans une chambre, et, se
« mettant à quatre pattes, souffloit, hennissoit, gambadoit, tiroit des
« ruades, alloit l'amble, le trot, le galop, à courbette, et tâchoit par
« toutes sortes de moyens à bien contrefaire le cheval. » Que si maintenant le lecteur est curieux de cette description laborieuse pour laquelle sua et souffla tant le pauvre Du Bartas, la voici; elle est tirée du chant intitulé *les Artifices*, au *premier jour* de *la Seconde Semaine*, laquelle parut peu d'années après la *Première;* je laisse exprès la citation dans tout le suranné et, pour ainsi dire, le provincial de son orthographe :

> Caïn de ceste peur, comme on dit, transporté,
> Donne le premier frein au cheual indonté ;
> Afin qu'allant aux champs, d'vne poudreuse fuite,
> Sur les iambes d'autruy son Lamech il éuite.
> Car, entre cent cheuaux brusquement furieux,
> Dont les fortes beautez il mesure des yeux,
> Il en prend vn pour soy, dont la corne est lissée,
> Retirant sur le noir, haute, ronde et creusée.
> Ses paturons sont courts, ni trop droits, ni lunez ;
> Ses bras secs et nerueux, ses genoux descharnez.
> Il a iambe de cerf, ouuerte la poitrine,
> Large croupe, grand corps, flans vnis, double eschine,
> Col mollement vousté comme vn arc mi-tendu,
> Sur qui flotte un long poil crespement espandu ;
> Queue qui touche à terre, et ferme, longue, espesse,
> Enfonce son gros tronc dans vne grasse fesse ;
> Oreille qui, pointue, a si peu de repos
> Que son pied grate-champ ; front qui n'a rien que l'os ;
> Yeux gros, pronts, releuez ; bouche grande, escumeuse ;
> Nareau qui ronfle, ouuert, vne chaleur fumeuse ;
> Poil chastain ; astre au front ; aux iambes deux balzans,
> Romaine espée au col ; de l'âge de sept ans.

Le succès prodigieux de *la Semaine* ne tira pas pour le moment à conséquence : c'était un succès isolé et qui ne se rattachait qu'indirectement à l'école de Ronsard. Cette école était déjà entrée dans ce qu'on pourrait appeler sa *seconde période*. Comme, avec des gens d'esprit et de talent pour fondateurs, elle n'avait pas un seul homme de *génie*, et que le génie seul donne la durée aux choses nouvelles, elle ne pouvait vivre

> Caïn d'vn bras flatteur ce beau jenet caresse,
> Luy saute sur le dos d'une gaillarde adresse,
> Se tient coy, iuste et ferme, ayant le nez tourné
> Vers le toupet du front. Le cheual forcené
> De se voir fait esclaue, et fléchir sous la charge,
> Se cabre, saute, rue, et ne treuve assez large
> La campaigne d'Hénoc : bref, rend ce peletron
> Semblable au jouvenceau qui, sans art et patron,
> Tente l'ire du flot. Le flot la nef emporte,
> Et la nef le nocher, qui chancelle en la sorte
> Qu'vne vieille thyade. Il a glacé le sein,
> Et panthois se repent d'vn tant hardi dessein.
>
> L'escuyer, repourprant vn peu sa face blesme,
> R'asseure accortement et sa beste et soy-mesme;
> La meine ores au pas, du pas au trot, du trot
> Au galop furieux. Il lui donne tantôt
> Vne longue carrière ; il rit de son audace,
> Et s'estonne qu'assis tant de chemin il face.
>
> Son pas est libre et grand ; son trot semble égaler
> Le tigre en la campagne et l'arondelle en l'er ;
> Et son braue galop ne semble pas moins viste
> Que le dard biscaïen ou le trait moschouite.
> Mais le fumeux canon, de son gosier bruiant,
> Si roide ne vomist le boulet foudroiant,
> Qui va d'vn rang entier esclaircir vne armée,
> Ou percer le rempart d'vne ville sommée,
> Que ce fougueux cheual, sentant lascher son frein,
> Et piquer ses deux flancs, part viste de la main,
> Desbande tous ses nerfs, à soy-mesmes eschappe,
> Le champ plat bat, abat ; destrape, grape, attrape
> Le vent qui va deuant ; couuert de tourbillons,
> Escroule sous ses pieds les bluëtans seillons ;
> Fait décroistre la plaine ; et ne pouuant plus estre
> Suivi de l'œil, se perd dans la nue champestre.
>
> Adonques le piqueur qui, jà docte, ne veut
> De son braue cheual tirer tout ce qu'il peut,
> Arreste sa fureur, d'vne docte baguette
> Luy enseigne au parer vne triple courbette,
> Le loue d'vn accent artistement humain,
> Luy passe sur le cou sa flatteresse main,
> Le tient et iuste et coy, lui fait reprendre haleine,
> Et par la mesme piste à lent pas le rameine.
>
> Mais l'eschaufé destrier s'embride fièrement,
> Fait sauter les cailloux, d'un clair hannissement
> Demande le combat ; pennade, ronfle, braue,
> Blanchit tout le chemin de sa neigeuse baue ;
> Vse son frein luisant ; superbement joyeux,
> Touche des pieds au ventre, allume ses deux yeux,
> Ne va que de costé, se quarre, se tourmente,
> Hérisse de son cou la perruque tremblante ;
> Et tant de spectateurs, qui sont aux deux costez,
> L'un sur l'autre tombans, font largue à ses fiertez.
>
> Lors Caïn l'amadoue, et, cousu dans la selle,
> Recherche, ambitieux, quelque façon nouuelle
> Pour se faire admirer. Or' il le mene en rond,
> Tantost à reculons, tantost de bond en bond ;
> Le fait balser, nager, luy monstre la iambete,
> La gaye capriole, et la iuste courbete.

9.

longtemps, et devait acquérir vite sa plus grande perfection possible, puis finir. Comparable à ces fruits avortés qui ne mûrissent qu'en se corrompant, et ne perdent leur âpre crudité que pour une saveur fade et douceâtre[1], il n'y eut pas de milieu pour elle entre la vigueur souvent rude de Ronsard, de Belleau et de Baïf, et l'afféterie presque constante de Des Portes et de Bertaut. Le passage fut assez brusque, et, à la différence de ton, on ne se douterait pas d'abord que ces derniers aient pu être les disciples chéris et dociles des réformateurs de 1550. Despréaux lui-même s'y est trompé[2] et son erreur a fait loi. Rien de mieux établi pourtant que cette filiation littéraire, rien en même temps de plus facile à expliquer. Tout en effet n'était point barbare et scolastique dans la première manière de Ronsard et de ses amis : nous l'avons suffisamment prouvé. L'imitation italienne y entrait déjà pour beaucoup ; elle gagna de plus en plus, et, dès que la fièvre pindarique fut tombée, elle prit décidément le dessus sur l'imitation grecque et latine. Pour une école peu originale, changer d'imitation, c'est en quelque sorte, se perfectionner.

Quoi qu'il en soit, ne nous montrons pas trop rigoureux envers Des Portes. Malgré le vernis uniforme d'affectation qui remplace chez lui l'obscurité et le pédantisme de ses maîtres, il ne laisse pas d'être fréquemment un très-agréable poëte. Dès 1570 environ, il commença à se rendre célèbre. Tout jeune en—

> Il semble que tous deux n'ont qu'vn corps et qu'vn sens.
> Tout se fait auec ordre, auec grace, auec temps.
> L'un se fait adorer pour son rare artifice,
> Et l'autre acquiert, bien né, par vn long exercice,
> Legerté sur l'arrest, au pas agilité,
> Gaillardise au galop, au maniement seurté,
> Appui doux à la bouche, au saut forces nouuelles,
> Asseurance à la teste, à la course des ailes.

Du Bartas, né en 1544, mourut vers 1590. J'insiste plus loin, dans un article à part, sur son rôle, et sur ce retour d'influence et d'inspiration calviniste.

1. Nous avons encore ici le témoignage de Du Perron : « Je crois, dit-il, « que la langue françoise est parvenue à sa perfection, parce qu'elle « commence à décliner, et tous ceux qui écrivent aujourd'hui ne font rien « qui vaille ; ils sont tous ou niais ou fanatiques. Il en a été de notre « langue ainsi que des fruits qui se corrompent par les vers, avant de « venir à maturité. »

2.  Ce poëte orgueilleux (Ronsard) trébuché de si haut
    Rendit plus retenus Des Portes et Bertaut.

Quelques vers auparavant, Boileau fait honneur à Marot de l'invention du rondeau, et le loue d'avoir trouvé, pour rimer, *des chemins tout nouveaux*. Pour le poëte du juste et du vrai, c'est commettre bien des erreurs en peu de lignes.

core, il avait voyagé en Italie, à la suite d'un évêque, et y avait approfondi cette littérature qu'il devait imiter un jour. La mode des sonnets était très-répandue en France depuis Joachim Du Bellay et Ronsard; mais Des Portes y mit une délicatesse et une grâce nouvelles. Il chanta successivement trois maîtresses sous les noms de *Diane*, d'*Hippolyte* et de *Cléonice*, sans préjudice des autres poésies intitulées *Diverses Amours*, et de deux livres d'élégies dans le goût de Tibulle. Aussi mademoiselle de Scudéri lui a-t-elle rendu cette justice, *qu'il étoit passionné pour son temps, et qu'il aspiroit à être le plus amoureux des poëtes françois*. Les fleurs de ses *mignardises* et sa veine *doux-coulante*, ainsi qu'on s'exprimait alors, répondaient à merveille aux beaux et tendres sentiments dont il se piquait. Personne jusqu'à lui n'avait si mélodieusement soupiré un martyre :

> Si la pitié trouve en vous quelque place,
> Si votre cœur n'est en roche endurci
> D'un doux regard qui respire merci
> De vos courroux tempérez la menace[1].

1. On savait qu'il existait un exemplaire de Des Portes tout surchargé de notes marginales écrites par Malherbe. On lit dans une lettre de Balzac à Conrart, datée du 20 novembre 1652 : « Je vous dirai seulement pour « nouvelles de mon cabinet que j'ai ici un exemplaire de ses œuvres (*de* « *Des Portes*), marqué de la main de Malherbe, et corrigé d'une terrible « manière. Toutes les marges sont bordées de ses observations critiques. » Le volume passa dans la bibliothèque du président Bouhier. Saint-Marc l'emprunta du président de Bourbonne, gendre et héritier de Bouhier, et s'en servit pour composer son *Discours sur les obligations que la langue et la poésie françoise ont à Malherbe*, dans l'édition qu'il publia de ce poëte en 1757. Le précieux exemplaire doit être aujourd'hui à la Bibliothèque du roi. Mais il en existe un second, sur lequel un possesseur inconnu, qui peut-être n'est autre que Saint-Marc lui-même, eut la patience de copier fidèlement en 1752 toutes les notes du premier. Or cet exemplaire se trouve dans la riche et belle collection de M. Charles Nodier, qui nous l'a confié avec son obligeance bien connue. Nous aurions peine à rendre la fâcheuse impression qu'ont produite sur notre esprit le rigorisme, la malveillance et la mauvaise foi de ces notes critiques. Malherbe n'était certainement pas de sang-froid en les écrivant. Hormis le jour où il raya Ronsard, jamais le démon de la grammaire ne le possèda si violemment. Pour mettre le lecteur à même d'en juger, nous donnerons les notes et les soulignures relatives aux passages cités de Des Portes.

« *Si la pitié trouve* en vous quelque place, etc.

« *Si vous avez quelque pitié, ne soyez plus en colère*. Voilà bien ima« giné! Il devoit dire : *Récompensez*, ou quelque autre chose.

« D'un doux regard *qui respire merci*.

« Je ne trouve pas grand goût à faire *respirer les regards*. » (Note de Malherbe.)

Lors même que sa cruelle persévère dans les dédains, il se résigne aux rigueurs du servage, et s'écrie, heureux de la souffrance :

> Douce est la mort qui vient en bien aimant.

Sa métaphysique galante a des images aussi variées que vives. Rien de plus frais que le petit tableau suivant :

> Les premiers jours qu'Amour range sous sa puissance
> Un cœur qui chèrement garde sa liberté,
> Dans des filets de soie il le tient arrêté,
> Et l'émeut doucement d'un feu sans violence.
>
> Mille petits Amours lui font la révérence;
> Il se baigne en liesse et en félicité;
> Les Jeux, la mignardise et la douce Beauté
> Volent toujours devant, quelque part qu'il s'avance.
>
> Mais las! presqu'aussitôt cet heur va se perdant;
> La prison s'étrécit, le feu devient ardent;
> Les filets sont changés en rigoureux cordage;
>
> Vénus est une rose épanie au soleil,
> Qui contente les yeux de son beau teint vermeil,
> Mais qui cache un aspic sous un plaisant feuillage[1].

S'il peint la nature, il l'anime en s'y mêlant lui-même, et en répandant sur les choses le sentiment dont il est plein :

> La terre naguère glacée
> Est ores de verd tapissée;
> Son sein est embelli de fleurs;
> L'air est encore amoureux d'elle;
> Le ciel rit de la voir si belle,
> Et moi j'en augmente mes pleurs[2].

---

1. « Les premiers jours qu'*Amour* range sous sa puissance, etc.
« Mauvaise césure.
 « Les Jeux, la Mignardise, et *la douce Beauté.*
« Hors de propos. (Note de Malherbe.)

2. « L'air est *encore* amoureux d'elle, etc.
« Que veut dire cet *encore?* Est-ce que son amour dure encore, ou *n'est*
« *pas encore passé*; ou bien s'il veut dire, *il y a davantage que tout cela,*
« *qui est que l'air est encore amoureux de la terre?* » (Note de Malherbe.)

Pour l'élégance, l'harmonie de l'expression, et surtout la mollesse achevée de la rêverie, il y a quelque chose de moderne dans les stances qu'on va lire :

> Si je ne loge en ces maisons dorées,
> Au front superbe, aux voûtes peinturée
> D'azur, d'émail et de mille couleurs,
> Mon œil se pait des trésors de la plaine
> Riche d'œillets, de lis, de marjolaine,
> Et du beau teint des printanières fleurs...
>
> Ainsi vivant, rien n'est qui ne m'agrée ;
> J'oy des oiseaux la musique sacrée,
> Quand au matin ils bénissent les cieux,
> Et le doux son des bruyantes fontaines
> Qui vont coulant de ces roches hautaines
> Pour arrouser nos prés délicieux.
>
> Que de plaisir de voir deux colombelles,
> Bec contre bec, en trémoussant des ailes,
> Mille baisers se donner tour à tour ;
> Puis tout ravi de leur grâce naïve,
> Dormir au frais d'une source d'eau vive,
> Dont le doux bruit semble parler d'amour [1] !

A la lecture de semblables vers, on conçoit comment Ronsard grisonnant s'avouait vaincu et proclamait Des Portes *le premier poëte françois*, comment aussi les plus éclairés des contemporains affirmaient de la langue poétique créée par l'un et polie par l'autre qu'elle était arrivée à son plus haut degré de perfection. On se fait même une question ici : pourquoi cette langue n'a-t-elle pas donné dès lors tous les fruits que vit mûrir l'âge suivant? Pourquoi Des Portes et ses amis, gens de talent, sinon de génie, qui égalent au moins Racan et Segrais en beautés, et ne surpassent pas Benserade et Voiture en mauvais goût, n'ont-ils pas été immédiatement suivis d'une génération comme celle de Corneille, de Racine, de Boileau et de La Fontaine? Sont-ce les hommes qui ont alors manqué à la langue? était-ce la langue qui manquait encore aux hommes? Pour moi, je ne puis croire que Corneille, paraissant du temps de Des Portes, n'eût

---

[1].     Riche d'œillets, de lis, de marjolaine,
      Et du beau teint des *printanières fleurs.*

« Que sont les œillets, les lis, les marjolaines, que fleurs du printemps?
« Au reste, je n'aime point *printanier.* » (Note de Malherbe.)

pu enfanter ses miracles, même avant d'avoir eu pour précurseur Malherbe, et que Racine, à la même époque, n'eût également fini par des chefs-d'œuvre, eût-il dû les payer par deux ou trois *Alexandre* et *Bérénice* de plus. Ce qu'aurait fait Boileau, Malherbe et Régnier l'ont assez montré ; et quant au bon La Fontaine, lui qui se trouvait partout à l'aise, ne l'eût-il pas été plus qu'ailleurs en cette vieille France dont il garda les manières et le ton jusque sous Louis XIV ? Il faut tout dire : peut-être en ces jours déplorables, au milieu des tempêtes civiles, vivaient et mouraient obscurs quelques-uns de ces hommes de génie, qui, par le poids de leurs œuvres, auraient pu fixer la langue, et, en quelque sorte, jeter l'ancre de notre littérature. Toujours est-il certain que, des disciples de Ronsard sous Henri III aux poëtes du règne de Louis XIII, la lenteur du progrès a de quoi surprendre, et que cet intervalle de quarante ans n'a pas été rempli comme les débuts le semblaient promettre.

Jusqu'ici l'on a vu la chanson rester fidèle à tous nos vieux poëtes comme pour les consoler d'avoir failli en matière plus grave. Des Portes n'y a pas moins réussi que ses devanciers. Il est difficile d'entendre mieux que lui la marche du couplet, la gaieté ou la malice du refrain. Aussi toute la France [1] savait par cœur ses jolies chansons ; et, grâce à une plume non moins fidèle que pittoresque [2], nous sommes informés maintenant, à n'en plus douter, qu'au château de Blois, le 22 décembre 1588, en cette nuit de terreurs et de voluptés qui fut pour lui la dernière, le duc de Guise fredonnait à sa maîtresse éplorée cette *villanelle* alors célèbre du bon abbé de Tiron :

> Rozette, pour un peu d'absence,
> Votre cœur vous avez changé ;
> Et moi, sachant cette inconstance,
> Le mien autre part j'ai rangé.
> Jamais plus beauté si légère
> Sur moi tant de pouvoir n'aura.
> Nous verrons, volage Bergère,
> Qui premier s'en repentira.

---

1. Dans *les Contens*, comédie d'Odet Turnèbe, une mère reproche à sa fille de lire *Des Portes* plutôt que de songer au ménage.
2. Celle de M. Vitet.

Tandis qu'en pleurs je me consume,
Maudissant cet éloignement,
Vous, qui n'aimez que par coutume,
Caressiez un nouvel amant.
Jamais légère girouette
Au vent si tôt ne se vira.
Nous verrons. Bergère Rozette,
Qui premier s'en repentira.

Où sont tant de promesses saintes,
Tant de pleurs versés en partant?
Est-il vrai que ces tristes plaintes
Sortissent d'un cœur inconstant?
Dieux, que vous êtes mensongère!
Maudit soit qui plus vous croira!
Nous verrons, volage Bergère,
Qui premier s'en repentira.

Celui qui a gagné ma place
Ne vous peut aimer tant que moi;
Et celle que j'aime vous passe
De beauté, d'amour et de foi.
Gardez bien votre amitié neuve :
La mienne plus ne variera;
Et puis nous verrons à l'épreuve
Qui premier s'en repentira [1].

La chanson suivante est remarquable par une singulière vivacité de tournure et, pour ainsi dire, un jeu mobile de physionomie ; la prière, l'attente, le dépit, s'y peignent rapidement. Le *tu* et le *vous* y sont entremêlés ; il échappe même à l'amant de dire *elle*, mais il rétracte à l'instant sa bouderie. Malherbe, comme on va le voir, n'a rien compris à tout cela :

Un doux trait de vos yeux, ô ma fière Déesse!
    Beaux yeux, mon seul confort,
Peut me remettre en vie et m'ôter la tristesse
    Qui me tient à la mort.
Tournez ces clairs soleils, et, par leur vive flamme,
    Retardez mon trépas.
Un regard me suffit · le voulez-vous, ma Dame?
    Non, vous ne voulez pas.

---

1.     « Celui qui a gagné ma place
      « Ne vous peut aimer tant que moi.
« Équivoque en ce *moi*, que l'on ne sait s'il est accusatif ou nominatif.
« Il faut, tant que l'on peut, éviter les ambiguïtés. Je dirois : *Ne vous*
« *peut aimer tant que je vous aime.* » (Note de Malherbe.)

Un mot de votre bouche à mon dam trop aimable,
　　Mais qu'il soit sans courroux,
Peut changer le destin d'un amant misérable,
　　Qui n'adore que vous.
Il ne faut qu'un *Ouy* mêlé d'un doux sourire
　　Plein d'amours et d'appas.
Mon Dieu, que de longueurs ! le voulez-vous point dire ?
　　Non, vous ne voulez pas.

Roche sourde à mes cris, de glaçons toute pleine ;
　　Ame sans amitié,
Quand j'étois moins brûlant, tu m'étois plus humaine
　　Et plus prompte à pitié.
Cessons donc de l'aimer, et, pour nous en distraire,
　　Tournons ailleurs nos pas.
Mais peut-il être vrai que je le veuille faire ?
　　Non, je ne le veux pas[1].

Le mouvement de cette chanson se reproduit dans un sonnet adressé à *Phyllis*. On y remarque, comme dans la pièce précédente, un exemple de cet entrelacement des *tu* et des *vous* que, plus tard, une autre *Phyllis* a rendu célèbre :

Ah ! mon Dieu, je me meurs ! il ne faut plus attendre
De remède à ma mort, si, tout soudainement,
Phyllis, je ne te vole un baiser seulement,
Un baiser qui pourra de la mort me défendre

Certes, je n'en puis plus, mon cœur, je le vais prendre.
Non ferai, car je crains ton courroux véhément.
Quoi ! me faudra-t-il donc mourir cruellement
Près de ma guérison qu'un baiser me peut rendre?

Mais, las ! je crains mon mal en pourchassant mon bien.
Le dois-je prendre ou non ? pour vrai, je n'en sais rien ;
Mille débats confus agitent ma pensée.

---

1.　　« Beaux yeux, mon seul *confort*.

« Ce mot est fâcheux. On se sert de ses composés, *réconfort*, *déconfort*. »

« Quand j'étois moins brûlant, *tu m'étois* plus humaine.

« J'eusse dit : *Vous m'étiez* plus humaine, puisque partout il avoit parlé
« par *vous*. Au dernier couplet, il parle à elle en tierce personne, qui
« ne me plait pas non plus. » (Note de Malherbe.)

Si je retarde plus, j'avance mon trépas.
Je le prendrai ; mais non, je ne le prendrai pas !
Car j'aime mieux mourir que vous voir courroucée[1].

Une courte, une dernière citation encore, avant de prendre congé de Des Portes. C'est une épigramme, dans le sens et le goût de l'*Anthologie*, dont elle est empruntée peut-être. L'Aristarque, tout *vir emunctæ naris* qu'il était, a eu le malheur de n'en pas saisir le parfum.

Je t'apporte ! ô Sommeil, du vin de quatre années,
Du lait, des pavots noirs aux têtes couronnées :
Vueilles tes ailerons en ce lieu déployer,
Tant qu'Alizon la vieille, accroupie au foyer
(Qui, d'un pouce retors et d'une dent mouillée,
Sa quenouille chargée a quasi dépouillée),
Laisse cheoir le fuseau, cesse de babiller,
Et de toute la nuit ne se puisse éveiller,
Afin qu'à mon plaisir j'embrasse ma rebelle,
L'amoureuse Isabeau, qui soupire auprès d'elle[2].

On attribue à Des Portes l'introduction du mot *pudeur* dans notre langue, comme plus tard l'abbé de Saint-Pierre (qui fut aussi abbé de Tiron) naturalisa le mot de *bienfaisance*, comme déjà l'on a vu Joachim Du Bellay employer l'un des premiers celui de *patrie*. *Pudeur* remplaça heureusement *vergogne*. Innover de la sorte, c'est créer plus que des mots : c'est donner de la précision à des idées nobles et pures.

Par son genre de talent aussi bien que par son existence littéraire, Des Portes nous offre des rapports frappants avec Mellin de Saint-Gelais. Mêmes compositions dans le goût italien, même

---

1. « Ah, mon Dieu, je me meurs ! etc.

« Belle imagination ! *Je suis mort si je ne te vole un baiser, qui me gardera de mourir.*

« Quoi ? me *faudra-t-il donc mourir* cruellement.

« Mauvaise césure. » (Note de Malherbe.)

2. « Tant qu'Alizon la vieille, accroupie au foyer,
« Qui d'un *pouce retors* et d'une dent mouillée, etc.

« Je ne sais pourquoi il dit *un pouce retors*.

« Et de toute la nuit ne se puisse éveille

« Froid. » (Note de Malherbe. »

contraste entre la profession et les vers, même état brillant à la cour[1]. Pour dernier trait de ressemblance, ils survécurent l'un et l'autre à leur gloire. Des Portes, devenu vieux et dévot, traduisait des psaumes à peu près comme Saint-Gelais faisait des vers latins. Mais, plus implacable que Ronsard, Malherbe n'accorda pas même à son rival vaincu une réconciliation et des excuses.

Bertaut suivit de près Des Portes, et, comme lui, obtint de bonne heure les encouragements de Ronsard, qui ne trouvait rien à reprendre dans les essais de son jeune disciple, sinon qu'il était un poëte *trop sage*. La verve, en effet, est ce qui a manqué surtout à Bertaut. Poli, mais froid, amoureux de sens rassis et bel esprit compassé, il n'a réussi que dans la complainte, dont la langueur allait bien à sa nonchalance. On a fort vanté la pièce où se trouvent ces vers :

> Félicité passée
> Qui ne peux revenir,
> Tourment de ma pensée,
> Que n'ai-je, en te perdant, perdu le souvenir !

Il dit ailleurs sur le même ton :

> Mes plaisirs s'en sont envolés,
> Cédant au malheur qui m'outrage ;
> Mes beaux jours se sont écoulés,
> Comme l'eau qu'enfante un orage,
> Et, s'écoulant, ne m'ont laissé
> Rien que le regret du passé.

Hors de là, Bertaut nous semble d'une fadeur extrême, que les éloges de mademoiselle de Scudéri expriment mieux que toutes les critiques. Elle le met au-dessus de Des Portes, et le dé-

---

1. Des Portes avait de bonne heure été attaché au duc d'Anjou, avec lequel il fit, à son grand déplaisir, le voyage de Pologne. Quand ce prince fut devenu roi de France sous le nom de Henri III, Des Portes reçut de lui en bénéfices et abbayes jusqu'à dix mille écus de rente. Cette fortune, prodigieuse alors, était passée en proverbe, et dans les auteurs du temps il n'est question que de ces trente mille livres de M. l'abbé de Tiron. « Ce fut un dangereux exemple, dit Balzac, qui fit faire bien des « sonnets, des élégies à faux ; un écueil contre lequel dix mille poëtes se « sont brisés. » Le même écrivain a remarqué que, dans cette cour où le duc de Joyeuse donna à Des Portes une abbaye pour un sonnet, Le Tasse eut besoin d'un écu, et le demanda par aumône à une dame de sa connaissance. Quelque riche au reste que fût Des Portes, il ne tint qu'à

clare entre tous les poëtes contemporains celui qui *donne la plus grande et la plus belle idée des Dames qu'il aimoit*. Quand il fut devenu évêque de Séez, ou même dès qu'il se vit abbé d'Aulnay, Bertaut renonça aux poésies galantes et s'appliqua à paraphraser des cantiques sacrés, et à célébrer les grands événements du temps, tels que la *conversion*, l'*assassinat de Henri IV*, la *soumission de Paris*. Mais, aux prises avec ces sujets solennels, il se montre bien plus faible que dans la stance amoureuse. Son style, prosaïque et sans images, a l'air de se traîner à pas comptés pour atteindre quelques antithèses ; sa période, composée à l'ordinaire de vingt à trente vers alexandrins, se déroule avec une lenteur processionnelle : on pourrait dire qu'elle se prélasse. Conjonctions, adverbes, parenthèses, tout y trouve place, tout fait nombre : les phrases du Père Maimbourg, que Montesquieu conseille aux asthmatiques, ne sont rien auprès des phrases de M. de Séez [1].

Un caractère tout à fait propre à Bertaut, c'est que, par la platitude et les pointes de son style, il ressemble bien plus aux Colletet, aux Scudéri, aux Des Yvetaux, et autres pareils rimeurs de l'âge suivant, qu'à Belleau, Baïf, et même Des Portes. Ceux-ci relevaient du moins leur mauvais goût par de l'énergie, de l'éclat, et quelques traits épars du poëte. Bertaut ouvrit, en quelque sorte, carrière à cette innombrable cohue de beaux esprits qui ne firent jamais que des vers détestables [2]. Comme il survécut à Henri IV et mourut seulement dans la première année de Louis XIII [3], on voit comment a pu s'établir par lui ce rappro-

---

lui, dit-on, de l'être encore davantage. On raconte qu'il refusa un jour un des premiers archevêchés du royaume, et que, le roi s'étonnant du refus et en demandant la raison, l'abbé allégua qu'il ne voulait point avoir charge d'âmes : « Voire, dit le roi, et vous êtes abbé ! N'avez-vous pas « charge des âmes de vos moines ? — Non, répondit Des Portes, car « ils n'en ont point. » Malgré les bienfaits de Henri III, Des Portes se laissa entraîner dans le parti de la Ligue par l'amiral de Villars, un de ses patrons ; aussi son nom n'est-il pas ménagé dans la *Satyre Ménippée*. Ses bénéfices même furent saisis par les royalistes, et il n'en reprit possession qu'à l'avénement de Henri IV. Il mourut à son abbaye de Bonport, en 1606, âgé de soixante et un ans. Sa bibliothèque était célèbre ; c'est même à l'aide d'un manuscrit qui en provenait, qu'on a donné la meilleure et la plus complète édition des Poésies de Mellin de Saint-Gelais. (Voir plus loin mon article développé sur Des Portes.)

1. Je laisse subsister ici ce jugement un peu trop sévère, que je me suis appliqué à modifier ensuite et, à la fois, à motiver dans un article détaché sur Bertaut.

2. Scarron parle de ces poëtes qui *font passablement bien de mauvais vers*.

3. Bertaut mourut en 1611, à cinquante-neuf ans. Madame de Motteville était sa nièce.

chement, ou, pour mieux dire, cette continuation véritable, entre l'école dégénérée de Ronsard et les mauvais poëtes du temps de Richelieu. Vainement Malherbe essaya de s'interposer au nom du goût : lui présent, et malgré ses efforts, les exemples de l'école en décadence, grâce à Bertaut surtout, se transmirent à cette pitoyable génération poétique, si raffinée et si niaise à la fois, que Sarrasin et Voiture ne ranimèrent qu'un instant, et qui, après avoir embarrassé les pas du grand Corneille, est venue mourir sous les traits de Boileau. Il y a plus ; Malherbe lui-même, par les habitudes de correction et de sagesse qu'il introduisit, contribua à précipiter un grand nombre de ces disciples énervés de Bertaut dans le prosaïsme et la platitude. Tout ceci peut mener, selon nous, à expliquer d'une manière neuve autant que vraie un point assez important de notre histoire littéraire. Quand on lit Scudéri, Benserade, et les auteurs de l'hôtel de Rambouillet, on croit assister à la chute plutôt qu'à la formation d'une littérature ; et les défauts qui nous choquent en eux, symptômes de décrépitude, et non pas d'inexpérience, rappellent la manière du cavalier Marin, en Italie, et celle des poëtes anglais sous Charles II. Or maintenant l'on aperçoit sans peine l'origine première de cette école épuisée, et de quelle littérature antérieure elle est sortie. Si nous osions la caractériser par un mot d'une précision triviale, nous l'appellerions la *queue* de Ronsard, en ajoutant toutefois qu'elle avait été tant soit peu écourtée et peignée sous la main de Malherbe. Du Perron[1], De Lingendes, D'Urfé, par les

---

1. Nous nous bornerons, pour faire connaître la manière de ce Bernis du xvi° siècle, à la citation suivante :

LE TEMPLE DE L'INCONSTANCE.

Je veux bâtir un temple à l'Inconstance :
Tous amoureux y viendront adorer,
Et de leurs vœux jour et nuit l'honorer,
Ayant le cœur touché de repentance.

De plume molle en sera l'édifice,
En l'air fondé sur les ailes du vent ;
L'autel, de paille, où je viendrai souvent
Offrir mon cœur par un feint sacrifice.

Tout à l'entour je peindrai mainte image
D'erreur, d'oubli et d'infidélité,
De fol désir, d'espoir, de vanité,
De fiction et de penser volage.

Pour le sacrer, ma légère Maîtresse
Invoquera les ondes de la mer,
Les vents, la lune, et nous fera nommer
Moi le templier, et elle la prêtresse.

qualités et les défauts de leurs vers, se placent à côté de Bertaut, et appartiennent, comme lui, à cette époque de transition qui unit la poésie du règne de Louis XIII avec celle du règne de Henri III [1].

Un écrivain qu'on doit encore rapporter à la même époque est Vauquelin de La Fresnaye. Né en 1556, mort dans les premières années du dix-septième siècle, disciple de Ronsard, de Du Bellay et de Tahureau, compatriote et ami de Bertaut et de Malherbe, père de Des Yveteaux, il a, par le genre varié de son talent, de quoi justifier tous ces titres. Son début poétique date de 1555 : ce fut, non pas un recueil d'*Amours* en sonnets, mais, ce qui était presque autant à la mode, un recueil de *Foresteries* ou *bergeries*, qu'il publia. Depuis, des études plus graves, d'importantes fonctions de magistrature, le détournèrent souvent de la poésie, à laquelle il revint toujours en ses loisirs.

>    Elle séant, ainsi qu'une Sibylle,
>    Sur un trépied tout pur de vif-argent,
>    Nous prédira ce qu'elle ira songeant
>    D'une pensée inconstante et mobile.
>
>    Elle écrira sur des feuilles légères
>    Les vers qu'alors sa fureur chantera ;
>    Puis, à son gré, le vent emportera,
>    Deçà delà, ses chansons mensongères.
>
>    Elle envoyra jusqu'au ciel la fumée
>    Et les odeurs de mille faux sermens :
>    La Déité qu'adorent les amans
>    De tels encens veut être parfumée.
>
>    Et moi, gardant du saint temple la porte,
>    Je chasserai tous ceux-là qui n'auront
>    En lettre d'or engravé sur le front
>    Le sacré nom de *léger*, que je porte.
>
>    De faux soupirs, de larmes infidèles,
>    J'y nourrirai le muable Prothé,
>    Et le serpent qui, de vent allaité,
>    Déçoit nos yeux de cent couleurs nouvelles.
>
>    Fille de l'air, Déesse secourable,
>    De qui le corps est de plumes couvert,
>    Fais que toujours ton temple soit ouvert
>    A tout amant comme moi variable.

J'appelle Du Perron le *Bernis* de son temps pour les vers, mais de plus il en fut un peu le *Fontanes* pour le goût.

1. Cette manière de juger et de classer Bertaut et Du Perron est confirmée par le témoignage explicite de mademoiselle de Gournay, dans son traité *sur la façon d'écrire* de ces deux prélats. Elle s'efforce de prouver qu'ils *suivoient la brigade de Ronsard*, ce qui prouve qu'ils s'en étaient écartés en quelques points. Mettant sur la même ligne Ronsard, Du Bellay et Des Portes, elle nomme *monsieur le cardinal Du Perron et monsieur de Séez premiers réformateurs de l'art depuis ces trois fondateurs : heureux art s'il se fût tenu à leur prudente mesure de réformation!* Elle nous apprend encore que *la nouvelle bande* (celle de Malherbe) *ayant feint d'approuver ces deux prélats, pendant qu'ils vivoient, se mit à les réprouver à son de trompe dès qu'ils furent morts.*

Il écrivit sous Henri III un *Art poétique* en vers, fort judicieux par les préceptes et curieux encore aujourd'hui par beaucoup de détails d'histoire littéraire [1]. Boileau en a profité habilement comme il savait profiter de tout. Les vers suivants prouveront que le disciple de Ronsard se ressentait déjà du voisinage de Malherbe :

>. . . Notre poésie en sa simplesse utile,
> Étant comme une prose en nombres infertile,
> Sans avoir tant de pieds comme les Grecs avoient
> Ou comme les Romains, qui leurs pas ensuivoient.
> Ains seulement la rime, il faut, comme en la prose,
> Poëte, n'oublier aux vers aucune chose
> De la grande douceur et de la pureté
> Que notre langue veut sans nulle obscurité ;
> Et ne recevoir plus la jeunesse hardie
> A faire ainsi des mots nouveaux à l'étourdie,
> Amenant de Gascogne ou de Languedouy,
> D'Albigeois, de Provence, un langage inouï ;
> Ou, comme un Du Monin, faire une parlerie,
> Qui, nouvelle, ne sert que d'une moquerie.

L'un des premiers en France, et probablement avant Régnier lui-même, Vauquelin composa, à l'imitation d'Horace et de l'Arioste, des *satires* ou épîtres morales, qui pourtant ne furent imprimées qu'en 1612. Le ton en est tempéré, la raillerie assez fine et la diction assez pure. Mais nulle part il ne nous semble avoir aussi bien réussi qu'aux *Idillies* ou *pastorales*, poésies de

---

1. L'*Art poétique* de Vauquelin nous représente celui de la Pléiade à proprement parler ; c'en est le code officiel, qui lui fut commandé par le roi ; le poëte y exprime les opinions et l'état de la chose littéraire au beau moment de Des Portes, vers 1576, lorsque Henri III, au retour de Pologne, montait sur le trône de France et soignait le plus son Académie :

> Je composai cet Art pour donner aux François,
> Quand vous, Sire, quittant le parler polonois,
> Voulûtes, reposant dessous le bel ombrage
> De vos lauriers gagnés, polir votre langage,
> Ouïr parler des vers parmi le doux loisir
> De ces cloîtres dévots où vous prenez plaisir,
> Ayant auprès de vous, comme Auguste, Mécène,
> Joyeuse. . . . . . . . . .

Joyeuse, le patron de Des Portes. — Mais, dès lors composé, cet *Art poétique* ne fut publié pour la première fois qu'en 1605, à Caen. On lit dans la préface du recueil : « Lecteur, ce sont ici des vieilles et des « nouvelles poésies : vieilles, car la plupart sont composées, il y a long- « temps ; nouvelles, car on n'écrit point à cette heure comme on faisoit « quand elles furent écrites... » On était déjà sous le régime de Malherbe.

sa première jeunesse, qu'il retoucha sans doute en les réimprimant dans le recueil complet de ses œuvres. Plus délicat que Du Bellay, Ronsard et Belleau, il préfère, ainsi que Des Portes, aux noms un peu vulgaires de Guillot, Perrot et Marion, ceux de Galatée, Philanon et Philis :

>Entre les fleurs, entre les lis,
>Doucement dormoit ma Philis,
>Et tout autour de son visage,
>Les petits Amours, comme enfants,
>Jouoient, folâtroient, triomphants,
>Voyant des cieux la belle image.
>
>J'admirois toutes ses beautés,
>Égales à mes loyautés,
>Quand l'esprit me dit en l'oreille :
>Fol, que fais-tu ? Le temps perdu
>Souvent est chèrement vendu ;
>S'on le recouvre, c'est merveille.
>
>Alors, je m'abaisse tout bas ;
>Sans bruit je marche pas à pas,
>Et baisai ses lèvres pourprines :
>Savourant un tel bien, je dis
>Que tel est dans le paradis
>Le plaisir des âmes divines.

Le sonnet qu'on va lire est du petit nombre de ceux où le sentiment triomphe du bel esprit, où la forme donne du relief au sentiment, et desquels on serait tenté de dire sans épigramme qu'ils *valent un long poëme* :

>O Vent plaisant, qui d'haleine odorante,
>Embaumes l'air du baume de ces fleurs ;
>O Pré joyeux, où versèrent leurs pleurs
>Le bon Damète et la belle Amarante !
>
>O Bois ombreux, ô Rivière courante,
>Qui vis en bien échanger leurs malheurs,
>Qui vis en joie échanger leurs douleurs,
>Et l'une en l'autre une âme respirante !
>
>L'âge or' leur fait quitter l'humain plaisir ;
>Mais, bien qu'ils soient touchés d'un saint dé
>De rejeter toute amour en arrière,

Toujours pourtant un remords gracieux
Leur fait aimer, en voyant ces beaux lieux,
Ce Vent, ce Pré, ce Bois, cette rivière[1].

Nous offrirons encore de Vauquelin trois des plus courtes et des plus jolies pièces qu'on trouve dans ses *Idillies* ; elles ont chacune leur couleur à part et leur accent propre :

O Galatée (ainsi toujours la Grâce
Te fasse avoir jeunesse et belle face!),
Avec ta mère, après souper, chez nous,
Viens t'en passer cette longue serée :
Près d'un beau feu, de nos gens séparée,
Ma mère et moi veillerons comme vous.

Plus que le jour la nuit nous sera belle,
Et nos bergers, à la claire chandelle,
Des contes vieux, en teillant, conteront.
Lise tandis nous cuira des châtaignes ;
Et, si l'ébat des jeux tu ne dédaignes,
De nous dormir les jeux nous garderont.

---

Sitôt qu'on mettra les troupeaux
Hors de l'étable en ces hameaux,

---

1. Tibulle a dit dans un sentiment tout semblable :

. . . . . . . . . . Nos, Delia, amoris
Exemplum cana simus uterque coma ;

Et La Fontaine dans *Philémon et Beaucis* :

Ils s'aiment jusqu'au bout malgré l'effort des ans.

n moderne s'est souvenu d'eux tous dans le sonnet suivant :

Si quelque blâme, hélas ! se glisse à l'origine
En ces amours trop chers où deux cœurs ont failli,
Où deux êtres, perdus par un baiser cueilli,
Sur le sein l'un de l'autre ont béni la ruine ;

Si le monde, raillant tout bonheur qu'il devine,
N'y voit que sens émus et que fragile oubli ;
Si l'Ange, tout d'abord se voilant d'un long pli,
Refuse d'écouter le couple qui s'incline ;

Approche, ô ma Délie ! approche encor ton front,
errons plus fort nos mains pour les ans qui viendront
a faute disparaît dans sa constance même.

uand la fidélité, triomphant jusqu'au bout,
Luit sur des cheveux blancs et des rides qu'on aime,
Le Temps, vieillard divin, honore et blanchit tout !

J'irai demain, belle Francette,
Au marché vendre un bouvillon :
J'achèterai de la sergette
Pour vous en faire un cotillon.

J'achèterai de beaux couteaux,
Une ceinture et des ciseaux,
Un peloton, une boursette,
Pour vous donner ; mais cependant
Baisez-moi donc, belle Francette,
Deux ou trois fois en attendant.

Venez querir, demain au soir,
Quand la nuit prend son manteau noir,
Mes beaux présents, belle Francette,
Dans ce taillis, où ce sera
Que votre mère, qui nous guette,
Jamais là ne nous trouvera.

---

L'hiver ridé n'a point gâtée
La fleur d'été de Leucothée ;
Ses rides n'ont si fort ôté
Les premiers traits de sa beauté
Qu'entre les rides de sa face
Amour caché ne nous menace.
De ses rides les petits plis
De feux cachés sont tous remplis :
Ainsi nous montre son visage
Le beau soleil dans un nuage ;
Ainsi Daphnis cache aux rameaux
La glu pour prendre les oiseaux [1].

L'absence des noms vulgaires et des détails communs, l'élégance presque continue, et aussi la galanterie assez fade du langage rapprochent les *Idillies* de Vauquelin, plus peut-être qu'aucun autre recueil pastoral d'alors, des *idilles*, *églogues* et *bergeries* sans nombre que le roman de l'*Astrée* fit éclore depuis, et qui fleurirent si longtemps en serre-chaude dans les salons de l'hôtel Rambouillet. Nicolas Des Yveteaux, l'aîné des fils de Vauquelin, ne dégénéra point, comme on sait, et poussa même

---

[1]. Cette pièce rappelle naturellement les stances de Maynard à *la Belle Vieille*, et aussi l'épigramme attribuée à Platon : « J'aime Archéanasse « de Colophon. Dans ses rides repose le cruel Amour. Ah ! malheureux « qui reçûtes ses premières caresses lorsqu'elle était jeune, quel incendie « vous avez traversé ! »

un peu loin les inclinations bucoliques que son père lui avait transmises. Fatigué de la cour, et persuadé que la vie champêtre est la plus heureuse de toutes les vies, il se retira dans une maison du faubourg Saint-Germain, et là, dit la chronique, « prenant l'air d'un *pastor fido* avec sa dame, la houlette à la main, la panetière au côté, le chapeau de paille doublé de satin couleur de rose sur la tête, il conduisoit paisiblement le long des allées de son jardin ses troupeaux imaginaires, leur disoit des chansonnettes et les gardoit du loup. » (Vigneul-Marville.) C'était une répétition, une sorte de variante affadie de la vie de Baïf à Saint-Victor [1].

Qu'on se console pourtant : l'originalité française n'était pas éteinte en France; l'esprit naïf et malin de nos trouvères, celui de Villon, de Rabelais et de Marot, ne pouvait mourir. Un ami de Ronsard, de Muret et de Baïf, un savant en grec et en latin, un successeur de Ramus au Collège de France, Jean Passerat, fut le premier poëte, depuis la réforme de 1550, qui revint à la gaieté naturelle et à la bonne plaisanterie du vieux temps. C'était un de ces hommes comme il y en avait plus d'un au XVIe siècle, unissant les études fortes, les mœurs bourgeoises et les joyeux propos; travaillant quatorze heures par jour à des lexiques, à des commentaires; et, le soir, à un souper frugal, sachant rire avec ses amis; une de ces figures à physionomie antique qui rappellent Varron et Lucien tout ensemble. Ainsi que l'Hospital et de Thou, il composa des poésies latines; mais c'est par ses poésies françaises, bien que peu nombreuses, qu'il mérite ici notre attention et notre reconnaissance. La plupart des vers de la *Satyre Ménippée* sont de lui, entre autres ce charmant quatrain, si fait pour être populaire :

> Mais, dites-moi, que signifie
> Que les ligueurs ont double Croix?
> C'est qu'en la Ligue on crucifie
> Jésus-Christ encore une fois.

---

1. Baïf aurait à se plaindre peut-être de la comparaison. Des Yveteaux prétendait sérieusement que, dans cette vie *romancière* pratique, il ne faisait que suivre le conseil des Pères : *Senum est studere hortis et quærere viridaria;* mais, d'un long démêlé qu'il eut avec un de ses frères, et des *factums* contradictoires qui furent échangés de part et d'autre, il résulte clairement que le déshabillé de cette vie pastorale était un linge *très-sale*, que le vieillard épicurien aurait dû tâcher de laver en famille.

Bon et courageux citoyen, témoin contristé des horreurs du temps, il les prend rarement au sérieux dans ses vers. Un mot bouffon, une épigramme sur le nez camus du duc de Guise, un calembourg obscène ou trivial, lui plaisent bien mieux qu'une invective de colère ; et du même ton qu'il médit du beau sexe et qu'il nargue les maris, il venge la religion et la France. Il y aurait de la pruderie à lui en vouloir et de la mauvaise honte à en rougir : ce n'était pas un crime de défendre le trône de Henri IV avec cet esprit national que Marguerite de Navarre avait transmis à Henri IV lui-même. Et d'ailleurs, qu'on y prenne garde, ces railleries-là viennent du cœur et cachent bien de l'amertume sous leur badinage. Elles reparaissent à tout moment chez Passerat, et se mêlent jusqu'en ses élégies d'amour. Les images de la guerre civile l'obsèdent. Il avait vu la Champagne, où il était né, mise au pillage par ces Allemands mercenaires auxquels la fureur des factions avait ouvert la patrie. Aussi prie-t-il le ciel de le délivrer des reîtres, comme au IX° siècle on priait pour être délivré des Normands, comme au XV° pour l'être des Anglais. Je ne sais si les souvenirs douloureux que plus de dix ans n'ont pas encore effacés associent leurs impressions à celles qui naissent seulement des vers, mais il semble que dans la pièce suivante l'accent de la gaieté laisse percer l'attendrissement, et que plus d'une fois, pendant qu'il la composait, de nobles larmes aient dû venir aux yeux du poëte :

### SAUVEGARDE POUR LA MAISON DE BAGNOLET
#### CONTRE LES REITRES.

Empistolés au visage noirci,
Diables du Rhin, n'approchez point d'ici :
C'est le séjour des Filles de Mémoire.
Je vous conjure en lisant le grimoire,
De par Bacchus, dont suivez les guidons,
Qu'alliez ailleurs combattre les pardons.
Volez ailleurs, messieurs les hérétiques :
Ici n'y a ni chapes ni reliques.
Les oiseaux peints vous disent en leurs chants :
Retirez-vous, ne touchez à ces champs.
A Mars n'est point cette terre sacrée,
Ains à Phœbus, qui souvent s'y récrée.

> N'y gâtez rien, et ne vous y jouez :
> Tous vos chevaux deviendroient encloués ;
> Vos chariots sans esseuils et sans roues
> Demeureroient versés parmi les boues ;
> Encore un coup, sans espoir de retour,
> Vous trouveriez le roi à Montcontour,
> Ou maudiriez votre folle entreprise,
> Rassiégeant Metz, gardé du duc de Guise ;
> Et en fuyant, battus et désarmés,
> Boiriez de l'eau, que si peu vous aimez.
> Gardez-vous donc d'entrer en cette terre.
> Ainsi jamais ne vous faille la guerre ;
> Ainsi jamais ne laissiez en repos
> Le porc salé, les verres et les pots ;
> Ainsi toujours p......-vous sous la table :
> Ainsi toujours couchiez-vous à l'étable,
> Vainqueurs de soif et vaincus de sommeil,
> Ensevelis en vin blanc et vermeil ;
> Sales et nus, vautrés dedans quelque auge,
> Comme un sanglier qui se souille en sa bauge !
> Bref, tous souhaits vous puissent advenir,
> Fors seulement d'en France revenir,
> Qui n'a besoin, ô étourneaux étranges,
> De votre main à faire ses vendanges [1] !

Les sujets les plus chers à la muse moqueuse de Passerat sont les femmes, les jaloux, les procureurs. Victime lui-même de la chicane, il disait qu'on devrait dresser des autels aux procès, puisqu'ils sont immortels comme les Dieux. Un trait de plus qui le rapproche de Marot et de Villon est de manquer souvent d'argent, et d'en demander avec beaucoup d'esprit. S'adresse-t-il, pour une rescription, au trésorier de l'Épargne :

> Mes vers, monsieur, c'est peu de chose ;
> Et, Dieu merci, je le sais bien ;
> Mais vous ferez beaucoup de rien
> Si les changez en votre prose.

---

1. On était tellement habitué, au xvi° siècle, à mêler la raillerie, la bouffonnerie même, aux sujets les plus graves et les plus tristes, que, sans parler des macaronées du célèbre *Antonius de Arena*, Remi Belleau en composa une, *de Bello huguenotico et Pigliamine Reistrorum* ; et j'ai vu, à la suite d'un exemplaire des *Bigarrures*, une pièce macaronique intitulée *Cagasanga Reistro-suysso-lansquettorum*, qui paraît être d'Étienne Tabourot. C'est au reste le même esprit qui a fait naître de nos jours tant de caricatures contre les Cosaques.

Le trésorier lui répond : « Je ne vous oublierai pas ; »

> Je crois qu'avez bonne mémoire ;
> Mais si je puis argent tenir,
> Monsieur, vous pouvez aussi croire
> Que j'en aurai bon souvenir.

De toutes les pièces de Passerat, la plus jolie et la plus connue est la *Métamorphose d'un Homme en Oiseau*, petit chef-d'œuvre de grâce et d'enjouement qui fait époque dans l'histoire de notre poésie, et honore le xvi° siècle. Sans doute cela ne vaut pas tout à fait les conceptions contemporaines de *Roméo et Juliette*, d'*Armide* et d'*Herminie* ; mais nos aïeux n'en étaient pas là, et il ne nous conviendrait pas, à nous autres gens riches par héritage, de faire les exigeants envers les premiers auteurs de notre fortune littéraire : c'est assez de retrouver chez eux quelque vieux titre authentique qui nous les montre dignes aïeux de La Fontaine et de Voltaire. L'homme métamorphosé est un bourgeois de Corinthe, viellard riche et quinteux, qui s'avise de prendre une jeune femme *accorte et subtile*,

> Dont Cupidon le sut tant enflammer,
> Qu'il l'aima trop, si l'on peut trop aimer.

Mais le bonhomme, après les premiers jours d'hymen, change de ton, et, *de mari devenu sermoneur*, se met à prêcher à sa mie le *calendrier des vieillards* :

> . . . . Il l'eût pu convertir,
> A ce qu'on dit, si l'Archerot qui vole
> Se contentoit seulement de parole ;
> Ce qu'il ne fait. . . . . . . .

Bref, les sermons et la jalousie amènent les infidélités ; et la femme, un beau jour,

> Part au matin avec un jeune ami,
> Sans dire adieu au bonhomme endormi.
> A son réveil qu'il se trouve sans elle,
> Saute du lit ; ses valets il appelle,
> Puis ses voisins ; leur conte son malheur ;
> S'écrie au feu, au meurtre, et au voleur.

> Chacun y court. La nouvelle entendue
> Que ce n'étoit qu'une femme perdue,
> Quelque gausseur, de rire s'éclatant,
> Va dire : « O Dieux, qu'il m'en advienne autant! »

Le pauvre mari perd la tête, et le voilà qui court les rues et les chemins, s'arrachant la barbe et les cheveux, et demandant à tous venants :

> Savez-vous point là où elle est allée?
> Ma femme, hélas! ma femme on m'a volée.

Il sort de la ville, s'égare dans les bois, et, après sept jours de courses et de jeûnes, le ciel, qui a pitié de lui, le change en coucou. Or, l'oiseau, qui n'a pas oublié sa mésaventure,

> S'envole au bois, au bois se tient caché,
> Honteux d'avoir sa femme tant cherché,
> Et néanmoins, quand le Printemps renflamme
> Nos cœurs d'amour, il cherche encor sa femme,
> Parle aux passants et ne peut dire qu'*Où*...
> . . . . . . . . . . . . . . . .
> Se souvenant qu'on vint pondre chez lui,
> Venge ce tort, et pond au nid d'autrui :
> Voilà comment sa douleur il allége.

Et, par vœu fort innocent en poésie, l'auteur ajoute :

> Heureux ceux-là qui ont ce privilége !

Passerat ne pouvait manquer de réussir dans la chanson. Les couplets sur *la Journée de Senlis*, où le duc d'Aumale prit la fuite, nous montrent qu'on chansonnait sous la Ligue tout aussi gaiement que plus tard sous la Fronde. Dans le genre amoureux, je citerai *le Premier Jour de Mai*, qui est comme le pendant de la petite pièce d'*Avril* par Belleau, et où l'on retrouve les idées voluptueuses si bien exprimées déjà par Ronsard. Nos premiers chansonniers, Thibaut et Gaces Bruslé, étaient de Champagne; on dirait, une fois ou deux, que Passerat s'en est ressouvenu.

> Laissons le lit et le sommeil,
>   Cette journée :
> Pour nous l'aurore au front vermeil
>   Est déjà née.

Or' que le ciel est le plus gai,
En ce gracieux mois de Mai,
   Aimons, mignonne,
Contentons notre ardent désir :
En ce monde n'a du plaisir
   Qui ne s'en donne.

Viens, Belle, viens te pourmener
   Dans ce bocage ;
Entends les oiseaux jargonner
   De leur ramage.
Mais écoute comme sur tous
Le rossignol est le plus doux,
   Sans qu'il se lasse.
Oublions tout deuil, tout ennui,
Pour nous réjouir comme lui :
   Le temps se passe.

Ce vieillard, contraire aux amans,
   Des ailes porte
Et, en fuyant, nos meilleurs ans
   Bien loin emporte.
Quand ridée un jour tu seras,
Mélancolique, tu diras :
   J'étais peu sage :
Qui n'usois point de la beauté
Que si tôt le temps a ôté
   De mon visage.

Laissons ce regret et ce pleur
   A la vieillesse ;
Jeunes, il faut cueillir la fleur
   De la jeunesse.
Or' que le ciel est le plus gai,
De ce gracieux mois de Mai,
   Aimons, Mignonne,
Contentons notre ardent désir :
En ce monde n'a du plaisir
   Qui ne s'en donne [1].

---

[1]. Dans un savant article sur Passerat, inséré au tome VII de la *Bibliothèque ancienne et moderne* par Jean Le Clerc, il est dit assez ingénument au sujet des vers amoureux de Passerat : « Son portrait qui est au-
« devant de ses Poésies ne le représente pas comme un homme qui pût
« plaire et prévenir par sa bonne mine. Il avoit les yeux très-petits, et il
« lui en manquoit un (il l'avait perdu de bonne heure en jouant à la
« paume) ; il avoit le nez fort gros, et il étoit fort rouge de visage. Cela
« me fait croire qu'il ne faisoit des vers galants que pour badiner, sans
« qu'il y eût aucun amour en son fait ; ou peut-être pour d'autres. »

Comme Rabelais, qu'il aimait beaucoup, et dont il avait commenté le *Pantagruel*[1], Passerat mourut le bon mot à la bouche. Devenu aveugle et paralytique, il recommandait à ses amis de jeter des fleurs sur sa tombe, mais surtout de n'y pas mettre de mauvais vers, qui pèseraient à sa cendre.

Tant d'agréables traits ont dû frapper tous ceux qui se sont occupés de l'histoire de notre littérature à cette époque : aussi Passerat a-t-il été, en général, remarqué et apprécié. On est même allé jusqu'à lui faire honneur d'une prétendue réforme à laquelle Des Portes et Bertaut auraient pris part avec lui, et qui aurait préparé celle de Malherbe. Mais on sent combien cette vue est peu exacte. Des Portes et Bertaut ne firent point de révolution, mais continuèrent celle de Ronsard; et à les prendre à la rigueur, ils sont des écrivains de décadence bien plus que de régénération. Quant à Passerat, il n'eut aucune influence à part sur la poésie du temps. Les poëtes de la Pléiade le goûtèrent fort et le louèrent comme un des leurs; Malherbe le con-

---

Voilà de bien gratuites conjectures, comme si tout savant avait toujours eu son visage de soixante ans. — Cette chanson de *Mai* rappelle directement des stances assez ressemblantes d'Ange Politien, qui était bien laid aussi, qui avait, dit-on, un nez énorme et un œil assez endommagé, ce qui ne l'empêchait pas de dire à sa dame dans une galante pièce intitulée *Serenata* :

> Il tempo fugge, e tu fuggir lo lassi ;
> Che non à il mondo la più cara cosa ;
> E se tu aspetti che 'l maggio trapassi,
> Invan cercherai poi di cor la rosa, etc.

2. On lit dans les *Vies des Poëtes françois* par Colletet, cette anecdote curieuse au sujet de Passerat : « La lecture des œuvres de Rabelais lui « avoit autrefois plu si fort, et il en avoit tellement approfondi les « mystères cachés, que, sur cet ouvrage folâtre, il avoit dressé de doctes « commentaires qu'il conservoit curieusement dans son cabinet, et « qu'il ne communiquoit qu'à ses plus intimes amis. Mais, comme il « vint à examiner sa conscience, et à considérer le peu d'édification ou « plutôt le scandale que pouvoit causer cet ouvrage s'il advenoit qu'il « fût un jour publié, il se résolut de le supprimer, d'autant plus que « son dévot confesseur faisoit difficulté de lui donner l'absolution. Dans « cette pieuse réflexion, il fit brûler en sa présence cet illégitime enfant « de son bel esprit, et voulut prouver par cette action, véritablement « chrétienne, qu'il préféroit la qualité d'homme de bien à celle de docte « interprète. O vous que j'ai vus souhaiter de lire et de posséder cet « ouvrage, au préjudice du salut de Passerat, et qui, dans votre senti- « ment impie, désiriez plutôt la damnation de l'auteur que la condam- « nation de l'ouvrage, rougissez de honte, etc., etc. » Au risque d'encourir l'anathème de Colletet, nous nous hasarderons aussi à regretter la perte d'un commentaire pour lequel Passerat semblait avoir, par la nature de son esprit et l'opportunité des circonstances, une vocation si particulière. Un mot de L'Estoile (*Mémoires*, année 1602) nous indique même une convenance de plus : il passait pour cultiver volontiers la *dive bouteille*.

fondit avec eux dans son dédain, ou plutôt ne songea pas à lui ; et, si les vers du spirituel auteur produisirent quelque chose de plus que de l'agrément, ce fut en politique, où ils contribuèrent au retour de l'ordre et à l'affermissement du trône[1].

A côté de Passerat il faut citer, pour avoir mis aussi quelques vers dans la *Satyre Ménippée*, Nicolas Rapin et Gilles Durant, le dernier surtout, que sa charmante raillerie de *l'Ane ligueur* annonce comme un héritier de Marot et un précurseur de Voiture. Durant a laissé en outre des imitations françaises de la *Pancharis* de Bonnefons, et des poésies originales qui respirent une volupté tour à tour folâtre et mélancolique. Sa muse adopte l'amoureux *souci* pour fleur de prédilection et en quelque sorte pour emblème :

> J'aime la belle violette,
> L'œillet et la pensée aussi,

---

1. Jean Passerat, né à Troyes en 1534, mourut à Paris en 1602. — Voir sur lui, et sur Gilles Durant qui va suivre, la notice de M. Charles Labitte en tête de la *Satyre Ménippée* (édition Charpentier, 1841). — Voir surtout, dans les *Ephémérides troyennes*, pour l'année 1762, l'article que Grosley a consacré à son compatriote, et qu'il a complété dans ses *Mémoires sur les Troyens célèbres* (OEuvres inédites de Grosley, tome II, page 295). On y trouve de ces particularités qui achèvent une physionomie. Passerat vécut les vingt-neuf dernières années de sa vie chez les De Mesme, dans cette famille de Mécènes qui depuis logea et pensionna Voiture à titre d'hôte également délicieux. Passerat avait, on l'a déjà dit, perdu un œil dans sa jeunesse en jouant à la paume ; c'est en 1597 qu'une attaque de paralysie le priva entièrement de la vue : « Ce malheur, « dit Grosley, put à peine l'arracher à sa chaire et à ses leçons ; il lui « fournit matière à un discours qu'il prononça et qui se trouve parmi « ses Harangues. L'enjoué professeur s'y console de la perte de ses yeux « par les exemples assez singulièrement assortis de l'Amour, de la For- « tune, du Dieu des richesses, et des grands hommes en tout genre qui, « malgré un semblable malheur, vivent encore dans leurs ouvrages ou « dans l'histoire. Il s'applique ingénieusement le mot de Léonidas qui, « sur la menace d'un général des Perses d'obscurcir le soleil par une « nuée de flèches, répondit : *Tant mieux, nous combattrons à l'ombre !* « Enfin, la perte de ses yeux l'avertit *ab argutis inanium quæstionum* « *nugis, quibus miseræ scholæ personant, ad rectum animi cultum* « *sapientiæ præcepta traducere...* Il dédia cette harangue à M. d'Incar- « ville, trésorier de l'Épargne : « Je suis aveugle, lui dit-il, ainsi que « vous l'apprendrez par ce discours ; j'ai besoin d'un secrétaire, et par « conséquent de ce qui m'est dû sur mes appointements : *hoc impetrato,* « *tibi sum oculos debiturus.* » Telle est la forme singulière de cette « épître dédicatoire, ou plutôt de cette lettre *à vue,* » ajoute le malin Grosley, qui ne perd pas non plus l'occasion de mettre son grain. Mais il cite comme d'une beauté sérieuse et d'un sentiment profond cette épitaphe pour le cœur de Henri III, déposé dans l'église de Saint-Cloud ; elle est toute empreinte, en effet, de grandeur funèbre :

> Adsta, Viator, et dole Regum vicem :
> Cor Regis isto conditum est sub marmore,
> Qui jura Gallis, jura Sarmatis dedit.
> Tectus cucullo hunc sustulit sicarius.
> Abi, Viator, et dole Regum vicem !

J'aime la rose vermeillette,
Mais surtout j'aime le Souci.

Belle fleur, jadis amoureuse
Du Dieu qui nous donne le jour,
Te dois-je nommer malheureuse,
Ou trop constante en ton amour?

Ce Dieu qui en fleur t'a changée
N'a point changé ta volonté ;
Encor, belle fleur orangée,
Sens-tu l'effort de sa beauté.

Toujours ta face languissante
Aux raiz de son œil s'épanit,
Et, dès que sa clairté s'absente,
Soudain ta beauté se fanit.

Je t'aime, Souci misérable,
Je t'aime, malheureuse fleur,
D'autant plus que tu m'es semblable
Et en constance et en malheur.

J'aime la belle violette,
L'œillet et la pensée aussi
J'aime la rose vermeillette,
Mais surtout j'aime le Souci.

Ni Passerat, ni Ronsard, ni aucun autre poëte du siècle, n'a rendu mieux que lui cette sensation de tristesse qui naît du sein même de la jouissance, et ces pensées de mort éternellement enchaînées aux images du plaisir :

Charlotte, si ton âme
Se sent or' allumer
De cette douce flamme
Qui nous force d'aimer,
 Allons, contents,
Allons sur la verdure,
Allons tandis que dure
Notre jeune printemps.

Avant que la journée
De notre âge, qui fuit,
Se trouve environnée
Des ombres de la nuit,

Prenons loisir
De vivre notre vie,
Et, sans craindre l'envie,
Donnons-nous du plaisir[1].

Du soleil la lumière
Vers le soir se déteint,
Puis à l'aube première
Elle reprend son teint ;
   Mais notre jour,
Quand une fois il tombe,
Demeure sous la tombe,
Sans espoir de retour.

Et puis les Ombres saintes,
Hôtesses de là-bas,
Ne démènent qu'en feintes
Les amoureux ébats ;
   Entre elles, plus
Amour n'a de puissance,
Et plus n'ont connoissance
Des plaisirs de Vénus.

Mais, lâchement couchées
Sous les myrtes pressés,
Elles pleurent, fâchées,
Leurs âges mal passés ;
   Se lamentant,
Que, n'ayant plus de vie,
Encore cette envie
Les aille tourmentant.

En vain elles désirent
De quitter leur séjour,
En vain elles soupirent
De revoir notre jour :
   Jamais un mort
Ayant passé le fleuve,
Qui les Ombres abreuve
Ne revoit notre bord.

---

1. Dans un *Choix de Chansons* attribué au duc de La Vallière ou à Moncrif, et qui contient cette chanson de Gilles Durant, celle de l'asserat et bien d'autres encore avec musique, on lit les deux derniers vers de ce couplet altérés à la moderne, mais assez délicatement :

    Et malheur à l'envie
    Qu'offense le plaisir !

Aimons donc à notre aise;
Baisons-nous bien et beau,
Puisque plus on ne baise
Là-bas sous le tombeau.
　Sentons-nous pas
Comme jà la jeunesse,
Des plaisirs larronnesse,
Fuit de nous à grands pas?

Çà, finette affinée,
Çà, trompons le destin,
Qui clôt notre journée
Souvent dès le matin;
　Allons, contents,
Fouler cette verdure,
Allons, tandis que dure
Notre jeune printemps.

Par l'épicuréisme de sentiment qu'il a répandu sur ses diverses poésies, par une sorte de rêverie philosophique qui chez lui n'exclut pas l'enjouement, et aussi par les grâces élégantes et quelquefois un peu raffinées de son style, Gilles Durant nous semble assez comparable à l'auteur de *la Chartreuse*. *L'Ane ligueur* est son *Vert-Vert*, et qui fait contraste, comme il le doit, en bon naturel et en franchise, avec le favori coquet et musqué des visitandines. Comme la *Satyre Ménippée* est dans toutes les mains, nous y renvoyons le lecteur. Tant de distractions n'empêchaient pas Durant d'être un savant et renommé jurisconsulte[1].

Il est presque incroyable, en effet, jusqu'où allait dans ce grave xvie siècle le penchant naturel à la folâtrerie et au badinage. Nous en trouvons des preuves singulières en deux circonstances solennelles. Pendant la tenue des Grands-Jours à Poitiers, en 1579, les plus considérables personnages de la magistrature se réunissaient chez les dames Des Roches mère et fille, la fleur et l'ornement du pays poitevin, toutes deux recommandables par leurs vertus, leurs talents et leur beauté. Un soir qu'on y causait poésie et galanterie, comme à l'ordinaire, Étienne Pasquier, alors avocat au parlement, aperçut une puce sur le sein de mademoiselle Des Roches, et la fit re-

---

1. Gilles Durant, né vers 1554, mourut en 1614 ou 1615.— Je me trouve, en me relisant, sinon trop flatteur pour Durant, trop dur au moins pour Gresset, dont le charmant *perroquet* garde bien ses avantages.

marquer à la jeune dame qui en rit beaucoup. Le lendemain, elle et Pasquier apportèrent chacun une petite pièce de vers sur l'accident de la veille. Dès ce moment, ce qui fut à qui célébrerait la puce de mademoiselle Des Roches. Ces savants élèves de Cujas, ces vertueux sénateurs, Achille de Harlay et Barnabé Brisson à leur tête, se mirent en frais de gentillesse, et placèrent à l'envi le puceron bienheureux au-dessus de la colombe de Bathylle et du moineau de Lesbie. Rapin, Passerat, Pierre Pithou, Scévole de Sainte-Marthe, Joseph Scaliger, Odet Turnèbe, prirent part au divertissement; je ne sais par quel hasard le président Pibrac n'en fut pas; quelques-uns pour varier la fête, joignirent aux vers français et latins des vers espagnols, italiens et grecs[1]. Quatre années plus tard, en 1583, durant la tenue des Grands-Jours à Troyes en Champagne, Étienne Pasquier, ayant rencontré un excellent peintre flamand, lui commanda son portrait. Le peintre fit le portrait, mais sans y représenter les mains. Un avocat sans mains ! Là-dessus Pasquier et tout le parlement trouvèrent à s'égayer, comme à propos de la puce, et il y eut environ cent pièces composées sur cette main qui n'existait pas. Malherbe jeune, qu'on ne s'attend guère à

---

[1]. On retrouve encore les restes de ces mœurs du xvi° siècle au commencement du xviii°, dans la société du chancelier d'Aguesseau. Il y a une *ode grecque* de Boivin sur *madame d'Aguesseau, procureuse générale au parlement de Paris, laquelle, peu après avoir eu la petite vérole, étoit accouchée d'un fils;* et La Monnoye adresse à Boivin, ou, comme il dit, Οἰνοπίωνι, un distique grec à propos de cette ode.

Je citerai pour échantillon dans le dossier de la *Puce*, et comme moyen terme entre le français et le grec, la pièce latine de Nicolas Rapin. L'idée en est ingénieuse : on assigne la puce téméraire devant le tribunal d'Amour; l'Amant remplit contre elle l'office d'avocat général. La puce saute et fait défaut; mais elle trouve des avocats, Pasquier, *Chopin, Loisel, Mangot*, qui plaident les circonstances atténuantes, et qui la sauvent. Voici les vers :

```
Dicta dies pulici, quod erat temerarius ausus
    Virginis intactos dilacerare sinus.
Stabat amans actor læsæ pro jure puellæ ;
    Judex de lepida lite sedebat Amor.
At reus, ut causæ diffidens, huc modo et illuc
    Dissilit, et modo adest, et modo rursus abest.
Tandem, desertis vadibus, bis terque vocatus
    Defuit, et tota jam statione latet.
Illum seu terret gravitas augusta Senatus,
    Seu mage brumali frigore terret hyems.
Excitat interea patronos undique, et illos
    Quos scit supremi lumina prima fori.
Hinc Pascalis et hinc Chopinus, Osellius, et tu
    Mango, patris doctas nate secute vias.
Absenti pulici facundo carmine adestis,
    Et vestra crimen diminuistis ope.
Dulce patrocinium, sine quo reus ille misellus
    Inter proscriptos adnumerandus erat !
```

rencontrer en pareille affaire, contribua par un quatrain ; singulier début[1] ! Étienne Tabourot, surnommé *le Seigneur des Accords*, procureur du roi au bailliage de Dijon, qui n'avait pas célébré la puce, mais qui en revanche avait entrepris la *Défense et Louange du Pou ensemble et du Ciron*, retourna en plusieurs façons la main absente de son ami. Sans doute le bon goût pourrait demander à ces plaisanteries plus de légèreté et de sobriété. Mais, venant de tels hommes, elles ont quelque chose de simple, d'innocent et d'antique, qui charme et va au cœur : on dirait Lélius et Scipion jouant après avoir dénoué leur ceinture.

Bien plus jeune d'âge et encore plus original de talent que Passerat, s'élevait alors, au sein de l'école de Ronsard, un véritable poëte, et même le premier poëte de génie qui eût jusque-là paru en France, si l'on excepte Rabelais. C'était le neveu de Des Portes, Mathurin Régnier, de Chartres. Nourri dans la pleine jovialité des mœurs bourgeoises, élevé, pour ainsi dire, dans le jeu de paume et le *tripot* de son père, qui aimait fort la table et le plaisir, il prit de bonne heure les habitudes de débauche et de moquerie, de licence morale et satirique, qui se sont mêlées et confondues dans sa vie comme dans ses vers. Encore enfant, on le tonsura, et, engagé dans les ordres, il dut à la faveur de son oncle quelques bénéfices, pas assez toutefois pour s'enrichir ; car il se plaint fréquemment de la pauvreté des poëtes, de son mauvais manteau et de son vieil habit *partout cicatrisé*. On n'était déjà plus au règne de Henri III, cet âge d'or des sonnets, et l'économie de Sully avait remplacé la prodigalité des mignons. D'ailleurs il eût été bien difficile à Régnier de devenir ou du moins de rester riche. D'une incurie profonde, et, selon l'aveu qu'il en fait, *vivant sans nul pensement, il se laissoit doucement aller à la bonne loi naturelle*. Son insouciance le suivait en toutes choses, et il faut lui rendre ici ce témoignage, qu'épicurien encore plus que cynique, il fut déréglé dans ses mœurs, obscène dans ses propos, comme il était

---

[1]. Malherbe pourtant, il est bon de l'expliquer, ne se mêla au jeu qu'indirectement et par ricochet. Il était alors attaché à Henri, duc d'Angoulême, grand prieur de France et gouverneur de Provence. Celui-ci, écrivant d'Aix en 1585, annonce à Pasquier, qui était fort de ses amis, qu'ayant vu *le livre de la Main*, lui et quelques autres de sa suite ont voulu y contribuer à leur manière, et il transcrit là-dessus un quatrain de sa propre composition, puis un autre de Malherbe ; c'est comme un dernier appoint et post-scriptum à cette plaisanterie prolongée.

malpropre dans sa mise, par abandon, et non par impudence. Sa bonhomie perçait jusque dans la satire ; il faisait sans méchanceté ses plus grandes malices, et il va même quelque part jusqu'à prétendre qu'*il n'a pas l'esprit d'être méchant*. Sans le prendre au mot, on peut en croire ses contemporains, qui l'avaient surnommé *le bon Régnier* avec une sorte d'amour.

Tel fut le fondateur de la satire régulière en France. Sans doute la satire française existait longtemps avant lui[1] ; elle respirait dans nos fabliaux et nos romans, dans nos soties et nos farces, dans nos chansons et nos épigrammes ; naturelle, instinctive, innée au génie national ; se mêlant à tout, prenant tous les tons, légère ou bouffonne, délicate ou grossière, espèce de lutin familier de notre poésie, échappé aux ruines du moyen âge. Marot, avec son imagination riante et facile, avait déjà tenté de la circonscrire dans le cercle fantastique du *coq-à-l'âne*. Mais l'école de Ronsard avait renversé cette création fragile, pour y substituer le plan tout tracé de la satire des Latins. *Le Poëte courtisan* de Joachim Du Bellay et *le Courtisan retiré* de Jean de La Taille sont deux excellentes satires, quoiqu'elles ne portent pas ce titre. On en trouverait plus d'une dans les œuvres de Ronsard. Cependant il ne parut point d'essais un peu suivis en ce genre de poëme, jusqu'à Vauquelin de La Fresnaye, qui florissait sous Henri III. Cet écrivain instruit et laborieux, doué d'un goût sain et d'une verve tempérée, prit à tâche de suivre Horace pas à pas, et, après avoir rimé, on l'a dit, un *Art poétique* qui est curieux encore aujourd'hui par plusieurs détails d'histoire littéraire, il composa, à l'instar de son modèle, un assez grand nombre de satires ou épîtres morales, dont il adressa la plupart aux illustres du temps, à Scévole de Sainte-Marthe, à Bertaut, à Des Portes, même à son compatriote Malherbe[2]. Celui-ci devait en estimer la pureté. On en jugera par ce commencement d'une sa-

---

1. On ne fait que rappeler le *Roman du Renart*, et indiquer aussi un autre curieux poëme (manuscrit) intitulé *Fauvel*, dont le héros ou plutôt l'héroïne est l'ânesse ou la mule de ce nom, en laquelle se personnifient tous les vices. — Pour de plus amples détails, nous devons renvoyer nos lecteurs à l'excellente *Histoire de la Satire française* qu'a tracée en tête de son édition de Régnier l'érudit et spirituel M. Viollet-le-Duc. Elle nous a été d'un bien grand secours pour l'intelligence de la poésie française à cette époque ; et, si quelque chose nous a aidé davantage, ce sont les communications bienveillantes et instructives de l'auteur.
2. Mais à Malherbe lorsqu'il était encore à Caen ou en Provence, et avant qu'il se fût posé en réformateur.

tire dans laquelle Vauquelin conseille l'étude à l'un de ses fils, qui n'est pas Des Yveteaux :

> Mon fils, plus je ne chante ainsi comme autrefois ;
> Je suis plein de chagrin, je ne suis plus courtois.
> Seulement, tout hargneux, je vais suivre la trace
> De Juvénal, de Perse, et par sus tous, Horace ;
> Et, si j'étends ma faux en la moisson d'autrui,
> J'y suis comme forcé par les mœurs d'aujourd'hui.
> Les Muses ne sont plus en cet âge écoutées,
> Et les vertus au loin de tous sont rejetées.
> Les jeunes de ce temps sont tous achalandés
> Aux boutiques des jeux de cartes et de dés ;
> Beaux danseurs, escrimeurs, qui, mignons comme femmes,
> Couvrent sous leurs habits les amoureuses flammes ;
> La plupart tout frisés, d'un visage poupin,
> Suivent dès le berceau les Dames et le vin,
> Et vont par les maisons muguettant aux familles,
> Au hasard de l'honneur des femmes et des filles.
> Te voilà de retour : sous le ciel de Poitiers
> Tu n'a pas cheminé par de plus beaux sentiers ;
> Car, à juger ton port, à regarder ta face,
> Tu as de ces mignons la façon et la grâce.
> Mais, tout mis sous le pied, il est temps de penser
> En quel rang tu te veux maintenant avancer.
> Le temps à tous moments notre âge nous dérobe.
> Je te juge aussi propre aux armes qu'à la robe.
> La malice du siècle, et Mars tout débauché
> T'a, comme l'un des siens, en son état couché ;
> Mais ce seroit ton heur, si, d'une âme prudente
> Tu suivois la Déesse et guerrière et savante.
> C'est le meilleur d'avoir, en la jeune saison,
> Des armes pour les champs, de l'art pour la maison.

Au reste, ces satires de Vauquelin, composées la plupart sous Henri III, ne furent imprimées pour la première fois qu'en 1612, et l'on ne voit pas que ses contemporains aient le moins du monde songé à l'opposer ni à le comparer à Régnier ; il y avait entre ces deux hommes de trop frappantes différences. Vauquelin, en adoptant les formes latines, a tout au plus sur son successeur la priorité d'imitation ; la priorité d'invention demeure à celui-ci tout entière. Régnier, en effet, aussi bien que Malherbe, et même à un plus haut degré que lui, a le mérite d'avoir régénéré en France l'imitation des anciens, et d'en avoir fait enfin, de servile et de stérile qu'elle était, une émulation de génie, une lutte d'honneur, je dirai presque une fécondation légitime. Il ne transplanta pas brusquement, au hasard, comme ses devanciers, l'arbre antique sur un sol moderne, pour l'y laisser ensuite dépérir et mourir; mais, l'abreuvant de sources toutes nouvelles, il le rajeunit, il le transforma, et le premier il aurait eu le droit d'y inscrire cette devise glorieuse qui s'applique si naturellement à une grande et belle moitié de notre littérature :

> *Exiit ad cœlum ramis felicibus arbos,*
> *Miraturque novas frondes et non sua poma.*

Il serait toutefois injuste de ne pas reconnaître que, dans ses imitations originales, Régnier mit à contribution les Italiens pour le moins autant que les Latins. Les *capitoli* du Berni, du Mauro, du Caporali, de l'Arétin, de *monsignor* Della Casa, et en général des poëtes bernesques, furent pour lui ce qu'avaient été pour Des Portes les sonnets de Pétrarque, du Bembe, d'Annibal Caro et des pétrarquistes, ce qu'avaient été pour Rabelais les ouvrages de Boccace, du Pogge, d'Arlotto, de *Merlin Coccaie*, et tant d'auteurs italiens de nouvelles, de macaronées et de facéties.

Nous ne parcourrons ici qu'en passant la galerie d'originaux dont les portraits ont pris sous la touche de Régnier tant de couleur et de saillie. Il sont aussi nombreux que plaisants. Cet homme[1], à la mine chétive, à la chausse rompue, au rabat sale, dont les guêtres vont aux genoux et le pourpoint au coude,

> Sans demander son nom, on le peut reconnoître :
> Si ce n'est un poëte, au moins il le veut être.

On le rencontre par les rues, le nez dans le manteau, prenant ses vers à la pipée. L'œil farouche et troublé, il accoste les passants, et leur dit pour bonjour : « Monsieur, je fais des livres, on les « vend au Palais. » S'il est à cheval, il se croit déjà un abbé sur sa mule. L'exemple de Ronsard, de Des Portes et de Bertaut, lui revient par la tête, et, tout méditant un sonnet, il médite un bénéfice ou un évêché. Cet autre Rodomont, aux bottes sonnantes, au feutre empanaché, qui frise ses cheveux, relève sa moustache, et serre la main aux gens qu'il n'a jamais vus, je le devine à son

---

1. Dans tout ce qui suit on a eu le soin de n'employer que les expressions dont Régnier s'est servi lui-même pour caractériser ses personnages.

accent *baragouin* : c'est un de ces hobereaux de Gascogne, accourus en toute hâte de leur donjon délabré, pour se pousser à la cour du Béarnais ; rimailleur autant que ferrailleur, il tranche du bel esprit l'épée à la main ; peut-être même a-t-il servi autrefois dans la compagnie du capitaine Du Bartas. Mais, silence ! voici venir à pas comptés le docteur vers le lit de son patient ; il lui tâte le pouls, le ventre et la poitrine ; le nez bouché, il contemple longuement l'urine et le bassin. On lui donne un teston pour sa peine ; il se fâche, et, serrant le teston dans sa main, s'écrie : « Hé ! hé ! monsieur, il ne fallait rien. » Ce petit manége ne me trompe pas, car j'ai déjà connu le docteur chez Rabelais ; plus tard, je le retrouverai chez Molière, et, en vérité, j'ai toujours assez de plaisir à le revoir, pourvu que ce ne soit ni chez moi ni pour moi. Plus lentement encore que le docteur, d'un air plus révérent et plus recueilli, s'avance à son tour la dévote Macette. Madeleine repentie, elle expie dans d'austères pratiques les tendres péchés de sa jeunesse. Sa prunelle blanche prêche l'amour de Dieu, et son œil tout pénitent ne pleure qu'eau bénite. Je la laisse en tête-à-tête avec la jeune fille qu'elle vient visiter, et, pour écouter l'entretien, je me tapis, comme le poëte, dans le recoin d'une porte. L'hypocrite, fronçant les lèvres, commence par l'*Ave Maria*, et la formule de charité

Ma fille, Dieu vous garde et vous veuille bénir !

et, de transitions en transitions, elle finit par proposer à sa jeune écolière le libertinage pourvu qu'il soit discret, la débauche pourvu qu'elle soit mystérieuse :

Le péché que l'on cache est demi pardonné.

L'indignation me saisit. Patelin me faisait rire, mais ce Patelin femelle et dévot me fait horreur. Pour moi, Macette est déjà Tartufe. Chez Ovide et Properce, à qui le poëte a pris l'idée de cette satire, Macette n'est qu'une Canidie vulgaire contre laquelle les amants accumulent toutes les invectives d'usage. Cette différence suffit pour montrer comment Régnier entendait l'imitation des anciens, et avec quelle aisance, en leur empruntant un caractère ridicule ou vicieux, il le dépouillait des habitudes antiques et, pour ainsi dire, de la tunique romaine, pour le revêtir des mœurs et du pourpoint de son temps. Par un singulier contraste qui ne doit pas sembler une contradiction, ce satirique, dont le nom seul rappelle l'énergie effrontée de Juvénal, a parlé souvent de l'amour avec une décence exquise, et il a laissé des élégies où l'on ressent par instants la mollesse voluptueuse de Tibulle. C'est qu'à vrai dire Régnier n'est jamais un Juvénal, même par l'effronterie; semblable au bon La Fontaine, il porte dans la luxure de ses tableaux plus d'oubli que de calcul. On croirait qu'il brave l'honnêteté, et seulement il l'ignore.

La même audace insouciante, la même abondance de vie, circule et déborde dans le style de Régnier. Par ce côté, on a comparé le poëte à Montaigne, et il est en effet le Montaigne de notre poésie. Lui aussi, en n'ayant pas l'air d'y songer, s'est créé une langue propre, toute de sens et de génie, qui, sans règle fixe, sans évocation savante, sort comme de terre à chaque pas nouveau de la pensée, et se tient debout, soutenue du seul souffle qui l'anime. Les mouvements de cette langue inspirée n'ont rien de solennel ni de réfléchi : dans leur irrégularité naturelle, dans leur brusquerie piquante, ils ressemblent aux éclats de voix, aux gestes rapides d'un homme franc et passionné qui s'échauffe en causant. Les images du discours étincellent de couleurs plus vives que fines, plus saillantes que nuancées. Elles se pressent, se heurtent entre elles. L'auteur peint toujours, et quelquefois, faute de mieux, il peint avec de la lie et de la boue. D'une trivialité souvent heureuse, il prend au peuple les proverbes pour en faire de la poésie, et lui renvoie en échange ces vers nés proverbes, médailles de bon aloi, où se reconnaît encore après deux siècles l'empreinte de celui qui les a frappées. Je m'abstiens de citations, parce qu'elles seraient trop nombreuses, et que d'ailleurs tout le monde veut lire Régnier. Qu'il me suffise de rappeler de lui deux expressions bien simples, et, selon moi, bien belles, qui rentrent tout à fait dans le goût de Montaigne, et confirment le rapprochement établi entre les deux écrivains. Parlant des changements que le temps apporte à nos humeurs, le poëte dit :

Et comme notre poil blanchissent nos désirs.

Plus loin il nous retrace le vieillard découragé, *laudator temporis acti* :

De léger il n'espère, et croit au souvenir.

Ces désirs qui *blanchissent* avec les années, ce vieillard qui *croit au souvenir*, me semblent de ces beautés de style soudaines et naïves, délicieuses à sentir, impossibles à analyser, comme la lecture des *Essais* en offre presque à chaque page et comme on n'en retrouve guère autre part que là [1].

Indépendant de toute école par la tournure de son génie, Régnier se trouva engagé fort avant dans celle de Ronsard par l'effet des circonstances, et, chose remarquable, les rôles ayant changé avec les temps, l'héritier de Rabelais lutta contre Malherbe pour défendre de la décadence ces mêmes réputations littéraires qu'autrefois Rabelais avait combattues ou du moins raillées à leur berceau. Selon les biographes, un jour que Malherbe était allé dîner chez Des Portes, celui-ci voulut, avant de se mettre à table, régaler son hôte de quelques-unes de ses poésies sacrées : « Laissez, laissez, dit brutalement Malherbe au bonhomme; votre potage vaut mieux que vos Psaumes. » Cette insulte faite à l'oncle de Régnier fut l'occasion d'une rupture qui tôt ou tard ne pouvait, ce semble, manquer d'éclater. Dans ces habitudes d'éducation et son humeur paresseuse, le satirique n'avait rien d'un novateur et devait plutôt se complaire aux us et coutumes du bon vieux temps. Il s'enivrait volontiers au fameux cabaret classique de la *Pomme du Pin*, où le héros des *Repues franches* s'était enivré avant lui. Neveu de Des Portes, ami de Bertaut, de Rapin et de Passerat, il confondait dans ses affections et ses louanges Du Bellay, Ronsard, Baïf et Belleau, qu'il admirait un peu sur parole, avec Rabelais, Marot et Villon, dont il jugeait mieux et qu'il aimait en pleine connaissance de cause. Comme poëte, ses qualités et ses défauts étaient en tout l'opposé des défauts et des qualités de Malherbe. Hardi dans ses images, négligé dans sa diction, cynique au besoin dans ses rimes, il goûtait médiocrement la raison sévère, la netteté scrupuleuse et la froide chasteté du réformateur. Le ton despotique et pédantesque que s'arrogeait celui-ci prêtait assez au ridicule pour que son jeune rival en tirât vengeance. Régnier lança donc son admirable satire neuvième, étincelante à la fois de colère et de poésie. Il y défend la cause des anciens et y relève amèrement

> . . . . . . . Ces rêveurs dont la muse insolente,
> Censurant les plus vieux, arrogamment se vante

1. Je suis revenu avec plus de détail, et au risque de quelques répé-

De réformer les vers. . . . . . . . . . .
*Qui* veulent déterrer les Grecs du monument,
Les Latins, les Hébreux et toute l'antiquaille,
Et leur dire à leur nez qu'ils n'ont rien fait qui vaille.
Ronsard en son métier n'étoit qu'un apprentif;
Il avoit le cerveau fantastique et rétif;
Des Portes n'est pas net, Du Bellay trop facile ;
Belleau ne parle pas comme on parle à la ville ;
Il a des mots hargneux, bouffis et relevés,
Qui du peuple aujourd'hui ne sont pas approuvés.
Comment! il nous faut doncq', pour faire une œuvre grande,
Qui de la calomnie et du temps se défende,
Qui trouve quelque place entre les bons auteurs,
Parler comme à Saint-Jean parlent les crocheteurs[1] !

Mais quels sont-ils ces réformateurs superbes qui *raffinent le vers, comme les Gascons ont fait le point d'honneur ?* De quel droit viennent-ils tout changer ? Ont-ils du moins pour eux l'originalité et le génie ? Non :

. . . . . . . . Leur savoir ne s'étend seulement
Qu'à regratter un mot douteux au jugement,
Prendre garde qu'un *qui* ne heurte une diphthongue,
Épier si des vers la rime est brève ou longue,
Ou bien si la voyelle, à l'autre s'unissant,
Ne rend point à l'oreille un vers trop languissant ;
Et laissent sur le verd le noble de l'ouvrage.
Nul aiguillon divin n'élève leur courage ;
Ils rampent bassement, faibles d'inventions,
Et n'osent, peu hardis, tenter les fictions,
Froids à l'imaginer : car, s'ils font quelque chose,
C'est proser de la rime et rimer de la prose[2]...

il compare leurs muses à ces coquettes dont *la beauté ne gît qu'en l'art et l'ornement* ; et, leur opposant le portrait d'un gé-

titions, sur les caractères si poétiques de ce talent, dans l'article intitulé *Mathurin Régnier et André Chénier*.

1. Quand on demandait à Malherbe son avis sur quelques mots français, il renvoyait ordinairement aux crocheteurs du Port-au-Foin, et disait que c'étaient ses maîtres pour le langage.

2. Berthelot, contemporain et ami de Régnier, s'amusa à parodier une chanson de Malherbe adressée à la duchesse de Bellegarde. Voici l'un des couplets de cette pièce satirique :

    Être six ans à faire une ode,
    Et faire des lois à sa mode,
    Cela se peut facilement ;
    Mais de nous charmer les oreilles
    Par sa merveille des merveilles,
    Cela ne se peut nullement.

nie véritable qui ne doit ses grâces qu'à la nature, il se peint tout entier dans ces vers d'inspiration :

Les nonchalances sont ses plus grands artifices.

Dejà il avait dit :

La verve quelquefois s'égaye en la licence.

Malherbe ne répondit pas [1]. Malgré tout le respect qui lui est dû, on ne peut disconvenir qu'il s'était attiré la leçon par une injustice souvent poussée jusqu'à la mauvaise foi. C'était lui, poëte lyrique, lui qui reprochait à Régnier d'avoir représenté, dans une épître au roi, la France sous les traits d'une nymphe éplorée embrassant les genoux de Henri : « Depuis cinquante ans « qu'il demeuroit en France, il ne s'étoit jamais aperçu, disait- « il, qu'elle eût bougé de place. » Qu'aurait-il répondu si, plus tard, on eût fait le même reproche à sa prosopopée de la Victoire dans la belle ode à Louis XIII? Quoique plus jeune que Malherbe, Régnier mourut longtemps avant lui (1613) [2], sans laisser d'école ni de postérité littéraire digne de son haut talent. Du Lorens et Courval-Sonnet l'imitèrent souvent, et ce dernier même le pilla quelquefois. Mais ses véritables disciples, il faut bien le dire à sa honte, sont les auteurs licencieux dont les pièces composent *le Parnasse satyrique*, *le Cabinet satyrique*, *l'Espadon satyrique* : ce sont Sigognes et Berthelot, joyeux compagnons, d'égale force dans le coq-à-l'âne, la parodie et l'épigramme gaillarde ; Pierre Motin, de qui Boileau a dit *qu'il se morfond et nous glace*, probablement parce qu'il ne l'avait pas lu tout entier ; François Maynard lui-même, disciple de Malherbe à d'autres titres, et qui écrivait si purement ses *priapées* impures ; le sieur d'Esternod, qui se cachait sous le nom de *Franchère*, et dont on a voulu faire un prête-nom du sieur de Fourquevaux [3] ; Auvray, accusé d'avoir un faible pour les *suivantes* ;

---

1. Est-ce qu'à défaut de Malherbe, quelqu'un de ses disciples répondit? On voit dans les *Historiettes* de Tallemant (tome V, page 382) que Régnier, mécontent de Maynard, le vint un jour provoquer en duel ; l'anecdote est assez comique ; peut-être Maynard avait-il voulu prendre fait et cause pour son maître Malherbe.
2. Il était né en 1573, et n'avait que quarante ans.
3. Ils furent probablement collaborateurs. — Voir, dans la *Biographie universelle*, l'article D'ESTERNOD par M. Weiss.

Saint-Amant, qui depuis essaya de laisser les propos de cabaret pour le ton de l'épopée ; Théophile Viaud enfin, non pas le plus coupable, mais le plus puni de tous, forcé de fuir et brûlé en effigie, comme auteur de ce *Parnasse satyrique* auquel tant de contemporains avaient pris part[1]. Jusqu'alors on s'était montré fort coulant sur le compte des mœurs, et la licence même la plus ordurière avait presque été un droit pour les poëtes. Nous en avons eu assez d'exemples depuis Villon, *Pierre Faifeu*, et Rabelais, jusqu'à Régnier. Avec le XVIIe siècle commencent des mœurs sociales, sinon meilleures au fond, du moins plus sévères en apparence ; le mot de pudeur inventé par Des Portes, représente désormais quelque chose, et le sentiment de la bienséance va naître et se développer. Il n'est plus permis de tout nommer avec une sorte d'effronterie naïve, et l'obscénité, qui a conscience d'elle-même, devient clandestine en même temps que coupable. On suivrait pourtant, si on l'osait, et l'on retrouverait sans peine cette école de Régnier et du *Parnasse satyrique* dans les chansons manuscrites du règne de Louis XIV, dans les couplets et les épigrammes de J.-B. Rousseau et de Piron, et jusque dans les *amphigouris* de Collé. Par une conséquence bien remarquable, ces derniers héritiers de la licence et du cynisme de nos pères restèrent la plupart fidèles au vieux vers, à la rime riche, à l'excellente facture de Marot et surtout de Régnier, et seuls, au milieu du XVIIIe siècle, ils protestèrent contre cette dégradation de la forme poétique dont Voltaire donnait hautement le précepte et l'exemple. Ce n'est point parmi les disciples de Régnier qu'on peut ranger Molière et Boileau, malgré les obligations incontestables qu'ils eurent à cet illustre devancier. Boileau, qui lui fit un si bon nombre d'emprunts, n'avait qu'un coin de talent commun avec lui ; son esprit sage, délicat et fin, appartenait à une tout autre famille ; et, comme satirique, nous le plaçons fort au-dessous du poëte duquel il a parlé lui-même en des termes si honorables pour tous deux : « Le célèbre Régnier, dit en effet Boileau (Réflexion

1. Il y a dans ces recueils quelques pièces signées de noms de poëtes plus anciens. On rencontre dans le *Cabinet satyrique* une effroyable satire de Ronsard intitulée *la Bouquinade*, qui passe tout. Mais il se pourrait bien aussi que Régnier et ses disciples eussent prêté en cela à leurs devanciers, à peu près comme au XVIIIe siècle (je le dis en tout respect) l'école de D'Holbach fit courir ses plus grosses impiétés sous le couvert de Fréret, de Dumarsais et autres défunts qu'elle se donna pour complices.

« v° sur Longin), est le poëte françois qui, du consentement de « tout le monde, a le mieux connu avant Molière les mœurs et « le caractère des hommes. » Déjà Régnier nous a offert des traits de ressemblance avec La Fontaine. Certes il est grand aussi, celui qui peut rappeler tant de grands noms sans en être éclipsé[1].

Nous avons dit que Régnier n'était point un Juvénal; il y en eut un pourtant au xvi° siècle, âpre, austère, inexorable, hérissé d'hyperboles, étincelant de beautés, rachetant une rudesse grossière par une sublime énergie, esprit vigoureux, admirable caractère, grand citoyen : tel fut Théodore Agrippa d'Aubigné, gentilhomme huguenot. Si jamais l'on pouvait en idée personnifier un siècle dans un individu, d'Aubigné serait, à lui seul, le type vivant, l'image abrégée du sien. Études, passions, vertus, croyances, préjugés, tournure d'esprit d'alors, il réunit tout à un éminent degré; et il nous apparaît aujourd'hui comme l'une des plus expressives figures de cette race d'autrefois :

*Grandiaque effossis mirabitur ossa sepulchris.*

Né en 1550, il est mis dès l'âge de quatre ans aux lettres grecques, latines et hébraïques à la fois, et à six ans il sait lire en quatre langues. A huit ans et demi, passant par Amboise avec son père, celui-ci lui montre les têtes des conjurés encore reconnaissables sur un bout de potence, et, lui imposant la main droite sur la tête, il lui commande, sous peine de malédiction, de vouer sa vie à la cause sainte qu'ont défendue ces martyrs. Les jours d'épreuve ne tardent pas à venir pour le jeune d'Aubigné : orphelin de bonne heure, et déjà fugitif, tour à tour à Orléans, à Genève, à Lyon, il continue de faire des vers latins et des mathématiques; de lire les rabbins et Pindare, et, dans son ardeur de science, il apprend jusqu'aux éléments de la magie : car, ainsi que les plus savants hommes de l'époque, les Postel, les De Thou, les Agrippa, les Bodin, D'Aubigné croit à la magie, et lui-même nous atteste avoir vu de ses yeux plus d'un revenant. Enfin les guerres civiles reprennent et le dégoûtent des livres. Retenu en prison chez son tuteur, il s'échappe, de nuit,

---

1. M. Alfred de Musset a lancé une belle satire adressée à Régnier, ou du moins dont Régnier fait les frais (*Revue des Deux Mondes* du 1er janvier 1842) : on la pourrait joindre désormais aux éditions de Régnier, de même que certaine pièce *à Julie* serait digne du *Parnasse satyrique*.

par une fenêtre, en chemise, s'arme au premier champ de bataille, et commence dès lors une longue et rude carrière, mêlée de combats, de galanteries, de controverses. L'étude et la poésie trouvent leur place encore au milieu des camps, et durant la convalescence des fréquentes blessures qu'il reçoit. Chevalier loyal comme Crillon, calviniste fervent comme Du Plessis-Mornay, républicain éclairé comme Hubert Languet ou La Boétie, il n'épargne pas au roi de Navarre les vérités, les remontrances, les refus, et par ses scrupules d'honnête homme et de chrétien il mérite constamment la haine des maîtresses et quelquefois la colère du maître. Sans faveur après la conversion de Henri IV, il se cantonne en Poitou après sa mort, et finit, pour plus de sûreté, par quitter la France. Retiré alors à Genève, au sein du parti huguenot, environné d'une postérité nombreuse, il négocie des traités au nom de la république, écrit des livres pour l'instruction de ses fils, et rend à Dieu une vie de quatre-vingts ans (1630), aussi remplie d'œuvres que de jours, qu'une seule et même pensée a dirigée depuis le berceau jusqu'à la tombe[1].

On a de d'Aubigné une *Histoire universelle* réputée indigeste et confuse, mais à coup sûr parsemée de curieux détails et relevée de hautes fiertés de style; des Mémoires particuliers très-piquants; *la Confession de Sancy* et *les Aventures de Fœneste*, opuscules pleins de malice et de moquerie, qu'anime l'esprit de Rabelais et de la *Satyre Ménippée*; enfin, des poésies de diverses espèces, dont nous avons ici à parler. On sait qu'il débuta, suivant la mode, par célébrer ses amours; mais il n'y réussit guère mieux apparemment que beaucoup de talents de sa trempe, et ses vers tendres durent ressembler à ceux d'Étienne de La Boétie, que Montaigne, dans l'illusion de son amitié, a pris le soin malencontreux de nous transmettre. Ce n'est point la langue douce et polie de Des Portes que parle et qu'écrit d'Aubigné; on dirait qu'il l'ignore, et que, du sein des provinces où il chevauche nuit et jour, il n'a pas eu le loisir de s'informer de ces progrès paisibles. Déjà suranné pour son temps, il s'en tient à la langue des commencements de Ron-

---

[1]. Cette vie et ce caractère de D'Aubigné sont présentés ici un peu trop en beau. Je n'ai pas assez tenu compte de la mauvaise humeur et des haines, dont la part pourtant est grande chez ce rude et brillant aïeul de madame de Maintenon.

sard, à celle de Maurice Scève, de Pontus de Thiard, de Théodore de Bèze, obscure, rude, inégale, et pour ainsi dire encore toute froissée de l'enclume. Sans doute son éducation genevoise sous Bèze, son calvinisme ardent, sa vie guerrière, son humeur stoïque décidèrent cette préférence. Quoi qu'il en soit, l'énergie un peu brutale, qui n'allait pas à un livre d'amour, triomphe dans l'anathème et l'invective. Grièvement blessé en 1577, et se croyant au lit de mort, d'Aubigné dicta comme par testament les premières de ses *Tragiques*, qu'il continua plus tard à loisir, et qui ne furent données au public qu'en 1616 [1]. Ces *Tragiques*, espèce de contre-partie du *Discours sur les Misères du temps*, par Ronsard, se composent de sept satires assez bizarrement intitulées : *Misères, Princes, la Chambre dorée, les Feux, les Fers, Vengeances* et *Jugement*, dans lesquelles le poëte passe successivement en revue les malheurs du temps, les débordements de la cour, les lâchetés du Parlement, les supplices par le feu, les massacres par le fer exercés contre les fidèles, enfin les vengeances célestes et les jugements du Très-Haut sur les persécuteurs. Que ce soit, si l'on veut, un long sermon puritain, divisé en sept points, incohérent mélange de mythologie grecque, d'allégories morales et de théologie biblique, où sont entassés pêle-mêle des lambeaux de texte sacré, des propos de mauvais lieu et d'éternelles répétitions des mêmes horreurs; du moins, on ne pourrait le nier, à travers ce fatras obscur, on sent toujours percer une indignation puissante, et reluire je ne sais quelle verve sombre. L'esprit hébraïque y respire, pareil à cet esprit de Dieu qui flottait sur le chaos. Le charbon d'Isaïe a purifié ces lèvres qui racontent hautement les abominations d'une race assassine, adultère, incestueuse, et pire encore; quelquefois en vérité, à entendre ces malédictions redoublées, ces avertissements solennels lancés par le poëte au nom du ciel et justifiés par l'avenir [2], on croirait qu'il prophé-

---

1. Il semble résulter pourtant d'un passage de D'Aubigné (*Histoire universelle*, livre III, chap. xxiii) que *les Tragiques* (au moins quelques-unes) parurent et coururent anonymes vers 1595. C'est un problème que je propose aux bibliographes.
2. S'adressant à Henri IV, D'Aubigné dit:

> Quand ta bouche renoncera
> Ton Dieu, ton Dieu la percera,
> Punissant le membre coupable;
> Quand ton cœur, déloyal moqueur,
> Comme elle sera punissable,
> Alors Dieu percera ton cœur!

tise. Que si à la vue des forfaits dont il amasse les récits on éprouve la même satiété d'horreurs que dans l'*Enfer* du Dante, qu'y faire ? La faute en est aux choses, non à lui ; il en souffre lui-même avant vous et plus que vous :

> . . . . . . . . . . Ces exemples m'ennuyent ;
> Ils poursuivent mes vers, et mes yeux qui les fuyent.

Et ailleurs :

> Si quelqu'un me reprend que mes vers échauffés
> Ne sont rien que de meurtre et de sang étoffés,
> Qu'on n'y lit que fureur, que massacre et que rage,
> Qu'horreur, malheur, poison, trahison et carnage,
> Je lui réponds : Ami, ces mots que tu reprends
> Sont les vocables d'art de ce que j'entreprends.
> Les flatteurs de l'amour ne chantent que leurs vices.
> Que vocables choisis à peindre les délices,
> Que miel, que ris, que jeux, amours et passe-temps,
> Une heureuse folie à consumer son temps...
> Je fleurissois comme eux de ces mêmes propos,
> Quand par l'oisiveté je perdois mon repos.
> Ce siècle, autre en ses mœurs, demande un autre style ;
> Cueillons des fruits amers, desquels il est fertile...

Bien que d'Aubigné, *par le son hardi de ses rimes cyniques*, ne permette guère les citations, nous en hasarderons une ou deux comme échantillon de sa manière. Il parle de Catherine de Médicis et de ses deux fils Charles IX et Henri III.

> Une mère étrangère, après avoir été
> M........ à ses fils, en a l'un arrêté
> Sauvage dans les bois, et, pour belle conquête,
> Le faisoit triompher du sang de quelque bête :

Comme la première édition connue des *Tragiques* ne fut publiée qu'en 1616, six ans après la mort de Henri IV, on pourrait croire que cette prédiction, comme tant d'autres, a été faite après coup, si l'on ne savait d'ailleurs que D'Aubigné, revoyant Henri IV pour la première fois après l'attentat de Jean Châtel, dit, en présence de témoins, au roi qui lui montrait sa lèvre : « Sire, vous n'avez encore renoncé Dieu que des lèvres, et « il s'est contenté de les percer ; mais, si vous le renoncez un jour du « cœur, alors il percera le cœur. » Parlant des Jésuites, D'Aubigné s'écrie :

> Si tu pouvois connoître ainsi que je connois
> Combien je vois lier de princes et de rois
> Par les venins subtils de la bande hypocrite,
> Par l'arsenic qu'épand l'engeance loyolite :
> O Suède, ô Moscow, Pologne, Autriche, hélas !
> Quels changements, premier que vous en soyez las.

Elle en fit un Esau, de qui les ris, les jeux [1],
Sentoient bien un tyran, un traître, un furieux ;
Pour se faire cruel, sa jeunesse égarée
N'aimoit rien que le sang, et prenoit sa curée
A tuer sans pitié les cerfs qui gémissoient,
A transpercer les daims et les faons qui naissoient ;
Si qu'aux plus avisés cette sauvage vie
A fait prévoir de lui massacre et tyrannie.

L'autre fut mieux instruit à juger des atours
Des p..... de sa cour, et plus propre aux amours.
Avoir ras le menton, garder la face pâle,
Le geste efféminé, l'œil d'un Sardanapale ;
Si bien qu'un jour des Rois, ce douteux animal,
Sans cervelle, sans front, parut tel en son bal :
De cordons emperlés sa chevelure pleine,
Sous un bonnet sans bord, fait à l'italienne,
Faisoit deux arcs voûtés ; son menton pinceté,
Son visage de blanc et de rouge empâté,
Son chef tout empoudré, nous firent voir l'idée,
En la place d'un roi, d'une p.... fardée.
Pensez quel beau spectacle, et comme il fit bon voir
Ce prince avec un busc, un corps de satin noir
Coupé à l'espagnole, où, des déchiquetures,
Sortoient des passements et des blanches tirures ;
Et, afin que l'habit s'entresuivit de rang,
Il montroit des manchons gauffrés de satin blanc ;
D'autres manches encor qui s'étendoient fendues,
Et puis jusques aux pieds d'autres manches perdues.
Pour nouveau parement, il porta tout ce jour
Cet habit monstrueux, pareil à son amour ;
Si qu'au premier abord chacun étoit en peine
S'il voyait un roi-femme ou bien un homme-reine.

Au milieu des hautes beautés que tout lecteur aura remarquées en ce morceau, qu'il me soit permis de signaler un merveilleux détail technique : je veux parler de cette toilette de Henri III, si scrupuleusement décrite en termes propres, ce *corps de satin noir coupé à l'espagnole*, ces *déchiquetures d'où sortent des passements*, ces *manchons gauffrés de satin blanc* et ces *manches perdues*. Il n'y a qu'un *alexandrin* qui puisse

---

1. Les *jeux* ou les *yeux*. Avec D'Aubigné et ses œuvres incorrectes, si grossièrement imprimées, on est à tout moment dans l'embarras de la juste leçon.

et ose dire de telles choses ; c'est l'alexandrin *franc* et *loyal*, comme l'appelle Victor Hugo.

Dans une autre satire, après avoir énuméré les bûchers les plus célèbres dressés depuis ceux de Jean Huss et de Jérôme de Prague, d'Aubigné ajoute :

> Les cendres des brûlés sont précieuses graines,
> Qui, après les hyvers noirs d'orage et de pleurs,
> Ouvrent, au doux printemps, d'un million de fleurs
> Le baume salutaire, et sont nouvelles plantes
> Au milieu des parvis de Sion florissantes.
> Tant de sang que les rois épanchent à ruisseaux
> S'exhale en douce pluie et en fontaines d'eaux,
> Qui, coulantes aux pieds de ces plantes divines,
> Donnent de prendre vie et de croître aux racines..., etc.

D'Aubigné, tout à la fin de sa vie, publia des psaumes en vers métriques, d'après le système de Nicolas Rapin, et avec aussi peu de succès que lui. Quoique toutes ces poésies n'aient paru que sous Louis XIII, on ne peut les rejeter à cette date, sans un véritable anachronisme, et c'est à l'âge précédent qu'elles appartiennent de droit, ainsi que leur auteur[1].

On entrait dans la première année du XVII° siècle ; l'école de Ronsard était encore en pleine vogue ; Des Portes et Passerat vivaient ; Bertaut n'avait que quarante-huit ans et Régnier que vingt-sept, quand on commença à parler sérieusement dans Paris et à la cour du talent poétique d'un gentilhomme normand qui, depuis longtemps, habitait en Provence, et ne venait dans la capitale que quand des affaires l'y obligeaient. Ce gentilhomme, nommé François Malherbe, n'était déjà plus de la première jeunesse ; il avait quarante-cinq ans, d'ailleurs plein de feu et de virilité. On citait de lui des mots heureux, des reparties originales, mais assez peu de vers. Du Perron le vanta fort à Henri IV, qui se promit de l'appeler à la cour. Par malheur les finances ne permettaient plus de récompenser des sonnets, comme sous Henri III, par dix mille écus de rente ; et le rigide

---

1. M. Gérusez, dans ses *Essais d'histoire littéraire*, a consacré à D'Aubigné un article étendu et spirituellement judicieux, qui dispense d'y revenir. D'Aubigné aurait eu peu à faire pour être un grand écrivain en prose : en des temps plus rangés, c'eût été tout naturellement un Saint-Simon.

Sully, qui aimait mieux la bure et la laine que les beaux tapis et la soie, pensait sans doute, comme Malherbe lui-même, qu'*un poëte n'est pas plus utile à l'État qu'un joueur de quilles*. Ce fut donc seulement quelques années après 1805 que, informé par des Yveteaux d'un voyage de Malherbe à Paris, Henri IV le fit venir, l'engagea à rester, et, n'osant fronder toutefois l'économie de son ministre, chargea M. de Bellegarde de donner au poëte le lit, la table et les appointements. Vu de plus près, Malherbe ne perdit pas dans l'estime. On reconnut que, s'il faisait peu de vers, il les faisait bons; mais on ne put s'habituer si vite à sa manière de juger les autres. Il ne parlait des renommées les mieux établies qu'avec un dédain profond. Le seul poëte qu'il estimât était Régnier, et encore il l'avait pour ennemi. Bertaut, selon lui, était tolérable quelquefois; mais Ronsard, mais Des Portes, il les traitait en toute occasion sans pitié; il chargeait leurs exemplaires de critiques et même d'injures, au grand scandale des hommes élevés dans l'étude et l'admiration de la vieille poésie [1]. Nous aussi, avouons-le, nous qui venons de parcourir ces âges trop oubliés et d'y trouver çà et là d'utiles et agréables dédommagements, nous ne pouvons nous empêcher d'en vouloir à Malherbe pour son extrême rigueur. Déjà plus d'une fois des mots amers, d'irrévérentes paroles nous sont échappés sur son compte. A force de vivre avec ses devanciers, nous les avons aimés, et leur cause est presque devenue la nôtre. Il faut bien nous en détacher pourtant; voici le moment de la séparation venu; car, si l'arrêt est dur dans les formes, et si l'on peut en casser quelques articles, il n'est que trop juste par le fond. Malherbe, comme Boileau, a encore plus de bon sens que de mauvaise humeur [2], et, de gré ou de force,

---

1. Le vieux Pasquier, qui écrivait le livre VII de ses *Recherches* après 1606, comme on le voit par son chapitre x, n'a pas nommé Malherbe et semble à son tour, malgré cet ancien quatrain *sur la main*, l'avoir tout à fait ignoré ou dédaigné.

2. « Je sais bien que votre jugement est si généralement approuvé que « c'est renoncer au sens commun que d'avoir des opinions contraires « aux vôtres. » (*Lettre de Racan à Malherbe.*)

« Il (Malherbe) ne paroîtra pas avoir plus d'esprit qu'un autre, mais la
« beauté de ses expressions le mettra au-dessus de tous. Il n'aura pour-
« tant pas l'âme délicate pour l'amour, quoiqu'il ait une délicatesse
« d'esprit admirable dans ses vers. Mais enfin il sera universellement
« reconnu pour un homme digne de toutes les louanges que la belle
« poésie peut faire : aussi sera-t-il loué généralement de tout le monde,
« quoiqu'il soit destiné à ne louer presque jamais les ouvrages de per-
« sonne. » (Mademoiselle de Scudéri, *Clélie*, songe d'Hésiode.)

on est souvent ramené à son avis. Suivons donc ce *guide fidèle*, quoique un peu grondeur : lui seul peut nous introduire et nous initier à la pensée de Racine.

Comment Malherbe en était-il venu à concevoir des idées de réforme si soudaines et si absolues? C'est la première question qu'on s'adresse, et l'on a quelque peine à y répondre. Tout le temps de sa vie qu'il passa en Provence, depuis dix-neuf ans jusqu'à cinquante ans environ, est aussi stérile en renseignements qu'en productions : il ne reste que cinq ou six pièces de vers d'une date antérieure à 1600. Le petit poëme des *Larmes de saint Pierre*, imité du Tansille et publié en 1587, atteste qu'à cette époque le poëte en était encore, comme ses contemporains, aux imitations de l'Italie. A part toutefois l'affectation et l'enflure, il y avait déjà dans cette œuvre de jeunesse un éclat d'images, une fermeté de style et une gravité de ton qui ne pouvaient appartenir qu'à la jeunesse de Malherbe. Il est vraisemblable qu'après avoir *ronsardisé* quelque temps, comme il en est convenu plus tard, Malherbe, livré loin des beaux esprits de la capitale à des études recueillies et solitaires, finit par rompre de lui-même avec ses premiers modèles et revint, à force de bon sens, à un goût meilleur. Mais en cette louable réforme, dont tout l'honneur lui appartient, il ne s'est pas arrêté à temps et n'a pas assez porté de ménagement ni de mesure. Arrivé de Provence à Paris comme un censeur en colère, on le voit d'emblée outrer les choses et brusquer les hommes ; son acharnement contre Ronsard et Des Portes, et même contre les Italiens et Pétrarque [1], ressemble quelquefois à du fanatisme; surtout sa ferveur pour la pureté de la langue dégénère souvent en superstition. Voici le portrait qu'a tracé de lui l'un de ses élèves, de ses amis et de ses admirateurs, le fondateur officiel de la prose française, comme Malherbe l'a été de la poésie : « Vous vous souvenez, dit Balzac dans le *Socrate chrétien*, du

---

1. Il disait que les sonnets de Pétrarque étaient à la *grecque*, aussi bien que les épigrammes de mademoiselle de Gournay. Pour entendre ce mot, il faut savoir que mademoiselle de Gournay répondait aux critiques qu'on faisait de ses mauvaises épigrammes, en disant qu'elles étaient à la grecque. Ainsi Malherbe trouvait Pétrarque détestable. Passe encore s'il s'en était tenu aux *pétrarquistes*. Au reste, les poëtes italiens du temps lui rendaient bien mépris pour mépris, et un jour le cavalier Marin, au sortir d'une lecture où Malherbe, à son ordinaire, avait beaucoup mouché et craché, assura *n'avoir jamais vu d'homme plus humide ni de poëte plus sec.*

vieux pédagogue de la cour, et qu'on appeloit autrefois *le tyran des mots et des syllabes*, et qui s'appeloit lui-même, lorsqu'il étoit en belle humeur, le grammairien en lunettes et en cheveux gris... J'ai pitié d'un homme qui fait de si grandes différences entre *pas* et *point*, qui traite l'affaire des *gérondifs* et des *participes* comme si c'étoit celle de deux peuples voisins l'un de l'autre et jaloux de leurs frontières. Ce docteur en langue vulgaire avoit accoutumé de dire que depuis tant d'années il travailloit à dégasconner la cour, et qu'il n'en pouvoit venir à bout. La mort l'attrapa sur l'arrondissement d'une période, et l'an climactérique l'avoit surpris délibérant si *erreur* et *doute* étoient masculins ou féminins. Avec quelle attention vouloit-il qu'on l'écoutât, quand il dogmatisoit de l'usage et de la vertu des particules[1] ! » Ce soin de la langue était devenu pour Malherbe une véritable religion : si bien qu'au lit de mort, à l'heure de l'agonie, il s'irritait des solécismes de sa garde-malade, et l'en gourmandait vivement, malgré les exhortations chrétiennes du confesseur.

Les changements matériels introduits par Malherbe dans la langue et la versification sont nombreux et importants ; rien n'en donne une idée plus nette que la lecture des notes sur Des Portes, ou, à leur défaut, l'excellent discours de Saint-Marc, composé d'après ces notes. C'est, à vrai dire, un art poétique complet écrit sous la dictée du poëte. Nous allons en examiner et en discuter les articles principaux ;

1° Malherbe proscrit les rencontres de voyelles ou hiatus. A côté de ce vers de Des Portes :

Mon mortel ennemi *par eux a eu passage*,

il écrit : « *A par eux eu passage.* »
A côté de cet autre vers :

A cheval et à *pied*, en bataille rangée,

---

1. (*Discours dixième*). — Quoique Balzac n'ait pas écrit le nom de Malherbe au bas du portrait, on ne saurait se méprendre à son intention : le signalement ne va qu'à Malherbe ; c'est bien lui qui se vantait d'avoir *dégasconné la cour*. Mais comment Balzac s'est-il ainsi permis de tourner en caricature son ancien maître, dont il parle en vingt autres endroits avec tant de louanges et de respect ? Bayle et Saint-Marc trouvent le trait inexplicable, et on ne le conçoit bien qu'en pensant que l'auteur est allé ici fort au delà de son intention, entraîné par l'amour de la phrase et par sa méthode de redoublement. Il ne faut pas oublier non plus que c'est le Socrate chrétien qui parle, c'est-à-dire un homme d'une religion austère et assez peu soucieux des lettres profanes.

on lit : « Cacophonie *pied en bataille*, car de dire *pict en* comme les Gascons, il n'y a pas d'apparence. » Bien que nous approuvions en général cette réforme de Malherbe, nous remarquerons toutefois avec Marmontel que le réformateur est allé un peu loin, et qu'on a le droit de lui reprocher un scrupule excessif. S'il est en effet des concours de voyelles qui choquent et qu'il importait d'interdire, il en est aussi qui plaisent et qu'il convenait d'épargner. Les anciens trouvaient une singulière mollesse dans les noms propres de *Chloë, Danaë, Laïs, Leucothoë*; quoi de plus doux à prononcer que notre verbe impersonnel *il y a*[1]? Les élisions d'ailleurs ne font-elles pas souvent un plus mauvais effet que les hiatus? et pourtant on les tolère. La Fontaine et Molière se sont donc avec raison permis d'oublier par moments la règle trop exclusive de Malherbe.

2° Celui-ci est allé bien plus loin encore dans son aversion contre les enjambements ou *suspensions*. Des Portes a dit :

O grand démon volant, arrête la meurtrière
Qui fuit devant mes pas : car pour moi je ne puis,
Ma course est trop tardive, et plus je la poursuis,
Et plus elle s'avance en me laissant derrière.

Or, Malherbe : « Le premiers vers achève son sens à la moitié du second, et le second à la moitié du troisième. » Pour nous, il n'y a rien là dedans qui nous scandalise; et, bien au contraire, nous aimons mieux cette cadence souple et brisée des alexandrins que de les voir marcher au pas, alignés sur deux rangs, comme des fantassins en parade[2].

1. « Après tout, si nous observons ces belles instructions d'aujourd'hui
« sur les heurts de voyelles, nous ne dirons plus *peu à peu, çà et là,*
«*entre cy et là*, étant néanmoins à conclure en passant que tous les
« adverbes ne sont qu'un mot encore qu'ils soient en diverses pièces;
« plus aussi *mari et femme, père et enfants, toi et elle, toi et moi, tu as,*
« *tu es, il y a, qui est-ce, en terre et aux cieux...* Non-seulement il ne
« nous faut plus finir et commencer deux vers de suite par voyelles ou
« vocales, si ce bâillement est crime, la fin de l'un étant fort liée au
« commencement de l'autre ; mais, si nous ne disons cet *entre cy et là*,
« il ne faut plus dire *liez-la;* si nous ne disons *où êtes*, il ne faut plus
« dire *moüettes* et *poëtes;* si nous ne disons *et elle*, il ne faut plus dire
« *moelle* ou *ruelle;* si nous ne disons *qui est-ce*, il ne faut plus dire
« *déesse* ou *liesse*, etc. » (Mademoiselle de Gournay, *de la Façon d'écrire
de Messieurs Du Perron et Bertaut.*)
2. Mademoiselle de Gournay (*loc. cit.*) revendique pour le vers cette
« coupure qu'on rejette aujourd'hui, bien qu'à tort, pourvu qu'on en
« use avec mesure, puisque l'âme de la poésie, surtout héroïque, con-
« siste en une brusque et généreuse vigueur, qui ne va guère ou point
« du tout sans brièveté. » Et à son gré rien n'est plus contraire à la
brièveté que cette obligation de finir toujours le sens avec le vers.

3° Autant en dirons-nous au sujet de la *césure*, à laquelle Malherbe donne force de loi. Déjà l'on a vu combien sa critique était méticuleuse sur ce point. Encore un exemple :

« Mais celui qui vouloit pousser ton nom aux cieux, » etc.

« Foible. C'est un vice quand, en un vers alexandrin, comme est celui-ci, le verbe gouvernant est à la fin de la moitié du vers, et le verbe gouverné commence l'autre moitié, comme ici *vouloit* est gouvernant, et *pousser* gouverné. » A quoi peuvent-elles être bonnes, de telles formules, sinon à aider la médiocrité et à entraver le talent ?

4° Malherbe a été un strict observateur de la rime ; on sait qu'il reprochait à Racan de rimer les simples et les composés, comme *tems* et *printems*, *jour* et *séjour*, *mettre* et *permettre*, etc., etc. « Il lui défendait encore de rimer les mots qui ont quelque convenance, comme *montagne* et *campagne*. Il ne pouvoit souffrir que l'on rimât les noms propres les uns après les autres, comme *Thessalie* et *Italie*, *Castille* et *Bastille*; et sur la fin il étoit devenu si rigide en ses vers qu'il avoit même peine à souffrir qu'on rimât des mots qui eussent tant soit peu de convenance, *parce que*, disoit-il, *on trouve de plus beaux vers en rapprochant des mots éloignés qu'en joignant ceux qui n'ont quasi qu'une même signification*. Il s'étudioit encore à chercher des rimes rares et stériles, dans la créance qu'il avoit qu'elles le conduisoient à de nouvelles pensées, outre qu'il disoit *que rien ne sentoit davantage son grand poëte que de tenter des rimes difficiles*. » (Mémoires pour servir à la vie de Malherbe.) Nous ne saurions trop applaudir à la finesse et à la sagacité de ces remarques ; elles avaient d'autant plus de mérite, que Ronsard et son école avaient porté quelques atteintes à la rime autrefois si riche dans Villon et dans Marot. Il faut reconnaître pourtant que sur ce point, non plus que sur tant d'autres, Malherbe ne s'est pas abstenu de l'excès. Oubliant que la rime relève de l'oreille plutôt que des yeux, et qu'il est même piquant quelquefois de rencontrer deux sons parfaitement semblables sous une orthographe différente, il blâmait les rimes de *puissance* et *innocence*, de *conquérant* et *apparent*, de *grand* et *prend*, de *progrès* et *attraits* ; il croyait saisir entre ces terminaisons pareilles des nuances délicates. Et qu'on ne dise pas pour son excuse qu'alors sans doute ces nuances de prononciation existaient et pouvaient aisément se percevoir. Mademoiselle de Gournay, qui a écrit un traité *des Rimes*, contredit positivement Malherbe et réfute ses subtilités avec beaucoup de sens et une grande intelligence de la matière [1]. Le bon Régnier, tout négligé et incorrect qu'on a voulu le dire, demeure encore supérieur à son rival par la richesse, l'abondance et la nouveauté de ses rimes.

5° De temps immémorial, les poëtes français s'étaient arrogé quelques licences de langage, quelques priviléges d'élision que Malherbe a cru devoir abolir. On se rappelle que Tabureau nous a montré Vénus

> Croisant ses beaux membres nus
> Sur son Adonis *qu'ell'* baise, etc., etc.

Des Portes a dit :

> La grâce, quand tu *marche*, est toujours au-devant.

---

1. « Veut-on savoir si j'ai menti quand je maintiens que l'un et l'autre « de ces poëtes (*Bertaut et Du Perron*) suivent la brigade de Ronsard, « Du Bellay et Des Portes, partant contrebuttent celle qui s'est élevée en « nos jours ; en sorte que, si elle est fondée de raison, ils restent des « bufles avec tous leurs précurseurs...? Ils riment partout *chair* et *cher*, « sans faire différence de cet *a* à cet *e*, ni de diphthongue à voyelle. Ils « employent sous même considération, non point une fois ni deux fois, « mais partout et toujours ces couples et leurs pareilles, *impatience* et « *puissance, serpents* et *rampants, amants* et *serments*, et riment enfin « tout ce que la prononciation de Paris et de la cour fait tomber en « cadence uniforme, sans s'informer, à la façon des nouveaux poëtes, ou « pour le moins de la plupart d'entre eux, si les externes savent bien « prononcer ou non ces accouplages de l'*a* contre l'*e*. Ils ont aussi « quelques rimes hardies..., comme *Jupiter* et *agiter, frère* et *contraire*, « *jaloux* et *cailloux*, d'une inégalité merveilleuse pour gens qui font « leur idole des menues pédagogies de la grammaire, vu qu'en chacune « de ces rimes il faut défigurer un mot en le prononçant, et vu que « d'ailleurs une partie de ces mêmes écrivains est si sucrée jusques ici « que d'avoir refusé à rimer *action* contre *pension, passion* et leur suite, « à rimer encore l'*âme* et le *blasme* contre la *flamme*... Veut-on rien de « plus plaisant? Veut-on mieux défendre de poétiser en commandant de « rimer? Car comment seroit-il possible que la poésie volât au ciel, son « but, avec telle rognure d'ailes et qui plus est écloppement et brise- « ment...? Faut-il pas dire aussi qu'ils ont, non bonne oreille, mais « bonne vue, pour rimer, dont il arrive qu'il nous faille un de ces ma- « tins à notre tour écrire des talons et danser des ongles?... » (*Loc. cit.*) On conçoit d'ailleurs la tactique de mademoiselle de Gournay et pourquoi elle tient à démontrer que Bertaut et Du Perron *suivent la brigade de Ronsard :* c'est que, cela prouvé, comme les deux prélats ont encore une réputation presque intacte d'élégance et de politesse, il s'ensuivra que Ronsard, Du Bellay et Des Portes ne doivent pas être réputés si rudes et si barbares. Il est à remarquer qu'elle ne songe presque jamais à Du Bartas, et qu'elle ne l'assimile pas volontiers aux poëtes de la Pléiade.

Les poëtes des autres nations modernes ont conservé quelques licences analogues, compensation bien légère de tant de gênes ; les nôtres en ont été dépossédés en vertu de l'arrêt porté par Malherbe, et visé depuis par l'Académie [1]. Puisque le réformateur était en si bon train, il a eu raison d'ordonner l'élision de l'*e* muet final précédé d'une voyelle, comme dans les mots *vie*, *joie*, qu'on pouvait faire avant lui de deux syllabes. Il a également bien été conseillé de son oreille lorsqu'il a réduit à une syllabe les mots *voient, croient, aient*.

6° Nous ne suivrons pas Malherbe dans tout ce qu'il a dit contre les inversions dures et forcées, les cacophonies, les consonnances de l'hémistiche avec la fin du vers et de la fin d'un vers avec l'hémistiche du précédent ou du suivant, etc., etc..... Ces conseils fort judicieux et fort utiles n'ont d'inconvénient qu'autant qu'on les érige en règles générales et obligatoires. Mais ce qu'il écrit contre les *chevilles* ou *bourres* nous paraît tenir à une conception du vers trop mesquine et trop fausse pour ne pas exiger réfutation. Il a l'air de croire, comme l'expression l'indique assez clairement, que le poëte, dès qu'il ne peut assouplir sa pensée aux conditions de la mesure et de la rime, prend hors de cette pensée quelque détail insignifiant dont

---

[1] « Quant au manquement des articles ou particules *point* et *pas*, et « autres merceries de cette espèce, que seroit-il besoin de l'extraire ni « marquer aux écrits de ces deux poëtes (Bertaut et Du Perron), y étant « si vulgaire, ou de le justifier, etant si naturel ? Avec l'usage supersti-« tieux d'une nuée de particules, ces nouveaux veulent allonger le caquet « sur le papier (autant qu'ils écourtent la langue partout ailleurs, excom-« muniant le quart de ses mots), au lieu qu'il le faudroit accourcir au « possible ; car l'excellence et la vigueur d'un dialecte consiste, entre « autres choses, en la breveté, et le nôtre françois est des plus babillards. « Joint qu'entre tous les genres d'écrire, la poésie s'habille court :

*Verborumque simul vitat dispendia, parca ;*

« retranchant de tout temps je ne sais quoi de la quantité des mots, et « même parfois de leur longueur, autant que l'oreille le peut souffrir. « Horace s'en mêle des premiers, notamment en son *validius* pour « *validius* de l'*Art poétique*..., sans oublier que Vida, cet autre excellent « ouvrier, commande par règle expresse de tronquer les mots trainas-« siers, et les tronque ici :

*Deterere interdum licet atque abstraxe secando*
*Exiguam partem, et strinxisse fluentia verba.*

« La Muse procède en cette manière, afin de ramasser beaucoup de sub-« stance en peu d'espace, pour ce qu'elle sait qu'une des plus belles « parties de son triomphe consiste à frapper brusquement un lecteur, et « qu'elle ne le peut frapper brusquement sans le frapper brèvement. » Mademoiselle de Gournay, *loc. cit.*)

il bouche et calfate tant bien que mal son vers. Par là le procédé de facture du vers est tout à fait assimilé à celui des arts mécaniques; le poëte, sauf la différence de la matière élaborée, n'est qu'un menuisier, un ébéniste plus ou moins habile, qui rabote, tourne et polit. Cette explication simple et nette a fait fortune ; tout le monde en France, depuis Malherbe, a compris comment on fabrique le vers, et, de nos jours encore, il est loisible à un chacun de souligner des chevilles dans les *Méditations* ou dans *l'Aveugle*[1]. Pour nous, c'est d'une tout autre manière que nous expliquons les parties faibles et manquées dans les vers des grands et vrais poëtes. Le vers, en effet, selon l'idée que nous en avons, ne se fabrique pas de pièces plus ou moins étroitement adaptées entre elles, mais il s'engendre au sein du génie par une création intime et obscure. Inséparable de la pensée, il naît et croît avec elle ; elle est comme l'esprit vital, qui le façonne par le dedans et l'organise. Or, maintenant, si l'on suppose qu'elle n'agisse pas sur tout les points avec une force suffisante, et que, soit défaillance, soit distraction, soit manque de temps, elle ne pousse pas tous les membres du vers au terme possible de leur développement, il arrivera qu'à côté de parties complètes et achevées s'en trouveront d'autres ébauchées à peine, et encore voilées de leurs membranes. C'est là précisément ce que le critique superficiel nommera des *chevilles*, tout heureux et glorieux d'avoir surpris le poëte dans l'embarras de rimer. Mais cet embarras et cet expédient ne sont réels que pour une certaine classe de poëtes qui, sans être jamais des génies supérieurs, peuvent, il est vrai, ne pas manquer de talent. Ceux-ci ne créent pas, mais fabriquent, et toute leur main-d'œuvre se dépense à l'extérieur. Malherbe est de droit leur chef ; véritable Condillac du vers, le premier il a professé la doctrine du *mécanisme* en poésie.

7° On attribue communément à Malherbe l'invention de plusieurs rhythmes lyriques ; c'est une erreur : il n'a inventé aucune strophe nouvelle de l'ode, et a emprunté toutes les siennes à Ronsard et aux autres poëtes de la Pléiade. Parmi celles qu'il n'a pas daigné consacrer de son adoption on s'étonne de trouver le rhythme pétillant de Belleau : *Avril, l'honneur et des bois*, etc., et le rhythme non moins charmant de Jean de La Taille : *Elle*

---

1. Le poëme d'*Homère* par André Chénier.

*est comme la rose franche,* etc. Ces jolies formes, grâce à l'oubli de Malherbe, ne tardèrent pas à tomber en désuétude. Le sonnet lui-même n'échappa qu'à grand'peine à la réforme. S'irritant contre cette rime entrelacée qui *avec deux sons frappoit huit fois l'oreille,* Malherbe voulait que désormais les deux quatrains ne fussent plus sur les mêmes rimes[1]. Mais Racan et Coulomby, ses disciples, tinrent bon, et, malgré l'exemple du maître, conservèrent au sonnet ses piquantes prérogatives. Un jour que Malherbe lisait des stances de six vers à un autre de ses disciples, au pur et spirituel Maynard, celui-ci remarqua qu'il serait bon de mettre un repos après le troisième vers; et de même dans les stances de dix, outre le repos du quatrième, d'en mettre un au septième. Un conseil si juste et si délicat fut à l'instant approuvé de Malherbe, qui s'y confirma depuis, et sans doute en regretta l'honneur.

Mais c'est assez et trop discuter des titres incontestables: le mérite propre, la gloire immortelle de notre poëte, est d'avoir eu le premier en France le sentiment et la théorie du style en poésie; d'avoir compris que le choix des termes et des pensées est, sinon le principe, du moins la condition de toute véritable éloquence, et que la disposition heureuse des choses et des mots l'emporte le plus souvent sur les mots et les choses mêmes. Ce seul pas était immense. De tous les écrivains français du XVIe siècle, depuis Amyot et ses grâces négligentes, je ne sache que Montaigne et Régnier qui, à proprement parler, aient *fait du style,* et encore était-ce de verve et d'instinct plutôt que sciemment et par principes raisonnés. Malherbe n'avait pas reçu une facilité si heureuse, un génie si rapide, et il n'atteignit les hauteurs de l'art d'écrire qu'après un long et laborieux acheminement. Nous nous en référons encore aux notes marginales de l'exemplaire tant cité. A coup sûr, l'abbé d'Olivet soulignant Racine, l'abbé de Condillac chicanant Boileau, et l'abbé Morellet épluchant *Atala*, n'ont rien trouvé de plus exact, de plus analytique, ni parfois de plus subtil. Seulement ici, vu l'époque, l'excès même du purisme tourne à l'honneur de Malherbe. Jusqu'à lui, les rimeurs étaient d'une fécondité égale à leur caprice. Il offrit avec eux un contraste frappant, dont la plupart

---

[1]. On ne trouve pourtant que quatre de ces sonnets irréguliers dans les poésies de Malherbe, ce qui sert encore à prouver que toutes les pièces du poëte n'ont pas été recueillies.

se moquèrent, mais dont ils auraient dû plutôt rougir et profiter. On le vit gâter une demi-rame de papier à faire et refaire une seule stance : c'était un de ses dictons favoris, qu'après avoir écrit un poëme de cent vers ou un discours de trois feuilles, il fallait se reposer dix ans. Ses ennemis lui reprochaient d'en mettre six à faire une ode, et il paraît avoir mérité le reproche à la lettre : car, en supposant qu'il n'ait commencé de rimer qu'à vingt ans, on trouve que jusqu'à l'âge de quarante-cinq, c'est-à-dire pendant les vingt-cinq années les plus fécondes de la vie, il n'a composé que trente-trois vers par an, terme moyen [1]. Une fois il lui arriva d'en achever trente-six en un seul jour, et Racan ne manque pas de noter la chose comme un événement. Une autre fois, il entreprit des stances sur la mort de la présidente de Verdun ; mais il y passa trois ans environ, et, lorsqu'il les présenta au mari pour le consoler, celui-ci était remarié en secondes noces : contre-temps fâcheux, qui, selon la remarque très-sensée de Ménage, leur ôta beaucoup de leur grâce [2]. En poëte économe, il s'entendait à faire servir les mêmes vers en plusieurs occasions, et il présenta un jour à Richelieu une pièce composée vingt ans auparavant, ce qui ne flatta guère le goût du cardinal. Si tous ces faits ne prouvent pas dans Malherbe une grande fluidité de veine, on aurait bien tort de s'en prévaloir pour le mépriser : car ils prouvent au moins quelle pure idée il avait conçue du style poétique, et avec quelle constance exemplaire il tâchait de la reproduire. Isocrate, en un siècle poli, n'était pas plus esclave de la perfection et n'y sacrifiait pas plus de veilles. Pour la postérité, qui ne voit et ne juge que

---

1. On est forcé cependant d'admettre qu'un grand nombre de vers composés dans la *première manière* de Malherbe ont été perdus ; sans doute il les aura supprimés lui-même. Il ne voulut jamais publier de son vivant le recueil complet de ses poésies, tant il les jugeait encore imparfaites, et elles n'ont été réunies pour la première fois que deux ans après sa mort.

2. Vaugelas, qui était en prose de l'école de Malherbe, passa trente ans sur sa traduction de Quinte-Curce, et Voiture le raillait fort sur ce soin excessif, le conjurant de se hâter, de peur que, si la langue venait à changer dans l'intervalle, il ne se vit obligé de tout reprendre :

*Eutrapelus tonsor dum circuit ora Luperci*
*Expungitque genas, altera barba subit.*

L'Académie française était un peu plus expéditive que Vaugelas et Malherbe. En l'année 1658, *n'ayant rien à faire*, suivant Pellisson, elle s'occupa d'examiner les stances du poëte *pour le Roi allant en Limousin*, et elle n'y employa guère que trois mois (depuis le 9 avril jusqu'au 6 juillet). Il est vrai qu'elle n'acheva pas l'examen, et laissa les quatre dernières stances, *parce que les vacations survinrent avant la fin du travail.*

l'œuvre, tant de dévouement et de labeurs ont porté d'assez beaux fruits. Grâce à quelques pages de Malherbe, la langue, qui, malgré la tentative avortée de Ronsard, était retombée au conte et à la chanson, put atteindre et se soutenir au ton héroïque et grave ; elle fut affranchie surtout de cette imitation servile des langues étrangères dans laquelle se perpétuait son infirmité, elle commença de marcher d'un pas libre et ferme en ses propres voies. Sans doute il est à regretter que Malherbe n'ait pas fait davantage. La conception chez lui s'efface tout entière devant l'exécution ; il n'aperçoit dans la poésie que du style, il se proclame *arrangeur de syllabes*, et jamais sa voix ne réveille la moindre des pensées les plus intimes et les plus chères à l'âme humaine. Mais, d'autre part, il n'est pas non plus si sec ni si froid qu'on l'a voulu dire. Voyez sa belle ode adressée à Louis XIII partant pour la Rochelle, et composée à l'âge de soixante-douze ans. Mouvement, éclat, élévation, sensibilité même, rien n'y manque : c'est la vieillesse du talent dans toute sa verdeur. On n'y peut reprendre que l'impitoyable conseil donné au monarque de sévir contre ses sujets ; et ceci encore se rattache à une pensée dominante du poëte, pensée honorable et la seule peut-être qui l'ait réellement inspiré dans sa carrière lyrique. A l'exemple d'Horace, qu'il appelait son patron, et dont le livre, disait-il, était son *bréviaire*, Malherbe, jeté au milieu des guerres civiles, en avait contracté une horreur profonde. Rallié de cœur à Henri IV, comme tous les bons citoyens, il sut, dans la plupart des pièces de circonstance, ranimer la louange par les éclats de cette haine généreuse et sincère qu'il portait aux Espagnols et aux factieux[1]. Sa flatterie même eut l'accent de la conviction. Sans le bienfait du calme et du loisir, que serait devenu ce paisible achèvement de la langue, qu'il estimait la grande affaire et en quelque sorte la mission de sa vie ? Hors de l'ode, Malherbe n'a réussi ni dans la chanson ni dans les stances amoureuses, et, s'il n'avait pas fait la *Complainte à Du Pérrier*, on aurait droit à lui refuser absolument le mérite de cette grâce touchante dont Boileau et J.-B. Rous-

---

1. Il avait coutume de dire. à propos des nombreux pamphlets politiques du temps, qu'on ne devait point se mêler d'être pilote dans le vaisseau où l'on n'était que passager. Sa correspondance avec Peiresc, que le libraire Blaise a publiée récemment, respire d'un bout à l'autre ces sentiments de fidélité et de *loyauté*.

seau n'ont guère donné plus de preuves. Au reste, il pouvait se passer mieux qu'eux d'une variété féconde. Grammairien-poëte, sa tâche avant tout était de réparer et de monter, en artiste habile, l'instrument dont Corneille devait tirer des accords sublimes et Racine des accords mélodieux; il lui suffisait, à lui, d'en obtenir d'avance et par essai quelques sons justes et purs [1].

Malherbe n'a pas moins tenté pour la prose que pour la poésie. En traduisant le *Traité des Bienfaits,* de Sénèque, et le trente-troisième livre de Tite Live, retrouvé alors en Allemagne, il songeait bien moins à la fidélité qu'au style, et voulait proposer un modèle de diction aux écrivains du temps. Il laissa derrière lui, en effet, Pibrac, Du Perron, Du Vair et Coeffeteau. J'excepte toujours Montaigne, homme unique, qui passa, comme un phénomène à part, au milieu de son siècle. Dans cette seconde partie de sa mission littéraire, ce que Malherbe n'acheva point par lui-même, il le poursuivit par ses disciples. C'est lui qui devina Balzac, le forma de ses conseils, et lui enseigna à faire difficilement de la prose, sinon facile, du moins élégante et nombreuse. Depuis ce moment, sorties d'une même origine,

---

1. Puisque nous avons cité Balzac là où il s'égaie sur le compte du bonhomme Malherbe, il est équitable de le citer encore là où il lui rend un éclatant et légitime hommage. Voici sa fameuse lettre latine à M. de Silhon :

« De vernaculis nostris versibus in ea sum opinione, Silhoni, qua emi-
« nentissimus Valeta, bardos fuisse et gallicos faunos et insanos vates, et
« quidvis potius quam veros et legitimos poetas, qui apud nos poeticen
« attigere, jam tum cum in Italia floreret ; adeo incomposito pede curre-
« bant eorum versus, et asperitatem plus quam gothicam redolebant.
« Venere non ita multo post, qui rudem et inconditum sonum, quantum
« patiebantur ea tempora, mollivere ; homines varia et multiplici lec-
« tione, ingenio secundo et alacri indole præditi, sed qui non noverant
« ac ne suspicabantur quidem quæ esset sincera illa recte scribendi
« ratio, quique naturæ bonitatem et robustissimas vires promiscua
« Latinorum Græcorumque imitatione corrumperent. Ille, quem paren-
« tum ætas unicum patriæ linguæ instauratorem nuncupavit, hoc morbo
« præcipue laborabat. In eo sunt aliqua quæ laudes, sed plura longe ad
« quæ fastidias. Verborum infelicissimus novator, negligens juxta atque
« audax, et torrentis instar, magnus aliquando, sed lutulentus semper
« fuit. Nefas putabat vir optimus, et securus de judicio posterorum,
« super ambiguo verbo et suspecta sententia vel minimum deliberare.
« Ducentos versus ante cibum et totidem coenatus scripsisse amabat.
« Barbara et nostra, insolentia et in usu posita discrimine habebat nullo.
« Neque tamen ignoro poetam non venustissimum invenire etiam nunc
« amatores, qui sciam Saliorum versus, vix sacerdotibus suis intel-
« lectos, adulta republica, nec amplius balbutiente populo romano, fuisse
« apud quosdam in deliciis. Fuit, Silhoni, Ennianus populus seculo Vir-
« giliano, et posthabuere quidam præsentes opes antiquæ paupertati ;
« sed desinant tandem, imbuti superstitione animi, sacros sola vetustate
« lucos et sepulta nomina adorare. Si is ipse, de quo agitur, fato ali-

et, en quelque sorte, nées d'un même père, notre prose et
notre poésie ont contracté de grandes ressemblances, et se sont
prêté leurs qualités mutuelles. L'une a pris de la solennité et
de la pompe, l'autre de la correction et de la netteté. Elles n'ont
plus gardé trace de cette diversité profonde que l'école de Ronsard tendait à établir et qui nous frappe dans la prose et la
poésie de plusieurs langues. Certes, il ne fallait pas moins qu'un
semblable rapprochement pour que plus tard La Motte pût soutenir sans trop d'invraisemblance la théorie de son *OEdipe*, et
pour que Buffon, louant de la poésie, s'écriât : *Cela est beau
comme de la belle prose.*

L'on prendrait, au reste, une fort mauvaise idée des réformes
que Malherbe méditait en ce genre, si l'on n'en jugeait que d'après le style de ses lettres. Excepté la fameuse Consolation à la
princesse de Conti sur la mort du chevalier de Guise, déclamation d'apparat à la manière de Sénèque, et que l'évêque Godeau
proclamait un chef-d'œuvre, toutes les lettres qu'il a écrites
sont d'un négligé et d'un trivial qui passent les bornes de la licence épistolaire. Celles qu'il adresse au savant Peiresc, et
qu'on a pour la première fois imprimées en 1822, deviennent

« quo in hoc nostrum ævum delatus foret, procul dubio admonitus me-
« lioribus exemplis sibi plurima detereret ; et, ut erat facili et tracta-
« bili ingenio, in suis non pauca antique nimis, dure pleraque, innu-
« mera ignave dicta fateretur.
« Primus Franciscus Malherba, aut inprimis, viam vidit qua iretur ad
« carmen, atque, hanc inter erroris et inscitiæ caliginem, ad veram lu-
« cem respexit primus, superbissimoque aurium judicio satisfecit.
« Non tulit nostros homines, inventis frugibus, amplius Βαλανηφαγεῖν.
« Docuit quid esset pure et cum religione scribere. Docuit in vocibus et
« sententiis delectum eloquentiæ esse originem, atque adeo rerum ver-
« borumque collocationem aptam ipsis rebus et verbis potiorem ple-
« rumque esse. Non negaverim in quibusdam Philippi Portæi conatum
« aliquem apparere et primas quasi lineas Malherbianæ artis. Quamvis
« enim in iis color orationis antiquæ sit, numerus tamen videtur novæ,
« cultusque inter nostram ac priorem ætatem medius, ut illum possit
« sibi utraque vindicare. Verum bona non multa, quæ ei aliud forte
« agenti excidere, obruuntur multitudine deteriorum ; et injuria arti
« fieret, si eam inter incerta poneremus. Noster semper sibi constans
« et sui ubique similis, non potuit, quod fecit, id ratione non fecisse.
« Perspicaci maxime et castigato judicio, plurima in se, in alios nimium
« pene multa inquirens, finxit et emendavit civium suorum ingenia tam
« felici successu, ut eloquentium auctorum turbam, qua nunc Gallia
« celebratur, una ipsius disciplina Galliæ dederit. Haud alius igitur fuit,
« si modo non numeres verba, sed æstimes, cui plus debeant litteræ hæ
« nostræ populares ; cumque summi olim viri in uno tantum summi
« fuerint, Maronemque genii felicitas in oratione soluta reliquerit et
« Tullium eloquentia sua destituerit, cum agressus est carmen ; hic et
« cultissimi poetæ famam peregregie tulit, et in pedestri facundia cum
« laude quoque versatus est ; quod nobis quidem, infirmitatis nostræ
« consciis, perdifficile et mirum etiam videtur... etc., etc... »

curieuses même à force de façon ingrate et de sécheresse. Quand Buffon, après avoir sué tout le jour sur une période, se mettait à table, les manchettes chiffonnées et la frisure rabattue, on rapporte que l'écrivain si grave et si majestueux était dans ses propos d'une platitude à révolter les gens de goût et d'un cynisme à faire sauver les dames. Malherbe lui ressemblait un peu sur ce point, et, s'il a fait des lettres détestables, c'est qu'il ne s'est pas donné la peine de les composer, comme Balzac depuis composa les siennes [1].

Les principaux élèves et *sectateurs* de Malherbe étaient Racan, Maynard, Touvant, Coulomby, Yvande et Du Moutier. Ils se réunissaient chaque soir dans sa petite chambre, où il n'y avait juste que six chaises pour les recevoir, et là, tous ensemble, devisaient familièrement de la langue et de la poésie. Si aucun des élèves ne valut le maître, ils conservèrent du moins ses traditions. Après Racan et Maynard, Godeau, Segrais, Pellisson et quelques autres de l'Académie, s'en montrèrent les meilleurs soutiens, jusqu'à Boileau. Cependant l'école de Ronsard ne céda point sans lutte. Déjà l'on a vu le bon Régnier et ses amis se courroucer contre le purisme de la nouvelle poésie, et ils ne furent point les seuls. En 1623, c'est-à-dire cinq années seulement avant la mort de Malherbe [2], parut sous les auspices de Nicolas Richelet la magnifique édition in-folio de Ronsard. Ce fut comme autour de ce monument sacré que se rallièrent pour une dernière fois les défenseurs du poëte ; ils voulaient, ainsi qu'un d'entre eux l'a dit, arracher du tombeau de leur maître cette mauvaise herbe (*mala herba*) [3] qui étouffait son laurier. Claude Garnier, D'Urfé, Des Yveteaux, Hardy, Guillaume Colletet, Porchères, La Mothe-Le-Vayer, figurent au premier rang parmi ces champions de la vieille cause ; mais aucun d'eux n'apporta dans la querelle autant d'ardeur et moins de ménagement que la fille adoptive de Montaigne, la

---

1. Les lettres de Malherbe à Peiresc ont d'ailleurs beaucoup de prix comme renseignement historique ; elles sont pleines d'observations justes et de bonnes informations. L'historien de Louis XIII, M. Bazin, les a remises en valeur.
2. Malherbe mourut en 1628.
3. Richelet, dans son *Tombeau de Sainte-Marthe*, a dit :

> Hoc tamen, hoc unum est sanctis quod manibus optem
> Aggeribusque tuis, ut vernus semper inumbret
> Flos tumulum, palmaque illum diadema coronet,
> Laurusque ; et mala te nunquam premut herba sepultum.

digne et respectable mademoiselle de Gournay. Cette savante demoiselle rendait à la mémoire de Ronsard le même culte de vénération qu'à celle de son père d'alliance, et elle avait en quelque sorte consacré le reste de sa vie au service et à l'entretien de leurs deux autels. Lorsqu'elle vit la critique grammaticale qui n'épargnait pas Montaigne [1] s'acharner sur Ronsard, et relever dans ses œuvres les tours inélégants et les mots surannés, elle eut un moment l'idée de retoucher et de polir à sa façon les poésies du *Chantre vendômois*, puis de les donner au public comme un texte nouvellement découvert. On savait en effet que, durant les dernières années de sa vie, Ronsard avait tenté de remanier ses premiers ouvrages. Mais Colletet, qu'elle consulta au sujet de cette fraude pieuse, l'en détourna comme d'un sacrilége. Elle se borna donc à guerroyer pour Ronsard et *les vieux* en chaque occasion, toujours sans succès, souvent avec raison et justice. Nous citerons, de ses divers opuscules trop peu connus, quelques passages non moins remarquables par l'audace des doctrines que par la virilité de l'expression : « O Dieu ! dit-elle en son *Traité des Métaphores*, quelle maladie d'esprit est celle de certains poëtes et censeurs de ce temps, sur le langage et sur la poésie spécialement héroïque, plus émancipée ! Voyez-les éclairer et tonner sur la correction de ces

---

[1]. Du vivant de Montaigne, Pasquier lui reprochait déjà l'*étrangeté* du style et l'emploi de certains mots, de certaines locutions qui n'étaient pas d'usage dans le beau monde. Au xvii° siècle ce fut bien autre chose : Balzac, qui d'ailleurs juge l'auteur des *Essais* avec indulgence, ne peut lui passer le décousu et le peu de liaison dans le discours. Mais il se hâte d'ajouter, en manière d'excuse : « Il vivoit sous le règne des Valois, « et de plus il étoit Gascon, » deux raisons assurément suffisantes pour ne pas bien écrire. « Alors en effet, nous dit fort ingénuement Balzac, « Malherbe n'étoit pas encore venu dégasconner la cour, faire la leçon « aux courtisans et aux princes, dire : Cela est bon et cela n'est pas ; « il ne se parloit ni de Vaugelas ni de l'Académie, et cette compagnie, « qui juge souverainement des compositions françoises, étoit encore « dans l'idée des choses. » En voilà sans doute plus qu'il n'en faut pour rendre excusable ce pauvre Montaigne. Mais la demoiselle de Gournay ne se payait pas de ces tempéraments : « Dieu sait, dit-elle avec colère en « l'un de ses traités, Dieu sait si ce chétif ouvrage des *Essais*, ce sot « discoureur et sot parleur, s'il vous plaît, est cancelé de leur main, « non-seulement sur l'usage de la langue entière dont ils ne reçoivent « que la moitié, comme chacun sait, mais encore sur trois gasconismes « ou solécismes, bien que visiblement volontaires et non échappés, sur « autant d'autres mots hardis ou vieux, sur quelque petit latinisme, ou « quelque terme fort commun au palais, tel que peut être un *ledit*, un « *item*, un *iceluy*... Quel supplice n'aimeroient-ils mieux que d'être en « la place d'un si inhabile auteur que Montaigne ! » Aux yeux de mademoiselle de Gournay, la cause de Montaigne et celle de Ronsard n'en faisaient qu'une seule.

« deux matières : est-il rien de plus merveilleux ? Et combien
« est-il merveilleux encore qu'un des points capitaux de leur
« règle soit l'interdiction absolue des métaphores, hors celles
« qui courent les rues!... Éclats et censures, s'il vous plaît,
« non-seulement pour dégrader les Muses de leur majesté su-
« perbe, quand ils ne les dégraderoient que du seul droit des
« métaphores, mais aussi pour les embabouiner de sornettes et
« pour les parer de bijoux de verre comme épousées de village,
« au lieu de les orner et les orienter de perles et de diamants,
« à l'exemple des grandes princesses... Regardons, je vous
« supplie, si les Arts poétiques d'Aristote, de Quintilien, d'Ho-
« race, de Vida, de Scaliger et de plusieurs autres, se fondent,
« comme celui des gens dont il est question, sur la grammaire,
« mais encore une grammaire de rebut et de destruction, non
« de culture, d'accroissement et d'édification... Vous diriez, à
« voir faire ces messieurs, que c'est ce qu'on retranche du
« vers, et non pas ce qu'on y met, qui lui donne prix ; et,
« par les degrés de cette conséquence, celui qui n'en feroit
« point du tout seroit le meilleur poëte... Certes, aimerois-je
« autant voir jouer de l'épinette sur un ais que d'ouïr ou de
« parler le langage que la nouvelle bande appelle maintenant
« pur et poli... Belle chose vraiment pour tant de personnes qui
« ne savent que les mots, s'ils savent persuader au public
« qu'en leur distribution gise l'essence et la qualité d'un écri-
« vain!... Que ces correcteurs au reste ne se vantent point
« d'avoir acquis et de régenter une assez longue suite de parti-
« sans. L'ignorance de ce temps et l'amour des nouveautés en
« sont cause d'une part, et de l'autre part, ceci, que force gens
« affectent de faire des vers, et les entendements communs
« trouvent cette nouvelle méthode beaucoup plus à leur portée
« que l'ancienne ; celle-là dépendant de cabale et de sollicitude
« pointilleuse, qui se trouvent où l'on veut, bien qu'avec quel-
« que peine ; celle-ci, des riches dons de nature et de l'étude
« profonde, choses de rencontre fort rare. Eux et leurs imita-
« teurs ressemblent le renard, qui, voyant qu'on lui avoit coupé
« la queue, conseilloit à tous ses compagnons qu'ils s'en fissent
« faire autant, pour s'embellir, disoit-il, et se mettre à l'aise.
« Certes, tu devois, Ésope, couper encore les dents, après la
« queue, à cette fausse bête, qui dresse ainsi de tous côtés em-
« bûche à nos poules. Ils ont vraiment trouvé la fève au gâteau,

14.

« d'avoir su faire de leur foiblesse une règle, et rencontrer des
« gens qui les en crussent. Au surplus, ce qui grossit de rechef
« leur troupe, c'est que, comme ils ont l'assurance de condam-
« ner pour bifferie tous les poëmes qui manquent de leurs
« exceptions, ils concluent, à l'envers de médaille, ou peu s'en
« faut, que tous ceux qui les ont observées sont bons, sans
« éplucher le reste. Et partant, cette observation étant en leurs
« mains, la couronne de poésie s'y trouve toujours infaillible-
« ment aussi ; ce qu'elle ne feroit pas en la troupe ou mode an-
« tique, de laquelle ils se sont débandés, schismatiques des
« Muses. Outre que tout le monde est capable de goûter et de
« louer leur poésie familière, suffragante et précaire ; et fort
« peu de gens le sont d'en faire autant de cette antique poésie,
« spéculative, haute, impérieuse, mon second père ajouteroit
« céleste et divine :

*Igneus est olli vigor et cœlestis origo.*

« .... Est-il rien plus monstrueux que d'attacher la gloire et
« le triomphe de la poésie, je ne dis pas encore à l'élocution,
« qui certes est de grand poids en un poëme (et de laquelle
« ils ne savent pas connoître ni mesurer l'importance en sa
« vraie étendue, vu ce qu'ils rejettent et ce qu'ils acceptent en
« matière de mots ou de phrases), mais l'attacher, dis-je, en
« la rime, en la polissure, en certaine curiosité de parler à
« pointe de fourchette, et en la syntaxe toute simple, vulgaire
« et crue, de leur langage natal.... Quoi donc? l'excellence d'un
« livre consiste en choses que toutes sortes d'esprits peuvent
« suivre et fuir quand ils voudront ? Bienheureuse simplesse,
« qui peut égaler et devancer la suffisance, quand il lui plaira,
« de se rendre seulement plus esclave qu'elle d'une routine si
« commune qu'elle traîne par les rues, l'accompagnant sans
« plus d'un artifice que ces docteurs ici peuvent enseigner à
« tous en six leçons ! Bienheureuse qui peut luire et triom-
« pher sans le génie, non lui sans elle ! O qu'un poëte doit être
« fier de son mérite, dans lequel l'abstinence de quelques dic-
« tions à fantaisie tient lieu de haute éminence? Que ne sert-on
« en la faim de ces messieurs, partisans si passionnés de telles
« visions, une belle nappe blanche, lissée, polie, semée de fleu-
« rettes, couverte de beaux vases clairs et luisants, mais pleins

« au partir de là d'une eau pure et fine à l'envi de l'argent de
« coupelle, et rien plus? Que nous profite aussi d'être riches en
« polissure, si nous polissons une crotte de chèvre?... » Dans
une sorte de pamphlet apologétique adressé à madame Des Loges
et intitulé *Défense de la Poésie et du langage des Poëtes*, mademoiselle de Gournay attaque la question encore plus au vif, s'il
est possible : « Je sors, s'écrie-t-elle en son exorde *ab irato*, je
« sors d'un lieu où j'ai vu jeter au vent les vénérables cendres
« de Ronsard et des poëtes ses contemporains, autant qu'une
« impudence d'ignorants le peut faire, brossant en leurs fan-
« taisies, comme le sanglier échauffé dans une forêt... » C'est
là qu'il faut l'entendre magnifiquement parler des « œuvres si
« plantureuses de cette compagnie de Ronsard, œuvres relui-
« santes d'hypotypose ou peinture, d'invention, de hardiesse,
« de générosité, et dont la vive, floride et poétique richesse
« autoriseroient trois fois autant de licences, s'ils les avoient
« usurpées. Cette troupe, ajoute-t-elle, est plus excusable de
« telles libertés que n'eussent été les deux prélats (Bertaut et
« Du Perron), ayant rompu la glace de la langue, défriché le
« terroir de la poésie françoise, et composé les plus amples vo-
« lumes de cet art. Oui; mais, disent ces gens-ci, tous ces
« poëmes seroient plus parfaits si les manquements que vous
« excusez n'y étoient point. Je le nie. Le jugement de tels poëtes
« a voulu montrer qu'il savoit mettre peu de choses à peu de
« prix. Un danseur est-il moins excellent pour faire une capriole
« fausse, après trente justes et galantes? Au rebours, il veut
« montrer que, s'il a bonne grâce à danser, il n'en a pas moins
« à se jouer quand il lui plaît. Oh! que les écrivains qui pos-
« sèdent les grandes vertus sont assurés d'avoir de quoi couvrir
« les petits vices, si vices y a! Vainqueurs et triomphants qu'ils
« sont des hautes entreprises, daigneroient-ils chercher quel-
« que gloire à montrer qu'ils savent recoudre leurs chausses?... »
Ainsi disait mademoiselle de Gournay; mais de si éloquentes
lamentations furent généralement mal comprises, et ne servirent
qu'à lui donner, parmi les lettrés à la mode, la ridicule réputation d'une sibylle octogénaire, gardienne d'un tombeau. Ce fut
donc au milieu des rires et des quolibets qu'elle chanta l'hymne
funéraire de cette école expirante, dont, quatre-vingts années
auparavant, Du Bellay avait entonné l'hymne de départ et de
conquête, au milieu de tant d'applaudissements et de tant d'es-

pérances[1]. Il est vrai que Ronsard conservait encore un bon nombre de partisans : Scudéry, Saint-Amant, La Calprenède, Chapelain, Brébeuf, Cyrano de Bergerac, cette postérité de Théophile, n'en parlaient jamais qu'avec honneur et respect. Mais le nom et l'autorité de Malherbe gagnaient de jour en jour, bien qu'en vérité l'on ne s'empressât guère de mettre à profit ses préceptes ni ses exemples. Lui mort, en effet, personne de longtemps n'éleva la voix pour réclamer au nom du sens et du goût ; il y avait confusion sans lutte, et la nouvelle littérature, étouffée sous les ruines de l'ancienne, avait peine à s'en dégager. Mademoiselle de Scudéry admirait à la fois Ronsard et Malherbe ; Segrais admirait à la fois Malherbe et mademoiselle de Scudéri[2]. On applaudissait *le Cid*, mais on se pâmait à *l'Amour tyrannique*. Le règne des imitations durait toujours ; seulement aux Italiens et aux Latins l'hôtel de Rambouillet avait ajouté les Espagnols, et Voiture remettait en vogue, avec les rondeaux gaulois, le style de Marot et de nos vieux romanciers. De tous côtés pourtant on aspirait sourdement à l'original et au nouveau, et quelques esprits aussi impuissants que bizarres, comme Des Marests et autres, s'égaraient en le cherchant. C'est alors que le siècle de Louis XIV se leva sur ce chaos littéraire, le vivifia de ses feux, et l'inonda de ses clartés. A l'instant les dernières ombres s'effacèrent, et, suivant l'expression de Pindare, le ciel fut désert d'étoiles. Au milieu de ses contemporains éclipsés,

---

1. Il faut voir les intéressants petits traités recueillis dans le volume intitulé : *les Advis ou les Présens de la Demoiselle de Gournay* (troisième édition, 1641) ; il se trouve au reste de très-notables changements de texte aux diverses éditions. J'indiquerai, comme particulièrement curieux sur la question qui nous touche, les chapitres *du Langage françois, des Métaphores, des Rimes, des Diminutifs, Défense de la Poésie* (en trois parties), *de la Façon d'écrire de Messieurs Du Perron et Bertaut*. Mademoiselle de Gournay fait de la critique littéraire en style de Saint-Simon. Son volume devrait être, comme correctif, le bréviaire de chaque académicien. C'est le dernier bouquet de la vieille langue. La noble fille proteste par ses imprécations contre l'immense abatis qu'on en fit alors, comme d'une antique forêt sacrée. Un siècle après environ, une nouvelle coupe recommença ; des plaintes analogues mais bien moins éloquentes, s'essayèrent : l'Académie de Soissons, en 1720, dans un discours adressé à l'Académie française, dont elle était la fille aînée, protestait encore d'une voix affaiblie contre ce dernier et moderne étriquement du style, qui devenait une grâce.

2. Pellisson met sur la même ligne les *grands génies* de Ronsard, Du Bellay, Belleau, Du Perron, Des Portes, Bertaut et Malherbe. Sarrasin, dans la *Pompe funèbre de Voiture*, fait tenir les quatre coins du drap à Ronsard, Des Portes, Bertaut et Malherbe. — L'histoire, le débrouillement de la littérature sous Louis XIII et sous Mazarin, serait un bien joli sujet à étudier de très-près.

Malherbe brilla d'une gloire plus vive : dans un lointain obscur on continua d'apercevoir l'astre de Clément Marot.

Cependant les littératures voisines avaient mis moins de temps à naître. Nous en étions au premier pas, et déjà l'Italie touchait au terme de la carrière. L'Angleterre avait son Shakspeare; en Espagne, Cervantes et Lope de Véga florissaient. Différentes et inégales à beaucoup d'égards, ces trois grandes littératures italienne, espagnole et anglaise, portaient alors des signes frappants d'une origine commune, et à travers leurs manières plus ou moins polies, leurs parures plus ou moins brillantes, on reconnaissait en elles les filles du moyen âge. Chez nous, on l'a vu, presque aucun trait semblable n'attestait la même descendance. Nation mobile et railleuse, aussi incapable de longue mémoire que d'enthousiasme sérieux, nous n'avions gardé de l'héritage des trouvères que les contes pour rire et le ton malin des fabliaux. Tout en sentant ce qu'avait de maigre et de chétif un pareil fonds poétique, Ronsard s'y était mal pris pour le féconder. Au lieu de rentrer franchement au sein des traditions nationales et de réinstaller notre littérature dans sa portion légitime du patrimoine légué par le moyen âge, il avait imaginé follement d'envahir l'antiquité; son vœu le plus ardent, il le proclamait lui-même, était *de saccager la Pouille et de mettre Thèbes en cendres, y compris la maison de Pindare.*

Mais, par malheur, durant ces longues et ingrates excursions, qui ressemblaient bien moins à des conquêtes qu'à des brigandages, nous laissions échapper derrière nous nos trésors domestiques, et le Tasse relevait la croix sainte de Bouillon, comme l'Arioste avait relevé avant lui l'épée enchantée de Roland. En un mot, la poésie du seizième siècle eut le sort d'une imprudente échauffourée d'avant-garde; un instant on surprit la victoire, mais on la perdit presque aussitôt : ce fut un vrai désastre littéraire. Quand Malherbe vint, il trouva beaucoup à détruire et beaucoup à réparer; chez lui la critique raisonnée ne laissa nulle place aux inspirations naïves, et la première leçon qu'il donna à notre muse au berceau consista presque dans ce seul mot : *Abstiens-toi,* dont elle s'est longtemps souvenue. Dès lors il n'y eut plus à espérer pour elle de retour spontané vers ces croyances simples et profondes, mélancoliques ou riantes, si chères à l'enfance des nations modernes; une éducation régulière et positive lui interdit, en naissant, les ébats et la rêverie¹. Mais assez d'avantages sont résultés de cette discipline pour qu'on ne sache, après tout, s'il faut s'en réjouir ou s'en plaindre. On vit, chose inouïe jusque-là, une littérature moderne appliquer le goût le plus exquis à ses plus nobles chefs-d'œuvre, la raison prévenir, assister le génie, et, comme une mère vigilante, lui enseigner l'élévation et la chasteté des sentiments, la grâce et la mélodie du langage². On vit l'imitation des anciens, devenue originale et créatrice, réfléchir, en l'embellissant encore, la civilisation la plus splendide de notre monarchie, et de cette fusion harmonieuse entre la peinture de l'antiquité et celle de l'âge présent sortir un idéal ravissant et pur, objet de délices et d'enchantement pour toutes les âmes délicates et cultivées³. Enfin, si l'on n'eut pas en France la poésie du Dante, de l'Arioste et du Tasse, ni surtout la poésie de Shakspeare, ni celle de Véga et de Calderon, l'on eut Racine, et pour la première fois la perfection de Virgile fut égalée. D'autre part, la source vive de malice et de gaieté d'où longtemps notre littérature avait tiré sa véritable séve, et qui des vieux fabliaux s'était épanchée, trouble et bourbeuse, dans Villon, Rabelais et Régnier, n'avait fait que s'épurer, se clarifier, en quelque sorte, et non point se tarir, en passant par l'école de Malherbe, et tout à côté de Racine on eut Molière, c'est-à-dire la sublimité du rire et de la moquerie, non moins merveilleuse que cette autre sublimité de la grâce et de l'élé-

1. En appliquant ici un mot spirituel de M. de Stendhal, on peut dire que la naïveté de notre poésie sous Malherbe est celle d'une jeune fille de dix-huit ans sans fortune, qui a déjà manqué trois riches mariages. *Dix-huit* ans toutefois est un peu jeune, j'aimerais mieux vingt-huit.
— Il m'est revenu à l'esprit, ces jours derniers, tout un accès violent de regrets et doléances à la Gournay. Entendant le poëte gascon Jasmin, en possession d'un patois et presque d'une langue qu'il refait si vive, si sémillante, si colorée, hélas! pensais-je, au xvɪᵉ siècle, la langue française, la langue d'Amyot et de Montaigne, aurait encore pour les vers, aurait eu toutes les richesses, toutes les facilités regrettées, ces mots pittoresques, ces jolis diminutifs, cette brillante et gaie foison. Mais on n'en fit pas un bon, un suffisant usage; on laissa perdre le trésor à des puérilités ingénieuses, à des riens gracieux : il n'y eut point de monument. Jeunesse se passa. Alors Malherbe vint, et d'une mine sévère, comme à des écoliers qui ont dissipé le temps, il retira le congé. Il fit main basse sur les grâces permises.
2. « Depuis l'établissement de l'Académie françoise, notre langue n'est « pas seulement la plus belle et la plus riche de toutes les langues vi-« vantes, elle est encore la plus sage et la plus modeste. » (Ménage.)
3. Voir dans les *Nouveaux Mélanges littéraires* de M. Villemain, le discours éloquent prononcé à l'ouverture du cours de 1824-1825. Le siècle littéraire de Louis XIV y est célébré avec une ingénieuse nouveauté d'éloges.

gance. Aurions-nous, comme Boileau, l'injustice d'oublier La Fontaine, le plus naïf, le plus fin, et, avec Molière, le plus gaulois de nos poëtes? Mais, pour achever de comprendre cette grande et belle gloire littéraire de notre patrie et les circonstances qui, en la retardant, l'ont mûrie et préparée, nous n'avons pas tout fait encore, et il nous reste à retracer rapidement l'histoire du théâtre au seizième siècle.

# HISTOIRE

DU

# THÉATRE FRANÇAIS

## AU XVI<sup>e</sup> SIÈCLE

---

Dès l'année 1398, plusieurs bourgeois de Paris, maîtres maçons, menuisiers, serruriers, maréchaux ferrants et autres[1], gens de piété plutôt que de plaisir, avaient imaginé de se réunir régulièrement les jours de fête dans le village de Saint-Maur, près Vincennes, pour y représenter les traits les plus intéressants du Nouveau Testament, la conception, la passion, la résurrection de Notre-Seigneur, ou les miracles et martyres des saints et saintes les plus connus. Mais le prévôt de Paris, informé de cette nouveauté, y avait mis opposition. Il s'en était suivi un procès, et, après quatre ans d'instances, en 1402, les bourgeois avaient obtenu du roi Charles VI, moins difficile que ses officiers, des lettres patentes qui érigeaient leur société en confrérie de la Passion et lui concédaient le privilége exclusif de jouer à Paris Dieu, la Vierge et les saints. Ils s'installèrent

---

1. Boileau s'est trompé quand il a attribué la fondation de ce premier théâtre à des pèlerins :

> De pèlerins, dit-on, une troupe grossière
> En public à Paris y monta la première,
> Et, sottement zélée en sa simplicité,
> Joua les saints, la Vierge et Dieu par piété.

Il a confondu les bourgeois de Paris qui formèrent la *Confrérie de la Passion*, avec les religieux, qui faisaient de merveilleux récits et quelquefois des simulacres de représentations sur les places publiques, à leur retour de la Terre-Sainte. Au reste, on se trompe presque inévitablement en ces matières selon la date où l'on écrit ; car les recherches et trouvailles qui se font chaque jour déplacent incessamment le point de départ ; ce sont là de ces terrains qui sont encore en train de changer sous le pied tandis qu'on y marche.

donc dans l'hôpital de la Trinité, situé vers la porte Saint-Denis, et là ouvrirent le premier théâtre régulier qu'on eût vu jusqu'alors en France, ou du moins à Paris. Sans doute il y avait depuis longtemps des spectacles plus ou moins analogues aux mystères, et qui même n'en différaient pas essentiellement. Les entrées solennelles des princes étaient marquées par des jeux allégoriques, par des scènes composées moitié en tableau, moitié en action, et d'ordinaire empruntées aux Écritures. Les pèlerins qui revenaient de la Palestine, le bourdon à la main et le chapeau orné de pétoncles, donnaient probablement à leurs complaintes et à leurs écrits la forme naturelle d'un petit drame, pour émouvoir plus de pitié et recueillir plus d'aumônes dans les lieux où ils passaient. La célébration des fêtes de l'*Ane*, des *Fous*, des *Innocents*, avait habitué le bas peuple des églises à porter sans scrupule dans les lieux saints et au milieu des plus vénérables objets de son culte tout autre chose que du recueillement et des prières. Même avant les croisades, des essais de drames pieux introduits et acclimatés dans les églises intéressaient à la fois les laïques et les clercs[1]. Dans les colléges à de grands jours, au sein des abbayes lors des funérailles des abbés ou abbesses, des espèces d'églogues sacrées se jouaient en latin et offraient comme un dernier anneau classique. Enfin les foires, les marchés, et particulièrement les réunions bruyantes qui avaient lieu dans les couvents vers la saison des vendanges, étaient d'autres occasions qui provoquaient des essais de spectacles tout populaires. Les bons moines, pour mieux assurer la vente de leurs vins, ne manquaient pas d'attirer et d'attendrir les acheteurs par quelque représentation religieuse[2]. Quoi qu'il en soit de ces origines assez obscures et lointaines[3],

---

1. Voir *Journal des Savants*, juin 1836, article de M. Raynouard.
2. Il dut aussi arriver en France ce que Warton rapporte de l'Angleterre. Les abbayes voisines des châteaux procuraient souvent aux seigneurs châtelains des récréations pieuses en retour de l'hospitalité splendide qu'ils exerçaient envers les moines. Les registres du prieuré de Maxtoke, près Coventry, année 1450, marquent que les enfants de chœur du monastère jouèrent une pièce, le jour de la Purification, dans la grande salle du château voisin, appartenant à lord Clinton; et il est expressément noté que le cellerier de mylord ne reçut d'eux aucun argent pour les rafraichissements qu'il leur distribua, parce que, durant cette année, les jongleurs et musiciens de Sa Seigneurie avaient été fort souvent eux-mêmes hébergés gratis au réfectoire du couvent.
3. Voltaire a mis en avant sur l'origine des mystères et moralités pieuses une opinion particulière qu'il donne comme incontestable avec sa décision trop ordinaire : « L'art des Sophocle n'existait point, dit-il

que depuis quelque temps d'estimables travailleurs s'occupent en tous sens à débrouiller et à reculer, il demeure certain, jusqu'à nouvel ordre, que notre premier théâtre à la fois permanent et régulier ne s'ouvrit à Paris qu'en 1402 ; là seulement commence l'histoire de l'art, si encore le mot d'art est applicable à de pareils essais.

Et l'on voit que sur ce point d'abord je me suis empressé de restreindre, autant que je le puis, la limite remontante et rétrospective de mon sujet ; c'est au xvi<sup>e</sup> siècle surtout que je vise. Les mystères y finissent, et, en général, tout l'ancien train dramatique s'y interrompt et s'y transforme. A quelle époque précise ce système avait-il commencé ? Dans quelles conditions s'était-il lentement et grossièrement formé ? La seule méthode légitime pour résoudre une semblable question consiste à rassembler le plus qu'on peut de matériaux de toutes sortes, tirés de diverses provinces, et même de diverses nations, cette vieille forme dramatique étant commune et solidaire à presque toute l'Europe occidentale du moyen âge. En attendant les résultats de cette vaste enquête, de cet inventaire très-poudreux, et sans prétendre porter atteinte à une question antérieure et, en quelque sorte, réservée, je me tiens à un seul fait le plus en vue, et qui a servi jusqu'ici de *point de repère* pour s'orienter à l'horizon. Il en est un peu de ce théâtre de la Trinité de 1402 comme du *Roman de la Rose* : ni l'un ni l'autre ne sont en leur genre un vrai point de départ, quoiqu'on l'ait cru longtemps. Ce serait plutôt, dans les deux cas, le commencement de la fin ; et les confrères ou acteurs de pièces saintes n'eurent besoin d'une autorisation si régulière que parce que déjà ils étaient contestés. Qu'importe ! l'accident est essentiel sur cette pente

---

« chapitre LXXXII de l'*Essai sur les Mœurs*). On ne connut d'abord en
« Italie que des représentations naïves de quelques histoires de l'Ancien
« et du Nouveau Testament, et c'est de là que la coutume de jouer les
« mystères passa en France. Ces spectacles étaient originaires de Con-
« stantinople. Le poëte saint Grégoire de Naziance les avait introduits
« pour les opposer aux ouvrages dramatiques des anciens Grecs et des
« anciens Romains ; et comme les chœurs des tragédies grecques étaient
« des hymnes religieuses, et leur théâtre une chose sacrée, Grégoire de
« Naziance et ses successeurs firent des tragédies saintes, etc. » Grégoire
de Naziance composa, il est vrai, plusieurs pièces de cette sorte, desquelles nous est resté le *Christus patiens*, que du moins on lui attribue.
Mais ces pièces étaient modelées sur Euripide, et elles ne ressemblent pas
plus aux mystères que les tragédies latines *classiques* composées plus
tard par Buchanan, Muret, Heinsius.

déclinante du moyen âge où j'ai d'abord à mettre le pied, et, faute de mieux, avec tous mes devanciers, je m'y attache[1].

Quand les choses sont près de finir, elles ont souvent une dernière saison toute florissante ; c'est leur automne et leur vendange, c'est le bouquet. Il paraît que tel fut le xv<sup>e</sup> siècle pour les mystères. De toutes parts alors ils foisonnent et s'épanouissent comme l'architecture même des églises auxquelles ils sont liés. Ils semblent vouloir profiter des derniers soleils et se grouper sous chaque clocher avec une émulation, un luxe, et dans des dimensions qu'ils n'avaient certes jamais déployées encore. Cette émulation paraît s'être étendue, vers le même temps, aux autres genres dramatiques collatéraux.

D'après l'esprit de leur fondation, les Confrères ne jouèrent d'abord que de saints mystères. L'hôtel de la Trinité n'était, en quelque sorte, qu'une succursale des paroisses de Paris, et, les jours de spectacle, on avançait dans les églises l'heure des vêpres pour permettre aux fidèles, et sans doute aussi au clergé, de se rendre à temps au théâtre. Cependant on ne s'en tint pas à ces plaisirs sérieux qui faisaient suite aux offices et étaient recommandés au prône comme de bonnes œuvres[2]. Les Confrères, pour accroître encore la vogue dont ils jouissaient, ne

---

1. Lorsque j'ai commencé ce travail (en 1827), j'avais pour devanciers et pour guides les frères Parfait, Beauchamps, La Vallière, en ce qui était documents et recherches ; en fait d'appréciations et d'idées, je n'avais guère que Fontenelle et Suard. Je profitais aussi de l'excellent Warton. Mais, depuis une dizaine d'années, tout ce canton de la littérature a changé de face, grâce à de jeunes et actifs défricheurs. MM. Francisque Michel, Achille Jubinal, Chabailles, et d'autres encore, ont remué et publié force pièces nouvelles. M. Magnin, dans son cours sur les *Origines du Théâtre moderne*, a ouvert des vues. C'est sur lui et sur sa docte promesse qu'on aime à compter, lorsque le moment sera venu de mettre le sceau et la loi dans toutes ces veines d'investigations un peu confuses. Il y a une heure, en histoire littéraire aussi, où il faut dire : *Claudite jam rivos, pueri !*

2. On aurait tort de ne voir dans ces paroles strictement exactes que des plaisanteries assurément fort déplacées. Je ne sais plus quel pape accorda *mille* jours d'indulgence à tous ceux qui assisteraient convenablement aux pièces saintes représentées à Chester durant la semaine de la Pentecôte. L'évêque du diocèse ajouta en son nom une indulgence secondaire de quarante jours ; et le pape, dans la même bulle, fulminait condamnations contre les incorrigibles pêcheurs qui troubleraient et interrompraient la célébration de ces pieux mystères. (Warton, *Histoire de la Poésie anglaise*, section xxvii, tome III, page 44.) — Si j'avais à définir le genre par une image, je dirais : Un mystère, dans ce bon temps primitif, joué quelquefois devant l'église même, était comme une dépendance et, à la lettre, une mise en action de la façade, un complément historié et mouvant du portail ou de la rosace. Coloriés, sculptés, ou sur le tréteau, c'étaient les mêmes *personaiges*.

tardèrent pas à joindre aux tragédies d'église quelques farces plus capables d'égayer l'assemblée. Comme leurs scrupules religieux, et peut-être déjà un certain amour-propre d'acteur, ne leur permettaient pas de jouer dans ces petites pièces, ils prièrent la troupe des *Enfants sans souci* de les remplacer, et ceux-ci embrassèrent avec plaisir cette occasion de se produire sur un théâtre aussi respectable.

Tandis, en effet, qu'une pensée toute sérieuse et pieuse avait donné naissance à la confrérie de la Passion, d'autres confréries s'étaient formées dans des vues plus profanes et plus badines. Sous le titre d'*Enfants sans souci*, des jeunes gens de famille, spirituels et dissipés, avaient conçu l'idée peu édifiante de tirer parti pour leur amusement des défauts et ridicules du genre humain. Comme s'ils avaient su que *les sots depuis Adam sont en majorité*, ils désignaient la pauvre humanité du nom de *Sottise*; et, comme s'ils n'avaient pas moins su qu'on la gouverne souvent en se moquant, ils s'arrogeaient sur elle une sorte de puissance et de principauté ingénieuse : leur chef s'appelait *Prince de la Sottise* ou *des Sots*. Ils obtinrent aisément de Charles VI la permission de représenter leurs *sotties* sur des échafauds en place publique (à la Halle), car le privilége exclusif des Confrères de la Passion ne s'étendait qu'aux mystères. D'un autre côté, les clercs de procureurs, formant, sous le nom de *Bazoche*, un petit royaume de Cocagne avec sa juridiction, sa hiérarchie, ses coutumes et ses fêtes[1], prirent l'habitude de jouer, à certains jours solennels, des *moralités*, et des *farces* dont la raillerie et la satire faisaient d'ordinaire le fond[2]. Les

---

1. On peut voir dans l'*Histoire du Théâtre français* par les frères Parfait (tome II, page 71) l'origine et la constitution de la Bazoche. Le roi de la Bazoche avait son chancelier, ses maitres de requêtes, son procureur général, etc. Warton (*Histoire de la Poésie anglaise*, section xxxiv, t. III, page 250) rapporte de curieux détails sur les associations semblables que les étudiants en droit d'Angleterre formèrent pour jouer la comédie. Le savant historien cite les représentations qui eurent lieu en 1635, durant les fêtes de Noël, dans la grande salle (*hall*) de Middle-Temple. Le *Prince of the Temple* y était assisté de son *lord Keeper*, de son *lord Treasurer*. Il avait huit huissiers à verge blanche, un capitaine des gardes et deux chapelains.

2. Il ne faudrait pas croire au reste que ces mots désignassent des genres bien déterminés. Thomas Sebilet, en son *Art poétique*, distingue deux sortes de moralités : l'une qui représente, dit-il, la tragédie grecque et latine, l'autre qui n'est qu'une leçon allégorique. Cette dernière espèce était la plus commune, et je ne me fais guère même d'idée de la première. On trouve dans les écrits de la reine de Navarre la *farce de Trop, prou, peu et moins*, qui n'est, à vrai dire, qu'une *moralité*, et des *comé-*

*moralités*, pourtant, avaient quelquefois une intention plus relevée, et il semblerait alors que les auteurs n'eussent adopté le genre allégorique que pour ne pas empiéter sur le privilége des Confrères. Mais c'est avec les *Enfants sans souci* que les *Bazochiens* avaient le plus de rapports, et pouvaient avoir le plus de démêlés. Ils prévinrent tout sujet de querelles en négociant avec eux de puissance à puissance, de royaume à principauté. Le *Roi de la Bazoche* permit au *Prince des Sots* de faire jouer des farces; le *Prince des Sots* permit au *Roi de la Bazoche* de faire représenter des sotties, et la paix resta sur les tréteaux durant les sanglants débats des Bourguignons et des Armagnacs.

Cependant, dès le milieu du quinzième siècle, les farces, les moralités, n'échappèrent pas à des querelles et à des périls d'une autre nature, auxquels on serait tenté d'assigner une date plus récente, si l'on ne savait que le pouvoir est de tout temps à peu près le même, et que ceux qui l'exercent ont d'ordinaire, sinon la même science, du moins les mêmes instincts. Un des premiers actes du parlement, après la restauration de Charles VII, fut une défense aux *Bazochiens* de rien jouer qu'avec une autorisation expresse. Mais, à voir les arrêts nombreux et parfois contradictoires qui se succèdent, on conclut aisément que les dispositions en furent sans cesse enfreintes ou éludées. D'abord les punitions infligées aux acteurs purent passer pour légères; quelques jours de prison, au pain et à l'eau, faisaient justice de leurs espiègleries. Sous Louis XI, les prohibitions devinrent plus sévères et les peines plus graves: ce tyran, qui avait si peur d'entendre redire à ses oreilles le nom de *Péronne*, fit menacer par son parlement de la confiscation, des verges et du bannissement, tous clercs, tant du Palais que du Châtelet, qui joueraient des farces et sotties; il y avait peine de radiation du Palais contre ceux même *qui demanderaient la permission d'en jouer*. Le silence forcé de la Bazoche ne fut levé que par le bon roi Louis XII, car il aimait la vérité; et, comme dit un vieil auteur (Guillaume Bouchet en sa XIII<sup>e</sup> Se-

---

dies de la *Nativité de Jésus-Christ*, de l'*Adoration des trois Rois*, qui ne sont autre chose que des *mystères*, et qui pourraient même s'appeler *ragédies* aussi justement que le *Sacrifice d'Abraham*, par Théodore de Bèze. Le *mystère* de *Bien-Avisé et Mal-Avisé* n'est évidemment qu'une *moralité*.

*rée*), pour qu'elle arrivât jusqu'à lui, « il permit les théâ-
« tres libres, et voulut que sur iceux on jouât librement les
« abus qui se commettoient tant en sa cour comme en tout son
« royaume ; pensant par là apprendre et savoir beaucoup de
« choses, lesquelles autrement il lui étoit impossible d'enten-
« dre. » Il rendit aux Bazochiens les priviléges accoutumés, et,
par une insigne faveur, leur permit de fixer leur théâtre, jusque-là ambulant, sur la grande table de marbre qui existait
alors dans la grande salle du Palais[1]. Un jour que les courtisans se plaignaient devant lui d'un trait lancé dans une sottie
contre ses réformes économiques : « Laissons-les faire, dit ce
« bon prince, j'aime mieux les voir rire de mon économie que
« pleurer de mes profusions. » — « Je leur donne toute liberté,
« disait-il encore, pourvu qu'ils respectent l'honneur des
« dames ; » et même il ne paraît guère qu'on ait été fort rigoureux sur ce dernier point. Le parlement, devenu paternel sous
un monarque père du peuple, accorda souvent à ses clercs des
gratifications pour subvenir aux frais de leurs *montres et jeux*.
C'est sous de si favorables auspices que nos auteurs et acteurs
satiriques et comiques virent commencer le XVI<sup>e</sup> siècle.

Dans le même temps, les mystères avaient joui de destinées
moins variées et moins orageuses. Farcis de détails ignobles, de
scènes ordurières, de plaisanteries obscènes et quelquefois
hardies, ils avaient dû à leur caractère sacré une faveur écla-
tante, une protection universelle. A Metz, à Lyon, à Rouen, à
Bourges, à Poitiers, à Saumur, à Grenoble, dans toutes les villes
un peu considérables du royaume, s'étaient formées des confréries d'écoliers et d'artisans qui rivalisaient de zèle et de talent
avec la troupe de Paris. Bien souvent c'était en plein air, sur les
places publiques[2], à la face de toute une population rassemblée,
qu'ils dressaient leurs nombreux échafauds et qu'ils exécutaient
leurs drames interminables, durant plusieurs jours consécutifs[3],
du matin au soir, avec un vaste appareil de machines et une
inconcevable somptuosité de décorations, de tapisseries et de

---

1. Elle fut détruite dans l'incendie de 1618.
2. Le mystère de *l'Incarnation et Nativité de Notre-Seigneur Jésus-Christ* fut représenté *moult triomphantement* sur la place du Neuf-Marché de Rouen, aux fêtes de Noël de l'année 1474.
3. Le mystère des *Actes des Apôtres*, joué à Bourges en 1536, dans l'ancien amphithéâtre des Arènes, dura quarante jours.

peintures[1]. La nouveauté, la bigarrure de cet entourage et de cette *montre*, on le conçoit, devenait aisément le principal, et le texte de la pièce elle-même, le *registre* comme on l'appelait, ne faisait souvent que fonction de *libretto*. La plupart des costumes étaient empruntés à la sacristie, et, surtout lorsqu'il s'agissait de jouer *Dieu le Père*, nulle chape et nulle étole ne paraissaient assez magnifiques dans la garde-robe épiscopale. Aux divers instants de *pause*, ou pendant les scènes de paradis, les chantres, les enfants de chœur et les assistants entonnaient les hymnes et psaumes indiqués, et, si la pièce se représentait dans la cathédrale, les grandes orgues, par leur accompagnement faisaient l'effet de l'harmonie céleste. Les psaumes et les proses de l'église étaient à la lettre les *opéras* de ces temps-là, a trèsbien dit le père Ménestrier[2]. Le nombre des auteurs de mystères augmentait chaque jour : c'étaient fréquemment des prêtres, et l'on cite parmi eux des évêques[3]. Ces prêtres ne rougissaient même pas de prendre rang entre les acteurs et de remplir au besoin quelque rôle important et grave, tel, par exemple, que le rôle d'une des trois personnes de la Sainte Trinité. Il est vrai que, la ferveur des premiers temps un peu passée, les mystères s'éloignèrent par degrés de l'esprit de leur origine, et tendirent de plus en plus à se confondre avec les autres amusements profanes. Mêlés aux sotties et aux farces, ils durent partager la défaveur dont le clergé poursuivait ces bouffonneries moqueuses,

---

1. On lit dans la vingt-huitième *Serée* de Guillaume Bouchet : « Quel« qu'un de la compagnie (il y a un autre mot que je ne transcris pas) « nous va conter qu'il avoit vu jouer *la Passion* à Saumur, où il y a « encore quelque reste de théâtre ancien, et qu'entre autres choses fort « singulières qu'il avoit remarquées en ces jeux, c'étoit que le paradis « étoit si beau à cause de l'excellence de la peinture, que celui qui l'avoit « fait, se vantant de son ouvrage, disoit à tous ceux qui admiroient ce « paradis : Voilà bien le plus beau paradis que vous vites jamais, ne que « vous verrez. » On attachait beaucoup d'importance à cette partie du spectacle, et dans *le Viel Testament*, quand Dieu crée le ciel, il est dit en notes : « Adonques se doit tirer un ciel de couleur de feu, auquel sera écrit *Cœlum empyreum.* »
2. *Des Représentations en musique anciennes et modernes*, p. 154.
3. Nous nommerons quelques-uns de ces auteurs, dont la plupart sont restés inconnus : Arnould et Simon Greban frères, l'un chanoine du Mans, l'autre, moine de Saint-Richer et docteur en théologie, tous deux auteurs des *Actes des Apôtres*; Jaques Milet, auteur de *la Destruction de Troie la grant*; deux Jean Michel, l'un docteur en médecine, l'autre évêque d'Angers, qu'on a tour à tour confondus ou opposés, et qui prirent part, à ce qu'on croit communément, aux mystères de *la Passion*, de *la Resurrection*. Tous ces auteurs appartiennent au quinzième siècle. Louis Chocquet, qui composa le mystère de *l'Apocalypse*, est du seizième.

et l'on conçoit sans peine que le sacristain *Tappecoue*[1] ait refusé une chape du couvent à la *diablerie* de Saint-Maixent, dirigée par François Villon. Les lumières, d'ailleurs, qui croissaient rapidement, éveillaient déjà l'attention sur les ridicules et les périls attachés à ce travestissement des Écritures. Toutefois, malgré ces causes inévitables d'une prochaine décadence, les mystères, jusqu'au temps de Louis XII, n'avaient rien perdu de leur immense succès populaire. Avant d'en venir aux anathèmes des prédicateurs et aux réquisitoires des procureurs généraux qui les frappèrent sous le règne suivant, il importe de donner ici une notion générale et précise de ces singulières compositions.

On peut diviser les mystères en trois classes, d'après la nature des sujets qu'ils traitent, plutôt que d'après la manière dont ces sujets y sont traités : 1° les mystères qui traduisent *par personaiges* les diverses parties de l'Ancien et du Nouveau-Testament, les histoires de Josèphe et d'Hégésippe, et dont l'ensemble forme, en quelque sorte, une épopée dramatique continue depuis le jour de la Création jusqu'à la ruine de Jérusalem, ou même jusqu'au Jugement dernier ; 2° ceux qui montrent en scène, isolément, les légendes et miracles des saints et saintes, sainte Barbe, saint Christophe, saint Martin[2], etc., etc. ; 3° ceux qui roulent sur des événements tout profanes, l'*Histoire de Troie la grant*, le mystère de *Grisélidis*, etc., etc. A part ces différences, qui ne sont que dans le choix des sujets, la forme nous semble partout la même. Étranger à toute idée de plan et de composition[3], l'auteur, quel qu'il soit, suit d'ordinaire son

---

1. Voir Rabelais, livre IV, chapitre XIII, et Guillaume Bouchet, *Serée* vingt-neuvième.
2. Un des plus curieux documents qui concernent les mystères est assurément un procès-verbal publié par M. Jubinal (préface en tête des *Mystères inédits du* XV° *siècle*, page XLIII), et relatant les circonstances d'une représentation de *la Vie de Monseigneur Saint Martin*, qui eut lieu à Seurre en Bourgogne, octobre 1496.
3. Du moins comme nous l'entendons ; car, pour eux, ils avaient de certaines règles ou s'efforçaient d'en avoir, comme l'attestent de plates stances tirées des traités et *jardins* de rhétorique du temps, sous cette rubrique *Pro misteriis compilandis* :

> Pour faire croniques notables,
> Ou hystoires, ou beaulx mistères,
> Qui soient aux gens délictables,
> Après que l'on a des matières
> Vrayes translacions entières
> Selon les faiz, sans rime ou prose,
> L'on doit par ornées manières
> En brief traicter une grant chose...

On voit de reste ce qu'un tel début d'*Art poétique* promet.

texte, histoire ou légende, livre par livre, chapitre par chapitre, amplifiant outre mesure les plus minces détails, et s'abandonnant, chemin faisant, aux distractions les plus puériles. Il continue de la sorte, jusqu'à ce que la terre lui manque et que le livre entier soit *ystorié par personaiges*. Le plus souvent il ne s'inquiète pas de la division en journées : le mystère est livré tout d'une pièce aux acteurs, qui en jouent le plus qu'ils peuvent chaque jour, et poursuivent, sans désemparer, jusqu'à extinction. D'après cette première expérience, les divisions s'établissent pour l'avenir ; et peu importe, en effet, où tombent les coupures, puisqu'il n'y a pas d'action à interrompre. En général, la scène se passe tour à tour dans trois régions principales, le paradis, la terre et l'enfer ; et de plus, sur la terre, on voyage fréquemment d'une maison, d'une ville, d'une contrée à une autre, de Troie à Corinthe, de Rome à Jérusalem. Ici, l'art des acteurs et du décorateur aidait merveilleusement aux conceptions du poëte. Le paradis, représenté par l'échafaud le plus élevé, était fait *en manière de trône*. Dieu le Père y siégeait sur une chaise d'or, entouré de la Paix, de la Miséricorde, de la Justice, de la Vérité et des neuf chœurs d'anges rangés en ordre par étages. L'enfer apparaissait à la partie inférieure du théâtre, sous la forme d'une grande gueule de dragon qui s'ouvrait selon que les diables voulaient entrer ou sortir. Ainsi, lorsque Jésus descendait pour en briser les portes (mystère de *la Résurrection*), on voyait les diables accourir en foule à l'entrée, en *mettant coulevrines, arbalètes et canons par manière de défense*[1]. Le purgatoire, quand on avait besoin d'un purgatoire, était placé au-dessus de l'enfer et construit *en manière de chartre*; et, un peu plus haut encore, une grosse tour carrée *à jour* laissait apercevoir les âmes des justes qui soupiraient dans les limbes. La terre, située au rez-de-chaussée, entre l'enfer et

---

1. De toutes ces belles machines, on le conçoit, il s'ensuivait une fois ou l'autre maint mémorable accident. Ainsi, à la représentation du mystère de *saint Martin* à Seurre, dès le début, au moment où Satan sortait de ce trou infernal, le feu prit à son habit et à ses chausses (je parle plus honnêtement que le procès-verbal) ; ce Satan tout en feu et trop au naturel faillit tout compromettre ; mais sa présence d'esprit répara. A Metz, dans les représentations de *la Passion* qui eurent lieu en la plaine de Veximiel (juillet 1457), le curé qui faisait Jésus crucifié allait tout de bon expirer en croix, si on ne s'était hâté de l'en descendre ; et un autre prêtre qui faisait Judas se pendit si bien qu'on eut également à le faire revenir. C'étaient là les anecdotes de *coulisses* du vieux siècle.

le ciel, contenait un grand nombre d'échafauds figurant diverses maisons, villes et contrées, avec des écriteaux, de peur de méprise. Une telle précaution devenait sourtout indispensable quand les échafauds, faute d'espace, étaient entassés les uns sur les autres, ce qui arrivait souvent à l'hôtel de la Trinité. Dans *la Destruction de Troye la grande*, Anténor, chargé de redemander aux Grecs Éxione (*Hésione*), sœur de Priam, que Télamon retient captive, s'embarque au port de la ville, et aborde successivement à *Manise, cité de Pelleus*, à *Salamine, cité de Télamon*, à *Thaye, cité de Castor et Pollux*, en *Pille, où règne Nestor*, etc., etc. ; tous lieux qui sont représentés sur le théâtre par des échafauds séparés. Durant ces trajets divers, il y a *pause de ménestriers*. Cette pause est quelquefois éludée avec une sorte d'art. Dans le mystère de *l'Apocalypse*, par exemple, les agents de Domitien s'embarquent à Rome pour Éphèse, où saint Jean prêche le peuple, et, *pendant qu'ils passeront, parlera l'Enfer*, c'est-à-dire Lucifer, Astaroth, Satan, Burgibus, que l'approche d'une persécution met en gaieté. Dès qu'ils ont pris l'apôtre, *les tirans* se rembarquent avec lui pour Rome : *Ici entrent en la nef, et pendant leur navigation parlera Paradis*, c'est-à-dire Marie, Jésus et Dieu le Père. Nonobstant ces petits artifices, il y avait, de temps à autre, des pauses très-courtes, dans l'intervalle desquelles on voyageait grand train à travers l'espace et la durée. Après une pause qui suit le meurtre d'Abel (*Vieil Testament*), Adam reprend en ces termes :

> Or' y a-t-il cent ans contables
> Que Caïn me destitua
> De toutes joyes délictables,
> Quand mon chier fils Abel tua.

Cent ans, comme on le voit, se sont écoulés en quelques minutes. Les acteurs n'abandonnaient jamais la scène avant d'avoir entièrement achevé leur rôle, et, en attendant leur tour de parler, ils s'asseyaient sur des gradins de côté, en vue des spectateurs. Pourtant, comme les personnages vieillissaient assez vite, dès que l'âge exigé par le rôle ne s'accordait plus avec le leur, ils étaient relevés par d'autres. Dans le mystère de *la Conception et Nativité de la glorieuse Marie*, saint Anne, sa mère, accouche d'elle sur un lit placé au fond du théâtre ; bientôt elle se lève pour allaiter son enfant, et, la chose faite, il est dit en note : *Ici sainte Anne se recouche, et sont tirées les custodes*; puis, peu de temps après, *s'en ira secrètement vers Joachim, et sera Marie en l'âge de trois ans, avec eux*. La petite Marie, récitant déjà fort couramment son catéchisme, est mise au couvent sous la direction du bon prêtre Ruben. On la voit qui prie dans son oratoire *et quand elle y a été un demy quart d'heure elle se absente et fait fin jusques à ce que l'autre Marie de treize ans s'aparesse*. Ailleurs, lorsque son fils a déjà une douzaine d'années et qu'elle doit être elle-même une femme d'un certain âge, on lit ces mots : *Ici commence la grant Notre Dame*.

Sous le point de vue littéraire et dramatique, ce qui caractérise essentiellement les mystères, c'est la *vulgarité* la plus basse, la trivialité la plus minutieuse. Un seul soin a préoccupé les auteurs : ils n'ont visé qu'à retracer dans les hommes et les choses d'autrefois les scènes de la vie commune qu'ils avaient sous les yeux; pour eux tout l'art se réduisait à cette copie, ou plutôt à ce *fac simile* fidèle. S'ils nous montrent une populace, on la reconnaît à première vue pour celle des Halles ou de la Cité. Tout tribunal est à l'instar du Châtelet ou du Parlement. Les bourreaux de Néron et de Domitien, *Daru, Pesart, Torneau, Mollestin*, semblent pris sur la place du Palais-de-Justice ou à Montfaucon; *Flagel, Sorbin*, patrons de bateaux à Rome ou à Troie, sous les règnes de Néron ou de Priam, sont des bateliers du Port-au-Vin; et *Casse-Tuileau, Pille-Mortier, Gaste-Bois*, maçons et manœuvres que Nemrod fait travailler à la tour de Babel, ont l'air de loger rue de la Mortellerie. Dans le mystère de *l'Apocalypse*, composé au seizième siècle par Louis Chocquet, et où l'on passe alternativement, jusqu'à quatorze fois, des persécutions de Domitien à Rome aux visions de saint Jean à Patmos, l'une des persécutions du tyran est dirigée contre un certain Hermogène, auteur d'un certain livre. Domitien s'imagine que ce livre contient des passages injurieux à sa personne[1]. Il fait donc mander Hermogène avec le libraire et l'enlumineur, et ces trois pauvres diables sont l'un après l'autre mis à mort par Torneau et Pesart, bourreaux de l'em-

---

1. Ce point au reste est strictement historique, et on lit dans le *Domitien* de Suétone : « Item (occidit) Hermogenem Tarsensem propter quas- « dam in historia figuras, *librariis etiam, qui eam descripserant, cruci* « *fixis*. » (Chap. x.)

pereur. Le libraire et l'enlumineur surtout, qu'on crucifie, ont des figures d'honnêtes chrétiens, et ils me font l'effet des *frères les Angeliers, de M° Antoine Vérard, ou de tout autre libraire demourant à Paris sur le pont Notre-Dame, à l'image de Saint Jean l'évangéliste, ou au premier pilier du Palais, devant la chapelle où on chante la messe de Messeigneurs les Présidents.* La pièce de Chocquet se jouait pour la première fois en 1541; et en 1546 le malheureux Étienne Dolet, imprimeur, était brûlé comme hérétique en place Maubert par les bourreaux du persécuteur François Ier [1]. On comprend quel genre d'intérêt, de charme et d'émotion, des spectacles d'une vérité si présente devaient avoir pour un public d'ailleurs ignorant et peu délicat. Ce qu'il admirait surtout, c'était la conformité parfaite du langage et du jeu théâtral avec la réalité de tous les jours. Ces bons bourgeois ne se lassaient pas de voir et d'entendre une si naturelle imitation de leurs habitudes domestiques et de leurs tracasseries de ménage [2]. Tous les éloges contemporains portent sur cette exacte ressemblance. C'est qu'en effet les âmes communes et sans culture, étrangères aux intimes et profondes jouissances de l'art, prennent aisément le change, et se payent

---

1. En appelant François Ier *persécuteur*, titre que tant de cruautés exercées en son nom ne lui ont que trop mérité, nous sommes loin pourtant de partager à tous égards la sévérité excessive avec laquelle on le traite depuis quelques années (voir surtout Rœderer, le grand adversaire, dans son ouvrage intitulé *Louis XII et François Ier*, tome II). Nous ne lui contesterons pas son amour éclairé des arts, et l'influence heureuse qu'il exerça sur son époque. Il accueillit et combla de faveurs Jean Lascaris, Léonard de Vinci, Benvenuto Cellini, Alamanni, et beaucoup d'autres réfugiés grecs et italiens. Il fonda le Collége de France, la bibliothèque de Fontainebleau et l'Imprimerie royale. Un jour, étant allé voir Robert Estienne, on lui dit que celui-ci était occupé à corriger une épreuve : le prince attendit pour parler à l'imprimeur que l'épreuve fût corrigée. M. de Stendhal, dans son *Histoire de la Peinture en Italie*, a spirituellement vengé François Ier de la mauvaise humeur philosophique et puritaine qui lui a tenu trop peu de compte de ses qualités aimables. Octave avant d'être Auguste et le grand-duc Côme de Médicis n'ont pas moins persécuté que lui, ce qui ne les a pas empêchés de protéger et de servir les arts et les lettres. Le plus fâcheux pour François Ier, c'est qu'il a mal fini.

2. Dans le mystère des *Actes des Apôtres* (premier livre), quand on amène saint Pierre et saint Jean devant Anne le prince de la loi, celui-ci les reconnaît et dit :

> Je les ay veuz très bonnes gens
> Loyaux et de bonne fasson
> Et m'ont apporté du poisson
> Cent fois à vendre en mon hostel.

Cela encore devait sembler beau, au moins dans le quartier de la poissonnerie.

volontiers de ces plaisirs à bas prix. Qu'on me passe un exemple trivial, puisqu'il s'agit de trivialité. Dans nos expositions de tableaux, devant lesquels une bonne et digne ménagère s'arrêt-elle de préférence? N'est-ce pas devant un intérieur de cuisine, à contempler la perfection infinie des carottes et des choux, et l'assiette fêlée ou ébréchée, et la table de bois aux pieds égaux, non le clair-obscur, non le style et l'art plus ou moins flamand, mais le matériel même de la chose? Et voilà précisément ce qui touchait le plus les spectateurs des mystères, avec cette différence que le public d'alors était plus facile à contenter que la cuisinière d'aujourd'hui.

Il faut aussi compter pour beaucoup la nature religieuse de la plupart des sujets et la satisfaction ingénument dévote qu'éprouvait l'auditoire en écoutant deviser au long et en touchant, pour ainsi dire, au doigt et à l'œil, les personnages les plus sacrés et les plus chers à ses croyances. Quant aux beautés dramatiques, qui pourraient en grande partie expliquer l'impression produite par les mystères, nous avouerons, que, dans tout ce qui nous a passé sous les yeux, nous n'en avons découvert *aucune* de quelque genre que ce fût[1]. Seulement, comme l'arrangeur ou metteur en *ryme* travaille sur des ouvrages semés de touchants récits, il emprunte souvent avec les faits quelque chose de l'intérêt qui s'y attache. L'histoire d'Isaac et celle de Joseph devaient toujours intéresser et arracher des larmes. De plus, comme il copie avec un soin particulier et jusque dans les moindres circonstances la nature vulgaire, il arrive nécessairement de prendre les contrastes et les accidents heureux qu'elle présente de loin en loin; mais il les prend à l'aveugle et sans les dégager; il laisse à l'état brut cette matière première des beautés de l'art, et semble en ignorer complétement la valeur et l'usage. Nous en trouvons un exemple dans le mystère de *l'Apocalypse*, dont il a été parlé plus haut. Au commencement de la pièce, les sénateurs romains sont assemblés pour élire un successeur à Titus; leur choix tombe sur Domitien: ils l'installent

---

1. Ceci soit dit des mystères connus à la date où j'écrivais d'abord, et sans préjudice des publications ultérieures dans lesquelles on signale, me dit-on, toutes sortes de beautés. Je renvoie très-volontiers, par exemple, aux *Études* de M. Onésyme Le Roy *sur les Mystères* (1857), ouvrage utile et qui le serait plus agréablement, si l'auteur ne s'était pas donné tant de peine pour admirer. On y trouve de curieuses particularités sur les représentations de mystères dans la Flandre et le Hainaut, où elles eurent plus de vogue et de persistance qu'en aucune province.

aussitôt et le courtisent déjà avec une adulation servile. Polipison, Parthemius, Patroclus, excitent sa colère contre les chrétiens, et lui arrachent un édit de persécution. Longinus, en loyal et féal sujet dit :

> Un chacun de nous doit complaire
> A ce que voudrez commender;

et il se charge d'aller arrêter saint Jean, qui prêche dans Éphèse. Mais, vers la fin de la pièce, Domitien est tué par des conspirateurs; les sénateurs s'assemblent de nouveau et choisissent Nerva. Alors les mêmes Polipison, Parthemius, Patroclus, qui conseillaient à Domitien des cruautés parce qu'ils le savaient cruel, parlent à Nerva de clémence parce qu'ils le savent clément. Longinus est le premier à se plaindre de Domitien, *qui a persécuté très-inhumainement le commun peuple*, et à proposer le rappel de Jean, exilé à Patmos. Ses principes d'ailleurs n'ont changé qu'en apparence, et ce qu'il a dit à Domitien, il le répète à Nerva :

> Tout ce que voudrez proposer
> S'accomplira par vos soumis.

Il n'est pas jusqu'à Torneau et Pesart, bourreaux familiers de Domitien, qui ne décorent avec grande allégresse la salle du prétoire pour le couronnement du nouvel empereur, à condition toutefois qu'on *les payera*. Sans doute cette scène de versatilité politique est profonde à force d'être naïve; mais certainement l'auditoire ne la remarquait pas, et très-probablement le bon dramaturge qui l'a écrite ne songeait point à malice; il ne se souvenait plus lui-même du langage différent qu'il avait autrefois prêté aux mêmes hommes, et sa mémoire n'était guère plus longue que celle de Polipison et de Longinus. Dans un autre mystère, *la Vengeance et Destruction de Jérusalem*, l'armée de Titus prend la ville d'assaut; *Rouge-Museau, Esdenté, Grappart, Trenchart*, soldats romains, se jettent au milieu de l'embrasement et des ruines pour ravir les filles et les femmes juives, et le théâtre est souillé de désordres encore plus atroces qu'obscènes. Plusieurs jeunes filles, dont l'une n'a que dix ans, deviennent la proie du vainqueur à la vue de leurs parents captifs; l'un de ces forcenés met la main sur Delbora, femme de Savary;

Savary, quoique présent, ne peut la défendre, et s'écrie en sanglotant :

> « O grans et divers accidens !
> « Hélas ! ma mye Delbora,
> « Las! seras-tu comme Flora
> « Violée cy en ma présence !
> « Trop me seroit grant patience
> « De soustenir douleur si forte. »

*J'aimerois plus cher estre morte,* » lui répond Delbora, et *nota qu'elle se tue d'un couteau.* Parmi ces dégoûtantes horreurs, peut-on soupçonner que l'auteur ait mis une intention *morale* à faire poignarder l'épouse, tandis qu'il a laissé flétrir les vierges ? Quoi qu'il en soit, à part quelques autres *beautés* du même ordre, on en chercherait vainement dans les mystères.

Tous les critiques qui ont parlé de ce genre de composition, depuis Antoine Du Verdier jusqu'à M. Suard, se sont particulièrement attachés aux passages équivoques ou risibles dans lesquels l'imperturbable simplicité de nos ancêtres n'apercevait rien que de naturel et de sérieux. Bayle, avec un étonnement d'érudit qui joue la naïveté et couvre la malice[1], assure qu'il se trouve dans *les Actes des Apôtres* des scènes *bien étranges et bien surprenantes ;* et il cite l'endroit où l'on a *supposé bassement* que les apôtres, réunis pour nommer un successeur à Judas, indécis entre Mathias et Joseph le Juste dit Barsabas, s'avisent de les faire tirer entre eux au doigt mouillé ou à la plus courte paille. Jacques le Majeur approuve fort l'expédient :

> Vraiement c'est très-bien devisé,
> Et faisons pour estre plus seurs
> Comme nos bons prédécesseurs
> Au Vieil Testament le faisoient.

---

1. Article *Chocquet* du Dictionnaire. — Ces plaisanteries de Bayle ont fort piqué les érudits spéciaux et les collecteurs en pareille matière, à commencer par les frères Parfait. On lui a reproché l'inexactitude de quelques citations, comme si, plus exactes, elles n'eussent pas été aussi burlesques. J'ai peine à croire, pour mon compte, que la fin du jeu, la conclusion de toutes ces fouilles prolongées à l'endroit des mystères ne donne pas raison à Bayle, Fontenelle, Suard, et aux gens d'esprit, qui, dès le début, se sont permis de sourire. Décidément, chez nous, le genre *hiératique,* pour parler avec M. Magnin, a pu avoir son Jean Michel, mais il n'a eu à aucun degré son Eschyle.

> Quand de deux choses ils doubtoient,
> Et qu'ils n'avoient couleur aucune
> De prendre l'autre plus que l'une,
> Leur volunté estoit submise
> A Dieu, par sa grace requise,
> Jetant le sort où qu'il allast,
> Afûn que Dieu en disposast
> Ainsi que bon lui sembleroit ;
> Et qui par ce poinct on feroit,
> Je croy qu'il n'y auroit que bien.

On prend donc deux fétus, l'un avec un signe, l'autre tout uni, et l'on tire. Mathias tombe sur le fétu marqué du signe, et il est proclamé apôtre. On pourrait multiplier sans fin les citations de cette force, et si nous en ajoutons encore deux ou trois, c'est qu'elles nous aideront à expliquer plus tard la violente proscription des mystères en 1548. Dans la pièce déjà citée, de *la conception et Nativité de la glorieuse Marie*, Ruben, prêtre du temple, en attendant la venue des paroissiens, conte au public le secret du métier sacerdotal en ces termes :

> Si (*je*) n'estoye bien en langage,
> Le temple ne vauldroit pas tant
> Qu'il vault aujourd'hui ; et pourtant
> Il faut qu'il y ait prestres sages
> Qui pourchassent leurs avantages :
> Car les gens sont de dures testes,
> Et, si ce n'est au jour des festes,
> A peine viennent en ce temple.
> Par quoi force est que je contemple
> A faire valoir ce saint lieu,
> Édifié au nom de Dieu.
> Supposé que je aie acquet
> Et que j'y fasse mon pacquet,
> Chascun vit de ce qu'il sçait faire,
> Dont requis est et nécessaire
> De blasonner aucunes fois.

Ces aveux sans conséquence n'empêchent pas Ruben d'être un excellent israélite, et de jouer jusqu'au bout un rôle honorable. Mais, après Luther et Calvin, sa vieille franchise ressemblait fort à une mauvaise plaisanterie, et sa bonne foi surannée devenait coupable d'arrière-pensée hérétique. Théodore de Bèze n'eût pas prêté un autre langage à tout moine vendeur de reliques et d'indulgences. Dans le même mystère, lorsque Marie et Joseph sont mariés ensemble, ils se trouvent fort embarrassées vis-à-vis l'un de l'autre : car ils ont, chacun en particulier, fait vœu de virginité, et ne savent comment se l'avouer. Marie dit à Dieu.

>     Sire, tu cognois bien mon cas,
>     Et qu'ay virginité vouée ;
>     Or, sais-tu que suis mariée,
>     Et qu'on se met en mariage
>     Pour accroistre l'humain lignage :
>     Ce que jamais je ne feroye,
>     Car plus cher mourir aimeroye,
>     Que de perdre mon p........

Ils finissent pourtant par une confidence réciproque, et s'entendent pour vivre en reclusion et chasteté. Sur ces entrefaites, l'Ange apparaît, la conception s'opère et Marie va faire visite à Élisabeth. A son retour, Joseph s'aperçoit pour la première fois du miracle, et comme il n'est pas encore dans le secret de Dieu, il laisse échapper, d'un air mortifié, ces paroles bien excusables :

>     Je n'avoye point aperçu
>     Un grand cas que je voy en vous.
>     Comment, Marie, mon cœur doux,
>     Votre ventre est fort engrossy !
>     Je ne puis entendre cecy.
>     Vous monstrez-vous ainsi par feinte,
>     Ou si de fait estes enceincte ?

Marie proteste qu'elle a gardé son vœu de virginité. Joseph lui répond :

>     Hélas ! vostre ventre me livre,
>     Marie, à croire le contraire.
>     Il est saison de nous retraire.
>     Allez-vous en coucher, Marie :
>     J'ay espoir que demain vous die
>     Tout ce qui sur le cueur me gist.

Mais, durant la nuit, l'Ange vient lui conter tout le mystère, et dès le matin, le bon époux s'empresse de faire réparation d'honneur à sa femme. L'innocence de semblables ingénuités ne dut tenir qu'à grand'peine contre les parodies des libertins, qui déjà n'étaient pas si rares du temps de Villon et de Faifeu, et elle acheva d'être compromise par les hardiesses des réformateurs et les plaisanteries d'Érasme sur les vierges-mères [1]. Moins scabreuse en des sujets profanes, la naïveté des auteurs de mystères est quelquefois aussi piquante. Priam (*Destruction de Troye la grande*) a rassemblé ses fils; il leur raconte le meurtre de leur grand-père Laomédon, l'enlèvement de leur tante Hésione, et les exhorte à délivrer celle-ci de l'esclavage où la retient Télamon. Mais Hector, qui est prudent autant que brave, conseille de garder la paix avec les Grecs en leur laissant Hésione, et il appuie son opinion de raisonnements à coup sûr fort *surprenants* et fort *étranges* (pour parler comme Bayle) dans la bouche d'un neveu et d'un héros :

> Je dis qu'Exionne n'est pas
>  Pour le présent de si grand prix,
> Qu'il nous faille pour un tel cas,
> Pour elle, mettre en tels périls.
> Elle a cinquante ans accomplis,
> Et est près de son finement;
> Pourquoi nous serions bien repris
> D'avoir pour elle tel torment.
> Si elle fust jeune pucelle,
> Et qu'on la peust remarier,
> Bien fusse d'accord que pour elle
> Nous allissions tous guerroyer;
> Mais il n'est nul qui pour loyer
> La voulsist avoir, tant fust grant.
> Si est meilleur de l'oblier
> Que de morir en combattant.

---

1. On a eu depuis lors un notable exemple de ce genre mi-parti de naïveté et de malignité dans les fameux *Noëls* bourguignons de La Monnoye, où ces mêmes scènes de Nativité sont retournées en cent façons quelque peu goguenardes : aussi la Sorbonne s'en mêla. En voici un couplet, traduit mot à mot sur le thème de tout à l'heure :

> N'étant que fiancée
>  Déjà remuoit l'Enfant
>   Dans ses flancs ;
> Joseph eut la poussée,
> Et se grattant le front,
>   Adonc
> Vouloit tirer de long.

Ces Noëls, du spirituel *Gui Barôzai*, figurent à mes yeux une espèce de débris *lyrique* des vieux mystères; mais ils ne sont si fins que parce qu'ils ont été faits après coup (voir dans la seconde partie de ce volume la petite dissertation sur *l'Esprit de Malice au bon vieux Temps*).

Cette même naïveté est répandue sur les nombreuses bévues historiques, chronologiques et géographiques dont fourmillent les mystères. On n'y remarque, en général, aucune prétention savante, aucun effort pédantesque. Si Hérode invoque Mahomet en ses blasphèmes, c'est toujours de la meilleure foi du monde. « Jésus-Christ, sachant l'hébreu, paraît à chacun aussi admira-
« ble en science qu'en sainteté; si bien que, dans un endroit,
« Satan lui-même déclare qu'il est impossible de le tenter, *tant*
« *il scet d'hébrieu et latin.* Pilate, ailleurs, s'étonne beaucoup
« de ce qu'un soldat romain lui cite un passage latin [1]. » Il est arrivé pourtant à l'un de ces pieux dramaturges, qui avaient lu les églogues de Virgile, d'en faire parade dans *la Nativité de la Vierge*. A la nouvelle qu'Anne est enceinte, deux bergers de Joachim se promettent grandes réjouissances:

MELCHY.

Les pastourelles chanteront.

ACHIN.

Pastoureaulx jetteront œillades

MELCHY.

Les nymphes les escouteront,
Et les driades danseront
Avec les gentes oréades.

ACHIN.

Pan viendra faire les gambades;
Revenant des Champs-Élysées.
Orphéus fera ses sonnades;
Lors Mercure dira ballades
Et chansons bien auctorisées [2].

Mais ces distractions classiques sont rares et courtes chez les auteurs de mystères. A leurs yeux, les rites grecs ou romains disparaissent devant les cérémonies de paroisses et les coutumes de Bourges, de Poitiers ou de Limoges. Ce sera tout le contraire

---

1. Suard, *Histoire du Théâtre français.*
2. On a là l'idée et l'avant-goût de la strophe en cinq vers chère à Lamartine et pratiquée par Ronsard. Ce n'est pourtant qu'une ébauche et un faux-semblant; car, si l'on regarde de près et dans l'original, on verra qu'il y a complication, enchevêtrement, selon l'usage de cette versification du xv siècle, et que la rime double d'une stance devient la rime triple de la stance suivante: il en résulte dans le rhythme un caractère tout différent. Ceci se peut ajouter à une remarque que nous avons faite précédemment à propos de la pièce d'*Avril* de Belleau.

dans l'école érudite de Jodelle et de Garnier, ainsi que nous le verrons plus tard.

Quoique François I<sup>er</sup>, en montant sur le trône, eût confirmé leurs priviléges, les confrères purent bientôt s'apercevoir, aux réclamations de plus en plus fréquentes lancées contre eux du haut des chaires, et surtout au sein du parlement, que leur crédit s'ébranlait, et que la faveur populaire ni même l'autorisation royale ne suffiraient pour le soutenir. Dépossédés, vers 1539, de l'hôpital de la Trinité [1], qui fut rendu à son ancienne destination, ils passèrent à l'hôtel de Flandres [2] et y jouirent de leurs derniers triomphes. *Les Actes des Apôtres*, représentés durant l'hiver de 1540-1541, avec une pompe tant soit peu calculée et affectée, attirèrent une foule immense et rappelèrent les plus beaux jours du théâtre au xv<sup>e</sup> siècle. Il est évident que la Confrérie, menacée dans ses priviléges, cherchait à montrer bonne contenance et à répondre aux mauvais bruits par des succès d'éclat. On s'en convaincra, ce me semble, par la lecture de la pièce suivante, qui déjà serait assez curieuse, quand elle ne nous apprendrait que cette singulière façon de recruter les acteurs à son de trompe.

*Le cry et proclamation publicque pour jouer le mystère des Actes des Apostres, en la ville de Paris; faict le jeudi seizième jour de décembre, l'an 1540, par le commandement du Roy nostre Sire, François premier de ce nom, et Monsieur le Prevost de Paris, afin de venir prendre les roolles pour jouer ledict mystère.*

« Le jour dessusdict : environ huict heures du matin, fut
« faicte l'assemblée, en l'hostel de Flandres, lieu estably pour
« jouer ledict mystère, assavoir tant des maistres entrepreneurs
« dudict mystère que gens de justice, plebeyens et aultres gens
« ayans charge de la conduicte d'icelui; rhetoriciens et aultres
« gens de longue robbe et de courte.

« Et premièrement marchoyent six trompettes ayant bave-
« rolles [3] à leurs tubes et buccines, armoyez des armes du Roi

---

1. Grande rue Saint-Denis.
2. Vers la rue Coquillière.
3. *Banerolles?*

« nostre Sire. Entre lesquelles estoit pour conduicte la trom-
« pette ordinaire de la ville : accompaignez du crieur-juré, es-
« tably à faire les crys de justice en ladicte ville : tous bien
« montez selon leur estat.

« Après marchoit ung grand nombre de sergens et archers du
« Prevost de Paris, vestuz de leurs hocquetons paillez d'argent,
« aux livrées et armes tant du Roy que dudict Seigneur Prevost,
« pour donner ordre et conduicte, et empescher l'oppression du
« peuple, et lesdictz archers bien montez comme au cas est
« requis.

« Puis après marchoyent ung grand nombre d'officiers et ser-
« gens de la ville, tant du nombre de la marchandise que du
« parloir aux bourgeois, vestuz de leurs robbes my-parties de
« couleurs de ladicte ville, avec leurs enseignes, qui sont les
« navires d'argent : iceulx tous bien montez comme dessus.

« En après marchoyent deux hommes establiz pour faire
« ladicte proclamation, vestuz de sayes de velours noir, portans
« manches perdues de troys couleurs, assavoir jaulne, gris et
« bleu, qui sont les livrées desdictz entrepreneurs : et bien
« montez sur bons chevaulx.

« Après marchoyent les deux directeurs dudict mystère,
« rhetoriciens, assavoir ung homme ecclésiastique, et l'autre
« lay, vestuz honnestement et bien montez selon leur estat.

« Item, alloyent après les quatre entrepreneurs (*Hamelin,
« Potrain, Louvet, Chollet*) dudit mystère, vestuz de chamarres
« de taffetas armoysi, et pourpoinctz de velours, le tout noir;
« bien montez, et leurs chevaulx garniz de housses.

« Item, après ce train marchoyent quatre commissaires exa-
« minateurs [1] au Chastelet de Paris, montez sur mulles garnies
« de housses, pour accompaigner lesdictz entrepreneurs.

« En semblable ordre marchoyent ung grand nombre des
« bourgeois, marchans et aultres gens de la ville, tant de longue
« robbe que de courte : tous bien montez selon leur estat et
« capacité.

« Et fault noter qu'en chascun carrefour, où se faisoit ladicte
« publication, deux desdictz entrepreneurs se joignoient avec
« les deux establys cy-devant nommez, et après le son desdictz

---

1. Ces commissaires *examinateurs* n'étaient-ils pas les censeurs dramatiques chargés à l'avance d'examiner les pièces?

« six trompettes sonné par troys fois, et l'exhortation de la
« trompette ordinaire de la ville, faicte de par le Roy nostredict
« Seigneur et Monsieur le Prevost de Paris, feirent lesdictz
« quatre dessus nommez ladicte proclamation en la forme et
« manière qui s'ensuyt :

*Le cry et proclamation de l'entreprinse dudict mystère des
Actes des Apostres, adressant aux citoyens de ladicte ville
de Paris.*

Pour ne tumber en damnable decours,
En nos jours cours, aux bibliens discours
Avoir recours, le temps nous admoneste :
Pendant que Paix estant notre secours,
Nous dict, je cours ès royaulmes, ès cours.
En plaisant cours, faisons qu'elle s'arreste ;
La saison preste a souvent chaulve teste,
Et, pour ce honneste œuvre de catholicques,
On faict sçavoir à son et crys publicques,
Que dans Paris ung mystère s'appreste,
Representant Actes apostolicques.

Nostre bon Roi, que Dieu garde puissant,
Bien le consent, au faict impartissant
Pouvoir recent de son auctorité,
Dont chacun doibt vouloir que florissant
Son noble sang des fleurs de lys yssant
Soit, et croissant en sa félicité :
Venez, Cité, Ville, Université,
Tout est cité ; venez, gens héroïcques,
Graves censeurs, magistrats, politicques.
Exercez vous au jeu de vérité,
Representant Actes apostolicques.

L'on y semond poëtes, orateurs,
Vrays precepteurs, d'eloquence amateurs,
Pour directeurs de si sainte entreprinse ;
Mercuriens, et aussi chroniqueurs,
Riches rimeurs, des barbares vaincqueurs,
Et des erreurs de langue mal apprinse.
L'heure est précise, où se tiendra l'assise,
Là sera prise au rapport des tragicques
L'élection des plus experts scenicques
En geste et voix au teatre requise,
Representans Actes apostolicques.

Vouloir n'avons en ce commencement
D'esbatement, fors prendre enseignement
Et jugement sur chascun personnage,
Pour les roolletz bailler entièrement,
Et veoir comment l'on jouera proprement;
Si fault coment, ou teste davantage[1] :
Mys ce partage à vostre conseil sage,
Doibt tout courage, hors les cueurs paganicques,
Lutheriens, esprits diabolicques,
Auctoriser ce mystère et image,
Representant Actes apostolicques.

Prince puissant, sans toy toute rencontre
Est mal encontre, et nostre œuvre imparfaict;
Nous te prions, que par grace se monstre
Le jeu, la monstre, et tout le reste faict;
Puis le meffaict de noz chemins oblicques
Pardonnez-nous, après ce jeu parfaict,
Representant Actes apostolicques[2].

« Et pour l'assignation du jour et du lieu estably à venir
« prendre roolles dudict mystère, fut signifié à tous, de soy
« trouver le jour et feste Sainct-Étienne, première ferie de Noël
« ensuivant, en la salle de la Passion, lieu accoustumé à faire
« les recordz et repetitions des mystères jouez en ladicte ville de
« Paris, lequel lieu bien tendu de riche tapisserie, siéges et
« bancs, pour recepvoir toutes personnes honnestes, et de ver-
« tueuses qualitez, assistèrent grand nombre de bourgeois et
« marchans, et aultres gens, tant clercs que laycs, en la pré-
« sence des commissaires, et gens de justice establiz et députez
« pour ouïr les voix de chascun personnage, et iceulx retenir,

---

1.  *Si fault coment, ou teste davantage;*
cet endroit des plus amphigouriques a été transcrit de diverses manières; on a essayé de *reste* au lieu de *teste*; j'ai suivi la leçon de l'exemplaire unique sur lequel on a dû copier. Voici un sens que je proposerais : « Nous n'avons voulu en ce commencement, pour tout ébat, que prendre renseignement et jugement sur chaque personnage, afin de distribuer tous les rôles et de voir comment l'on jouera exactement. Là se borne notre commentaire et notre texte (en d'autres termes, voilà tout ce que nous voulons aujourd'hui, ni plus ni moins). Ce partage remis à votre sage conseil, tout esprit doit autoriser ce mystère, etc. » *Fault* dans le sens de *deficit*. — Ou bien encore, en ponctuant différemment : « ...afin de... voir comment l'on jouera exactement, et s'il faut plus de texte ou de commentaire (c'est-à-dire, s'il faut expliquer les rôles plus au long)? »

2. Cette ballade, presque inintelligible, est un exemple des difficultés bizarres et puériles que s'étaient créées dans la versification les Molinet, les Crétin et les Meschinot.

« compter, selon la valeur de leur bien faict en tel cas requis;
« qui fut une reception honneste ; et depuis lesdictes journées
« se continuent, et continueront chascun jour audict lieu, jus-
« qu'à la perfection dudict mystère.»

Malgré un si brillant début, les représentations ne s'achevèrent pas sans tracasseries. Dès cette année 1541, le parlement
rendit un arrêt qui intimait défense aux maîtres et entrepreneurs du mystère des *Actes des Apôtres* d'ouvrir leur théâtre à
certains jours de fêtes solennelles, et même le jeudi de certaines semaines. Vers le commencement de décembre, comme les
Confrères se disposaient à monter et à jouer, pour l'année 1542,
le mystère du *Vieil Testament,* avec la permission du roi et du
prévôt de Paris, le procureur général s'y opposa par une violente invective dont nous citerons quelques traits. Il s'élève
amèrement contre « ces gens non lettrez ni entenduz en telles
« affaires, de condition infame[1], comme un menuisier, un ser-
« gent à verge, un tapissier, un vendeur de poisson, qui ont
« fait jouer *les Actes des Apostres*, et qui, ajoutant, pour les al-
« longer, plusieurs choses apocryphes, et entremettant à la fin
« ou au commencement du jeu farces lascives et momeries, ont
« fait durer leur jeu l'espace de six à sept mois, d'où sont ad-
« venues et adviennent cessation de service divin, refroidisse-
« ment de charitez et d'aumones, adultères et fornications in-
« finies, scandales, dérisions et mocqueries. » Selon le respectable magistrat, « tant que lesdicts jeux ont duré, le commun
« peuple dès huit à neuf heures du matin, ès jours de festes,
« délaissoit sa messe paroissiale, sermons et vespres, pour aller
« ès dictz jeux garder sa place, et y estre jusqu'à cinq heures
« du soir : ont cessé les prédications, car n'eussent eu les pré-
« dicateurs qui les eussent escoutez. Et retournant desdicts jeux
« se mocquoyent hautement et publicquement par les rues des-
« dictz jeux des joueurs, contrefaisant quelque langage impro-
« pre qu'ils avoyent oï desdictz jeux ou autre chose mal faite,
« criant par dérision que *le Sainct-Esprit n'avoit point voulu
« descendre,* et autres mocqueries. Et le plus souvent les pres-
« tres des paroisses, pour avoir leur passe-temps d'aller ès dictz
« jeux, ont délaissé dire vespres, ou les ont dictes tout seuls
« dès l'heure de midy, heure non accoustumée; et mesme les

---

1. *Infime ?*

« chantres ou chapelains de la saincte chapelle de ce palais, tant
« que lesdictz jeux ont duré, ont dict vespres les jours de feste
« à l'heure de midy, et encore les disoyent en poste et à la lé-
« gère pour aller ès dictz jeux [1]. » Rien toutefois n'était propre
« à justifier ce prodigieux empressement : « Car, disait-il, tant
« les entrepreneurs que les joueurs sont gens ignares, artisans
« mécaniques, ne sachant ni A ni B, qui oncques ne furent
« instruicts ni exercez en théâtres et lieux publics à faire tels

1. Il ne paraît pas que le procureur général ait exagéré les faits. Voici une anecdote qu'on lit dans les Contes de Bonaventure Des Periers ; les héros sont maître Jean du Pontalais, célèbre entrepreneur de mystères sous Louis XII, et le curé de Saint-Eustache :

« C'étoit un monsieur le curé, lequel un jour de bonne feste estoit
« monté en chaire pour sermonner, là où il estoit fort empesché à ne
« dire guères bien, car quand il se trouvoit hors propos (qui estoit assez
« souvent), il faisoit les plus belles digressions du monde. Et que pen-
« sez-vous, disoit-il, que ce soit de moy? On en trouve peu qui soyent
« dignes de monter en chaire, car encore qu'ils soyent savants, si n'ont-
« ils pas la manière de prescher ; mais à moy, Dieu m'a fait la grace
« d'avoir tous les deux ; et si sçay de toutes sciences ce qu'il en est. Et
« en portant le doigt au front, il disoit : Mon amy, si tu veux de la gram-
« maire, il y en a icy dedans ; si tu veux de la rhétorique, il y en a icy
« dedans ; si tu veux de la philosophie, je n'en crains docteur qui soit en
« la Sorbonne ; et si n'y a que trois ans que je n'y sçavois rien, et toutes
« fois vous voyez comment je presche : mais Dieu fait ses graces à qui il
« luy plaist. Or est-il que maistre Jean du Pontalais, qui avoit à jouer
« ceste après disnée-là quelque chose de bon, et qui cognoissoit assez ce
« prescheur pour tel qu'il estoit, faisoit ses monstres par la ville. Et de
« fortune luy falloit passer par devant l'église où estoit ce prescheur.
« Maistre Jean du Pontalais, selon sa coustume, fist sonner le tabourin
« au carrefour qui estoit tout viz à viz de l'église ; et le faisoit sonner
« bien fort et longuement, tout exprès pour faire taire ce prescheur, afin
« que le monde vinst à ses jeux. Mais c'estoit bien au rebours, car tant
« plus il faisoit de bruit, et plus le prescheur crioit haut, et se battoyent
« Pontalais et luy, ou luy et Pontalais (pour ne faillir pas), à qui auroit le
« dernier. Le prescheur se mit en colère et va dire tout haut, par une au-
« torité de prédicant : Qu'on aille faire taire ce tabourin. Mais pour cela
« personne n'y alloit, sinon que, s'il sortoit du monde, c'estoit pour aller
« voir maistre Jean du Pontalais, qui faisoit toujours battre plus fort
« son tabourin. Quand le prescheur veid qu'il ne se taisoit point, et que
« personne ne lui en venoit rendre response : Vraiment, dit-il, j'irai moy-
« mesme ; que personne ne se bouge ; je reviendrai à ceste heure. Quand
« il fut au carrefour tout eschauffé, il va dire à Pontalais : Hé ! qui vous
« fait si hardy de jouer du tabourin tandis que je presche? Pontalais le
« regarde, et luy dit : Hé ! qui vous fait si hardy de prescher tandis que je
« joue du tabourin ? Alors le prescheur, plus lasché que devant, print le
« cousteau de son famulus qui estoit auprès de luy, et fit une grand' ba-
« laffre à ce tabourin, avec ce cousteau, et s'en retournoit à l'église pour
« achever son sermon. Pontalais print son tabourin, et courut après ce
« prescheur, et s'en va le coiffer comme d'un chapeau d'Albanois, le luy
« affublant du costé qu'il estoit rompu, et lorsle prescheur, tout en l'estat
« que il estoit, vouloit remonter en chaire, pour remonstrer l'injure qui
« luy avoit esté faicte, et comment la parole de Dieu estoit vilipendée. Mais
« le monde rioit si fort, luy voyant ce tabourin sur la teste, qu'il ne sçeut
« meshuy avoir audience, et fut contraint de se retirer, et de s'en taire,
« car il lui fut remonstré que ce n'estoit pas le fait d'un sage homme de
« se prendre à un fol. » (Nouvelle XXXII.)

« actes, et davantage n'ont langue diserte, ni langage propre, ni
« les accens de prononciation décente, ni aulcune intelligence
« de ce qu'ils dient ; tellement que le plus souvent advient que
« d'un mot ils en font trois ; font point ou pause au milieu d'une
« proposition, sens ou oraison imparfaite ; font d'un interrogant
« un admirant, ou autre geste, prolation ou accent contraires à
« ce qu'ils dient, dont souvent advient dérision et clameur pu-
« blicque dedans le théâtre même, tellement qu'au lieu de
tourner à édification leur jeu tourne à scandale et dérision. »
Concluant de tous ces désordres à l'abolition des mystères en général, il remarquait, sur celui du *Vieil Testament* en particulier, « qu'il y a plusieurs choses au *Vieil Testament* qu'il n'est
« expédient de déclarer au peuple, comme gens ignorans et
« imbécilles qui pourroyent prendre occasion de judaïsme à
« faute d'intelligence. »

Nous ignorons quel fut le succès immédiat de ce réquisitoire, quoique la suite indique assez qu'il porta coup. Un incident ajourna la catastrophe. François Ier, ayant ordonné, en 1543, la vente et la démolition de l'hôtel de Flandres, aussi bien que de ceux d'Arras, d'Étampes et de Bourgogne, les Confrères, encore une fois expulsés de leur local, prirent le parti d'acheter une portion de l'hôtel de Bourgogne[1], et de bâtir, à leurs frais, un théâtre. Mais ces dispositions demandèrent du temps ; le contrat ne fut passé qu'en 1548, et il est à croire que, pendant l'intervalle du déplacement, les représentations de mystères cessèrent par le fait, ou, du moins, n'eurent lieu que très-irrégulièrement dans des salles provisoires. Quoi qu'il en soit, lorsque les Confrères présentèrent, en 1548, leur requête au Parlement pour obtenir la confirmation de leurs privilèges, la cour, par arrêt du 17 novembre, les maintint à représenter seuls des pièces sur ce nouveau théâtre, avec défense à tous joueurs et entrepreneurs d'en représenter dans Paris et la banlieue autrement que sous le nom, de l'aveu et au profit de la confrérie. Mais, en vertu du même arrêt, elle ne permit aux Confrères que les sujets *profanes, honnêtes et licites*, et leur interdit expressément les mystères tirés des saintes Écritures. L'école dramatique de Jodelle, qui s'éleva quatre ans après, acheva de décréditer ce genre de composition, sans pourtant l'abolir, et nous en

---

1. Qui donnait rue Mauconseil.

retrouverons longtemps encore des restes, principalement dans les provinces.

L'arrêt de 1548 s'explique suffisamment par l'état religieux de la France et les progrès menaçants de la Réforme. Ce qui peut sembler singulier, c'est qu'en Angleterre, vers cette époque, Henri VIII interdisait les mêmes représentations *comme favorables au culte catholique*, et que la reine Marie les rétablit plus tard à ce titre. Chez nous, le péril était précisément contraire. Les risées dont on accueillait *la Nativité de la Vierge* ou *les Actes des Apôtres*, rejaillissaient sur les dogmes et les pratiques de la religion dominante. Il était trop facile, en outre, à tout dramaturge calviniste de glisser en ces sortes de pièces des satires perfides et des insinuations hérétiques, à peu près comme Théodore de Bèze l'a fait dans *le Sacrifice d'Abraham*, véritable mystère, publié en 1554, sous le titre de tragédie, et dont la lecture arrachait au bon Pasquier de si grosses larmes. En Espagne et en Italie, où rien de pareil n'était à craindre, et où les catholiques, vivant en famille, pouvaient s'accorder bien des licences, les drames pieux, tolérés et même honorés, continuèrent paisiblement, et ne moururent, comme on dit, que de leur belle mort.

Avant de suivre l'histoire de la Bazoche et des Enfants sans souci, durant la première moitié du xvi$^e$ siècle, nous caractériserons en peu de traits leur répertoire, ainsi que nous venons de l'essayer pour celui des Confrères. Les *moralités*, qui tenaient le premier rang sur la scène après les mystères, s'en rapprochaient souvent par leur intention religieuse et la qualité des personnages. Dieu, les anges et les diables intervenaient quelquefois encore ; mais, ici, ils n'étaient plus seulement escortés de la Justice, de la Charité, de la Miséricorde, du Péché et des autres allégories chrétiennes. Le système mythologique du *Roman de la Rose*, de plus en plus raffiné par une scolastique barbare et subtile, s'associait à la théologie, et de cet accouplement bizarre naissaient mille monstres indéfinissables, mille fantaisies d'une mysticité délirante, qui transformaient ces compositions étranges en espèces d'Apocalypses. Je ne parle pas de *Bien-Advisé* et *Mal-Advisé*, de *Bonne-Fin* et de *Malle-Fin*, de *Jeûne* et d'*Oraison* sœur d'*Aumône*, ni même d'*Espérance-de-longue-vie*, de *Honte-de-dire-ses péchés*, de *Désespérance-de-*

*pardon*[1]. La manie des personifications ne s'en tint pas à ces bagatelles. On vit bientôt figurer, en chair et en os, *le Limon de la terre*, *le Sang d'Abel*, *la Chair* elle-même et *l'Esprit;* les *Vigiles des morts*, au nombre de quatre, savoir : *Creator omnium*, *Vir fortissimus*, *Homo natus de muliere* et *Paucitas dierum;* les quatre *États* de la vie, sous l'apparence de quatre hommes, dant les quatre noms réunis font un vers hexamètre :

*Regnabo, Regno, Regnavi, Sum-sine-regno.*

Ces tours de force continuaient d'être à la mode au commencement du XVI° siècle. La reine de Navarre, auteur de prétendues comédies qui ne sont que des mystères, composa aussi de prétendues farces qui ne sont que des moralités, et elle prit pour sujet de l'une la querelle de *Peu* et de *Moins* contre *Trop* et *Prou*. Jean Molinet avait déjà mis aux mains *le Rond* et *le Carré*. Il y avait pourtant des moralités sans personnages allégoriques, paraboles assez simples, destinées à montrer en action un précepte moral : ainsi l'histoire du *Mauvais Riche* et du *Ladre*, celle de *l'Enfant prodigue*, celle d'une *Pauvre Villageoise laquelle aima mieux avoir la tête coupée par son père que d'être violée par son seigneur*, etc., etc. Les moralités n'excédaient presque jamais la longueur de mille à douze cents vers. Les farces et les sotties n'en avaient guère plus de cinq cents, quoique l'on trouve à ces nombres des exceptions fréquentes. C'est dans ces petites pièces qu'il faut surtout étudier l'esprit satirique et railleur de nos pères, et leur penchant inné à plaisanter les ridicules et à fronder le pouvoir.

Au seul nom de farce on s'est déjà rappelé *Patelin*, chef-d'œuvre du genre, admirable éclair de génie comique, qui, à deux siècles d'intervalle, présage à la France *Tartufe* et la gloire de Molière. La date précise de cette farce immortelle est incertaine, quoiqu'elle ne paraisse pas remonter au delà de 1450, et l'auteur n'en est pas connu, quoique l'on ait désigné, sans preuve, Pierre Blanchet, de Poitiers, mort en 1519. Cette obscurité même ajoute une sorte de consécration à l'œuvre. Vieux titre littéraire, d'origine douteuse, mais, avant tout, gau-

---

1. Ceci rappelle ces puritains du temps de Cromwell qui prenaient pour surnoms des versets presque entiers de l'Ecriture.

loise, appartenant à une nation et à une époque plutôt qu'à un individu, Patelin vaut pour nous une rapsodie d'Homère, une romance du Cid, une chanson d'Ossian. En vérité, admirateurs d'autrui et dédaigneux de nous-mêmes, nous sommes trop peu fiers de ces ébauches originales, de ces masques à caractère, par lesquels, depuis Patelin, Panurge et les innombrables grotesques de Rabelais, jusqu'aux Ragotin, aux Dandin (Tartufe est hors de ligne), aux Bridoyson et aux Pangloss, notre littérature, autant qu'aucune autre d'Europe, se rattache, sans interruption, aux plus franches traditions du moyen âge. Les Falstaff, les Sancho, les Lazarille, si vantés, n'ont pas une physionomie meilleure que ces types de race picarde, champenoise ou normande. Si nous n'avons à citer parmi nos souvenirs du vieux temps ni de *Juliette*, ni de *Françoise de Rimini*, ni d'*Inès de Castro*, ni de *Macias l'amoureux*, ni aucun de ces tendres et ravissants sujets des poésies romantiques ; si l'on nous a pris coup sur coup notre Roland et notre Godefroy, et si, pendant que nous insultions Jeanne d'Arc, un poëte anglais du xviiie siècle ravissait du cloître notre Héloïse oubliée, ce sont là sans contredit des pertes irréparables ; c'est là une fatale et sacrilége incurie qu'on ne saurait assez déplorer. Toutefois, gardons bien de pousser le regret jusqu'à l'injustice, et de fermer les yeux sur ce qui nous est resté de richesses ; ne rougissons pas de nous consoler par instants avec ces gaudisseurs malins, matois, au rire inextinguible, et qui à leur manière font aussi verser tant de larmes. Il serait trop long d'analyser ici la farce de Patelin, et on n'en prendrait chez Brueys qu'une idée insuffisante. Mais qui ne l'a déjà lue, qui ne voudra la lire dans la naïveté du texte ? On se tromperait fort d'ailleurs si l'on s'imaginait que les autres farces ressemblent à celle-là, sinon par un certain fonds commun de finesse et de jovialité. Quelque ruse de cocuage ou de friponnerie, un avare, un mari, un père dupés, en sont les thèmes les plus ordinaires. De presque toutes les nouvelles de la cour de Bourgogne et de l'*Heptameron*, on ferait aisément des farces, et celles-ci fourniraient presque toutes des sujets de nouvelles. Le caractère de ces petites pièces s'est assez bien conservé, tout en se compliquant, dans les comédies de Jodelle, Grevin et Larivey.

Plus légère, plus délicate, et d'une raillerie plus directe que la farce, la *sottie* paraît, dès l'origine, animée de cet esprit vif et mordant qui plus tard inspira chez nous le conte philosophique et le pamphlet politique. L'on dirait tour à tour le badinage de Marot et l'audace d'Aristophane. Selon Marmontel, bon juge et assez éclairé en ces matières, la plus ingénieuse des sotties est celle où l'*Ancien Monde*, déjà vieux, s'étant endormi de fatigue, *Abus*, comme un écolier en l'absence du maître, donne carrière à ses espiègleries. Il va délivrer, l'un après l'autre, de l'arbre où chacun est emprisonné, *Sot dissolu*, habillé en homme d'Église, *Sot glorieux*, habillé en gendarme, *Sot trompeur*, habillé en marchand, *Sot ignorant*, *Sot corrompu*, *Sotte folle*, etc., etc., qui s'élancent en bondissant sur le théâtre et commencent leur sabat drôlatique. Gens d'Église, de robe et d'épée, n'y sont pas épargnés, on le croira sans peine, et le bon Louis XII y attrape sa chiquenaude comme les autres :

> Libéralité interdicte
> Est aux nobles avarice;
> *Le chief mesme* y est propice, etc., etc.

Remarquons pourtant que ce trait de satire est mis dans la bouche de *Sot corrompu*, et pourrait à la rigueur être interprété en éloge indirect, du genre de celui que la Mollesse irritée adresse à Louis XIV au second chant du *Lutrin*. Quoi qu'il en soit, la troupe joyeuse aperçoit le *Vieux Monde*, qui dort dans un coin, et l'idée burlesque leur vient aussitôt de le tondre par amusement. Mais, une fois tondu, ils le trouvent si laid, qu'ils se mettent avec *Abus* à en fabriquer un autre. Leur gaucherie, leur inexpérience, leurs méprises sont une scène de confusion très-piquante. Bref, l'échafaudage croule sur les ouvriers de Babel et les disperse. Le *Vieux Monde*, réveillé, moralise un instant à la façon des vieillards, et puis reprend son train de *Gros-Jean* comme devant[1].

Durant ses querelles et ses guerres avec le pape Jules II, Louis XII se servit fréquemment des sotties comme d'une arme politique; il permit et peut-être ordonna aux auteurs et acteurs

---

1. On trouve encore l'analyse d'une sottie assez semblable et très-spirituelle, au tome I, page 90, de la *Bibliothèque du Théâtre français* de La Vallière. D'Israéli (*Curiosities of Literature*) prend plaisir à la citer, et moi je prends plaisir aussi à rappeler ces noms un peu arriérés de gens d'esprit et de goût, D'Israéli, Marmontel; il ne faut pas que les modernes investigations en vieille littérature dispensent d'avoir de l'esprit : cela sert toujours.

de parodier sur les tréteaux les prétentions de la cour romaine et d'accréditer parmi le peuple les doctrines gallicanes. Dans les pièces où *Dame Pragmatique* est aux prises avec le légat, l'intérêt s'attache toujours à la pauvre opprimée, et à ses cris de détresse *Droit* et *Raison* ne manquent pas de lui apporter secours. Le mardi gras de l'année 1511 est surtout mémorable dans l'histoire du théâtre par la représentation du *Prince des Sots* et de *Mère-Sotte*, qui se donna aux Halles de Paris, sous la direction de Jean Marchant, charpentier, et de Pierre Gringoire, compositeur [1]. Le spectacle était composé d'une sottie, d'une moralité et d'une farce, et la sottie elle-même précédée d'un *cry*, espèce de prologue en style d'argot. A l'appel qui leur est fait, les sots de toute espèce s'assemblent : on voit arriver les grands de la cour, le *Seigneur de Joye*, le *Seigneur du Plat*, le *Seigneur de la Lune*, le *Général d'Enfance* ; on cause de l'excellent prince :

UN DES SOTS.

On lui a joué de fins tours.

UN AUTRE SOT.

Il en a bien la congnoissance,
Mais il est si humain tousjours,
Quant on a devers luy recours,
Jamais il ne use de vengeance.

Les abbés et les prélats font défaut ; on cherche l'*abbé de la Courtille*, autrement dit *de Plate-Bourse* :

Je cuyde qu'il est au Concile.

Il arrive pourtant tout essoufflé. On jase très-librement des absents :

Vos prélats sont ung tas de moynes,
Ainsi que moynes réguliers ;
Mais souvent dessoubs les courtines
Ont créatures fémynines
En lieu d'Heures et de Psautiers.

---

1. Il me semble, quoiqu'on ne l'ait pas remarqué, que, puisque le livret de cette pièce imprimée porte la date du mardi gras 1511, on la devrait fixer en effet à 1512, car alors on ne comptait l'année nouvelle qu'à partir de Pâques. Mais il y avait peut-être des exceptions dans l'usage courant.

Dans la scène suivante arrive *Mère-Sotte*, « habillée par-dessous « en Mère-Sotte et par-dessus son habit ainsi comme l'Église; » elle déclare à *Sotte-Occasion* et à *Sotte-Fiance*, ses deux confidentes, qu'elle veut usurper le temporel des rois, et, à la faveur de son déguisement, elle s'applique à séduire les prélats et abbés du *Prince des Sots*, *Plate-Bourse* et les autres courent au piége. Ces prélats révoltés et les seigneurs fidèles engagent un combat pendant lequel le prince découvre la robe de Mère-Sotte, et lui arrache son vêtement emprunté. Les combattants alors reconnaissent leur erreur et s'entendent pour déposer la fausse papesse. Notez que *Sotte-Commune*, c'est-à-dire le bon peuple qui paye, n'a cessé de faire entendre ses doléances à travers tout ce jeu... *Plectuntur Achivi*. L'allusion personnelle au pape paraît encore plus à nu, s'il est possible, dans la moralité de *l'Homme obstiné*, qui fut jouée après la sottie. D'une part *Peuple-François* et *Peuple-Italique* déplorent leurs maux; de l'autre *Simonie* et *Hypocrisie* célèbrent leurs propres vices[1], et *l'Homme obstiné*, en *miles gloriosus*, énumère les siens dans une ballade : comment il aime à faire et à défaire les rois; à braver ciel, terre et enfer; à boire, soir et matin, *du vin de Candie friant et gaillard*, etc. Mais à l'arrivée de *Pugnition-Divine*, qui menace les endurcis des flammes éternelles, et à la vue des *Démérites-Communes*, en qui chacun peut reconnaître ses péchés comme en un miroir, tout le monde se convertit, excepté *l'Homme obstiné*, qui persévère dans l'impénitence, et qui reste piqué du *ver coquin*, comme il dit. Le même jour du mardi gras 1511, la sottie et la moralité furent suivies d'une farce joyeuse, tout à fait étrangère aux affaires publiques, et qui n'avait de hardi que son obscénité. Mais tout un souvenir historique s'attache à cette représentation des Halles qui faisait ainsi comme la petite pièce et les violons à la veille du concile de Pise et de la bataille de

---

1. Il y a un refrain très-piquant dans ce que dit *Hypocrisie*, dont voici un couplet :

> Pour bruict avoir je fais la chatemitte,
> Et fainz manger ung tas d'herbes sauvages;
> Il semble, à veoir mes gestes, d'ung hermite;
> Devant les gens prier Dieu je me acquite,
> Mais en secret je fais plusieurs oultrages.
> Faignant manger crucifix et ymages,
> Pense à mon cas, trompant maint homme et femme :
> *Tout suis à Dieu fors que le corps et l'ame.*

Certes : ce dernier vers pourrait être de Régnier ou de Molière.

Ravenne. Nous avons là nos franches Atellanes gauloises; c'est déjà notre vaudeville[1].

Louis XII à peine mort, les Bazochiens et les Enfants sans souci retombèrent sous le régime d'une police ombrageuse et tracassière. Le jeune Clément Marot, qui avait figuré dans leur troupe, eut beau adresser au nouveau monarque d'agréables suppliques en leur nom[2], on trouva plus d'un prétexte pour les atteindre, comme de leur côté aussi ils inventèrent plus d'une ruse pour échapper. C'était la même tactique et les mêmes actes de répression et de subterfuge que dans la querelle de la police athénienne contre les auteurs et l'ancienne et de la

---

1. Les autres ouvrages imprimés qu'on a de Pierre Gringoire sous le nom de *Mère sotte* ne sont que grossiers et sales. Il paraît qu'il finit par se convertir et s'appliquer à des ouvrages de piété, ce qui lui aurait mérité d'être enterré à Notre-Dame. On a de lui une paraphrase des Psaumes que lui commanda la duchesse de Lorraine. M. Onésyme Le Roy (*Etudes sur les Mystères*, ch. ix) croit avoir découvert un chef-d'œuvre inédit du farceur devenu plus sérieux; c'est un mystère sur la *Vie de saint Louis*, divisé en neuf livres. Rien de plus convenable que l'oubli où cette pièce est restée. Composée à la requête d'une confrérie particulière dite de *Saint-Louis*, elle n'eut pas même les honneurs de l'hospice de la Trinité ou de l'hôtel de Flandres, et elle arriva dans un temps où le genre allait s'éclipser sans retour.

2. Voici l'épître adressée par Marot à François Ier au nom de la Bazoche :

> Pour implorer votre digne puissance,
> Devers vous, Syre, en toute obéissance,
> Bazochiens à ce coup sont venuz
> Vous supplier d'ouïr par le menuz
> Les poincts et traits de nostre comédie ;
> Et, s'il y a rien qui pique ou mesdie,
> A vostre gré l'aigreur adoucirons.
> Mais à quel juge est-ce que nous irons,
> Si n'est à Vous, qui de toute science
> Avez certaine et vraye expérience,
> Et qui tout seul d'autorité pouvez
> Nous dire : Enfants, je veux que vous jouez ?
> O Syre, donc, plaise Vous nous permettre
> Sur le théâtre, à ce coup-cy, nous mettre,
> En conservant nos libertez et droits,
> Comme jadis firent les autres Rois.
> Si vous tiendra pour père la Bazoche,
> Qui ose bien vous dire, sans reproche,
> Que de tant plus son règne fleurira,
> Vostre Paris tant plus resplendira.

Marot était lié avec les *Enfants sans souci*, et composa en leur nom une ballade, dont nous ne citerons qu'un douzain :

> Bon cueur, bon corps, bonne phizionomie ;
> Boire matin ; fuir noise et tanson ;
> Dessus le soir, pour l'amour de sa mie,
> Devant son huis la petite chanson ;
> Trancher du brave et du mauvais garçon ;
> Aller de nuict sans faire aucun outrage,
> Se retirer, voilà le tripotage.
> Le lendemain recommencer la presse.
> Conclusion, nous demandons liesse ;
> De la tenir jamais ne fusmes las,
> Et maintenons que cela est noblesse,
> Car noble cueur ne cherche que soulas.

moyenne comédie. On défendait aux Bazochiens tantôt (1516) de jouer farces et sotties où il serait parlé des *princes* et *princesses* de la cour, tantôt (1536) « de faire monstrations de spectacle « ni écritaux taxans ou notans quelques personnes que ce soit, « sous peine de prison et de banissement à perpétuité du Palais. » Enfin le parlement, lassé de renouveler sans cesse des ordonnances toujours éludées, s'avisa d'un moyen plus commode et plus sûr, dont on reconnut apparemment les bons effets, puisqu'on n'a pas dédaigné depuis d'y revenir. Il fut signifié aux comédiens (1538) de remettre désormais à la cour le manuscrit des pièces quinze jours avant la représentation, et de retrancher, en jouant, les passages rayés, « sous peine de pri- « son et de punition corporelle. » En 1540, il y eut un redoublement de rigueur, et la peine dont on menaça les délinquants n'était pas moindre que celle de la *hart*. Parmi tant de gênes et de périls, les sociétés de la Bazoche et des Enfants sans souci survécurent encore avec leurs cérémonies et leurs statuts jusqu'au commencement du dix-septième siècle, où elles finirent par se perdre et disparaître obscurément dans les orgies du mardi-gras. Banni de la scène, l'esprit d'opposition politique ne se tint pas pour vaincu : il s'empara du roman, du pamphlet, de la chanson, dicta *Pantagruel*, *la Confession de Sancy*, *la Satyre Ménippée*, et plus tard *Mazarinades* et *Philippiques*. Puis il reparut au théâtre avec *Figaro*, et versa ses flots de saillies sur *les Actes des Apôtres*, *le Vieux Cordelier* et les vaudevilles révolutionnaires.

Cependant l'étude du théâtre antique commençait depuis quelques temps à soulever des idées nouvelles et préparait insensiblement les esprits distingués à un système régulier de composition dramatique. En ce genre, comme dans les autres, les traductions précédèrent les imitations et les provoquèrent. Octavien Saint-Gelais avait traduit d'abord les six comédies de Térence[1] ; depuis, Bonaventure Des Periers et Charles Estienne avaient retraduit chacun *l'Andrienne*, l'un en vers, l'autre en prose. Lazare de Baïf, père de Jean-Antoine, avait *translaté*, *ligne pour ligne*, *vers pour vers*, l'*Electre* de Sophocle, l'*Hécube* d'Euripide. Thomas Sebilet rimait en français l'*Iphigénie* de ce dernier, et Guillaume Bouchetel faisait connaître quelques autres

---

1. C'est à lui du moins que Du Verdier attribue cette première traduction anonyme.

tragédies du même poëte. Plusieurs comédies italiennes venaient de passer dans notre langue ; mais ici encore le premier essai remarquable et décisif appartient au fameux Ronsard. Il achevait ses études au collége de Coqueret, sous Dorat, en 1549, lorsqu'il s'avisa de mettre en vers français le *Plutus* d'Aristophane, et de le représenter avec ses condisciples devant leur maître commun. Ce fut la première représentation classique qui eut lieu en France; elle fit fureur. L'exemple une fois donné par Ronsard, d'autres que lui poursuivirent cette réforme dramatique dont Joachim Du Bellay proclamait alors l'opportunité et la gloire. Animés par ces deux voix puissantes, Étienne Jodelle dès 1552, et presque en même temps Jean de La Péruse, Charles Toutain, Jean et Jacques de La Taille, Jacques Grévin, Mellin de Saint-Gelais, Jean-Antoine de Baïf, Remi Belleau[1], s'élancèrent sur la scène, et un nouveau théâtre fut fondé.

Je n'examinerai pas en détail toutes les productions de ces poëtes, quoique leur répertoire soit assez peu considérable et que chaque auteur n'ait guère donné que trois ou quatre pièces au plus. Mais comme elles manquent complétement d'originalité, et que le fond et la forme en sont toujours empruntés aux anciens, il me faudrait en venir aussitôt aux critiques de style, et refaire par conséquent à mes risques et périls, ce qu'a fait, avec autant d'élégance que de malice, M. Suard dans sa spirituelle *Histoire du Théâtre français*. Je m'attacherai donc à montrer surtout le caractère général de cette réforme, l'étendue et la durée de ses effets, l'influence qu'elle eut sur le vieux système théâtral, et celle qu'il est naturel de lui supposer sur le système depuis dominant ; tous points de vue littéraires aussi féconds en aperçus que peu éclaircis jusqu'à ce jour.

C'est dans la tragédie que l'école de Jodelle innova davantage et se sépara avec le plus d'éclat des confrères de la Passion.

---

1. On a de Jodelle, *Eugène*, comédie ; *Cléopâtre* et *Didon*, tragédies ; de La Péruse, *Médée*, tragédie ; de Jean de La Taille, *Saül le Furieux, la Famine, ou les Gabéonites*, tragédies ; *les Corrivaux, le Négromant*, comédies en prose, dont la dernière est une traduction de l'Arioste. Les pièces de Jacques de La Taille, excepté *Daire* et *Alexandre*, sont restées manuscrites, ainsi que plusieurs de Jean-Antoine de Baïf. On a pourtant de ce dernier *Antigone*, tragédie en vers, traduite de Sophocle ; *le Brave, ou le Taillebras*, imité de Plaute, et *l'Eunuque*, traduit de Térence. Grévin a laissé *la Trésorière* et *les Ebahis*, comédies, et *la Mort de César*, tragédie. Remi Belleau est auteur de *la Reconnue*, comédie. Mellin de Saint-Gelais traduisit *la Sophonisbe* du Trissin en prose, les chœurs seulement en vers, et on la représenta devant Henri II à Blois en 1559.

Bien qu'elle ait eu la même prétention pour la comédie, et que Jodelle, dans le prologue d'*Eugène*, Grévin dans celui de *la Trésorière*, Jean de La Taille dans celui des *Corrivaux*, s'attaquent aux *farces* et aux *farceurs* avec un ton de grand mépris, se vantant d'écrire pour les princes, et non pour la populace *en sabots*, la différence qu'on trouvait alors entre les farces et les comédies nouvelles nous est peu sensible aujourd'hui ; la transition des unes aux autres n'a rien de brusque, et pourrait à la rigueur passer pour un progrès naturel. Mais, dans le genre pathétique et sérieux, le saut qu'on fit paraît immense. Aux mystères, qui étaient des tragédies de couvent et d'église, succèdent tout à coup des tragédies de collége, toutes mythologiques et païennes. Au lieu d'être représentées dans un ancien hôpital, par des artisans obscurs, devant des habitués de paroisse, ces pièces se jouent au collége de Boncour, à celui d'Harcourt, à celui de Beauvais, ou bien à celui de Reims, devant Henri II et ses courtisans, devant le *grand Turnèbe*, le *grand Dorat*, et autres personnages de science et d'honneur. Les entreparleurs, nous dit Pasquier, sont tous hommes de nom ; les Jodelle, les Remi Belleau, les Jean de La Péruse y prennent eux-mêmes les rôles principaux [1] ; et quand le dernier acte s'est terminé au milieu des applaudissements, auteurs et acteurs partent gaiement pour Arcueil ; un bouc se rencontre ; on l'orne de fleurs et de

---

1. Pareilles représentations classiques avaient lieu vers la même époque dans les universités d'Angleterre, et de jeunes gentilshommes ne dédaignaient pas d'y prendre des rôles. On se rappelle qu'Hamlet dit à Polonius en le raillant :

Mylord, vous avez joué autrefois à l'Université, dites-vous ?

POLONIUS.

Oui, Mylord, j'y ai joué, et je passais pour bon acteur.

HAMLET.

Et quel rôle faisiez-vous ?

POLONIUS.

Le rôle de Jules César ; je fus tué au Capitole ; Brutus me tua, etc.

Shakspeare, par la bouche de Polonius, n'a fait qu'exprimer une coutume anglaise. D'ailleurs, les représentations classiques étaient, depuis le commencement du XVIᵉ siècle, introduites également dans les universités d'Allemagne, grâce aux comédies latines de Reuchlin et de Conrad Celtes (l'éditeur de Hroswita). Ronsard, pendant ses voyages en Allemagne, avait pu assister à quelques-unes de ces solennités de collége. — Mais de toutes les représentations analogues, la première qui rompit en visière au vieux genre religieux avait été l'*Orphée* de Politien, improvisé en deux jours et joué à la cour des Gonzagues de Mantoue, en 1472 disent les uns, au plus tard en 1483. Toujours l'Italie.

lierre, on le traîne dans la salle du festin, on l'offre en prix au poëte vainqueur, et Baïf, en un langage français-grec, entonne pour Bacchus et Jodelle le *Pæan* triomphal[1]. Que si maintenant l'on dégage la tragédie de tout cet appareil poétique, ou si l'on veut, de tout cet attirail pédantesque; si on l'estime en elle-même et à sa propre valeur, que ce soit une *Cléopâtre*, une *Didon*, une *Médée*, un *Agamemnon*, un *César*, voici ce que l'on y remarque constamment : nulle invention dans les caractères, les situations et la conduite de la pièce; une reproduction scrupuleuse, une contrefaçon parfaite des formes grecques; l'action simple, les personnages peu nombreux, des actes fort courts, composés d'une ou de deux scènes et entremêlés de chœurs; la poésie lyrique de ces chœurs bien supérieure à celle du dialogue[2];

---

1. On peut voir au IV° livre des *Poëmes* de Baïf son étrange dithyrambe et le refrain bizarre à *Evoë*. Cette orgie du bouc fit une grande affaire et se grossit à mesure qu'on s'éloigna. C'était une plaisanterie de jeunes gens, un pastiche du rit antique; cela faisait de piquantes représailles aux psaumes des vieux mystères. Les honnêtes Confrères évincés en prirent occasion de crier au païen, au sarrasin, et les huguenots aussi.

2. Cette supériorité des chœurs sur le dialogue me semble remarquable depuis Jodelle, chef de cette école, jusqu'à Antoine de Montchrétien, qui en fut l'un des derniers disciples. On conçoit en effet qu'il était plus difficile de faire parler convenablement des personnages que de mettre en chansons des sentences morales. Je citerai un fragment de chœur tiré de la *Didon* de Jodelle (acte IV). Le chœur déplore le malheur de la reine, et accuse la perfidie d'Énée :

> Un seul hasard domine
> Dessus tout l'univers,
> Où la faveur divine
> Est due au plus pervers.
> . . . . . . . . .
> Songeons aux trois qu'on prisé
> Pour plus avantureux,
> Et qu'en toute entreprise
> Les Dieux ont fait heureux :
>
> Jason, Thésée, Hercule ;
> Les Dieux leur ont presté
> Grand'faveur, crainte nulle,
> Toute desloyauté.
>
> Tous trois, ainsi qu'Énée,
> En trompant leurs amours,
> Ont fait mainte journée
> Marquer d'horribles tours.
>
> Tous trois trompeurs des hostes,
> Tous trois, ô inhumains !
> Ont veu, soit par leurs fautes,
> Soit mesme de leurs mains,
>
> Leurs maisons effroyées
> D'avoir receu les cris
> De leurs femmes tuées,
> De leurs enfants meurdris.
>
> Mais la faveur supresme
> Les poussoit toutesfois,
> Et croy que la mort mesme
> Les a fait Dieux tous trois.

les unités de temps et de lieu observées moins en vue de l'art que par un effet de l'imitation; un style qui vise à la noblesse, à la gravité, et qui ne la manque guère que parce que la langue lui fait faute ; jamais ou rarement de ces bévues [1], de ces inadvertances géographiques et historiques, si communes chez les premiers auteurs dramatiques des nations modernes. Telle est la tragédie dans Jodelle et ses contemporains. Ils ne méritent pas le moins du monde l'honneur ni l'indignité d'être comparés aux Shakspeare et aux Lope de Véga. Avec moins d'inhabileté et une langue mieux faite, ils seraient exactement comparables aux Trissino, aux Rucellaï, aux Martelli, aux Dolce et aux autres fondateurs de la tragédie italienne. Mais, sans aller si loin, c'étaient simplement des écoliers jeunes, studieux, enthousiastes, pareils à certains écoliers de nos jours :

> Mon fils en rhétorique a fait sa tragédie.
>
> (LA HARPE.)

Et en effet, Jodelle avait composé ses pièces à vingt ans, Jacques de La Taille à dix-huit [2], Grévin à vingt-deux. De semblables essais promettaient sans doute ; mais, comme ces auteurs précoces n'avaient aucun génie, ils s'en tinrent à promettre, et se dirent l'un à l'autre qu'ils avaient tout créé. Tels d'entre eux qui, au XVIII<sup>e</sup> siècle, auraient pu sans peine égaler le mérite se-

---

1. Jodelle, dans un chœur de *Didon*, parle de nos *péchés*; Montchrétien, dans un chœur de *David*, cite *Hercule* vaincu par l'Amour, et, dans *les Juives* de Garnier, Nabuchodonosor invoque *Jupin*.

2. Un vers ridicule est resté attaché à la mémoire de ce pauvre Jacques de La Taille : « Il trouvait plus simple, dit Suard, de raccourcir ses mots « que d'allonger ses vers. Ainsi, par exemple, comme le mot *recomman-* « *dation* lui paraissait un peu long pour entrer commodément dans un « vers de douze pieds, il l'avait employé de la manière suivante dans sa « tragédie de *Daire*, autrement dit *Darius* :

> Ma mère et mes enfants aye en recommanda (*tion*);

« et ces deux syllabes *tion*, placées ainsi entre parenthèses, étaient pro-« bablement laissées à l'intelligence des spectateurs ou à la discrétion de « l'acteur. » Pourtant le vers de Jacques de La Taille est un peu moins ridicule qu'il ne semblerait par là. C'est dans la dernière scène de sa pièce; on vient raconter à Alexandre la mort de Darius et les suprêmes paroles qu'en expirant il adressait de loin à son vainqueur :

> Ma mère et mes enfants aye en recommanda...
> Il ne put achever, car la mort l'engarda (*l'empêcha*).

Ce n'est donc point par une licence commode, c'est dans une intention formelle et par une fausse idée d'expression imitative que l'auteur a imaginé dans ce cas-là son vers malencontreux.

condaire d'un Destouches ou d'un La Harpe, et fleurir à l'ombre des grands noms, restèrent, au xvi*, novateurs médiocres en même temps que copistes serviles. Succombant à des études plus fortes qu'eux, ils saisirent la lettre et non l'esprit de ces tragiques immortels qu'ils voulaient en vain ressusciter parmi nous, et ils ne parvinrent qu'à parodier puérilement les solennités olympiques dans des classes et des réfectoires de collége. Ce n'est pas de la sorte que l'ont depuis entendu Racine et même Voltaire.

Un savant de nos jours, qui semble du xvi* siècle par son érudition, et qui est du nôtre par ses lumières (M. J.-V. Leclerc), lorsqu'il achevait, jeune encore, de brillantes et fortes études, conçut et exécuta la pensée de reproduire en vers français l'*OEdipe roi* de Sophocle, et d'excellents connaisseurs assurent qu'en cette imitation fidèle a passé quelque chose du souffle et du parfum de l'antiquité[1]. C'est sous une inspiration pareille, tenant, en partie de celle du commentateur, en partie de celle du poëte, qu'ont écrit Jodelle et ses contemporains. Mais, soit impuissance d'esprit, soit plutôt impuissance de langage et inexpérience de goût, ils ont été inhabiles à rien conserver de ces beautés primitives dont ils n'avaient qu'un obscur sentiment. Écoliers robustes, ils n'ont pas entendu le premier mot à cet art ingénieux et profond qui de la lecture des anciens sut tirer plus tard des tragédies comme *Iphigénie* et *Agamemnon*, des comédies comme *Amphitryon* et *Plaute*.

Loin de moi pourtant l'injustice de méconnaître ce qu'il y avait d'excusable et de noble dans leurs illusions, d'estimable et d'utile dans leurs travaux! La plupart des jeunes hommes qui ouvrirent la nouvelle carrière dramatique y défaillirent dès l'entrée, victimes d'un zèle immense et dévorés par la science avant l'âge : La Péruse, Jacques de La Taille, Grévin, Jodelle lui-même, eurent des morts prématurées. Ce dernier, dont les brillants débuts avaient balancé ceux de Ronsard, et qui, par sa facilité prodigieuse, par sa verve intarissable[2], semblait à Pas-

---

1. Après bien des années, M. Le Clerc vient de laisser échapper quelque échantillon de son travail de jeunesse dans un article du *Journal des Débats* sur les *Tragiques grecs* de M. Patin (25 juillet 1842).
2. On demandera à quoi Jodelle dépensait cette facilité et cette verve, puisqu'il écrivit si peu de pièces. Mais, avant sa disgrâce, il était fréquemment chargé par Henri II des divertissements, mascarades, devises et inscriptions qui amusaient les loisirs de la cour. On sait d'ailleurs qu'il ne

AU XVIᵉ SIÈCLE.   209

quier bien moins un homme qu'un *démon*, ne tarda pas à perdre la faveur de Henri II, à l'occasion d'un divertisssement de cour qu'il ne sut point ordonner au gré du monarque [1]; et, tombé dans une extrême pauvreté, il mourut, dit-on, de faim, ou plutôt de douleur. Une disgrâce royale tua le premier en date de nos poëtes tragiques, comme elle tua plus tard le premier en génie. On rapporte qu'au moment d'expirer, l'infortuné Jodelle s'écria : « Mes amis, ouvrez-moi les fenêtres, que je voie encore ce beau soleil [2] ! »

La réputation de Jodelle reçut quelque échec au temps de sa mort. Vers 1573, en effet, Robert Garnier commença de faire représenter dans certains colléges de la capitale des tragédies qui obtinrent aussitôt, auprès de Ronsard, de Dorat et des autres savants, une préférence marquée sur celles de ses prédé-

passa pas plus de dix matinées à faire chacune de ses tragédies, et que la comédie d'*Eugène* fut achevée en quatre séances. Son éditeur et ami, Charles de La Mothe, parle de toutes sortes d'ouvrages de lui, qui n'ont jamais été publiés.

1. C'était le 17 février 1558. Il s'agissait de recevoir à l'Hôtel de Ville de Paris Henri II, qui venait y souper et voulait y faire fête au duc de Guise arrivé de la veille après la reprise de Calais. Jodelle s'était chargé de tout préparer, de tout improviser en quatre jours, vers, musique et architecture; il n'en put venir à bout : « Pour surcroit d'infortune, ses mascara-« *des préparées* pour la fête réussirent fort mal. La première était une re-« présentation du *Navire des Argonautes* (par allusion au *navire* de Paris), « avec personnages parlants, où lui-même jouoit le rôle de Jason. Son des-« sein étoit que le vaisseau fût porté sur les épaules; que Minerve accom-« pagnât les porteurs; qu'Orphée, l'un des Argonautes, marchât devant « eux, *sonnant et chantant à la louange du Roi une petite chanson en « vers françois, et que, comme Orphée attiroit à lui les rochers, deux ro-« chers le suivissent en effet, avec musique au dedans*. Mais l'exécution ne « répondit point à ses vues. Les acteurs récitèrent mal les vers qu'ils « avoient appris; le trouble le saisit lui-même, et le déconcerta. » (Goujet, *Bibliothèque françoise*, tome XII.) Ce que Goujet ne dit pas, et ce qui n'est pas le moins plaisant de l'aventure, c'est que les décorateurs, au lieu d'amener des *rochers* à la suite d'Orphée, entendirent de travers, et amenèrent des *clochers*. C'étoit presque le cas de mourir comme Vatel. Jodelle, furieux, faillit suffoquer et resta court dans son rôle de Jason. Il a pris soin de consigner au long tout le détail de son *désastre*, comme il l'appelle, dans une espèce de brochure apologétique (*le Recueil des Inscriptions. Figures, Devises et Mascarades, ordonnées en l'Hôtel de Ville de Paris* 1558).

2. Tout ce récit est un peu poëtisé en faveur de Jodelle; celui-ci ne valait pas tant. Il ne mourut qu'en juillet 1573, c'est-à-dire quinze ans après cette mésaventure de l'Hôtel de Ville. Il mourut donc de cette disgrâce et de bien autre chose encore, d'inconduite, par exemple, et d'ivrognerie. Il paraît que Charles IX l'employait, et à un vilain œuvre, lequel demeura imparfait : c'était peut-être à célébrer la Saint-Barthélemi. On lit dans le Journal de l'Estoile, à cette date de 1573, une triste oraison funèbre de lui : « ... Il étoit d'un esprit prompt et inventif, mais paillard, ivrogne, et sans « aucune crainte de Dieu qu'il ne croyoit que par bénéfice d'inventaire.... « Ronsard a dit souvent qu'il eût désiré pour la mémoire de Jodelle que « ses ouvrages eussent été jetés au feu. » Ce jugement de Ronsard, bien que contraire aux vers officiels et au fameux anagramme (*Io le Délien est né*) qu'il trouvait dans le nom d'*Estienne Jodelle*, me paraît très-vraisem-

18.

cesseurs. Elles sont au nombre de sept, taillées sur le patron grec, mais composées plus immédiatement d'après Sénèque, et surtout remarquables, comme on le jugea dès lors par la pompe des discours et la beauté des sentences. Ce goût pour Sénèque, si prononcé chez Garnier, et qu'on retrouve également, à l'origine de notre littérature, dans Montaigne, Malherbe, Balzac et Corneille, conduisit l'auteur à donner à la tragédie des formes encore plus régulières qu'auparavant, et un ton plus tranché, plus sonore, plus emphatique, qui dut singulièrement frapper son siècle, et qui se soutient, même après deux cent cinquante ans, pour les lecteurs de nos jours. Aussi tous les historiens du théâtre français s'accordent-ils à lui attribuer le premier pas qu'ait fait l'art dramatique depuis Jodelle jusqu'à Corneille. Sans prétendre ici lui contester cet honneur assez mince, nous observerons que ces éloges portent presque exclusivement sur son style, et qu'en écrivant plus noblement que Jodelle, de même que Des Portes écrivait plus purement que Ronsard, Garnier n'a fait que suivre les progrès naturels de la langue et obéir à une sorte de perfectibilité chronologique. Il a sans doute une prééminence bien réelle dans la construction et la conduite de ses pièces; mais il n'en est rien sorti d'heureux pour l'avenir de notre théâtre, et l'on aurait pu faire beaucoup de pas semblables sans hâter d'un instant l'apparition du *Cid* ou d'*Andromaque*. Le système de Jodelle et de Garnier se distingue essentiellement, en effet, de celui qui prévalut dans la suite, et qui n'en fut pas du tout la continuation. Il me suffira, pour démontrer cette profonde différence, d'exposer aux yeux un plan de Garnier, celui de *Porcie*, par exemple :

ACTE PREMIER.

*Mégère.* — Elle appelle sur Rome les discordes civiles, et se raconte à elle-même, avec un plaisir infernal, les horreurs qu'elle a consommées et celles qu'elle prépare.

---

blable; on n'est jamais mieux jugé que par ses amis littéraires; mais cela s'en va souvent en petits mots, tandis que les éloges écrits restent, et la postérité se méprend. Pasquier, après le premier engouement passé, ne jugeait guère de Jodelle plus avantageusement. En effet, les poésies de cet improvisateur dramatique n'ont rien, absolument rien qui se retrouve à la lecture. Colletet, si favorable aux poëtes de ce temps, est forcé de convenir que, de toutes les œuvres sorties de la Pléiade, il n'en est pas qui lui plaisent moins que celles de Jodelle, *sans excepter même celles de Baïf et de Pontus de Thiard*. Voilà un cruel aveu. M. Gérusez a écrit sur Jodelle une spirituelle et agréable notice, pas assez sévère (*Essai d'Histoire littéraire*, 1859).

*Chœur.* — Il déplore cette éternelle instabilité des choses humaines, qui plonge dans les larmes et dans le sang la reine des cités, la maîtresse du monde.

### ACTE SECOND.

*Porcie.* — Elle se lamente sur Rome, sur elle-même, et conjure les Parques de couper le fil de ses ans; elle envie le sort de Caton et ignore encore celui de Brutus.

*Chœur.* — Éloges de la vie champêtre et de la paix.

*Nourrice.* — Plaintes, lamentations sur Rome; elle paraît craindre que Porcie ne soit résolue de mourir.

*Nourrice, Porcie.* — La nourrice cherche à donner à sa maîtresse quelques espérances sur l'issue des événements.

*Chœur.* Il prie les Dieux que le bruit de la défaite de Brutus ne se confirme pas, et il moralise.

### ACTE TROISIÈME.

*Arée, philosophe.* — Il déclame sur la perversité des temps et regrette l'âge d'or.

*Arée, Octave.* — Le philosophe veut inspirer la clémence au triumvir, qui la repousse, au nom de la vengeance due à César.

*Chœur.* — Pourquoi Jupiter s'occupe-t-il du cours des astres, de l'ordre des saisons, et ne prend-il pas pitié des pauvres humains?

*Marc Antoine, Ventidie son lieutenant.* — Antoine énumère longuement ses exploits, et Ventidie l'y aide avec emphase.

*Octave, Lépide, Antoine.* — Ils délibèrent s'ils achèveront de proscrire les pompéiens et les républicains. Antoine s'y oppose, et ils finissent par décider qu'ils s'en iront chacun dans leurs provinces pour pacifier l'empire au dedans, et le faire au dehors respecter des barbares.

*Chœur de soudards.* — Ils demandent un salaire de leurs périls et de leurs fatigues.

### ACTE QUATRIÈME.

*Le Messager, Porcie, la Nourrice, le Chœur.* — Le messager raconte la bataille de Philippes et les derniers moments de Brutus. Porcie s'écrie qu'elle veut le suivre, et le chœur accuse les Dieux.

ACTE CINQUIÈME.

*La Nourrice, Chœur de Romaines.* — La nourrice raconte de quelle manière Porcie vient d'avaler des charbons ardents ; et, comme le chœur se met à gémir, elle lui dit que c'est assez, puis d'un coup de poignard elle rejoint sa maîtresse.

Les autres plans de Garnier ressemblent exactement à celui-là. Excepté une seule fois, dans sa tragi-comédie de *Bradamante* il n'a jamais tenté de dépasser le cadre dramatique des Latins et des Grecs. S'il a été utile à notre théâtre, c'est donc à peu près de la même manière que l'aurait été un traducteur en vers de Sénèque.

M. Suard, qui a fort bien apprécié Garnier, relève un peu sévèrement chez lui certains anachronismes et certaines inconvenances qui me semblent bien moins des méprises d'ignorant que des maladresses d'érudit. Ainsi, lorsque dans *la Troade* le messager qui rend compte à Hécube de la mort de Polyxène compare le mouvement qui se fait au milieu de l'armée, après un discours de Pyrrhus, au murmure qu'on entend

> *Dans les* grandes cités où le peuple commande
> Par *cantons* assemblé pour quelque chose grande,
> Après que le *tribun* a cessé de parler,

ôtez les expressions trop modernes de *cantons*, de *tribun* et l'impropriété de la comparaison disparaît. C'est de la sorte qu'on voit dans sa tragédie des *Juives* un *prévôt de l'hôtel* du roi Nabuchodonosor et une invocation à *Jupin*. Mais n'a-t-on pas longtemps traduit *Patres conscripti* par *messieurs*, et Racine ne donne-t-il pas du *monseigneur* aux héros d'Homère ? Ce qui est plus décisif encore, George Buchanan et Daniel Heinsius, dans leurs tragédies latines, si semblables à celles de Garnier, n'évoquent-ils pas auprès de personnages juifs ou chrétiens les Euménides et tout le Tartare mythologique ? Garnier pèche donc à la manière d'Heinsius, et non pas à celle de Shakspeare[1]. Au reste, le plus énorme, le moins excusable de ces anachro-

---

1. Je suis assez porté, je l'avouerai, à n'attacher qu'une importance fort secondaire à ces violations de la vérité historique dans les anciens ouvrages de l'art. L'essentiel, c'est qu'il y ait du génie. Qu'importe que Shakspeare mette des ports de mer en Bohême ; que Paul Véronèse donne des costumes et des figures du XVIe siècle aux convives des *Noces de Cana* ; que dans la *Cène* de Léonard de Vinci, le Christ et les apôtres soient assis à une table et non couchés sur des lits à l'antique, etc.? leur siècle n'en demandait pas davantage. Il y a plus : « Si les usages que vous prenez

nismes, c'est la poétique même à laquelle on se conformait alors en tous points sans intelligence ni discernement. On ne discutait pas encore à perte de vue, comme depuis on a fait du temps du Ménage et de D'Aubignac, sur les règles d'Aristote et le degré de confiance qu'elles méritaient [1] ; mais ce qui était pis, on les pratiquait à l'aveugle, copiant tout de peur de rien enfreindre, prenant gauchement le cérémonial athénien pour la loi suprême de l'art, s'asservissant avec idolâtrie à des rites mythologiques dont le sens n'était pas entendu, et immolant *Coligny*, *Guise* ou *Marie Stuard*, au milieu des *chœurs de garçons et de damoiselles*, aussi bien qu'Agamemnon, Priam ou Polyxène. Ces reproches pourtant s'adressent moins à Garnier qu'à ses imitateurs et à ses disciples, aux François de Chantelouve, aux Jean Godard, aux Jean Heudon, aux Pierre Mathieu, aux Claude Billard, aux Antoine de Montchrestien. Pour lui, il ne traita que des sujets grecs, latins ou hébreux ; et quand, par exception finale, il emprunta à l'Arioste les aventures de *Bradamante* pour les mettre en tragi-comédie, il eut le bon sens de laisser là les chœurs et la simplicité trop nue de la tragédie ancienne, préludant déjà, sans s'en douter peut-être, à la révolution qui eut lieu sur la scène après lui [2].

« dans l'histoire, dit M. de Stendhal, passent la science du commun des
« spectateurs, ils s'en étonnent, ils s'y arrêtent ; les moyens de l'art ne
« traversent plus rapidement l'esprit pour arriver à l'âme. Une glace ne
« doit pas faire remarquer sa couleur, mais laisser voir parfaitement
« l'image qu'elle reproduit. Les professeurs d'Athénée ne manquent ja-
« mais la petite remarque ironique sur la bonhomie de nos ancêtres qui se
« laissaient émouvoir par des Achille et des Cinna à demi cachés sous de
« vastes perruques. Si ce défaut n'avait pas été remarqué, il n'existait pas. »

1. On s'en occupait pourtant, Jean de La Taille, dans la préface de son *Saül le furieux* (1572), explique et démontre au long les règles données par *ce grand Aristote, et après lui Horace, en leurs poétiques*, Jacques Grévin, dans la préface de son *César* (1561), parle des tragédies nouvelles composées *selon les préceptes qu'en ont donnés Aristote et Horace*. La principale faute qu'il trouve à reprendre aux jeux de l'Université de Paris, « c'est que, contre le commandement du bon précepteur Horace, ils « font à la manière des bateleurs un massacre sur un échafaud, ou un « discours de deux ou trois mois, etc... »

2. Robert Garnier, né en 1534 à La Ferté-Bernard, mourut au Mans en 1590, la même année que Du Bartas ; il avait été conseiller au Présidial du Mans, puis lieutenant criminel au même siège, et en dernier lieu conseiller au Grand Conseil à Paris. Il se trouva, en cette qualité, plus mêlé à l'entraînement de la Ligue qu'il n'aurait voulu. Il eut aussi des malheurs et presque des tragédies domestiques ; durant une peste ses gens essayèrent de l'empoisonner, lui, sa femme et ses enfants. Sa femme avait déjà pris le poison quand les symptômes dénoncèrent le crime ; on la sauva à grand'-peine. Il s'en retourna dans son pays natal où, selon De Thou, il mourut de tristesse et d'ennui, âgé de cinquante-six ans. — Nul auteur d'alors n'a eu un plus grand nombre d'éditions ; de 1580 à 1619 on se perd à les compter

Le théâtre de l'hôtel de Bourgogne subsistait toujours, malgré l'espèce de discrédit où il était tombé depuis les règlements de 1548, et surtout depuis la réforme littéraire de Ronsard. Échappant aux censures des magistrats et aux anathèmes des érudits, les *farces*, les *moralités* et les *sotties*, les *mystères* mêmes, pourvu qu'ils se déguisassent sous le nom profane de *bergerie* ou d'*églogue*, y avaient accès, et faveur comme par le passé. L'auditoire n'y était pas devenu plus délicat et n'avait guère participé au mouvement d'études qui emportait alors les esprits supérieurs. C'étaient encore les respectables paroissiens de la capitale qui y couraient, après vêpres, pour achever gaiement leur journée du dimanche. Le spectacle nuisait toujours à l'office, depuis qu'il n'en était plus une dépendance, et sur la requête du curé de Saint-Eustache, le Châtelet dut intervenir de nouveau, vers 1570, pour forcer les confrères de retarder l'heure des représentations; un demi-siècle auparavant, c'était l'heure des vêpres qu'on aurait avancée[1]. Mais, si l'autorité se montrait moins bienveillante, l'ordonnance prouve que la vogue populaire ne s'était pas ralentie. Nous connaissons fort peu de ces pièces subalternes, quoique La Croix du Maine et Antoine Du Verdier, dans leurs *Bibliothèques*, en citent un assez grand nombre. Le dédain des érudits en faisait une sévère justice; les triomphes de Jodelle et Garnier les éclipsaient, et il est probable que la plupart n'ont jamais reçu les honneurs de l'impression. Aucun écrivain de marque ne se rabaissait à un genre suranné et décrié : l'on voit seulement François Habert, disciple de Marot, protégé de Saint-Gelais et sectateur de la vieille école, donner, en 1558, sa comédie du *Monarque*, composée dans le goût de la reine de Navarre; et Louis Des Mazures, traducteur de Virgile, donner, en 1566, sous le nom de *bergerie spirituelle*, une véritable moralité, et, sous celui de *tragédies saintes*, des pièces équivoques qui rappellent l'*Abraham* de Théodore de Bèze, et tiennent le milieu entre les mystères et la nouvelle tragédie. Quant à Jacques Bienvenu, à M° Jean Breton ou Bretog, au frère Samson Baudouin ou Bedouin, à Antoine Tyron, tous auteurs qui suivaient l'ancienne routine, ils sont parfaitement inconnus,

---

1. Le grand persécuteur des pauvres Confrères durant cette période se trouve être tout naturellement le curé de Saint-Eustache, à qui ils faisaient concurrence. Ce curé, depuis 1568, était René Benoît, qui tint sa paroisse quarante ans, le même qui ne put jamais se faire pardonner d'avoir traduit la *Bible* en français.

même dans leur siècle. Jamais les tragédies ou comédies régulières n'allaient à l'hôtel de Bourgogne ; et comme, à cause du privilége exclusif des Confrères, il n'y avait pas moyen d'élever à Paris un autre théâtre, les poëtes qui ne voulaient pas garder leurs pièces en portefeuille, ou se contenter de l'impression, les adressaient à quelque principal de collége, qui, faisant obligeamment l'office de directeur, se chargeait des répétitions et de la mise en scène. Ainsi, en tête d'un *Adonis* de Guillaume Le Breton, on lit un sonnet d'envoi à Galand, principal de Boncour :

> Maintenant à Boncour mon *Adonis* j'envoie,
> Afin que sur la scène on l'écoute, on le voie.

On doit pourtant convenir que les comédies même les plus classiques d'alors, l'*Eugène* de Jodelle, *les Esbahis* et *la Trésorière* de Grévin, *la Reconnue* de Bellcau, *le Brave*, autrement dit *le Taillebras*, de J.-A. de Baïf, eussent été bien moins déplacées à l'hôtel de Bourgogne qu'au sein de l'université. J'emprunte à M. Suard l'analyse piquante qu'il fait d'*Eugène* : « La
« pièce roule tout entière sur l'intrigue d'Eugène, riche abbé,
« avec une certaine Alix qu'il a mariée à un imbécile nommé
« Guillaume. Un ancien amant d'Alix revient ; furieux de son
« infidélité, il lui reprend tout ce qu'il lui avait donné, et,
« comme il est homme de guerre, il fait grand'peur à l'abbé,
« qui ne voit d'autre moyen de salut que d'engager sa sœur
« Hélène à *recevoir dans ses bonnes grâces* l'ancien amant
« d'Alix, lequel avait été amoureux d'Hélène, et ne s'était éloi-
« gné d'elle qu'à cause de ses rigueurs. Hélène, qui appa-
« remment s'était plus d'une fois repentie d'avoir été si rigou-
« reuse, promet de la meilleure grâce du monde de faire tout
» ce que son frère Florimond (c'est le nom de l'amant) voudront
« exiger. Le calme est rétabli par ce moyen, et par l'adresse de
« messire Jean, chapelain de l'abbé, qui a conduit toute cette
« affaire. Eugène ne songe plus qu'à vendre une cure pour satis-
« faire un créancier qui était venu ajouter à l'embarras d'Alix et
« de Guillaume, et profite du moment où celui-ci lui exprime
« sa reconnaissance pour lui expliquer on ne saurait plus claire-
« ment à quel point il en est avec sa femme, et pour le prier de
« ne pas les gêner ; ce que Guillaume promet sur-le-champ, en
« assurant qu'il n'est point jaloux, principalement de l'abbé. »

Dans les autres comédies que j'ai citées, l'intrigue diffère plus ou moins de celle d'*Eugène* par les détails, mais y ressemble toujours par le ton. A part cette immoralité grossière qui leur est commune, elles ne manquent pas de mérite ni d'agrément. Un vers de huit syllabes coulant et rapide, un dialogue vif et facile, des mots plaisants, des malices parfois heureuses contre les moines, les maris et les femmes, y rachètent pour le lecteur l'uniformité des plans, la confusion des scènes, la trivialité des personnages, et les rendent infiniment supérieures aux tragédies, de même et par les mêmes raisons que chez Ronsard et Du Bellay la chanson est souvent supérieure à l'ode. Il ne faut pas s'étonner, après cela, si l'Université en corps se déridait sans scrupule à ces représentations facétieuses, tout en ayant l'air de mépriser et de réprouver les farces populaires. Il n'y avait pas longtemps que Marguerite de Navarre avait publié ses *Contes à l'usage de la bonne compagnie;* un cardinal venait d'accepter la dédicace d'un livre de *Pantagruel*, et quarante ans s'étaient passés à peine depuis que *la Calandra* et *la Mandragore* avaient été jouées en cour de Rome, et que le pape y avait ri avec tout le sacré collége.

Les pièces italiennes commençaient à être connues en France. A Lyon, en 1548, les Florentins établis dans cette riche cité voulurent donner pour fête à la nouvelle reine Catherine de Médicis une représentation de *la Calandra* elle-même ; on avait fait venir tout exprès des comédiens d'Italie. Vers le temps où Mellin de Saint-Gelais traduisait en prose, d'après les vers du Trissin, la tragédie de *Sophonisbe*, qu'on représenta ensuite à Blois devant Henri II, Charles Estienne traduisait la comédie des *Abusés*, de l'Académie siennoise ; *les Supposés* et *le Négromant* de l'Arioste étaient mis en notre langue par Jean-Pierre de Mesmes et Jean de La Taille. Ce dernier auteur ne s'en tint pas là, et dans ses *Corrivaux*, la première de nos comédies régulières en prose, il essaya, non sans quelque succès, de suivre à son tour les traces de l'Arioste, de Machiavel et de Bibbiena. Mais l'honneur de cette entreprise, appartient surtout à Pierre de Larivey, Champenois, auteur de douze comédies, desquelles neuf seulement ont été imprimées, les six premières en 1579 et les trois autres en 1611. Il avoue formellement, dans sa préface de 1579, le dessein qu'il a d'imiter les Italiens modernes aussi bien que les anciens Latins, et il s'y justifie de ne pas

faire usage des vers pour des raisons toutes semblables à celles qu'allègue Bibbiena dans son prologue de la *Calandra*. Cette opinion, avancée déjà en 1576 par Louis Le Jars, auteur de la tragi-comédie de *Lucelle*, fut soutenue plus vivement par Larivey : « Le commun peuple, dit-il, qui est le principal person-
« nage de la scène, ne s'étudie tant à agencer ses paroles qu'à
« publier son affection, qu'il a plutôt dite que pensée. Il est bien
« vrai que Plaute, Cécil, Térence, et tous les anciens, ont em-
« brassé, sinon le vrai corps, à tout le moins l'ombre de la
« poésie, usant de quelques vers ïambiques, mais avec telle
« liberté, licence et dissolution, que les orateurs mêmes sont le
« plus souvent mieux serrés en leurs périodes et cadences. Et,
« comme vous savez, c'est l'opinion des meilleurs antiquaires
« que le *Querolus* de Plaute, et plusieurs autres comédies qui
« sont péries par l'injure des temps, ne furent jamais qu'en
« pure prose. Joint aussi que le cardinal Bibbiena, le Piccolo-
« mini et l'Arétin, tous les plus excellents de leur siècle, n'ont
« jamais en leurs œuvres comiques voulu employer la rithme. »
Ces raisons sont fort légitimes sans doute, et elles prouvent que la comédie en prose est permise ; mais on aurait tort d'en conclure, comme font tous les jours certains partisans trop scrupuleux de la réalité dramatique, que la comédie en vers doit être délaissée. « Les meilleurs poëtes français, dit
« Ginguené en répondant à Bibbiena, ont, il est vrai, souvent
« employé la prose dans leurs comédies, et ils ont bien fait
« quand elle est bonne ; mais quand ils ont eu le talent et le
« temps de les écrire en bons vers comiques, tels que ceux du
« *Tartufe*, du *Misanthrope*, des *Femmes savantes*, ou du
« *Joueur*, des *Ménechmes*, du *Légataire* ; ou même du *Men-*
« *teur*, des *Plaideurs*, du *Méchant*, de *la Métromanie* et de
« tant d'autres, ils ont fait encore mieux [1]. » Au reste, l'exemple donné par Larivey ne prospéra guère jusqu'à Molière, qui l'autorisa par son génie. Avant l'avénement de ce grand homme, et malgré les essais heureux de son devancier, on semblait ignorer la difficulté et le mérite du dialogue en prose, et il serait aisé de compter le très-petit nombre de comédies en ce genre qui furent mises au théâtre durant cet intervalle de quatre-vingts ans.

---

1. *Histoire littéraire d'Italie*, tome VI, part. II, chap. XXII.

Ce n'est point par ce seul endroit que Larivey eut l'honneur de ressembler d'avance à Molière. Il rappelle encore l'auteur de *Pourceaugnac* et de *Scapin* par la fécondité de ses plans, la complication de ses imbroglios, ses saillies vives et franches, et une certaine verve rapide, abondante, parfois épaisse, qui tient à la fois de Plaute et de Rabelais. Ces qualités se rencontrent particulièrement dans les six premières pièces, bien supérieures aux trois qui les ont suivies. Avec l'abus des scènes de nuit, des travestissements, des surprises, des reconnaissances, l'obscénité en est le principal et habituel défaut. Pour s'en convaincre, il suffit de parcourir la liste des personnages qu'il emploie. L'agent essentiel de la pièce, le *Figaro* de l'intrigue, qu'il soit homme ou femme, trouverait difficilement un nom dans le dictionnaire des honnêtes gens, et l'auteur s'inquiète fort peu de lui chercher ce nom moins cynique. Si l'on pouvait après cela douter de la qualité du personnage, ses paroles et ses actions ne laisseraient rien d'équivoque : c'est lui ou elle qui reçoit les plaintes des amants, les console, négocie les mariages, et trouve d'ordinaire moyen de les conclure une nuit au moins avant le sacrement. Lorsque la nuit semble trop éloignée, le jour en tient lieu, et le spectateur est averti à propos que le couple auquel il s'intéresse vient de se mettre au lit dans la maison voisine. On n'a pas trop encore à se scandaliser quand les amants ne font par là qu'anticiper de quelques heures sur leurs devoirs d'époux. Il peut arriver en effet que l'un d'eux ne soit déjà plus libre, et que le mariage reçoive, au su et connu des spectateurs, un affront plus sanglant et plus authentique que les malignes plaisanteries d'usage. A de pareilles mœurs il n'y avait qu'une sorte de langage qui convînt, et Larivey, tout en l'employant, est du moins assez délicat pour en demander pardon aux belles dames et aux nobles gentilshommes qui composaient son parterre de société. « S'il « est advis à aucun, dit-il dans un de ses prologues, que quel-« quefois on sorte des termes de l'honnêteté, je le prie penser « que pour bien exprimer les façons et affections du jourd'hui, « il faudroit que les actes et paroles fussent entièrement la même « lasciveté[1]. » Quoi qu'il en soit pourtant de ces taches rebu-

---

1. C'est-à-dire *fussent entièrement la lasciveté même*. Ainsi jusque dans *le Cid* :

Sais-tu que ce vieillard fut *la même vertu ?*

tantes dont nul écrivain du xvi⁰ siècle n'est entièrement pur, Larivey mérite, après l'auteur de *Patelin*, d'être regardé comme le plus comique et le plus facétieux de notre vieux théâtre. Sans donner ici de ses pièces une analyse détaillée, que la complication et la nature des sujets rendraient aussi longue que périlleuse, je ne puis me dispenser d'insister avec M. Suard sur la comédie des *Esprits*, dans laquelle, en empruntant tour à tour à Plaute et à Térence, l'imitateur a su mettre assez du sien pour être imité lui-même par Regnard et Molière. « Le fonds de la
« pièce, dit Suard, roule sur cette idée prise de l'*Andrienne* de
« Térence, et que Molière a depuis employée dans *l'École des*
« *Maris*, de deux vieillards, dont l'un, sévère et grondeur, ne
« parvient qu'à faire de son fils un mauvais sujet, tandis que
« l'autre, frère du premier, n'a qu'à se louer de la conduite de
« son neveu, qu'il a élevé avec douceur et qu'il s'est attaché par
« son indulgence. Le commencement de la comédie présente
« absolument le sujet du *Retour imprévu* de Regnard. C'est
« Urbain, fils de Séverin, le vieillard grondeur, qui profite de
« l'absence de son père pour donner à souper à sa maîtresse
« Féliciane dans la maison du bonhomme. Séverin revient au
« moment où on l'attendait le moins. Frontin, son valet, pour
« l'empêcher d'entrer dans sa maison, lui persuade qu'il y re-
« vient des esprits, et qu'un certain Ruffin, de sa connaissance,
« qui pourrait le désabuser, est un extravagant. Pendant ce
« temps on vole à Séverin une bourse qu'il avait enterrée, et on
« ne la lui rend qu'à condition qu'il laissera son fils Urbain
« épouser Féliciane, et sa fille Laurence épouser Désiré. Féli-
« ciane, qu'on avait crue d'abord sans fortune, se trouve être
« la fille d'un riche marchand protestant, Gérard, qui avait eu le
« bonheur d'échapper au massacre de la Saint-Barthélemi. Mais,
« comme Séverin ne veut pas entendre parler des noces de son
« fils ni de celles de sa fille, c'est Hilaire, le frère indulgent,
« qui se charge de tout. Ce dénoûment rentre tout à fait dans
« celui de *l'Avare*. Il y a encore bien d'autres ressemblances
« entre ces deux pièces. Et d'abord le caractère principal, Sé-
« verin, est un avare, et tellement semblable à Harpagon, qu'il
« est impossible de croire qu'il n'ait pas été connu de Molière.
« Il faut penser aussi que tous deux ont pris Plaute pour modèle;
« mais dans la comédie de Larivey, ainsi que dans celle de Molière
« l'avare est un homme riche, et connu pour tel, ce qui rend

« la position bien plus comique et l'expose à bien plus d'embar-
« ras que celui de Plaute, qui est regardé comme pauvre. » Nous
donnerons quelques extraits. Au second acte, Séverin arrive des
champs avec sa bourse sous son manteau, et, ne pouvant la déposer à la maison, à cause des diables, profite, pour la cacher,
d'un moment où son valet Frontin est éloigné :

« Je me veux retirer deçà, puisque je suis seul; mon Dieu que
« je suis misérable! m'eut-il peu jamais advenir plus grand mal-
« heur qu'avoir des diables pour mes hostes? qui sont cause que je
« ne me puis descharger de ma bourse. Qu'en feray-je? Si je la
« porte avecques moi, et que mon frère la voye, je suis perdu! Où
« la pourray-je donc laisser en seureté?..............

« Mais, puisque je ne suis veu de personne, il sera meilleur que je
« la mette icy, en ce trou, où je l'ay mise autrefois, sans que jamais
« j'y aye trouvé faute. O petit trou, combien je te suis redevable!

« Mais si on la trouvait, une fois paye pour tousjours; je la por-
« teray encores avec moy. Je l'ay apportée de plus loing. On ne me
« la prendra pas, non; personne ne me void-il? J'y regarde, pour
« ce que quand on sçait qu'un qui me ressemble a de l'argent, on
« luy desrobe incontinent......................

« Que maudits soient les diables qui ne me laissent mettre ma
« bourse en ma maison! Tubieu que dis-je? Que ferois-je s'ils
« m'escoutoient? Je suis en grande peine, il vaut mieux que je la
« cache, car puisque la fortune me l'a autresfois gardée, elle voudra
« bien me faire encores ce plaisir. Hélas! ma bourse, hélas, mon âme,
« hélas, toute mon espérance, ne te laisse pas trouver, je te prie!

« Que feray-je? l'y mettray-je? Oui, nenny; si feray, je l'y vay
« mettre; mais devant que me descharger, je veus veoir si quelqu'un
« me regarde. Mon Dieu, il me semble que je suis veu d'un chacun,
« mesmes que les pierres et le bois me regardent. Hé, mon petit
« trou, mon mignon, je me recommande à toy; or sus au nom de
« Dieu et de sainct Anthoine de Padouë *in manus tuas, Domine,*
« *commendo spiritum meum*...............

« C'est à ceste heure qu'il faut que je regarde si quelqu'un m'a
« veu; ma foy personne; mais si quelqu'un marche dessus, il luy
« prendra peut-estre envie de voir que c'est; il faut que souvent j'y
« prenne garde et n'y laisse fouiller personne. Si faut-il que j'aille où
« j'ai dit, afin de trouver quelque expedient pour chasser ces diables
« de mon logis; je vay par delà, car je ne veus passer auprès d'eux. »

Mais à peine a-t-il fait quelques pas que Désiré, amoureux de
Laurence, qu'il ne peut épouser faute de dot, sort d'un coin

d'où il a tout entendu, et vide la bourse, qu'il remet en place après l'avoir remplie de cailloux. Le vieillard revient au plus vite pour surveiller son cher trésor. Les regards furtifs qu'il lui lance, sa sollicitude intempestive à rôder alentour, sa maladroite affectation à éconduire ceux qui en approchent de trop près, sa manie d'interpréter en un sens fâcheux les propos et les gestes des autres personnages, les quiproquos fréquents qui en résultent, et dans l'un desquels il lui échappe de crier : *Au voleur!* tant de soins et de transes pour une bourse déjà dérobée, ce sont là, il faut le reconnaître, les effets d'un grand comique et d'un excellent ridicule, que Plaute n'a pas connus, et que Molière lui-même s'est interdits en rapprochant et en confondant presque l'instant du vol et celui de la découverte. Enfin cette fatale découverte se fait. Laissons parler Séverin :

« Mon Dieu, qu'il me tardoit que je fusse despesché de cestuy-cy,
« afin de reprendre ma bourse! J'ay faim, mais je veux encor
« espargner ce morceau de pain que j'avois apporté : il me servira
« bien pour mon soupper, ou pour demain mon disner avec un ou
« deux navets cuits entre les cendres. Mais à quoy despends-je le
« temps, que je ne prens ma bourse, puisque je ne voy personne
« qui me regarde? O m'amour, t'es-tu bien portée? Jésus, qu'elle
« est légère! Vierge Marie, qu'est cecy qu'on a mis dedans? Hélas,
« je suis destruict, je suis perdu, je suis ruyné! Au volleur, au lar-
« ron, au larron, prenez-le, arrestez tous ceux qui passent, fermez
« les portes, les huys, les fenestres! Misérable que je suis, où cours-
« je? à qui le dis-je? je ne sçay où je suis, que je fais, ny où je
« vas! Hélas, mes amis, je me recommande à vous tous, secourez-
« moy, je vous prie, je suis mort, je suis perdu. Enseignez-moy
« qui m'a desrobbé mon ame, ma vie, mon cœur, et toute mon
« espérance. Que n'ay-je un licol pour me pendre? car j'ayme
« mieux mourir que vivre ainsi : hélas, elle est toute vuyde. Vray
« Dieu, qui est ce cruel qui tout à un coup m'a ravy mes biens,
« mon honneur et ma vie? Ah! chétif que je suis, que ce jour m'a
« esté malencontreux! A quoy veus-je plus vivre, puisque j'ay perdu
« mes escus que j'avois si soigneusement amassez, et que j'aymois
« et tenois plus chers que mes propres yeux? mes escus que j'avois
« espargnez, retirant le pain de ma bouche, n'osant manger mon
« saoul? et qu'un autre joyt maintenant de mon mal et de mon
« dommage [1]? »

1. Voir dans l'*Aulularia* de Plaute la scène de désespoir d'Euclion, que Séverin ne fait guère que traduire, mais avec bien du naturel et de l'aisance.

FRONTIN.

Quelles lamentations enten-je là?

SÉVERIN.

Que ne suis-je auprez de la rivière, afin de me noyer!

FRONTIN.

Je me doute que c'est.

SÉVERIN.

Si j'avois un cousteau, je me le planterois en l'estomac.

FRONTIN.

Je veux veoir s'il dict à bon escient; que voulez-vous faire d'un cousteau, seigneur Séverin? Tenez, en voilà un.

SÉVERIN.

Qui es-tu?

FRONTIN.

Je suis Frontin, me voyez-vous pas?

SÉVERIN.

Tu m'as desrobbé mes escus, larron que tu es; ça ren-les-moy, ren-les-moy ou je t'estrangleray.

FRONTIN.

Je ne sçay que vous voulez dire.

SÉVERIN.

Tu ne les as pas donc?

FRONTIN.

Je vous dis que je ne sçay que c'est.

SÉVERIN.

Je sçay bien qu'on me les a desrobbez.

FRONTIN.

Et qui les a prins?

SÉVERIN.

Si je ne les trouve, je délibère me tuer moy-mesme.

FRONTIN.

Hé, seigneur Séverin, ne soyez pas si colère.

SÉVERIN.

Comment, colère? j'ai perdu deux mille escus.

FRONTIN.

Peut-estre que les retrouverez; mais vous disiez toujours que n'aviez pas un lyard, et maintenant vous dictes que vous avez perdu deux mille escus.

SÉVERIN.

Tu te gabbes encor de moy, meschant que tu es.

FRONTIN.

Pardonnez-moy.

SÉVERIN.

Pourquoy donc ne pleures-tu?

FRONTIN.

Pour ce que j'espère que les retrouverez.

SÉVERIN.

Dieu le veuille, à la charge de te donner cinq bons sols.

FRONTIN.

Venez disner; dimanche vous les ferez publier au prosne, quelcun vous les rapportera.

SÉVERIN.

Je ne veux plus boire ne manger; je veux mourir ou les trouver.

FRONTIN.

Allons, vous ne les trouvez pas pourtant, et si ne disnez pas.

SÉVERIN.

Où veux-tu que j'alle, au lieutenant criminel?

FRONTIN.

Bon.

SÉVERIN.

Afin d'avoir commission de faire emprisonner tout le monde?

FRONTIN.

Encor meilleur, vous les retrouverez, allons, aussi bien ne faisons-nous rien icy.

SÉVERIN.

Il est vray; car, encor que quelqu'un de ceux-là (*montrant le parterre*) les eust, il ne les rendroit jamais. Jésus, qu'il y a de larrons en Paris!

FRONTIN.

N'ayez pœur de ceux qui sont icy, j'en respon, je les cognois tous.

SÉVERIN.

Hélas! je ne puis mettre un pied devant l'autre. O ma bourse!

FRONTIN.

Hoo! vous l'avez; je voy bien que vous vous mocquez de moy.

SÉVERIN.

Je l'ay voirement, mais hélas, elle est vuyde, et elle estoit plaine.

FRONTIN.

Si ne voulez faire autre chose, nous serons icy jusques à demain.

SÉVERIN.

Frontin, ayde-moy, je n'en puis plus ; ô ma bourse, ma bourse, hélas ! ma pauvre bourse !

Le désespoir et les lamentations du vieillard sont habilement traités. Il ne parle que de ses écus, en demande des nouvelles à tous ceux qui le visitent, et, dès qu'ils ne peuvent lui en donner, leur ferme la porte au nez en jurant.

SÉVERIN, RUFFIN, GÉRARD [1]

SÉVERIN.

Qui est là ?

RUFFIN.

Amys.

SÉVERIN.

Qui me vient destourner de mes lamentations ?

RUFFIN.

Seigneur Séverin, bonnes nouvelles.

SÉVERIN.

Quoy, est-elle trouvée ?

RUFFIN.

Oy.

SÉVERIN.

Dieu soit loué, le cœur me saute de joye.

RUFFIN *à Gérard.*

Voyez, il fera ce que vous voudrez.

SÉVERIN.

Pense si ces nouvelles me sont agréables : qui l'avoit ?

RUFFIN.

Le savez-vous pas bien ? c'estoit moi.

SÉVERIN.

Et que faisois-tu de ce qui m'appartient ?

RUFFIN.

Devant que je la livrasse à Urbain, je l'ay eu quelque peu en ma maison.

1. Voir dans l'*Aululuria* la scène correspondante entre Euclion et Lyconide.

SÉVERIN.

Tu l'as donc baillée à Urbain? Or fay te la rendre, et me la rapporte, ou tu la payeras.

RUFFIN.

Comment voulez-vous que je me la fasse rendre, s'il ne la veut pas quitter?

SÉVERIN.

Ce m'est tout un, je n'en ai que faire; tu as trouvé deux mille escus qui m'appartiennent, il faut que tu me les rende, ou par amour ou par force.

RUFFIN.

Je ne sçay que vous voulez dire.

SÉVERIN.

Et je le sçay bien, moy. (*A Gérard.*) Monsieur, vous me serez tesmoin comme il me doibt bailler deux mille escus.

GÉRARD.

Je ne puis tesmoigner de cecy, si je ne voy autre chose.

RUFFIN.

J'ay pœur que cestuy soit devenu fol.

SÉVERIN.

O effronté, tu me disois à ceste heure que tu avois trouvé les deux mille escus que tu sçais que j'ay perdus, puis tu dis que tu les as baillez à Urbain afin de ne me les rendre; mais il n'en ira pas ainsi. Urbain est émancippé, je n'ay que faire avecques luy.

RUFFIN.

Seigneur Séverin, je vous enten, nous sommes en équivoque; car, quant aux deux mille escus que dictes avoir perdus, je n'en avoy encore oy parler jusques icy, et ne dis que je les ay trouvez, mais bien que j'ay trouvé le père de Feliciane, qui est cest homme de bien que voicy.

GÉRARD.

Je le pense ainsi.

SÉVERIN.

Qu'ay-je afaire de Feliciane? Vostre male peste, que Dieu vous envoye à tous deux, de me venir rompre la teste avec vos bonnes nouvelles, puis que n'avez trouvé mes escus.

RUFFIN.

Nous disions que seriez bien ayse que vostre fils doit estre gendre de cest homme de bien.

SÉVERIN.

Allez au diable qui vous emporte, et me laissez icy.

RUFFIN.

Escoutez, seigneur Séverin, escoutez; il a fermé l'huys!

Simple et méfiant tour à tour, et toujours à contre-temps, Séverin croit fermement avoir trouvé sa bourse, quand on lui parle d'autre chose ; mais, qu'on lui affirme positivement qu'elle est retrouvée, il se gardera bien d'y croire.

SÉVERIN, HILAIRE, FORTUNÉ.

SÉVERIN.

Qui est là ?

HILAIRE.

Mon frère, ouvrez.

SÉVERIN.

On me vient icy apporter quelques meschantes nouvelles.

HILAIRE.

Mais bonnes, vos escus sont retrouvez.

SÉVERIN.

Dictes-vous que mes escus sont retrouvez ?

HILAIRE.

Oy, je le dy.

SÉVERIN.

Je crain d'estre trompé comme auparavant.

HILAIRE.

Ils sont icy près, et, devant qu'il soit long-temps, vous les aurez entre vos mains.

SÉVERIN.

Je ne le puis croire, si je ne les voy et les touche.

HILAIRE.

D'avant que vous les ayez, il faut que me promettiez deux choses, l'une de donner Laurence à Désiré, l'autre de consentir qu'Urbain prenne une femme avec quinze mil livres.

SÉVERIN.

Je ne sçay que vous dictes ; je ne pense à rien qu'à mes escus, et ne pensez pas que je vous puisse entendre, si je ne les ay entre mes mains ; je dy bien que, si me les faictes rendre, je feray ce que vous voudrez.

HILAIRE.

Je le vous prometz.

SÉVERIN

Et je le vous prometz aussi.

HILAIRE.

Si ne tenez vostre promesse, nous les vous osterons. Tenez, les voilà.

SÉVERIN.

O Dieu, ce sont les mesmes. Hélas, mon frère, que je vous ayme; je ne vous pourray jamais récompenser le bien que vous me faictes, deussé-je vivre mille ans.

HILAIRE.

Vous me récompenserez assez, si vous faictes ce dont je vous prie.

SÉVERIN.

Vous m'avez rendu la vie, l'honneur et les biens que j'avois perduz avec cecy.

HILAIRE.

Voilà pourquoy vous me devez faire ce plaisir

SÉVERIN.

Et qui me les avoit desrobbez?

HILAIRE.

Vous le sçaurez après, respondez à ce que je demande.

SÉVERIN.

Je veux premièrement les compter.

HILAIRE.

Qu'en est-il besoin?

SÉVERIN.

Ho, ho, s'il s'en falloit quelcun?

HILAIRE.

Il n'y a point de faute, je vous en respond.

SÉVERIN

Baillez-le-moy donc par escrit.

FORTUNÉ.

O quel avaricieux!

HILAIRE.

Voyez, il ne me croira pas.

SÉVERIN.

Or sus, c'est assez, vostre parolle vous oblige; mais que dictes-vous de quinze mille francs?

FORTUNÉ.

Regardez s'il s'en souvient.

HILAIRE.

Je dy que nous voulons en premier lieu que baillez vostre fille à Desiré.

SÉVERIN.

Je le veux bien.

**HILAIRE.**

Après, que consentiez qu'Urbain espouse une fille avec quinze mille francs.

**SÉVERIN.**

Quant à cela, je vous en prie ; quinze mille francs ! il sera plus riche que moy.

Dans ces seuls mots : « *Il sera plus riche que moi!* » — « *O Dieu, ce sont les mêmes!* » il y a un accent d'avarice, une naïveté de passion, une science de la nature humaine, qui suffiraient pour déceler en Larivey un auteur comique d'un ordre éminent. Mais, tout supérieur qu'il était pour son siècle, il ne poussa pas le talent jusqu'au génie : et, comme aucun génie n'avait encore frayé la route, ce talent eut peine à se faire jour, et défaillit fréquemment. Venu après Molière, Larivey aurait sans doute égalé Regnard, et il ne fut que le premier des bouffons[1].

---

[1]. La plupart des biographes ont dit peu de chose de Larivey, et les frères Parfait regrettent que ses contemporains aient été si sobres de documents sur son compte. J'ai le plaisir de rencontrer chez Grosley, compatriote de Larivey, des particularités qu'on ne rencontre que là. Il en avait parlé une première fois dans ses *Mémoires pour l'Histoire de Troyes* (tome I, page 419) ; mais je citerai de préférence un article assez différent qu'on lit dans ses *Mémoires sur les Troyens célèbres* (*Œuvres inédites*, 1812, tome I, page 19). Supposant que cet article tout spécial contient son dernier mot rectifié : « Pierre de L'Arrivey, dit-il, chanoine de Saint-
« Etienne de Troyes, était fils d'un des *Giunti* (de cette famille d'impri-
« meurs établie à Florence et à Venise). Florentin venu à Troyes, soit en
« la compagnie des artistes florentins qui nous ont laissé tant de monu-
« ments de leurs études sous Michel-Ange, soit pour y suivre, à l'exemple
« de plusieurs de ses compatriotes, des affaires de commerce et de
« banque. L'Arrivey était versé dans la langue italienne et dans les con-
« naissances astrologiques, dont Catherine de Médicis avait apporté le
« goût en France. Il a traduit plusieurs ouvrages de l'italien (entre autres
« le second volume des *facétieuses Nuits de Straparole*) ; il tirait en même
« temps des horoscopes et remplissait les fonctions de greffier de son
« chapitre (Des Guerrois, le dévot chroniqueur, dans ses *Saints de Troyes*,
« page 424, mentionne en effet, à la date du dimanche 20 novembre 1605,
« la translation d'une *côte du corps de saint Aventin*, de laquelle côte
« l'église de Saint-Etienne voulut se dessaisir en faveur d'une autre
« paroisse ; *et en fut fait un procès-verbal signé par Larivey, chanoine
« du dit Saint-Etienne*)... A juger de toutes ses comédies par celles des
« *Tromperies*, la dernière des trois publiées en 1611, ce seraient de sim-
« ples traductions de l'italien. Ces *Tromperies* offrent une traduction lit-
« térale des *gl' Inganni* de Nicolo Secchi, imprimés en 1562 par les *Giunti*.
« L'Arrivey a rendu cette pièce avec toutes ses longueurs et ses obscéni-
« tés, se contentant, pour dépayser ses lecteurs, de transporter à Troyes
« le lieu de la scène..... Pierre L'Arrivey le jeune, son neveu, se borna
« aux prédictions et horoscopes, et fit des Almanachs ; Troyes lui a dû en
« partie la vogue des siens. » Ainsi tout s'explique ; ce facétieux chanoine, La Rivey ou L'Arrivey (sans aucun doute *l'Arrivé, Advena, Giunto*), sous son faux air champenois, était simplement un enfant italien, comme Charles d'Orléans, en son temps, était fils d'une Milanaise ; cela, d'un trait, arrange bien des choses. Il n'eut qu'à puiser pour ses gaietés dans

*Les Néapolitains* de François d'Amboise, et *les Contents* d'Odet Turnèbe, qui parurent en 1584, ont les caractères des pièces de Larivey, et doivent être compris dans le même jugement. On peut encore rapporter à cette famille *le Muet insensé* de Pierre Le Loyer, mais non pas sa *Nephélococugie*, qui est une imitation indirecte des *Oiseaux* d'Aristophane. Ce Pierre Le Loyer, Angevin, d'ailleurs fort savant dans les langues, et grand visionnaire, y raille ironiquement les *Hommes-Oiseaux*, dont Passerat, vers le même temps, célébrait la métamorphose. Il suppose, dans sa pièce, que ce peuple ailé, menacé de guerre par Priape, se bâtit en l'air [1] une ville formidable. Le chemin du ciel est intercepté, et l'Olympe, où les vivres ne peuvent plus parvenir, demande à capituler. On entre en négociations, et tout se termine par le mariage du dieu *Coquard*, patron de la cité, avec dame *Zélotypie*, fille naturelle de Jupiter [2].

Nous touchons à une crise importante qui a eu sur notre théâ-

la littérature paternelle et dans la librairie en quelque sorte domestique ; cette source commode le rendit à l'instant supérieur en son genre à ses contemporains. Il le faut confesser humblement, nous retrouvons partout l'imitation à nos origines : ici, à chaque pas, c'est l'Italie ; plus tard, ce sera l'Espagne pour *le Menteur*, pour *le Cid*, imités eux-mêmes et quasi traduits.

— Je ne puis m'empêcher de noter encore une singularité sur Larivey, ce plaisant chanoine de Saint-Étienne, comme Béroalde de Verville l'était de Saint-Gatien de Tours. En 1604, on publia de lui *les trois Livres de l'Humanité de Jésus Christ*. traduits de l'italien ; il se faisait déjà vieux ; c'était un ouvrage d'édification ; on le crut revenu de Straparole au pied de la Croix. Les distiques et sonnets d'éloges en tête du volume le prennent sur ce ton :

> Macte, o macte piis, Rivey doctissime, Musis ;
> En felix genio vivis et ingenio...
> Hinc procul, hinc etiam atque etiam procul este, Profani ;
> Hic Amor, hic Pietas, Lexque Pudorque manent.

Mais peu d'années après, retrouvant dans son tiroir ses dernières comédies, il n'y tint pas et les expédia à Paris à son ami François d'Amboise, pour que celui-ci s'en fît le parrain ; « car c'étoient, disait-il, de pauvres enfans abandonnés et presque orphelins ; et il n'auroit eu la puissance, dans le pays même, de les défendre des brocards des médisans. » Ces médisants m'ont l'air, en effet, d'avoir été gens très-susceptibles. Trois de ses dernières comédies parurent donc en 1611.

1. Ronsard adressa à Le Loyer le quatrain suivant :

> Loyer, ta docte muse n'erre
> De bâtir une ville en l'air,
> Où les c... puissent voler ;
> Pour eux trop petite est la terre.

2. Les visions cornues de Pierre Le Loyer en toutes choses ont été célèbres, et les savants de son siècle et du suivant s'en sont fort égayés. Bayle l'a niché comme un docte grotesque en son *Dictionnaire*. J'ai sous les yeux une notice sur Le Loyer par notre ami Victor Pavie (*Annales de la Société d'Agriculture, Sciences et Arts d'Angers*, 1841).

tre presque autant d'influence que la réforme de 1549, mais qui a été bien moins remarquée. On a vu les Confrères de la Passion, décrédités auprès des dévots, des savants et de la bonne société, continuer pourtant leurs représentations si chères à la populace. Mais, avec le temps, le contraste entre leur profession de comédiens et leur caractère demi-religieux se fit sentir de tout le monde, et ils finirent par s'en apercevoir eux-mêmes. L'obscénité grossière de leur répertoire provoquait des réclamations graves et fréquentes. D'ailleurs, gens de commerce ou de métier, pour la plupart, manquant de la pratique spéciale du théâtre, et ne jouant que les jours de dimanche ou de fête, ils satisfaisaient médiocrement cette portion du public devenue par degrés plus difficile et plus curieuse. Déjà, à diverses reprises, des troupes régulières de comédiens avaient tenté de s'établir dans la capitale, et, chaque fois, les Confrères, effrayés de la concurrence, s'étaient armés, pour les repousser, du privilége exclusif dont le titre suranné commençait à s'user. Par toutes ces raisons, ils résolurent, vers 1588, de louer le privilége et la salle à l'une de ces troupes, jusque-là ambulantes, se réservant toutefois une couple de loges à perpétuité et un certain bénéfice pour chaque représentation[1]. Or c'était précisément à cette époque que, dans le monde distingué et érudit, sur le théâtre de la cour et de l'université, Garnier achevait sa carrière tragique, et que les guerres civiles, renaissant avec une furie nouvelle, interrompaient, au sein de Paris, les études de l'antiquité et les exercices littéraires. De continuelles relations avec l'Espagne en propageaient la langue, et les drames alors récents de Michel Cervantes et de Lope de Véga obtinrent bientôt la préférence sur ceux des anciens. De 1588 à 1594, on manque presque entièrement de détails, et tout porte à croire que l'interrègne ou du moins l'anarchie se fit sentit sur la scène comme dans l'État. Les tragédies le plus en vogue à Paris et au sein même de l'Université étaient de véritables manifestes politiques, comme *la Guisiade* de Pierre Mathieu, ou *Chilpéric second du nom*, par Louis Léger, régent des Capettes. Mais avec le retour de Henri IV

---

1. Voir dans l'*Histoire du Théâtre françois* des frères Parfait, tome III, p. 220 et suiv., les vicissitudes, démembrements et réunions de cette troupe et des autres qui survinrent, et aussi Beauchamps en ses *Recherches*, part. I, page 95. Il y a bien des obscurités dans ces premières races de nos *comédiens du Roi*, et c'est le cas de dire avec Fontenelle : « Après cela débrouille qui voudra la chronologie des rois assyriens ou les dynasties d'Égypte. »

et le rétablissement de l'ordre apparaît une nouvelle école dramatique qui ne ressemble presque en rien à celle de Garnier, et qui se continue plutôt avec notre vieux théâtre national en même temps qu'elle se rattache au théâtre espagnol. Alexandre Hardy en fut le fondateur, et en demeura vingt ans le principal soutien; plus tard Mairet, Rotrou et Corneille en sortirent, la réformèrent et la firent telle qu'on l'a vue depuis Cependant l'école artificielle et savante de Garnier et de Jodelle cessa aussi brusquement qu'elle avait commencé, ou du moins elle alla se perdre dans les imitations maladroites, obscures et tardives des Jean Behourt, des Claude Billard et des Antoine de Montchrestien.

Ce qui caractérise surtout la période de Hardy, à défaut d'originalité et de talent véritable, c'est la confusion de tous les genres et l'absence complète des règles dites classiques, à partir de 1584, et durant les trente années environ qui suivent, on ne rencontre au répertoire que *tragédies morales, allégoriques, tragi-comédies pastorales* ou *tragi-pastorales, fables bocagères, bergeries, histoires tragiques, journées en tragédie ou histoire, tragédies sans distinction d'actes ni de scènes*[1], *martyres de saints et saintes*, etc., parce qu'en effet on composait alors ces sortes de pièces en bien plus grand nombre qu'auparavant, et parce qu'aussi elles tenaient le premier rang, n'étant plus masquées et offusquées par des pièces régulières. Citons quelques exemples.

En 1584, Jean-Edouard Du Monin[2], médecin et théologien, jeune savant ténébreux et mystique, donne une tragédie intitulée *la Peste de la Peste* ou *le Jugement divin*, par allusion à une épidémie qui venait de désoler la capitale. Voici les entreparleurs qui figurent dans cette moralité religieuse digne du xv° siècle.

Théodice, empereur. — *Jugement divin.*
Pronœe, impératrice. — *Providence.*
Limonart, ambassadeur. — *Famine, Guerre.*
Dagan, secrétaire. — *Fortification.*
Igne, fille de Théodice. — *La Santé.*

1. Tel était à cette même époque l'état du répertoire anglais. Polonius dit à Hamlet, en parlant des acteurs qui viennent d'arriver : « The best « actors in the world, either for tragedy, comedy, history, pastoral, pas- « toral-comical, historical-pastoral, tragical-historical, tragical-comical- « historical-pastoral, scene-individable, or poem unlimited, etc. »
2. Ce Du Monin est le même dont Vauquelin de La Fresnaye s'est moqué dans son *Art poétique* comme d'un *forgeur* de mots bizarres. Le lecteur va juger si c'est à tort.

Le Celte, vassal de Théodice. — *Le Peuple français.*
La Peste, princesse sous Théodice.
Les Aristes, les Contrits, sujets de Théodice. — *Les Gens de bien.*
Pénitence, ambassadrice des Contrits.
Autan, lieutenant de la Peste. — *Vent du midi.*
Eucmin, serviteur de Pénitence. — *Prière* ou *Vœu.*
Aquilon, capitaine de Théodice. — *Vent de santé.*

Le Celte, vassal de l'empereur Théodice, lui a demandé la faveur de recevoir une visite de la princesse Igine. Théodice a envoyé sa fille en Gaule; mais le Celte la retient prisonnière, et ne consent à la relâcher qu'à condition d'être affranchi du vasselage. L'empereur irrité charge Limomart de délivrer Igine, et, comme cette première mission est sans succès, il expédie la princesse Peste, amazone valeureuse, accompagnée d'Autan en qualité de lieutenant, avec ordre de châtier le Celte, mais de respecter toutefois le canton des Aristes et des Contrits. La Peste ne respecte rien, et Autan essaye même de faire violence à Igine. Les Aristes et les Contrits dépêchent donc Pénitence en ambassade vers Théodice, qui commande aussitôt à son capitaine Aquilon d'aller mettre à la raison les deux rebelles. Igine est sauvée; mais, en reparaissant aux yeux de son père, elle lui cause une si vive impression par sa pâleur, que le bon Théodice se pâme et n'a que la force de s'écrier :

Je tumbe à cœur failli : au vinaigre ! au vinaigre !

Cependant Aquilon a tué Autan sur la place; la Peste finit par avoir la tête tranchée ; et toute cette allégorie est rimée en cinq actes, sans oublier les chœurs d'écoliers et d'artisans : car il y a des chœurs dans Sophocle et dans Euripidie, et Du Monin, en poëte érudit, n'a su sur ce point échapper à l'imitation classique [1]. Un Benoît Voron [2], maitre ès arts et recteur aux écoles

---

[1]. Cette pièce de Du Monin se trouve dans un recueil de lui intitulé *le Quarême* (1584), qui fait déjà le *tome cinquième* de ses œuvres. Il a beaucoup écrit en toute langue, et toujours d'une façon à peu près inintelligible. Gabriel Naudé (*Apologie pour tous les grands personnages*....) le range parmi ceux qui ont approché de Pic de la Mirandole, et en parle comme *s'il n'avait été composé que de feu et d'esprit;* nos yeux plus débiles n'y ont vu que la fumée. Disons mieux : ce Du Monin est bien le produit le plus *monstre* qu'ait enfanté le croisement des écoles de Ronsard et de Du Bartas. Il périt assassiné en 1586, âgé seulement de vingt-six ans. On est allé jusqu'à nommer Du Perron dans cette affaire. Certes, Du Perron, alors jeune, devait être vif contre ce fatras emphatique et hérissé, mais on ne s'assassine pas pour cela.

[2]. Et non *Vozon*, comme il est inscrit dans La Vallière; j'ai peur qu'on ne m'accuse d'estropier ces noms illustres.

de Saint-Chaumont, fait en 1585 la *Comédie françoise intitulée l'Enfer poétique*, espèce de dialogue des morts, en cinq actes et en vers, dans lequel discutent ensemble, d'une part Alexandre le Grand, Mahomet, Néron, Épicure, Crésus, Héliogabale et Sardanaple, représentant les sept péchés capitaux ; et d'autre part Diogène, Codrus, Socrate, Solon, Pertinax, Pythagore et Hippolyte, représentants les sept vertus contraires. Un Philippe Bosquier de Mons, religieux franciscain, publie en 1588, sous le titre de *Tragédie nouvelle dite le Petit Razoir des Ornements mondains*, une espèce de mystère en cinq actes et en vers, où toutes les unités sont violées. Le bon moine y attribue les maux qui affligent les Pays-Bas au luxe et à la galanterie des *bragards pompeux* et des *dames pompeuses*. Dans sa pièce, les trois personnes de la Trinité, sainte Élisabeth de Hongrie, le prince Alexandre de Parme, le bragard et sa maîtresse, plusieurs colonels des hérétiques, un bourgeois et sa femme, comparaissent successivement, et tiennent à peu près le même langage. Un frère mineur y prêche sur un texte d'Isaïe, en digne successeur des Menot et des Maillard :

> Le Seigneur, ce dit-il (*Isaïe*), ostera de vos filles
> Les coiffes, couvre-chefs, les miroirs, les aiguilles,
> Perruques et carcans, les demi-mantelets,
> Les anneaux, les rubis, etc., etc.
> Le Seigneur, ce dit-il, ostera vos odeurs,
> Vos habits musquetés, vos pommes de senteurs,
> Les souliers et colliers, et la fine chemise, etc., etc.

L'auteur se pique pourtant d'avoir varié ses tons suivant les personnages divins ou humains, religieux ou profanes, qu'il introduit, et, à ce propos, il cite assez plaisamment en *post-scriptum* le vers d'Horace :

> *Intererit multum Davusne loquatur an heros* [1].

Puisque nous en sommes aux sujets sacrés, signalons encore une singulière tragédie de *la Machabée*, composée par Jean de

---

1. J'ai sous les yeux un livre de ce même frère Philippe Bosquier, intitulé *le Fouet de l'Académie des Pécheurs* (1597), qui n'est autre chose qu'une suite de leçons sur le texte de l'Enfant prodigue. Je ne saurais dire tout ce que l'auteur voit et ne voit pas dans un seul verset, et les applications merveilleuses qu'il en fait aux circonstances d'alors. C'est érudit à tort et à travers, c'est même ingénieux, si l'on y entre, et d'un mystique fleuri qui sent d'abord sa Flandre espagnole,

Virey, sieur du Gravier, en 1596. Il n'y a qu'un acte. La scène passe tour à tour de la maison ou du *château* des Machabées au palais d'Antiochus, et du palais à la prison. Les sept martyrs sont étalés aux yeux des spectateurs avec tout le détail des tortures. En veut-on un léger échantillon?

Le roi dit à son prévôt Sosander, qui dirige le supplice :

> Or sus, sus, compagnons ; chacun de vous regarde
> A l'étriller si bien qu'il ne s'en moque point.
> SOSANDER, *à ses soldats ou valets de bourreaux.*
> Pour être mieux dispos, mettez-vous en pourpoint;
> Vous en frapperez tous beaucoup plus à votre aise.
>
> UN SOLDAT.
>
> Prévost, j'en suis content, je suis chaud comme braise
> Tant je suis travaillé.
>
> Ils le fouettent.
>
> UN AUTRE SOLDAT.
> Et un, et deux, et trois.
>
> UN AUTRE.
> Et t'abuses-tu là ? Pour rien je ne voudrois
> Compter autant de coups comme il faut que j'en donne.
>
> UN AUTRE.
> Il ne plaint ni ne deult.
>
> UN AUTRE.
> C'est de quoi je m'étonne.
> On diroit à le voir qu'il ne sent point les coups.
>
> UN AUTRE.
> Si est-il bien frotté et dessus et dessous.
>
> LE ROY.
> Ouvrez-lui l'estomac, car je veux qu'on lui voye
> Le poumon, intestins et les lobes du foye;
> Et puis que chacun prenne à sa main un couteau,
> Du col jusques aux pieds pour lui ôter la peau.
>
> Ils le font à la manière prédite.

Cette mode des sujets chrétiens n'excluait nullement le goût des farces; et, en 1597, Marc Papillon, autrement dit *le capitaine Lasphrise*, donnait *la Nouvelle Tragi-comique*, bouffonnerie assez piquante, qui conserve une physionomie singulière parmi les innombrables bizarreries du temps, et mérite une rapide analyse. Le seigneur *Dominicq*, dont le trésor a été dérobé par le voleur *Furcifer*, fait venir *Griffon*, son avocat, et l'envoie à cheval consulter *Magis*, sorcier du voisinage, sur les moyens d'attraper le voleur. Griffon, chemin faisant, plaisante de la science du sorcier, qui en est informé (car il sait tout), et qui s'en venge. Celui-ci en effet lui déclare qu'au moment où il parle le voleur est à Paris, couché en une maison suspecte dite *le Plat d'étain*, tenue par le sieur *Hospes*. Griffon y court joyeux avec une bande de recors ou *chicanoux*, et surprend à son arrivée Furcifer, couché... avec qui? Avec sa propre femme, à lui Griffon. Le pauvre époux, décontenancé, dit au voleur, la larme à l'œil et d'un ton sentimental :

> Pourquoi ravissez-vous le cher honneur des dames?

Le galant répond effrontément :

> Griffon, pour mon argent je fais l'amour aux femmes;
> Je ne les prends à force, et si ne m'enquiers pas
> Si sont femmes d'huissiers ou femmes d'advocats.

Sans plus de compliments il vide la place, trouve à la porte le cheval de Griffon, monte dessus, et va en passant avertir la justice qu'un *ruffien* lui a ravi sa femme et l'a emmenée chez Hospes. La justice arrive et s'empare de maître Griffon, qui ne dit mot de peur de *se diffamer*. Il est jeté en prison, au *Four-l'Évesque*, et n'en sort qu'après avoir demandé pardon à sa femme *de l'avoir battue* : car, en mari prudent, il aime encore mieux se reconnaître coupable d'un méfait imaginaire qu'affligé d'un affront trop réel. Ce petit drame satirique, dont le sujet rappelle *les Noces de Basché* ou les mauvais tours de Villon, pourrait appartenir aussi bien à l'époque de Rabelais qu'à celle de Hardy. Il n'est point divisé en actes : la scène y change de lieu aussi souvent que Griffon, et elle est successivement au château de Dominicq, chez Magis, à la porte de Paris, à la maison d'Hospes et à la prison de Griffon. Pendant l'intervalle du trajet, un acteur raconte en quelques vers ce qui se passe et vous tient au courant de l'itinéraire. M. Suard parle de je ne sais quelle pièce du même temps dans laquelle la scène est placée aux environs du pôle arctique, et dont les absurdités choquantes égayent vivement son persiflage [1]. Même parmi le petit nombre d'auteurs

---

1. « Il est difficile, dit-il avec sa fine et froide ironie, de concevoir ce
« qui a pu engager l'auteur à choisir un pareil local; on ne comprend

qui connaissaient et étudiaient encore les anciens, tous ne déféraient plus à leur autorité avec une aveugle soumission. Jean de Hays tire le sujet de *Cammate* des *Morales* de Plutarque, l'enjolive de chœurs à l'antique, et y met sept actes, probablement parce qu'il n'a pas fini au bout du cinquième. Rien ne montre au reste qu'il se soit inquiété de justifier cette innovation. Pierre de Laudun d'Aigaliers, que ses deux tragédies de *Dioclétien* et d'*Horace trigémine* classent parmi les élèves de Garnier, dans une *Poétique* publiée en 1597, argumente formellement contre la règle des vingt-quatre heures. Il ne l'observe pas toujours dans la pratique, et son Dioclétien, qu'on a vu pendant quatre actes empereur à Rome, nous apparaît au cinquième en habit de jardinier, cultivant son verger de Salone. Dans *Horace*, le combat a lieu sur la scène, ainsi qu'on le voyait dans les anciens mystères. Enfin, à la même époque, Nicolas de Montreux, autrement dit par anagramme *Ollenix du Mont-sacré*, qui, grâce à son *Isabelle* et à sa *Cléopâtre*, pourrait passer pour classique, se dément sans réserve en sa comédie de *Joseph le Chaste*; les contrastes n'y sont pas ménagés ; de la chambre à coucher de Putiphar et de la salle du trône de Pharaon, on est transporté au cachot de Joseph, où l'on entend un certain *Robillard*, geôlier du Châtelet plutôt que de Memphis, parler des Anglais, des Écossais et des reîtres. Robillard a pour valet un nommé Fribour, qui a l'air fort altéré de vin de *Gascogne*; et le panetier du roi, quand on le mène à la potence, demande au bourreau le temps de dire encore un *Pater*.

Si Hardy avait eu du génie, venant en des circonstances si opportunes, il trouvait un rôle magnifique à remplir, et pouvait

« pas mieux comment il se trouve là, tout près du pôle, un Français
« dont l'héroïne de la pièce est éperdument amoureuse. Le roi son père
« (car c'est une princesse) n'entend pas raison là-dessus, et s'écrie ;

> Non, non, je ne veux point approuver cette farce ;
> Je serois un veau d'Inde.

« Cela n'empêche pas la princesse d'aller se promener avec son amant
« dans un bois, toujours aux environs du pôle ; ce qui fait supposer que
« le bois doit être beau, et la promenade fort commode pour parler
« d'amour. Pendant qu'ils sont là, on vient avertir le Français que son
« vaisseau est prêt dans le port, parce que, comme chacun sait, il n'est
« rien de plus facile que de faire arriver un vaisseau dans un port de
« mer tout près des pôles; mais, lorsqu'il veut partir, arrive son rival :
« il se bat avec lui, le tue, en est tué; sa maîtresse se tue, et le père,
« pendant ce temps-là, meurt subitement. On voit bien que c'est une
« tragédie. L'auteur déclare qu'il l'a faite en trois jours, et on n'a pas
« de peine à le croire. » (*Histoire du théâtre français*.)

tout créer. Aucuns préceptes dogmatiques, aucuns scrupules mal entendus, n'enchaînaient son essor, et un champ immense se déployait devant lui. Dans notre vieux théâtre, dans celui de l'antiquité, dans la littérature espagnole, dans ces longues histoires fabuleuses et ces nombreux romans de chevalerie que Béroalde de Verville et Belleforest n'avaient cessé de publier durant le siècle, et que lisait avec profit le grand tragique anglais de cet âge, partout Hardy n'avait qu'à puiser et à choisir, sans autre loi que l'instinct d'une imagination dramatique, sans autre condition que celle d'émouvoir et de plaire. Son public était bas et grossier, sans doute ; mais quelques fortes et belles représentations l'eussent aisément saisi et enlevé. Ces hommes de la Ligue, nourris dans les querelles religieuses, les guerres civiles et les émeutes populaires, avaient des cœurs faits pour battre aux passions de la scène, des âmes capables d'entendre les peintures de la vie. Qu'à la place de Hardy, aussi bien, l'on se figure le grand Corneille, affranchi des censures de l'Académie, des tracasseries du Cardinal, des règlements de D'Aubignac, qu'au lieu de se repentir et d'implorer pardon d'un chef-d'œuvre comme d'une hérésie, il se fût abandonné sans remords à ses puissantes facultés et à ses penchants sublimes ; que, sans se renfermer dans la lecture des nouvelles espagnoles et dans cette conception absolue du *Romain*, trop semblable à un lieu commun de rhéteur, il y eût mêlé des études plus présentes, plus nationales, et se fût échauffé des souvenirs récents ; qu'en un mot, témoin et peut-être acteur de la Ligue, il eût innové avec son seul génie, loin des coteries de l'hôtel Rambouillet, et sans l'assistance importune des érudits, des grands seigneurs et des poëtes pensionnés, il est à croire alors que, par lui, les destinées de notre théâtre eussent changé à jamais, et que des voies tragiques bien autrement larges et non moins glorieuses que celles du *Cid* et d'*Horace* eussent été ouvertes aux hommes de talent et aux grands hommes qui suivirent. Malheureusement Hardy n'était rien de tout cela. Doué d'une facilité prodigieuse pour rimer et dialoguer, il s'engagea jeune encore, en qualité de poëte, dans la troupe de comédiens que nous avons vue s'établir à Paris, et pendant trente ans il défraya, par ses huit cents pièces, la curiosité publique. Cette longue fécondité, qui donna à de meilleurs que lui le temps de naître et de croître, fut à peu près son unique mérite. Sans prétention comme réformateur, il s'inquiéta, avant tout, de gagner ses gages en remplissant sa tâche de chaque jour, et l'on ne peut guère aujourd'hui le louer d'autre chose que d'avoir été un manœuvre laborieux et utile.

Ainsi que nos vieux dramaturges, des halles Pierre Gringoire et Jean du Pontalais, ainsi que ses illustres contemporains Lope de Vega et Shakespeare, Hardy travaillait pour être représenté, et non pour être lu. Plus d'une fois il eut à se plaindre de *certains libraires* qui imprimaient furtivement les grossières ébauches, improvisées, au besoin, en deux ou trois matinées. Ce n'est que dans sa vieillesse qu'il se mit lui-même à faire un choix parmi ses innombrables productions, et à publier, en les corrigeant, les quarante et une pièces, tragédies, tragi-comédies et pastorales dont se compose son théâtre. Ses pastorales sont toujours par la forme et souvent par le fond empruntées de celles qui, à cette époque, infectaient l'Italie, et les copies plutôt rustiques que champêtres de l'imitateur ont de moins encore que les originaux le charme continu d'une langue naturellement pittoresque et mélodieuse. En ce genre idéal, qui n'a pour objet que les scènes de l'âge d'or et les mœurs de la bienheureuse Arcadie, en ce drame innocent et léger, dont toute l'action consiste à fléchir une maîtresse insensible, à la délivrer des fureurs d'un monstre ou des entreprises d'un satyre, il n'y avait rien à tenter même pour les Italiens après le délicieux *Aminta*. La perfection était atteinte, le type était réalisé, et, sous peine d'ôter au tableau sa fraîcheur en le remaniant, on ne pouvait ressaisir les pinceaux du Tasse. Aussi que firent le Guarini et ses successeurs? Désespérant de rendre avec d'autres couleurs et d'autres traits la simplicité primitive du monde bucolique, ils l'altérèrent, y introduisirent des passions moins naïves, un langage moins ingénu, et ne firent rien qu'un genre bâtard, plein de catastrophes et de beaux sentiments, d'obscénités et de fadaises. Hardy ne manqua pas de s'en emparer, et le corrompit encore davantage par un style diffus, trivial, incorrect, qu'à ses inversions fréquentes on serait tenté parfois de rapporter aux premiers temps de Ronsard. Ses pastorales[1],

---

1. Hardy, dans une de ses préfaces, se fâche contre les courtisans qui disaient *pastorelle* ou *pastourelle* : car *pastorelle*, dit-il, est le féminin du bon vieux mot français *pastoureau* ; et il adopte la dénomination de *pastorale*, que réprouve au contraire, avec beaucoup d'aigreur et de mé-

si l'on n'y voyait intervenir les Satyres, Pan et Cupidon, pourraient aussi bien se nommer des *tragi-comédies*. Quant à celles-ci, la plupart imitées des Espagnols, ce sont des espèces de tragédies bourgeoises, terminées d'ordinaire à la satisfaction du héros et de l'héroïne, ou des héros et des héroïnes, lorsqu'il y en a plusieurs, et dans lesquelles le poëte, sur la foi de ses modèles, se permet plus qu'ailleurs de graves infractions aux préceptes des unités. Qu'on ne s'imagine pas au reste que de sa part une intention profonde dirige ces perpétuels déplacements et que le temps et le lieu soient pour lui des éléments secondaires dont il dispose avec habileté au profit de l'action. Quand Cervantes ou Vega franchissent de longs intervalles d'années ou de pays, ils ont un but et visent à quelque effet d'art ; ces irrégularités apparentes se rattachent dans leur esprit à un système tragique aussi complet et aussi imposant que celui de Grecs, bien que différemment constitué [1]. Mais, tout en pratiquant ce système en détail, Hardy n'en a jamais saisi l'ensemble, et c'est comme à l'aventure qu'il voyage dans l'espace et la durée. Bien souvent, si l'on avait permission de lui demander où il est, dans une chambre ou dans une rue, à la ville ou à la campagne, et à quel instant de l'action, il serait fort embarrassé de répondre. Nous insisterons peu sur des pièces dont la monotonie n'est jamais relevée par la moindre beauté, et dont les licences même, effroyables naguère, ont perdu aujourd'hui le piquant du scandale. Il pouvait être encore plaisant, il y a une quinzaine d'années, que, dans la tragi-comédie de *la Force du Sang*, Léocadie, enlevée et déshonorée au premier acte, se trouvât au troisième près d'accoucher, et qu'au quatrième son fils parût sur la scène âgé de sept ans. M. Suard observe judicieusement que *c'est aller vite en besogne*, et il serait aisé d'accumuler sur chacune des tragi-comédies un bon nombre de remarques de la même force. Qu'il nous suffise de donner une analyse pure et simple

---

pris, Pierre de Laudun en son *Art poétique*. Cette boutade de colère donne à conjecturer que Hardy et de Laudun étaient d'ailleurs opposés de doctrines, et appartenaient à des écoles dramatiques différentes. De Laudun, en effet, avait en partie conservé les traditions de Garnier et des anciens, mais, il faut le dire, bien platement.

1. Je vais peut-être un peu loin en accordant à ces illustres Espagnols un tel système ; à l'époque où ces pages furent écrites, on cherchait en France à coordonner la théorie romantique, à lui trouver de grands précédents à l'étranger ; et aux superstitions des La Harpe on eût substitué volontiers les oracles des Schlegel.

de la *Félismène*, dont le sujet, tiré de la *Diane* de Montemayor, *ne doit rien*, suivant Hardy *aux plus excellents*.

*Acte premier.* La scène est à Tolède, d'abord dans la maison de Don Antoine, qu'un ami vient avertir des amours de son fils Don Félix avec une jeune fille belle, honnête, mais pauvre, appelée *Félismène*. Cet ami raconte assez en détail les privautés et caresses mignardes dont il a été témoin, probablement par sa fenêtre, car il est voisin de la demoiselle et il a pris goût à ce qu'il a vu :

> Mille humides baisers, mille folâtres jeux,
> Couler une main libre autour d'un col neigeux...

Don Félix survient [1], et son père lui signifie qu'il ait à partir aussitôt pour la cour d'Allemagne. La scène passe ensuite dans la maison de Félismène : on la voit qui attend son amant, et qui se désole lorsqu'elle apprend de sa bouche le fatal voyage.

*Acte second.* — On est en Allemagne, à la cour de l'empereur. Don Félix, infidèle, oublie Félismène pour la belle Célie, princesse du sang impérial. Dans une première scène, Adolphe, seigneur allemand et rival de Don Félix, s'exhale contre lui en injures et en menaces. Dans une seconde, Don Félix déclare sa passion à Célie, qui le reçoit assez mal et ne reçoit guère mieux les offres de service et de vengeance faites par Adolphe. Dans une troisième scène enfin, Félismène, déguisée en homme et venue d'Espagne à la recherche de Don Félix, s'abouche avec un des pages de l'infidèle et trouve moyen d'entrer à son service [2].

---

1. Hardy, comme les romantiques en général, ne compte pas les *scènes* par le départ ou l'arrivée d'un personnage, mais par le changement de lieu. Ainsi dans cette première *scène* du premier acte, il y en aurait trois pour nous : 1° un monologue de Don Antoine; 2° la scène entre Don Antoine et son ami; 3° celle entre Don Antoine et Don Félix.

2. C'est dans cette scène que le page, au moment de présenter Félismène déguisée, est interrogé par son maître sur un billet qu'il a dû remettre à Célie et qu'il n'a remis qu'à une suivante. — Et pourquoi ne l'as-tu pas vue elle-même? lui dit Don Félix; quelle en peut être la raison? Le page répond :

> Si la princesse a pris médecine aujourd'hui?

DON FÉLIX.

> Purge, Amour, la rigueur qui cause mon ennui!

Et de telles bassesses font place tout à côté aux plus ridicules lieux communs d'enflure.

*Acte troisième.* — (Scène première.) Félismène reçoit un message amoureux pour Célie des mains de Don Félix, qui ne reconnaît pas sous les habits de page son ancienne maîtresse. — (Scène seconde.) De la maison de Don Félix on passe dans celle de Célie. Cette beauté orgueilleuse, qui repousse Don Félix et dédaigne Adolphe, s'éprend subitement du joli messager, et en sa considération accorde un rendez-vous au maître.

*Acte quatrième.* — Don Félix est enchanté du premier rendez-vous, et envoie le joli page en demander un second. C'est à cette seconde entrevue que Célie annonce à sa rivale déguisée des intentions que la *conformité du sexe* ne permet pas à celle-ci de satisfaire (ce sont les propres expressions dont Hardy se sert dans l'argument de la pièce); et, sur le refus obstiné qu'on lui oppose, sa fureur est si grande qu'elle fait chasser Félismène par ses valets et tombe elle-même en syncope. Félismène va retrouver Don Félix ; et, pendant qu'elle lui raconte le mauvais succès du message, un autre page accourt, annonçant que Célie est morte à la suite de sa syncope. Don Félix désespéré congédie ses domestiques et se prépare à quitter la cour. Il y a eu trois changements de scène dans cet acte.

*Acte cinquième.* — La scène est d'abord à la ville. Le seigneur Adolphe réunit plusieurs compagnons pour venger la mort de Célie par celle de Don Félix. De là on est tout à coup transporté au milieu d'une vallée riante, espèce d'Arcadie, située à quelques milles de la capitale. Félismène, devenue bergère, y préside aux travaux et aux jeux des bergers. Mais on entend un bruit de combat dans le bois voisin. C'est Don Félix qui se défend seul contre Adolphe et deux autres assaillants. Félismène, en amazone intrépide, vole à son secours, tue de sa main deux adversaires et se fait reconnaître de son amant, que ce nouveau déguisement abusait encore. *Accourez*, crie-t-elle aux bergers qui s'étaient prudemment enfuis pendant le péril.

Accourez, venez voir le geôlier de mon âme,
Le principe et la fin de ma pudique flamme.

DON FÉLIX.

O ma vie !

FÉLISMÈNE.

O mon mieux!

DON FÉLIX.

O ma reine!

FÉLISMÈNE.

O mon tout!

La pièce se termine dans ces embrassements.

Quoique Hardy ne s'asservisse point rigoureusement à la division des genres, la plupart de ses tragédies offrent un certain nombre de caractères tranchés qui les distinguent de ses autres pièces, surtout de ses tragi-comédies. Les sujets en effet en sont d'ordinaire historiques, *la Mort de Daire*, *Alexandre*, *Coriolan*, *Marianne*. La durée n'y dépasse pas les bornes d'un ou de deux jours, et l'action s'y poursuit sans relâche et, pour ainsi dire, séance tenante. Enfin la scène n'y change que dans un rayon très-limité, du camp des Perses à celui des Macédoniens, par exemple, ou bien d'un appartement à un autre, sans sortir du palais d'Hérode. Ce ne sont point des tragédies romantiques : l'ombre infernale qui débute par un monologue, la nourrice qui sert de confidente, et le messager qui termine par un récit, le disent suffisamment. Ce n'est plus pourtant la tragédie de Garnier; on le sent aussitôt à l'absence des chœurs lyriques [1], au nombre plus grand des personnages, au développement plus prolongé des situations. Quand un ou deux traités aristotéliques auront passé dessus, que l'horloge sera mieux réglée et la scène mieux toisée, on aura précisément cette forme tragique dans laquelle Corneille paraît si à l'étroit et Racine si à l'aise. Le bon Hardy l'a introduite le premier, comme au hasard. L'idée ne lui est pas venue de traiter les sujets historiques de la même manière qu'il faisait les sujets romanesques, et il n'a pas eu dessein non plus de les traiter autrement. Il avait lu Garnier et peut-être les Grecs; il s'était nourri du théâtre des Espagnols. En conservant

---

1. Quelques pièces de Hardy conservent, il est vrai, des chœurs, mais c'est le très-petit nombre; et le poëte nous avertit dans la préface de sa *Didon* que ces chœurs étaient superflus à la représentation. Trotterel, sieur d'Aves, dit en tête de sa tragédie de *Sainte Agnès* (1615) : « Je t'avertis, lecteur, que je n'y ai point fait de chœurs, non pas que je ne « l'eusse bien pu, mais d'autant que ce m'eût été un travail inutile, « ayant vu représenter *plus de mille tragédies* en divers lieux auxquelles « je n'ai *jamais* vu déclamer les chœurs. »

à peu près le cadre des premiers et l'adaptant à notre scène, il y a porté quelques-unes des habitudes contractées avec les seconds, mais de telle sorte et si superficiellement que plus tard on put supprimer les licences sans toucher au fond, et que le corps de l'édifice dramatique, repris en sous-œuvre, eut l'air d'avoir été bâti d'après un plan unique et simple. On vérifiera ces considérations en lisant sa tragédie de *Marianne*, la meilleure de toutes, et qui est déjà dans le système français de Racine. Elle présente d'ailleurs, au milieu d'inconvenances et d'incorrections sans nombre, une verve de style assez franche et par moments *corneillienne*.

Un écrivain d'une érudition vaste et d'un sens critique très-éclairé, M. Ginguené, pense que *le succès de Jodelle et de Garnier imposa au public et contint leurs successeurs dans les limites de l'unité et de la vraisemblance; que ceux-ci, moins simples que les fondateurs, s'efforcèrent du moins d'être réguliers, et que de ce reste de goût antique combiné avec le romanesque espagnol naquit la première ébauche de notre art dramatique moderne*[1]. Cette fusion ou plutôt cette confusion des deux systèmes opposés est incontestable, et on ne l'aperçoit que trop dans Rotrou, Mairet, Du Ryer et Corneille. Seulement je doute qu'on doive faire honneur à Jodelle et à Garnier du retour aux règles classiques. Hardy, comme on l'a vu, sans briser le moule tragique de Garnier, l'avait étrangement déformé et rendu méconnaissable. En tête des *chastes et loyales amours de Théagène et Chariclée, réduites du grec d'Héliodore en huit journées ou tragi-comédies de cinq actes chacune*, on lit ces paroles malsonnantes : « Je sçay bien que beaucoup de ces frelons
« qui ne servent qu'à manger le miel, incapables d'en faire,
« trouveront à censurer sur ce que d'autres devant moy n'ont
« enchaîné tels poëmes à une suite directement contraire aux
« lois qu'Horace prescrit en son *Art poétique*; mais que ceux-là
« se représentent que tout ce qu'approuve l'usage et qui plaît
« au public devient plus que légitime. » Les succès de ses devanciers n'imposaient donc point à Hardy ni à son public, et lorsque, vers la fin de sa carrière [2], il eut à se défendre contre ces critiques érudits qu'il appelle des *frelons*, et que Corneille

---

1. *Histoire littéraire d'Italie*, tome VI, part. II, chap. 21.
2. Hardy mourut vers 1630.

appela depuis les *spéculatifs*, l'autorité de Jodelle et de Garnier avait complétement disparu, même aux yeux de ses adversaires, qui ne daignèrent pas s'en appuyer. Daniel Heinsius, dans son traité *de Tragœdiæ constitutione*, ne fait d'eux aucune mention. D'Aubignac, en sa *Pratique du Théâtre*, a besoin d'un effort de mémoire pour se les rappeler; Scudéry, Sarasin et les autres écrivains de cette époque, toutes les fois qu'ils parlent du progrès de l'art dramatique, les passent sous silence comme non avenus. Mais, bien qu'ils reconnaissent tous Hardy pour le vrai fondateur de la scène française, ils lui reprochent plus ou moins sévèrement, Aristote en main, les énormités dont il s'est rendu coupable; et une telle réaction, dirigée par les doctes et les beaux esprits, devait triompher sans peine de l'exemple donné par un poëte de troupe sans génie et sans originalité.

Si l'autorité de Garnier était à peu près nulle pour Hardy et la plupart de ses contemporains, il ne s'ensuit pas qu'on ne faisait plus du tout alors de tragédies dans le goût suranné de cette première école classique. Une école qui finit, même brusquement, laisse toujours quelques traîneurs après elle. Fiefmelin imitait en français le *Jephté*, tant de fois traduit, de Buchanan; Jean Behourt composait *Hypsicratée* et *Ésaü*, qu'on représentait au collége des Bons-Enfants de Rouen. Nous pensons pourtant que ces sortes de pièces étaient surtout des amusements de *cabinet*, et que Montchrestien et Billard, par exemple, destinaient les leurs à l'impression plutôt qu'à la représentation. Ces deux auteurs, les derniers et les plus remarquables assurément des disciples de Garnier, intéressent encore aujourd'hui, Montchrestien par une certaine élégance et douceur de style qui lui est particulière[1], et Billard par l'incohérence grotesque qui souvent

---

1. Montchrestien vivait sous Louis XIII. On trouve dans les chœurs de ses tragédies des stances pleines d'élégance et d'harmonie, témoin la suivante :

> Après la feuille la fleur,
> Après l'épine la rose,
> Et l'heur après le malheur;
> Le jour on est en labeur,
> Et le soir on se repose.

Aussi mauvais tragique pour le moins que Jodelle et Garnier, il se distingue d'eux par plus de douceur et de politesse; il y a du *Des Portes* et du *Bertaut* dans sa poésie. Ainsi après avoir, en son *Ecossoise*, représenté Marie Stuart énumérant tous les malheurs qui l'assaillirent au berceau, il lui fait ajouter ces deux vers charmants :

> Comme si, dès ce temps, la fortune inhumaine
> Eût voulu m'allaiter de tristesse et de peine.

éclate entre la forme et le fond de ses compositions. Sa tragédie de *la Mort d'Henry IV*, écrite dès l'année même qui suivit la catastrophe, peut donner une idée de *la Coligniade*, de *la Guisiade*, et de toutes ces tragédies politiques dans lesquelles les événements du jour étaient taillés en drame sur le patron de Sophocle et d'Euripide. C'est un plaisant spectacle d'y voir figurer pêle-mêle MM. de Sully, d'Épernon et de Saint-Géran, madame de Guercheville, l'Ermite de Surène, un *chœur* de Seigneurs, un *chœur* du Parlement, un *chœur* de MM. les Maréchaux et Officiers, le Chancelier en tête. Monseigneur le Dauphin, qui paraît avoir des inclinations plus guerrières que studieuses, s'écrie quelque part :

> . . . . . . . . . . . Je ne suis jamais las
> De courir tout un jour; mais, si je prends un livre,
> La lettre me fait mal, et m'entête, et m'enivre;
> La migraine me tient. N'en sçais-je pas assez
> Pour l'aîné d'un grand Roy? Tous ces Roys trépassés
> Il y a si long-temps ne savoient rien que lire,
> Parler fort bon françois, et faire bien le Sire :
> Qu'en désire-t-on plus?...

Et là-dessus ses petits compagnons répondent en chorus;

> Je ne puis mettre dans ma tête
> Ce méchant latin étranger
> Qui met mes fesses en danger.

Auprès de ces dernières et rares productions d'une école épuisée, renaissaient en foule, comme on l'a déjà fait voir, les pièces saintes ou grivoises, qui ne rappelaient pas mal les mystères, les moralités et les farces du vieux théâtre. Dans la première année de XVII° siècle, on rencontre une tragi-comédie de *l'Amour-Divin* par Jean Gaulché de Troyes. *Amour-Divin* est le fils d'un roi puissant et magnifique. Il a pour sœurs Astrée, Vérité, Thémis Éléone, et Physique. Celle-ci, qui avait obtenu en apanage un beau palais pour y habiter, a eu le malheur de se laisser séduire par Lucérin, un de ses serviteurs, et s'est attiré la colère de son père, qui l'a exilée à perpétuité. Éléone supplie Amour-Divin d'intercéder pour la pauvre Physique, leur sœur. D'un autre côté, Astrée leur représente qu'il faut que justice se fasse, et Vérité leur démontre que Physique ne peut rentrer en son premier état, si quelqu'un ne paye la rançon du péché commis.

Amour-Divin, ému de ces raisons, se dévoue au châtiment pour sa sœur, qu'il ramène ensuite en triomphe. A coup sûr, on croirait lire une moralité du temps de Louis XII, sans le titre de tragi-comédie qui est en tête, sans la division régulière en cinq actes, et surtout sans le messager indispensable, qui, je ne sais trop comment, a trouvé moyen de s'y glisser. Mais rien ne manque à l'illusion dans un *poëme dramatique* intitulé *l'Election divine de Saint Nicolas à l'Archevêché de Myre*, et composé par *Nicolas Soret, Remois, prêtre et maître de grammaire des enfants de chœur de Paris*. Les évêques sont assemblés en conclave et cherchent vainement sur qui fixer leur choix. Un ange descend, qui les avertit, par ordre de Dieu, de choisir le premier homme du nom de *Nicolas* qui entrera le lendemain matin dans l'église : cet homme est notre saint. On le consacre malgré son refus, et il donne en finissant sa bénédiction à tous les assistants. « Ce Synode épiscopal, est-il dit au bas de la pièce, a été « publiquement représenté dans l'église Saint-Antoine de Reims, « le neuvième jour du mois de may 1624[1]. » Cependant la *Principauté de la Sottie* subsistait encore, au moins en quelques-uns de ses statuts, et l'on retrouve en 1608 le *Prince des Sots* jouissant du droit d'entrer par la grande porte à l'Hôtel de Bourgogne et d'y prendre une copieuse collation le jour du mardi gras. Cet éternel esprit de gaieté, quelquefois profonde et fine, le plus souvent épaisse et obscène, revivait tout entier dans les *discours facétieux et très-récréatifs*, dans les *prologues drôlatiques* des Turlupin, Bruscambille, Gros-Guillaume, Gaultier-Garguille, Guillot-Gorju, comédiens célèbres du temps. Ils avaient pour usage de venir avant la pièce, tragi-comédie ou tragédie, soutenir en présence du public quelque paradoxe burlesque, quelque proposition graveleuse ; faire l'éloge du cocuage, de la pauvreté, du galimatias, de la laideur, du silence, du crachat ; railler les pédants et les censeurs, prouver que toutes les femmes aiment ou peuvent aimer, etc. ; inépuisables lieux communs, qu'exploitait avec un égal succès le fameux Tabarin sur ses tréteaux du pont Neuf.

---

1. Nicolas Soret, dans cette pièce en vers, se montre exactement de l'école de Du Bartas pour le style, lui empruntant la manière de forger des mots, de redoubler les syllabes par onomatopée (*flo-flotter* pour *flotter*, par exemple), enfin pratiquant avec exagération et renchérissement tout ce qui sera noté de singulier en ce genre dans l'article particulièrement consacré à Du Bartas.

Mais c'étaient là des jeux de populace, qui sentaient par trop la grossièreté d'un autre âge. La nouvelle génération littéraire, née avec le siècle, et nourrie après la Ligue, s'élançait de préférence sur les traces du vieux Hardy et ne tarda pas à le dépasser. Dès 1618, Théophile, par sa tragédie de *Pyrame et Thisbé*, Racan par sa pastorale d'*Artenice*, avaient commencé d'éclipser la gloire jusque-là unique du fécond dramaturge ; la *Silvie* de Mairet, l'*Amarante* de Gombauld, qui suivirent de près, continuèrent de l'affaiblir, et elle acheva de disparaître entièrement devant les premières productions de Rotrou, Scudéry et Corneille[1]. Toutes ces pièces, en effet, quelque misérables qu'elles nous semblent aujourd'hui, effacent sans comparaison, ne fût-ce que par leur style et l'espèce même de leur mauvais goût, les drames incorrects et rocailleux de Hardy. Celui-ci le sentait bien, et à l'amertume de ses préfaces, aux fréquentes sorties qu'il se permet contre *ces mauvais avocats qui pensent devenir bons poëtes en moins de temps que les champignons croissent*, contre ces novateurs imberbes *qui cherchent la perfection de la poésie en je ne sais quelle douceur superficielle, et châtrent le parterre des Muses de ses plus belles fleurs*, il est aisé d'apercevoir le vif déplaisir que lui causait la concurrence. Quand on lui présenta la *Mélite* du jeune avocat Corneille, il daigna prononcer que c'était une *assez jolie farce* ; et, s'il avait assez vécu pour voir *le Cid*, il lui aurait peut-être aussi fait la grâce de le trouver *joli quelquefois* ; mais il mourut en 1629 ou 1630, et sa renommée avec lui. Son exemple ne cessa pourtant pas tout à coup de prévaloir ; on ne passa pas sans secousse de la licence à la régularité et du régime de Véga à celui d'Aristote. Si la lutte fut courte, elle fut un peu vive, et le nom de Hardy y revient souvent ; il appartient par conséquent à notre sujet de la décrire.

L'ouvrage latin de Daniel Heinsius, *sur la Constitution de la Tragédie*, avait paru en 1611 ; mais l'auteur n'y appliquait ses critiques qu'aux tragédies latines modernes, et il se taisait dédaigneusement sur les essais en langue vulgaire. Vers 1625, les prétentions des *réguliers* (on les appelait de ce nom) étaient encore modestes, à en juger par l'espèce de poétique que Mairet

---

1. La date précise de ces premières pièces est fort difficile à assigner, car elles ne furent imprimées que plusieurs années après la représentation.

plaça en tête de sa *Silvanire*. Il y plaide avec beaucoup de circonspection pour les unités de temps et de lieu, et réclame en leur faveur la tolérance plutôt que l'autorité. Il s'étonne « que
« des écrivains dramatiques, dont la foule est si grande, les
« uns ne se soient pas encore avisés de les observer, et que les
« autres n'aient pas assez de discrétion pour s'empêcher au
« moins de les blâmer, s'ils ne sont pas assez raisonnables pour
« les suivre. Ce n'est pas, au reste, qu'il veuille condamner ou
« qu'il n'estime beaucoup quantité de belles pièces de théâtre,
« dont les sujets ne rentrent pas dans les bornes des règles : à
« cela près, leurs auteurs et lui ne seront jamais que très-bien
« ensemble. Mais il aime mieux que la régularité se joigne aux
« autres mérites, et, en dépit de l'Hôtel de Bourgogne, il es-
« time l'ordonnance dramatique des anciens la plus propre à
« la vraisemblance des choses et la plus commode pour l'ima-
« gination. Sans doute très-peu de sujets se prêtent à être en-
« fermés en un cadre si étroit, et sur cent il ne s'en trouve
« peut-être pas un avec cette circonstance. Mais qu'importe le
» temps et la peine, pourvu que la rencontre s'en puisse faire?
« Il est ici question du mieux, et non pas du plus ou du moins.
« Et qu'on n'allègue pas que les anciens, pour éviter la confu-
« sion des temps, sont tombés dans une plus grande incom-
« modité, savoir, la stérilité des effets, qui sont si rares et si
« chétifs en toutes leurs pièces, que la représentation n'en seroit
« aujourd'hui que fort ennuyeuse. Car encore qu'il soit vérita-
« ble que les tragédies ou comédies des anciens soient extrê-
« mement nues, et par conséquent en quelque façon ennuyeu-
« ses, ce vice tient à d'autres causes, et la difficulté de la même
« règle n'a pas empêché les Italiens modernes d'imaginer des
« sujets parfaitement beaux et agréables. » Malgré ce commencement de réforme, les vieilles habitudes persistèrent quelques années encore. Mairet ne suivait pas toujours les conseils qu'il donnait aux autres ; Rotrou, aussi pauvre que Hardy, épuisait à la solde des comédiens un heureux et facile talent que le travail eût richement fécondé ; le rodomont Scudéry, à peine sorti du régiment des Gardes, laissait couler pastorales et tragi-comédies de cette fertile plume, qui, selon l'expression d'un contemporain, *n'avait jamais été taillée qu'à coups d'épée;* disciple de Hardy, il s'excusait cavalièrement de ses rudesses et de ses ignorances de *soldat*, en attendant qu'il se déclarât

non moins cavalièrement le champion d'Aristote. Corneille enfin, quand il faisait *Mélite*, ignorait qu'il existât une règle des vingt-quatre heures, et il avait besoin de venir en poste de Rouen à Paris pour l'apprendre. Le plus grand obstacle au triomphe des unités était à l'Hôtel de Bourgogne. Le public, il est vrai, s'en inquiétait peu ; mais les comédiens s'effrayaient beaucoup d'une innovation qui ruinait leur vieux répertoire, et leur interdisait à l'avenir tant de sujets commodes [1]. Ils étaient alors divisés en deux troupes. Celle du Marais, qui avait depuis longtemps obtenu des Confrères de la Passion le droit de jouer aux mêmes conditions que les comédiens de l'Hôtel de Bourgogne, mais qui n'avait pu d'abord soutenir avec eux la concurrence, venait de rouvrir son théâtre à l'Hôtel d'Argent [2], encouragée par le succès fou de *Mélite* (1629). Les premiers toutefois restèrent les plus considérables, et doivent être regardés comme les ancêtres directs de la Comédie française. Déjà qualifiés du titre de *comédiens du Roy*, ils travaillaient à s'affranchir du tribut humiliant qu'ils payaient à la confrérie. Elle subsistait toujours, en effet, sinécure joyeuse, réunion d'artisans débauchés, qui s'enivraient et s'engraissaient aux frais du théâtre [3]. Un arrêt du Conseil (novembre 1629) mit fin au scandale. Mais, en échappant à un si méprisable vasselage, les comédiens tombèrent sous un joug plus noble et plus pesant. Le cardinal de Richelieu, qui, grâce à ses cinq faiseurs, se piquait d'être le premier auteur dramatique du royaume, s'installa le patron, c'est-à-dire le maître de la comédie comme de l'Académie. Un jour que Chapelain se plaignait en sa présence des difficultés qu'éprouvait la règle des vingt-quatre heures, il fut décidé que la règle deviendrait loi. En conséquence, le comte de Fiesque,

---

1. Mademoiselle Beaupré, comédienne, disait en parlant de Corneille : « M. Corneille nous a fait un grand tort. Nous avions ci-devant des pièces « de théâtre pour trois écus, que l'on nous faisoit en une nuit ; on y « étoit accoutumé, et nous gagnions beaucoup. Présentement les pièces de « M. Corneille nous coûtent bien de l'argent, et nous gagnons peu de « chose. »
2. Est-ce bien à l'hôtel d'Argent, n'est-ce pas plutôt dans le Jeu de Paume situé au haut de la Vieille-Rue du Temple que ce théâtre du Marais se rouvrit? J'indique et laisse cette grave question aux historiens futurs du théâtre. Il n'est pas de petit scrupule en histoire littéraire.
3. Il paraît que les abus avaient grossi avec les ressources. Ce n'étaient plus seulement deux loges que les Confrères retenaient pour eux, mais *la meilleure partie*, est-il dit, *des loges et galeries ;* et de plus ils s'arrogeaient le droit de préposer leurs receveurs particuliers les jours de représentation.

grand seigneur bel-esprit, qui tranchait du Mécène et pratiquait volontiers les coulisses, signifia l'édit au parlement comique, et, ainsi qu'on peut le croire, il ne fallut pas recourir au lit de justice. Avec la *Sophonisbe* de Mairet, qui parut la même année que *Mélite* (1629), commença l'ère des pièces régulières. On remarquera pourtant que l'auteur ne s'est pas fait scrupule de laisser fréquemment la scène vide, ou de la changer d'une chambre à l'autre pendant la durée des actes. L'inexpérience était grande encore en matière de régularité, et avant d'extraire le système de Racine du fratras de Hardy, qui le contenait au fond, on eut besoin de multiplier les épreuves. C'est à cette époque de transition et sous l'empire de cette poétique un peu équivoque que furent composés la *Marianne* de Tristan, la *Cléopâtre* de Benserade, le *Mithridate* de La Calprenède, et avant tout cet admirable *Cid* (1636), dans lequel le génie triompha si puissamment de la forme, et, ce qui était encore inouï au théâtre, se montra si original en imitant. L'on sait que Richelieu *se ligua* contre *le Cid*, et que *l'Académie en corps le censura*. Mais ce qu'on sait moins, ce sont les détails et les conséquences de cette querelle littéraire, qui occupa la ville et la cour durant toute l'année 1637, et qui décida sur la scène française le règne absolu des unités.

La jalousie sans doute et la vanité blessée [1] furent pour beau-

---

1. Avant la querelle du *Cid*, Scudery avait composé sur *la Veuve* de Corneille la pièce de vers que voici :

AUX DAMES.

Le soleil est levé ; retirez-vous, étoiles ;
Remarquez son éclat à travers de ses voiles ;
Petits feux de la nuit, qui luisez en ces lieux,
Souffrez le même affront que les astres des cieux !
Orgueilleuses beautés, que tout le monde estime,
Qui prenez un pouvoir qui n'est pas légitime,
*Clarice* vient au jour, votre lustre s'éteint ;
Il faut céder la place à celui de son teint,
Et voir dedans ces vers une double merveille,
La beauté de *la Veuve* et l'esprit de *Corneille*.

Passe pour l'*esprit*; mais, quand vint le *génie* de Corneille, Scudery y regarda à deux fois. Mairet avait loué aussi *la Veuve* ; son éloge est adressé à M. Corneille, *poëte comique :*

Rare écrivain de notre France,
Qui le premier des beaux esprits
As fait revivre en tes écrits
L'esprit de Plaute et de Térence,
Sans rien dérober des douceurs
De *Mélite*, ni de ses sœurs,
O Dieux ! que ta *Clarice* est belle,
Et que de veuves dans Paris
Souhaiteroient d'être comme elle,
Pour ne pas manquer de maris !

coup dans cette première critique, en forme de cartel, qu'adressa Scudery à Corneille. Mais parmi tant de personnalités, de forfanteries, de coups de *fleuret* et de bottes portées à faux, l'assaillant souleva les questions générales et les mêla dans la querelle. Pour prouver que *le Cid* péchait contre l'unité d'action, contre la vraisemblance et les bonnes mœurs ; que l'auteur avait eu tort de resserrer en vingt-quatre heures des événements qui tiennent quatre années dans l'histoire ; que Rodrigue devait toutes ses beautés à l'acteur Mondory ; que Chimène était une *impudique*, une *prostituée*, une *parricide*, et le comte de Gormas un *capitan* ; que cinq cents gentilshommes font plus qu'une *brigade*, et qu'il y a des régiments entiers qui n'en ont pas davantage, etc., il se crut obligé de s'armer des poétiques tant anciennes que modernes, et, suivant le mot de Corneille, il *se fit tout blanc* d'Aristote, d'Heinsius et d'Horace. Aussi le gouverneur de Notre-Dame de la Garde put-il ensuite se vanter bien haut *d'avoir donné à ce pauvre Cid vingt fois de l'épée dans le corps jusques à la garde, sans compter un nombre infini de blessures en tous les membres*. Mairet, qui fut comme le second de Scudery dans cette affaire d'honneur, prit à témoin les mêmes autorités classiques. L'auteur du *Cid* n'osa en décliner la compétence, et plus tard l'Académie en appuya sa décision. Il arriva cependant qu'un assez mauvais poëte dramatique appelé Claveret, duquel Corneille avait dit, en répondant à Scudery : « Il n'a pas tenu à vous que du premier rang, « où beaucoup d'honnêtes gens me placent, je ne sois des-« cendu au-dessous de Claveret, » se trouva très-vivement formalisé du soufflet tombé sur sa joue, et, à l'exemple de Rodrigue, en demanda raison à l'offenseur. L'honnête Claveret avait conservé les traditions de Hardy, et, après qu'il eut parlé pour sa défense personnelle, il profita de l'occasion pour protester une dernière fois contre les prétendues règles des beaux esprits novateurs. Les raisons qu'on alléguait alors de part et d'autre ne diffèrent pas essentiellement de celles qu'on a renouvelées de nos jours : et si Mairet, Des Marests et compagnie, parlent souvent comme nos critiques arriérés, Claveret quelquefois se rapproche de MM. Schlegel, Visconti et Manzoni. « Je veux ré-

---

Tant que Corneille ne réunit en lui que *Plaute* et *Térence*, Mairet fut tolérant ; mais dès que le même Corneille aborda l'héroïque et le tragique, l'auteur de *Sophonisbe* prit la chose au sérieux.

« pondré, écrit-il en son *Traité du Poëme dramatique*, à ceux
« qui ont voulu rendre générale et obligatoire la règle des
« vingt-quatre heures, pour ce, disent-ils, qu'on ne peut con-
« cevoir que ce qui est discouru et représenté sur le théâtre en
« deux ou trois heures ait été fait en un plus long temps que
« d'un jour civil ou naturel. Je leur dis premièrement qu'ils
« veulent passer pour petits esprits, de priver leur entendement
« de la faculté d'opérer en beaucoup de façons qui lui sont pos-
« sibles, et qui sont ordinaires aux bons cerveaux. Car, en
« voyant représenter une pièce de théâtre, suppléer les temps,
« supposer les actions et s'imaginer les lieux, sont des opéra-
« tions d'esprit qui de vérité ne peuvent être bien faites que
« par des habiles, mais que les plus grossiers peuvent faire en
« quelque façon, et selon qu'ils ont le sens commun plus ou
« moins subtil. Sans telles opérations de la part des auditeurs,
« il est impossible au poëte de faire discourir et représenter
« une histoire, pour succincte qu'elle soit, à cause du peu de
« temps et de lieu qui lui est prescrit pour conclure et confiner
« sa pièce ; et ceux-là même qui ne veulent représenter que des
« choses arrivées en vingt-quatre heures ne peuvent nier que,
« les faisant passer sur le théâtre en deux heures, ils n'obli-
« gent les spectateurs à suppléer le reste du temps qu'ils veu-
« lent être si scrupuleusement réglé et limité ; de façon que,
« s'ils ne veulent pas qu'on supplée rien aux choses représen-
« tées, ils pèchent eux-mêmes contre leur règle. Je sais bien
« qu'ils me diront que les suppléments qu'on fait en leurs piè-
« ces ne sont pas si grands que ceux que l'on fait aux poëmes
« plus composés ; mais je leur réponds que, si l'imagination
« n'est pas violentée par une légère supposition, elle ne l'est
« point par une plus grande, et qu'en voyant représenter une
« pièce de théâtre, il ne coûtera pas plus au spectateur de sup-
« pléer un an de temps qu'une journée ou une semaine, ni de
« s'imaginer tout un royaume comme une province ou une île. »
Durval, auteur dramatique aussi médiocre que Claveret, soutenait
la même cause par les mêmes raisonnements, et dans la préface
de sa *Panthée*, il accuse *les réguliers de dépenser en une journée
de vingt-quatre heures toutes leurs provisions, sans avoir souci
du lendemain*. On lit dans une autre de ces préfaces :

Adieu, lecteur, et pour comprendre
La règle des pièces du tems,

Ne te lasse point de l'apprendre
Pour le moins encore cent ans,
L'effet de cette loi nouvelle
Est de comprimer la cervelle,
De rétrécir l'entendement,
D'affoiblir l'imaginative :
Par ce moyen juge comment
L'âme se rend plus attentive.

Ces vives ripostes n'empêchèrent pas que, l'année même de la querelle du *Cid* (1657), Des Marets ne traduisît sur la scène, dans sa comédie des *Visionnaires*, un poëte grand partisan de Hardy, de Du Bartas et de Ronsard, un *romantique*, comme on dirait aujourd'hui, et qu'il ne lui fît jouer un rôle d'extravagant[1]. A partir de cette époque, on ne remarque plus de résistance formelle aux unités ; et, si quelque auteur se permet de les violer encore, il a toujours soin de s'en excuser auprès du public. Scudery nous avertit que *sa Didon est un peu hors des règles, bien qu'il ne les ignore pas ; mais qu'après avoir satisfait les savants, il veut satisfaire le peuple*. Chappoton rejette les irrégularités de son *Coriolan* sur la difficulté du sujet, *qui est tel, qu'à moins de prendre les plus beaux endroits de la vie du héros, l'on ne saurait l'accommoder agréablement au théâtre*. Claveret lui-même, dans le petit nombre de pièces qu'il fit par la suite imprimer, semble s'être beaucoup radouci ; il se flatte, en tête de son *Esprit-Fort*, d'avoir pratiqué avec soin toutes les règles ; et quant au *Ravissement de Proserpine*, où la scène est tour à tour au ciel, en Sicile et aux enfers, il imagine pour sortir d'embarras que *le lecteur peut se représenter une certaine unité de lieu, la concevant comme une ligne perpendiculaire du Ciel aux Enfers* ; bien entendu que la verticale doit passer par la Sicile. Faut-il rappeler que cette influence qui agissait si efficacement sur Claveret n'épargnait point Corneille, et qu'il ne parla bientôt plus qu'avec une sorte d'effroi superstitieux de *l'horrible déréglement* et du *libertinage effréné* de ses premières pièces ; mais, lui, du moins, par le privilége du génie, et à l'exemple de ces âmes romaines qu'il nous retrace, il resta grand et presque libre au milieu des fers.

Nous ne savons qu'une exception à l'asservissement universel, et c'est à Rotrou qu'en appartient l'honneur. Soumis par sa

1. Voy. surtout la dissertation entre Amidor, le poëte extravagant, et Sestiane, jeune précieuse entichée de la comédie (acte II, scène IV).

pauvreté aux caprices des comédiens, il fit d'abord, dans le goût de Hardy, une foule de pièces qui se distinguent de celles de Mairet, Scudery, et Du Ryer, par l'intérêt romanesque, et surtout par la supériorité du style. Les théories dramatiques le touchaient aussi peu que les basses jalousies de métier, et il ne prit aucune part à la polémique dénigrante et pédantesque du jour. Admirateur généreux de Corneille, il proclamait en toute occasion sa gloire; il l'avait même aidé de ses conseils, et, quoique plus jeune d'âge, avait reçu de lui le nom touchant de *père*. Par une sorte de reconnaissance splendide, le génie de Corneille rendit ensuite au talent de Rotrou bien plus qu'il n'en avait emprunté d'abord, et, le fécondant, pour ainsi dire, de ses rayons, l'échauffant d'une émulation sympathique, il en fit jaillir une ardeur nouvelle et un éclat inconnu. *Venceslas* et *Cosroës* furent comme l'écho du *Cid*, de *Pompée* et de *Cinna*. Le martyre de *Polyeucte* inspira celui de *Saint Genest*. Mais dans cette dernière pièce (1646) Rotrou porta une originalité de conception, un oubli des règles conventionnelles, un mélange de naïf et de profond, de comique et de sublime, qui la rendent une œuvre unique en notre littérature, même auprès de *Nicomède*. Je ne puis m'empêcher de citer encore l'étonnante tragi-comédie de *Don Bernard de Cabrère* (1647), dans laquelle un héros, aux prises avec un sort malin, voit ses espérances les plus magnifiques s'évanouir devant les plus misérables contre-temps, et excite à la fois par son air piteux et noble une compassion triste et un fou rire. Rotrou, on le sait, mourut à quarante et un ans (1650), victime de son dévouement civique, et en lui disparut le seul écrivain de mérite que puisse revendiquer avec honneur l'école de Hardy.

Ce que Rotrou pensait sans doute de la querelle du *Cid*, d'autres le pensèrent aussi, et quelques-uns le dirent. Balzac, répondant à Scudery, qui lui avait envoyé ses *Observations*, essaya de faire entendre à ce chatouilleux ami que les irrégularités et les invraisemblances de la pièce importaient peu aux spectateurs, et qu'au théâtre un succès d'enthousiasme a toujours raison. Mais, parmi les indifférents qui s'entremirent, aucun ne montra plus de sens et de finesse qu'un auteur anonyme du *Jugement du Cid*, lequel s'intitule *bourgeois de Paris et marguillier de sa paroisse*. En ce temps-là, les marguilliers apparemment allaient aux pièces nouvelles. Et pour-

quoi pas ? Un cardinal-ministre en faisait. Ce marguillier donc, homme d'esprit, qui se vante d'*être du peuple* et a un faux air du *Paul-Louis* de nos jours, proteste *qu'il n'a jamais lu Aristote, et qu'il ne sait point les règles du théâtre;* ce qui ne l'empêche point de railler très-agréablement les critiques de Scudery, tout en relevant les beautés et même les fautes de Corneille. Son unique secret pour cela, nous dit-il, est de *juger du mérite des pièces par le plaisir qu'il y reçoit.* Guidé par ce sentiment infaillible, il pense qu'aux objections subtiles par lesquelles on voulait réfuter son triomphe, Corneille aurait pu se dispenser de répondre, et qu'il lui suffisait de dire, comme ce Romain victorieux et accusé : « Peuple, ou joue encore aujour-
« d'hui *le Cid;* allons l'ouïr représenter ! » C'est vraiment plaisir de retrouver exprimées, il y a deux cents ans, sous une forme piquante, ces simples vérités de bon sens que les préjugés des doctes ont presque toujours réussi à obscurcir [1].

Nous ne pousserons pas plus loin ces recherches sur les premiers temps de notre théâtre; mais on aurait tort de croire que le dédain avec lequel nous avons parlé des Scudery, des Chapelain, des Mairet, et autres rédacteurs de notre code dramatique, s'étende le moins du monde aux grands poëtes qui ont suivi, et aux nobles chefs-d'œuvre qu'ils ont créés. Dans la comédie, Molière nous semble avoir été tout ce qu'on peut être en aucun pays et en aucun siècle; notre admiration pour lui ne conçoit ni un désir ni un regret. S'il n'en est pas tout à fait ainsi de Racine ni de Voltaire, s'ils sont loin de satisfaire aux vastes et profonds besoins d'émotions que l'humanité éprouva dans ses âges de jeunesse et de vigueur, aux époques d'Eschyle et de Shakspeare, et qu'elle sent se ranimer en elle à mesure qu'elle se blase et vieillit, il faut songer que le pédantisme littéraire de Richelieu fit place à la politesse *courtisanesque* de l'âge suivant ; que le théâtre se rattacha plus que jamais aux Menus-Plaisirs,

---

[1]. Dans notre première édition nous avions pris soin de reproduire en entier, à la fin du volume, ce pamphlet spirituel et peu connu, auquel les questions débattues en 1828 rendaient une sorte d'à-propos. En général, ces dernières pages et ces conclusions de notre Histoire du théâtre au XVIe siècle se ressentent bien naturellement des circonstances littéraires d'alors. *Les Barricades* et *les Etats de Blois, le Théâtre de Clara Gazul, les Soirées de Neuilly*, les drames inédits et lus de M. de Rémusat, le *Cromwell* de M. Hugo, et les tentatives de traductions shakspeariennes en vers, tout nous poussait à croire qu'une certaine liberté seule manquait pour ouvrir le théâtre à la foule des jeunes talents empressés. L'expérience a depuis prouvé qu'il manquait autre chose encore.

et qu'une tragédie fortement historique et nationale n'aurait pu s'acclimater à huis clos dans les petits appartements de Versailles ou sous les grilles de Saint-Cyr. Qu'on se figure en effet un beau salon rempli de beau monde, une scène rétrécie par des banquettes, sur ces banquettes des marquis et des vicomtes lorgnant et jasant ; . puis, entre ces deux haies de fats beaux esprits, qu'on se figure encore entrant cérémonieusement sur la scène *OEdipe* avec poudre, ou *Iphigénie* en paniers ; qu'on relise alors ces pièces brillantes d'*Iphigénie* et d'*OEdipe*, si peu semblables à celles d'Euripide et de Sophocle, et qui devaient si peu l'être ; qu'on les revoie, pour ainsi dire, sur place, parmi ces lustres et ces toilettes, dans cette amosphère factice de lumières et de parfums, et qu'on se demande de bonne foi si la perfection du genre n'est pas atteinte, et s'il était donné au poëte de déployer plus de génie, surtout plus d'art, en de tels sujets, avec un pareil encadrement. Ainsi, au milieu des pompes de la cour galante de Ferrare, le Tasse composa la pastorale d'*Aminta*, et assortit merveilleusement les manières de son Arcadie au ton d'Alphonse et d'Éléonore. Ainsi Virgile lui-même adoucit au bon plaisir de Pollion l'agreste simplicité de Théocrite, et rendit les forêts dignes d'un consul. Mais, comme nous l'avons remarqué ailleurs, en des genres si artificiels il n'est permis que d'exceller, et même que d'exceller une seule fois. L'uniformité de l'étiquette, qui s'applique sans exception à tous les sujets, n'admet pour tous qu'un idéal commun, dont le plus habile talent s'empare le premier, laissant à ceux qui suivent les périls et les dégoûts de l'imitation. C'est ce qu'on a vu chez nous après l'incomparable Racine; et, quoique ses successeurs aient souvent essayé d'agrandir et de diversifier son système tragique, tout en s'y conformant pour l'ensemble ; quoique plusieurs depuis aient insisté davantage sur la vérité des caractères, du langage et des costumes, ils n'ont pas su avec ces efforts partiels varier suffisamment les jouissances, ni soutenir la curiosité du public, et on ne les accueille de nos jours que par l'indifférence et l'ennui. Une réforme absolue est devenue nécessaire, et ne peut manquer de s'accomplir, dès l'instant que le régime de la liberté commencera franchement pour le drame, et que la scène ne sera plus régentée par des grands seigneurs aides de camp du roi. Verrons-nous bientôt ce triomphe de l'art, qui se lie si étroitement au triomphe de notre cause publique? Je n'ose y croire, et ne cesse pourtant de l'espérer. Quoi qu'il arrive, pour ne pas être injustes envers les chefs-d'œuvre de nos pères, ne les séparons pas, quand nous les jugeons, de la société choisie dont ils furent les plus nobles décorations ; admirons-les sans les déplacer, comme des fresques à la voûte d'un palais ou d'un temple.

# DU ROMAN

## AU XVIᵉ SIÈCLE

## ET DE RABELAIS

Nous n'aurions donné qu'une idée incomplète de la poésie au xvıᵉ siècle si nous ne disions un mot des romans, qui en sont une branche importante [1], et surtout si nous n'insistions un peu, avant de finir, sur le plus grand des romanciers et des poëtes du temps, le bouffon et sublime Rabelais. Le genre où il excella est tout à fait propre à son époque, et répond admirablement à tout ce qu'il y avait alors de plus original et de plus indigène dans les mœurs. On n'en était déjà plus en effet au règne des fabliaux naïfs et de la chevalerie errante. Cette ignorance de demi-savant, crédule, aimable et conteuse, qui faisait son bréviaire du livre *Gesta Romanorum* [2], et qui mêlait ensemble, dans ses rêves d'âge d'or, Charlemagne, Alexandre et le saint ciboire, se dissipait par degré, depuis l'invention de l'imprimerie, devant les lumières de la Renaissance. Sans doute on lisait encore, on traduisait toujours les romans de chevalerie; mais on n'en composait plus de nouveaux ou du moins ces nouveautés prétendues n'étaient que de plates copies [3].

---

1. « Tout écrivain capable d'écrire un bon roman est plus ou moins « poëte, même quand il n'aurait jamais écrit un vers de sa vie. »(Walter Scott.)
2. Ce livre singulier, recueil de légendes fabuleuses et de traits d'histoire altérés, parut dès l'origine de l'imprimerie. Les romanciers et les auteurs de mystères y puisèrent largement. Voy. la troisième dissertation placée en tête de l'*Histoire de la poésie anglaise*, par Warton.
3. La quantité des *romans* proprement dits publiés au xvıᵉ siècle est, en quelque sorte, innombrable, puisqu'on y imprima presque tous ceux

Lorsque François Iᵉʳ voulut rendre un lustre aux vieux souvenirs et régner en roi chevalier, les lectures favorites des dames et des seigneurs de la cour furent la traduction du *Philocope* de Boccace par Adrien Sevin, et surtout celle de l'*Amadis* espagnol par Herberay des Essars ; mais on ne voit pas que cette mode ait donné naissance à d'autres productions célèbres du même genre, et, s'il est permis d'y rapporter *la Franciade* de Ronsard, il faut convenir que la tentative ne fut pas heureuse. Nul exemple ne peut démontrer plus clairement combien l'érudition sérieuse et profonde jette de froideur et d'ennui sur les traditions fabuleuses. Ronsard le premier rendit tacitement justice à son œuvre en ne l'achevant pas. Si le xvɪᵉ siècle avait pu produire quelque roman original de chevalerie, c'eût été probablement sur un ton moins solennel, et avec une pointe de gaieté, une saillie de libertinage, qu'il est aisé de concevoir en lisant les *Vies* de Brantôme ou les *Mémoires* de la reine Marguerite. On se figure volontiers à la cour de Catherine de Médicis quelque chose de pareil à cette gaillarde histoire du *Petit Jehan de Saintré*, dont la scène se place du temps de Charles VI, et peut-être parmi les dames d'honneur d'Isabeau de Bavière [1]. Le *Décaméron* de Boccace, ce répertoire de contes *moult plaisants*, avait fait fortune en France presque autant que le *Philocope*, et bien avant lui. Les *Cent Nouvelles nouvelles*, composées et racontées par les plus illustres seigneurs de la cour de Bourgogne, durant la seconde moitié du xvᵉ siècle, en étaient des imitations fort gaies et fort naïves ; la licence y allait au delà de ce qu'avait osé Boccace lui-même. Marguerite de Navarre, pour se désennuyer peut-être de ses poésies chrétiennes, écrivit le piquant *Heptaméron*, et son valet de chambre Bonaventure Des Periers suivit un si auguste exemple dans ses *Contes et joyeux Devis*. Celui-ci d'ailleurs, par son *Cymbalum Mundi* [2], débuta

---

qui circulaient manuscrits dans les siècles précédents, en les rajeunissant de style et en les remaniant en prose, et puisque en outre on traduisit tout ce qu'on put des littératures anciennes et modernes, depuis Apulée jusqu'à Montemayor. Les extraits de ces romans remplissent neuf volumes entiers des *Mélanges tirés d'une grande Bibliothèque*. Je ne m'attache ici qu'à saisir ce qui a eu influence et originalité, ce qui a formé la vraie veine du siècle.

1. Le roman d'ailleurs ne fut composé que plus tard : l'auteur, Antoine de La Salle, l'écrivait en 1459.

2. Ce livre imprimé pour la première fois à la date de mars 1537 (c'est-à-dire 1538), par Jean Morin, et donné comme une traduction du latin faite par *Thomas du Clevier*, était réellement écrit en français par Bona-

l'un des premiers en un genre de dialogue ou roman satirique imité de Lucien, et dont nous allons retrouver plus d'un exemple.

Les deux grands faits de la réformation et de la Renaissance avaient introduit parmi les hommes érudits et spirituels une satire à la fois philosophique par le fond et pédantesque par la forme, une sorte de *lucianisme* collégial, qui dictait à Érasme ses mordants dialogues et son *Moriæ Encomium* : à Reuchlin ses *Litteræ obscurorum Virorum* ; à Corneille Agrippa sa déclamation *de Vanitate scientiarum*, où il célèbre en précurseur de Jean-Jacques le bonheur d'ignorer et la suprême félicité des ânes ; à Théodore de Bèze, enfin, cette épître, presque macaronique, adressée à l'ex-président Liset sous le nom de *Passavantius*. Le style macaronique, qui passait pour avoir été sérieusement employé en chaire par les prédicateurs du xv° siècle, par Olivier Maillard, Michel Menot, Robert Messier [1], que Gabriel Barlette avait illustré en Italie, et que le moine vagabond *Teofilo Folengo* avait élevé jusqu'à l'art dans sa burlesque épopée de *Baldus*, était devenu un véritable instrument d'opposition religieuse ; c'était déjà porter coup aux moines et à tout le bas clergé catholique que de parodier leur latin barbare. Sans faire directement usage de cet élément de bouffonnerie érudite, Rabelais ne le perdit jamais de vue, et le transporta, pour ainsi

venture Des Periers, et fit mettre en prison l'imprimeur et l'auteur. Il paraît même, d'après un passage de l'*Apologie pour Hérodote*, que Des Periers, poussé à bout par les persécutions du parlement et du président Liset, s'enferra de son épée dans le cachot. On s'étonne d'abord de cette persécution à la lecture du livre, qui, bien que rempli de traits satiriques, ne semble pas sortir des bornes d'une honnête et légitime plaisanterie. Il contient quatre dialogues. On voit, dans le premier, Mercure qui descend du ciel en terre, chargé de toutes les commissions des dieux et déesses. Entre autres commissions, Jupiter lui a dit de porter au relieur son *Livre des Destinées*, qui est tout délabré de vieillesse. Deux bons compagnons, qui ont reconnu Mercure, l'emmènent au cabaret, l'enivrent de vin de Beaune, et finissent par lui faire une querelle d'Allemand après lui avoir dérobé son livre, dont ils comptent bien tirer profit. Les dialogues suivants sont du même ton. On crut y découvrir une satire détournée du christianisme et de la révélation. M. Charles Nodier, qui en donne une clef, a fait voir qu'on ne s'était pas tant mépris (*Revue des Deux Mondes*, novembre 1839) ; seulement n'admire-t-il pas un peu trop le talent et l'œuvre ?

1. Du moins Henri Estienne, par les citations dont il égale son *Apologie pour Hérodote*, semblait autoriser cette idée. Maintenant qu'on sait de certaines choses du xv° siècle mieux que ne les savaient les érudits du xvi°, on s'accorde à reconnaître que ces burlesques sermons dont on a les traductions latines entrelardées de mots gaulois, ont été réellement débités, non pas en latin, mais dans le français du temps ; ils n'en étaient qu'un peu moins ridicules. Pour être juste, il faut toutefois lire là-dessus deux leçons de M. Géruzez (*Histoire de l'Éloquence politique et religieuse en France*, 1837).

dire, dans la langue vulgaire. Il y joignit la manière non moins franche et plus légère d'un causeur facétieux, d'un diseur de contes et nouvelles. Ce fut tout à la fois Érasme et Boccace, Reuchlin et Marguerite de Navarre; ou plutôt, de tous ces souvenirs, confondus, digérés et vivifiés au sein d'un génie original, sortit une œuvre inouïe, mêlée de science, d'obscénité, de comique, d'éloquence et de fantaisie, qui rappelle tout sans être comparable à rien, qui vous saisit et vous déconcerte, vous enivre et vous dégoûte, et dont on peut, après s'y être beaucoup plu et l'avoir beaucoup admirée, se demander sérieusesement si on l'a comprise.

La vie et le caractère de celui qui la composa ne sont pas une moindre énigme que l'œuvre elle-même. Né à Chinon en Touraine, vers 1483 ou 1487, d'un père cabaretier ou apothithicaire [1], il s'instruit de bonne heure aux lettres latines, grecques, hébraïques; apprend l'italien, l'espagnol, l'allemand, même l'arabe; compose successivement des almanachs, des commentaires sur Hippocrate, des romans; et court sans cesse le monde, d'abord cordelier, puis bénédictin, grâce à une bulle de Clément VII, puis défroqué et médecin de Montpellier; puis une seconde fois bénédictin, grâce à une bulle de Paul III; puis enfin chanoine séculier et curé de Meudon. Dans un voyage à Paris, en 1553, il meurt saintement selon les uns, la moquerie et l'impiété à la bouche selon d'autres; et ces jugements contradictoires, qu'on retrouve jusque chez les contemporains, embarrassent encore la postérité. Au premier coup d'œil, sa vie vagabonde et la nature de son roman semblent d'accord pour nous faire voir en Rabelais, malgré sa double robe, un homme de principes relâchés, d'humeur aventurière, de mœurs libres, aussi jovial que savant, au propos cynique et satirique; et la tradition commune se représente assez volontiers l'Anacréon tourangeau sous la treille, le verre en main, gourmand, ivrogne et joufflu. Les poëtes d'alors, Ronsard, Baïf, Jodelle, célébrèrent sur ce ton l'illustre rieur, et donnèrent crédit à l'opinion populaire. L'excellent Du Verdier comme bien d'autres, prit tout cela au sérieux, et, poussé par un accès de ferveur chrétienne, lança contre Rabelais, dans sa *Bibliothèque française*, de furieux anathèmes, qu'il s'empressa de rétracter plus

---

1. Du moins, la maison où il naquit devint depuis une auberge ou cabaret, et Huet, qui y logea, admire l'à-propos (*Mémoires* de Huet).

tard dans sa *Prosopographie*. Il faut bien y faire attention en
effet; ce Rabelais grotesquement idéal et poétique pourrait bien
n'être pas plus le vrai Rabelais que nos Homère et nos Ésope
de convention ne sont véritablement Ésope et Homère. La plupart des traits et des mots qu'on raconte de lui n'offrent aucun
caractère d'authenticité, et doivent être mis sur le compte de
frère Jean ou de Panurge, dont ils sont de gaillardes réminiscences. Sans faire précisément de Rabelais un personnage
grave et austère, comme l'a tenté son apologiste le révérend
père Niceron, il est permis au moins de douter des inclinations
et des habitudes bachiques qu'on lui prête, et de voir dans les
gaietés de son livre une débauche de cabinet encore plus que de
cabaret. Autrement, si l'auteur avait vécu comme ses héros, il
serait difficile de s'expliquer, même eu égard aux mœurs du
temps, son crédit puissant auprès des cardinaux et des papes,
qui le sauvèrent des tracasseries monacales; auprès des rois
François I$^{er}$ et Henri II, qui le soutinrent contre le parlement
et la Sorbonne [1].

Mais, quel qu'ait été Rabelais dans sa vie, nous ne devons
l'envisager ici que dans son œuvre, et dès lors le curé de Meudon reparait à nos yeux sous ce masque enluminé qui lui donne
tant de ressemblance avec le petit roi d'*Ivetot*. Si l'on veut le
bien connaître, il faut l'aller surprendre un soir de dimanche,
à table, entre les pots, comme on surprendrait Voltaire après
le café, et là l'écouter pantagruélisant à tue-tête, buvant et riant
à plein ventre. Le livre de Rabelais est un grand festin; non
pas de ces nobles et délicats festins de l'antiquité, où circulaient,
au son d'une lyre, les coupes d'or couronnées de fleurs, les ingénieuses railleries et les propos philosophiques; non pas de
ces délicieux banquets de Xénophon ou de Platon, célébrés sous
des portiques de marbre dans les jardins de Scillonte ou d'Athènes : c'est une orgie enfumée, une ripaille bourgeoise, un réveillon de Noël; c'est encore, si l'on veut, une longue chanson
à boire, dont les couplets piquants sont fréquemment entrecoupés de *faridondaines* et de *flonflons*. En ces sortes de refrains,
la verve supplée au sens; essayer de comprendre, c'est déjà
n'avoir pas compris. Cette manière générale d'envisager le roman de Rabelais, dût-elle paraître aux érudits bien superficielle

---

1. M. Delécluze, dans un écrit récent sur Rabelais, a fait valoir les
parties sérieuses et studieuses de ce caractère (*François Rabelais*, 1841).

et bien futile, peut seule, à notre gré, en donner une facile intelligence et amener le lecteur à s'y plaire. Les Le Duchat et autres commentateurs, dont personne d'ailleurs ne respecte plus que nous le savoir et les travaux, sont parvenus, à force de subtilités et d'inventions, à dégoûter par ennui beaucoup d'honnêtes gens de la lecture d'un ouvrage que Montaigne, avec son goût exquis, rangeait parmi les livres *simplement plaisants*. Sans doute, et Rabelais lui-même nous en avertit, on aurait tort de s'en tenir aux apparences grotesques, et, selon ses propres expressions, *de ne pas ouvrir la boîte pour en tirer la drogue, de ne pas briser l'os pour en sucer la moëlle*. Mais d'autre part, et c'est encore lui qui nous le dit, on court risque d'extravaguer en raffinant sur le sens. Là-dessus il va jusqu'à tourner en ridicule les commentateurs de l'*Iliade* et de l'*Odyssée*, et je ne sais quel moine visionnaire qui s'était avisé de reconnaître dans les *Métamorphoses* d'Ovide les sacrements de l'Évangile. Lui-même pourtant n'a pas échappé à cette torture des interprétations forcées. On a voulu voir dans *Gargantua* et *Pantagruel*, comme plus tard dans le *Télémaque* et le *Gil Blas*, comme autrefois chez Pétrone, non pas seulement l'esprit philosophique qui anime l'ensemble et les innombrables personnalités de détail qui disparaissent la plupart à cette distance, mais de plus un système complet, régulier et conséquent, de satire morale, religieuse et politique ; une représentation exacte et fidèle, sous des noms supposés, des hommes et des choses d'alors ; en un mot, une chronique scandaleuse du temps écrite avec un chiffre particulier qu'il s'agissait de découvrir. Or, ce chiffre une fois découvert, il en est résulté que Grandgousier, Gargantua, Pantagruel, frère Jean, Panurge, Bringuenarilles, le grand dompteur de Cimbres, Gargamelle, Badebec, etc., etc., *sont* évidemment Louis XII, François Ier, Henri II, le cardinal Du Bellay, le cardinal de Lorraine, Charles-Quint, Jules II, Anne de Bretagne, Claude de France, que sais-je encore? Comme si en vérité, selon la judicieuse remarque de Niceron, il fallait chercher en Rabelais rien de suivi ; comme s'il ne fallait pas, dans cette œuvre d'imagination, faire une large part au caprice et à la fantaisie du poëte, le suivre docilement et sans arrière-pensée dans les divagations et les inconséquences auxquelles il s'abandonne ; grandir et rapetisser, en quelque sorte, avec ses élastiques géants, qui tour à tour s'assoient sur les tours de

Notre-Dame, grimpent au faîte des maisons ou s'embarquent à bord d'un frêle navire. Swift, dans ses voyages à Brobdingnag et à Lilliput, n'a négligé aucune des proportions géométriques de son sujet et a soigneusement réduit tout son monde sur la même échelle. Jamais non plus il ne s'est départi de son système général d'allusions; là chaque mot a une portée, chaque trait a un but. C'est qu'avant tout Swift était philosophe et pamphlétaire, tandis que Rabelais, avant tout, est artiste, poëte, et qu'il songe d'abord à s'amuser. Souvent même, aux instants où l'*Homère bouffon*[1] sommeille, il lui arrive de prolonger machinalement et comme en rêve cette hilarité sans motif, et de la pousser jusqu'à la satiété et au dégoût; c'est comme un chantre aviné qui continue de ronfler sur un seul ton, sur une seule rime, ses litanies jubilatoires. Si l'on n'est pas très-en verve ce jour-là, on se lasse bientôt devant son rire inextinguible, et l'on sort, pour ainsi dire, tout repu de sa lecture[2].

Prétendre analyser Rabelais serait un travail aussi fastidieux que chimérique. En nous bornant toutefois au premier livre, qui a pour titre *Gargantua*, et qu'on sépare aisément des quatre autres, connus sous le nom de *Pantagruel*, nous essayerons d'indiquer rapidement la manière dont nous entendons et dont nous admirons cet étonnant génie. En ce livre, le plus complet en lui-même et peut-être le plus satisfaisant du roman, on trouve à la fois de la farce épaisse, du haut comique et de l'éloquence attendrissante. Au royaume d'Utopie, situé devers Chinon, régnait, durant la première moitié du xv° siècle, le bonhomme Grandgousier, prince de dynastie antique, bon gaillard en son temps, aimant à boire sec et à manger salé. Il avait épousé en son âge viril Gargamelle, fille du roi des Parpaillos, belle gouge et de bonne trogne, et en avait eu un fils, Gargantua, dont sa mère était accouchée par l'oreille, après onze mois de gestation. Comment s'opéra l'accouchement miraculeux, pourquoi l'enfant eut nom Gargantua, de quoi se composait sa layette, quels furent ses premiers tours et ses espiègleries d'enfance, c'est ce

---

1. Expression de M. Charles Nodier.
2. « Le genre original de Rabelais, ai-je eu l'occasion d'écrire ailleurs, c'est un mélange et une sorte de composé effervescent entre le genre de nos *conteurs*, élevé à des dimensions presque épiques, et le genre des *romans de chevalerie* ramené à la plaisanterie et au bouffon; le tout entrelardé d'un certain lyrique copieux, bachique et macaronique. » — La pensée n'a pas trop de toutes ses variantes pour définir le Protée.

que nous ne déduirons pas ici, et pour plusieurs raisons. Arrivé à l'âge des études, on le mit aux mains des sophistes, qui le retinrent de longues années sans rien lui apprendre. Mais un beau jour, en entendant interroger un jeune page, Eudémon, qui n'avait que deux ans d'études et qu'on avait voulu confronter avec lui, Gargantua fut si confus de le voir grandement éloquent qu'il se mit à *plorer comme une vache* et à se cacher le visage de son bonnet. Son digne père, profitant de si heureuses dispositions, le confia au précepteur d'Eudémon et l'envoya à Paris achever son éducation de prince. Les premiers jours de son arrivée, Gargantua paya sa bienvenue au peuple badaud en le comp...... du haut des tours de Notre-Dame et en prenant les grosses cloches pour en faire des sonnettes à sa jument : de là sédition parmi le peuple, retraite au pays de Nesle, députation et discours de maître Janotus de Bragmardo, qui redemande les cloches en *baroco* et *baralipton*. Cette petite affaire terminée, Gargantua se mit sérieusement aux études, sous la direction du sage Panocrates; et il était en beau train de profiter en toutes sortes de doctrines (comme un véritable *Émile*), lorsqu'une lettre de Grandgousier le rappela au secours de son royaume. Un soir, en effet, que le vieux bonhomme Grandgousier se chauffait, après souper, à un clair et grand feu, et qu'il écrivait au foyer avec un bâton brûlé d'un bout, faisant griller des châtaignes et contant à sa famille de beaux contes du temps jadis, on vint lui dire que ses bergers s'étaient pris de querelle avec les fouaciers de Lerné et leur avaient enlevé leurs fouaces; sur quoi le roi Picrochole avait mis soudain une armée en campagne et allait par le pays, brûlant et ruinant bourgs et monastères. A cette nouvelle, le bon et sage roi, économe du sang de ses sujets, avait convoqué son conseil, envoyé un député à Picrochole, une missive à Gargantua, et il cherchait à maintenir la paix, tout en se préparant à la guerre. Mais Picrochole n'était pas homme à entendre raison. Le discours plein de sens et de modération que lui adressa l'ambassadeur ne fit qu'exciter son insolence, et elle passa toutes les bornes, quand, pour tâcher de le satisfaire, Grandgousier lui eut renvoyé les fouaces.

C'est alors que se tient, entre Picrochole et ses trois lieutenants, le conseil dans lequel ceux-ci lui proposent la conquête du monde. On croit assister à une scène de Molière. « Sire, lui « disent-ils, nous vous rendons aujourd'hui le plus heureux,

« le plus chevaleureux prince qui fut oncques depuis la mort
« d'Alexandre. » Et Picrochole, à ces flatteuses paroles, de s'é-
crier : « Couvrez-vous, couvrez-vous ! » — « Grand merci, répon-
« dent-ils; Sire, nous sommes à notre devoir. » Et ils se
mettent à lui exposer leur plan de campagne. Il laissera une
petite troupe en garnison dans sa capitale, et partagera son
armée en deux bandes. La première bande ira tomber sur
Grandgousier et ses gens ; et là on trouvera de l'argent à tas,
« car le vilain en a du comptant. Vilain, disons-nous, parce
« qu'un noble prince n'a jamais un sou. Thésauriser est fait de
« vilain. » L'autre bande traversera la Saintonge et la Gascogne,
s'emparera des navires de Bayonne et de Fontarabie, et, pillant
toute la côte jusqu'à Lisbonne, s'y ravitaillera, pour entrer ensuite dans la Méditerranée par les Colonnes d'Hercule, qui
porteront désormais le nom de Picrochole. « Passée la mer picro-
« choline, voici Barberousse qui se rend votre esclave. » —
« Je, dit Picrochole, le prendrai à merci. » — « Voire, disent-
« ils, pourvu qu'il se fasse baptiser. » Et ils soumettent, chemin
faisant, Tunis, Hippone, Alger, la Corse, la Sardaigne, Gênes,
Florence, Lucques. « Le pauvre monsieur du pape meurt déjà
« de peur. » — « Par ma foi, dit Picrochole, je ne lui baiserai
« là sa pantoufle. » L'Italie est prise, la Sicile est domptée.
« J'irois volontiers à Lorette, dit Picrochole. » — « Rien, rien,
« répondent-ils, ce sera au retour. » Et les voilà qui emportent
Malte, Candie, Chypre, Rhodes, et qui touchent aux murs de
Jérusalem. « Je ferai doncques bâtir le temple de Salomon ? dit
« Picrochole. » — « Non, disent-ils encore ; attendez un peu.
« Ne soyez jamais tant soudain à vos entreprises. Savez-vous que
« disait Octavian Auguste ? *Festina lente.* Il vous convient, pre-
« mièrement, avoir l'Asie Mineure, la Carie, la Lycie, etc., etc. »
Le dialogue se prolonge sur ce ton. Il y a même un moment où,
dans la chaleur croissante de l'illusion, Picrochole se plaint *de
n'avoir pas bu frais* en traversant les sables de Libye[1]. On a
peine à lui faire comprendre qu'un conquérant ne saurait avoir
toutes ses aises. Un vieux gentilhomme, vrai routier de guerre,

---

1. C'est le même temps grammatical que dans la fable de *la Laitière et le Pot au lait : Il étoit, quand je l'eus, de grosseur raisonnable.* — La Fontaine a emprunté à Rabelais plus d'un sujet de fable et plus d'une expression pittoresque. *Rodilardus, Raminagrobis, Grippeminaud,* sont des personnages de Rabelais.

qui se trouvait présent à ces propos, se hasarda à rappeler la farce du *Pot au lait*, mais on ne l'écouta point.

Cependant arrive bientôt, sur sa grande jument, Gargantua, suivi de ses compagnons. Il déconfit en plus d'une rencontre les gens de Picrochole, et trouve un excellent auxiliaire dans le joyeux frère Jean des Entommeures. Ce moine, jeune, galant, aventureux, « bien fendu de gueule, bien avantagé en nez, beau « dépêcheur d'heures, beau débrideur de messes, beau décro-« teur de vigiles, » avait commencé par défendre seul son couvent contre l'attaque des ennemis, et durant le reste de la guerre il s'illustra par maint haut fait. Gargantua se lia avec lui d'une étroite et tendre amitié, et bien souvent, à table, à la veillée, ils devisaient longuement ensemble de la gent monacale et de ses ignobles vices, pourquoi les moines sont *refuys* du monde, pourquoi les uns ont le nez plus long que les autres ; et toujours, et partout, soit qu'il fallût parler, soit qu'il fallût agir, frère Jean s'en tirait en bon compagnon.

Un jour, étant sorti à la découverte, il rencontre sur sa route cinq pèlerins (les mêmes qui avaient failli être mangés en salade par Gargantua), et il les amène tout pâles et tremblants devant le roi Grandgousier. On les rassure, on les fait boire, et Grandgousier leur demande d'où ils viennent, où ils vont. L'un d'eux alors explique au bon roi comment ils reviennent d'un pèlerinage à Saint-Sébastien de Nantes, qu'ils ont entrepris pour se préserver de la peste : « O, dit Grandgousier, pauvres gens ! — esti-« mez-vous que la peste vienne de saint Sébastien ? » — « Oui « vraiment, répond le pèlerin, nos prêcheurs nous l'affirment » — « Oui, dit Grandgousier, les faux prophètes vous annoncent-« ils tels abus ? blasphèment-ils en cette façon les justes et « saints de Dieu, qu'ils les font semblables aux diables qui ne font « que mal entre les humains ?... Ainsi préchoit à Sinays un « cafard que saint Antoine mettoit le feu ès jambes, saint « Eutrope faisoit les hydropiques, saint Gildas les fols, saint « Genou les goutteux. Mais je le punis en tel exemple, quoi-« qu'il m'appelât hérétique, que depuis ce temps cafard quicon-« que n'est osé entrer en mes terres. Et m'ébahis si votre roi « les laisse prêcher par son royaume tels scandales. Car plus « sont à punir que ceux qui, par art magique ou autre engin, « auroient mis la peste par le pays. La peste ne tue que le « corps, mais tels imposteurs empoisonnent les âmes. » En les

congédiant, le bon prince leur adresse cette allocution touchante : « Allez-vous-en, pauvres gens, au nom de Dieu, le
« créateur, lequel vous soit en guide perpétuelle. Et dorénavant ne soyez facile à ces ocieux et inutiles voyages. Entretenez
« vos familles, travaillez chacun en sa vacation, instruez vos
« enfants, et vivez comme vous enseigne le bon apôtre saint
« Paul. Ce faisant, vous aurez la garde de Dieu, des anges et des
« saints avec vous, et n'y aura peste ni mal qui vous porte
« nuisance. » Puis les mena Gargantua prendre leur réfection
« en la salle. Mais les pèlerins ne faisoient que soupirer, et
« dirent à Gargantua : « O qu'heureux est le pays qui a pour sei-
« gneur un tel homme ! Nous sommes plus édifiés et instruits
« en ces propos qu'il nous a tenus qu'en tous les sermons qui
« jamais nous furent prêchés en notre ville. » — « C'est, dit
« Gargantua, ce que dit Platon, liv. v. *de Republ.*, que lors les
« républiques seroient heureuses quand les rois philosophe-
« roient, ou les philosophes régneroient. » Puis leur fit emplir
« leurs besaces de vivres, leurs bouteilles de vin, et à chacun
« donna cheval pour soi soulager au reste du chemin, et quel-
« ques carolus pour vivre. »

Une bataille décisive eut lieu enfin entre l'armée de Grandgousier et celle de Picrochole. Celui-ci prit la fuite après ses trois conseillers, sans qu'on sût jamais depuis ce qu'il était devenu. Grandgousier exigea des vaincus pour tout châtiment qu'ils livrassent quelques séditieux, et Gargantua ne leur fit d'autre mal que de les occuper aux presses de l'imprimerie qu'il avait nouvellement instituée. Les plus braves des Gargantuistes furent royalement récompensés, et le prince fonda pour son ami le frère Jean la riche abbaye de Thélème, vrai paradis terrestre, d'où les cafards et bigots furent bannis, où l'on n'enseignait que le pur Évangile, et dont la règle n'avait qu'une clause : *Fais ce que tu voudras.*

Tel est en substance cet amusant premier livre, dont il se vendit (Rabelais nous l'assure) plus d'exemplaires en deux mois qu'il ne sera acheté de Bibles en neuf ans[1]. Dans les quatre au-

---

1. Il résulterait d'une *Notice* très-essentielle de M. Brunet *sur deux anciens Romans intitulés les Chroniques de Gargantua* (1834), qu'en s'exprimant ainsi dans son prologue du *Pantagruel*, Rabelais n'entendait point parler de son propre *Gargantua*, mais d'une certaine *Chronique Gargantuine* imprimée à Lyon en 1532. Il est vrai qu'on veut maintenant que cette *Chronique*, prototype du Gargantua, soit de lui. Je ne puis qu'in-

tres livres, le vieux Grandgousier a disparu du monde. C'est Gargantua qui règne, et Pantagruel son fils qui remplit le rôle de héros ; ou plutôt, dès l'instant que Panurge entre en scène, c'est bien lui réellement qui occupe toute l'attention, comme frère Jean faisait sous Gargantua. Panurge se mariera-t-il, ne se mariera-t-il pas ? voilà le nœud du roman, si tant est qu'il faille y chercher un nœud, car ici l'accessoire est le principal, et les épisodes l'emportent sur le fond. Nous nous garderons bien d'esquisser de profil cette vive et mobile figure de Panurge, type original des Ragotin et des Pangloss, du moins pour les mésaventures, mais surtout image bien complète de la nature humaine non héroïque en toutes ses vicissitudes. Rien ne pourrait donner idée du personnage à qui ne l'a pas vu face à face et sous toutes ses formes sémillantes ou piteuses chez Rabelais. Déjà d'ailleurs nous avons rangé Panurge dans une sorte de galerie flamande[1], à côté de Patelin, de Lazarille, de Falstaff, de Sancho Pança, de Perrin Dandin, de Bridoison, de Sganarelle, et, pourquoi ne pas le répéter ? non loin de Tartufe, auquel il fait, par sa naïveté de vice, plus d'un contraste ; non loin surtout de Gil Blas et de Figaro, qui ne viennent qu'à sa suite en savoir-faire. Mais les amateurs de vieille peinture sauront bien l'aller reconnaître et admirer sans nous.

Il y aurait trop à dire sur Rabelais. Il est notre Shakspeare dans le comique. De son temps il a été un l'Arioste à la portée des races prosaïques de Brie, de Champagne, de Picardie, de Beauce, de Touraine et de Poitou. Nos noms de provinces, de bourgs, de monastères, nos habitudes de couvent, de paroisse, d'université, nos mœurs d'écoliers, de juges, de marguilliers, de marchands, il a reproduit tout cela, le plus souvent pour en rire. Il a compris et satisfait à la fois les penchants communs, le bon sens droit et les inclinations matoises du tiers état au XVIe siècle. Savant qu'il était par goût et par profession, il s'est fait homme du peuple, et a trouvé moyen de charmer peuple et savants, ou du moins de se recruter des compères de tout bord. Qu'eût-ce été s'il fût venu en plein Louis XII, à une époque de liberté dramatique, et si la pensée lui eût pris de dérouler sur un théâtre national les scènes de son roman ?

diquer ces points chers aux curieux, mais dont Rabelais se gausse parmi les ombres.
1. Voir notre précédent chapitre sur le théâtre, à l'article des *farces*.

Son style mériterait une étude profonde. Bien des connaisseurs le préfèrent à aucun autre du temps, et lui attribuent, pour l'ampleur du tour et l'exquis de l'élocution, certaines qualités d'atticisme primitif qui feraient de lui, en vérité, le plus étrange des Xénophon. Ce qui est certain, c'est qu'il abonde en comparaisons uniques et charmantes. Il a précédé d'environ quinze années l'excellent Amyot[1] bien plus cité, bien plus autorisé à titre de prosateur, et incomparablement moins original. Mais il faut tout dire : le choix des sujets auxquels le talent s'applique est bien pour quelque chose dans la nature du succès. Rabelais a nui à sa fortune comme *écrivain* et comme *classique* par les autres genres d'attraits dont il a environné son œuvre, et par ces imaginations même si récréatives, mais qui ont paru à plus d'un des énormités rebutantes : il n'a pas prétendu enduire les bords du vase avec du miel précisément. On ne s'est pas accoutumé à l'idée d'aller puiser chez lui par aucun côté comme à une source pure[2].

A d'autres égards, l'influence d'un livre comme celui de Rabelais fut immense; elle remplit tout le reste du xvi<sup>e</sup> siècle. Les imitateurs pullulèrent, et, quoique en général ils ne se soient attachés qu'aux parties basses et grossières du modèle, plusieurs réussirent assez dans ce genre facile pour mériter quelque mention. L'un des premiers fut Guillaume Des Autels, grammairien et poëte alors célèbre, le même qui intervint en conciliateur dans la querelle de Ronsard et de Saint-Gelais. Il com-

---

1. Amyot débuta dans ses publications en 1549 au plus tard, par sa traduction du roman d'Héliodore; Rabelais était censé jusqu'à ces derniers temps avoir débuté comme romancier, en 1535, par son *Gargantua;* on paraît croire depuis les intéressantes recherches de M. Brunet qu'il débuta par son *Pantagruel* en 1533, et même dès 1532. Dans tous les cas son roman n'a pas été un ouvrage de jeunesse, et l'auteur dut l'entreprendre très-mûr, entre quarante-cinq et cinquante ans.
2. « En étudiant les compositions de Rabelais, écrit M. Delécluze, on devient chagrin comme lorsque l'on voit une belle personne dont le visage commence à être envahi par une dartre vive. » Pour moi, la *dartre* ne me frappe pas; j'y verrais plutôt une belle femme très-bien portante, trop bien portante, qui s'enivre et qui, dans l'ivresse, dit et fait toutes choses. Le caractère naturel et trop naturel domine par tout le livre, même dans les parties cyniques. « Le tonneau de Rabelais, a dit je ne sais qui (Lemontey peut-être), est comme celui de Diogène, hormis qu'il n'est jamais à sec. » C'est plus spirituel que juste. Rabelais, en ses pires moments, ne vise pas au Diogène. Galiani l'a osé exprimer en style assorti : « L'obscénité de Rabelais est naïve, elle ressemble au c.. d'un pauvre homme. » Après cela est-il besoin d'indiquer encore une des grandes causes qui ont limité son succès d'écrivain? Aucune femme, *pas même Ninon*, ne peut le lire.

posa la *Mitistoire baragouine de Fanfreluche et Gaudichon*,
dont nous n'avons pu retrouver un seul exemplaire. *Les Bali-
verneries* ou *Contes d'Eutrapel*, avec *les Ruses et Finesses de
Ragot, Capitaine des Gueux*, par Noël du Fail, seigneur de La
Hérissaye, sont des opuscules en prose. de la force de Villon,
de *Faifeu* ou des *Cent Nouvelles*, et dont la lecture peut procurer
plaisir, sinon profit, aux amateurs de littérature facétieuse qui
pêchent volontiers en eau trouble. *Le Moyen de Parvenir*, le
seul des nombreux ouvrages de Béroalde de Verville dont on se
souvienne aujourd'hui, est un *salmigondis*[1] véritable, un sale
lendemain de mardi-gras, où les convives lâchent de temps en
temps quelques mots heureux à travers des bouffées d'ivresse.
Comme l'a fort bien remarqué Sorel[2], l'auteur a pris plaisir à
tout brouiller; on dirait un coq-à-l'âne perpétuel ; et si, à force
de prêter attention, l'on y entend quelque chose, ce sont des
contes *croustillants* qui roulent la plupart sur des chambrières
de chanoine[3]. Du *Moyen de Parvenir* on a extrait la substance
de presque tous les livrets qui portent le nom de Tabarin et de
Bruscambille ; l'on pourrait dire que ces deux valets ont vécu
de la desserte du maître. *Les Apophthegmes du Sieur Gaulard*,
et *les Escraignes dijonnoises*, par Tabourot, sieur des Accords,
appartiennent au même genre. On prendra une idée suffisante
de ces vieilleries ordurières dans *les Écosseuses* du comte de Caylus, qui ont le propos, sinon plus décent, du moins plus spirituel. Si *les Serées* de Guillaume Bouchet ne valent guère mieux
littérairement que les précédents ouvrages, on trouve chez ce
Macrobe ou cet Athénée du XVIe siècle une foule de détails de

---

1. Quelques éditions du livre de Béroalde portaient ce titre de *Salmi
gondis*, qui lui convenait si bien.
2. Remarques sur le XIVe livre du *Berger extravagant*. — Il est d'ailleurs fâcheux pour le goût de Sorel qu'il trouve dans *le Moyen de Parvenir*, plus de contes agréables que dans tout Rabelais.
3. Voici une anecdote qui vaut mieux. Saumaise étant à Stockholm, et
au lit, malade de la goutte, lisait pour se désennuyer *le Moyen de parvenir* ; la reine Christine entre brusquement chez lui sans se faire annoncer :
il n'a que le temps de cacher sous sa couverture le petit livre honteux
(*perfacetum quidem, at subturpiculum libellum*). Mais Christine qui voit
tout l'a vu ; elle va prendre hardiment le livre jusque sous le drap, et,
l'ouvrant, se met à le parcourir de l'œil avec sourire ; puis, appelant la
belle de Sparre, sa fille d'honneur favorite, elle la force de lui lire tout
haut certains endroits qu'elle lui indique, et qui couvrent ce noble et jeune
front d'embarras et de rougeur, aux grands éclats de rire de tous les assistants. Huet tenait l'histoire de la bouche de Saumaise, et il la raconte
en ses mémoires.

mœurs et d'usages, qui le rendent utile ou précieux à d'autres titres [1].

Heureusement pour Rabelais et pour son siècle, il eut des admirateurs, des imitateurs plus dignes de lui, qui, sans singer ses vilains côtés, se pénétrèrent de son esprit, et furent originaux à son exemple. De ce nombre il faut compter Henri Estienne, qui, dans son *Apologie pour Hérodote*, sous prétexte de défendre l'historien contre l'accusation d'invraisemblance et de mensonge, attaque, chemin faisant, les ridicules, les préjugés et les horreurs du temps [2]; Théodore-Agrippa d'Aubigné, auteur de la *Confession de Sancy*, et de ce plaisant dialogue entre *Énay* et *Fœneste*, où il met si finement aux prises les gasconnades et le bon sens, l'*estre* et le *parestre*. N'oublions pas les éloquents et loyaux auteurs de la *Satyre Ménippée*, surtout cet excellent Passerat, qui avait commenté chapitre par chapitre *Gargantua et Pantagruel* [3]. L'illustre satirique Mathurin Régnier ne fit bien souvent qu'enclore dans la forme stricte de son vers la poésie surabondante de maître François, et, si l'on peut ainsi dire avec une justesse triviale, il *mit en bouteille* le vin du tonneau pantagruélique. Le cardinal Du Perron lui-même, ce grand distributeur des renommées littéraires, avait coutume, toutes les fois qu'on lui présentait un jeune poëte, de lui demander : Avez-vous lu *l'auteur ?* et cet auteur était Rabelais.

---

1. Cette série de petits livres plus ou moins pantagruéliques est fort recherchée des bibliophiles, et se trouve sur un rayon particulier de chaque bibliothèque un peu précieuse, où elle brille dans le maroquin et l'or. Cela me fait l'effet d'une collection de tabatières rares et bizarres; mais la drogue première de maître François n'y est plus.

2. Henri Estienne eut encore cela de commun avec Rabelais, qu'étant prodigieusement versé dans les langues anciennes et modernes, il n'en fut pas moins partisan de notre bonne vieille langue, admirateur de *Patelin*, défenseur de Marot, et, comme il le dit en ses *Dialogues du Nouveau langage françois italianizé*, *Celtophile* au milieu des *écoliers limousins* et des *courtisans philausones*.

3. J'en ai parlé ailleurs. Voici ce qu'en dit Grosley, d'après Antoine Le Roy, digne prêtre, le plus dévot des dévots à Rabelais et son premier biographe : « Passerat avait puisé à la source où se sont depuis abreuvés Molière, La Fontaine, Chapelle, Dufresny, Rousseau, Piron : cette source était le *Pantagruel*, dont il avait fait une étude particulière ; étude qui avait produit un Commentaire suivi, *in quo Rabelæsi mentem, quam probe noverat, et res serias in jocosis sermonibus inclusas, tanquam in vagina reconditas, aperiebat*. Sur des scrupules qu'on lui fit naître à l'article de la mort, il permit que le manuscrit fût jeté au feu. » (*Mémoires sur les Troyens célèbres*.) J'ai saisi en passant cette occasion de mentionner ici Grosley, qui s'est montré à son tour l'un des francs disciples de Pantagruel en plus d'une gaieté, et notamment dans ses facétieux *Mémoires de l'Académie de Troyes*. Ces Pantagruélistes sont toute une lignée. Rabelais est le grand fondateur chez nous d'une philosophie entre la poire et le fromage.

Malgré ces autorités imposantes, le genre de Rabelais ne pouvait subsister dans le roman. En attendant qu'une œuvre nouvelle, plus d'accord avec le progrès des mœurs, fît époque, on vivait sur les traductions italiennes et espagnoles. L'influence espagnole à laquelle François Ier avait prêté un moment de faveur de retour de Madrid, et qui s'était essayée avec éclat par les traductions d'Herberay des Essars, ne prévalut pas contre l'influence italienne tant que dura ce siècle, et elle ne prit le dessus qu'avec le suivant. On puisait d'ailleurs pêle-mêle dans l'une et dans l'autre littérature. Jean Louveau d'Orléans et Pierre Larivey le comique traduisaient *les Nuits de Straparole*. L'infatigable Belleforest faisait passer en notre langue les *Histoires* du Bandello, en les *enrichissant de sa propre invention*; et Gabriel Chapuis, son successeur, rendait le même service à l'Arioste, à Montemayor et à vingt autres. La *Diane* de Montemayor enfin inspira l'*Astrée* d'Honoré d'Urfé (1610), et dès lors le genre du roman pastoral fut créé en France. *Les Bergeries de Juliette*[1] et autres insipides productions qui couraient depuis la fin du siècle rentrèrent dans l'ombre; l'*Astrée* seule fit loi et imprima le goût nouveau. On sait quelle vogue prolongée s'ensuivit, et quelle innombrable quantité de volumes en découlèrent, durant plus de trente ans, sous la plume des Gomberville, des La Calprenède, des Puget de La Serre, des Scudéry. Il semblerait que tous les chevaliers errants des Espagnes, battus et pourchassés par le don Quichotte de Cervantes, eussent cherché refuge en France et y fussent devenus bergers. A cette époque passa de mode le genre rabelaisien, si cher au xvie siècle[2]. En

---

[1]. Par ce même Nicolas de Montreux (*Ollenix du Mont-Sacré*), gentilhomme du Maine, dont nous avons précédemment indiqué quelques pièces de théâtre.

[2]. Le *Rabelais* et le *D'Urfé*, ce sont les deux antipathiques, et dont l'un aussitôt exclut l'autre. Un moderne a rendu assez bien cela dans une petite épigramme que j'appellerais de la bonne époque, tant elle est exactement fabriquée :

> La lune règne, et sa clarté divine
> D'un flot paisible emplit le firmament;
> L'heure est propice, et je sors doucement:
> Pour mieux rêver j'emporte un Lamartine,
> C'est le D'Urfé de tout poëte-amant.
> Et vers le ciel je roulais la prunelle,
> Et j'essayais de ma veine rebelle ;
> Même j'avais sous mes doigts tout froissé
> Le beau vélin du Ladvocat glacé :
> Rien ne venait. Or savez-vous la cause?
> Tout au réveil, j'avais pris sans dessein,
> Le matin même, une petite dose
> De Rabelais, le curé-médecin.

vain Sorel essaya de protester, à la manière de Cervantes, contre l'*Astrée* et les autres romans de bergerie. Son *Berger extravagant*, Lysis, est le fils d'un marchand de soie de la rue Saint-Denis, qui a perdu la tête à force de lire ces sortes de livres et d'entendre les tragi-comédies de l'hôtel de Bourgogne. Sa famille et le bonhomme Adrien, son curateur, ont beau lui conseiller d'apprendre plutôt par cœur *les Quatrains de Pibrac ou les Tablettes de Mathieu, pour les venir dire quelquefois au bout de la table, quand il y auroit compagnie*[1], il n'en tient nul compte, s'échappe un beau jour et va courir les champs, déguisé en berger. Après un bon nombre d'aventures plus ou moins divertissantes, il tombe aux mains de gens pieux et sensés qui le guérissent et le marient. Par malheur, au lieu de prendre en main la cause de la vieille et franche gaieté, Sorel met en avant la morale chrétienne, et dans son livre, Homère, l'Arioste et Rabelais ne sont pas mieux traités que Montemayor, D'Urfé, Barclay, auteur de l'*Argénis*, Sidney, auteur de l'*Arcadie*. Son roman de *Francion*, assez semblable par le ton au *Roman comique*, malgré les heureux traits dont il est semé, n'était guère plus propre à réhabiliter l'ancien genre que *le Berger extravagant* à ruiner le nouveau. *Zayde*, l'élégante *Zaydé* essaya d'une réforme plus réelle dans la région du tendre ; surtout *la Princesse de Clèves* brilla comme le plus délicat des joyaux. Mais il faut désormais attendre jusqu'à *Gil Blas* pour retrouver la grande et large manière du roman.

Quant à Rabelais lui-même, sa gloire personnelle résista à ces variations de goût, et, si elle fut contestée quelquefois, ce fut pour reparaître bientôt triomphante. Il partagea avec Montaigne l'honneur de plaire au petit comité philosophique de La Mothe-Le-Vayer, Gassendi, Gabriel Naudé, Gui Patin et Bernier. Il est

---

Et, en effet, il suffit d'une seule pilule rabelaisienne pour paralyser longtemps le D'Urfé et le Lamartine. Vous savez cette poudre de Panurge, elle guérit du Werther et du Grandisson.

1. Molière, qui reprenait son bien partout où il le trouvait, se souvenait de ce passage de Sorel lorsqu'il a fait dire au bourgeois Gorgibus, parlant à sa fille Célie :

> Jetez-moi dans le feu tous ces méchants écrits
> Qui gâtent tous les jours tant de jeunes esprits;
> Lisez-moi comme il font, au lieu de ces sornettes,
> Les Quatrains de Pibrac, et les doctes Tablettes
> Du conseiller Mathieu : l'ouvrage est de valeur,
> Et plein de beaux dictons à réciter par cœur.

*Sganarelle*, acte I, scène I.

vrai que, tandis que Turenne savait et récitait Marot, le grand Condé ne put soutenir Rabelais, que lui lisait Saint-Évremond. Mais Molière, Racine et La Fontaine, qui le lisaient de leurs yeux, en firent leurs délices et souvent leur profit. C'était le bréviaire du *Temple* et du *Caveau*; et quoique le xviii° siècle ne l'ait pas apprécié à sa valeur, quoiqu'en particulier l'auteur de Pangloss se soit montré aussi injuste qu'ingrat envers l'auteur de Panurge, le joyeux curé ne cessa pas d'avoir sa place au club indévot et cynique de Duclos, Diderot, Morellet et Galiani. Dès l'aurore de notre Révolution, Ginguené le vengea hautement dans une spirituelle brochure, tandis que Beaumarchais ressuscitait sur la scène plusieurs de ses personnages; et, depuis lors, Rabelais n'a pu que gagner en estime auprès d'une génération impartiale et studieuse, qui s'efforce de tout comprendre dans le passé, et qui ose admirer le génie sous toutes ses formes.

# CONCLUSION

Un coup d'œil jeté en arrière suffira pour résumer dans l'esprit du lecteur les principaux traits du tableau que nous avons essayé de tracer. Sur le point de vue littéraire, le xvi⁰ siècle en France est tout à fait une époque de transition. Une grande et profonde rénovation s'y agite et s'y essaye, mais rien ne s'y achève. Dans ses premières années, il nous offre l'antique littérature gauloise en décadence ; dans ses dernières, la littérature française monarchique qui commence avec Malherbe. Durant l'intervalle, et sous les quatre derniers Valois, on voit naître, régner et dépérir l'école précoce et avortée de Ronsard. Cinq grandes générations poétiques remplissent cette période de cent années : 1° la vieille génération de Cretin, Coquillard, Le Maire, Blanchet, Octavien de Saint-Gelais, Jean Marot : reste du xv⁰ siècle, elle se prolonge assez avant dans le nouveau par Bourdigné, Jean Bouchet, etc., etc.; 2° la génération fille de la précédente, et qui née avec le siècle, règne jusqu'à la mort de François I⁰ʳ : elle comprend Clément Marot, Mellin de Saint-Gelais, Brodeau, Héroët ; elle a pour vétéran retardataire le plus opiniâtre Charles Fontaine ; 3° la génération enthousiaste, qui rompt en visière à ses deux aînées : ce sont les poëtes de la Pléiade, les premiers disciples et compagnons de Ronsard; d'Aubigné en garde la manière jusques après Henri IV ; 4° la génération respectueuse et soumise de Des Portes, Bertaut, Du Perron ; elle se continue sous Louis XIII, par Des Yveteaux, Colletet, mademoiselle de Gournay ; 5° enfin la génération réformatrice de Malherbe, qui fonde la poésie française du grand siècle, et qui, avant d'en voir commencer les beaux jours, devient elle-même invalide et surannée en la personne de Maynard. Sur le théâtre se sont succédé des variations à peu près correspondantes. On a pu y saisir quatre périodes : 1° la période *gauloise* des *mystères*, des *moralités*, des *farces* et *sotties* ; elle brille de son plus vif éclat sous Louis XII avec Pierre Gringoire, et finit vers 1552, à la venue de Jodelle ; 2° la période *grecque-latine*, c'est-à-dire celle des imitations serviles d'Euripide et de Sénèque ; Jodelle en est le fondateur, Garnier le héros ; elle ne va guère au delà de 1588, et se perd dans l'interruption des études, causée par les troubles civils ; 3° la période *grecque-espagnole*, durant laquelle la manière de Garnier et des anciens se mêle et se combine avec celle de Lope de Véga et de Cervantes : c'est le règne de Hardy, Claveret, Scudery, etc., etc. ; 4° enfin, la période *française* proprement dite, *française* au moins d'abord par la coupe et le style, celle dont l'ère date de la *Sophonisbe* et du *Cid*, et dans laquelle prendront place un jour Racine et Voltaire. Quant au genre du roman, le résumé en est court : il n'y eut de marquant que Rabelais et D'Urfé. Sur ces classifications un peu arides, mais exactes autant que des formules peuvent l'être, si le lecteur, maintenant riche en souvenirs, consent à répandre cet intérêt qui s'attache aux hommes et aux œuvres, ce mouvement qui anime la naissance, la lutte et la décadence des écoles, en un mot, cette couleur et cette vie sans lesquelles il n'est pas d'intelligence du passé, il concevra de la poésie du xvi° siècle une idée assez complète et fidèle. Peut-être alors, reportant ses regards sur des époques déjà connues, il découvrira des aperçus nouveaux dans des parties jusque-là obscures ; peut-être l'âge littéraire de Louis XIV gagnera à être de la sorte éclairé par derrière, et toute cette scène variée, toute cette représentation pompeuse, se dessinera plus nettement sur un fond plus lumineux. Peut-être aussi pourra-t-il de là jaillir quelque clarté inattendue sur notre âge poétique actuel et sur l'avenir probable qui lui est réservé. Nous-même, en terminant, nous hasarderons, à ce sujet, quelques façons de voir, quelques conjectures générales, avec la défiance qui sied lorsqu'on s'aventure si loin.

A envisager les choses de haut, il est aisé de discerner dans l'histoire d'Europe, depuis les temps anciens jusqu'à nos jours, deux grands ordres sociaux, savoir : l'antiquité grecque et romaine, d'une part, et le moyen âge, de l'autre. Entre ces deux mondes il y a un prodigieux abîme, creusé et comblé par le christianisme et par les barbares. Le second état de la société, le moyen âge, peut être considéré comme fini. Voici trois siècles environ que l'humanité est en voie de recommencer une troisième ère. Jusqu'ici, pourtant, elle a été plus occupée à détruire qu'à fonder, et les ruines du croulant édifice n'ont point encore cessé partout de peser sur elle. Selon qu'on la prend par l'une ou l'autre de ces deux cimes sociales, la poésie présente, comme on peut croire, des aspects bien différents et bien contraires. Dans l'antiquité grecque, qui fut la mère de toute l'antiquité poétique, dans cette terre de splendeur et de liberté, rien ne manqua à l'embellissement et au triomphe de sa jeunesse ; elle fut douée, dès sa naissance, comme par l'Olympe assemblé, de tous les dons les plus charmants : elle eut un idiome retentissant et sonore, une musique mélodieuse, la magie du pinceau, les miracles de la statuaire, Homère et Pindare, Timante et Phidias. Il y avait dans ce premier souffle si pur tant de séduction et de puissance, que, plus tard, Alexandrie et Rome ne firent que s'en inspirer et le répéter ; qu'une fois entendu par une oreille humaine, il ne peut jamais en être oublié, et qu'il s'est mêlé depuis, comme un écho lointain, à tout ce qui s'est fait d'harmonieux sur la terre. Mais si de là, si du théâtre d'Athènes et des solennités olympiques, nous nous transportons brusquement au sein de l'autre monde, parmi les barons, les moines et les serfs, sur ce sol agreste, tout hérissé de clochers et de créneaux, la poésie nous y apparaît encore, quoique sous un aspect bien autrement sérieux et sévère. Ici point de liberté, partout l'oppression et la force, des jargons disgracieux et rebelles, nulle science du pinceau ou de la lyre : ce qui manque alors, ce sont des moyens d'expression et des organes. Les âmes ont peine à se faire jour à travers les cilices et les armures. Non pas qu'il n'en sorte encore par instants des accents généreux ou tendres, héroïques ou plaintifs. La littérature provençale en abonde ; elle est teinte de fines et de fraîches nuances, fleur brillante et passagère qui naquit au soleil, sur un champ de bataille, dans l'intervalle de deux combats. Mais, en somme, toutes ces productions littéraires sont de beaucoup inférieures à la poésie intime d'un âge si énergique, et ne la représentent qu'imparfaitement. Cette poésie éclate ailleurs et déborde par d'autres voies. Elle est dans les tournois galants, dans les lances brisées, dans les luttes corps à corps ; elle est dans les saintes croisades et dans les pèlerinages au Calvaire ; elle est surtout, avec sa foi religieuse et son génie catholique, dans ces innombrables et magnifiques églises, dans ces sublimes cathédrales, devant lesquelles se confond et s'abîme notre misérable petitesse. Quand il se mettait une fois en frais de poésie, le colosse au gantelet d'acier écrivait ses épopées sur la pierre.

Cependant le moyen âge ne tarda pas à décliner. Les langues se polirent; l'étude de l'antiquité donna à certains esprits la pensée et les moyens d'en égaler les chefs-d'œuvre. Il y eut alors pour les nations modernes un instant décisif. Les traditions religieuses, féeriques et chevaleresques, subsistaient encore dans toute leur force et leur éclat; et de plus la parole, travaillée et assouplie par le temps, l'usage et l'étude, se prêtait à consacrer ces souvenirs récents et chers. Dante, le grand devancier, l'Arioste et le Tasse; Spencer, Shakspeare et Milton, appartiennent plus ou moins à cette époque opportune de la Renaissance. Dante, de son haut sommet, n'y touche guère que par son guide Virgile; les autres s'y rapportent tout entiers. Leurs admirables poëmes, placés au confluent de l'antiquité et du moyen âge, s'élèvent comme des palais magiques sur des îles enchantées, et semblent avoir été doués à l'envi de toutes leurs merveilles par les fées, les génies et les Muses. En France malheureusement rien de pareil n'arriva. Ce confluent, ailleurs si pittoresque et si majestueux, ne présente chez nous qu'écume à la surface, eaux bourbeuses et fracas bientôt apaisé.

En vérité plus j'y réfléchis, et moins je puis croire qu'un homme de génie apparaissant du temps de Ronsard n'eût pas tout changé. Mais, puisqu'il n'est pas venu, sans doute il ne devait pas venir. Les circonstances d'ailleurs n'avaient rien de fort propice. Comme je l'ai dit précédemment, et comme l'a dit bien mieux que moi un éminent écrivain de nos jours[1], nous nous étions nous-mêmes dépouillés par degrés de notre propre héritage; nous avions déjà perdu le souvenir de nos âges fabuleux, et les tombeaux de nos ancêtres ne nous avaient rien appris. Quand arriva l'antiquité à flots tumultueux, charriant dans son cours quelques trésors à demi gâtés de la moderne Italie, elle ne trouva rien qui la contînt et brisât son choc; elle fit irruption et nous inonda. Jusqu'à Malherbe, ce ne fut que débordement et ravage. Le premier il posa des digues et fit rentrer le fleuve en son lit.

---

1. M. Ballanche (*Essai sur les institutions sociales,* chap. II, seconde partie).

Cette révolution littéraire reçut un grand appui et un développement prodigieux des conjonctures politiques qui survinrent et dominèrent au xvii° siècle. Quelques mots suffiront à notre pensée.

Dès l'instant que les ressorts du régime théocratique et féodal en vigueur au moyen âge s'étaient détendus, la société avait aspiré sourdement à une organisation nouvelle. Mais, avant d'en venir à se reconstituer sur d'autres bases, elle avait à franchir bien des siècles, et à redescendre de ce haut donjon où elle était assise, par autant de degrés qu'elle y était montée. Or il y avait plus d'une voie pour en redescendre, et la marche n'a pas été la même dans les différents pays. On conçoit une monarchie, forte, tutélaire, munie d'obstacles et de garanties, à demi féodale et déjà représentative, qui donne refuge à la société en péril sur une pente trop rapide, lui sauve les secousses, les écarts, les chutes, et lui permette de croître sous son abri pour les destinées de l'avenir. C'est ce qui s'est réalisé en Angleterre; en France, il en a été autrement. Malgré plusieurs tentatives infructueuses, une semblable monarchie n'a pu être fondée. Après les bouleversements de la Ligue, Henri IV et Sully parurent en comprendre le besoin et en nourrir le projet. Mais Richelieu, trop confiant en son génie, se dirigea sur d'autres principes, et Louis XIV reçut de ses mains un sceptre absolu, une monarchie brillante, éphémère, artificielle et superficielle, sans liaison profonde avec le passé et l'avenir de la France, ni même avec les mœurs du temps. Cette fête monarchique de Louis XIV, célébrée à Versailles entre la Ligue et la révolution de 89, nous fait l'effet de ces courts et capricieux intermèdes qui ne se rattachent point à l'action du drame; ou, si l'on veut encore, c'est un pont élégant et fragile jeté sur l'abime. Sur ce pont tapissé d'or et de soie s'élèvent d'admirables statues : voilà l'image des beaux génies du grand siècle. Ils sont là tous, debout, autour d'un trône de parade, comme un accident immortel.

Mais tout se tient : le sublime accident devint un fait grave et eut d'immenses résultats. L'Europe alors avait jeté son premier feu poétique, et n'enfantait plus rien de vraiment grand. Épuisée par de longues querelles religieuses et guerrières, elle se recueillait en silence pour des luttes prochaines, et sommeillait, comme Alexandre, à la veille d'un combat. Pendant ce travail lent et sourd qui s'accomplissait au cœur même de la société, et au milieu des débats philosophiques qui en agitaient la surface, quelques esprits d'élite, quelques oisifs de distinction, cultivaient la poésie. Dans leurs habitudes raffinées d'éducation et de vie, ils durent adopter le ton et le langage de notre belle littérature. Elle était en quelque sorte le dernier mot de la civilisation monarchique. L'Allemagne, l'Angleterre, l'Italie, l'Espagne, le Portugal, c'est-à-dire les beaux esprits et les grands seigneurs de ces contrées, s'y conformèrent à l'envi.

Notre révolution éclata : elle conquit l'Europe par les armes comme la vieille monarchie avait fait par les lettres. Mais l'Europe était lasse, et une double réaction commença et contre nos lettres et contre nos armes. On en sait l'issue. Les jeunes écoles poétiques insurgées renièrent le xviii⁰ siècle, et, remontant plus haut dans leurs fastes, tendirent la main aux vrais pères de l'art : Byron, Scott, se rallièrent à Spenser et à Shakspeare, les Italiens à Dante ; et si, en d'autres pays, le même mouvement ne s'est pas décidé encore, c'est que des causes funestes l'arrêtent et l'enchaînent. Mais nulle part plus vite ni plus vivement qu'en France la réaction poétique ne s'est fait sentir : elle y présente certains traits qui la distinguent et lui donnent un caractère propre.

En secouant le joug des deux derniers siècles, la nouvelle école française a dû s'inquiéter de ce qui s'était fait auparavant et chercher dans nos origines quelque chose de national à quoi se rattacher. A défaut de vieux monuments et d'œuvres imposantes, il lui a fallu se contenter d'essais incomplets, rares, tombés dans le mépris ; elle n'a pas rougi de cette misère domestique et a tiré de son chétif patrimoine tout le parti possible avec un tact et un goût qu'on ne saurait trop louer. André Chénier, de qui date la réforme, paraît avoir lu quelques-uns de nos anciens poëtes [1], et avoir compris du premier coup que ce qu'il y avait d'original en eux, c'était l'instrument. En le reprenant sans façon, par droit d'héritage, il l'a dérouillé, retrempé et assoupli. Dès lors une nouvelle forme de vers a été créée, et ses successeurs ont été affranchis du moule étroit et symétrique de Malherbe et de Boileau.

1. Je me suis arrêté depuis à l'opinion qu'il les a peu connus; mais il a fait mieux, il les a retrouvés.

Depuis André Chénier, un autre perfectionnement eut lieu. Toute sa réforme avait porté sur les vers pris isolément ; il restait encore à en essayer les diverses combinaisons possibles, et, sur les débris de la vieille *stance*, à reconstruire la *strophe* d'après un plus large plan. Déjà Ronsard et ses amis avaient tenté beaucoup en ce point ; mais leurs efforts n'avaient pas toujours réussi, ou bien Malherbe n'en avait pas assez tenu compte. L'honneur de recommencer et de poursuivre ce savant travail de mécanisme était réservé à Victor Hugo. Ce qu'André Chénier avait rénové et innové dans le vers, notre jeune contemporain l'a rénové et innové dans la strophe ; il a été et il est *harmoniste* et *architecte* en poésie. Grâce à lui, il semble, en quelque sorte, que l'orchestre de Mozart et de Rossini remplace celui de Grétry dans l'ode ; ou encore l'ode, ainsi construite, avec ses voûtes et ses piliers, ses festons et ses découpures sans nombre, ressuscite aux yeux le style des cathédrales gothiques ou de l'Alhambra. Sans insister plus longuement ici sur un résultat qu'il nous suffit de proclamer, l'on peut donc dire que, partie instinct, partie étude, l'école nouvelle en France a continué l'école du xvi° siècle sous le rapport de la *facture* et du *rhythme*. Quant aux formes du discours et du langage, il y avait bien moins à profiter chez nos vieux poëtes. Les Anglais et les Italiens, pour rajeunir leur langue, n'ont eu qu'à la replonger aux sources primitives de Shakspeare et de Dante ; mais nous manquions, nous autres, de ces immenses lacs sacrés en réserve pour les jours de régénération, et nous avons dû surtout puiser dans le présent et en nous-mêmes. Si l'on se rappelle pourtant quelques pages de l'*Illustration* par Joachim Du Bellay, certains passages saillants de mademoiselle de Gournay, de D'Aubigné ou de Régnier ; si l'on se figure cette audacieuse et insouciante façon de style, sans règles et sans scrupules, qui marche à l'aventure comme la pousse la pensée, on lui trouvera quelques points généraux de ressemblance avec la manière qui tend à s'introduire et à prévaloir de nos jours. Un homme de beaucoup d'esprit et d'érudition [1] s'est plaint malicieusement que depuis quelques années *on avait distendu notre pauvre langue jusqu'à la faire craquer*. Le mot est d'une parfaite justesse. Le moule de style en usage depuis Balzac jusqu'à Jean-Jacques a

---

1. M. Delécluze (*Préface de Roméo et Juliette*, nouvelle traduite de Luigi da Porto).

sauté en éclats, aussi bien que le moule du vers. Le dernier, le plus habile et le plus séduisant soutien du pur et classique langage, M. Villemain, a beau lui prêter l'autorité de sa parole, en dissimuler les entraves, en rajeunir les beautés, et vouloir le réconcilier avec les franchises nouvelles : sans doute il y réussit à force de talent; mais ce triomphe est tout individuel. A tort ou à raison, ceux même qui admirent le plus ce bel art ne s'y conforment guère. La manière de notre siècle, on peut l'affirmer à coup sûr, sera moins correcte et moins savante, plus libre et plus hasardée, et sans revenir aux licences du xvi° siècle, il en reprendra et il en a déjà repris quelque chose d'insouciant et d'imprévu qui s'était trop effacé dans l'étiquette monarchique de l'âge suivant. Mais là doit finir toute la ressemblance. A part une certaine allure commune de style et la forme du vers, on ne voit pas en quoi notre époque littéraire pourrait se rapprocher de celle dont on vient de parcourir le tableau. Je ne sais même s'il faut regretter que ces liens ne soient pas plus nombreux ni plus intimes, et qu'à l'ouverture d'une ère nouvelle, en nous lançant sur une mer sans rivages, nous n'ayons pas de point fixe où tourner la boussole et nous orienter dans le passé. Si aucun fanal ne nous éclaire au départ, du moins aucun monument ne nous domine à l'horizon et ne projette son ombre sur notre avenir. En poésie comme en politique, peuple jeune émancipé d'hier, qui sait où n'ira pas notre essor? A voir les premiers pas, qui oserait assigner le terme? La nation qui a donné le dernier mot d'ordre littéraire à la vieille société pourrait bien donner le premier à la nouvelle. Déjà, dans nos rêves magnifiques, nous avons plus que des présages. La lyre perdue a été retrouvée, et des préludes encore inouïs ont été entendus. L'un, prêtant à l'âme humaine une voix pleine d'amour, a chanté, en cet instant de crise et de passage, l'élégie du Doute et de l'Anxiété, l'hymne de l'Espérance et de la Foi [1]. L'autre, plus humble et parlant de plus bas à la foule d'où il est sorti, a ému les fils en leur disant les exploits et les malheurs des pères; Anacréon-Tyrtée, Horace d'un siècle libre, il a célébré la France, et Néris, et la gloire [2]. Un autre, jeune et fort, a remonté les âges; il a revêtu l'armure des barons, et, soulevant sans efforts les grandes lances et les longues épées, il a

1. Lamartine.
2. Béranger.

jeté, comme par défi, dans l'arène lyrique, un gant de fer dont l'écho retentira longtemps [1]. Blanche, pudique, à demi voilée, une muse plus timide interroge aussi les fastes antiques de notre histoire; elle aussi palpite noblement au bruit des armes et au nom de la France; mais, alors même qu'elle est sous le casque, un seul de ses gestes, de ses regards, de ses accents, nous révèle le tendre cœur d'une femme, comme chez Clorinde ou Herminie [2]. Rappellerai-je au siècle ingrat ce poëme trop peu compris, ce mystère d'une élévation si pure, dans lequel notre langue a pour la première fois appris à redire, sans les profaner, les secrets des chérubins [3]? Mais c'est assez et trop parler de l'époque présente, de ses richesses et de nos espérances. L'enthousiasme qui a pour objet les contemporains importune ou fait sourire, et ressemble toujours à une illusion ou à une flatterie. D'ailleurs, faible et peu clairvoyant que nous sommes, il nous sied moins qu'à tout autre d'oser prédire. Notre foi en l'avenir a trop souvent ses éclipses et ses défaillances : l'exemple de Joachim Du Bellay semble fait exprès pour nous guérir des beaux songes. Qu'on nous pardonne toutefois d'y avoir cédé un instant. Au bout de la carrière, nous avons cru entrevoir un grand, un glorieux siècle, et nous n'avons pu résister au bonheur d'en saluer l'aurore.

1. Victor Hugo.
2. Madame Tastu.
3. Le poëme d'*Eloa* par M. de Vigny.

Avril 1828.

# APPENDICE

Dans l'édition in-8° de 1828, le premier volume, qui contenait le *Tableau de la Poésie française et du Théâtre français au xvi° siècle* était suivi et complété d'un second qui renfermait les *Œuvres choisies* de Ronsard avec notes et commentaires. Je reproduis ici de ce second volume la notice biographique qui était en tête, et qui peut servir d'appendice à ce qui a été dit précédemment sur le poète.

## VIE DE RONSARD

C'est Ronsard lui-même qui va nous donner, sur sa famille, sa naissance, son éducation et ses premières aventures, des notions détaillées et incontestables, grâce à l'épître suivante qu'il adresse à Belleau :

### A REMI BELLEAU

#### EXCELLENT POËTE FRANÇOIS.

Je veux, mon cher BELLEAU, que tu n'ignores point
D'où, ne qui est celuy que les Muses ont joint
D'un nœud si ferme à toy, à fin que des années
A nos neveux futurs les courses retournées
Ne cèlent que BELLEAU et RONSARD n'estoient qu'un,
Et que tous deux avoient un mesme cœur commun.

Or quant à mon ancestre, il a tiré sa race
D'où le glacé Danube est voisin de la Thrace :
Plus bas que la Hongrie, en une froide part,
Est un Seigneur nommé le Marquis de Ronsart,
Riche d'or et de gens, de villes et de terre.
Un de ses fils puisnez, ardant de voir la guerre,

Un camp d'austres puisnez assembla hazardeux,
Et quittant son pays, fait Capitaine d'eux,
Traversa la Hongrie et la basse Allemaigne,
Traversa la Bourgongne et la grasse Champaigne,
Et hardy vint servir Philippes de Valois,
Qui pour lors avoit guerre encontre les Anglois.

Il s'employa si bien au service de France,
Que le Roy luy donna des biens à suffisance
Sur les rives du Loir : puis du tout oubliant
Frères, père et pays, François se mariant,
Engendra les ayeux dont est sorty le père
Par qui premier je vy ceste belle lumière.

Mon père de Henry gouverna la Maison,
Fils du grand Roy François, lorsqu'il fut en prison
Servant de seur hostage à son père en Espagne :
Faut-il pas qu'un servant son Seigneur accompagne
Fidèle à sa fortune, et qu'en adversité
Luy soit autant loyal qu'en la félicité[1] ?

Du costé maternel j'ay tiré mon lignage
De ceux de la Trimouille et de ceux du Bouchage,
Et de ceux de Rouaux, et de ceux de Chaudriers
Qui furent en leur temps si vertueux guerriers,
Que leur noble vertu, que Mars rend éternelle,
Reprint sur les Anglais les murs de la Rochelle,
Où l'un de mes ayeux fut si preux, qu'aujourd'huy
Une rue à son los porte le nom de luy.

Mais, s'il te plaist avoir autant de cognoissance
(Comme de mes ayeux) du jour de ma naissance,
Mon Belleau, sans mentir je diray vérité
Et de l'an et du jour de ma nativité.

L'an que le Roy François fut pris devant Pavie,
Le jour d'un Samedy Dieu me presta la vie
L'onziesme de Septembre, et presque je m'y vy
Tout aussi tost que né de la Parque ravy.
Je ne fus le premier des enfants de mon père ;
Cinq devant ma naissance en enfanta ma mère .
Deux sont morts au berceau, aux trois vivans en rien
Semblable je ne suis ny de mœurs ny de bien.

---

1. On lit dans l'édition des *Lettres* de Marguerite de Navarre publiées par M. Génin (page 469), une lettre du père de Ronsard qui annonce l'arrivée à l'Éclaze des princes François et Henri, dont il est maitre d'hôtel.

Si tost que j'eu neuf ans, au collége on me meine
Je mis tant seulement un demy-an de peine
D'apprendre les leçons du régent de Vailly,
Puis sans rien profiter du collége sailly,
Je vins en Avignon, où la puissante armée
Du Roy François estoit fièrement animée
Contre Charles d'Austriche, et là je fus donné
Page au Duc d'Orléans : après je fus mené
Suivant le Roy d'Escosse en Escossoise terre.
Où trente mois je fus et six en Angleterre.

A mon retour ce Duc pour page me reprint,
Long temps à l'Escurie en repos ne me tint
Qu'il ne me renvoyast en Flandres et Zélande,
Et depuis en Escosse, où la tempeste grande
Avecques Lassigni cuida faire toucher,
Poussée aux bords Anglois, ma nef contre un rocher.

Plus de trois jours entiers dura ceste tempeste,
D'eau, de gresle et d'esclairs nous menaçant la teste
A la fin arrivez sans nul danger au port,
La nef en cent morceaux se rompt contre le bord,
Nous laissant sur la rade, et point n'y eut de perte
Sinon elle qui fut des flots salez couverte,
Et le bagage espars que le vent secouoit,
Et qui servoit flottant aux ondes de jouet.
D'Escosse retourné je fus mis hors de page,
Et à peine seize ans avoient borné mon âge,
Que l'an cinq cens quarante avec Baïf je vins
En la haute Allemaigne, où dessous luy j'apprins
Combien peut la Vertu : après la maladie
Par ne sçay quel Destin me vint boucher l'ouïe,
Et dure m'accabla d'assommement si lourd,
Qu'encores aujourd'huy j'en reste demy-sourd.
L'an d'après, en Avril, Amour me fit surprendre,
Suivant la Cour à Blois, des beaux yeux de Cassandre ;
Soit le nom faux ou vray, jamais le Temps vainqueur
N'effacera ce nom du marbre de mon cœur.

Convoiteux de savoir, disciple je vins estre
De Daurat à Paris qui sept ans fut mon Maistre
En Grec et en Latin : chez luy premièrement
Nostre ferme amitié print son commencement,
Laquelle dans mon ame à tout jamais et celle
De nostre amy Baïf sera perpétuelle[1].

---

1. Œuvres de Ronsard, élégie xx.

Si tous les biographes de Ronsard avaient lu attentivement cette pièce, ils auraient été plus d'accord sur quelques faits vivement débattus. Pierre de Ronsard naquit donc le 11 septembre 1524[1] (au château de la Poissonnière), dans le Vendomois, d'une famille noble, originaire de Hongrie. Mis à neuf ans au collége de Navarre, sous un régent nommé de Vailly, il se dégoûta des études, et entra au service du duc d'Orléans, fils de François I*er*, puis à celui de Jacques d'Écosse ; de là un séjour de trois années en Grande-Bretagne. Il revint de nouveau au duc d'Orléans, qui l'envoya en divers lieux et l'adjoignit à diverses ambassades. C'est dans un second voyage en Écosse, entrepris vers cette époque, qu'il fit un naufrage avec le sieur de Lassigny, et qu'il dut son salut à un coup de la fortune. Il avait seize ans alors (1540) ; il suivit Lazare de Baïf en Allemagne, à la diète de Spire et aussitôt après, quoiqu'il n'en dise rien dans l'épître, le célèbre Langey Du Bellay en Piémont. Mais il venait d'être atteint d'une surdité, qui le dégoûta de la cour et du monde : l'amour, qui s'empara de son cœur à Blois, en avril 1541, ajouta peut-être encore à ce dégoût des plaisirs, à cette passion soudaine pour la retraite et l'étude. Il se mit donc, vers 1541 ou 1542 au plus tard, au collége de Coqueret, sous les soins de Jean Dorat ou Daurat, qu'il avait connu chez Lazare de Baïf. Jean-Antoine de Baïf, fils naturel de Lazare, et Remy Belleau, devinrent ses condisciples les plus intimes ; il faut leur joindre Lancelot de Carles et Marc-Antoine Muret, qui depuis s'illustrèrent dans la poésie et l'éloquence latines. Là, durant sept années d'études, au milieu des veilles laborieuses et des discussions familières, au sein de cette *École normale* du temps, si l'on peut ainsi dire, Ronsard jeta les fondements de la révolution littéraire qui changea l'avenir de notre langue et de notre poésie. Nous en avons assez parlé ailleurs pour n'avoir pas à y

---

[1]. Non pas, comme on l'a avancé, *le jour même* de la bataille de Pavie, mais durant l'année. La bataille de Pavie eut lieu le 24 février 1525 ; comme l'année alors ne commençait qu'à Pâques, on rapportait cette bataille à la date de 1524, et j'y rapporte aussi la naissance de Ronsard. Goujet pourtant le fait naître en 1525. Il s'agirait de savoir si, dans son épître à Belleau, Ronsard compte l'année à la nouvelle ou à l'ancienne manière. Il était né sous l'ancienne chronologie, mais peut-être qu'au moment où il fit l'épître, il suivait la nouvelle (voir au Dictionnaire de Bayle l'article *Ronsard* sur ces incertitudes). Ce qui fixerait tout, ce serait de vérifier si c'était en 1524 ou en 1525 que le 11 septembre tombait un *samedi*, puisqu'il dit être né un tel jour de la semaine. J'en laisse le soin à quelque bénédictin futur.

revenir ici. Cette retraite de sept années nous mène jusqu'en 1548 ou 1549, époque où les essais de Ronsard et de ses amis commencèrent à franchir les murailles du collége et à se répandre dans le public des érudits et des courtisans. C'est vers la fin de ces sept années, peut-être dans la dernière, comme on pourrait le croire d'après Claude Binet[1], que Ronsard, revenant de Poitiers à Paris, fit la rencontre de Joachim Du Bellay, jeune gentilhomme angevin ; ils se convinrent aussitôt, et se prirent d'une vive amitié l'un pour l'autre. Ronsard emmena Du Bellay à Paris, et l'associa aux études communes sous Dorat. Peu après (1550), Du Bellay publia son *Illustration de la Langue françoise,* où il développa si éloquemment ses idées et celles de ses amis. Il ne paraît pas que Ronsard eût rien publié encore de considérable quand Du Bellay porta ce premier coup à la vieille école: on ne saurait douter pourtant que ce coup ne partît de lui au moins autant que de Du Bellay, et ce serait à la fois une erreur et une injustice d'attribuer à celui-ci une priorité qui appartient évidemment à l'autre. Sans Ronsard il est douteux que Du Bellay se fût jamais livré à la poésie, surtout au genre alors moderne de haute et brillante poésie ; sans Du Bellay, Ronsard n'eût rien perdu de ses idées, et la réforme se serait accomplie également. Dans une pièce où il évoque l'ombre de Du Bellay, Ronsard met à la bouche de son ami les paroles suivantes, que tant de contemporains auraient pu démentir, s'il y avait eu lieu :

> . . . . . . . . Amy, que sans tache d'envie
> J'aimay quand je vivois comme ma propre vie,
> Qui premier me poussas et me formas la vois
> A célébrer l'honneur du langage françois,
> Et compagnon d'un art tu me montras l'adresse
> De me laver la bouche ès ondes de Permesse[2], etc.

L'*Illustration* de Du Bellay irrita bien des amours-propres et souleva bien des inimitiés. Les premières poésies de Ronsard, imprimées vers 1551, furent violemment attaquées à la cour par Mellin de Saint-Gelais et sa coterie[3]. Du Bellay, dans la sa-

---

1. Claude Binet, quoique ami et disciple de Ronsard, paraît assez inexactement informé des premières années de ce poète, et les dates qu'il donne me semblent souvent suspectes.
2. *Discours à Loys Des Masures.*
3. Le dernier biographe de Ronsard (*Biographie universelle*) a commis

tire du *Poëte courtisan*, Ronsard en plusieurs endroits de ses odes, ripostèrent avec amertume ; on a beaucoup cité cette strophe du dernier (il s'adresse au Ciel) :

>  Escarte loin de mon chef
>  Tout malheur et tout meschef ;
>  Préserve-moy d'infamie
>  De toute langue ennemie
>  Et de tout acte malin,
>  Et fay que devant mon Prince
>  Désormais plus ne me pince
>  La tenaille de Mellin !

Le docte L'Hospital, qui était alors chancelier de madame Marguerite, sœur de Henri II, prit en main la cause des novateurs, et alla même jusqu'à composer, sous le nom de Ronsard, une satire latine dont nous donnerons quelques passages :

>  Magnificis aulæ cultoribus atque poetis
>    Hæc Loria scribit valle poeta novus,
>  Excusare volens vestras quod læserit aures,
>    Obsessos aditus jam nisi livor habet ;
>  Excusare volens quod sit novitatis amator,
>    Verborum cum vos omnia prisca juvent.
>  Atque utinam antiqui vestris ita cordibus alte
>    Insitus officii cultus amorque foret !
>  Non ego, conscissus furiali dente, laborem
>    Spicula de tergo vellere sæva meo ;
>  Non ego, qui tanti mihi causa fuere doloris,
>    Auxilium a nostris versibus ipse petam ;
>  Non ego nunc Musas supplex orare latinas,
>    Rebus et afflictis poscere cogar opem...

Il s'attaque évidemment à Saint-Gelais sans le nommer :

>  Ætas est ætate regenda, senisque maligni est
>    Consilio juvenem nolle juvare suo.
>  Extremæ sed nequitiæ maledicere surdo,
>    Crescere et alterius posse putare malis,
>  Diceris ut nostris excerpere carmina libris,
>    Verbaque judicio pessima quæque tuo
>  Trunca palam Regi recitare et Regis amicis ;
>    Quo nihil improbius gignere terra potest.

une erreur en disant que Mellin de Saint-Gelais se déchaîna souvent contre Ronsard devant *François I*", et en ajoutant: « La cour était partagée « entre Ronsard et Saint-Gelais; Joachim Du Bellay avait aussi ses parti« sans. » François I*" était mort depuis plusieurs années, et Joachim Du Bellay n'avait d'autres partisans que ceux de Ronsard.

Après avoir excité les nouveaux poëtes à secouer cette tyrannie insolente de quelques vieillards jaloux, Ronsard, par la bouche de L'Hospital, se justifie victorieusement des innovations auxquelles l'oblige l'indigence de la langue maternelle, et il revient encore une fois en finissant contre les procédés perfides de Saint-Gelais :

> Qui mos, quam sacro Christi sit præsule dignus,
>    Videris id tute, Gallia tota videt.
> At tibi cum fuerit factum satis, ipse vicissim
>    Oris pone tui spicula, pone faces.
> Non mihi semper erit circum patientia pectus,
>    Non tua perpetuo dicta salesque feram.
> Invitus, juro, tristes accingar ïambos,
>    Læsus et expediam carmina mille tibi,
> Quæ miserum subigant laqueum vel nectere collo,
>    Francica vel turpi linquere regna fuga ;
> Ut discant homines, linguæ sors ultima et oris
>    Exitus effreni quam miser esse solet.

Quelques hommes modérés essayèrent de finir une querelle qui séparait des poëtes faits pour s'estimer. Guillaume Des Autels surtout, ami des deux rivaux, se distingua dans ce rôle honorable de conciliateur ; il les exhorte en l'une de ses pièces à faire leur paix, comme autrefois Apollon et Mercure ; voici sa dernière strophe :

> Comment pourroit ce mortel fiel
> Abreuver ta gracieuse ame
> O Mellin, Mellin tout de miel,
> Mellin tousjours loin de tel blasme ?
> Et toi, divin Ronsard, comment
> Pourroit ton haut entendement
> S'abaisser à ce vil courage ?
> Le champ des Muses est bien grand ;
> Autre que vous encore prend
> Son droit en si bel héritage ;
> Mais vous avez la meilleur' part ;
> Si maintenant je l'avois telle,
> Je ferois la paix immortelle
> De Saint-Gelais et de Ronsard.

Grâce à cette entremise officieuse et au bon esprit des deux adversaires, la paix ne tarda pas à se conclure. Mellin adressa à Ronsard un sonnet flatteur, qui fut inséré par le jeune poëte en tête de la seconde édition de ses sonnets, en 1555[1], comme un gage public de réconciliation ; il adressa à son tour au vieux Mellin une ode d'amnistie, qui commence par ces vers :

> Toujours ne tempeste enragée
> Contre ses bords la mer Égée, etc., etc.

A l'exemple de Ronsard, Du Bellay ne perdit pas désormais une occasion de mentionner honorablement dans ses vers le nom de Mellin.

L'année 1552 fut célèbre par le triomphe tragique de Jodelle, l'un des plus chers et fervents disciples de Ronsard[2]. Celui-ci nous a transmis le détail de la fête d'Arcueil, où l'on accusa les convives d'avoir immolé en païens un bouc à Bacchus. Ce furent d'abord les ennemis du théâtre classique et les partisans des *mystères* qui firent courir ce bruit ; plus tard, les calvinistes le relevèrent, quand Ronsard les eut offensés par ses satires catholiques. Voici le récit du poëte :

> Jodelle ayant gaigné par une voix hardie
> L'honneur que l'homme Grec donne à la Tragédie,
> Pour avoir, en haussant le bas style François,
> Contenté doctement les oreilles des Rois,
> La brigade qui lors au Ciel levoit la teste
> (Quand le temps permettoit une licence honneste),
> Honorant son esprit gaillard et bien appris,
> Luy fit présent d'un Bouc, des Tragiques le prix.
>
> Jà la nappe estoit mise, et la table garnie
> Se bordoit d'une saincte et docte compagnie,
> Quand deux ou trois ensemble en riant ont poussé
> Le père du troupeau à long poil hérissé :
> Il venoit à grands pas ayant la barbe peinte,
> D'un chapelet de fleurs la teste il avoit ceinte,

---

[1]. Je ne donne ces dates qu'avec méfiance. Un travail bibliographique sur les premières publications et les éditions originales successives des diverses poésies de Ronsard est à faire, et je n'en ai pas recueilli les éléments, mon objet ayant été purement l'appréciation et la critique littéraire. Je sais que des amateurs éclairés se sont plu à rassembler ces premières éditions fort rares ; il est à souhaiter que l'un d'eux supplée à cette lacune, qui ne peut se combler qu'avec toutes les pièces en main. Ronsard avait beaucoup changé, corrigé, quelquefois gâté dans les éditions dernières faites sous ses yeux. Il pourrait ressortir de cet examen des vues nouvelles.

[2]. Baïf, au livre IV de ses *Poëmes*, assigne la date de 1553. Il y a toujours quelque difficulté à la précision de ces dates, à cause de la manière alors ambiguë de commencer l'année.

> Le bouquet sur l'oreille, et bien fier se sentoit
> Dequoy telle jeunesse ainsi le présentoit :
> Puis il fut rejeté pour chose méprisée
> Après qu'il eut servy d'une longue risée,
> Et non sacrifié, comme tu dis, menteur,
> De telle faulse bourde impudent inventeur [1]

La nouvelle école une fois maitresse sur la scène et dans tous les genres de poésie, la gloire du chef fut immense et ne souffrit plus de contestation. Ce ne fut qu'à l'occasion du *Discours sur les misères du temps* que quelques voix amères et discordantes vinrent se mêler au concert unanime de louanges qui environnait Ronsard. On peut rapporter cette querelle à l'année 1563 environ. Les calvinistes, adversaires de Ronsard, n'osant nier son génie, lui reprochèrent d'être prêtre, d'être athée et de mener une vie licencieuse [2]. En répondant à leurs attaques, le poëte a donné de curieux renseignements sur lui-même.

Ronsard a-t-il été prêtre ? De Thou paraît trancher la question ; il donne à son ami je ne sais quelle *cure d'Evailles*, et l'autorité de De Thou serait décisive si celle de Ronsard ne l'était davantage encore. On lit au deuxième livre des *Poëmes*, dans une épitre au cardinal de Châtillon, les vers suivants, qui sembleraient d'abord confirmer le témoignage de De Thou :

> Dès le commencement que je fus donné Page
> Pour user la pluspart de la fleur de mon âge
> Au Royaume Escossois de vagues emmuré ;
> Qui m'eust, en m'embarquant sur la poupe, juré
> Que, changeant mon espée aux armes bien apprise,
> J'eusse pris le bonnet des Pasteurs de l'Église,
> Je ne l'eusse pas creu : et me l'eust dit Phœbus,
> J'eusse dit son Trépied et luy n'estre qu'abus :
> Car j'avois tout le cœur enflé d'aimer les armes,
> Je voulois me braver au nombre des gendarmes ;
> Et de mon naturel je cherchois les débats,
> Moins désireux de paix, qu'amoureux de combats.

---

1. *Réponse à quelque Ministre.*
2. La conduite de Ronsard à l'égard des huguenots lui fit bien des ennemis, et il eut à ce propos toute une émeute littéraire à réprimer : ce fut la seule durant son long règne. Dans l'opuscule intitulé *de l'Etat réel de la Presse et des Pamphlets depuis François I<sup>er</sup> jusqu'à Louis XIV*, par M. Leber (Techner, 1834), on lit (page 89) une pièce virulente en style de prose d'église contre notre poëte : *Prosa Magistri nostri Nicollai Mallarii gomorrhæi sorbonici, ad M. Petrum Ronsardum Poetam papalem*

Mais ce passage prouve seulement que Ronsard portait *le bonnet des pasteurs de l'Eglise;* et en effet, quand les ministres genevois l'accusèrent d'être prêtre, il leur répondit :

> Or sus, mon frère en Christ, tu dis que je suis Prestre ;
> J'atteste l'Éternel que je le voudrois estre,
> Et avoir tout le chef et le dos empesché
> Dessous la pesanteur d'une bonne Évesché :
> Lors j'auroy la couronne à bon droict sur la teste,
> Qu'un rasoir blanchiroit le soir d'une grand'feste,
> Ouverte, large, longue, allant jusques au front,
> En forme d'un Croissant qui tout se courbe en rond.

Et comme pour démontrer qu'il n'y avait point contradiction entre ce second passage et le premier, Ronsard plus loin ajoute :

> Mais quand je suis aux lieux où il faut faire voir
> D'un cœur dévotieux l'office et le devoir,
> Lors je suis de l'Église une colonne ferme :
> D'un surpelis ondé les espaules je m'arme,
> D'une haumusse le bras, d'une chappe le dos,
> Et non comme tu dis faite de Croix et d'os :

*sorbonicum*, 1563. Ce sont des strophes rimées d'un latin macaronique, en voici une ou deux :

> Valde sum admiratus
> Quod cito esses factus
> De poeta presbyter.
> O presbyter nobilis,
> Poeta rasibilis,
> Vivas immortaliter !

> . . . . . . . .
> Huguenotti amplius
> Dicunt quod tu melius
> Tractares ludibria,
> Spurca, sales et jocos,
> Oscula, vel elegos.
> Quam sacra vel seria.

> . . . . . . . .
> Plus dicunt quod Ronsardus
> Certo sit factus surdus
> A *lue hispanica*,
> Et, quamvis sudaverit,
> Non tamen receperit
> Auditum *et reliqua*.

Ce *reliqua* est assez joli, le genre admis. Sur le *lue hispanica* Ronsard a répliqué énergiquement en nommant en français la chose :

> Tu m'accuses, Cafard. . . . . . . .
> Un chaste prédicant de fait et de parole
> Ne devroit jamais dire un propos si vilain :
> Mais que sort-il du sac ? cela dont il est plein.
>
> (*Réponse à quelque Ministre.*)

C'est pour un Capelan [1] ; la mienne est honorée
De grandes boucles d'or et de frange dorée :
Et sans toy, sacrilége, encore je l'aurois
Couverte des présents qui viennent des Indois :
Mais ta main de Harpye et tes griffes trop haves
Nous gardent bien d'avoir les espaules si braves,
Riblant [2], comme larrons des bons Saincts immortel
Chasses et corporaulx, calices et autels.
Je ne perds un moment des prières divines :
Dès la poincte du jour je m'en vais à Matines,
J'ay mon bréviaire au poing ; je chante quelquefois.
Mais c'est bien rarement, car j'ay mauvaise vois :
Le devoir du service en rien je n'abandonne,
Je suis à Prime, à Sexte, et à Tierce, et à Nonne :
J'oy dire la grand'Messe, et avecques l'encent
(Qui par l'Église espars comme parfum se sent)
J'honore mon Prélat des autres l'outrepasse,
Qui a pris d'Agénor [3] son surnom et sa race.
Après le tour finy je viens pour me r'assoir :
Bref, depuis le matin jusqu'au retour du soir
Nous chantons au Seigneur louanges et cantiques,
Et prions Dieu pour vous qui estes hérétiques.

Il est donc bien prouvé que Ronsard ne fut pas prêtre, bien qu'il portât chape, qu'il chantât vêpres et qu'il touchât les revenus de mainte abbaye. Il aurait pu dire, comme son am J.-A. de Baïf, en parlant de lui-même :

. . . . . . . . . . . ni veuf, ni marié,
Ni prêtre, seulement clerc à simple tonsure.

---

1. *Capelan*, qui vit du revenu d'une chapelle. Il est à croire pourtant que Ronsard, sans être prêtre ni curé, vécut des revenus d'une cure, ce qui concilierait le récit de De Thou avec les assertions du poëte. De Thou, en effet, ne peut guère s'être mépris à ce point sur les circonstances d'une vie qui lui était si chère ; il va même jusqu'à raconter qu'un jour que les huguenots couraient la campagne, Ronsard, tout curé qu'il était, se mit à la tête des gentilshommes du pays, et chassa les pillards (livre XXX des *Histoires*, année 1562) ; voici les termes mêmes : « Qua ex
« re commota nobilitas arma sumit, duce sibi delecto Petro Ronsardo,
« qui curionatum Evalliæ tenebat : neque enim is erat qui libertatem
« poeticam sacerdotalis muneris necessitate tanquam compede ad gra-
« vitatem ea functione dignam vellet astringere ; sed homo generosus et
« a teneris annis, etc., etc… » Il n'est pas dit nettement que Ronsard fût *prêtre* comme nous l'entendons, mais seulement qu'il était plus ou moins engagé dans les devoirs et les fonctions sacerdotales. A l'occasion de sa mort (année 1585), De Thou revient sur lui en détail sans plus reparler de cette prêtrise.
2. *Riblant*, brigandant, pillant.
3. *D'Agenor*. L'évêque du Mans était de la Maison d'Angennes, que Ronsard fait descendre d'Agénor.

Quant à son genre de vie, il a pris soin de le décrire en détail :

M'éveillant au matin, devant que faire rien
J'invoque l'Éternel le Père de tout bien,
Le priant humblement de me donner sa grâce,
Et que le jour naissant sans l'offenser se passe :
Qu'il chasse toute secte et toute erreur de moy,
Qu'il me veuille garder en ma première foy,
Sans entreprendre rien qui blesse ma province,
Très-humble observateur des loix et de mon Prince.

Après je sors du lict, et quand je suis vestu
Je me range à l'estude et apprens la vertu,
Composant et lisant, suivant ma destinée,
Qui s'est dès mon enfance aux Muses enclinée :
Quatre ou cinq heures seul je m'arreste enfermé :
Puis sentant mon esprit de trop lire assommé,
J'abandonne le livre et m'en vais à l'Église :
Au retour pour plaisir une heure je devise :
De là je viens disner faisant sobre repas,
Je rends graces à Dieu : au reste je m'esbas.

Car si l'après-disnée est plaisante et sereine,
Je m'en vais pourmener tantost parmy la plaine,
Tantost en un village, et tantost en un bois,
Et tantost par les lieux solitaires et cois.
J'aime fort les jardins qui sentent le sauvage,
J'aime le flot de l'eau qui gazouille au rivage.

Là, devisant sur l'herbe avec un mien amy,
Je me suis par les fleurs bien souvent endormy
A l'ombrage d'un Saule, ou lisant dans un livre,
J'ay cherché le moyen de me faire revivre,
Tout pur d'ambition et des soucis cuisans,
Misérables bourreaux d'un tas de mesdisans,
Qui font (comme ravis) les Prophètes en France,
Pippans les grands Seigneurs d'une belle apparence.

Mais quand le Ciel est triste et tout noir d'espesseur,
Et qu'il ne fait aux champs ny plaisant ny bien seur,
Je cherche compagnie, ou je joue à la Prime ;
Je voltige, ou je saute, ou je lutte, ou j'escrime,
Je dy le mot pour rire, et à la vérité
Je ne loge chez moy trop de sévérité.

Puis, quand la nuict brunette a rangé les estoilles,
Encourtinant le Ciel et la Terre de voiles,

Sans soucy je me couche, et là levant les yeux
Et la bouche et le cœur vers la voûte des Cieux,
Je fais mon oraison, priant la bonté haute
De vouloir pardonner doucement à ma faute :
Au reste je ne suis ny mutin ny meschant,
Qui fay croire ma loy par le glaive trenchant :
Voilà comme je vy ; si ta vie est meilleure,
Je n'en suis envieux, et soit à la bonne heure [1].

Sous Charles IX, Ronsard quittait peu la cour, parce que le prince ne pouvait se passer de sa compagnie ; mais, après la mort de Charles, le poëte déjà vieux, très-affligé de goutte et un peu négligé par Henri III, se retira en son abbaye de Croix-Val en Vendômois, sous l'ombrage de la forêt de Gastine et aux bords de la fontaine de Bellerie, qu'il a tant célébrées. Il venait encore de temps en temps à Paris visiter Galland, Baïf et ses autres bons amis du faubourg Saint-Marcel ; leur plaisir était d'aller ensemble s'ébattre dans les bois de Meudon. Cependant les voyages de Ronsard devinrent de moins en moins fréquents. Le 22 octobre 1585, il écrivait à Galland ses pressentiments d'une fin prochaine, et n'espérait déjà plus survivre aux feuilles d'automne. La maladie en effet se joignit à ses infirmités habituelles, et il expira dans des sentiments de grande piété, le vendredi 27 décembre 1585, en son prieuré de Saint-Cosme, près de Tours, où il s'était fait transporter. Il fut enterré dans le chœur de l'église du prieuré sans aucune pompe ; mais vingt-quatre ans après sa mort, Joachim de La Chétardie, conseiller-clerc au parlement de Paris et prieur-commendataire de Saint-Cosme, lui fit dresser un tombeau de marbre surmonté d'une statue. Galland, entre les bras duquel Ronsard avait expiré, attendit moins longtemps pour rendre à son ami les hommages solennels qui lui étaient dus, et le lundi 24 février 1586, en la chapelle du collége de Boncour, fut célébrée une messe en musique, où assistèrent les princes du sang, les cardinaux, le parlement de Paris et l'Université. L'oraison funèbre, prononcée par Du Perron, depuis évêque d'Évreux et cardinal, arracha des larmes à tous les assistants. On ferait un volume des pièces de vers, églogues, élégies, épitaphes, qui furent composées sur le trépas de l'illustre poëte. Nous n'en citerons rien ; seulement nous donnerons,

---

1. *Réponse à quelque Ministre.*

comme plus curieux, deux ou trois jugements sur Ronsard portés à une époque où sa gloire était déjà fort ébranlée.

Balzac a dit en son 31ᵉ entretien : « Dans notre dernière con-
« férence, il fut parlé de celui que M. le président De Thou et
« Scévole de Sainte-Marthe ont mis à côté d'Homère, vis-à-vis
« de Virgile, et je ne sais combien de toises au-dessus de tous
« les autres poëtes grecs, latins et italiens. Encore aujourd'hui
« il est admiré par les trois quarts du Parlement de Paris, et gé-
« néralement par les autres parlements de France. L'Université
« et les Jésuites tiennent encore son parti contre la cour et
« contre l'Académie. Pourquoi voulez-vous donc que je me dé-
« clare contre un homme si bien appuyé, et que ce que nous
« en avons dit en notre particulier devienne public? Il le faut
« pourtant, Monseigneur (*M. de Péricard, évêque d'Angou-
« lême*), puisque vous m'en priez et que les prières des supé-
« rieurs sont des commandements; mais je me garderai bien
« de le nommer, de peur de me faire lapider par les communes
« mêmes de notre province. Je me brouillerois avec mes parents
« et avec mes amis, si je leur disois qu'ils sont en erreur de ce
« côté-là, et que le dieu qu'ils adorent est un faux dieu. Abste-
« nons-nous donc, pour la sûreté de notre personne, de ce nom
« si cher au peuple, et qui révolteroit tout le monde contre
« nous.

« Ce poëte si célèbre et si admiré a ses défauts et ceux de son
« temps comme j'ai dit autrefois d'un grand personnage (*pro-
« bablement de Montaigne*). Ce n'est pas un poëte bien entier,
« c'est le commencement et la matière d'un poëte. On voit dans
« ses œuvres des parties naissantes et à demi animées d'un
« corps qui se forme et qui se fait, mais qui n'a garde d'être
« achevé. C'est une grande source, il le faut avouer, mais c'est
« une source trouble et boueuse; une source où non-seule-
« ment il y a moins d'eau que de limon, mais où l'ordure em-
« pêche de couler l'eau... »

Ailleurs, dans une des *Lettres familières* à Chapelain, qui est la 17ᵉ du livre VI, on lit ces mots de Balzac : « Est-ce
« tout de bon que vous parlez de Ronsard, et que vous le trai-
« tez de grand ; ou si c'est seulement par modestie et pour op-
« poser sa grandeur à notre ténuité? Pour moi, je ne l'estime
« grand que dans le sens de ce vieux proverbe : *Magnus liber,
« magnum malum*... Il faudroit que M. de Malherbe, M. de Grasse

« (*Godeau, évêque de Grasse*) et vous, fussiez de petits poëtes, si
« celui-là peut passer pour grand. »

Chapelain, né en 1595, était fils de Jeanne Corbière, fille elle-même d'un Michel Corbière, ami particulier de Ronsard, et avait été nourri par sa mère dans l'admiration du grand poëte.

Mademoiselle de Scudery, au tome VIII de sa *Clélie*, parle en ces termes de Ronsard (c'est Calliope qui le montre dans l'avenir à Hésiode endormi) :

« Regarde le Prince des poëtes françois : il sera beau, bien
« fait et de bonne mine ; il s'appellera Ronsard ; sa naissance
« sera noble ; il sera extraordinairement estimé, et méritera de
« l'être en son temps. Il sera même assez savant : mais, comme
« il sera le premier en France qui entreprendra de vouloir faire
« de beaux vers, il ne pourra donner à ses ouvrages la perfec-
« tion nécessaire pour être loué long-temps. On connoîtra pour-
« tant bien toujours par quelques-unes de ses hymnes que la
« nature lui aura beaucoup donné, et qu'il aura mérité sa répu-
« tation. Sa fortune ne sera pas mauvaise, et il mourra sans
« être pauvre. »

Nous renvoyons le lecteur aux nombreuses citations empruntées des ouvrages de mademoiselle de Cournay, et consignées dans notre précédent *Tableau*. Guillaume Colletet en son temps adressa aux mânes de Ronsard le sonnet que voici :

> Afin de témoigner à la Postérité
> Que je fus en mon temps partisan de ta gloire,
> Malgré ces ignorans de qui la bouche noire
> Blasphème impudemment contre ta Déité,
>
> Je viens rendre à ton nom ce qu'il a mérité,
> Belle Ame de Ronsard, dont la sainte mémoire
> Obtenant sur le temps une heureuse victoire
> Ne bornera son cours que de l'Éternité.
>
> Attendant que le Ciel mes desseins favorise,
> Que je te puisse voir dans les plaines d'Élyse,
> Ne t'ayant jamais vu qu'en tes doctes écrits :
>
> Belle Ame, qu'Apollon ses faveurs me refuse,
> Si, marchant sur les pas des plus rares Esprits
> Je n'adore toujours les fureurs de ta Muse !

La réputation de Ronsard paraît s'être soutenue plus long-temps chez les étrangers qu'en France. Le savant Scipion Maffei a loué ce poëte à une époque où l'on avait cessé de le lire chez nous[1] ; et l'on assure que, de nos jours encore, l'illustre Gœthe ne parle de lui qu'avec estime. Nous avons à ce propos entendu des gens d'esprit et de goût soutenir, avec quelque apparence de raison, que ce qui nuit le plus à Ronsard en France, c'est d'avoir écrit en français, et que, s'il avait composé en italien, nous ne le distinguerions guère de Pétrarque, du Bembe, de Laurent de Médicis et de tant d'autres poëtes estimés[2]. Sans doute, les mots surannés dont Ronsard abonde viennent trop souvent gâter l'impression de ses pièces. Disons toutefois que, l'invention chez lui étant à peu près nulle, c'est par le style encore qu'il se rachète le plus à notre jugement, et qu'il est véritablement créateur, c'est-à-dire poëte. Et, par exemple, qu'en nous peignant sa maîtresse, il nous retrace *le doux languir de ses yeux*; que, dans un naufrage, lorsque le vaisseau s'est englouti, il nous montre

> Les mariniers pendus aux vagues de Neptune ;

qu'en un transport d'amour platonique et séraphique, il s'écrie :

> Je veux brûler, pour m'élever aux Cieux,
> Tout l'imparfait de mon écorce humaine,
> M'éternisant comme le fils d'Alcmène
> Qui tout en feu s'assit entre les Dieux ;

dans tous ces cas et dans la plupart des autres, les beautés appartiennent au style, et nous avons à nous féliciter que Ronsard ait écrit en français. C'est cette considération particulière qui a surtout déterminé le présent éditeur et commentateur de Ronsard à en appeler en dernier ressort auprès du public d'un procès qui semblait jugé à fond, et à venir se placer, en toute humilité, comme défenseur et partisan du vieux poëte, immé-

---

1. La Monnoye a dit dans son édition du *Menagiana*, au sujet des œuvres de Ronsard : « Je crois qu'il serait très-difficile de rencontrer « une personne qui osât se vanter de les avoir et de les lire. » — On lit dans les *Réflexions critiques sur la Poésie et sur la Peinture*, par l'abbé Dubos (seconde partie, sect. xxxi), d'assez ingénieuses considérations sur les jugements qu'avaient portés de Ronsard ses contemporains, en quoi ils se trompaient et en quoi ils avaient raison.
2. Si l'on est sincère, on conviendra que ces difficultés de distinguer sont fréquentes lorsqu'on juge des poëtes dans une autre langue. Le cardinal Passionnei, s'entretenant avec Grosley de nos auteurs, lui avoua qu'il ne distinguait pas la poésie de Des Portes d'avec celle de Voltaire.

diatement au-dessous de mesdemoiselles de Gournay et Scudery, de Chapelain et de Colletet :

> A toi, Ronsard, à toi, qu'un sort injurieux
> Depuis deux siècles livre aux mépris de l'histoire,
> J'élève de mes mains l'autel expiatoire
> Qui te purifiera d'un arrêt odieux.
>
> Non que j'espère encore, au trône radieux
> D'où jadis tu régnais, replacer ta mémoire.
> Tu ne peux de si bas remonter à la gloire :
> Vulcain impunément ne tomba point des Cieux.
>
> Mais qu'un peu de pitié console enfin tes mânes;
> Que, déchiré longtemps par des rires profanes,
> Ton nom, d'abord fameux, recouvre un peu d'honneur,
>
> Qu'on dise : Il osa trop, mais l'audace était belle;
> Il lassa sans la vaincre une langue rebelle,
> Et de moins grands depuis eurent plus de bonheur.

Juillet 1828.

# PIÈCES ET NOTES

Dans tout ce qui précède, on l'aura pu remarquer, je me suis attaché particulièrement aux choses précises et au point de vue français. Il ne m'est pas échappé pourtant que le rôle de Ronsard en France, comme importateur de rhythme et de formes poétiques nouvelles, était à beaucoup d'égards le même que celui de Garcilasso de la Vega et de Boscan pour l'Espagne, de Sa de Miranda pour le Portugal, de Spencer en Angleterre; il règne un ton plus ou moins analogue entre ces poëtes de la Renaissance, l'initiative venant toujours de l'Italie. Ces diverses destinées si peu en rapport de près, envisagées de loin, prennent alors comme un caractère de fatalité et de connexion entre elles ; elles se rangent bon gré mal gré dans une même zone littéraire et ne paraissent plus différer que par des nuances. Mais j'ai toujours laissé ces vastes comparaisons à qui de droit ; c'est assez de parler de ce que j'ai vu de près.

On serait tenté encore (et le goût du jour y porte) de comparer nos poëtes de la Renaissance venus du temps de Henri II aux architectes et sculpteurs contemporains, qui construisirent et ciselèrent la pierre comme les autres firent la strophe et l'ode. Mais, même en cela, il faudrait prendre garde de trop pousser l'aperçu. Il y aurait danger d'ailleurs de courroucer Ronsard et ses mânes. Il n'acceptait pas cet ordre de comparaison. Il eut de grands démêlés avec Philibert Delorme, l'architecte célèbre de Fontainebleau, des Tuileries, du château d'Anet, et qui avait, comme lui, abbayes et bénéfices. Le poëte fit une satire à ce sujet, *la Truelle crossée*, et l'on en raconte toutes sortes d'anecdotes.

Nous bornant donc aux détails positifs que nous avons à peu près épuisés, nous ne demandons plus qu'une grâce. Comme il ne nous est pas donné dans cette réimpression de dérouler de nouveau toutes nos preuves, c'est-à-dire les propres pièces du poëte, on nous accordera d'en choisir deux ou trois encore avec échantillon de notre commentaire.

Une des plus gracieuses est assurément ce sonnet, dans lequel une idée mélancolique, souvent exprimée par les anciens et par Ronsard lui-même, se trouve si heureusement renouvelée :

> Je vous envoie un bouquet que ma main
> Vient de trier de ces fleurs épanies :
> Qui ne les eust à ce vespre cueillies,
> Cheutes à terre elles fussent demain.
>
> Cela vous soit un exemple certain
> Que vos beautez, bien qu'elles soient fleuries,
> En peu de temps cherront toutes flaitries,
> Et comme fleurs périront tout soudain.
>
> Le temps s'en va, le temps s'en va, ma Dame,
> Las! le temps non, mais nous nous en allons,
> Et tost serons estendus sous la lame :
>
> Et des amours desquelles nous parlons,
> Quand serons morts, n'en sera plus nouvelle :
> Pour ce aymez-moy, ce pendant qu'estes belle.

Maruelle avait dit :

> Has violas atque hæc tibi candida lilia mitto ;
> Legi hodie violas, candida lilia heri :
> Lilia, ut instantis monearis, virgo, senectæ,
> Tam cito quæ lapsis marcida sunt foliis ;
> Ille ut vere suo doceant ver carpere vitæ,
> Invida quod miseris tam breve Parca dedit.

Souvent aussi, au lieu d'un bouquet, les anciens envoyaient à leur maîtresse une pomme (*malum*) comme gage et symbole d'amour. On sait l'épigramme de Platon à Xanthippe : « Je suis une Pomme : quelqu'un qui t'aime me jette à toi. Consens, Xanthippe : et moi et toi aussi nous nous flétrirons. »

Ronsard, de bonne heure, avait beaucoup pensé à la mort, et aussi aux diverses chances hasardeuses de sa tentative littéraire : tous ceux qui aiment la gloire sont ainsi. Dès ses poésies premières, on voit qu'il avait conçu un pressentiment grandiose et sombre de son avenir. Voici un admirable sonnet dans lequel il identifie sa maîtresse Cassandre avec l'antique prophétesse de ce nom ; il se fait prédire par elle ses destinées, qui se sont accomplies jusqu'à la lettre :

> « Avant le temps tes tempes fleuriront,
> « De peu de jours ta fin sera bornée,
> « Avant le soir se clorra ta journée,
> « Trahis d'espoir tes pensers périront :
>
> « Sans me fleschir tes escrits flétriront,
> « En ton désastre ira ma destinée,
> « Pour abuser les Poëtes je suis née,
> « De tes soupirs nos neveux se riront :
>
> « Tu seras fait du vulgaire la fable,
> « Tu bastiras sur l'incertain du sable,
> « Et vainement tu peindras dans les Cieux. »
>
> — Ainsi disoit la Nymphe qui m'affolle,
> Lorsque le Ciel, tesmoin de sa parolle,
> D'un dextre éclair fut présage à mes yeux.

On pensait chez les anciens Latins que les foudres et les éclairs du côté gauche étaient signes et présages de bonheur ; et ceux du côté droit, de malheur. — *Avant le soir...*, ce vers tout moderne a l'air d'être d'André Chénier. — *Et vainement tu peindras dans les Cieux. Peindre dans les Cieux* est une expression pleine de splendeur et de magnificence. — Et puis tout ne s'est-il pas vérifié? Le poëte n'a-t-il pas *été fait la fable du vulgaire, et ses neveux n'ont-ils pas ri de ses soupirs?*

Enfin cette même idée de la mort entrevue en un jour de meilleure espérance lui a inspiré une ode aussi élevée que touchante, et qui a su trouver grâce auprès de ses plus moroses censeurs [1] :

### DE L'ÉLECTION DE SON SÉPULCRE.

Antres, et vous fontaines,
De ces roches hautaines
Qui tombez contre-bas
   D'un glissant pas ;

Et vous, forests et ondes
Par ces prez vagabondes,
Et vous, rives et bois,
   Oyez ma vois.

Quand le Ciel et mon heure
Jugeront que je meure,
Ravi du beau séjour
   Du commun jour ;

Je défens qu'on me rompe
Le marbre, pour la pompe
De vouloir mon tombeau
   Bastir plus beau.

Mais bien je veux qu'un arbre
M'ombrage en lieu d'un marbre,
Arbre qui soit couvert
   Tousjours de verd.

---

1. Je demande bien pardon à M. Vaultier de le désigner ainsi pour son travail sur Ronsard inséré dans les *Mémoires de l'Académie de Caen* (1836). J'ai souvent eu l'occasion de consulter avec profit et de mentionner d'estimables recherches de lui sur les époques antérieures de notre poésie lyrique. Mais en abordant Ronsard, il me semble ne s'être pas assez préservé d'une sorte de mauvaise humeur et presque d'aigreur, ce qui est une disposition toujours peu favorable pour extraire la fleur des Muses. Nous persistons à croire, malgré son édit, que le nombre des pièces et morceaux remarquables de Ronsard n'est pas si borné qu'il le fait, et qu'il y a lieu d'en composer avec choix tout un volume agréable à lire.

De moy puisse la Terre
Engendrer un lierre
M'embrassant en main tour
   Tout à l'entour :

Et la vigne tortisse [1]
Mon sépulchre embellisse,
Faisant de toutes parts
   Un ombre espars !

Là viendront chaque année
A ma feste ordonnée
Avecques leurs taureaux
   Les pastoureaux :

Puis ayans fait l'office
Du dévot sacrifice,
Parlans à l'Isle ainsi,
   Diront ceci [2] :

« Que tu es renommée
D'estre tombe nommée
D'un de qui l'Univers
   Chante les vers !

« Qui oncques en sa vie
Ne fut brulé d'envie
D'acquérir les honneurs
   Des grands Seigneurs ;

« Ny n'enseigna l'usage
De l'amoureux breuvage,
Ny l'art des anciens
   Magiciens ;

« Mais bien à nos campagnes
Fit voir les Sœurs compagnes
Foulantes l'herbe aux sons
   De ses chansons.

« Car il fit à sa Lyre
Si bons accords eslire,
Qu'il orna de ses chants
   Nous et nos champs.

1. *Tortisse*, flexueuse.
2. Il songeait sans doute, en faisant choix de ce lieu, à son prieuré de Saint-Cosme-*en-l'Isle* duquel Du Perron en son Oraison funèbre du poëte a dit : « Ce prieuré est situé en un lieu fort plaisant, assis sur la rivière de la Loire, accompagné de bocages, de ruisseaux, et de tous les ornements naturels qui embellissent la Touraine, de laquelle il est comme l'œil et les délices... » Ronsard, en effet, y revint mourir.

« La douce Manne tombe
A jamais sur sa tombe,
Et l'humeur que produit
   En May la nuit.

« Tout à l'entour l'emmure
L'herbe et l'eau qui murmure,
L'un tousjours verdoyant,
   L'autre ondoyant.

« Et nous, ayans mémoire
De sa fameuse gloire,
Luy ferons comme à Pan
   Honneur chaque an. »

Ainsi dira la troupe,
Versant de mainte coupe
Le sang d'un agnelet
   Avec du lait

Dessur moy, qui à l'heure
Seray par la demeure
Où les heureux Esprits
   Ont leur pourpris.

La gresle ne la nége
N'ont tels lieux pour leur siége,
Ne la foudre oncques là
   Ne dévala.

Mais bien constante y dure
L'immortelle verdure,
Et constant en tout temps
   Le beau Printemps.

Le soin, qui sollicite
Les Rois, ne les incite
Leurs voisins ruiner
   Pour dominer ;

Ains comme frères vivent,
Et morts encore suivent
Les mestiers qu'ils avoient
   Quand ils vivoient.

Là, là, j'oirray d'Alcée
La Lyre courroucée,
Et Sapphon qui sur tous
   Sonne plus dous.

> Combien ceux qui entendent
> Les chansons qu'ils respandent
> Se doivent resjoüir
> De les oüir;
>
> Quand la peine receuë
> Du rocher est deceuë,
> Et quand le vieil Tantal
> N'endure mal[1] !
>
> La seule Lyre douce
> L'ennuy des cœurs repousse,
> Et va l'esprit flatant
> De l'escoutant.

Cette pièce délicieuse, disais-je dans le commentaire, réunit tous les mérites. Les idées en sont simples, douces et tristes; la couleur pastorale n'y a rien de fade; l'exécution surtout y est parfaite. Ce petit vers masculin de quatre syllabes qui tombe à la fin de chaque stance produit à la longue une impression mélancolique : c'est comme un son de cloche funèbre. On sait avec quel bonheur madame Tastu a employé ce même vers de quatre syllabes dans sa touchante pièce des *Feuilles du saule* :

> L'air était pur ; un dernier jour d'automne
> En nous quittant arrachait la couronne
> Au front des bois ;
> Et je voyais, d'une marche suivie,
> Fuir le soleil, la saison et la vie
> Tout à la fois.

En rapprochant le petit vers de celui de six syllabes avec lequel il rime, Ronsard a été plus simple encore. Au reste, il a très-bien compris qu'à une si courte distance une grande richesse de rime était indispensable, et il s'est montré ici plus rigoureux sur ce point qu'à son ordinaire. C'est en effet une loi de notre versification que, plus les rimes correspondantes se rapprochent, plus elles doivent être riches et complètes.

Mais il faut se borner. Une seule bagatelle encore, *ineptiola*; on les passe aux commentateurs. Et puis, c'est mon *post-scriptum*, et j'y tiens. Quand un navigateur antique avait fini sa course, il tirait le vaisseau sur le rivage et le dédiait à la divinité

---

1. Puisque Sysiphe lui-même en oublie son rocher et Tantale sa soif.

du lieu, à Neptune sauveur ; et chez Théocrite, nous voyons Daphnis dédier à Pan ses chalumeaux, sa houlette et la besace où il avait coutume de porter ses pommes. C'est ainsi qu'en 1822, mon choix de Ronsard terminé, j'avais dit adieu au vieux poète, et le bel exemplaire in-folio sur lequel avaient été pris les extraits était resté déposé aux mains de Victor Hugo, à qui je le dédiai par cette épigraphe : *Au plus grand Inventeur de rhythmes lyriques qu'ait eu la Poésie française depuis Ronsard.* Or cet exemplaire à grandes marges était bientôt devenu une sorte d'*Album* où chaque poëte de 1828 et des années qui suivirent laissait en passant quelque strophe, quelque marque de souvenir. Mais voilà qu'un écrivain de nos amis et qui dit être de nos confidents, publiant deux gros volumes sur le *Travail intellectuel* en France au xixe siècle, a jugé ce fait capital digne de mention. Jusque-là tout est bien, et de telles mentions chatouillent ; mais l'honorable écrivain, en général très-préoccupé de trouver partout le christianisme, s'est avisé par inadvertance de transformer le *Ronsard* en une *Bible* dont les poëtes de la moderne Pléiade auraient fait leur *Album*. Oh ! pour le coup ceci est trop fort, et il importe de se mettre à tout hasard en garde contre ceux qui seraient tentés de crier à l'impiété, bien à meilleur droit qu'on ne fit contre le fameux bouc de Jodelle. Que la postérité le sache donc et ne l'oublie pas, cette prétendue *Bible* in-folio enregistrée par M. Amédée Duquesnel, était tout simplement le *Ronsard* émérite. Il renferme, il enserre, hélas ! bien des noms qui ne sont plus que là rapprochés et réunis : *hic jacent.*

FIN DE L'APPENDICE.

Ici commence à proprement parler une seconde partie de cette publication, et comme la seconde moitié qui ne se rattache que librement à la première. Elle se compose de divers portraits et appréciations littéraires qui n'ont paru que plus ou moins longtemps après notre premier travail, et qui sont nés de l'occasion ou du désir de compléter et de réparer. A un certain moment, en effet, m'étant aperçu que cet ancien travail, faute de se réimprimer, restait à découvert avec toutes sortes de petites brèches comme une place mal entretenue, j'ai eu l'idée de jeter en avant un ensemble de morceaux supplémentaires comme des espèces de petits forts détachés qui seraient ma garantie contre la critique, au cas qu'elle se mît en campagne. Pourtant, des huit morceaux qui suivent, le premier, qui établit un rapprochement entre Régnier et Chénier et qui parut dès 1829, ne rentre pas dans ce plan subsidiaire. Quant au dernier portrait, qui a pour objet Clotilde de Surville, j'ai cru devoir le joindre aux autres, quoiqu'il n'y ait pas là de poëte du seizième siècle, ni même du quinzième; mais j'y ai touché bien des points qui tiennent à ces mêmes études.

# MATHURIN RÉGNIER
### ET
# ANDRÉ CHÉNIER

Hâtons-nous de le dire, ce n'est pas ici un rapprochement à antithèse, un parallèle académique que nous prétendons faire. En accouplant deux hommes si éloignés par le temps où ils ont vécu, si différents par le genre et la nature de leurs œuvres, nous ne nous soucions pas de tirer quelques étincelles plus ou moins vives, de faire jouer à l'œil quelques reflets de surface plus ou moins capricieux. C'est une vue essentiellement logique qui nous mène à joindre ces noms, et parce que, des deux idées poétiques dont ils sont les types admirables, l'une, sitôt qu'on l'approfondit, appelle l'autre et en est le complément. Une voix pure, mélodieuse et savante, un front noble et triste, le génie rayonnant de jeunesse, et, parfois, l'œil voilé de pleurs; la volupté dans toute sa fraîcheur et sa décence; la nature dans ses fontaines et ses ombrages; une flûte de buis, un archet d'or, une lyre d'ivoire; le beau pur, en un mot, voilà André Chénier. Une conversation brusque, franche et à saillies; nulle préoccupation d'art, nul *quant à soi*; une bouche de satyre aimant encore mieux rire que mordre; de la rondeur, du bon sens; une malice exquise, par instants une amère éloquence; des récits enfumés de cuisine, de taverne et de mauvais lieux; aux mains, en guise de lyre, quelque instrument bouffon, mais non criard; en un mot, du laid et du grotesque à foison, c'est ainsi qu'on peut se figurer en gros Mathurin Régnier. Placé à l'entrée de nos deux principaux siècles littéraires, il leur tourne le dos et regarde le xvi°; il y tend la main aux aïeux gaulois, à Montaigne, à Ronsard, à Rabelais ; de même qu'André Chénier, jeté à l'issue de ces deux mêmes siècles classiques, tend déjà les bras au nôtre, et semble le frère aîné des poëtes nouveaux. Depuis 1613, année où Régnier mourut, jusqu'en 1782, année où commencèrent les premiers chants d'André Chénier, je ne vois, en exceptant les dramatiques, de poëte parent de ces deux grands hommes que La Fontaine, qui en est comme un mélange agréablement tempéré. Rien donc de plus piquant et de plus instructif que d'étudier dans leurs rapports ces deux figures originales, à physionomie presque contraire, qui se tiennent debout en sens inverse, chacune à un isthme de notre littérature centrale ; et, comblant l'espace et la durée qui les séparent, de les adosser l'une à l'autre, de les joindre ensemble par la pensée, comme le Janus de notre poésie. Ce n'est pas d'ailleurs en différences et en contrastes que se passera toute cette comparaison · Régnier et Chénier ont cela de commun, qu'ils sont un peu en dehors de leurs époques chronologiques, le premier plus en arrière, le second plus en avant, et qu'ils échappent par indépendance aux règles artificielles qu'on subit autour d'eux. Le caractère de leur style et l'allure de leur vers sont les mêmes, et abondent en qualités pareilles ; Chénier a retrouvé par instinct et étude ce que Régnier faisait de tradition et sans dessein ; ils sont uniques en ce mérite, et notre jeune école chercherait vainement deux maîtres plus consommés dans l'art d'écrire en vers.

Mathurin était né à Chartres, en Beauce, André à Byzance, en Grèce ; tous deux se montrèrent poëtes dès l'enfance. Tonsuré de bonne heure, élevé dans le jeu de paume et le tripot de son père, qui aimait la table et le plaisir, Régnier dut au célèbre abbé de Tiron son oncle, les premiers préceptes de versification, et dès qu'il fut en âge, quelques bénéfices qui ne l'enrichirent pas. Puis il fut attaché en qualité de chapelain à l'ambassade de Rome, ne s'y amusa que médiocrement ; mais, comme Rabelais avait fait, il attaqua de préférence les choses par le côté de la raillerie. A son retour, il reprit, plus que jamais, son train de vie, qu'il n'avait guère interrompu en terre papale, et mourut de débauche avant quarante ans. Né d'un savant ingénieux et d'une Grecque brillante, André quitta très-jeune Byzance, sa patrie ; mais il y rêva souvent dans les délicieuses vallées du Languedoc, où il fut élevé ; et, lorsque plus tard, entré au collége de Navarre, il apprit la plus belle des langues, il semblait, comme a dit M. Villemain, se souvenir des jeux de son enfance et des chants de sa mère. Sous-lieutenant dans Angoumois, puis attaché à l'ambassade de Londres, il regretta amèrement sa chère indépendance, et n'eut pas de repos qu'il ne l'eût reconquise. Après plusieurs voyages, retiré aux environs de Paris, il commençait une vie heureuse dans laquelle l'étude et l'amitié empiétaient de plus en plus sur les plaisirs, quand la Révolution éclata. Il s'y lança avec candeur, s'y arrêta à propos, y fit la part équitable au peuple et au prince, et mourut sur l'échafaud en citoyen, se frappant le front en poëte. L'excellent Régnier, né et grandi pendant les guerres civiles, s'était endormi en bon bourgeois et en joyeux compagnon au sein de l'ordre rétabli par Henri IV.

Prenant successivement les quatre ou cinq grandes idées auxquelles d'ordinaire puisent les poëtes, Dieu, la nature, le génie, l'art, l'amour, la vie proprement dite, nous verrons comme elles se sont révélées aux deux hommes que nous étudions en ce moment et sous quelle face ils ont tenté de les reproduire. Et d'abord, à commencer par Dieu, *ab Jove principium*, nous trouvons, et avec regret, que cette magnifique et féconde idée est trop absente de leur poésie et qu'elle la laisse déserte du côté du ciel. Chez eux elle n'apparaît même pas pour être contestée; ils n'y pensent jamais et s'en passent, voilà tout. Ils n'ont assez longtemps vécu l'un ni l'autre pour arriver, au sortir des plaisirs, à cette philosophie supérieure qui relève et console. La corde de Lamartine ne vibrait pas en eux. Épicuriens et sensuels, ils me font l'effet, Régnier, d'un abbé romain; Chénier, d'un Grec d'autrefois. Chénier était un païen aimable, croyant à Palès, à Vénus, aux Muses; un Alcibiade candide et modeste, nourri de poésie, d'amitié et d'amour. Sa sensibilité est vive et tendre; mais, tout en s'attristant à l'aspect de la mort, il ne s'élève pas au-dessus des croyances de Tibulle et d'Horace :

> Aujourd'hui qu'au tombeau je suis prêt à descendre,
> Mes amis, dans vos mains je dépose ma cendre.
> Je ne veux point, couvert d'un funèbre *linceul*,
> Que les pontifes saints autour de mon cercueil,

> Appelés aux accents de l'airain lent et sombre,
> De leur chant lamentable accompagnent mon ombre,
> Et sous des murs sacrés aillent ensevelir
> Ma vie et ma dépouille, et tout mon souvenir.

Il aime la nature, il l'adore, et non-seulement dans ses variétés riantes, dans ses sentiers et ses buissons, mais dans sa majesté éternelle et sublime, aux Alpes, au Rhône, aux grèves de l'Océan. Pourtant l'émotion religieuse que ces grands spectacles excitent dans son âme ne la fait jamais se fondre en prière *sous le poids de l'infini*. C'est une émotion religieuse et philosophique à la fois, comme Lucrèce et Buffon pouvaient en avoir, comme son ami Le Brun était capable d'en ressentir. Ce qu'il admire le plus au ciel, c'est tout ce qu'une physique savante lui en a dévoilé; ce sont *les mondes roulant dans les fleuves d'éther, les astres et leurs poids, leurs formes, leurs distances* :

> Je voyage avec eux dans leurs cercles immenses ;
> Comme eux, astre, soudain je m'entoure de feux,
> Dans l'éternel concert je me place avec eux ;
> En moi leurs doubles lois agissent et respirent ;
> Je sens tendre vers eux mon globe qu'ils attirent :
> Sur moi qui les attire ils pèsent à leur tour.

On dirait, chose singulière ! que l'esprit du poëte se condense et se matérialise à mesure qu'il s'agrandit et s'élève. Il ne lui arrive jamais, aux heures de rêverie, de voir dans les étoiles des *fleurs divines qui jonchent les parvis du saint lieu*, des âmes heureuses qui respirent un air plus pur et qui parlent, durant les nuits, un mystérieux langage aux âmes humaines. Je lis, à ce propos, dans un ouvrage inédit, le passage suivant, qui revient à ma pensée et la complète :

« Lamartine, assure-t-on, aime peu et n'estime guère André
« Chénier : cela se conçoit. André Chénier, s'il vivait, devrait
« comprendre bien mieux Lamartine qu'il n'est compris de lui.
« La poésie d'André Chénier n'a point de religion ni de mysti-
« cisme; c'est, en quelque sorte, le paysage dont Lamartine a
« fait le ciel, paysage d'une infinie variété et d'une immortelle
« jeunesse, avec ses forêts verdoyantes, ses blés, ses vignes,
« ses monts, ses prairies et ses fleuves ; mais le ciel est au-
« dessus, avec son azur qui change à chaque heure du jour,
« avec ses horizons indécis, ses *ondoyantes lueurs du matin et*

« *du soir*, et la nuit, avec ses fleurs d'or, *dont le lis est ja-*
« *loux*. Il est vrai que du milieu du paysage, tout en s'y pro-
« menant ou couché à la renverse sur le gazon, on jouit du ciel
« et de ses merveilleuses beautés, tandis que l'œil humain, du
« haut des nuages, l'œil d'Élie sur son char, ne verrait en bas
« la terre que comme une masse un peu confuse. Il est vrai
« encore que le paysage réfléchit le ciel dans ses eaux, dans la
« goutte de rosée aussi bien que dans le lac immense, tandis
« que le dôme du ciel ne réfléchit pas les images projetées de
« la terre. Mais, après tout, le ciel est toujours le ciel, et rien
« n'en peut abaisser la hauteur. » Ajoutez, pour être juste, que
le ciel qu'on voit du milieu du paysage d'André Chénier, ou
qui s'y réfléchit, est un ciel pur, serein, étoilé, mais physique;
et que la terre aperçue par le poëte sacré, de dessus son char
de feu, toute confuse qu'elle paraît, est déjà une terre plus que
terrestre pour ainsi dire, harmonieuse, ondoyante, baignée de
vapeurs et idéalisée par la distance.

Au premier abord, Régnier semble encore moins religieux
que Chénier. Sa profession ecclésiastique donne aux écarts de
sa conduite un caractère plus sérieux et en apparence plus si-
gnificatif. On peut se demander si son libertinage ne s'appuyait
pas d'une impiété systématique, et s'il n'avait pas appris de
quelque abbé romain l'athéisme, assez en vogue en Italie vers
ce temps-là. De plus, Régnier, qui avait vu dans ses voyages
de grands spectacles naturels, ne paraît guère s'en être ému.
La campagne, le silence, la solitude et tout ce qui ramène plus
aisément l'âme à elle-même et à Dieu, font place, en ses vers,
au fracas des rues de Paris, à l'odeur des tavernes et des cui-
sines, aux allées infectes des plus misérables taudis. Pourtant
Régnier, tout épicurien et débauché qu'on le connaît, est revenu, vers la fin et par accès, à des sentiments pieux et à des
repentirs pleins de larmes. Quelques sonnets, un fragment de
poëme sacré et des stances en font témoignage. Il est vrai que
c'est par ses douleurs physiques et par les aiguillons de ses
maux qu'il semble surtout amené à la contrition morale. Régnier, dans le cours de sa vie, n'eut qu'une grande et seule affaire : ce fut d'aimer les femmes, toutes et sans choix. Ses aveux
là-dessus ne laissent rien à désirer.

> Or moy qui suis tout flame et de nuict et de jour,
> Qui n'haleine que feu, ne respire qu'amour,

> Je me laisse emporter à mes flames communes,
> Et cours souz divers vents de diverses fortunes.
> Ravy de tous objects, j'ayme si vivement
> Que je n'ay pour l'amour ny choix ny jugement.
> De toute eslection mon âme est despourveue,
> Et nul object certain ne limite ma veue.
> Toute femme m'agrée. . . . . . . .

Ennemi déclaré de ce qu'il appelle *l'honneur*, c'est-à-dire de la délicatesse, préférant comme d'Aubigné *l'estre* au *parestre*, il se contente d'un *amour facile et de peu de défense :*

> Aymer en trop haut lieu une Dame hautaine,
> C'est aymer en souci le travail et la peine,
> C'est nourrir son amour de respect et de soin.

La Fontaine était du même avis quand il préférait ingénument les *Jeannetons* aux *Climènes*. Régnier pense que le même feu qui anime le grand poëte échauffe aussi l'ardeur amoureuse, et il ne serait nullement fâché que, chez lui, la poésie laissât tout à l'amour. On dirait qu'il ne fait des vers qu'à son corps défendant ; sa verve l'importune, et il ne cède au génie qu'à la dernière extrémité. Si c'était en hiver du moins, en décembre, au coin du feu, que ce maudit génie vint le lutiner ! On n'a rien de mieux à faire alors que de lui donner audience :

> Mais aux jours les plus beaux de la saison nouvelle,
> Que Zéphire en ses rets surprend Flore la belle,
> Que dans l'air les oiseaux, les poissons en la mer,
> Se plaignent doucement du mal qui vient d'aymer,
> Ou bien lorsque Cérès de fourment se couronne,
> Ou que Bacchus soupire amoureux de Pomone,
> Ou lorsque le safran, la dernière des fleurs,
> Dore le Scorpion de ses belles couleurs ;
> C'est alors que la verve insolemment m'outrage,
> Que la raison forcée obéit à la rage,
> Et que, sans nul respect des hommes ou du lieu,
> Il faut que j'obéisse aux fureurs de ce Dieu.

Oh ! qu'il aimerait bien mieux, en honnête compagnon qu'il est,

> S'égayer au repos que la campagne donne.
> Et, sans parler curé, doyen, chantre ou Sorbonne,
> D'un bon mot faire rire, en si belle saison,
> Vous, vos chiens et vos chats, et toute la maison !

On le voit, l'art, à le prendre isolément, tenait peu de place dans les idées de Régnier; il le pratiquait pourtant, et, si quelque grammairien chicaneur le poussait sur ce terrain, il savait s'y défendre en maître : témoin sa belle satire neuvième contre Malherbe et les puristes. Il y flétrit avec une colère étincelante de poésie ces réformateurs mesquins, ces *regratteurs de mots*, qui prisent un style plutôt pour ce qui lui manque que pour ce qu'il a, et, leur opposant le portrait d'un génie véritable qui ne doit ses grâces qu'à la nature, il se peint tout entier dans ce vers d'inspiration :

Les nonchalances sont ses plus grands artifices.

Déjà il avait dit :

La verve quelquefois s'égaye en la licence.

Mais là où Régnier surtout excelle, c'est dans la connaissance de la vie, dans l'expression des mœurs et des personnages, dans la peinture des intérieurs; ses satires sont une galerie d'admirables portraits flamands. Son poëte, son pédant, son fat, son docteur, ont trop de saillie pour s'oublier jamais, une fois connus. Sa fameuse *Macette*, qui est la petite-fille de *Patelin* et l'aïeule de *Tartufe*, montre jusqu'où le génie de Régnier eût pu atteindre sans sa fin prématurée. Dans ce chef-d'œuvre, une ironie amère, une vertueuse indignation, les plus hautes qualités de poésie, ressortent du cadre étroit et des circonstances les plus minutieusement décrites de la vie réelle. Et comme si l'aspect de l'hypocrisie libertine avait rendu Régnier à de plus chastes délicatesses d'amour, il nous y parle, en vers dignes de Chénier, de

. . . . . . . la belle en qui j'ai la pensée
D'un doux imaginer si doucement blessée,
Qu'aymants et bien aymés, en nos doux passe-temps,
Nous rendons en amour jaloux les plus contents.

Régnier avait le cœur honnête et bien placé; à part ce que Chénier appelle *les douces faiblesses*, il ne composait pas avec les vices. Indépendant de caractère et de parler franc, il vécut à la cour et avec les grands seigneurs, sans ramper ni flatter.

André Chénier aima les femmes non moins vivement que

Régnier, et d'un amour non moins sensuel, mais avec les différences qui tiennent à son siècle et à sa nature. Ce sont des Phrynés sans doute, du moins pour la plupart, mais galantes et de haut ton; non plus des *Alizons* ou des *Jeannes* vulgaires en de fétides réduits. Il nous introduit au boudoir de Glycère; et la belle Amélie et Rose à la danse nonchalante, et Julie au rire étincelant, arrivent à la fête; l'orgie est complète et durera jusqu'au matin. O dieux! si Camille le savait! Qu'est-ce donc que cette Camille si sévère? Mais, dans l'une des nuits précédentes, son amant ne l'a-t-il pas surprise elle-même aux bras d'un rival? Telles sont les femmes d'André Chénier, des Ioniennes de Milet, de belles courtisanes grecques, et rien de plus. Il le sentait bien, et ne se livrait à elles que par instants, pour revenir ensuite avec plus d'ardeur à l'étude, à la poésie, à l'amitié. « Choqué, dit-il quelque part dans une prose énergique
« trop peu connue[1], choqué de voir les lettres si prosternées et
« le genre humain ne pas songer à relever sa tête, je me livrai
« souvent aux distractions et aux égarements d'une jeunesse
« forte et fougueuse; mais, toujours dominé par l'amour de la
« poésie, des lettres et de l'étude, souvent chagrin et découragé
« par la fortune ou par moi-même, toujours soutenu par mes
« amis, je sentis que mes vers et ma prose, goûtés ou non, se-
« raient mis au rang du petit nombre d'ouvrages qu'aucune
« bassesse n'a flétris. Ainsi, même dans les chaleurs de l'âge et
« des passions, et même dans les instants où la dure nécessité
« a interrompu mon indépendance, toujours occupé de ces idées
« favorites, et chez moi, en voyage, le long des rues, dans les
« promenades, méditant toujours sur l'espoir, peut-être insensé,
« de voir renaître les bonnes disciplines, et cherchant à la fois
« dans les histoires et dans la nature des choses *les causes et les*
« *effets de la perfection et de la décadence des lettres*, j'ai
« cru qu'il serait bien de resserrer en un livre simple et per-
« suasif ce que nombre d'années m'ont fait mûrir de réflexions
« sur ces matières. » André Chénier nous a dit le secret de son âme : sa vie ne fut pas une vie de plaisir, mais d'art, et tendait à se purifier de plus en plus. Il avait bien pu, dans un moment d'amoureuse ivresse et de découragement moral, écrire à De Pange :

---

1. Premier chapitre d'un ouvrage sur les causes et les effets de la perfection et de la décadence des lettres. (*Edit.* de M. ROBERT.)

Sans les dons de Vénus quelle serait la vie ?
Dès l'instant où Vénus me doit être ravie,
Que je meure ! sans elle ici-bas rien n'est doux [1].

Mais bientôt il pensait sérieusement au temps prochain où fuiraient loin de lui *les jours couronnés de rose* ; il rêvait, aux bords de la Marne, quelque retraite indépendante et pure, quelque *saint loisir*, où les beaux-arts, la poésie, la peinture (car il peignait volontiers), le consoleraient des voluptés perdues, et où l'entoureraient un petit nombre d'amis de son choix. André Chénier avait beaucoup réfléchi sur l'amitié, et y portait des idées sages, des principes sûrs, applicables en tous les temps de dissidences littéraires : « J'ai évité, dit-il, de me lier avec quan-
« tité de gens de bien et de mérite, dont il est honorable
« d'être l'ami, et utile d'être l'auditeur, mais que d'autres cir-
« constances ou d'autres idées ont fait agir et penser autrement
« que moi. L'amitié et la conversation familière exigent au moins
« une conformité de principes : sans cela, les disputes intermi-
« nables dégénèrent en querelles, et produisent l'aigreur et
« l'antipathie. De plus, prévoir que mes amis auraient lu avec
« déplaisir ce que j'ai toujours eu dessein d'écrire m'eût été
« amer... »

Suivant André Chénier, *l'art ne fait que des vers, le cœur seul est poëte*, mais cette pensée si vraie ne le détournait pas, aux heures de calme et de paresse, d'amasser par des études exquises *l'or et la soie* qui devaient *passer en ses vers*. Lui-même nous a dévoilé tous les ingénieux secrets de sa manière dans son poëme de *l'Invention*, et dans la seconde de ses épîtres, qui est, à la bien prendre, une admirable satire. L'analyse la plus fine, les préceptes de composition les plus intimes, s'y transforment sous ses doigts, s'y couronnent de grâce, y reluisent d'images, et s'y modulent comme un chant. Sur ce terrain critique et didactique, il laisse bien loin derrière lui Boileau et le prosaïsme ordinaire de ses axiomes. Nous n'insisterons ici que sur un point. Chénier se rattache de préférence aux Grecs, de même que Régnier aux Latins et aux satiriques italiens modernes. Or, chez les Grecs, on le sait, la division des genres existait,

---

[1]. Ces vers et toute la fin de l'élégie XXXIII sont une imitation et une traduction des fragments divers qui nous restent de l'élégiaque Mimnerme : Chénier les a enchâssés dans une sorte de trame.

bien qu'avec moins de rigueur qu'on ne l'a voulu établir depuis :

> La nature dicta vingt genres opposés,
> D'un fil léger entre eux, chez les Grecs, divisés.
> Nul genre, s'échappant de ses bornes prescrites,
> N'aurait osé d'un autre envahir les limites ;
> Et Pindare à sa lyre, en un couplet bouffon,
> N'aurait point de Marot associé le ton.

Chénier tenait donc pour la division des genres et pour l'intégrité de leurs limites : il trouvait dans Shakspeare de belles scènes, non pas une belle pièce. Il ne croyait point, par exemple, qu'on pût, dans une même élégie, débuter dans le ton de Régnier, monter par degrés, passer par nuances à l'accent de la douleur plaintive ou de la méditation amère, pour se reprendre ensuite à la vie réelle et aux choses d'alentour. Son talent, il est vrai, ne réclamait pas d'ordinaire, dans la durée d'une même rêverie, plus d'une corde et plus d'un ton. Ses émotions rapides, qui toutes sont diverses et toutes furent vraies un moment, rident tour à tour la surface de son âme, mais sans la bouleverser, sans lancer les vagues au ciel et montrer à nu le sable du fond. Il compare sa muse jeune et légère à l'harmonieuse cigale, *amante des buissons, qui,*

> De rameaux en rameaux tour à tour reposée,
> D'un peu de fleur nourrie et d'un peu de rosée,
> S'égaie. . . . . . . .

et, s'il est triste, *si sa main imprudente a trahi son trésor*, si sa maîtresse lui a fermé, ce soir-là, le *seuil inexorable*, une visite d'ami, un sourire de *blanche voisine*, un livre entr'ouvert, un rien le distrait, l'arrache à sa peine, et, comme il l'a dit avec une légèreté négligente,

> On pleure ; mais bientôt la tristesse s'envole.

Oh ! quand viendront les jours de massacre, d'ingratitude et de délaissement, qu'il n'en sera plus ainsi ! Comme la douleur alors percera avant dans son âme et en armera toutes les puissances ! comme son ïambe vengeur nous montrera d'un vers à l'autre *les enfants, les vierges aux belles couleurs* qui venaient de parer et de baiser l'agneau, *le mangeant s'il est tendre*, et passera des fleurs et des rubans de la fête aux *crocs sanglants du charnier populaire!* Comme alors surtout il aurait besoin de lie et de fange, pour y *pétrir* tous *ces bourreaux barbouilleurs de lois!* Mais avant cette formidable époque [1], Chénier ne sentit guère tout le parti qu'on peut tirer du laid dans l'art, ou du moins il répugnait à s'en salir. Nous citerons un remarquable exemple où évidemment ce scrupule nuisit à son génie, et où la touche de Régnier lui fit faute. Notre poëte, cédant à des considérations de fortune et de famille, s'était laissé attacher à l'ambassade de Londres, et il passa dans cette ville l'hiver de 1782. Mille ennuis, mille dégoûts l'y assaillirent; seul, à vingt ans, sans amis, perdu au milieu d'une société aristocratique, il regrettait la France, et les cœurs qu'il y avait laissés, et sa pauvreté honnête et indépendante [2]. C'est alors qu'un soir, après avoir assez mal dîné à *Covent-Garden*, dans *Hood's Tavern*, comme il était de trop bonne heure pour se présenter en aucune société, il se mit, au milieu du fracas, à écrire, dans une prose forte et simple, tout ce qui se passait en son âme: qu'il s'ennuyait, qu'il souffrait, et d'une souffrance pleine d'amertume et d'humiliation; que la solitude, si chère aux malheureux, est pour eux un grand mal encore plus qu'un grand plaisir, car ils s'y exaspèrent, *ils y ruminent leur fiel*, ou, s'ils finissent par se résigner, c'est découragement et faiblesse, c'est impuissance d'en appeler *des injustes institutions humaines à la sainte nature primitive;* c'est, en un mot, à la façon *des morts, qui s'accoutument à porter la pierre de leur tombe, parce qu'ils ne peuvent la soulever;* — que cette fatale résignation rend dur, farouche, sourd aux consolations des amis, et qu'il prie le ciel de l'en préserver. Puis il en vient aux ridicules et aux *politesses hautaines* de la noble société qui daigne l'admettre, à la dureté de ces grands pour leurs inférieurs, à leur

---

1. Pour juger André Chénier comme homme politique, il faut parcourir le *Journal de Paris* de 90 et 91; sa signature s'y retrouve fréquemment, et d'ailleurs sa marque est assez sensible. Relire aussi comme témoignage de ses pensées intimes et combattues, vers le même temps, l'admirable ode: *Ô Versailles, ô bois, ô portiques*, etc., etc.
2. La fierté délicate d'André Chénier était telle que, durant ce séjour à Londres, comme les fonctions d'*attaché* n'avaient rien de bien actif et que le premier secrétaire faisait tout, il s'abstint d'abord de toucher ses appointements, et qu'il fallut qu'un jour M. de La Luzerne trouvât cela mauvais et le dît un peu haut pour l'y décider.

excessif attendrissement pour leurs pareils ; il raille en eux cette *sensibilité distinctive* que Gilbert avait déjà flétrie, et il termine en ces mots cette confidence de lui-même à lui-même : « Allons, voilà une heure et demie de tuée ; je m'en vais. Je ne « sais plus ce que j'ai écrit, mais je ne l'ai écrit que pour moi. « Il n'y a ni apprêt ni élégance. Cela ne sera vu que de moi, et « je suis sûr que j'aurai un jour quelque plaisir à relire ce mor- « ceau de ma triste et pensive jeunesse. » Oui, certes, Chénier relut plus d'une fois ces pages touchantes, et, lui *qui refeuilletait sans cesse et son âme et sa vie*, il dut, à des heures plus heureuses, se reporter avec larmes aux ennuis passés de son exil. Or, j'ai soigneusement recherché dans ses œuvres les traces de ces premières et profondes souffrances ; je n'y ai trouvé d'abord que dix vers datés également de Londres, et du même temps que le morceau de prose ; puis, en regardant de plus près, l'idylle intitulée *Liberté* m'est revenue à la pensée, et j'ai compris que ce berger, aux noirs cheveux épars, à l'œil farouche, sous d'épais sourcils, qui traîne après lui, dans les âpres sentiers et aux bords des torrents pierreux, ses brebis maigres et affamées, qui brise sa flûte, abhorre les chants, les danses et les sacrifices ; qui repousse la plainte du blond chevrier et maudit toute consolation, parce qu'il est esclave ; j'ai compris que ce berger-là n'était autre que la poétique et idéale personnification du souvenir de Londres et de l'espèce de servitude qu'y avait subie André ; et je me suis demandé alors, tout en admirant du profond de mon cœur cette idylle énergique et sublime, s'il n'eût pas encore mieux valu que le poëte se fût mis franchement en scène ; qu'il eût osé en vers ce qui ne l'avait pas effrayé dans sa prose naïve ; qu'il se fût montré à nous dans cette taverne enfumée, entouré de mangeurs et d'indifférents, accoudé sur sa table et rêvant ; — rêvant à la patrie absente, aux parents, aux amis, aux amantes, à ce qu'il y a de plus jeune et de plus frais dans les sentiments humains ; rêvant aux maux de la solitude, à l'aigreur qu'elle engendre, à l'abattement où elle nous prosterne, à toute cette haute métaphysique de la souffrance ; — pourquoi non ? — puis, revenu à terre et rentré dans la vie réelle, qu'il eût buriné en traits d'une empreinte ineffaçable ces grands qui l'écrasaient et croyaient l'honorer de leurs insolentes faveurs ; et, cela fait, l'heure de sortir arrivée, qu'il eût fini par son coup d'œil d'espoir vers l'avenir, et son *forsan et hæc olim.* Ou, s'il lui déplaisait de remanier en vers ce qui était jeté en prose, il avait en son souvenir dix autres journées plus ou moins pareilles à celles-là, dix autres scènes du même genre qu'il pouvait choisir et retracer.

Les styles d'André Chénier et de Régnier, avons-nous déjà dit, sont un parfait modèle de ce que notre langue permet au génie s'exprimant en vers, et ici nous n'avons plus besoin de séparer nos éloges. Chez l'un comme chez l'autre, même procédé chaud, vigoureux et libre; même luxe et même aisance de pensée, qui pousse en tous sens et se développe en pleine végétation, avec tous ses embranchements de relatifs et d'incidences entre-croisées ou pendantes; même profusion d'irrégularités heureuses et familières, d'idiotismes qui sentent leur fruit, grâces et ornements inexplicables qu'ont sottement émondés les grammairiens, les rhéteurs et les analystes; même promptitude et sagacité du coup d'œil à suivre l'idée courante sous la transparence des images, et à ne pas la laisser fuir, dans son court trajet de telle figure à telle autre; même art prodigieux enfin à mener à extrémité une métaphore, à la pousser de tranchée en tranchée, et à la forcer de rendre, sans capitulation, tout ce qu'elle contient; à la prendre à l'état de filet d'eau, à l'épandre, à la chasser devant soi, à la grossir de toutes les affluences d'alentour, jusqu'à ce qu'elle s'enfle et roule comme un grand fleuve. Quant à la forme, à l'allure du vers dans Régnier et dans Chénier, elle nous semble, à peu de chose près, la meilleure possible, à savoir, curieuse sans recherche, et facile sans relâchement, tour à tour oublieuse et attentive, et tempérant les agréments sévères par les grâces négligentes. Sur ce point, ils sont l'un et l'autre bien supérieurs à La Fontaine, chez qui la forme rhythmique manque presque entièrement, et qui n'a pour charme, de ce côté-là, que sa négligence.

Que si l'on nous demande maintenant ce que nous prétendons conclure de ce long parallèle que nous aurions pu prolonger encore : lequel d'André Chénier ou de Régnier nous préférons; lequel mérite la palme, à notre gré; nous laisserons au lecteur le soin de décider ces questions et autres pareilles, si bon lui semble. Voici seulement une réflexion pratique qui découle naturellement de ce qui précède, et que nous lui soumettons : Régnier clôt une époque; Chénier en ouvre une autre. Régnier résume en lui bon nombre de nos trouvères, Villon, Marot, Rabelais; il y a dans son génie toute une partie d'épaisse gaieté et de bouffonnerie joviale, qui tient aux mœurs de ces temps, et qui ne saurait être reproduite de nos jours. Chénier est le révélateur d'une poésie d'avenir, et il apporte au monde une lyre nouvelle; mais il y a chez lui des cordes qui manquent encore, et que ses successeurs ont ajoutées ou ajouteront. Tous deux, complets en eux-mêmes et en leur lieu, nous laissent aujourd'hui quelque chose à désirer. Or il arrive que chacun d'eux possède précisément une des principales qualités qu'on regrette chez l'autre : celui-ci, la tournure d'esprit rêveuse et les *extases choisies*; celui-là, le sentiment profond et l'expression vivante de la réalité ; comparés avec intelligence, rapprochés avec art, ils tendent ainsi à se compléter réciproquement. Sans doute, s'il fallait se décider entre leurs deux points de vue pris à part, et opter pour l'un à l'exclusion de l'autre, le type d'André Chénier pur se concevrait encore mieux maintenant que le type pur de Régnier; il est même tel esprit noble et délicat auquel tout accommodement, fût-il le mieux ménagé, entre les deux genres, répugnerait comme une mésalliance, et qui aurait difficilement bonne grâce à le tenter. Pourtant, et sans vouloir ériger notre opinion en précepte, il nous semble que, comme en ce bas monde, même pour les rêveries les plus idéales, les plus fraîches et les plus dorées, toujours le point de départ est sur terre, comme, quoi qu'on fasse et où qu'on aille, la vie réelle est toujours là, avec ses entraves et ses misères, qui nous enveloppe, nous importune, nous excite à mieux, nous ramène à elle, ou nous refoule ailleurs, il est bon de ne pas l'omettre tout à fait, et de lui donner quelque trace en nos œuvres comme elle a trace en nos âmes. Il nous semble, en un mot, et pour revenir à l'objet de cet article, que la touche de Régnier, par exemple, ne serait point, en beaucoup de cas, inutile pour accompagner, encadrer et faire saillir certaines analyses de cœur ou certains poëmes de sentiment, à la manière d'André Chénier.

Août 1829.

# JOACHIM DU BELLAY

Il y a bien des années déjà qu'à mon début littéraire je me suis occupé des poëtes du xvi° siècle, et que je me suis aventuré avec Ronsard. J'ai souvent regretté depuis qu'il ne m'ait pas été donné de perfectionner, dans des éditions successives, ce premier travail, et d'y joindre ce qu'en pareille matière de nouvelles révisions apportent toujours. Pourtant aujourd'hui, une circonstance favorable m'y ramène assez directement. Un de nos amis, imprimeur à Angers, M. Victor Pavie, frère de l'orientaliste voyageur, prépare à ses frais et avec un culte singulier une édition des vers choisis du poëte Du Bellay, son compatriote. Déjà, il y a un an environ, on avait reproduit ici *la Défense et l'Illustration de la Langue française*[1]. Ce retour d'attention accordé au vieux poëte angevin m'encourage moi-même à y revenir et à compléter sur lui d'anciennes études beaucoup trop abrégées. Puis aussi, le dirai-je? les loisirs, pour moi tout nouveaux, d'une docte bibliothèque où une bienveillance honorable[2] m'a placé, viennent en aide à ce retour, et me remettent en goût aisément de l'érudition du xvi° siècle. Ces poëtes italiens latins que Gabriel Naudé a rapportés de son voyage d'Italie, et que Du Bellay a si bien connus et imités, sont sous ma main : c'est un attrait de plus dans ce sujet, plus neuf encore que vieilli, où ils vont me servir.

Il est bon, je le crois, de revenir ainsi à une certaine distance sur les premiers ouvrages qui nous occupèrent, et de revoir les mêmes objets sous deux inclinaisons de soleil. On ne l'a plus dans les yeux, ce soleil, comme au brillant matin ; on

---

1. Publiée par M. Ackermann, chez Crozet (1839).
2. Celle de M. Cousin, alors ministre de l'instruction publique.

l'a derrière soi, et il éclaire plus lucidement l'après-midi de nos pensées. Mon opinion au fond, sur nos vieux poëtes, ne sera guère différente de celle d'autrefois ; mais je l'exprimerai un peu différemment peut-être. Le premier coup d'œil que la jeunesse lance en entrant sur les choses est décisif d'ordinaire, et le peu d'originalité qu'on est destiné à avoir dans sa vie intellectuelle s'y trouve d'emblée tout empreint. Mais ce coup d'œil rapide a aussi du tranchant. En se jetant d'un bond sur ses armes, comme Achille, on s'y blesse quelquefois. Il y a à revenir ensuite sur les limites et la saillie exagérée des aperçus. Ainsi, dans ce sujet du xvi$^e$ siècle, si j'ai paru sonner d'abord de la trompette héroïque, je n'aurai pas maintenant de peine à passer au ton plus rapaisé du *sermo pedestris*. J'ai traité Ronsard plus au grave, je prendrai plus familièrement le *doux-coulant* Du Bellay.

Cela nous sera d'autant plus facile avec lui que son genre de talent et son caractère y prêtent. Son rôle, qui le fait venir le premier après Ronsard, fut beaucoup moins tendu et moins ambitieux. Au second rang dans une entreprise hasardée, il se trouva par là même moins compromis dans la déroute. Le Mélanchthon, le Nicole, le Gerbet, dans cet essai de réforme et cette controverse poétique de la Pléiade, ce fut Joachim Du Bellay.

Le bon Guillaume Colletet, dans sa Vie manuscrite de Du Bellay, a très-bien senti cette situation particulière du poëte angevin, qui lui faisait trouver grâce auprès d'une postérité déjà sévère. Il le compare en commençant à *Janus*, dont un visage regardait le siècle passé et l'autre le siècle à venir, « c'est-à-dire, ajoute-t-il, qu'après avoir fait l'un des plus grands ornements de son siècle, il fait encore les délices du nôtre. Et c'est une chose étrange que de toute cette fameuse pléiade d'excellents esprits qui parurent sous le règne du roi Henri second, je ne vois que celui-ci qui ait conservé sa réputation toute pure et tout entière : car ceux-là même qui, par un certain dégoût des bonnes choses et par un excès de délicatesse, ne sauraient souffrir les nobles hardiesses de Ronsard, témoignent que celles de Du Bellay leur sont beaucoup plus supportables, et qu'il revient mieux à leur façon d'écrire et à celle de notre temps. » Sans aller si loin, notre impression est la même. Et non-seulement par ses œuvres, mais aussi par sa destinée, Du

Bellay nous semble offrir et résumer dans sa modération l'image parfaite et en quelque sorte douloureuse d'une école qui a si peu vécu.

Il naquit au bourg de Liré, dans les Mauges, à douze lieues d'Angers, vers 1525. Cette date a été discutée, Ronsard était né le 11 septembre 1524, et Du Bellay a dit dans un sonnet des *Regrets:*

> Tu me croiras, Ronsard, bien que tu sois plus sage,
> Et quelque peu encor, ce crois-je, *plus âgé.*

En supposant donc Joachim né après septembre 1524, comme d'ailleurs on sait positivement qu'il mourut le 1<sup>er</sup> janvier 1560, il n'a vécu que trente-cinq ans[1]. La famille de Du Bellay était ancienne, et surtout d'une grande illustration historique récente, grâce à la branche d'où sortaient ses deux frères, M. de Langey et le cardinal Du Bellay, si célèbres par les armes, les négociations et les lettres sous François I<sup>er</sup>[2]. M. de Langey mourut en 1543, avant que Joachim entrât dans le monde, et le cardinal, qui était souvent à Rome et qui y séjourna même habituellement depuis la mort de François I<sup>er</sup>, ne paraît avoir connu que plus tard son jeune cousin. Celui-ci passa une enfance et une jeunesse pénibles; malgré son illustre parentage, il eut à souffrir avant de se faire jour. Né simple gentilhomme, on se tromperait en le faisant quelque chose de plus:

> Si ne suis-je seigneur, prince, marquis ou comte,

a-t-il pu dire dans un sonnet à un ami. Lui-même, dans une belle élégie latine adressée à Jean de Morel d'Embrun, son

---

1. Pourtant, au recueil latin intitulé : *Joachimi Bellaii andini Poematum Libri quatuor* (Parisiis), 1558, dans une épigramme à son ami Gordes (f. 24), Du Bellay, déplorant ses cheveux déjà blancs et sa vieillesse anticipée, a dit :

> Et faciunt septem lustra peracta senem.

Il aurait eu donc trente-cinq ans accomplis en 1558. Mais la nécessité du vers l'aura ici emporté sur l'exacte chronologie, et Du Bellay, aura fait comme Béranger, qui, dans sa chanson du *Tailleur et la Fée,* s'est vieilli d'un an ou deux pour la rime.

2. Martin Du Bellay, frère de M. de Langey et du cardinal, personnage distingué aussi, mais alors moins considérable qu'eux, est aujourd'hui leur égal en nom pour avoir continué et suppléé les *Mémoires* de M. de Langey.

*Pylade*, et écrite dans les derniers temps de sa vie (1559), il nous récapitule toutes ses vicissitudes de fortune et ses malheurs : cette élégie, d'un ton élevé et intime, représente comme son testament[1]. On l'y voit dès l'enfance animé d'une noble émulation par ces grands exemples domestiques, mais un peu lointains, la gloire de M. de Langey et le lustre poétique et politique du cardinal; c'étaient là pour lui des trophées de Miltiade et qui l'empêchaient de dormir. Mais si jeune, orphelin de père et de mère, tombé sous la tutelle assez ingrate d'un frère aîné, il fut longtemps à manquer de cette culture, de cette rosée fécondante que son génie implorait. Son frère mourut ; lui-même atteignait l'âge d'homme ; mais de nouveaux soins l'assaillirent. De pupille, le voilà à son tour devenu tuteur de son neveu, du fils de son frère ; le fardeau de la maison, la gestion d'affaires embrouillées, des procès à soutenir, l'enchaînèrent encore et achevèrent de l'éprouver :

>  Hoc ludo, his studiis primos transegimus annos :
>  Hæc sunt militiæ pulchra elementa meæ.

A ce propos de procès et de tutelle, de tout ce souci positif si malséant à un poëte, le bon Colletet ne peut s'empêcher d'observer combien le grand cardinal de Richelieu fut sage d'avoir, en établissant l'Académie française, obtenu du roi Louis XIII des lettres d'exemption de tutelle et de curatelle pour tant de beaux esprits présents et futurs, afin qu'ils ne courussent risque, par des soins si bas, d'être détournés de la vie contemplative du Dictionnaire et de leur fauteuil au Parnasse. Le fait est que le pauvre Du Bellay faillit y succomber. Sa santé s'y altéra pour ne jamais s'en relever complètement ; deux années entières la maladie le retint dans la chambre : c'est alors que l'étude le consola. Il lut pour la première fois, il déchiffra comme il put les poëtes latins et grecs ; il comprit qu'il les pouvait imiter. Mais les imiter dans leur idiome même, comme tâchaient de faire les érudits, lui parut chose impossible ; la partie de son âge la plus propre à l'étude était déjà écoulée. Pourquoi ne pas

---

[1]. On la trouve dans le recueil qui a pour titre : *Joachimi Bellaii andini Poetæ clarissimi Xenia seu illustrium quorumdam Nominum allusiones* (Parisiis), 1569, in-4°. Je ne sais pourquoi elle a été omise dans ce recueil, d'ailleurs complet, des vers latins de Du Bellay qui fait partie du *Deliciæ Poetarum Gallorum* (1609), publié par Gruter sous le pseudonyme de Ranutius Gherus.

les imiter en français ? se dit-il. La nécessité et l'instinct naturel s'accordèrent à l'y pousser.

C'est ici que se place sa première relation avec Ronsard : ils étaient un peu parents ou alliés; Ronsard avait même été, un moment, attaché à M. de Langey dans le Piémont. Du Bellay à ce qu'on raconte, était allé, sur le conseil de ses amis, étudier le droit à Poitiers « pour parvenir dans les endroits publics, à l'exemple de ses ancêtres, qui s'étoient avancés à la cour par les armes ou les saints canons. » Il est à croire que le cardinal, qui venait de se retirer à Rome depuis la mort de François I$^{er}$ (1547), était pour quelque chose dans cette détermination de son jeune parent, et qu'il lui avait fait dire de se mettre en état de le rejoindre. Du Bellay avait alors l'épée, mais n'y tenait guère, et le droit menait à l'Église. Quoi qu'il en soit, Du Bellay était en train, assure-t-on, de devenir un *grand jurisconsulte*, lorsqu'un jour, vers 1548, s'en revenant de Poitiers, il rencontra dans une hôtellerie Ronsard, qui retournait de son côté à Paris. Ils se connurent et se lièrent à l'instant. Ronsard n'était pas encore célèbre ; il achevait alors ce rude et docte noviciat de sept années auquel il s'était soumis sous la conduite de Jean Dorat, de concert avec Jean-Antoine de Baïf, Remy Belleau et quelques autres. Du Bellay, arrivé un peu plus tard, voulut en être ; les idées de poésie, qu'il nourrissait en solitaire depuis deux ou trois années, mûrirent vite, grâce à cette rencontre. Il était ardent, il était retardé et pressé, il devança même Ronsard.

Le premier recueil des poésies de Du Bellay, dédié à la princesse Marguerite, sœur de Henri II, est daté d'octobre 1549. Sa *Défense et Illustration de la Langue françoise*, dédiée au cardinal Du Bellay, est datée de février 1549 ; mais, comme l'année ne commençait alors qu'à Pâques, il faut lire février 1550. Enfin son *Olive* parut vers la fin de cette même année 1550 ou au commencement de la suivante, à peu près en même temps que les premières poésies de Ronsard, lequel pourtant demeura le promoteur et le chef reconnu de l'entreprise : Du Bellay n'en fut que le premier lieutenant.

Le premier recueil de Du Bellay, si précipitamment publié en 1549, faillit ruiner son amitié avec Ronsard, et l'a fait accuser d'avoir dérobé son ami. Le détail de cette petite querelle intestine est resté assez obscur. Bayle, d'après Claude Binet, nous dit dans son article Ronsard du *Dictionnaire* : « Il plaida contre Joachim Du Bellay pour recouvrer quelques odes qu'on lui détenoit et qu'on lui avoit dérobées adroitement. » Et le moqueur ajoute en note, se donnant plus libre carrière : « Voilà un procès fort singulier ; je ne doute pas que Ronsard ne s'y échauffât autant que d'autres feroient pour recouvrer l'héritage de leur père. Son historien manie cela doucement, il craint de blesser le demandeur et le défendeur : ce dernier soutenoit devant les juges le personnage le plus odieux, mais l'autre ne laissoit pas de leur apprêter un peu à rire. » Colletet nous raconte la même historiette plus au sérieux, en reproduisant à peu près les termes de Claude Binet et en homme qui marche sur des charbons ardents : « Comme le bruit s'épandoit déjà partout de quatre livres d'odes que Ronsard promettoit à la façon de Pindare et d'Horace,... Du Bellay, mu d'émulation jalouse, voulut s'essayer à en composer quelques-unes sur le modèle de celles-là, et, trouvant moyen de les tirer du cabinet de l'auteur à son insu et de les voir, il en composa de pareilles et les fit courir pour prévenir la réputation de Ronsard ; et y ajoutant quelques sonnets, il les mit en lumière l'an 1549, sous le titre de *Recueil de poésies* : ce qui fit naître dans l'esprit de notre Ronsard, sinon une envie noire, à tout le moins une jalousie raisonnable contre Du Bellay, *jusques à intenter une action pour le recouvrement de ses papiers* ; et, *les ayant ainsi retirés par la voie de la justice*, comme il étoit généreux au possible et comme il avoit de tendres sentiments d'amitié pour Du Bellay,... il oublia toutes les choses passées, et ils vécurent toujours depuis en parfaite intelligence : Ronsard fut le premier à exhorter Du Bellay à continuer dans l'Ode. »

Pourtant cette action *en justice* est un peu forte : qu'en faut-il croire ? Voisenon se trouvait un jour avec Racine fils chez Voltaire, qui lisait sa tragédie d'*Alzire*. Racine, qui était peu gracieux, crut reconnaître au passage un de ses vers, et il répétait toujours entre ses dents et d'un air de grimace : « Ce vers-là est à moi. » Cela impatienta Voisenon, qui s'approcha de M. de Voltaire en lui disant : « Rendez-lui son vers et qu'il s'en aille. » Mais ici ce n'était pas d'un vers qu'il s'agissait, c'était d'une ode, de plusieurs odes tout entières : quelle énormité ! Comment toutefois s'expliquer que Du Bellay les ait prises, ou qu'il ne les ait rendues que contraint ?

Cette anecdote m'a toujours paru suspecte : ce serait un vilain trait au début de carrière de Du Bellay, qui n'en eut jamais par la suite à se reprocher ; ce serait la seule tache de sa vie. Je sens le besoin de m'en rendre compte, et voici comment je m'imagine simplement l'affaire. Du Bellay et Ronsard venaient de se rencontrer, ils s'étaient pris d'amitié vive ; Du Bellay surtout, dans sa première ferveur, voulait réparer les années perdues ; il brûlait d'ennoblir la langue, la poésie française, et d'y marquer son nom. Ronsard, plus grave, mieux préparé et au terme de sa longue étude, se montrait aussi moins pressé. A ce collège de Coqueret, où Du Bellay n'était peut-être pas tout à fait d'abord sur le même pied d'intimité que les autres, on parlait des projets futurs, des prochaines audaces ; Du Bellay lisait ses premiers sonnets ; mais, dès qu'il s'agissait de l'ode, Ronsard, dont c'était le domaine propre, ne s'expliquait qu'avec mystère et ne se déboutonnait pas ; il avait ses plans d'ode pindarique, ses secrets à lui, il élaborait l'œuvre, il disait à ses amis avides : *Attendez et vous verrez.* Or, comme je le suppose, Du Bellay, impatienté de cette réserve d'oracle, et voulant rompre au plus vite la glace près du public, n'y put tenir, et il déroba un jour du tiroir le précieux cahier sibyllin, non pas pour copier et s'approprier aucune ode (rien de pareil), mais pour en surprendre la forme, le *patron* ; et, une fois informé, il alla de l'avant. Pure espièglerie, on le voit, d'écolier et de camarade. Ronsard s'en fâcha d'abord ; il prit la chose au solennel, dans le style du genre, et voulut plaider ; puis il en rit. Ils restèrent tous deux trop étroitement, trop tendrement unis depuis, la mort de l'un inspira à l'autre de trop vrais accents, et cette mémoire pleurée lui imprima avec les années une vénération trop chère, pour qu'on puisse supposer qu'il y ait jamais eu une mauvaise action entre eux [1].

Ceci bien expliqué, il y a pour nous à apprécier ces premières œuvres de Du Bellay publiées en si peu de temps, presque dans le seul espace d'une année, et qui marquèrent avec

---

1. Et, si cela avait été, Du Bellay aurait-il pu, dans l'*Hymne de la Surdité*, adressée à Ronsard, s'écrier en parlant au cœur de son ami :

Tout ce que j'ai de bon, tout ce qu'en moi je prise,
C'est d'être, comme toi, *sans fraude et sans feintise*,
D'être *bon compagnon, d'être à la bonne foi.*
Et d'être, mon Ronsard, demi-sourd comme toi ?

Nous reviendrons ailleurs sur cette surdité-là.

éclat son entrée dans la carrière. Un assez long intervalle de silence suivit, durant lequel sa seconde manière se prépara ; car, dès l'année 1550, ou 1551 au plus tard, et probablement pendant que ses amis de Paris vaquaient à l'impression de son *Olive*, il partait pour Rome et s'y attachait au cardinal son parent, pour n'en plus revenir que quatre ans après, en 1555 [1]. Sa carrière littéraire fut comme coupée en deux par ce voyage et par cette longue absence ; sa santé s'y usa ; mais nous verrons peut-être, malgré les plaintes qu'il exhale, et dans la douceur de ces plaintes mêmes, que son talent et son esprit y gagnèrent.

Le premier recueil, de 1549, se ressent de la rudesse du premier effort, et me semble, en quelque sorte, encore tout récent de l'enclume. Jean Proust, Angevin, crut devoir y joindre une explication des passages poétiques les plus difficiles, et ce n'était pas superflu. La première pièce y a pour titre : *Prosphonématique* au roi très-chrétien Henri II. Du Bellay, d'ailleurs, s'est sagement gardé du pindarique à proprement parler, et, malgré le patron dérobé à son ami, la forme lyrique qu'il affecte n'est que l'horatienne. Dans un *Chant triomphal* sur le voyage du roi à Boulogne en août 1549, il trouvait moyen d'introduire et de préconiser le nom de Ronsard ; preuve qu'il ne voulait en rien le déprimer. Une ode flatteuse au vieux poëte Mellin de Saint-Gelais témoignait d'avance de la modération de Du Bellay et tendait à fléchir le chef de l'ancienne école en faveur des survenants. Je ne remarque dans ce premier recueil que deux odes véritablement belles. L'une à Madame Marguerite sur ce qu'il faut *écrire en sa langue* exprime déjà les idées que Du Bellay reprendra et développera dans son *Illustration* ; il y dénombre les quatre grands poëtes anciens, Homère et Pindare, Virgile et Horace, et désespère d'imiter les vieux en leur langue.

> Princesse, je ne veux point suivre
> D'une telle mer les dangers,
> Aimant mieux entre les miens vivre
> Que mourir chez les étrangers.

---

1. Les biographes de Du Belllay ont en général fait son séjour en Italie un peu plus court qu'il ne le fut réellement : on lit dans le CLXVI° sonnet de ses *Regrets* que son absence, son *enfer*, a duré *quatre ans et davantage*.

> Mieux vaut que les siens on précède,
> Le nom d'Achille poursuivant,
> Que d'être ailleurs un Diomède,
> Voire un Thersite bien souvent.
>
> Quel siècle éteindra ta mémoire,
> O Boccace ? et quels durs hivers
> Pourront jamais sécher la gloire,
> Pétrarque, de tes lauriers verts ?..

Voilà, ce me semble, des accents qui montent et auxquels on n'était pas jusqu'alors accoutumé. L'autre ode, également belle pour le temps, est adressée au seigneur Bouju et s'inspire du *Quem tu, Melpomene, semel* d'Horace : ce sont les conditions et les goûts du vrai poëte, qui ne suit ni l'ambitieuse faveur des cours ni la tourbe insensée des villes, qui ne recherche ni les riches contrées d'outre-mer ni les colisées superbes,

> Mais bien les fontaines vives
> Mères des petits ruisseaux
> Autour de leurs vertes rives
> Encourtinés d'arbrisseaux...

Et encore, toujours parlant du poëte :

> Il tarde le cours des ondes,
> Il donne oreilles aux bois,
> Et les cavernes profondes
> Fait rechanter sous sa voix.

Du Bellay, on le sent, se ressaisit de ces antiques douceurs en esprit pénétré, et, revenant vers la fin à Madame Marguerite, il dit volontiers de cette princesse ce qu'Horace appliquait à la muse :

> Quod spiro et placeo (si placeo) tuum est.

Cette vénération, ce culte de Du Bellay pour Madame Marguerite sort des termes de convention et prit avec les années un touchant caractère. Dans les derniers sonnets de ses *Regrets*, publiés à la fin de sa vie (1559), il dédie à cette princesse, avec une émotion sincère, le plus pur de ses pensées et de ses affections. Il convient que d'abord il n'avait fait que l'admirer sans assez l'apprécier et la connaître, mais que depuis qu'il a vu de près l'Italie, le Tibre et tous ces grands dieux *que l'ignorance adore*, et qu'il les a vus

> Ignorans, vicieux et méchans à l'envi,

sa princesse lui est apparue, au retour, dans tout son prix et dans sa vertu :

> Alors je m'aperçus qu'ignorant son mérite,
> J'avois, sans la connoître, admiré Marguerite,
> Comme, sans les connoître, on admire les cieux

Et ce sentiment, il l'a mieux exprimé que dans des rimes. En une lettre datée de trois mois avant sa mort (5 octobre 1559), déplorant le trépas de Henri II, il ne déplore pas moins le prochain *département* de sa Dame qui, devenue duchesse de Savoie, s'en allait dans les États de son mari : « Je ne puis, écrit-il, continuer plus longuement ce propos sans larmes, je dis les plus vraies larmes que je pleurai jamais... » En cela encore, Du Bellay me semble accomplir l'image parfaite, le juste emblème d'une école qui a si peu vécu et qui n'eut qu'un instant. Il brille avec Henri II, le voit mourir et meurt. Il chante sous un regard de Madame Marguerite, et, quand elle part pour la Savoie, il meurt. A cette heure-là, en effet, l'astre avait rempli son éclat; l'école véritable, en ce qu'elle avait d'original et de vif, était finie.

*La Défense et Illustration de la Langue françoise*, qui suivit de peu de mois son premier recueil, peut se dire encore la plus sûre gloire de Du Bellay et son titre le plus durable aujourd'hui. Ce ne devait être d'abord qu'une *épître* ou *avertissement au lecteur*, en tête de poésie ; mais la pensée prit du développement, et l'essor s'en mêla : l'avertissement devint un petit volume. J'ai parlé trop longuement autrefois de cette harangue chaleureuse, pour avoir à y revenir ici : elle est d'ailleurs à relire tout entière. La prose (chose remarquable et à l'inverse des autres langues) a toujours eu le pas, chez nous, sur notre poésie. A côté de Villehardouin et de ses pages déjà épiques, nos poëmes chevaleresques rimés font mince figure; Philippe de Comines est d'un autre ordre que Villon. De nos jours même, quand le souffle poétique moderne s'est réveillé, Chateaubriand, dans sa prose nombreuse, a pu précéder de vingt ans les premiers essais en vers de l'école qui se rattache à lui. Au XVIe siècle, le même signe s'est rencontré. Du Bellay, le plus empressé, le plus vaillant des jeunes poëtes et le *porte-enseigne* de la bande, veut planter sur la tour gauloise de Francus la bannière de l'ode, les flammes et les banderoles du sonnet ; que fait-il ? il essaye auparavant deux simples mots d'explication pour prévenir de son dessein et de celui de ses jeunes amis ; et ces deux mots deviennent une harangue, et cette harangue devient le plus beau et le plus clair de l'œuvre. Comme dans bien des entreprises qu'on a vues depuis, ou, pour mieux dire, comme dans presque toutes les entreprises humaines, c'est l'accident, c'est la préface qui vaut le mieux.

Honneur à lui pourtant d'avoir le premier, chez nous, compris et proclamé que le *naturel facile* n'est pas suffisant en poésie, qu'il y a le labeur et l'art, qu'il y a l'agonie sacrée ! Le premier il donna l'exemple, si rarement suivi, de l'élévation et de l'éloquence dans la critique. Son manifeste fit grand éclat et scandale : un poëte de l'ancienne école, Charles Fontaine, y répondit par le *Quintil horatian*, dans lequel il prit à partie Du Bellay sur ses vers, et souligna des négligences, des répétitions, des métaphores : tout cela terre à terre, mais non sans justesse. La critique qui échauffe et la critique qui souligne étaient dès lors en présence et en armes autant qu'elles le furent depuis à aucun moment.

Du Bellay, dans une *Epître au lecteur* placée en tête de l'*Olive*, revient sur ses desseins en poésie ; en répondant à quelques-unes des objections qu'on lui faisait, il les constate et nous en informe. Il n'espérait pas trouver grâce auprès des *rhétoriqueurs françois ;* il ne se dissimulait nullement que « telle nouveauté de poésie, pour le commencement, seroit trouvée fort étrange et rude. » On lui reprochait de réserver la lecture de ses écrits *à une affectée demi-douzaine* des plus renommés poëtes qu'il avait cités dans son *Illustration ;* mais il n'avait pas prétendu faire, répondait-il, le catalogue de tous les autres. Il disait de fort bonnes choses sur l'imitation des anciens, et qui rappellent notablement les idées du poëme de *l'Invention* par André Chénier. Ce qu'il voulait, c'était *enrichir notre vulgaire d'une nouvelle ou plutôt ancienne renouvelée poésie :*

Sur des pensers nouveaux faisons des vers antiques.

Et nous-même ajoutons ici sur ces analogies d'André Chénier et de Du Bellay, et sur celles de ce dernier et d'Horace, que c'est en vain qu'on a dit des deux écoles poétiques françaises du xvi° siècle et du nôtre, qu'elles étaient des écoles de la forme, et que les poëtes n'y visaient qu'à l'art. Ceux qui font ces grandes critiques philosophiques aux poëtes n'y entendent rien et sont des hommes d'un autre métier, d'une vocation supérieure probablement, mais là-dessus incompétente. C'est presque toujours par la forme, en effet, que se détermine le poëte. On voit dans une Vie d'Horace, publiée pour la première fois par Vanderbourg, que Mécènes pria le poëte son ami de transporter dans la langue latine les différentes variétés de mètres inventées chez les Grecs, en partie par Archiloque, en partie par Alcée et Sappho, et que personne n'avait encore fait connaître aux Romains. Ainsi sont nées les odes d'Horace [1]. C'est en voulant reproduire une forme qu'il a saisi et fixé ses propres sentiments; c'est, à la lettre, pour avoir serré les mailles du filet qu'il a pris le poisson. Ainsi à leur tour l'ont tenté avec plus ou moins de bonheur Du Bellay, Ronsard et ensuite André Chénier. Ce n'est pas la méthode qu'il faut inculper ; il n'y a en cause que l'exécution et le degré de réussite de l'œuvre.

Quelques mots encore de cette préface de l'*Olive* sont à relever, en ce qu'ils dénotent chez Du Bellay une dignité peu commune aux gens de lettres et aux poëtes de son temps et de tous les temps. Aux moqueurs et aux mauvais plaisants qui espéraient engager la partie avec lui, il répond qu'ils doivent *chercher autre badin pour jouer ce rolle avecq'eux* : il se garde bien de leur prêter collet. Quant à ceux qui le détournent charitablement de la poésie comme futile, il les remercie, et d'un ton de gentilhomme qui ne sent en rien son rimeur entiché, je vous assure. Il ne s'exagère pas son rôle de poëte; il aime la muse par passe-temps, pour elle seule et pour les fruits secrets

---

1. Dans l'*Exegi monumentum* (ode XXX, liv. III), il dit lui-même :

Princeps Æolium carmen ad Italos
Deduxisse modos. . . . . . .

qu'elle lui procure ; sa petite muse, comme il dit, n'est aux gages de personne : *elle est serve tant seulement de mon plaisir.* Il fait donc des vers parce qu'il a la veine, et que cela lui plaît et le console ; mais il sait mettre chaque chose à sa place ; dans son élégie latine à Jean de Morel il le redira : la médecine, l'art de gouverner les hommes, la guerre, il sait au besoin céder le pas à ces grands emplois ; si la fortune les ouvrait devant lui, il y réussirait peut-être ; il est poëte faute de mieux ; il est vrai que ce *pis-aller* le charme, et que, si l'on vient impertinemment l'y relancer, il ne se laissera pas faire. A messieurs les courtisans qui disent que les poëtes sont fous, il avoue de bonne grâce que c'est vérité :

    Nous sommes fous en vers, et vous l'êtes en prose :
    C'est le seul différent qu'est entre vous et nous[1].

Les cent quinze sonnets qui composent l'*Olive* laissent beaucoup à désirer tout en épuisant à satiété les mêmes images. Olive est une beauté que Du Bellay célèbre comme Pétrarque célébra Laure ; après le *laurier* d'Apollon, c'est le tour de *l'olivier* de Pallas :

    Phœbus amat laurum, glaucam sua Pallas olivam :
      Ille suum vatem, nec minus ista suum,

lui disait Dorat. Ce jeu de mots sur l'olive et l'olivier se reproduit perpétuellement dans cette suite de sonnets ; à côté de Pallas, l'arche même et Noé ne sont oubliés.

    Sacré rameau de céleste présage,
    Rameau par qui la colombe envoyée
    Au demeurant de la terre noyée
    Porta jadis un si joyeux message...

Colletet nous apprend le vrai nom de la demoiselle ainsi célébrée ; il le tient de bonne tradition, assure-t-il : elle était Parisienne (et non d'Angers, comme Goujet l'a dit), et de la noble famille des *Violes* ; d'où par anagramme *Olive.* Mais cet amour n'était, on le pense bien, qu'un prétexte, un argument à

---

[1]. *Regrets*, sonnet CXLI. — Cette réponse de Du Bellay aux courtisans devint une espèce de proverbe ; Jean de La Taille, dans une préface en tête de son *Saül le furieux*, la leur jette au nez en passant, comme, un siècle plus tard, on eût fait d'un vers de Boileau.

sonnets. Du Bellay ne.paraît avoir aimé sérieusement qu'une fois, à Rome; et il a célébré l'objet, en vers latins bien autrement ardents, sous le nom de Faustine.

Avant l'*Olive*, on n'avait guère fait en France qu'une douzaine de sonnets; je ne parle pas de la langue romane et des troubadours; mais en français on en citait à peine cinq ou six de Marot, les autres de Mellin de Saint-Gelais. Du Bellay est incontestablement le premier qui fit fleurir le genre et qui greffa la bouture florentine sur le chêne gaulois [1].

Dans l'*Olive*, l'entrelacement des rimes masculines et féminines n'est pas encore régulièrement observé comme il va l'être quelques années plus tard dans les sonnets des *Regrets*. Les vers mâles et vigoureux véritablement, au dire de Colletet, n'ont pas encore, il en convient, toute la douceur et toute la politesse de ceux que le poëte composa depuis. On ne parlait pourtant alors parmi les doctes et les curieux que des amours de Du Bellay pour Olive et de ceux de Ronsard pour Cassandre; on les récitait, on les commentait; on a la glose imprimée d'Antoine Muret sur les amours de Ronsard; celle que le savant jurisconsulte lyonnais André de Rossant avait composée sur l'*Olive* de Du Bellay s'est perdue. Il semblait, disait-on, que l'amour eût quitté l'Italie pour venir habiter la France.

Du Bellay, au milieu de ce premier triomphe, part pour l'Italie, ce berceau de son désir, pour Rome, où il va s'attacher au cardinal son parent. Il lui avait dédié *l'Illustration* et adressé une ode de son premier recueil : il résulte même de celle-ci que le cardinal aurait dû faire un voyage en France vers 1550, auquel cas il aurait naturellement connu et emmené avec lui son jeune cousin. Que Du Bellay n'ait fait que le suivre au retour, ou qu'il soit allé le rejoindre [2], une nouvelle vie pour lui commence. Il accomplissait ses vingt-cinq ans

---

1. Vauquelin de La Fresnaie a dit dans un sonnet à Du Bellay lui-même :

> Ce fut toi, Du Bellay, qui des premiers en France
> D'Italie attiras les sonnets amoureux :
> Depuis y séjournant, d'un goût plus savoureux,
> Le premier tu les as mis hors de leur enfance.

2. Il paraît bien qu'en effet il l'accompagna; dans l'élégie à Morel, on lit :

> *Mittitur interea Romam Bellaius ille....*
> Alpibus et duris ille *sequendus* erat.

et était à ce point où un seul rayon de plus achève de nous mûrir.

Le cardinal auquel Du Bellay s'attachait était un personnage éminent par l'esprit, par les lumières, *le doyen du Parnasse comme du sacré Collége.* Il avait été autrefois le patron de Rabelais, qu'il avait eu pour médecin dans ses anciens voyages de Rome, pour moine ou chanoine séculier à sa très-commode abbaye de Saint-Maur, et à qui il avait procuré finalement la cure de Meudon. On peut s'étonner, libéral et généreux comme il était, qu'il n'ait pas plus fait pour notre poëte dont il put apprécier de ses yeux le dévouement et les services durant des années. Le cardinal avait à Rome le plus grand état de maison ; il s'était fait bâtir un magnifique palais près des Thermes de Dioclétien. Joachim devint son intendant, son homme d'affaires et de confiance :

> Panjas, veux-tu savoir quels sont mes passe-temps ?
> Je songe au lendemain, j'ai soin de la dépense
> Qui se fait chaque jour, et si faut que je pense
> A rendre sans argent cent créditeurs contens...
>
> J'ai le corps maladif, et me faut voyager ;
> Je suis né pour la muse, on me fait ménager...

Jamais d'ailleurs, dans les plaintes qu'il nous a laissées, jamais un mot ne lui échappe contre son patron. Ce n'est ni l'ambition ni l'avarice qui l'ont poussé près de lui et qui l'y enchaînent un sentiment plus noble le soutient :

> L'honnête servitude où mon devoir me lie
> M'a fait passer les monts de France en Italie

Toute la série des souffrances et des affections de Du Bellay durant ce séjour à Rome nous est exprimée fidèlement dans deux recueils intimes, dans ses vers latins d'abord, puis dans ses *Regrets* ou *Tristes* à la manière d'Ovide.

Il y eut évidemment interruption du premier coup et comme solution de continuité dans son existence morale et poétique. Il arrivait avec de l'enthousiasme, avec des espérances ; il se heurta contre la vie positive, contre le spectacle de l'ambition et des vices sur la plus libre scène qui fut jamais. La Rome des

Borgia, des Médicis et des Farnèse avait accumulé toutes sortes d'ingrédients qui ne faisaient que continuer leur jeu avec moins de grandeur. Du Bellay arriva sous le pontificat égoïste et inactif de Jules III ; il dut assister, et en plus d'un sonnet il fait allusion aux circonstances du double conclave qui eut lieu à la mort de ce pape, puis à la mort de Marcel II, lequel ne régna que vingt-deux jours. Il put voir le début du pontificat belliqueux et violent de Paul IV. Son moment eût été bien mieux trouvé quelques années plus tôt sous Paul III, ce spirituel Farnèse qui décorait de la pourpre les muses latines dans la personne des Bembe et des Sadolet. Mais cet âge d'or finissait pour l'Italie lorsque Du Bellay y arriva ; il n'en put recueillir que le souffle tiède encore, et il le respira avec délices : son goût bientôt l'exhalera. Il lut ces vers latins modernes, et souvent si antiques, qu'il avait dédaignés ; il fut gagné à leur charme, et lui, le champion de sa langue nationale, il ne put résister à prendre rang parmi les étrangers. Dans sa touchante pièce intitulée *Patriæ Desiderium*, il sent le besoin de s'excuser :

> Hoc Latium poscit, romanæ hæc debita linguæ
> Est opera; huc genius compulit ipse loci.

C'est donc un hommage, un tribut payé à la grande cité latine ; il faut bien parler latin à Rome. Ainsi Ovide, à qui il se compare, dut parler gète parmi les Sarmates, ainsi Horace fit des vers grecs à Athènes. Et puis des vers français n'avaient pas là leur public, et les vers, si intimes qu'ils soient et si détachés du monde, ont toujours besoin d'un peu d'air et de soleil, d'un auditeur enfin :

> Carmina principibus gaudent plausuque theatri,
> Quique placet paucis displicet ipse sibi.

J'aime assez, je l'avouerai, cette sorte de contradiction à laquelle Du Bellay se laisse naturellement aller et dont il nous offre encore quelques exemples. Ainsi, dans ses *Regrets*, il se contente d'être familier et naturel, après avoir ailleurs prêché l'art. Ainsi, lui qui avait parlé contre les traductions des poëtes, un jour qu'il se sent en moindre veine et à court d'invention, il traduit en vers deux chants de l'*Énéide*, et, si on le lui reproche, il répondra : « Je n'ai pas oublié ce que autrefois j'ai dit des translations poétiques ; mais je ne suis si jalousement amoureux de mes premières appréhensions que j'aie honte de les changer quelquefois, à l'exemple de tant d'excellents auteurs dont l'autorité nous doit ôter cette opiniâtre opinion de vouloir toujours persister en ses avis, *principalement en matières de lettres*. Quant à moi, je ne suis pas stoïque jusque-là. » En général, on sent chez lui, en avançant, un homme qui a profité de la vie et qui, s'il a payé cher l'expérience, ne la rebute pas. Il a dit quelque part de ses dernières œuvres, de ses *derniers fruits*, en les offrant au lecteur, qu'ils ne sont du tout *si savoureux* que les premiers, mais qu'ils sont peut-être *de meilleure garde*. Du Perron goûtait beaucoup ce mot-là.

Il conviendrait peu d'insister en détail sur la suite des poésies latines de Du Bellay ; il en a lui-même reproduit plusieurs en vers français. De Thou, en louant ses *Regrets*, ajoute que Joachim avait moins réussi aux vers latins composés à Rome dans le même temps. Colletet est d'un autre avis et estime qu'au gré des connaisseurs, ces vers latins se ressentent du *doux air du Tibre* que l'auteur alors respirait [1]. S'il m'était permis d'avoir un avis moi-même en une telle question, j'avouerai que, s'ils ne peuvent sans doute se comparer à ceux d'un Bembe, d'un Naugerius, ou de ce divin Politien, ils ne me paraissent aucunement inférieurs à ceux de Dorat, de L'Hôpital ou de tout autre Français de ce temps-là. La seule partie qui reste pour nous véritablement piquante dans les vers latins de Du Bellay, ce sont ses amours de *Faustine*. Le ton y prend une vivacité qui ne permet pas de croire cette fois que la flamme se soit contenue dans la sphère pétrarquesque. Il ne vit et n'aima cette Faustine que le

---

[1]. On lit dans le *Valesiana* ou Pensées de M. de Valois : « Joachim Du Bellay faisoit fort bien les vers latins. Dans le petit recueil d'Épigrammes qu'il nous a laissées, il y en a une entre autres que j'aime pour sa naïveté ; c'est contre un mauvais poëte qui avoit intitulé ses poésies latines *Nugæ* :

> Paule, tuum inscribis Nugarum nomine librum :
> In toto libro nil melius titulo. »

Et Dreux du Radier, après Ménage, cite cet autre joli distique sur un chien :

> Latratu fures ex epi, mutus amantes :
> Sic placui domino, sic placui dominæ.

C'est déjà le couplet de Figaro :

> Le chien court, tout est mordu,
> Hors l'amant qui l'a vendu.

quatrième été de son séjour à Rome ; il avait bravé fièrement jusque-là le coup d'œil des beautés romaines :

> Et jam quarta Ceres capiti nova serta parabat,
> Nec dederam sævo colla superba jugo.

Il n'est nullement question de cet amour dans ses *Regrets*, dont presque tous les sonnets ont été composés vers la troisième année de son séjour : à peine, vers la fin, pourrait-on entrevoir une vague allusion [1]. Si Du Bellay avait aimé Faustine durant ces trois premières années, il n'aurait pas tant parlé de ses ennuis ; ou du moins c'eût été pour lui de beaux ennuis, et non pas si insipides. A peine commençait-il à connaître et peut-être à posséder [2] cette Faustine, que le mari, vieux et jaloux (comme ils sont toujours dans les élégies), et qui d'abord apparemment était absent, la retira de chez sa mère où elle vivait libre, pour la loger dans un cloître. Le belliqueux Paul IV venait de monter sur le siége pontifical ; il passait des revues du haut de ses balcons ; il appelait les soldats français à son secours pour marcher contre les Espagnols de Naples et prendre leur revanche des vieilles vêpres siciliennes. Mais Du Bellay, lui, *soldat de Vénus*, ne pense alors qu'à une autre conquête et à d'autres représailles ; il veut délivrer sa maîtresse captive sous la grille ; c'est là pour lui sa Naples et sa sirène :

> Hæc repetenda mihi tellus est vindice dextra,
> Hoc bellum, hæc virtus, hæc mea Parthenope.

Il est curieux de voir comme le secrétaire du doyen du sacré Collége, le prochain chanoine de Paris [3], celui qui, quatre ans plus tard, mourra désigné à l'archevêché de Bordeaux, parle ouvertement du cloître, des *Vestales*, où l'on a logé sa bien-aimée. Toutes les vestales brûlent, dit-il ; c'est un reste de l'ancien feu perpétuel de Vesta : puisse sa Faustine y redoubler d'étincelles ! En pur païen anacréontique, il désire être renfermé

---

1. Peut-être dans le sonnet LXXXVII, où il se montre enchaîné et comme enraciné par quelque amour caché.

2.       Haud prius illa tamen nobis erepta fuit, quam
      Venit in amplexus terque quaterque meos.

3. Il le fut dès cette année même de ses amours (1555), par la faveur d'un autre de ses parents du même nom, Eustache Du Bellay, alors évêque de Paris.

avec elle; de jour, il serait comme Jupiter qui se metamorphosa une fois en chaste Diane ; nulle vestale ne paraîtrait plus voilée et plus sévère, n'offrirait plus religieusement aux dieux les sacrifices et ne chanterait d'un cœur mieux pénétré les prières qui se répondent. Mais de nuit, oh ! de nuit, il redeviendrait Jupiter :

> Sic gratis vicibus, Vestæ Venerisque sacerdos,
> Nocte parum castus, luce pudica forem.

Notez que ces poésies latines furent publiées à Paris deux ou trois ans après, en 1558, par Du Bellay lui-même, sans doute alors engagé dans les ordres. Elles sont dédiées à Madame Marguerite, et portent en tête un extrait de lettre du chancelier Olivier qui recommande l'auteur à la France. Étienne Pasquier, en une de ses épigrammes latines [1], ne craignait pas de rapprocher sa maîtresse poétique Sabine de cette Faustine romaine qui était si peu une Iris en l'air.

Il paraît bien, au reste, sans que Du Bellay explique comment, que sa Faustine en personne sortit du cloître et lui fut rendue; les délires poétiques qui terminent l'annoncent assez ; il la célèbre plus volontiers dans cette lune heureuse sous le nom expressif de *Columba* :

> Sus, ma petite Colombelle,
> Ma petite belle rebelle,

ainsi qu'il l'a traduit en vers français depuis. On s'étonne de voir au milieu de tels transports, qu'il ne semble pas avoir encore obtenu d'elle le dernier don, mais seulement, dit-il, *summis bona proxima*. Est-ce bien elle-même, en effet, qu'il alla voir une nuit chez elle en rendez-vous, et qui demeurait tout près de l'église Saint-Louis [2]? Il dut quitter Rome peu après, et peut-être aussi cette aventure contribua-t-elle au départ.

Mais, avant de faire partir Du Bellay de Rome nous avons

---

1. La 47ᵉ du liv. VI.

2.     Nox erat, et pactæ properabam ad tecta puellæ,
        Junguntur fano quæ, Lodoice, tuo.

L'église dite Saint-Louis des Français est d'une date postérieure. Quelle était cette église Saint-Louis de 1555? Je laisse ce point de topographie à M. Nibby et aux antiquaires.

à le suivre dans toute sa poésie mélancolique des *Regrets*. Et voici comment je me figure la succession des poésies et des pensées de Du Bellay durant son séjour de Rome. Arrivé dans le premier enthousiasme, il tint bon quelque temps ; il paya sa bienvenue à la ville éternelle par des chants graves, par des vers latins (*Romæ Descriptio*); il admira et tenta de célébrer les antiques ruines, les colisées superbes,

> Les théâtres en rond ouverts de tous côtés ;

il évoqua dans ce premier livre d'*Antiquités* le génie héroïque des lieux, et lui dut quelques vrais accents :

> Pâles Esprits, et vous, Ombres poudreuses!...

puis le *tous les jours* des affaires, les soins positifs de sa charge, le spectacle diminuant des intrigues, le gagnèrent bientôt et le plongèrent dans le dégoût. Quelqu'un a dit que la rêverie des poëtes, c'est proprement *l'ennui enchanté* ; mais Du Bellay à Rome eut surtout l'ennui tracassé, ce qui est tout différent[1]. Il regretta donc sa Loire, ses amis de Paris, son humble vie d'études, sa gloire interceptée au départ, et il eut, en ne croyant écrire que pour lui, des soupirs qui nous touchent encore. Depuis trois ans *cloué comme un Prométhée sur l'Aventin*, il ne prévoit pas de terme à son exil : que faire? que chanter? Il ne vise plus à la grande faveur publique et n'aspire, comme devant, au temple de l'art; il fait de ses vers français ses *papiers journaux* et ses plus humbles *secrétaires*;

---

1. Un élégiaque moderne, imitateur de Du Bellay dans le sonnet, a curieusement marqué la différence de ces deux ennuis, mais dans un temps où il avait lui-même une Faustine pour se consoler :

> Moi qui rêvais la vie en une verte enceinte,
> Des loisirs de pasteur, et sous les bois sacrés
> Des vers heureux de naître et longtemps murmurés,
> Moi dont les chastes nuits, avant la lampe éteinte,
>
> Ourdiraient des tissus où l'âme serait peinte,
> Ou dont les jeux errants, par la lune éclairés,
> S'en iraient faire un charme avec les fleurs des prés ;
> Moi dont le cœur surtout garde une image sainte !
>
> Au tracas des journaux perdu matin et soir,
> Je suis à ce métier comme un Juif au comptoir,
> Mais comme un Juif du moins qui garde en sa demeure,
>
> Dans l'arrière-boutique où ne vient nul chaland,
> Sa Rebecca divine, un ange consolant,
> Dont il rentre baiser le front dix fois par heure.

il se plaint à eux et leur demande seulement de gémir avec lui
et de se consoler ensemble :

> Je ne chante, Magny, je pleure mes ennuis,
> Ou, pour le dire mieux, en pleurant je les chante,
> Si bien qu'en les chantant souvent je les enchante.

Et encore :

> Si les vers ont été l'abus de ma jeunesse,
> Les vers seront aussi l'appui de ma vieillesse ;
> S'ils furent ma folie, ils seront ma raison.

Dans ses belles stances de dédicaces à M. d'Avanson, ambassadeur de France à Rome, il exprime admirablement, par toutes sortes de gracieuses images, cette disposition plaintive et découragée de son âme : il chante, comme le laboureur, au hasard pour s'évertuer au sillon ; il chante, comme le rameur en cadence, afin de se rendre, s'il se peut, la rame plus légère. Il avertit toutefois que, pour *ne fâcher le monde de ses pleurs* (car, poëte, on pense toujours un peu à ce *monde* pour qui l'on n'écrit pas), il entremêlera une douce satire à ses tableaux, et il a tenu parole : la Rome des satires de l'Arioste revit chez Du Bellay à travers des accents élégiaques pénétrés.

Littérairement, ces *Regrets* de Du Bellay ont encore du charme, à les lire d'une manière continue. A partir du sonnet xxxii°, il est vrai, ils languissent beaucoup ; mais ils se relèvent, vers la fin, par de piquants portraits de la vie romaine. Le style en est pur et coulant :

> Toujours le style te démange,

dit très-spirituellement du poëte-écrivain, dans une bouffée plaisante imitée de Buchanan ; ici, dans *les Regrets*, évidemment le style le *démange* moins ; sa plume va au sentiment, au naturel, même au risque d'un peu de prose. Dans un des sonnets à Ronsard, il lui dit d'un air d'abandon :

> . . . . . . . . . Je suivrai, si je puis,
> Les plus humbles chansons de ta muse lassée.

Bien lui en a pris ; cette lyre un peu détendue n'a jamais mieux sonné ; les habitudes de l'art s'y retrouvent d'ailleurs à propos, au milieu des lenteurs et des négligences. Ainsi quelle plus poétique conclusion que celle qui couronne le sonnet xviᵉ, dans lequel il nous représente à Rome trois poëtes, trois amis tristes et exilés, lui-même, Magny attaché à M. d'Avanson, et Panjas qui suit quelque cardinal français (celui de Châtillon ou de Lorraine)? Heureux, dit-il à Ronsard, tu courtises là-bas notre Henri, et ta docte chanson, en le célébrant, t'honore :

> Las ! et nous cependant nous consumons notre âge
> Sur le bord inconnu d'un étrange rivage,
> Où le malheur nous fait ces tristes vers chanter :

> Comme on voit quelquefois, quand la mort les appelle
> Arrangés flanc à flanc parmi l'herbe nouvelle,
> Bien loin sur un étang trois cygnes lamenter.

Quand Du Bellay fit ce sonnet-là, il avait respiré cet *air subtil* dont il parle en un endroit, et que la Gaule n'aurait pu lui donner, cette divine flamme attique et romaine tout ensemble.

Je suivrais plus longuement Du Bellay à Rome, si, en quelques pages d'un érudit et ingénieux travail [1], M. Ampère ne m'en avait dispensé. Je ne me permettrai d'ajouter qu'une seule remarque aux siennes, et qui rentre tout à fait dans ses vues : c'est que Du Bellay, tout en maudissant Rome et en ayant l'air de l'avoir prise *en grippe*, s'y attachait, s'y enracinait insensiblement, selon l'habitude de ceux qui n'y veulent que passer et qui s'y trouvent retenus. Le charme opérait aussi, et, ce qui est plus piquant, malgré lui. Il faut l'entendre :

> D'où vient cela, Magny, que tant plus on s'efforce
> D'échapper hors d'ici, plus le Démon du lieu
> (Et que seroit-ce donc, si ce n'est quelque dieu?)
> Nous y tient attachés par une douce force ?

> Seroit-ce point d'amour cette alléchante amorce,
> Ou quelque autre venin, dont après avoir beu
> Nous sentons nos esprits nous laisser peu à peu,
> Comme un corps qui se perd sous une neuve écorce ?

> J'ai voulu mille fois de ce lieu m'étranger,
> Mais je sens mes cheveux en feuilles se changer,
> Mes bras en longs rameaux, et mes pieds en racine.

---

1. *Portraits de Rome à différents âges*, *Revue des Deux Mondes* de juin 1855.

> Bref, je ne suis plus rien qu'un vieil tronc animé,
> Qui se plaint de se voir à ce bord transformé,
> Comme le myrte anglois au rivage d'Alcine.

Voilà bien, ce me semble, ce magique enchantement de Rome qui fait oublier la patrie ; à moins qu'on ne veuille croire que ce charme secret pour Du Bellay, c'était déjà Faustine.

Un bon nombre des sonnets de la dernière moitié des *Regrets* ont la pointe spirituelle, dans le sens français et malin du mot ; aussi Fontenelle ne les a-t-il manqués dans son joli recueil choisi de nos poëtes [1]. Comme, par les places et les rues de Rome, la dame romaine à démarche grave ne se promène point, remarque Du Bellay, et qu'on n'y voit vaguer de femmes (c'était vrai alors) que celles qui se sont donné l'honnête nom de la cour, il craint fort à son retour en France

> Qu'autant que j'en voirai ne me ressemblent telles.

Il se moque en passant de ces magnifiques doges de Venise, de ces vieux Sganarelles (le mot est approchant), surtout quand ils vont en cérémonie épouser la mer,

> Dont ils sont les maris et le Turc l'adultère,

Marot en gaieté n'eût pas mieux trouvé, ni *le bon Rabelais*, que Du Bellay cite aussi. Il y a de ces sonnets qui, sous un air purement spirituel, sont poignants de satire, comme celui dans lequel on voit ces puissants prélats et seigneurs romains qui tout à l'heure se prélassaient pareils à des dieux, se troubler, pâlir tout d'un coup, si Sa Sainteté, de qui ils tiennent tout, a craché dans le bassin un petit filet de sang,

> Puis d'un petit souris feindre la sûreté !

Parmi le butin que Du Bellay rapporta de Rome, il m'est impossible de ne pas compter les plus agréables vers qu'on cite de lui, bien qu'ils ne fassent point partie des *Regrets* ; mais ils ont été publiés vers le même temps, peu avant sa mort ; je

---

1. Vauquelin de La Fresnaie, en son *Art poétique*, a très-bien aperçu ce qu'il y avait de nouveau à cette façon :

> Et Du Bellay, quittant cette amoureuse flamme,
> Premier fit le sonnet *sentir son épigramme*.

veux parler de ses *Jeux rustiques*. C'est naturellement le voyage d'Italie qui mit Du Bellay à la source de tous ces poëtes latins de la renaissance italienne; et de Naugerius en particulier, l'un des plus charmants, qu'il a reproduit avec prédilection et, en l'imitant, surpassé. Naugerius, ou Navagero, était ce noble Vénitien qui offrit à Vulcain, c'est-à-dire qui brûla ses premières *Sylves* imitées de Stace, quand il se convertit à Virgile, et qui sacrifiait tous les ans un exemplaire de Martial en l'honneur de Catulle. Il ne vivait plus depuis déjà longtemps quand Du Bellay fit le voyage d'Italie; mais ses *Lusus* couraient dans toutes les mains. Or, on sait la jolie chanson de Du Bellay :

### UN VANNEUR DE BLÉ AUX VENTS.

A vous, troupe légère,
Qui d'aile passagère
Par le monde volez,
Et d'un sifflant murmure
L'ombrageuse verdure
Doucement ébranlez[1], etc., etc.

L'original est de Naugerius; il faut le citer pour faire comprendre de quelle manière Du Bellay a pu être inventeur en traduisant :

### VOTA AD AURAS.

Auræ quæ levibus percurritis aera pennis,
  Et strepitis blando per nemora alta sono,
Serta dat hæc vobis, vobis hæc rusticus Idmon
  Spargit odorato plena canistra croco.
Vos lenite æstum, et paleas sejungite inanes,
  Dum medio fruges ventilat ille die.

L'invention seule du rhythme a conduit Du Bellay à sortir de la monotonie du distique latin, si parfait qu'il fût, et à faire une villanelle toute chantante et ailes déployées, qui sent la gaieté naturelle des campagnes au lendemain de la moisson, et qui nous arrive dans l'écho.

A simple vue, je ne saurais mieux comparer les deux pièces

---

1. Voir dans ce volume, page 59; je prie qu'on veuille bien avoir réellement la pièce sous les yeux, car, pour la comparaison, cette vue est nécessaire.

qu'à un escadron d'abeilles qui, chez Naugerius, est un peu ramassé, mais qui soudainement s'allonge et défile à travers l'air à la voix de Du Bellay. L'impression est tout autre, l'ordre seul de bataille a changé [1].

Mais voici qui est peut-être mieux. Le même Naugerius avait fait cette autre épigramme :

### THYRSIDIS VOTA VENERI.

Quod tulit optata tandem de Leucyde Thyrsis
    Fructum aliquem, has violas dat tibi, sancta Venus.
Post sepem hanc sensim obrepens, tria basia sumpsi.
    Nil ultra potui : nam prope mater erat.
Nunc violas, sed, plena feram si vota, dicabo
    Inscriptam hoc myrtum carmine, Diva, tibi :
« Hanc Veneri myrtum Thyrsis, quod amore potitus
    Dedicat, atque una seque suosque greges. »

Ce que Du Bellay a reproduit et déployé encore de la sorte, dans une des plus gracieuses pièces de notre langue :

### A VÉNUS.

    Ayant, après long désir,
    Pris de ma douce ennemie
    Quelques arrhes du plaisir
    Que sa rigueur me dénie [2], etc., etc

N'a t'on pas remarqué, en lisant, à cet endroit :

    . . . . . . . . . .
    Imitant les lèvres closes
    Que j'ai baisé par trois fois,

comme le sens enjambe sur la strophe, comme la phrase se

---

1. Cette image des vanneurs me rappelle la belle comparaison d'Homère, le père et comme l'océan de toute grâce ; c'est dans l'*Iliade* (chant V), au moment où les Troyens qui fuyaient s'arrêtent, se retournent à la voix d'Hector, et où les Grecs et eux s'entre-choquent dans la poussière : « Comme quand les vents emportent çà et là les pailles à travers les aires sacrées où vannent les vanneurs, tandis que la blonde Cérès sépare, à leur souffle empressé, le grain d'avec sa dépouille légère, on voit tout alentour les paillers blanchir : de même en ce moment les Grecs deviennent tout blancs de la poussière que soulèvent du sol les pieds des chevaux et qui monte au dôme d'airain du ciel immense. » Telle est la grandeur première ; combien au-dessus des jeux de la grâce !

2. Voir dans ce volume, page 60 ; je prie, comme précédemment, qu'on veuille bien relire en effet.

continue à travers, s'allonge (*sensim obrepit*), et semble imiter l'amant lui-même *glissant tout beau dessous l'ombre* ?

> De peur encore j'en tremble,

ce vers-là, après le long et sinueux chemin où le poëte furtif semble n'avoir osé respirer, repose à propos, fait arrêt et image. Tout dans cette petite action s'enchaîne, s'anime, se fleurit à chaque pas. Du Bellay, en imitant ainsi, crée dans le détail et dans la diction, tout à fait comme La Fontaine[1].

Que si maintenant on joint à ces deux pièces exquises de Du Bellay son admirable sonnet du *petit Liré*, on aura, à côté des pages de *l'Illustration* et comme autour d'elles, une simple couronne poétique tressée de trois fleurs, mais de ces fleurs qui suffisent, tant que vit une littérature, à sauver et à honorer un nom. Le sonnet du *petit Liré* est également imité du latin, mais du latin de Du Bellay lui-même, et le poëte a fait ici pour lui comme pour les autres, il s'est embelli en se traduisant. Dans son élégie intitulée *Patriæ Desiderium*, il s'était écrié, par allusion à Ulysse :

> Felix qui mores multorum vidit et urbes,
>    Sedibus et potuit consenuisse suis;

et il continuait sur ce ton. Mais voici, sous sa plume redevenue française, ce que cette pensée, d'abord un peu générale, et qui gardait, malgré tout, quelque chose d'un écho et d'un centon des anciens, a produit de tout à fait indigène et de natal :

> Heureux qui, comme Ulysse, a fait un beau voyage,
> Ou comme cettui-là qui conquit la toison,
> Et puis est retourné, plein d'usage et raison,
> Vivre entre ses parents le reste de son âge !
>
> Quand reverrai-je, hélas ! de mon petit village
> Fumer la cheminée, et en quelle saison
> Reverrai-je le clos de ma pauvre maison,
> Qui m'est une province, et beaucoup davantage

---

1. Il était si plein de son Naugerius, qu'il s'est encore souvenu de lui dans un passage de ses stances à M. d'Avanson, en tête des *Regrets :*

> Quelqu'un dira : De quoi servent ces plaintes ?...

C'est inspiré d'un fragment délicieux de Philémon sur les larmes que Naugerius avait traduit, et Du Bellay sans doute l'avait pris là.

Plus me plaît le séjour qu'ont bâti mes aïeux
Que des palais romains le front audacieux ;
Plus que le marbre dur me plaît l'ardoise fine ;

Plus mon Loire gaulois que le Tibre latin
Plus mon petit Liré que le mont Palatin,
Et plus que l'air marin la douceur angevine

Cette *douceur angevine*, qu'on y veuille penser, est mêlée ici de la romaine, de la vénitienne, de toute celle que Du Bellay a respirée là-bas. Seule et primitive, avant de passer par l'exil romain, elle n'eût jamais eu cette finesse, cette saveur poétique consommée. C'est bien toujours le vin du pays, mais qui a voyagé, et qui revient avec l'arome. Combien n'entre-t-il pas d'éléments divers, ainsi combinés et pétris, dans le goût mûri qui a l'air simple ! Combien de fleurs dans le miel parfait ! Combien de sortes de nectars dans le baiser de Vénus !

Il est dans l'*Anthologie* deux vers que le sonnet de Du Bellay rappelle ; les avait-il lus ? Ils expriment le même sentiment dans une larme intraduisible : « La maison et la patrie sont la grâce de la vie : tous autres soins pour les mortels, ce n'est pas vivre, c'est souffrir. »

Enfin Du Bellay quitte Rome et l'Italie ; le cardinal a besoin de lui en France et l'y renvoie pour y soigner des affaires importantes. Il repasse les monts, mais non plus comme il les avait passés la première fois, en conquérant et en vainqueur. Quatre années accomplies ont changé pour lui bien des perspectives. Usé par les ennuis, par les chagrins où sa sensibilité se consume, tout récemment encore vieilli par les tourments de l'amour et par ses trop vives consolations peut-être, il est

---

. Liré, redisons-le avec plus de détail, est un petit bourg au bord de la Loire, au-dessous de Saint-Florent-le-Vieil ; il fait partie de l'arrondissement de Beaupréau. On s'y souvient d'un *grand homme* qui y vécut jadis ; voilà tout. Il n'y a point de restes authentiques du manoir qu'il habita. — La locution de *douceur angevine*, qui termine le mémorable sonnet, peut paraître réclamer un petit commentaire quant à l'acception précise. J'interroge dans le pays, et on me répond : Ce n'est point une locution proverbiale, ou du moins ce n'en est plus une ; mais, indépendamment de l'idée naturelle et générale (*dulces Argos*) qu'un lecteur pur et simple pourrait se contenter d'y trouver, cette expression n'est pas tout à fait dénuée d'une valeur relative et locale. Il existe en effet, sur le compte des Angevins une tradition de *facilité* puisée dans l'abondance de tous les biens de cette vie, dans la suavité de l'air et du sol. Le caractère du bon roi René en donne l'idée. *Andegabi molles*, disait le Romain.

presque blanc de cheveux[1]. Au seuil de ce foyer tant désiré, d'autres tracas l'attendent ; les ronces ont poussé ; les procès foisonnent. Il lui faudrait, pour chasser je ne sais quels ennemis qu'il y retrouve, l'arc d'Ulysse ou celui d'Apollon.

 Adieu donques, Dorat, je suis encor Romain,

s'écrie-t-il. Ainsi Horace regrette Tibur à Rome et Rome à Tibur ; ainsi Martial, à peine retourné dans sa Bilbilis, qui faisait depuis des années l'objet de ses vœux, s'en dégoûte et redemande les Esquilies. Quand Tibulle a décrit si amoureusement la vie champêtre, il était à la guerre près de Messala.

Pour Du Bellay, quelques consolations se mêlèrent sans doute aux nouvelles amertumes, et tous ses espoirs ne furent pas trompés. Ses amis célébrèrent avec transport son retour ; Dorat fit une pièce latine ; ce fut une fête cordiale des muses chez Ronsard, Baïf et Belleau. Au bout d'un ou de deux ans, et sa santé n'y suffisant plus, Du Bellay se déchargea de la gestion des affaires du cardinal ; il sortit pauvre et pur de ce long et considérable service. Il revint à la muse, et fit ses *Jeux rustiques* ; il mit ordre à ses vers de Rome et les compléta ; il publia ses poésies latines (Épigrammes, Amours, Élégies) en 1558, et l'année suivante ses sonnets des *Regrets*. Mais une calomnie à ce propos vint l'affliger : on le desservit près du cardinal à Rome. Ses vers étaient le prétexte ; Du Bellay ne s'en explique pas davantage, et cette accusation est demeurée obscure comme celle qui pesa sur Ovide[2]. Que put-on dire ? La licence de quelques pièces à Faustine lui fut-elle reprochée ? Supposa-t-on malignement que quelques sonnets des *Regrets*, qui couraient avant la publication, atteignaient le cardinal lui-même ? Dans ce cas Du Bellay, en les publiant, détruisait l'objection. Toujours est-il qu'il devenait criant qu'un homme de ce mérite et de ce parentage demeurât aussi maltraité de la

---

  Jam mea cycneis sparguntur tempora plumis,

t-il à l'imitation d'Ovide ; c'est d'avance comme Lamartine :

  Ces cheveux dont la neige, hélas ! argente à peine
  Un front où la douleur a gravé le passé.

Dans l'élégie à Morel on lit :

  Iratum insonti nostræ fecere Camenæ,
   Iratum malim qui vel habere Jovem.
  Hei mihi Peligni crudelia fata poetæ
   Hic etiam fatis sunt renovata meis...

fortune. Le chancelier François Olivier, Michel de l'Hôpital, tous ses amis s'en plaignaient hautement pour lui. On assure que, lorsqu'il mourut, il était rentré dans les bonnes grâces du cardinal, qui allait se démettre en sa faveur de l'archevêché de Bordeaux. Et certes, qui avait fait de Rabelais un curé de Meudon pouvait bien, sans scrupule, faire Du Bellay archevêque. Quelques sonnets de celui-ci à Madame Marguerite, quelques autres de *l'Honnête Amour*, qui sentent leur fin, des stances étrangement douloureuses et poignantes intitulées *la Complainte du Désespéré*, semblent dénoter vraiment qu'il s'occupait à corriger les impressions trop vives de ses premières ardeurs, et à méditer de plus graves affections, *sacrato homine digniora*, dit Sainte-Marthe[1].

Au milieu de son dépérissement de santé, il était devenu *demi-sourd*, et pendant les derniers mois de sa vie cette surdité augmenta considérablement, jusqu'à le condamner à garder tout à fait la chambre. Dans son *Hymne de la Surdité* à Ronsard, dans son élégie à Morel, il parle agréablement de cet accident. Jacques Veilliard de Chartres, en son oraison funèbre de Ronsard, dit que Du Bellay chérissait tellement ce grand poëte, qu'il tâchait de l'imiter en tout, *jusques à vouloir passer pour sourdaud aussi bien que lui*, quoiqu'il ne le fût pas en effet « Ainsi les meilleurs disciples de Platon prenoient plaisir à marcher voûtés et courbés comme lui, et ceux d'Aristote tâchoient, en parlant, *de hésiter* et bégayer à son exemple. » Mais cette explication est plus ingénieuse que vraie. La surdité de Du Bellay, trop réelle, précéda seulement l'apoplexie qui l'emporta, et dont elle était un symptôme. Si l'on voulait pourtant plaisanter à son exemple là-dessus, on pourrait dire que Ronsard et lui étaient demi-sourds en effet, et qu'on le voit bien dans leurs vers : ils en ont fait une bonne moitié du côté de leur mauvaise oreille. Et puis, comme certains sourds qui entendent plus juste lorsqu'on parle à demi-voix, ils se sont mieux entendus dans les chants de ton moyen que lorsqu'ils ont embouché la trompette épique ou pindarique.

---

1. Du Bellay fut *clerc;* mais fut-il prêtre? ou seulement était-il en voie de le devenir? il dut quitter l'épée et prendre l'habit de clerc durant son séjour de Rome ; car, dans la ville pontificale, on prend cet habit pour plus de commodité, comme ailleurs celui de cavalier. Vers le temps de son retour à Paris, il fut un instant chanoine de Notre-Dame, mais non pas *archidiacre*, comme on l'a dit. Rien ne m'assure que Du Bellay ait jamais dit la messe.

Du Bellay fut enlevé le 1ᵉʳ janvier 1560, à Paris, six semaines seulement avant que son parent le cardinal mourût à Rome, et moins d'un an après que Martin Du Bellay, frère de ce dernier, était mort à sa maison de Glatigny dans le Maine : inégaux de fortune, mais tous les trois d'une race et d'un nom qu'ils honorent. De Thou les a pu joindre avec éloge dans son histoire. J'ai dit que Joachim mourut à temps : Scévole de Sainte-Marthe a déjà remarqué que ce fut l'année même de la conjuration d'Amboise, et quand les dissensions civiles allaient mettre le feu à la patrie. Ronsard a trop vécu d'avoir vu Charles IX et la Saint-Barthélemi, et d'avoir dû chanter alentour. Du Bellay, d'ailleurs, mourut sans illusion ; au moral aussi, il avait blanchi vite. Il avait eu le temps de voir les méchants imitateurs poétiques foisonner et corrompre, comme toujours, les premières traces. Il ne pense pas là-dessus autrement que Pasquier et De Thou ; une sanglante épigramme latine de lui en fait foi, et en français même il n'hésite pas à dire :

> Hélicon est tari [1], Parnasse est une plaine,
> Les lauriers sont séchés.....

Quand on en est là, il vaut mieux sortir. Lui donc, le plus pressé des novateurs et en tête de la génération poétique par son appel de *l'Illustration*, il tomba aussi le premier. Quelques autres peut-être, dans les secondaires, avaient disparu déjà. Un intéressant poëte, Jacques Tabureau, était mort dès 1555, ainsi que Jean de La Péruse, auteur d'une *Médée*. Olivier de Magny, ami de Du Bellay et que nous avons vu son compagnon à Rome, mourait au retour vers le même temps que lui (1560). Mais Du Bellay, parmi les importants, fit le premier vide ; ce fut, des sept chefs de la Pléiade, le premier qui quitta la bande et sonna le départ. A l'autre extrémité du groupe, au contraire, Étienne Pasquier, avec Pontus de Thiard et Louis Le Caron, survécut plus de quarante ans encore, et il rassemblait, après 1600, les souvenirs parfaitement lointains de cette époque, quand déjà Malherbe était venu et régnait, Malherbe qu'il ne nommait même pas.

---

1. *Hélicon est tari !* On pourrait voir là une inadvertence, mais elle serait trop invraisemblable chez Du Bellay ; je n'y puis voir qu'une hardiesse : il aura mis l'Hélicon montagne pour le Permesse qui y prend sa source.

Les œuvres françaises de Du Bellay ont été réunies au complet par les soins de ses amis dans l'édition de 1569, mainte fois reproduite. Ses reliques mortelles avaient été déposées dans l'église de Notre-Dame, au côté droit du chœur, à la chapelle de Saint-Crépin et Saint-Crépinien. Il y avait eu à Notre-Dame assez d'évêques et de chanoines du nom de Du Bellay pour que ce lui fût comme une sépulture domestique.

Tous les poëtes du temps le pleurèrent à l'envi. Ronsard, en maint endroit solennel ou affectueux, évoqua son ombre ; Remi Belleau lui consacra un *Chant pastoral.* Colletet, dans sa Vie (manuscrite) de notre poëte, épuise tous ces témoignages funéraires ; mais il va un peu loin lorsque, entraîné par la chaleur de l'énumération, il y met une pièce latine du Bembe, lequel était mort avant que Du Bellay visitât Rome. Le livre des *Antiquités* eut l'honneur d'être traduit en anglais par Spencer. Au xviie siècle, le nom de Du Bellay s'est encore soutenu et a surnagé sans trop d'injure dans le naufrage du passé. Ménage, son compatriote d'Anjou, parle, en une églogue, de

Bellay, ce pasteur d'éternelle mémoire.

Colletet, dans son *Art poétique* imprimé, remarque que, de cette multitude d'anciens sonnets, il n'y a guère que ceux de Du Bellay *qui aient forcé les temps.* Sorel, Godeau, tiennent compte de sa gravité et de sa douceur. Boileau ne le lisait pas, mais Fontenelle l'a connu et extrait avec goût. Au xviiie siècle, Marmontel l'a cité et loué : les auteurs des *Annales poétiques,* Sautreau de Marsy et Imbert, l'ont présenté au public avec faveur[1]. En un mot, cette sorte de modestie qu'il a su garder dans les espérances et dans le talent, a été comprise et a obtenu grâce. Lorsque nous-même nous eûmes, il y a quelques années, à nous occuper de lui, il nous a suffi à son égard de développer et de préciser les vestiges de bon renom qu'il avait laissés ; nous n'avons pas eu à le réhabiliter comme Ronsard. Mais ce nous a été aujourd'hui une tâche très-douce pourtant que de revenir en détail sur lui, et d'en parler plus longuement, plus complaisamment que personne n'avait fait encore. Bien des réflexions à

---

1. Du Bellay a trouvé place, comme poëte latin érotique, en compagnie de Théodore de Bèze, d'Antoine Muret, de Jean Second et de Bonnefons, dans le joli volume de la collection Barbou intitulé : *Amœnitates poeticæ,* édit. de 1779.

demi philosophiques nous ont été, chemin faisant, suggérées. Les écoles poétiques passent vite ; les grands poëtes seuls demeurent ; les poëtes qui n'ont été qu'agréables s'en vont. Il en est un peu de ce que nous appelons les beaux vers comme des beaux visages que nous avons vus dans notre jeunesse. D'autres viendront qui, à leur tour, en aimeront d'autres ; — et ils sont déjà venus.

Octobre 1840.

# JEAN BERTAUT

M. de Saci, le traducteur de la Bible et le saint confesseur, avait coutume de dire que les anges, quand ils sont une fois entrés dans un sentiment et qu'ils ont proféré une parole, la répètent durant l'éternité ; elle devient à l'instant leur fonction, leur œuvre et leur pensée immuable. Les saints ici-bas sont un peu de même. Chez la plupart des hommes, au contraire, les paroles passent et les mouvements varient. Entendons-nous bien pourtant ; c'est au moral qu'il est difficile et rare de rester fixe et de se répéter ; dans l'ordre des idées, c'est trop commun. Le monde se trouve tout rempli, à défaut d'anges, d'honnêtes gens qui se répètent ; une fois arrivé à un certain point, on tourne dans son cercle, on vit sur son fonds, pour ne pas dire sur son fumier.

Ainsi ai-je tout l'air de faire à propos du xvi° siècle ; je n'en sortirai pas. J'en prends donc mon parti, c'est le mieux, et j'enfonce, heureux si je retrouve quelque nouveauté en creusant.

Plus d'une circonstance incidemment, et presque involontairement, m'y ramène. Ayant reparlé par occasion de Du Bellay, il est naturel de suivre. Or, Bertaut a été le second de Des Portes, comme Du Bellay l'avait été de Ronsard : voilà un pendant tout trouvé. Du Bartas aura son tour. Dans le *Tableau de la Poésie française au* xvi° *siècle*, je les avais laissés au second plan, le tout étant subordonné à Ronsard ; je tiens à compléter sur eux ma pensée et à faire sortir mes raisons à l'appui, avant que M. Ampère, qui s'avance avec toutes ses forces, soit venu régler définitivement ces points de débat, et qu'il y ait clôture. On aurait tort d'ailleurs de croire que ces sujets ne sont pas aussi actuels aujourd'hui que jamais. J'ai dit combien Du Bellay, et dans sa patrie d'Anjou, et à Paris même, avait occupé de studieux amateurs en ces derniers temps. Il y a quelques mois, M. Philarète Chasles écrivait de bien judicieuses et spirituelles pages sur Des Portes [1]. L'autre jour, je tombai au travers d'une discussion très-intéressante sur Bertaut entre deux interlocuteurs érudits, dont l'un, M. Ampère lui-même, avait abordé ce vieux poëte à son cours du Collége de France, et dont l'autre, M. Henri Martin, en avait traité non moins *ex professo* dans un mémoire inséré parmi ceux de l'Académie de Caen [2]. Je survins *in medias res*, en plein Bertaut; j'étais tout préparé, ayant justement, et par une singulière conjonction d'étoiles, passé ma matinée à le lire. Il m'a semblé, en écoutant, qu'il y avait à dire sur Bertaut, à me défendre même à son sujet, et que c'était une question *flagrante*.

Bertaut, qui n'avait que quatre ou cinq ans de plus que son compatriote Malherbe, mais qui appartient au mouvement poétique antérieur, a-t-il été, en effet, une espèce de Malherbe anticipé, un réformateur pacifique et doux? A-t-il eu en douceur, en harmonie, en sensibilité, de quoi présager à l'avance le ton de Racine lui-même? Bertaut était-il un commencement ou une fin? Eut-il une poésie littéraire, et laquelle? Doit-il nous paraître supérieur, comme poëte, à Des Portes, son aîné, et qu'on est habitué à lui préférer? A-t-il fait preuve d'une telle valeur propre, d'une *qualité* originale et active entre ses contemporains les plus distingués? Ce sont là des points sur quelques-uns desquels je regretterais de voir l'historien littéraire plier. J'ai été autrefois un peu sévère sur Bertaut; je voudrais, s'il se peut, maintenir et modifier tout ensemble ce premier jugement, le maintenir en y introduisant de bon gré des circonstances atténuantes. Ce à quoi je tiens sur ces vieux poëtes, ce n'est pas à justifier tel ou tel détail de jugement particulier trop court, trop absolu, mais la ligne même, la courbe générale de mon ancienne opinion, les proportions relatives des talents. Dans la marche et le départ des écoles littéraires, l'essentiel pour la critique qui observe, ou qui retrouve, est de battre la mesure à temps.

Ronsard, au milieu du xviᵉ siècle, avait eu beau hausser le ton, viser au grand et écrire pour les *doctes*, la poésie fran-

1. *Revue de Paris*, numéro du 20 décembre 1840.
2. Année 1840. — M. H. Martin est le savant commentateur du *Timée*.

çaise était vite revenue avec Des Portes à n'être qu'une poésie de *dames*, comme disait assez dédaigneusement Antoine Muret de celle d'avant Ronsard [1]. Des Portes passa de l'imitation grecque à l'italienne pure ; il sema les tendresses brillantes et jolies. Je me le représente comme l'*Ovide*, l'*Euripide*, la décadence fleurie et harmonieuse du mouvement de Ronsard. Bertaut en est l'extrême queue trainante, et non sans grâce.

Que de petits touts ainsi, que de décadences après une courte floraison, depuis les commencements de notre langue ! Sous Philippe Auguste, je suppose, un je ne sais quoi de rude et d'énergique s'ébauche, qui se décore plus vivement sous saint Louis, pour s'alourdir et se délayer sous Philippe le Bel et les Valois. On recommence à grands efforts sous Charles V le sage, le savant ; on retombe avec Charles VI ; on est détruit, ou peu s'en faut, sous Charles VII. Sous Louis XII, on se ressaye ; on fleurit sous François I$^{er}$ ; Henri II coupe court et perce d'un autre. Et ce qui s'entame sous Henri II, ce qui se prolonge et s'assoit sur le trône avec Charles IX, va s'affadir et se *mignonner* sous Henri III. Ainsi d'essais en chutes, de montées en déclins, avant d'arriver à la vraie hauteur principale et dominante, au sommet naturel du pays, au plateau. Traversant un jour les Ardennes en automne, parti de Fumay, j'allais de montées en descentes et de ravins en montées encore, par des ondulations sans fin et que couvraient au regard les bois à demi dépouillés ; et pourtant, somme toute, on montait toujours, jusqu'à ce qu'on eût atteint le plateau de Rocroy, le point le plus élevé. Ce Rocroy (le nom y prête), c'est notre époque de Louis XIV.

A travers cette succession et cesplis de terrain dont M. Ampère aura le premier donné la loi, on peut suivre la langue française actuelle se dégageant, montant, se formant. On n'a longtemps connu d'elle, en poésie, qu'un bout de lisière et un lointain le plus en vue, par Marot, Villon, le *Roman de la Rose*. Il ne faudrait pas trop mépriser cet ancien chemin battu, maintenant qu'on en a découvert une foule d'autres plus couverts. Il suffit qu'on l'ait longtemps cru l'unique, pour qu'il

---

[1] « Qui se vernaculo nostro sermone poetas perhiberi volebant, perdiu ea scripsere, quae delectare modo *otiosas mulierculas*, non etiam eruditorum hominum studia tenere possent. Primus, ut arbitror, Petrus Ronsardus.... » Préface en tête des *Juvenilia* de Muret (1552).

reste le principal. Quoi qu'il en soit, la langue française ressemble assez bien, en effet, à ce vénérable noyer auquel la comparait récemment M. Delécluze [1]. Elle a eu quatre siècles de racines; elle n'a guère encore que trois siècles de tronc et d'ombrage.

Ici, pour me tenir aux alentours de Malherbe et à Bertaut, je voudrais simplement deux choses :

1° Montrer que Bertaut n'a rien innové d'essentiel, rien réparé ni réformé, et qu'il n'a fait que suivre;

2° Laisser voir qu'à part cette question d'originalité et d'invention dans le rôle, il est effectivement en plus d'un endroit un agréable et très-doux poëte.

Jean Bertaut était de Caen; il y naissait vers 1552, comme Malherbe vers 1556, de sorte que dans le conflit qu'on voudrait élever entre eux deux, la Normandie ne saurait en être cause, pas même la basse Normandie; ce n'est qu'un débat de préséance entre deux natifs, une querelle de ménage et d'intérieur. Son article latin dans le *Gallia christiana* [2] le fait condisciple de Du Perron, qui fut un poëte de la même nuance. Il n'avait que seize ans (lui-même nous le raconte dans sa pièce sur le trépas de Ronsard) lorsqu'il commença de rêver et de rimer. Les vers de Des Portes, qui ne parurent en recueil pour la première fois qu'en 1573, n'étaient pas publiés encore. Dès que le jeune homme les vit, déçu, nous dit-il, par cette apparente facilité qui en fait le charme, il essaya de les imiter. Des Portes n'avait que six ans plus que lui; jeune homme lui-même, il servit de patron à son nouveau rival et disciple en poésie; il fut son introducteur près de Ronsard. Mathurin Régnier, neveu de Des Portes, dans cette admirable satire V, sur les humeurs diverses d'un chacun, qu'il adresse à Bertaut, a dit :

> Mon oncle m'a conté que, montrant à Ronsard
> Tes vers étincelants et de lumière et d'art,
> Il ne sut que reprendre en ton apprentissage,
> Sinon qu'il te jugeoit pour un poëte trop sage [3].

Et dans le courant de la satire qui a un air d'apologie personnelle, il oppose plus d'une fois son tempérament de feu, et

---

1. *François Rabelais*, imprimerie de Fournier, 1841.
2. Tome XI, *Ecclesia Sagiensis, Johannes VI*, parmi les évêques de Séez.
3. *Poëte* ne faisait alors que deux syllabes.

tout ce qui s'ensuit de risqué, à l'*esprit rassis* de l'honnète Bertaut. Celui-ci, dans une élégie de sa première jeunesse, a pris soin de nous exprimer ses impressions sur les œuvres de Des Portes lorsqu'il les lut d'abord; c'est un sentiment doux et triste, humble et découragé, une admiration soumise qui ne laisse place à aucune révolte de novateur. Ainsi pensait-il de Des Portes :

> Ainsi soupireroit au fort de son martyre
> Le dieu même Apollon se plaignant à sa lyre,
> Si la flèche d'Amour, avec sa pointe d'or,
> Pour une autre Daphné le reblessoit encor.

La pièce est pour dire qu'une fois le poëte avait promis *à celle qu'il adore* d'immortaliser par l'univers sa beauté; mais, depuis qu'il a lu Des Portes, la lyre lui tombe des mains, et il désespère :

> Quant à moi, dépouillé d'espérance et d'envie,
> Je pends ici mon luth, et, jurant, je promets,
> Par celui d'Apollon, de n'en jouer jamais.

Puis il trouve que ce désespoir lui-même renferme trop d'orgueil, que c'est vouloir *tout ou rien*, et il se résigne à chanter à son rang, bien loin, après tant de divins esprits :

> Donc adore leurs pas, et, content de les suivre,
> Fais que ce vin d'orgueil jamais plus ne t'enivre.
> Connois-toi désormais, ô mon Entendement,
> Et, comme étant humain, espère humainement[1]..

Cependant la beauté de son esprit et l'aide de ses bons patrons attirèrent et fixèrent le jeune poëte à la cour. Il suivit Des Portes dans la chanson et dans l'élégie plutôt que dans le sonnet ; il se fit une manière assez à part, et, à côté des *tendresses* de l'autre, il eut une poésie polie qu'il sut rendre surprenante par ses *pointes*[2]. On le goûta fort sous le règne de Henri III ; il dessinait très-agréablement, dit-on ; on peut croire qu'il s'accompagnait du luth en chantant lui-même ses

---

1. Voir cette élégie au tome I*er* des *Délices de la Poésie françoise*, par F. de Rosset, 1618.
2. Chap. X de *la Bibliothèque françoise*, par Sorel, qui touche assez bien d'un mot rapide le caractère de chacun des poëtes d'alors.

chansons. Il fut pendant treize ans secrétaire du cabinet ; on le trouve qualifié, dans quelques actes de l'année 1583, secrétaire et lecteur ordinaire du roi. A la mort de ce prince, il tenait de la cour une charge de conseiller au parlement de Grenoble, dont il se défit. Il passa le mauvais temps de la Ligue, plus sage que Des Portes et plus fidèle, abrité chez le cardinal de Bourbon, à l'abbaye de Bourgueil, en Anjou. Ce lieu resta exempt des horreurs de la guerre. Faisant parler en un sonnet la reconnaissance des habitants, qui offraient au cardinal un présent de fruits, Bertaut disait que c'était rendre bien peu à qui l'on devait tout, que c'était *payer d'une humble offrande une dette infinie :*

> Vous qui savez qu'ainsi l'on sert les Immortels,
> Pensez que c'est encor au pied de leurs autels
> Présenter une biche au lieu d'Iphigénie.

Les paysans de Bourgueil s'en tiraient, comme on voit, très-élégamment.

Bertaut sortit de ces tristes déchirements civils avec une considération intacte. Il échappa aux dénigrements des pamphlets calvinistes ou royalistes, et on ne lui lança point, comme à Des Portes, comme à Du Perron, comme à Ronsard en son temps, toutes sortes d'imputations odieuses qui se résumaient vite en une seule très-grossière, très-connue de Pangloss, l'injure à la mode pour le siècle. Ses poésies même amoureuses avaient été décentes : il avait passé de bonne heure à la complainte religieuse et à la paraphrase des Psaumes. Il contribua à la conversion d'Henri IV, qui lui donna l'abbaye d'Aulnay en 1594, et plus tard l'évêché de Séez en 1606. Il fut de plus premier aumônier de la reine Marie de Médicis. On doit la plupart de ces renseignements à Huet [1], qui, né à Caen aussi, fut abbé d'Aulnay comme Bertaut, et, comme lui encore, évêque, après avoir sinon fait des poésies galantes, du moins aimé et loué les romans. L'évêque de Séez assista, en 1607, au baptême du dauphin (Louis XIII) à Fontainebleau, et, en 1610, il mena le corps de Henri IV à Saint-Denis. On a l'oraison funèbre qu'il prononça en prose oratoire, moins polie pourtant que ses vers [2]. Il survécut de peu à son bienfaiteur, et mourut

---

1. *Origines de Caen.* page 558.
2. « Donc la misérable poincte d'un vil et meschant couteau remué

dans sa ville épiscopale, le 8 juin 1611, après cinq ans à peine de prélature; il n'avait que cinquante-sept ans, suivant le *Gallia christiana*, et au plus cinquante-neuf.

Ses poésies, qui circulaient çà et là, n'avaient pas été recueillies avant 1601 ; cette édition, qui porte en tête le nom de Bertaut, ne contenait que des *Cantiques*, des *Complaintes*, des *Hymnes*, des *Discours funèbres*, enfin des pièces graves, très-peu de sonnets, point d'élégies ni de stances amoureuses. Ces dernières productions, les vraies œuvres de jeunesse, ne parurent que l'année suivante, 1602, sous le titre de *Recueil de quelques vers amoureux*, sans nom aucun, et avec un simple avertissement du *frère de l'auteur*; il y est parlé de la violence que les amis ont dû faire au poëte pour le décider à laisser imprimer par les siens ce qui aussi bien s'imprimait d'autre part sans lui : *Marie ta fille où elle se mariera*, dit le proverbe.

Ce sont ces deux recueils, accrus de quelques autres pièces, qui ont finalement composé les *OEuvres poétiques* de Bertaut, dont la dernière édition est de 1623, de l'année même de la grande et suprême édition de Ronsard. Il vient une heure où les livres meurent comme les hommes, même les livres qui ont l'air de vivre le mieux. Le mouvement d'édition et de réimpression des œuvres qui constituent l'école et la postérité de Ronsard est curieux à suivre ; cette statistique exprime une pensée. Joachim Du Bellay, le plus précoce, ne franchit pas le XVI° siècle, et ne se réimprime plus au complet à partir de 1597 ; les œuvres de Des Portes, de Du Bartas, expirent ou du moins épuisent leur feu en 1611 ; Bertaut, le dernier venu, va jusqu'en 1623, c'est-à-dire presque aussi loin que Ronsard, le plus fort et le plus vivace de la bande ; le dernier fils meurt en même temps que le père ; c'est tout ce qu'il peut faire de plus vaillant. N'admirez-vous pas comme tout cela s'échelonne par une secrète loi, comme les générations naturelles se séparent ? A suivre les dates de ces éditions complètes finales, on dirait voir des coureurs essoufflés qui perdent haleine, l'un un peu plus tôt, l'autre un peu plus tard, mais tous dans des limites posées. A ceux qui nieraient que Bertaut soit du mouve-

---

par la main d'une charongne enragée et plustot animée d'un démon que d'une âme raisonnable, etc.... » C'est le début : il est vrai que le reste va mieux.

ment de Ronsard et en ferme la marche, voilà une preuve déjà[1].

Bertaut n'a rien innové, ai-je dit ; jusqu'à présent, dans tous les détails de sa vie, dans les traits de son caractère qui en ressortent, on n'a pas vu germe de novateur en effet. Et d'abord, quand on innove, quand on réforme, on sait ce qu'on fait, quelquefois on se l'exagère. Bertaut ne paraît pas se douter qu'il fasse autre chose que suivre ses devanciers. Dans un réformateur qui réussit, il y a toujours plus qu'on n'est tenté de voir à distance, même dans un réformateur littéraire ; les réformes les plus simples coûtent énormément à obtenir. Souvent l'esprit y sert encore moins que le caractère. Malherbe, Boileau, avaient du caractère ; Racine, qui avait plus de talent à proprement parler, plus de génie que Boileau, n'aurait peut-être rien réformé. Nous avons sous les yeux un bel exemple de cette dose de qualités sobres et fortes dans M. Royer-Collard, qui restaura le spiritualisme dans la philosophie. Eh bien, Malherbe, en poésie, avait de ces qualités de fermeté, d'autorité, d'exclusion ; Bertaut, aucune[2]. Quatre ou cinq doux vers noyés dans des centaines ne suffisent pas pour tirer une langue de la décadence ; il ne faut que peu de bons vers peut-être pour remettre en voie, mais il les faut appuyés d'un perpétuel commentaire oral ; tels encore un coup, Malherbe et Boileau.

Un autre signe que Bertaut n'aurait pas du tout suppléé Malherbe et ne saurait dans l'essentiel lui être comparé, c'est qu'il s'est trouvé surtout apprécié des Scudery et de ceux qui se sont comportés en bel esprit comme si Malherbe était très-peu venu. L'oncle de madame de Motteville eût été avec Godeau, et mieux que Godeau, un fort aimable poëte de l'hôtel de Rambouillet, où se chantaient ses chansons encore sur luth et théorbe. Et n'eût-il pas très-justement fait pâmer d'aise l'hôtel de Rambouillet, le jour où étant malade, et recevant d'une dame une lettre où elle

---

1. Tout ceci est très-vrai, je le crois ; les bibliographes pourraient pourtant épiloguer sur quelques points. Je possède une édition de Des Portes à la date de 1613, mais elle n'est autre que celle de 1611. J'ai vu une édition de Du Bartas à la date de 1625, mais détestable et de pacotille, sans les commentaires. De plus, les *Psaumes* de Des Portes, nés plus tard, survécurent par exception à ses *premières Poésies* et eurent encore une édition de luxe, avec musique, en 1624.

2. Faire de Bertaut un Malherbe en poésie, c'est un peu comme si en philosophie l'on faisait de M. de Gérando un Royer-Collard. Je cherche à éclaircir, à ennoblir mon sujet par d'illustres comparaisons.

lui disait de ne pas trop lire et que son mal venait de l'étude, il lui répondait :

> Incrédule beauté, votre seule ignorance,
> Non une si louable et noble intempérance,
> Par faute de secours me conduit au trépas;
> Ou bien si la douleur qui m'abat sans remède
> Procède de trop lire, hélas! elle procède
> De lire en vos beaux yeux que vous ne m'aimez pas.

L'opinion des contemporains, bien prise, guide plus que tout pour avoir la vraie clef d'un homme, d'un talent, pour ne pas la forger après coup. Or, sous forme de critique ou d'éloge, ils semblent unanimes sur Bertaut, *sens rassis*, bel esprit *sage, honnête* homme et *retenu* : « M. Bertaut, évêque de Séez, et moi, dit Du Perron, fîmes des vers sur la prise de Laon; les siens furent trouvés ingénieux; les miens avoient *un peu plus de nerf, un peu plus de vigueur*. Il étoit fort *poli*[1]. »

Mais l'opinion de Malherbe doit nous être plus piquante; on lit dans sa Vie par Racan : « Il n'estimoit aucun des anciens poëtes françois *qu'un peu Bertaut :* encore disoit-il que ses stances étoient *nichil-au-dos*, et que, pour mettre une pointe à la fin, il faisoit les trois premiers vers insupportables. » Ce *nichil-au-dos* s'explique par un passage de l'*Apologie pour Hérodote* d'Henri Estienne : on appelait de la sorte un pourpoint dont le devant avait environ deux doigts de velours et rien sur le dos, *nihil* ou *nichil-au-dos;* et ce mot s'appliquait de là à toutes les choses qui ont plus de montre que d'intérieur. Le caustique Malherbe trouvait ainsi à la journée de ces bons mots redoutables, et qui emportaient la pièce : c'est un rude accroc qu'il a fait en passant aux *deux doigts de velours* du bon Bertaut[2].

1. Et dans les Mémoires de L'Estoile, à la date de mars 1607 : « Le « vendredi 2, L'Angelier m'a vendu six sols le *Panarète* de Bertaut sur le « baptême de M. le Dauphin, imprimé nouvellement par lui in-8°, qui « est un poëme de quinze cents vers et plus, dont on fait cas. et non « sans cause, mais toutefois *trop triste et mélancolique pour le sujet.* » On le voit, les nuances seules d'expression diffèrent.
2. Si Malherbe, en causant, aimait ces sortes de mots crus et de souche vulgaire, je trouve en revanche, dans une lettre de Mosant de Brieux, son compatriote, lequel (par parenthèse) jugeait aussi Bertaut assez sévèrement, la petite particularité suivante, que le prochain Dictionnaire de l'Académie ne devra pas oublier, et qui peut servir de correctif agréable : « Entr'autres mots, Malherbe en avoit fait un, qui étoit ses plus chères amours, qu'il avoit perpétuellement en la bouche, ainsi que M. de Grente-

Ce qu'en retour Bertaut pensait de Malherbe, je l'ignore ; mais il a dû éprouver à son endroit quelque chose de pareil à ce que Segrais éprouvait pour Boileau, tout ménagé par lui qu'il était. Il devait sentir, même sous la caresse, que l'accroc n'était pas loin.

Malherbe n'a lâché qu'un mot sur Bertaut, et à demi indulgent si l'on veut, tandis qu'il a biffé de sa main tout Ronsard, et qu'il a commenté injurieusement en marge tout Des Portes. Tout cela est proportionné au rôle et à l'importance. Plus on se sent sévère contre Ronsard, plus on doit se trouver indulgent pour Bertaut, qui est un affaiblissement, et qui, à ce titre, peut sembler faire une sorte de fausse transition à une autre école.

Je dis fausse transition, et d'école à école, même en littérature, je n'en sais guère de vraie. Le moment venu, on ne succède avec efficacité qu'en brisant. Bertaut ne faisait que tirer et prolonger l'étoffe de Des Portes ; il n'en pouvait rien sortir. Malherbe commença par *découdre*, et trop rudement : c'était pourtant le seul moyen.

Que si de ces preuves, pour ainsi dire extérieures et environnantes, nous allions au fond et prenions corps à corps le style de Bertaut, il nous serait trop aisé, et trop insipide aussi, d'y démontrer l'absence continue de fermeté, d'imagination naturelle, de forme, le prosaïsme fondamental, aiguisé pourtant çà et là de pointes ou traversé de sensibilité, et habituellement voilé d'une certaine molle et lente harmonie. Mais, mon rôle et mon jeu n'étant pas le moins du monde de déprécier Bertaut, et tout au contraire tenant à le faire valoir comme aimable dans les limites du vrai, je ne le combattrai qu'en choisissant chez ses autres devanciers des preuves de l'énergie, de la touche vraiment poétique ou de la forme de composition qu'il n'avait pas, qu'il n'avait plus, et j'en viendrai ensuite à ses propres qualités et nuances.

Ronsard, le maître, avait le premier en France retrouvé les

---

mesnil me l'a dit, et qui, en effet, est doux à l'oreille et ne se présente pas mal ; ce fils de sa dilection, ce favori, c'est le mot de *fleuraison*, par lequel il vouloit qu'on désignât le temps qu'on voit fleurir les arbres, de même que, par celui de moisson, l'on désigne le temps qu'on voit mûrir les blés. » (A la suite des poésies latines de Mosant de Brieux, édition de 1669.) On ne s'attendait guère sans doute à trouver Malherbe si printanier, si habituellement en *fleuraison* ; mais le mot *gracieux* n'a-t-il pas eu pour champion le plus déclaré Ménage ?

muses égarées; il a dans son *Bocage royal* de bien beaux vers
enfouis et qui n'ont jamais été cités : ils expriment ce sentiment de grandeur et de haute visée qui fait son caractère.
Le poëte feint qu'il rencontre une troupe errante, sans foyer,
avec des marques pourtant de race royale et généreuse; c'est
la *neuvaine* des doctes pucelles. Il leur demande quel est leur
pays, leur nom; la plus habile de la troupe répond au nom de
toutes :

### MUSES.

> . . . . . . . . Si tu as jamais veu
> Ce Dieu qui de son char tout rayonnant de feu
> Brise l'air en grondant, tu as veu nostre père:
> Grèce est nostre pays, Mémoire est nostre mère.
>
> Au temps que les mortels craignoient les Déités,
> Ils bastirent pour nous et temples et cités;
> Montagnes et rochers et fontaines et prées
> Et grottes et forests nous furent consacrées.
> Nostre mestier estoit d'honorer les grands rois,
> De rendre vénérable et le peuple et les lois,
> Faire que la vertu du monde fust aimée,
> Et forcer le trespas par longue renommée;
> D'une flamme divine allumer les esprits,
> Avoir d'un cœur hautain le vulgaire à mespris,
> Ne priser que l'honneur et la gloire cherchée,
> Et tousjours dans le Ciel avoir l'ame attachée [1].

Quelle plus haute idée des Muses! Ce sont bien celles-là qu'a
courtisées Ronsard. Marot et les Gaulois d'auparavant s'en seraient gaussés, comme on dit.

Bertaut, esprit noble et sérieux, sentait cette poésie, mais
il n'y atteignait pas. Dans des stances de jeunesse, à son moment le plus vif, s'enhardissant à aimer, il s'écrie :

> Arrière ces désirs rampans dessus la terre!
> J'aime mieux en soucis et pensers élevés
> Être un aigle abattu d'un grand coup de tonnerre,
> Qu'un cygne vieillissant ès jardins cultivés.

Cet *aigle abattu d'un grand coup de tonnerre*, ce fut Ronsard.
Lui, il ne fut que le *cygne vieillissant* dans le jardin aligné,
près du bassin paisible.

1. *Dialogue entre les Muses deslogées et Ronsard.*

Des Portes lui-même, dans le gracieux et dans le tendre, a bien autrement de vivacité, de saillie, de prestesse : Bertaut, je le maintiens, n'est que son second. La vie seule de Des Portes, ses courses d'Italie et de Pologne, ses dissipations de jeunesse, ses erreurs de la Ligue, ses bons mots nombreux et transmis, ses bonnes fortunes voisines des rois [1], accuseraient une nature de poëte plus forte, plus active. Mais, en m'en tenant aux œuvres de l'abbé de Tiron, le brillant et le nerf m'y frappent. Par exemple, il décoche à ravir le sonnet, cette *flèche d'or*, que Bertaut ne manie plus qu'à peine, rarement, et dont l'arc toujours se détend sous sa main. Bertaut, jeune, amoureux, ne s'élève guère au-dessus de la stance de quatre vers alexandrins, laquelle plus tard, lorsqu'il devient abbé et prélat, s'allonge jusqu'à six longs vers cérémoniellement. On a dit que Des Portes est moins bon que Bertaut dans ses psaumes. Mais on me permettra de compter pour peu dans l'appréciation directe des talents ces éternelles traductions de psaumes, œuvres de poëtes vieillissants et repentants. Une fois arrivés sur le retour, devenus abbés ou évêques, très-considérés, ces tendres poëtes amoureux ne savaient véritablement que faire : *Plus d'amour, partant plus de joie*, se seraient-ils écriés, s'ils avaient osé, avec La Fontaine [2] ; et encore ils auraient dit volontiers comme dans la ballade :

> A qui mettoit tout dans l'amour,
> Quand l'amour lui-même décline,
> Il est une lente ruine,
> Un deuil amer et sans retour.
> L'automne traînant s'achemine ;
> Chaque hiver s'allonge d'un tour ;
> En vain le printemps s'illumine :
> Sa lumière n'est plus divine
> A qui mettoit tout dans l'amour !

---

1. *Tallemant des Réaux*, tome 1er ; et aussi *Teissier* dans ses *Éloges tirés de M. de Thou*, tome IV.
2. Ou avec l'antique Mimnerme en cette mélancolique élégie : « Le « fruit de la jeunesse ne dure qu'un moment, le temps qu'un soleil se « disperse sur la terre ; et, sitôt qu'est passée cette fin de saison, mieux « vaut à l'instant mourir que survivre. »

   Sans les dons de Vénus quelle serait la vie ?

a dit Chénier également, d'après Mimnerme et Simonide.

> En vain la beauté sur sa tour,
> Où fleurit en bas l'aubépine,
> Monte dans l'aurore et fascine
> Le regard qui rôde à l'entour.
> En vain sur l'écume marine
> De jour encor sourit Cyprine :
> Ah! quand ce n'est plus que de jour,
> Sa grace elle-même est chagrine
> A qui mettoit tout dans l'amour!

Et puis Bertaut, dans ce genre non original des paraphrases, a tout simplement sur Des Portes cet avantage d'être plus jeune en style et d'écrire une langue qui est déjà plus la nôtre. L'onction réelle qu'il y développe paraît mieux [1].

Dans ses poésies du bon temps, Des Portes a plusieurs petits chefs-d'œuvre complets (ce qui est essentiel chez tout poëte), de ces petites pièces, chansons ou épigrammes, à l'italienne et à la grecque, comme Malherbe les méprisait, et comme nous les aimons [2]. Je ne sais pas une seule pièce complète et composée à citer chez Bertaut, seulement çà et là des couplets. La plus célèbre chanson de Des Portes est, avec *Rozette*, sa jolie boutade *contre une nuit trop claire*; tout le monde durant près d'un siècle la chantait. Ce n'est qu'une imitation de l'Arioste, dit Tallemant, mais en tout cas bien prise, bien coupée, et mariée à point aux malices gauloises. L'amant en veut à la lune qui l'empêche d'entrer chez sa maîtresse, comme Béranger en veut au printemps qui ramène le voile de feuillage devant la fenêtre d'en face, comme Roméo sur le balcon en veut à l'a-louette qui ramène l'aurore. Il y a là un *motif* plein de gentillesse et de contraste :

> O nuict, jalouse nuict contre moy conjurée,
> Qui renflammes le ciel de nouvelle clairté,
> T'ay-je donc aujourd'huy tant de fois desirée,
> Pour estre si contraire à ma félicité !

---

1. Je dis l'onction réelle, il faut la reconnaitre en effet dans plusieurs strophes, notamment dans celles de sa paraphrase du Psaume premier :

> Cet homme-là ressemble à ces belles olives,
> Qui du fameux Jourdain bordent les vertes rives, etc., etc.

2. Il en a même à la gauloise, à la Mellin de Saint-Gelais : témoin l'épigramme *sur une Philis trop chère* (*Délices de la poésie françoise*, de Rosset, tome I). Elle pourrait être du neveu Régnier aussi bien que de l'oncle.

Pauvre moy, je pensoy qu'à ta brune rencontre
Les cieux d'un noir bandeau deussent estre voilez ;
Mais, comme un jour d'esté, claire, tu fais ta monstre,
Semant parmy le ciel mille feux estoilez.

Et toy, sœur d'Apollon, vagabonde courrière,
Qui, pour me descouvrir, flammes si clairement,
Allumes-tu la nuict d'aussi grande lumière,
Quand sans bruit tu descens pour baiser ton amant ?

Hélas ! s'il te souvient, amoureuse Déesse,
Et si quelque douceur se cueille en le baisant,
Maintenant que je sors pour baiser ma maîtresse,
Que l'argent de ton front ne soit pas si luisant !

Ah ! la fable a menty, les amoureuses flammes
N'eschaufférent jamais ta froide humidité :
Mais Pan, qui te conneut du naturel des femmes,
T'offrant une toison, vainquit ta chasteté [1].

Si tu avois aimé, comme on nous fait entendre,
Les beaux yeux d'un berger de long sommeil touchez,
Durant tes chauds désirs tu aurois peu apprendre
Que les larcins d'Amour veulent être cachez.

Mais flambloye à ton gré ; que ta corne argentée
Fasse de plus en plus ses rais estinceler :
Tu as beau descouvrir ta lumière empruntée,
Mes amoureux secrets ne pourras déceler.

Que de fascheuses gens ! mon Dieu ! quelle coustume
De demeurer si tard en la rue à causer !
Ostez-vous du serein ; craignez-vous point la reume ?
La nuict s'en va passée, allez vous reposer.

Je vay, je vien, je fuy, j'écoute et me promeine,
Tournant toujours mes yeux vers le lieu désiré.
Mais je n'avance rien ; toute la rue est pleine
De jaloux importuns dont je suis esclairé.

Je voudrois estre Roy, pour faire une ordonnance
Que chacun deust la nuict au logis se tenir ;
Sans plus les amoureux auroient toute licence :
Si quelque autre failloit, je le feroy punir.

. . . . . . . . . . . . .

[1]   Munere sic niveo lanæ (si credere dignum est)
   Pan, deus Arcadiæ, captam te, Luna, fefellit,
   In nemora alta vocans : nec tu aspernata vocantem.
                            (VIRGILE, *Géorgiq.*, III.)

> Je ne crains pas pour moy : j'ouvrirois une armée,
> Pour entrer au séjour qui recelle mon bien ;
> Mais je crains que ma Dame en peust estre blasmée ;
> Son repos mille fois m'est plus cher que le mien...

Et le va-et-vient continue; le poëte pousse le guignon jusqu'au bout ; j'abrége. Je ne relèverai de cette jolie pièce que ce vers, selon moi délicieux,

> Les beaux yeux d'un berger de long sommeil touchez.

Comment mieux peindre d'une seule touche courante la beauté, la mollesse et la fleur amoureuse d'un Endymion couché? Voilà un vers essentiellement poétique ; le tissu du style poétique se compose à chaque instant de traits pareils. Ce qui constitue le vraiment beau vers, c'est un mélange, un assemblage facile et comme sacré de sons et de mots qui peignent harmonieusement leur objet, une tempête, un ombrage flottant, la douceur du sommeil, le vent qui enfle la voile, un cri de nature. Homère en est plein, de ces vers tout d'une venue, et qui rendent directement la nature ; il les verse à flots, comme d'une source perpétuelle. En français, hélas ! qu'il y en a peu ! On les compte. Ronsard les introduisit ; André Chénier et les modernes avec honneur les ont ravivés. Hors de là, j'ose le dire, et dans l'intervalle, si l'on excepte La Fontaine et Molière, il y en a bien peu, comme je l'entends; le bel esprit et la prose reviennent partout.

Bertaut n'en a déjà plus de ces vers tout de poétique trame et de vraie peinture; il n'a que bel esprit, raisonnement, déduction subtile : heureux quand il se rachète par du sentiment !

Tout cela dit, et ayant indiqué préférablement par d'autres ce qu'il ne possède pas lui-même, venons-en à ses beautés et mérites propres. Il a de la tendresse dans le bel esprit. L'espèce de petit roman qu'il déroule en ses stances, élégies et chansons, ne parle pas aux yeux, il est vrai, et n'offre ni cadre, ni tableau qui se fixe; mais on en garde dans l'oreille plus d'un écho mélodieux :

> Devant que de te voir, j'aimois le changement,
> Courant les mers d'Amour de rivage en rivage,
> Désireux de me perdre, et cherchant seulement
> Un roc qui me semblât digne de mon naufrage.

On en détacherait des vers assez fréquents qui serviraient de galantes devises :

> Esclave de ces mains dont la beauté me prit...
> Le sort n'a point d'empire à l'endroit de ma foi...
> Si c'est péché qu'aimer, c'est malheur qu'être belle...
> J'ai beaucoup de douleur, mais j'ai bien plus d'amour...
> Ou si je suis forcé, je le suis comme Hélène,
> Mon destin est suivi de mon consentement...

Et ceux-ci encore, sur un embrassement de sa dame à un départ :

> Si le premier baiser fut donné par coutume,
> Le second, pour le moins, fut donné par amour.

Cette espèce de douceur et de sensibilité dans le bel esprit n'est pas rare. Racine l'eut d'abord ; ses stances *à Parthénisse* (qu'on les relise) semblent dériver de l'école directe de Bertaut. L'un finissait presque du ton dont l'autre recommence [1].

Mais une qualité que je crois surtout propre à notre auteur, c'est une certaine note plaintive dans laquelle l'amour et la religion se rejoignent et peuvent trouver tour à tour leur vague expression touchante. Je cite, en les abrégeant comme il convient, les quelques couplets, dont le dernier fait sa gloire :

> Les Cieux inexorables
> Me sont si rigoureux,
> Que les plus misérables,
> Se comparans à moy, se trouveroient heureux.

---

[1]. Voiture lui-même a des éclairs de sensibilité dans le brillant. Un très-bon juge en si délicate matière, M. Guttinguer, a fait ce sonnet, qui vaut mieux qu'un commentaire critique, et qui complète en un point le nôtre :

A UNE DAME<br>
EN RENVOYANT LES ŒUVRES DE VOITURE.

> Voici votre Voiture et son galant Permesse ;
> Quoique guindé parfois, il est noble toujours.
> On voit tant de mauvais naturel de nos jours,
> Que ce brillant monté m'a plu, je le confesse.
>
> On voit (c'est un beau tort) que le commun le blesse
> Et qu'il veut une langue à part pour ses amours ;
> Qu'il croit les honorer par d'étranges discours ;
> C'est là de ces défauts où le cœur s'intéresse.
>
> C'était le vrai pour lui que ce faux tant blâmé ;
> Je sens que volontiers, femme, je l'eusse aimé.
> Il a d'ailleurs des vers pleins d'un tendre génie ;
>
> Tel celui-ci, charmant, qui jaillit de son cœur :
> « *Il faut finir mes jours en l'amour d'Uranie.* »
> Saurez-vous comme moi comprendre sa douceur ?

Mon lict est de mes larmes
Trempé toutes les nuicts;
Et ne peuvent ses charmes,
Lors mesme que je dors, endormir mes ennuys.

Si je fay quelque songe,
J'en suis espouvanté;
Car mesme son mensonge
Exprime de mes maux la triste vérité

La pitié, la justice,
La constance et la foy,
Cédant à l'artifice,
Dedans les cœurs humains sont esteintes pour moy.

En un cruel orage
On me laisse périr,
Et courant au naufrage,
Je voy chacun me plaindre et nul me secourir.

Félicité passée
Qui ne peux revenir,
Tourment de ma pensée,
Que n'ay-je, en te perdant, perdu le souvenir !

De ces couplets, le dernier surtout (fortune singulière!) a survécu durant deux siècles; nos mères le savent encore et l'ont chanté. Léonard et La Harpe à l'envi l'avaient rajeuni en romance. Fontenelle a remarqué que les solitaires de Port-Royal le trouvèrent si beau qu'ils le voulurent consacrer en le citant. Dans le commentaire de Job en effet (chap. xvii), à ce verset : *Dies mei transierunt, cogitationes meæ dissipatæ sunt torquentes cor meum*, on pourroit, peut-être pour expliquer cet endroit, dit M. de Saci, qui aimait les vers, bien qu'il eût rimé les *Racines grecques*, on pourroit se servir ici de ces petits vers qui en renferment le sens *: Félicité passée...* » Madame Guyon, dans ses *Lettres spirituelles* (la XXX°), s'est plu également à appliquer ce même couplet à l'amour de Dieu, dont elle croit voir qu'il n'y a plus trace autour d'elle. Les dévots tant soit peu tendres ont de la sorte adopté et répété, sans en trop presser le sens, ce refrain mélancolique, que les cœurs sensibles pourraient passer la moitié de leur vie à redire, après avoir passé la première moitié à goûter ces autres vers non moins délectables du même Bertaut :

Et constamment aimer une rare beauté
C'est la plus douce erreur des vanités du monde,

Le bon évêque a ainsi rencontré la double expression charmante de l'amour durable et de l'éternel regret. Il a dit quelque part encore en une complainte :

> Mes plaisirs s'en sont envolez,
> Cédans au malheur qui m'outrage,
> Mes beaux jours se sont escoulez
> Comme l'eau qu'enfante un orage,
> Et s'escoulans ne m'ont laissé
> Rien que le regret du passé.

Bertaut, tout nous le prouve, était une de ces natures dont la vivacité dure très-peu et n'atteint pas, et qui commencent de très-bonne heure à regretter. Mais dans ces langueurs continuelles, sous cette mélancolie monotone, il est impossible de méconnaître un certain progrès d'élégance, un certain accent *racinien, lamartinien,* comme on voudra l'appeler. *Félicité passée* semble d'avance une note d'*Esther*[1].

On a fort loué la pièce de vers *sur la mort de Caleryme*; sous ce nom, le poëte évoque et fait parler Gabrielle d'Estrées ; il suppose que, six jours après sa mort, cette *Caleryme* apparaît en songe à son amant, le royal *Anaxandre*, et qu'elle lui donne d'excellents, de chastes conseils, entre autres celui de ne plus s'engager à aucune maîtresse et d'être fidèle à l'épouse que les dieux lui ont destinée. L'idée, on le voit, est pure et le conseil délicat. Dans cet ingénieux plaidoyer, Gabrielle devient une espèce de La Vallière ; le prochain aumônier de Marie de Médicis, et qui l'était probablement déjà lorsqu'il recourait à cette évocation, se sert, à bon droit ici, de son talent élégiaque comme d'un pieux moyen. Mais le premier Bourbon se laissa moins persuader aux mânes après coup sanctifiés de sa chère maîtresse que son dernier successeur, qu'on a vu jusqu'au bout demeurer fidèle au souvenir de mort de madame de Polastron. Quant à la pièce même de Bertaut, elle eut sans doute de l'élégance pour son temps ; je ne saurais toutefois, dans l'exé-

---

1. Ce qui ne veut pas dire le moins du monde (ceci une dernière fois pour réserve) que Racine soit de la postérité *littéraire* de Bertaut, que Bertaut ait trouvé, ait deviné d'avance la *manière*, le *faire* du maître. Je ne parle plus du Racine des stances à Parthénisse, mais du Racine véritable, de celui d'après Boileau. Ils eurent certains traits en commun dans leur sensibilité, voilà tout. Si Bertaut fit un reste d'école, c'est du côté direct de l'hôtel Rambouillet. Racine, en un ou deux hasards, lui ressemble un peu : mais madame de La Suze, dans le *tous les jours* de ses élégies, lui ressemble encore plus.

cution, la distinguer expressément des styles poétiques contemporains de D'Urfé et de Du Perron. J'aime bien mieux, pour faire entier honneur au poëte, rapporter les vers les plus soutenus qu'il ait certainement composés, une image naturelle et rare, développée dans une heureuse plénitude. C'est tiré d'une élégie où il exprime ses ennuis quand il perd de vue sa dame, et où il se plaint de leurs tourments inégaux dans l'absence :

> Mais las ! pourquoy faut-il que les arbres sauvages
> Qui vestent les costeaux ou bordent les rivages,
> Qui n'ont veines ni sang qu'Amour puisse allumer,
> Observent mieux que nous les loix de bien aimer?

> On dit qu'en Idumée, ès confins de Syrie,
> Où bien souvent la palme au palmier se marie,
> Il semble, à regarder ces arbres bienheureux,
> Qu'ils vivent animez d'un esprit amoureux ;
> Car le masle, courbé vers sa chère femelle,
> Monstre de ressentir le bien d'estre auprès d'elle :
> Elle fait le semblable, et pour s'entr'embrasser
> On les voit leurs rameaux l'un vers l'autre avancer.
> De ces embrassements leurs branches reverdissent,
> Le ciel y prend plaisir, les astres les bénissent,
> Et l'haleine des vents soupirans à l'entour
> Loue en son doux murmure une si sainte amour.
> Que si l'impiété de quelque main barbare
> Par le tranchant du fer ce beau couple sépare,
> Ou transplante autre part leurs tiges désolez,
> Les rendant pour jamais l'un de l'autre exilez;
> Jaunissans de l'ennuy que chacun d'eux endure,
> Ils font mourir le teint de leur belle verdure,
> Ont en haine la vie, et pour leur aliment
> N'attirent plus l'humeur du terrestre élément.

> Si vous m'aimiez, hélas ! autant que je vous aime,
> Quand nous serions absens, nous en ferions de mesme;
> Et chacun de nous deux regrettant sa moitié,
> Nous serions surnommez les palmes d'amitié [1].

---

[1]. « Cette comparaison, dit M. H. Martin en son mémoire, avait déjà été exprimée avec une heureuse simplicité dans le *Laï du Chevrefoil*, par Marie de France, poëte français du XIII° siècle. Elle a été développée avec une admirable poésie dans l'élégie de Gœthe intitulée *Amyntas*. » Je la retrouve toute pareille dans l'idillie 76° (livre I) de Vauquelin de La Fresnaie, contemporain de Bertaut. Pontanus, au livre I°° de ses *Eridaniennes*, a fait aussi une jolie élégie latine sur l'amour de deux palmiers. La source première de tout cela est dans Pline et dans Théophraste. Ces

Nous tenons la plus belle page, et même la seule vraiment belle page de Bertaut. Ailleurs il n'a que des odes éparses; ici il prend de l'haleine; la force de la sensibilité a fait miracle et l'a ramené à la poésie continue de l'expression :

> Loue en son doux murmure une si sainte amour.

On croit entendre le bruit des palmiers. Théocrite, en son charmant dialogue entre Daphnis et une bergère, a un vers où se joue, un peu moins saintement, une image semblable. — J'entends du bruit; où fuir? s'ecrie la bergère. — Et Daphnis répond :

> C'est le bruit des cyprès qui parlent d'hyménée [1].

divers passages des anciens sur les amours des palmiers ont été ramassés par Niclas dans son édition des *Géoponiques*, livre X, chapitre 4 (Leipsick, 1781).
1. Ainsi l'a traduit Le Brun. André Chénier a dit :

> C'est ce bois qui de joie et s'agite et murmure.

Le vers grec a bien plus de légèreté, de *liquides*, et celui de Bertaut en douceur le rendrait mieux. Je trouve encore, dans des vers de notre ami Fontaney, une image toute pareille sur les arbres *aux murmures parlans*. C'est au milieu d'une pièce que, comme souvenir, je prendrai la liberté de citer au long. Elle s'adresse à un objet qui n'était pas celui de la passion finale dans laquelle nous l'avons vu mourir.

> Quand votre père octogénaire
> Apprend que vous viendrez visiter le manoir,
> Ce front tout blanchi qu'on vénère
> De plaisir a rougi, comme d'un jeune espoir.
>
> Ses yeux, où pâlit la lumière,
> Ont ressaisi le jour dans un éclair vermeil,
> Et d'une larme à sa paupière
> L'étincelle allumée a doublé le soleil.
>
> Il vous attend : triomphe et joie !
> Des rameaux sous vos pas! chaque marbre a sa fleur.
> Le parvis luit, le toit flamboie,
> Et rien ne dit assez la fête de son cœur.
>
> Moi qui suis sans flambeaux de fête ;
> Moi qui n'ai point de fleurs, qui n'ai point de manoir,
> Et qui du seuil jusques au faîte
> N'ornerai jamais rien pour vous y recevoir;
>
> Qui n'ai point d'arbres pour leur dire
> Ce qu'il faut agiter dans leurs tremblants sommets,
> Ce qu'il faut taire ou qu'il faut bruire ;
> Chez qui, même en passant, vous ne viendrez jamais ;
>
> Dans mon néant, ô ma Princesse,
> Oh! du moins j'ai mon cœur, la plus haute des tours
> Votre idée y hante sans cesse ;
> Vous entrez, vous restez, vous y montez toujours.
>
> Là, dans l'étroit et sûr espace,
> Vous monterez sans fin par l'infini degré ;
> Amie, et si vous êtes lasse,
> Plus haut, montant toujours, je vous y porterai!

Ayant atteint ce sommet des *deux palmiers*, cette couronne subsistante de Bertaut, je ne saurais qu'affaiblir en continuant. Je crois n'avoir rien omis de lui qui puisse donner du regret. Il n'y aurait pas, après le naufrage des temps, de quoi former de ses débris un volume, si mince qu'il fût; c'est assez du moins qu'on y trouve de quoi orner un éloge et rattacher avec honneur son nom dans la mémoire des hommes. A cette fin, deux ou trois clous d'or suffisent. J'ai quelquefois admiré, et peut-être en me l'exagérant, la différence de destin entre les critiques et les poëtes, j'entends ceux qui ont été vraiment poëtes et rien que cela. Des critiques, me disais-je, on ne se rappelle guère après leur mort que les fautes ; elles se rattachent plus fixement à leur nom, tandis que la partie vraie, c'est-à-dire qui a triomphé, se perd dans son succès même. Qui donc parle aujourd'hui de La Harpe, de Marmontel, que pour les tancer d'abord, pour les prendre en faute, ces hommes qui avaient pourtant un sentiment littéraire si vif, et qui savaient tout ce qu'on exigeait de leur temps? Ainsi avons-nous fait nous-même en commençant, ainsi à notre tour on nous fera. De simples poëtes, au contraire, quand tout est refroidi, on se rappelle à distance et l'on retient plutôt les beautés.

L'histoire littéraire, quand on l'a prise surtout en vue du goût, en vue de la critique active du moment, est vite renouvelée. Il en est d'elle comme d'un fonds commun, elle appartient à tous et n'est à personne ; ou du moins les héritiers s'y pressent. Le procès à peine vidé recommence. Aussi, les jours de printemps et de rêve, on payerait plus cher un buisson, un coin de poésie, une stance à Bertaut, où l'on se croirait roi (roi d'Yvetot), que ces étendues littéraires contestées, d'où le dernier venu vous chasse.

Mai 1841.

# DU BARTAS

La fin du xvi⁰ siècle est en littérature, comme en plusieurs autres choses, un moment décisif et curieux à étudier de près. En poésie, c'est comme un défilé et un détroit que plus d'un nom et d'une gloire ont peine à franchir. Une flottille de poëtes arrivait et se pressait à pleines voiles du côté de l'entrée; mais, à la sortie, le seul Malherbe tient haut son pavillon et a sauvé sa nef toute neuve. Des autres, il ne reste guère que des corps désemparés ou des débris.

A quel endroit du détroit, sur quel rocher, chacun a-t-il eu son temps d'arrêt ou son naufrage? Quelle est la position respective et précise des divers points que signalent ces noms de Bertaut, Des Portes, Régnier, d'Aubigné, Du Bartas? C'est une sorte de géographie assez délicate à relever; à moins d'extrême attention, on court risque de confondre. Le détroit est en effet prolongé, fort sinueux et tournant; il y a de faux aspects de perspective. Bertaut peut sembler plus voisin de Malherbe qu'il ne l'est réellement. Du Bartas se peut rapprocher de la suite de Ronsard plus qu'il ne conviendrait.

Je parlerai aujourd'hui de Du Bartas. Il ne m'a jamais paru un bon poëte, et je ne viens pas lui faire réparation à ce titre. Il ne faudrait pas croire, en vertu de l'impartialité et de l'intelligence historique appliquées à la littérature, que la poésie est quelque chose de relatif, que ce qui a été véritablement bien et beau dans un temps cesse de l'être, et que, dans les réhabilitations à faire des poëtes, il n'y ait pas quelques règles fixes et toujours présentes à observer. Un poëte qui n'a atteint au beau ou au gracieux que par moments, a pu s'égarer et céder au mauvais goût de son temps dans le gros de ses œuvres;

on retrouve du moins en lui des traces brillantes de ce que son talent, mieux entouré, aurait su produire. Mais, s'il ne se découvre pas de telles traces bien nettes, bien détachées et bien distinctes chez le poëte, je commence à craindre qu'il n'eût jamais été véritablement fin et distingué. Or, Du Bartas, le père Le Moyne et Thomas me paraissent tous trois dans ce cas. L'élévation et d'assez hautes qualités ne manquent certes pas à leur veine; mais ils sont pesants et auraient de tout temps mérité de commander dans la grosse cavalerie des pégases.

Nul poëte pourtant n'a peut-être eu, de son vivant et après sa mort, plus de renom, en son pays et à l'étranger, que Du Bartas. Il a été le chantre et le représentant d'un grand mouvement des esprits à la date où il est venu. Il s'agit de bien établir et d'expliquer son importance.

Guillaume de Saluste, seigneur Du Bartas, d'une famille noble, fils d'un trésorier de France, naquit vers 1544, non pas tout à fait au Bartas, mais, comme Goujet l'a montré, à quelques lieues de là, en la petite ville de Montfort, non loin d'Auch, au cœur de la Gascogne. Rien d'étonnant si ses phrases sentirent toujours un peu ce que lui-même appelle son *naturel ramage*. Ses premières années se passèrent dans les lieux de sa naissance et furent employées à l'étude, aux lettres, à la poésie. Il composa des vers presque au sortir de l'enfance. Son premier recueil, intitulé *la Muse chrétienne*, parut à Bordeaux en 1574; dans une édition de 1579, que j'ai sous les yeux [1], on lit en tête une dédicace à Madame Marguerite, reine de Navarre, qu'il s'est donnée, dit-il, pour *marraine*; choix très-naturel de la part d'un sujet, mais qui ne laisse pas d'être piquant chez un poëte si religieux : on croirait, s'il était malin, qu'il fait une épigramme. Le poëme de *Judith*, ajoute-t-il, lui fut commandé, il y a environ quatorze ans, par la feue reine Jeanne, et il prend à témoin plusieurs gens d'honneur qui lui ont entendu réciter de ces vers il y a plus de douze ans. Tout ceci tend à nous le représenter en pleine verve dès 1565, et il déclare d'ailleurs, dans sa pièce d'*Uranie*, que l'amour du docte laurier n'attendit pas en lui *l'avril de son âge*.

Le caractère propre de sa vocation ne fut pas douteux un instant : Du Bartas, du premier jour, se posa comme un poëte religieux. Ronsard et son école toute païenne régnaient alors.

---

[1]. Paris, chez Gabriel Buon, in-4°.

Notre nouveau venu, au moins par le fond de l'inspiration, s'en détache : il évoque *Uranie*, la muse des célestes et graves accords; elle lui apparaît et l'endoctrine. Au moment où Des Portes (1755) efféminelalyre et où toutes les jeunes voix répètent ses chansons, Du Bartas renfle l'accent et proteste contre les mignardises. C'est à la Bible qu'il se prend, c'est aux sujets sacrés qu'il demande une moralité élevée et salutaire. Il mérita en effet cet éloge qu'on lui décerna depuis dans une épitaphe latine : « *Qui Musas ereptas profanæ lasciviæ sacris montibus reddidit; sacris fontibus aspersit; sacris cantibus intonuit.* Il fut le premier qui, délivrant les Muses de ces profanes folâtreries dont elles étaient comme perdues, les rendit à leurs saintes montagnes, les replongea en leurs saintes fontaines, et ne leur fit ouïr que de pures et divines chansons. »

Par malheur, les vers ne répondent pas tout à fait à l'intention. Les stances de son *Uranie* manquent tout d'abord à la loi de l'entrelacement des rimes féminines et masculines. On y sent je ne sais quoi d'incorrect et d'*arriéré* en rudesse, si on la compare aux jolis couplets de la même date qui se modulaient à la cour des Valois. Nous sommes à Nérac, à Montfort en Armagnac. La *Judith* est une narration assez soutenue, en six chants, et où se remue par accès un certain souffle héroïque, sans aucun idéal pourtant. Du Bartas gagna beaucoup avec les années; mais, en obtenant le mérite, il n'aura jamais la grâce, — la grâce, ce don qui est comme l'amour, qui vient on ne sait pourquoi, qui se pose où il lui plaît, qui va combler le libertin ou le volage, et qui fuit l'honnête et le laborieux dont l'effort constant le pourchasse. C'est une capricieuse et une femme que la muse.

*La Semaine ou Création du Monde*, qui répandit avec éclat la renommée de Du Bartas, parut en 1579[1] ou plutôt en 1578. Les guerres de religion s'étaient ranimées, mais avec intermittences, de 1576 à 1580. Henri de Navarre, se dérobant de la cour de France où on le gardait presque à vue, avait regagné sa Gascogne et convié aux armes ses fidèles serviteurs. Du Bartas

---

[1]. A Paris, chez Jean Février, in-4°. Le privilège du roi est de février 1578, ce qui semble indiquer que c'est bien réellement dans le courant de l'année que le livre parut. Colletet, dans sa Vie manuscrite de Du Bartas (bibliothèque du Louvre), donne cette date inexactement, et Goujet l'étude. Je ne le fais remarquer que pour demander grâce moi-même de tant de petites inadvertances en pareille matière, où il a pu m'arriver de tomber.

fut un de ceux-là. Lui qui, plus jeune, en 1574, se vantait par un sonnet de ne suivre le barreau ni le train guerrier, et de passer oisivement sa vie en son manoir de Bartas, il avait dû à son tour endosser la cuirasse et ceindre le baudrier. On le voit, dans une préface de 1579, se plaindre de sa destinée et de la calamité de son siècle, qui l'ont appelé à une autre profession que celle des lettres. Calviniste comme D'Aubigné, mais moins satirique et moins amer, il se contenta, sans se prendre aux personnes, de travailler et de faire valoir un fonds sérieux. Tandis que des abbés, bons catholiques, ne chantaient qu'amourettes et agréables lascivetés, tandis que la cour et les mignons fredonnaient sur tous les tons : *O Nuit, jalouse Nuit!* ou bien : *Rozette, pour un peu d'absence*, voilà un séculier et un soudard qui entonne là-bas le los divin, et qui se fait, en vers sonores, prédicateur des choses saintes. De nos jours, nous avons vu M. de Lamartine se trouver au début le poëte de ce qu'on appelait la réaction catholique et religieuse, comme Béranger était celui de l'opinion frondeuse et libérale. Eh bien, talent à part, le succès de *la Semaine* de Du Bartas s'explique de même : il se trouva par là en un instant le poëte, non pas seulement de l'opinion calviniste (il n'a rien qui sente particulièrement le sectaire), mais de l'opinion religieuse grave, de la croyance chrétienne, si fervente alors dans toute une classe de société. Son œuvre, à peine lancée, fut portée dans le grand courant. Les quatre ou cinq années de trêve dont on jouit depuis ce qu'on appelait la conférence de Fleix jusqu'à la grande guerre de la Ligue (1580-1585) firent suffisamment d'espace pour une publicité immense. On peut dire qu'indépendamment presque du mérite poétique plus ou moins distingué, *la Semaine*, venue à point, réussit par son sujet comme l'eût fait la Bible traduite en français, comme plus tard on vit réussir, même parmi les dames, le Nouveau Testament *de Mons*.

C'est à peu près le moment où D'Aubigné, forcé de garder le lit pour quelque blessure (1577) dictait les premières stances de ses *Tragiques*. Si elles avaient paru alors, Du Bartas en partie était devancé, ou du moins il y avait balance dans le même camp ; mais la publication n'en eut lieu que bien plus tard. C'était le moment encore où paraissait (coïncidence singulière!) la première édition des *Essais* de Montaigne, ce compatriote et voisin bien différent. *La Semaine* de l'un, les *Essais* de l'autre ne pouvaient se faire concurrence ; ces deux produits de Gascogne se suivirent à un an d'intervalle (1579-1580), et obtinrent, chacun à leur manière, un succès de vogue. Il y a eu de tout temps des mets à la fois pour tous les goûts.

On ne peut nier que *la Semaine* ne justifiât ce premier enthousiasme par un certain air de grandeur, par des tirades éloquentes, et aussi par la nouveauté bien réelle du genre. La poésie dévote du moyen âge était dès longtemps oubliée ; la Renaissance avait tout envahi ; les seuls protestants en étaient encore aux maigres Psaumes de Marot. Voici venir un poëte ardent et docte, qui célèbre l'œuvre de Dieu, qui raconte la sagesse de l'Éternel, et qui déroule d'après Moïse la suite et les beautés de la cosmogonie hébraïque et chrétienne. Ce que Parménide, Empédocle, Lucrèce et Ovide lui-même ont tenté chez les anciens, il l'ose à son tour, et en des détails scientifiques non moindres ; mais toute cette physique se relève d'un sentiment moral animé, d'une teinte biblique et parfois prophétique qui passe comme l'éclair à travers les éléments. J'en pourrais citer plus d'un exemple, la menace de la fin du monde dans la première journée, ou, à la fin de la quatrième, cette image vraiment belle et artistement exprimée de Josué arrêtant le soleil. Le malheur de Du Bartas est qu'il gâte cette élévation naturelle de ses pensées, cette noblesse de ses descriptions, par des traits burlesques, par des expressions déplacées et de mauvais goût (même pour son temps), dont il ne sentait pas le léger ridicule ; nous verrons des railleurs le relever. Il nous parle tout d'un coup, à propos de sa Gascogne, des *monts* ENFARINÉS *d'une neige éternelle*. Dans sa physique des éléments, au second jour, il met en jeu l'*Antipéristase* pour expliquer le duel du chaud et du froid[1]. Sa noblesse en un mot pèche tour à tour et déroge soit par le trivial, soit par le pédantesque. Au moment de la création de l'homme, quand, le monde étant formé et d'ailleurs peuplé, il ne s'agit plus que d'introduire l'hôte principal, il dit assez agréablement :

> Le sage ne conduit la personne invitée
> Dans le lieu du festin, que la salle apprêtée
> Ne brille de flambeaux, et que les plats chargés
> Sur le linge flamand ne soient presque rangés :

---

1. *Antipéristase*, en bon français, ne veut dire autre chose que *concentration*.

> Ainsi notre grand Dieu, ce grand Dieu qui sans cesse
> Tient ici cour ouverte. . . . . . . . .
> Ne voulut convier notre aïeul à sa table
> Sans tapisser plus tôt sa maison délectable,
> Et ranger, libéral, sous les pôles astrés
> La friande douceur de mille mets sucrés.

Eh bien, ce *linge flamand* dont il parle en ce premier Éden, on le retrouve chez lui en plus d'un endroit, et moins joliment. Mais je me reprocherais, avant d'en venir plus en détail à l'examen de Du Bartas, de ne pas laisser parler sur lui tout au long un juge, un avocat bienveillant et le plus inattendu ; on ne le devinerait jamais, si je ne disais que c'est Gœthe lui-même.

« La juste appréciation de ce qui doit plaire en tel pays ou à telle époque, d'après l'état moral des esprits, voilà, écrit Gœthe, ce qui constitue le goût. Cet état moral varie tellement d'un siècle et d'un pays à un autre, qu'il en résulte les vicissitudes les plus étonnantes dans le sort des productions du génie. Je vais citer un exemple remarquable.

« Les Français ont eu, au XVI° siècle, un poëte nommé Du Bartas, qui fut alors l'objet de leur admiration. Sa gloire se répandit même en Europe, et on le traduisit en plusieurs langues. Il a composé beaucoup d'ouvrages en vers héroïques. C'était un homme d'une naissance illustre, de bonne société, distingué par son courage, plus instruit qu'il n'appartenait alors à un guerrier. Toutes ces qualités n'ont pu le garantir de l'instabilité du goût et des outrages du temps. Il y a bien des années qu'on ne le lit plus en France, et, si quelquefois on prononce encore son nom, ce n'est guère que pour s'en moquer. Eh bien, ce même auteur maintenant proscrit et dédaigné parmi les siens, et tombé du mépris dans l'oubli, conserve en Allemagne son antique renommée ; nous lui continuons notre estime, nous lui gardons une admiration fidèle, et plusieurs de nos critiques lui ont décerné le titre de *roi des poëtes français*. Nous trouvons ses sujets vastes, ses descriptions riches, ses pensées majestueuses. Son principal ouvrage est un poëme en sept chants sur les sept jours de la Création. Il y étale successivement les merveilles de la nature ; il décrit tous les êtres et tous les objets de l'univers, à mesure qu'ils sortent des mains de leur céleste Auteur. Nous sommes frappés de la grandeur et de la variété des images que ses vers font passer sous nos yeux ; nous rendons justice à la force et à la vivacité de ses peintures, à l'étendue de ses connaissances en physique, en histoire naturelle. En un mot, notre opinion est que les Français sont injustes de méconnaître son mérite, et qu'à l'exemple de cet électeur de Mayence, qui fit graver autour de la roue de ses armes sept dessins représentant les œuvres de Dieu pendant les sept jours de la Création, les poètes français devraient aussi rendre des hommages à leur ancien et illustre prédécesseur, attacher à leur cou son portrait, et graver le chiffre de son nom dans leurs armes. Pour prouver à mes lecteurs que je ne me joue point avec des idées paradoxales, pour les mettre à même d'apprécier mon opinion et celle de nos littérateurs les plus recommandables sur ce poëte, je les invite à relire, entre autres passages, le commencement du septième chant de sa *Semaine*. Je leur demande s'ils ne trouvent pas ces vers dignes de figurer dans les bibliothèques à côté de ceux qui font le plus d'honneur aux muses françaises, et supérieurs à des productions plus récentes et bien autrement vantées. Je suis persuadé qu'ils joindront leurs éloges à ceux que je me plais ici à donner à cet auteur, l'un des premiers qui aient fait de beaux vers dans sa langue, et je suis également convaincu que les lecteurs français persisteront dans leur dédain pour ces poésies si chères à leurs ancêtres, tant le goût est local et instantané ! tant il est vrai que ce qu'on admire en deçà du Rhin souvent on le méprise au-delà, et que les chefs-d'œuvre d'un siècle sont les rapsodies d'un autre[1] ? »

Goethe n'a pas fini ; il continue et explique en général ce changement par le progrès exclusivement classique qui s'est accompli sous Louis XIV, qui s'est même poursuivi au delà, et dont l'effet a été d'épurer de plus en plus, de *tamiser* la langue. Mais c'est assez pour notre objet. Il faut citer ces vers qu'il trouve si beaux, et qui sont en effet remarquables. Une réserve pourtant avant tout : en fait de poëtes et d'écrivains, chaque nation est, ce semble, le premier juge des siens ; si grand que soit Goethe, cela ne le rend pas un arbitre plus sûr des vers français. On m'en a montré de singuliers de lui qu'il écrivait à son ami Müller dans sa jeunesse. Je le dirai en tout respect, la vendeuse d'herbes d'Athènes, ou, pour parler

---

1. *Des Hommes célèbres de France au* xviiie *siècle*, traduit de Goethe par MM. de Saur et de Saint-Géniès (Paris, Renouard, 1823), page 102.

comme Paul-Louis Courier, la moindre femmelette de la rue
Chauchat en sait plus long sur de certaines fautes indigènes
que l'homme de génie étranger. *Faites tous vos vers à Paris*,
dit l'adage; or Du Bartas n'en fit aucun à Paris. Ce que je
crois entrevoir, ce que j'espère prouver, c'est que, même de
son temps, malgré toute sa vogue et sa gloire, il fut toujours
un peu le poëte des provinces et celui des réfugiés ; qu'il
n'agréa jamais complétement à la cour ; qu'il choqua ce goût
fin des derniers Valois, et que, n'en déplaise à l'électeur de
Mayence ou au roi Jacques d'Écosse, le spirituel Du Perron
lui refusa toujours son brevet.

Et même à lire le morceau cité par Gœthe, nous allons
avoir la preuve que tout n'est pas caprice dans ce goût. Il
s'agit de Dieu qui, ayant fini son œuvre, s'y complaît et la
contemple[1].

> Le peintre qui, tirant un divers paysage,
> A mis en œuvre l'art, la nature et l'usage,
> Et qui, d'un las pinceau, sur son docte pourtrait,
> A, pour s'éterniser, donné le dernier trait,
> Oublie ses travaux, rit d'aise en son courage,
> Et tient toujours les yeux collés sur son ouvrage.
>
> Il regarde tantôt par un pré sauteler
> Un agneau qui toujours, muet, semble bêler ;
> Il contemple tantôt les arbres d'un bocage,
> Ore le ventre creux d'une roche sauvage,
> Ore un petit sentier, ore un chemin battu,
> Ore un pin baise-nue, ore un chêne abattu.
>
> Ici, par le pendant d'une roche couverte
> D'un tapis damassé moitié de mousse verte,
> Moitié de verd lierre, un argenté ruisseau
> A flots entrecoupés précipite son eau ;
> Et qui, courant après, or' sus, or' sous la terre,
> Humecte, divisé, les carreaux d'un parterre.
>
> Ici l'arquebusier, de derrière un buis vert,
> Affûté, vise droit contre un chêne couvert
> De bisets passagers. Le rouet se débande ;
> L'amorce vole en haut : d'une vitesse grande,

---

1. Entre le texte primitif de l'édition de 1579 et celui des éditions suivantes, je remarque dans ce morceau d'assez notables différences. L'auteur y a fait des corrections, et en général heureuses. Sur un ou deux points, je me tiens pourtant au premier texte.

Un plomb environné de fumée et de feu,
Comme un foudre éclatant, court par le bois touffu[1].

Ici deux bergerots sur l'émaillé rivage
Font à qui mieux courir[2] pour le prix d'une cage.
Un nuage poudreux s'émeut dessous leurs pas ;
Ils marchent et de tête, et de pieds, et de bras;
Ils fondent tout en eau : une suivante presse
Semble rendre, en criant, plus vite leur vitesse.

Ici deux bœufs suans, de leurs cols harassés.
Le coutre fend-guèret trainent à pas forcés.

Ici la pastourelle, à travers une plaine,
A l'ombre, d'un pas lent, son gras troupeau ramène[3];
Cheminant elle file, et, à voir sa façon,
On diroit qu'elle entonne une douce chanson.

Un fleuve coule ici, là naît une fontaine,
Ici s'élève un mont, là s'abaisse une plaine.
Ici fume un château, là fume une cité,
Et là flotte une nef sur Neptune irrité.

Bref, l'art si vivement exprime la nature,
Que le peintre se perd en sa propre peinture,
N'en pouvant tirer l'œil, d'autant que, plus avant
Il contemple son œuvre, il se voit plus savant.

On trouvera pourtant que Gœthe n'avait pas si mal choisi, et qu'il n'avait pas eu d'abord la main trop malheureuse. Cette première partie est assurément riche, gracieuse même, riante ; mais si l'on arrive à l'autre terme de la comparaison, au *grand Ouvrier* qui au jour du repos, s'admire dans le *grand Tout*, outre que c'est le rapetisser sans doute que d'en faire un paysagiste si flamand, la noblesse d'expression

---

1. On se rappelle les vers de Delille dans *l'Homme des Champs* :

> Aux habitants de l'air faut-il livrer la guerre?
> Le chasseur prend son tube, image du tonnerre;
> Il l'élève au niveau de l'œil qui le conduit :
> Le coup part, l'éclair brille, et la foudre le suit.

Au temps de Du Bartas, le coup partait un peu moins vite, à cause du *rouet;* mais son descriptif ne le cède en rien.
2. *Font à qui mieux courra:* dans les dernières éditions.
3. Dans l'édition de 1579, il y avait :

> *Chez soi, d'un pié gaillard*, son gras troupeau ramène.

C'était plus rustique ; la correction est plus jolie.

qui pouvait dissimuler fait défaut à chaque pas; l'élévation du ton a de singulières chutes. Croirait-on bien que dans les vers suivants il s'agisse de l'Éternel ?

> Il *œillade* tantôt les champs passementés
> Du cours entortillé des fleuves argentés.
> . . . . . . . . . . . . . . . . . . .
> Or' *son nez* à longs traits odore une grand' plaine
> Où commence à flairer l'encens, la marjolaine.
> . . . . . . . . . . . . . . . . . . .
> *Son oreille* or' se paît de la mignarde noise
> Que le peuple volant par les forêts dégoise...
> . . . . . . . . . . . . . . . . . . .
> Et bref *l'oreille*, l'œil, *le nez du Tout-Puissant*,
> En son œuvre n'oit rien, rien ne voit, rien ne sent,
> Qui ne prêche son los. . . . . . . .

*L'oreille, le nez du Tout-Puissant* n'ont paru bons en aucun temps, qu'on le sache bien. *L'œil* suffisait à tout rendre, mais *l'œillade* gâte tout. On lit dans le *Perroniana* ces paroles, d'ailleurs beaucoup trop sévères : « Du Bartas est un fort méchant poëte, et a toutes les conditions qu'un très-mauvais poëte doit avoir en l'*invention*, la *disposition* et l'*élocution.* Pour l'*invention*, chacun sait qu'il ne l'a pas et qu'il n'a rien à lui, et qu'il ne fait que raconter une histoire : ce qui est contre la poésie, qui doit envelopper les histoires de fables, et dire toutes choses que l'on n'attend et n'espère point. Pour la *disposition*, il ne l'a pas non plus, car il va son grand chemin et ne suit aucune règle établie par ceux des anciens qui en ont écrit. Pour l'*élocution* elle est très-mauvaise, impropre en ses façons de parler, impertinente en ses métaphores qui, pour la plupart, ne se doivent prendre que des choses universelles, ou si communes qu'elles aient passé comme de l'espèce au genre ; mais lui, pour le soleil par exemple, au lieu de dire *le Roi des lumières*, il dira *le Duc des Chandelles* ; pour les vents, au lieu de dire *les Courriers d'Éole*, il dira ses *Postillons*, et se servira de la plus sale et vilaine métaphore que l'on se puisse imaginer, et descend toujours du genre à l'espèce, qui est une chose fort vicieuse... »

Nous avons déjà de ce défaut assez de preuves dans le peu que j'ai cité. En rabattant ce qu'on voudra de la sévérité de Du Perron qui, en sa double qualité de catholique et de poëte galant, pouvait être un peu piqué au jeu dans le succès de Du

Bartas, on ne saurait refuser à l'élégant et à l'éloquent cardinal, au disciple le plus poli de Ronsard et à l'introducteur de Malherbe, d'être un juge très-compétent de la bonne élocution en usage alors. J'ouvre le premier chant, le premier jour de *la Semaine :* qu'y vois-je, dès le début, et un peu après *les Postillons d'Éole ?* Il s'agit de répondre aux profanes qui demandent ce que faisait Dieu en son éternité avant d'avoir créé le monde :

> Quoi ? le preux Scipion pourra dire à bon droit
> Qu'il n'est jamais moins seul que quand seul il se voit ;
> Et Dieu ne pourra point (ô ciel, quelle manie !)
> Vivre qu'en *loup-garou,* s'il vit sans compagnie !

Un peu plus loin, Moïse est un *grand Duc.* A propos du désordre et du chaos des quatre éléments, *l'Archer du tonnerre, grand maréchal de camp,* c'est-à-dire Dieu, ne leur avait pas encore donné quartier à chacun ; le monde serait resté à jamais confus, si la parole souveraine

> N'eût comme *siringué* dedans ces membres morts
> Je ne sais quel esprit qui meut tout ce grand corps.

Voilà, ce me semble, Du Perron justifié quand il parle de ces *vilaines et sales* métaphores qu'affectionne Du Bartas. Celui-ci n'eut jamais ce tact, ce sentiment du ridicule qu'il faut avoir en français, même quand on écrit dans le genre sérieux ; il ne l'avait pas plus que ce que j'appelle *le léger de la muse.*

On a raconté qu'un essaim d'abeilles, s'étant venu loger dans un endroit de la muraille à son château du Bartas, n'en sortit jamais, et ne cessa point tous les ans de produire du miel. On y vit un présage, et on ne manqua pas d'en faire des vers français et latins sur tous les tons ·

> Non etenim sine mente deum, sine numine quodam
>   Huc vestrum, aligeræ, casus adegit iter...

Rien pourtant de plus mal placé que ces abeilles ; Du Bartas, en ses vers, n'en a pas une, tandis que bien d'autres de son temps, et même des secondaires, en pourraient offrir ; Gilles Durant, Passerat, Vauquelin de la Fresnaie, que sais-je encore ? mais non pas lui. Il a du souffle, de l'haleine, des poussées de grandeur, une certaine fertilité grasse, tout ce qui se peut à toute force rencontrer en Béotie, jamais l'abeille.

D'autres encore que Du Perron le savaient bien. A la suite de la Vie de Du Bartas, par Guillaume Colletet [1], on lit une note très-curieuse de Colletet fils, le poëte *crotté :* « Jean Baudouin, écrit-il, dont le nom a été si connu dans l'empire des lettres, et duquel nous avons de si fidèles traductions, m'a dit autrefois que Ronsard, qui étoit fort adroit à jouer à la paume, et qui ne passoit guère de semaine sans gagner partie aux plus grands de la cour, étant un jour au jeu de l'Aigle dans notre faubourg Saint-Marcel, quelqu'un apporta *la Semaine* de Du Bartas, et qu'oyant dire que c'étoit un livre nouveau, il fut curieux, bien qu'engagé dans un jeu d'importance, de le voir et de l'ouvrir, et qu'aussitôt qu'il eut lu les vingt ou trente premiers vers, ravi de ce début si noble et si pompeux, il laissa tomber sa raquette, et oubliant sa partie, il s'écria : « Oh ! que n'ai-je fait ce poëme ! Il est temps « que Ronsard descende du Parnasse et cède la place à Du Bartas, « que le Ciel a fait naître un si grand poëte. » Guillaume Colletet, mon père, m'a souvent assuré de la même chose ; cependant je m'étonne qu'il ait omis cette particularité dans la vie qu'il a écrite..... » Guillaume Colletet raconte en effet deux ou trois autres particularités plutôt contraires. Mais rien de plus naturel à concilier. Au moment où *la Semaine* parut, Ronsard, âgé de cinquante-cinq ans, et généreux comme un monarque établi, put tenir, dans le jeu de paume de l'Aigle, le propos mémorable que les témoins n'oublièrent pas. J'aimerais même à croire que les vers qu'il lut ainsi à livre ouvert et qu'il admira ne furent point ceux du début, du premier chant, assez peu nobles en effet, mais bien plutôt ce commencement du *septième jour*, les mêmes que Gœthe admira depuis. Quoi qu'il en soit, son second mouvement ne tarda pas à corriger, à rétracter le premier ; quand il vit que cette gloire de Du Bartas devenait sérieuse, il y regarda à deux fois et proclama ses réserves. Comme son propos courait, qu'on lui prêtait même encore d'avoir envoyé à son rival une *plume d'or* en s'avouant vaincu, et d'avoir dit que Du Bartas avait plus fait en une semaine que Ronsard en toute sa vie, il lança un sonnet plein de fierté pour y répondre :

    Ils ont menti, Dorat, ceux qui le veulent dire,
    Que Ronsard, dont la Muse a contenté les Rois,

---

1. Déjà citée (Bibliothèque du Louvre). J'en use perpétuellement.

> Soit moins que Le Bartas, et qu'il ait, par sa voix,
> Rendu ce témoignage ennemi de sa Lyre.
>
> . . . . . . . . . . . . . .
> Ils ont menti, Dorat; c'est une invention
> Qui part, à mon avis, de trop d'ambition ;
> J'aurois menti moi-même en le faisant paroître.
>
> Francus en rougiroit ; et les neuf belles Sœurs,
> Qui trempèrent mes vers dans leurs graves douceurs,
> Pour un de leurs enfants ne me voudroient connoître.

Et à la suite de ce sonnet, dont Guillaume Colletet possédait le manuscrit original, Ronsard avait ajouté de sa main ces six vers, qui exprimaient visiblement son opinion littéraire, assez conforme à celle de Du Perron :

> Je n'aime point ces vers qui rampent sur la terre,
> Ni ces vers ampoulés dont le rude tonnerre
> S'envole outre les airs : les uns font mal au cœur
> Des liseurs dégoûtés, les autres leur font peur :
> Ni trop haut, ni trop bas, c'est le souverain style ;
> Tel fut celui d'Homère et celui de Virgile.

Que vous en semble? voilà du bon goût exemplaire. Rien n'est capable d'en donner aux poëtes novateurs déjà sur le retour, comme de voir des rivaux survenants outrer leurs défauts et réussir. Ce n'est qu'en littérature qu'on ne dit pas : *Mes petits sont mignons.*

Mais ceci répond toutefois à ceux qui n'ont jamais daigné distinguer Du Bartas de Ronsard, et qui continuent de les accoler. Du Bartas, venu le dernier, et le plus en vue à certains égards, a fait payer à toute l'école de son devancier les frais de sa pesanteur et de ses mots forgés ; on a imputé à tous ce qui revenait principalement à lui. Je lui en veux de cette disgrâce. Il a obstrué longtemps le retour de la critique à cette jolie poésie des règnes de Henri II et de Henri III, à cette poésie qui naquit et fleurit sous l'invocation des deux gracieuses princesses, Marguerite de Savoie, l'idéal platonique de Du Bellay, et Marguerite de Navarre, aimée plus au sérieux de Des Portes ; car c'était bien de celui-ci, et non du puritain, qu'elle était la vraie *marraine*[1].

---

1. Les trois *Marguerites* du xvie siècle se pourraient ainsi désigner et distinguer littérairement par les noms de leurs poëtes, la Marguerite de Marot, la Marguerite de Du Bellay, et la Marguerite de Des Portes.

Quoique *la Semaine* de Du Bartas n'eût rien de particulièrement calviniste, et que les docteurs de la Faculté de théologie de Paris l'eussent *visitée* avant l'impression, le parti calviniste s'en empara, la commenta, la traduisit, la répandit et la fit réimprimer à foison par toutes les villes de France et d'Allemagne où la Réforme était maîtresse ; ce poëme en parut comme le trophée. Du Bartas, grâce à cette circonstance, devint peut-être l'exemple, le type le plus curieux, en aucun temps, de la gloire poétique immense en province et à l'étranger.

En moins de quatre ou cinq années, cette *Semaine* fut imprimée plus de vingt fois, dit Colletet, en toutes sortes de marges et de caractères. Le fameux ministre de Genève, Simon Goulart, de Senlis, s'en fit aussitôt le commentateur, comme pour un Lycophron : c'est son travail qui est demeuré attaché aux éditions ordinaires. Pantaléon Thévenin, de Lorraine, renchérissant sur Goulart, composa d'autres commentaires très-scientifiques publiés en 1584: la Création servait aisément de prétexte à encyclopédie. Dès 1579, Jean Édouard Du Monin, poëte philosophe, espèce de savant allégorique et burlesque, avait traduit le poëme en vers latins[1]. Gabriel de Lerm, en 1583, en donnait une autre traduction latine, et, dans la dédicace adressée à la reine d'Angleterre, il disait de l'auteur original, au milieu d'éloges fabuleux : « Les pilastres et frontispices des boutiques *allemandes, polaques, espagnoles,* se sont enorgueillis de son nom joint avec ces divins héros, Platon, Homère, Virgile... » Le succès de *la Semaine* remettait en mémoire aux savants *l'OEuvre des six Jours,* poëme grec sur le même sujet, par Georges Pisides, diacre byzantin du VIIe siècle : Frédéric Morel le traduisit en vers latin ïambiques, et le publia à la fin de 1584. Comme lecture analogue, je me permettrai d'indiquer encore une manière de commentaire indirect, qui serait assurément le plus cher aux gens de goût, l'*Explication de l'Ouvrage des six Jours* de Duguet : ce sont là-dessus nos Homélies de saint Basile[2].

---

1. Sous ce titre : *Joannis Edoardi Du Monin Burgundionis Gyani* (de Gy en Franche-Comté) *Beresithias* (c'est le mot hébreu) *sive Mundi Creatio...* Ce bizarre Du Monin a dû faire cette traduction en quelques mois, on dit même en cinquante jours. Henri IV l'appelait, par plaisanterie, *le poëte des chevau-légers;* on ne pouvait dire la même chose de Du Bartas.
2. Il semble que le succès chrétien de Du Bartas ait piqué d'honneur les catholiques, et qu'ils aient voulu prouver qu'eux aussi ils avaient nom-

Cependant, au lieu de prolonger son septième jour et de s'endormir dans sa gloire, Du Bartas profitait du loisir de ces années un peu moins troublées pour aborder sa *seconde Semaine*, c'est-à-dire l'*Eden* et la suite. S'il y avait réussi autant qu'il y visa, ce serait notre Milton, comme Du Bellay, pour une certaine grâce et fraicheur savante, est un peu notre Spenser. Mais ces comparaisons pèchent trop et nous font tort.

On lit dans les *Mémoires* de Du Plessis-Mornay la lettre suivante, qu'il écrivait à Du Bartas, à la veille de cette publication. On y voit bien l'attente du parti, l'estime qu'on faisait du poëte à l'égal d'un théologien, et les relations mutuelles de ces dignes hommes. Du Plessis-Mornay avait environ trente-cinq ans à cette date, et Du Bartas quarante.

Du 15 janvier 1584. « Monsieur, je loue Dieu que vous soyez arrivé à la fin de votre *seconde Semaine*. C'est un œuvre aussi avidement attendu que l'autre a été joyeusement reçu. De moi je ne fais rien que plaindre ma vie détournée des choses hautes aux basses ; et crains que mon esprit enfin n'en dégénère, encore qu'en cette espérance je lutte toujours vivement de ma nature contre la nature des affaires dont il faut me mêler[1]. Vous verrez ma traduction latine de mon livre *de la Vérité*, et en jugerez, s'il vous plaît : j'ai des conceptions et presque m'en déplais, parce que je ne me vois ni le loisir ni la saison de les éclore. Faisons état que je suis à tirer une galère pour quelques ans ; au sortir de là peut-être aurai-je durci mes nerfs et mes muscles pour quelque exercice plus agréable. Je me sens honoré d'avoir eu quelque place en votre livre[2]. La perle que j'ai mis en œuvre m'a acquis ce bien, et non l'œuvre même. C'est le contentement que doivent attendre même les mauvais ouvriers,

---

bre de pièces de vers religieuses et morales. J'ai sous les yeux un volume intitulé *la Muse chrétienne*, ou recueil des poésies chrétiennes tirées des principaux poëtes français, publié à Paris en 1582. L'éditeur dit en son avant-propos qu'il n'a tiré son choix que des œuvres des *six premiers et plus excellents poëtes que la France ait encore portés*, trois desquels, ajoute-t-il, sont encore vivants (Ronsard, Baïf et Des Portes), et trois morts (Du Bellay, Jodelle et Belleau); il n'est pas question de Du Bartas, dont *la Semaine* était pourtant alors en pleine vogue. Preuve encore que le rôle en première ligne ne lui était pas incontestablement accordé. — En 1588, dans le Dictionnaire des rimes de Tabourot, il est cité de pair à la suite des autres : il a pris son rang.

1. Éternelle plainte de tous les gens de lettres mêlés aux affaires politiques, ce qui ne les empêche pas de faire tout au monde pour y arriver ; et, une fois entré, on n'en sort plus.

2. Du Bartas le lui avait dit à l'avance; en effet, au *second jour* de cette *seconde Semaine*, dans le livre intitulé *Babylone*, le poëte voit en songe,

en maniant une bonne étoffe. Un faux monnoyeur y apporte plus d'art et d'industrie, et toutefois sa monnoie n'a point grand'mise. Je vous prie que je voie des premiers votre *Sémaine;* car, entre ci et là, les semaines me seront ans, et les jours semaines. Dès que j'aurai reçu quelques exemplaires de ma version, vous les verrez aussi, Monsieur... (Du Mont-de-Marsan.) »

Ainsi le livre *de la Vérité chrétienne* de Mornay et l'œuvre de Du Bartas allaient de pair dans l'attente et dans l'estime; c'étaient des livres de même ordre, servant la même cause sainte. Et à ce propos, dans les *Aventures du Baron de Fœneste,* vers la fin, quand D'Aubigné imagine ces burlesques triomphes allégoriques d'*Impiété,* d'*Ignorance,* de *Poltronnerie* et de *Gueuserie,* il figure *le chariot d'Ignorance,* ayant *pour pavé* force livres polémiques, à commencer par *l'Institution* de Calvin, et il ajoute : « De ce rang sont *la Semaine* de Du Bartas, les livres de Du Moulin et l'Histoire de D'Aubigné. »

*La seconde Semaine* dut paraître dans les premiers mois de 1584. Les critiques autant que les admirateurs étaient à l'affût, et il ne semble pas que le succès fut aussi incontesté cette fois que la première. Rien de plus bizarre en effet et de plus compliqué que l'ordonnance du poëme, s'il mérite ce nom. L'auteur ne publie que deux jours de cette *seconde Semaine,* division toute symbolique qui commence par *Adam* (premier jour), qui continue par *Noé* (second jour), et va ainsi par époques jusqu'à la fin du monde; à quoi il devait ajouter pour couronnement et pour septième jour celui du *Sabbat éternel.* Les deux premiers jours, les seuls que donne d'abord l'auteur, se subdivisent eux-mêmes en quatre parties chacun : je fais grâce des titres ; on se perd dans ces compartiments. C'eût été la Bible tout entière paraphrasée ; il aurait fini par l'Apocalypse. On retrouva après sa mort des portions inédites, et on publia successivement ces *suites* de Du Bartas, qu'il est même assez difficile de se procurer complètes. Rien n'est moins

---

après Clément Marot, qu'il compare un peu démesurément à un colisée, après Vigenère, qu'il place beaucoup trop près d'Amyot, et enfin après Ronsard l'inévitable, qu'il n'a garde certainement d'omettre, — il voit parmi les gloires de la France le controversiste Mornay :

> Cet autre est De Mornay, qui combat l'Athéisme,
> Le paganisme vain, l'obstiné Judaïsme,
> Avec leur propre glaive ; et pressé, grave-saint,
> Roidit si bien son style ensemble simple et peint,
> Que ses vives raisons, de beaux mots empennées,
> S'enfoncent comme traits dans les ames bien nées.

à regretter. Le dernier morceau, et qui a pour titre *la Décadence*, va jusqu'à la prise de Jérusalem sous Sédécias, et forme *la quatrième Partie du quatrième Jour de la seconde Semaine;* tirez-vous de la supputation, si vous pouvez.

Du Bartas, en se fourvoyant de la sorte, donnait sa mesure et sa limite comme poëte. Il se flattait de faire une grande composition non-seulement épique ou héroïque, mais, comme il disait, *en partie panégyrique, en partie prophétique, en partie didascalique* : il ne faisait qu'une grosse compilation rimée. Ronsard, qui ne mourut qu'en 1585, et qui vécut assez pour en avoir connaissance, dut se sentir rassuré. Sans doute il était facile, et il le serait encore, de détacher d'assez beaux fragments de cette Babel disproportionnée. La fameuse description du cheval semble faire assaut à celle de Job, et faire appel à celle de M. de Buffon. Pourtant, le plus sûr avec Du Bartas est de se rabattre à des rapprochements moins ambitieux, et de ne lui opposer par moments que Racine fils dans le poëme de *la Religion*, ou Delille dans *les Trois Règnes*. Comme ce dernier, mais avec plus de chaleur de cœur, il a été le poëte d'un parti : comme lui aussi, mais avec plus de sérieux, il a visé à rimer tous les arts et toutes les sciences. Au XVI° siècle comme au XVIII°, l'Encyclopédie était la marotte; on retrouve le mot et la chose en Du Bartas. Regrettant le concert heureux qui précédait la confusion des langues, il dit :

> . . . . . . . . Et, montant d'art en art,
> Nous parvenions bientôt au sommet du rempart,
> Où l'Encyclopédie en signe de victoire
> Couronne ses mignons d'une éternelle gloire[1].

Les critiques qui accueillirent *la seconde Semaine* furent assez vives d'abord pour que Du Bartas jugeât à propos d'y répondre. On a de lui un *Brief Advertissement* imprimé à Paris

---

[1]. Dans le livre intitulé *Babylone*. — Cette idée d'*Encyclopédie* se rattachait si naturellement à l'œuvre de Du Bartas et aux commentaires qu'on en avait faits, qu'au nombre des traductions assez nombreuses publiées à son sujet en Angleterre et dont je parlerai, je note celle-ci : *A learned Summary upon the famous Poem of William of Salust lord of Bartas, wherein are discovered all the excellent secrets in metaphisical, phisical, moral and historical knowledge* (Londres, 1621); le tout pour rafraîchir, est-il dit, la mémoire des savants, et pour aider à abréger les études des jeunes gentilshommes : un vrai manuel pour le baccalauréat du temps,

dans l'année même (décembre 1584) : le libraire L'Huillier prend sur lui de le publier, dit-il, bien que l'auteur n'ait songé qu'à écrire à un ami. Du Bartas cherche à se justifier en premier lieu sur le titre et l'argument de son œuvre; il s'appuie et renvoie pour autorité au dernier chapitre de la *Cité de Dieu* de saint Augustin, d'où il a pris cette idée de journées mystiques et de semaines prophétiques. Quant à la disproportion des parties et à l'énormité des dimensions où cela l'entraîne, il oppose qu'on ne voit encore que le frontispice du palais, et qu'on ne peut juger de l'ensemble : « Qui vous eût montré la tête du grand Colosse de Rhodes séparée du corps, n'eussiez-vous pas dit qu'elle étoit épouvantable, monstrueuse et démesurée? » — « Mais quoi ! eût pu lui répliquer un plaisant, son voisin Montaigne ou tout autre, quoi ! ce n'est là que la tête que nous voyons; que sera-ce donc quand viendront les épaules, la poitrine de cet Hercule et tous ses membres? » — Mais c'est surtout en ce qu'il allègue pour la défense de son élocution que l'honnête poëte nous intéresse : « La grandeur de mon sujet, dit-il, désire une diction magnifique, une phrase haut levée, un vers qui marche d'un pas grave et plein de majesté; non erréné (*éreinté*), lâche, efféminé, et qui coule lascivement, ainsi qu'un vaudeville ou une chansonnette amoureuse. » Ne sent-on pas le petit coup donné en passant à l'école de Des Portes? Et arrivant aux critiques de détail qu'on lui avait faites, il indique ces vers tirés de la description du cheval; il s'agit d'exprimer le galop :

Le champ plat bat, abat, détrappe, grappe, attrappe
Le vent qui va devant. . . . . . . . . .

On avait trouvé cela ridicule [1]. « Mais, ô bon Dieu! s'écrie le poëte, ne voient-ils pas que je les ai faits ainsi de propos délibéré, et que ce sont des *hypotyposes?* » Et il continue de se défendre, comme il peut, sur l'affectation des mots nouveaux, sur l'abus des épithètes composées : « Je ne suis point de l'opinion de ceux qui estiment que notre langue soit, il y a déjà vingt ans, parvenue au comble de sa perfection; ains, au

---

1. J'ai cité ailleurs tout en entier ce morceau du cheval, et ce qu'en raconte Gabriel Naudé, que Du Bartas s'enfermait quelquefois dans une chambre, se mettait, dit-on, à quatre pattes, et soufflait, gambadait, galopait, pour être plus plein de son sujet ; en un mot, il ne récitait pas

contraire, je crois qu'elle ne fait que sortir presque de son enfance. » Il a donc tâché de parer, par voie d'emprunt ou de fabrication, à la disette [1]; il paraît s'applaudir beaucoup d'avoir aiguisé la signification de certains mots et représenté la chose plus au vif, en répétant la première syllabe, par exemple : *pé-pétiller, ba-battre*, au lieu de *pétiller* tout simplement, et de *battre*. Ce sont des mots à entrechats. Ainsi encore le *flo-flottant Nérée*, au lieu de *flottant*; et dans son épisode très-admiré d'Arion, au moment où celui-ci tombe à la mer :

> Il gagne du dauphin la *ba-branlante* échine [2] !

sa description, il la *jouait*. Si l'anecdote n'est pas vraie, elle mérite de l'être. Tout ce procédé ou ce manége part d'une fausse vue de l'imitation poétique, qui ne doit être ni une singerie, ni un langage de perroquet. C'est encore ce malheureux travers de poésie imitative qui a fait dire à Du Bartas, en parlant de l'alouette et de son gazouillement :

> La gentille Alouette avec son tire-lire
> Tire l'ire aux fâchés ; et d'une tire tire
> Vers le pôle brillant. . . . . . . .

On rougit de ces billevesées du talent. Au reste, pour revenir au galop du cheval, le vers de Virgile : *Quadrupedante putrem*......, a porté malheur à ceux qui s'en sont souvenus. Le singulier personnage, Des Marets de Saint-Sorlin, qui a voulu, en son temps, restaurer aussi la poésie chrétienne, et qui, avec son poëme héroïque de *Clovis*, est, plus qu'il ne s'en doute, de la postérité de Du Bartas, a cru faire merveille d'exprimer en ces termes le galop de la princesse *Yoland* et de ses deux compagnes :

> Elle part aussitôt, le cheval talonnant,
> Qui du fer, pas à pas, bat le champ résonnant :
> Les deux autres suivans en ardeur le secondent :
> Les échos des vallons en cadence répondent.

Des Marets (dans sa *Comparaison de la Langue et de la Poésie françoise avec la grecque et la latine*) préfère de beaucoup ces quatre vers de lui au vers unique de Virgile ; il blâme les mots *quadrupedante putrem* comme forcés et faux ; il traduit *putrem* par *pourri*, au lieu de *poudreux*; dans sa propre version au contraire, il trouve, dit-il, *tout ensemble et le bon son et le bon sens*. Il est joli, le *bon son* !

1. Ceci va directement contre la prétention de l'école de Ronsard ; l'un des jeunes adeptes, Jacques Tahureau, dans le premier feu de l'enthousiasme, s'est écrié : « ..... Jamais langue n'exprima mieux les conceptions de l'esprit que fait la nôtre ; jamais langue n'eut les termes plus propres que nous en avons en françois, et dirai davantage que jamais la langue grecque ni latine ne furent si riches ni si abondantes en mots qu'est la nôtre, ce qui se pourroit prouver par dix mille choses inventées... » (*Oraison de Jacques Tahureau au Roi* (Henri II) *sur la grandeur de son Règne et l'excellence de la langue françoise*, Paris, 1555). Sans s'exprimer si merveilleusement que leur jeune ami, qui ne voyait au début par toute la France qu'*une infinité d'Homères, de Virgiles et de Ménandres*, les poëtes de la Pléiade étaient intéressés à être d'un avis si flatteur.

2. Toujours une fausse induction tirée de la langue grecque, où ce genre ce redoublement de la première syllabe est fréquent en poésie et donne à certains mots plus de force. On peut citer au XXII° chant de l'*Iliade* (vers 221) le προ-προκυλινδόμενος.

Quant à la composition des épithètes, l'auteur invoque l'exemple de la langue grecque et de l'allemande : « Ah ! s'écrie-t-il, que les Italiens, qui plaident avec nous le prix de l'éloquence, voudroient que notre langue se passât de ce riche parement duquel la leur ne se peut accommoder avec grâce. Quoi ! voulons-nous céder aux Allemands [1]?... Mais, il les faut, diras-tu, semer (ces mots) avec la main, non avec le sac ou la corbeille. Je confesse qu'en ma *première Semaine* ils sont fort épais, et que bien souvent on en lit sept ou huit à la file... » Après ces aveux candides, je n'ai guère rien à ajouter. Ainsi, de son temps, on doit en être maintenant convaincu, toutes les critiques à peu près lui furent faites. Du Perron et bien d'autres avaient dit de lui ce que nous dirions. Ceci montre qu'il faut être très-circonspect avant d'accuser tous les contemporains de duperie à propos de quelque renommée usurpée ou surfaite. Seulement il arrive qu'il se rédige par écrit une sorte d'histoire littéraire fardée, qu'il se transmet des apparences de réputations officielles et factices. On croit de loin que tous les contemporains y étaient pris, et ce n'est pas. Je commence à le craindre, les vivants (je parle de ceux qui comptent) n'ont guère jamais été complétement dupes les uns des autres. Ceux même qui contribueront peut-être, forcés par les égards, par les convenances, à accréditer le plus une gloire écrite, faisaient, en causant, bien des fines critiques. C'est pour nous un léger travail de *palimpsestes* de retrouver sous ce qu'ils ont dit ce qu'ils pensaient [2].

La renommée de Du Bartas, à la prendre en gros, ne cessa point pourtant de croître. Il y eut également émulation de com-

---

1. Cette tendance de Du Bartas vers l'Allemagne par opposition à l'Italie est curieuse; l'Allemagne le lui a payé en admiration et en long souvenir.
2. Ainsi encore pour Amyot, dont on a reparlé récemment. M. Ampère, bon juge, a cru pouvoir lui contester plusieurs points de sa renommée par des raisons sérieuses et qui seraient souveraines si Amyot n'était pas avant tout aimable, et si cette amabilité de l'écrivain ne devait pas prévaloir finalement. Eh bien, dans le temps même, tout cela s'est dit à peu près pour et contre Amyot. On lui a contesté l'exactitude du sens, on lui a reproché la mollesse des tours. Brantôme rapporte divers bruits que faisaient courir les envieux (voir *Mélanges* de Vigneul-Marville, tome II). Montaigne, dans son *Journal de voyage en Italie*, raconte une intéressante conversation qui eut lieu à Rome à la table de l'ambassadeur de France, et où il essaya de tenir tête pour Amyot à Muret et autres savants qui n'étaient pas de son avis à beaucoup près sur la traduction de Plutarque. Mais Amyot s'est tiré de ces chicanes comme il se tirera des nôtres : il a la grâce.

mentateurs pour son second ouvrage. Simon Goulart continua. Je trouve de plus que l'*Éden*, c'est-à-dire le premier livre seulement du second jour, parut avec *commentaires et annotations contenant plusieurs descriptions et déductions d'arbres, arbustes, plantes et herbes* (Lyon, 1594); l'auteur, Claude Duret, Bourbonnois, n'est probablement pas autre que l'anonyme mentionné par Colletet. Il y eut aussi des traductions latines [1]; enfin, tout le train prolongé d'une gloire de poëte ou de rabbin.

La guerre de la Ligue éclata; Du Bartas fut arraché aux lettres, à la paix qu'il aimait véritablement, et à ce manoir champêtre qu'il avait sincèrement chanté :

> Puissé-je, ô Tout-Puissant ! inconnu des grands Rois.
> Mes solitaires ans achever par les bois !
> Mon étang soit ma mer, mon bosquet mon Ardène,
> La Gimone mon Nil, le Sarrampin ma Seine,
> Mes chantres et mes luths les mignards oiselets,
> Mon cher Bartas mon Louvre, et ma Cour mes valets[2] !...

Il dut servir les rois et les approcher. Il paraît qu'il fut fort employé par Henri IV en diverses ambassades: sa grande illustration littéraire à l'étranger devenait une heureuse condition pour ces rôles de diplomatie. Il fut peut-être au nombre des envoyés que le roi de Navarre dépêcha en Allemagne, en 1586, pour hâter la marche des secours qui lui étaient promis, et pour dissiper les bruits de trêve qu'on avait fait courir. Goujet dit qu'il alla jusqu'en Danemark. Ce qui est certain, c'est qu'il figura en Écosse à la cour de Jacques VI; ce prince théologien et poëte reçut le chantre biblique avec toute sorte de distinction, et le voulut même retenir. Il paraît qu'il poussa la galanterie envers son hôte jusqu'à traduire en anglais quelque chose de *la seconde Semaine*, et Du Bartas le lui rendit en traduisant à son tour en français le cantique du roi sur la bataille de Lépante. Ronsard, docte et galant, avait été le poëte de Marie Stuart; Du Bartas se trouva naturellement celui de

---

1. En voici une : *Domini Guillelmi Sallustii Bartasii Hebdomas secunda, a Samuele Benedicto* (Samuel Benoît) *latinitate donata* (Lyon, 1609) et non pas 1619, comme on le lit fautivement au titre; le privilège du roi est de 1609).
2. *Première Semaine*, fin du troisième jour.

Jacques, comme il l'était du Navarrais ; un poëte loyal, généreux et assez pédant [1].

Il n'y avait pas longtemps qu'il était de retour de sa mission d'Écosse lorsque De Thou, voyageant dans le Midi, le visita (1589). C'est en quittant Montaigne, qu'il était allé chercher en son château de Montaigne en Périgord, que l'illustre historien, avec ceux de ses amis qui l'accompagnaient, s'en vint par Bergerac, à Monfort, dans l'Armagnac, où séjournait notre auteur. Écoutons ce qu'il en dit en ses *Mémoires* : « Guillaume Du Bartas, encore fort jeune (*il avait quarante-cinq ans*), et auteur des deux *Semaines*, les y vint trouver en armes avec ses vassaux, et leur offrit ses services. Il étoit surprenant qu'à son âge (*il semble vraiment qu'il sortît de l'enfance*) et dans son pays, sans autre secours que celui de la nature..., il eût composé un si bel ouvrage. Aussi il souhaitait avec passion de voir la fin de nos guerres civiles pour le corriger, et pour venir à Paris le faire réimprimer, principalement sa *première Semaine*, qui avoit été reçue avec tant d'applaudissement [2]. Ce fut ce qu'il confirma plusieurs fois à De Thou pendant les trois jours qu'il les accompagna ; ce qu'on remarque exprès, afin que les critiques, comme il s'en trouve toujours, sachent qu'il n'ignoroit pas qu'il y eût des fautes dans son poëme, mais qu'il étoit dans le dessein de les corriger par l'avis de ses amis. Sa mort ne lui permit ni de voir la fin de nos malheureuses guerres, ni de mettre la dernière main à ce merveilleux ouvrage. »

Je tire de ces paroles de De Thou la confirmation de plusieurs de nos inductions précédentes. On voit combien ce judicieux ami tient à l'excuser, mais en sent le besoin à quelques égards ; il est sur la défensive. Du Bartas lui-même, qui lui exprima plusieurs fois son regret durant ces trois jours, savait où était le côté faible, le côté *provincial* et le plus attaqué de son œuvre ; dans sa candeur, il ne craignait pas de le laisser voir ; ce qui lui avait manqué, même de son temps, c'était Paris.

---

1. Au nombre des traductions en vers latins de *la première Semaine*, je relève celle-ci, publiée à Edimbourg en 1600, par un Flamand, et dédiée au roi d'Ecosse, à qui en cela on savait bien complaire : *Hadriani Dammanis a Bysterveld de Fair-Hill Bartasias*. Ce Bysterveldt, d'abord député belge, était devenu professeur en Ecosse.
2. Ceci dénote incidemment que la *seconde* avait moins réussi.

De Thou au livre XCIX de son *Histoire*, à l'année 1590, époque de la mort de Du Bartas, revient avec détail sur lui, et complète son éloge, en réitérant toutefois les mêmes excuses : « ... Il mérita, dit-il, d'être regardé par bien des gens comme tenant en ce genre la première place après Ronsard. Je sais que quelques critiques trouvent son style trop figuré, ampoulé et rempli de gasconnades (*Stylum ejus tanquam nimis crebro figuratum, tumidum et vasconice ampullatum, critici quidam reprehendunt*). Pour moi qui ai connu sa candeur, et qui l'ai souvent entretenu familièrement, tandis que, du temps des guerres civiles, je voyageois en Guyenne avec lui, je puis affirmer que je n'ai jamais rien remarqué de semblable dans ses manières. » Ainsi, par une sorte de contradiction qui n'est pas rare, ce poëte, peu simple dans ses vers, redevenait très-naturel dans la vie. Il avait des goûts purs, honnêtes, débonnaires ; je l'ai comparé ailleurs à l'auteur de *la Pétréide*, à Thomas. Bon père de famille, resté veuf avec deux garçons, il trouve moyen de nous informer de ses affaires et de ses embarras de ménage en quelque prologue de sa *seconde Semaine*, entre son *Adam* et son *Noé*. Ce fameux capitaine Du Bartas, avec sa sainte muse en bottes à l'écuyère, était de près bonhomme, sans éperons, sans panache, et tout à fait modeste.

Il mourut un an après la visite de De Thou : « Comme il servoit actuellement, continue celui-ci, à la tête d'une cornette de cavalerie, sous le maréchal de Matignon, gouverneur de la province, les chaleurs, les fatigues de la guerre, et outre cela quelques blessures qui n'avoient pas été bien pensées, l'enlevèrent à la fleur de son âge, au mois de juillet (1790), âgé de quarante-six ans. » C'était mourir plus jeune que Thomas, et environ à l'âge de Schiller : Il avait eu le temps du moins, homme de cœur, de voir les premiers succès d'Henri IV, roi de France, et de célébrer la victoire d'Ivry, remportée en mars ; il en a laissé un *Cantique* qui est son chant de cygne. La description qu'il donne de la bataille offre assez de détails précis pour compter et faire foi parmi les récits historiques. Un des continuateurs de Jean de Müller, M. Vulliemin, en son *Histoire de la Confédération suisse*, s'appuie de l'autorité de Du Bartas pour établir la belle conduite des régiments helvétiques dans le combat. Palma Cayet le cite également pour assigner à Henri IV et à son armée leur vraie couleur :

> . . . . . . . Bravache, il ne se pare
> D'un clinquant enrichi de mainte perle rare ;
> Il s'arme tout à cru, et le fer seulement
> De sa forte valeur est le riche ornement.
> Son berceau fut de fer ; sous le fer il cotonne
> Son menton généreux ; sous le fer il grisonne,
> Et par le fer tranchant il reconqueste encor
> Les sceptres, les bandeaux, et les perles et l'or[1].

Du Bartas n'a garde non plus d'oublier le panache blanc qui *ombrage la salade* du roi ; mais cette *salade* manque, par malheur, son effet, et l'accent détonne, Assez de détails. Qu'il nous suffise, en tout ceci, d'achever de bien définir le rôle et la destinée du poëte : Du Bartas est le représentant du mouvement religieux calviniste et monarchique, comme Ronsard avait été celui de la renaissance païenne, comme Malherbe fut celui du régime d'ordre et de restauration. Ronsard représentait la poésie en cour sous les Valois ; Du Bartas la représenta en province, sous Henri de Navarre aspirant au trône et guerroyant, en ces années où le Béarnais arpentait son royaume et *usait*, disait-on, *plus de bottes que de souliers* Malherbe arrive après la paix faite et après la messe entendue : c'est le poëte d'Henri IV installé en sa bonne ville de Paris et sur son pont Neuf.

Entre Malherbe et Du Bartas, il y a le succès de la *Satyre Ménippée*, c'est-à-dire l'œuvre de ces bons citoyens, bour-

---

1. Petitot, dans son édition de Palma Cayet, rappelle à ce sujet les beaux vers où Voltaire, décrivant la bataille de Coutras, semble s'être inspiré de ces souvenirs du chantre d'Ivry :

> . . . . . . . . . . . . . . . . .
> Accoutumés au sang et couverts de blessures,
> Leur fer et leurs mousquets composaient leurs parures,
> Comme eux vêtu sans pompe, armé de fer comme eux,
> Je conduisais aux coups leurs escadrons poudreux...

Mais l'usage redoublé que Du Bartas fait du mot *fer* oblige surtout de se souvenir de ce passage de la Chronique de Saint-Gall, qu'il n'avait certainement pas lue. C'est au moment où Charlemagne et son armée débouchent sous les murs de Pavie : « .... L'empereur s'approchant un peu davantage, le jour devint plus noir que la nuit. Alors parut Charlemagne lui-même, tout de fer, avec un casque de fer et des bracelets de fer. Une cuirasse de fer protégeait sa poitrine de fer et ses épaules ; sa main gauche tenait une lance de fer... Son visage intrépide jetait l'éclat du fer... » (Voir tout le passage traduit dans l'*Histoire littéraire* de M. Ampère, tome III, livre III, chap. 8.) Les mêmes situations ont produit les mêmes images : rien ne se ressemble comme les batailles.

geois de Paris, royalistes et assez peu dévots. Si du Bartas avait vécu, il se serait trouvé comme un poëte de l'émigration, c'est-à-dire dépassé et primé par les derniers venus et par ceux du dedans.

Ce fut le cas de d'Aubigné qui, longtemps grondeur en son Poitou, finit par aller porter à Genève ses haines et ses rancunes, et dont les œuvres poétiques et autres éclatèrent tardivement au lendemain de la mort d'Henri IV, comme des représailles plus ou moins piquantes, mais déjà surannées.

Des Portes était trop vieux, et il avait été trop récemment compromis dans la Ligue, pour retrouver à la nouvelle cour le crédit dont il avait joui sous Henri III ; mais Bertaut, plus jeune, surtout plus prudent, se trouva précisément en mesure pour profiter avec honneur des dernières années de répit que Malherbe accordait à l'ancienne école. Bertaud, sage, tiède, élégant, me semble le modèle des poëtes *ralliés ;* et il a une certaine teinte monarchique et religieuse qui en fait un parfait ornement de restauration. Il semble qu'à voir de loin la plume calviniste de Du Bartas se consacrer aux choses morales et saintes, Bertaut se soit dit de bonne heure qu'il était peu séant à des abbés catholiques de rester si profanes, et qu'il ait travaillé dès lors à ranger doucement sa muse au pas de la conversion nouvelle. Du Bartas a bien pu avoir cette action indirecte sur lui.

Mais, chose remarquable! on ne voit pas que, durant les dernières années du règne d'Henri IV, l'influence et l'autorité de Du Bartas soient le moins du monde présentes au centre. Cette espèce de démembrement, ou d'embranchement imprévu qu'il avait fait à l'école de Ronsard, n'a guère de suite ; il peut encore partager les provinces, mais la cour et le Louvre continuent de lui échapper. Malherbe, qui rudoie Des Portes, qui biffe Ronsard et se chamaille avec Régnier, peut négliger Du Bartas ; il ne le trouve pas sur son chemin.

Si, à l'intérieur et à y regarder de près, la gloire de Du Bartas véritablement diminue et ne s'enregistre pas définitivement, une certaine somme bruyante et imposante de renom continue toujours. Je crois pouvoir noter sur une triple ligne l'espèce de postérité qui se rattache à lui. 1° Poëte scientifique et théologique, il trouve des sectateurs ou des contradicteurs; un écrivain bizarre, Christophe de Gamon, publie, en 1609, sa

*Semaine ou Création du monde contre celle du sieur Du Bartas;* au milieu de beaucoup de marques d'estime, il relève son prédécesseur sur divers points de cosmogonie ou de théologie. Il se pique même d'être plus exact que lui en physique, en histoire naturelle. En vient-il, par exemple, à cette célèbre description du *Phénix*, dont la mort et la résurrection, selon du Bartas,

> Nous montrent qu'il nous faut et de corps et d'esprit
> Mourir tous en Adam, pour puis renaître en Christ;

Gamon la reprend en sous-œuvre et en réfute en trois points toutes les *bourdes,* comme il dit très-élégamment [1]. Mais un ami de Guillaume Colletet, Alexandre de Rivière, conseiller au parlement de Rennes, examine à son tour quelques opinions de Gamon, et les réfute en vers également, dans son *Zodiaque poétique et philosophique de la Vie humaine* (1619). C'est une triste et bien lourde postérité pour un poëte que cette suite pédantesque et presque cabalistique qu'il traîne après lui. 2° Chantre moral et chrétien, Du Bartas contribue à provoquer, à mettre en honneur le genre des paraphrases bibliques et des poëmes sacrés : ainsi on rencontre Chassignet de Besançon, qui paraphrase les *douze petits Prophètes* en vers français (1601) [2]; plus tard on a Godeau d'Andilly, et les poëmes épiques sacrés à la Des Marests. Je louerais très-volontiers Du Bartas de cette influence morale, si cela faisait quelque chose à la poésie. On a dit que l'enfer est *pavé de bonnes intentions;* je ne sais trop ce qui en est pour l'enfer, et

---

1. Ce Gamon a fait peut-être les vers les plus ridicules qu'on ait écrits en français ; j'en cite (d'après Colletet) cet échantillon de son *Printemps* qui parut en 1600, dans ses premiers essais poétiques :

> La nymphèle Printiène, en ce temps perruquet,
> Muguette par les fleurs Priape aime-bouquet,
> Qui, pour multiplier, libéral, recommence
> Aux jardins ménagers d'impartir sa clémence ;
> Aussi, qui çà, qui là, les courbes jardiniers
> Vont semant les choux blancs, les humides pourpiers....

C'est de l'argot. Il n'y a plus, après cela, que les Petites-Maisons.

2. Balthasar Grangier, le traducteur de Dante, avec annotations et commentaires (1596), se pourrait également ranger ici sous Du Bartas : son travail appartient à cette poésie pleine de gravité, religieuse et docte, difficile et abstruse, encyclopédique enfin, qui n'est pas (c'est Grangier lui-même qui le dit) de celles *que Platon comparoit aux parterres et jardins mignards du bel Adonis.* Cette traduction de Dante, à ne voir que sa physionomie et la forme du commentaire, paraît taillée sur le patron de *la Semaine.* Elle est en style duret *presque ferré,* dit Colletet.

le mot me paraît dûr; car, moralement, les bonnes intentions méritent peut-être d'être comptées; ce qui est plus sûr du moins, l'enfer des mauvais poëtes, le temple du mauvais goût reste ainsi pavé. 5° C'est surtout à titre littéraire et pour le goût que je crois saisir une famille très-réelle de Du Bartas, et qui, bien qu'elle ne l'avoue pas toujours, relève de lui plus que d'aucun parmi les précédents. Si à Bertaut se rapportent plutôt les affadis, à Du Bartas reviennent de droit les ampoulés. Il est bien le père ou le grand-père de cette mauvaise lignée de poëtes plus ou moins gascons et pesants, tant moqués par Boileau, Des Marets déjà cité et son *Clovis*, Saint-Amant et son *Moyse*, Scudery et son *Alaric*, Chapelain et sa *Pucelle*, Brébeuf et sa *Pharsale aux provinces si chère*; le plus tolérablement estimable serait encore le père Le Moyne avec son *Saint Louis*. Boileau a fait justice de tous sans aller jusqu'à Du Bartas, qu'il n'apercevait plus directement et qui était dès longtemps de côté. Sorel, Colletet, eux-mêmes, ces critiques retardataires, louent surtout l'auteur de *la Semaine* pour la gravité de son sujet; et ce n'est qu'avec une certaine réserve qu'ils parlent de la vigueur de ses vers. La grande édition in-folio de Du Bartas, en 1611, peut être considérée comme son vrai tombeau [1].

Au dehors il n'en fut pas ainsi; sa renommée faisait son chemin ou même continuait de grandir. Les plus honorables fortunes lui arrivaient. Traduit en vers italiens (*versi sciolti*) par Ferrante Guisone en 1592, il suggérait cette année même au Tasse l'idée du poëme des *Sept Journées* que le noble infortuné commençait à Naples et travaillait encore à Rome dans les derniers temps de sa vie. Les œuvres complètes de Du Bartas paraissaient à Londres, en 1621, traduites en vers anglais par Josué Sylvester. Quelques années plus tard, William L'Isle publiait, traduits de nouveau en vers, quatre livres de la *seconde Semaine*; il avait choisi ceux qui célèbrent, par anticipation, l'Angleterre et le règne d'Élisabeth, Bacon, Morus, Sydney, et aussi les grandeurs de la France. C'était, de la part du traducteur, une manière de galanterie de circonstance pour l'union de Madame Henriette et de Charles Ier et pour l'alliance des deux na-

---

[1]. On en découvrirait bien encore des éditions postérieures; il m'en passe une entre les mains, de Rouen, 1623, mais mauvaise et sans les commentaires.

-tions. On peut donc à peu près affirmer, d'après ces antécédents, que Du Bartas fut lu de Milton, comme il l'avait été du Tasse. M. Marmier l'a trouvé traduit ou imité en danois par Arreboe, qui florissait au commencement du dix-septième siècle, et en suédois par Spegel, vers le même temps où Rosenhane imitait Ronsard. La gloire à l'étranger est un écho qui souvent retarde. Du Bartas, déjà oublié et éliminé en France, faisait ainsi le tour de l'Europe, et poursuivait, renouvelait en quelque sorte ses succès de province. On retrouve encore aujourd'hui sa réputation assez fraîchement conservée là-bas, comme ces éléphants du Midi échoués on ne sait comment et conservés dans les neiges du Nord. Mais la parole proférée par Gœthe sur lui et sur ses mérites, si inexacte même qu'elle puisse sembler, est bien certainement son dernier coup de fortune, le dernier reflet inattendu après que le soleil est couché, et comme sa suprême gloire. N'y a-t-il pas, dites-moi, dans toute cette destinée d'un poëte qui fut si célèbre, un utile enseignement de goût et une profonde leçon d'humilité?

Février 1842.

# PHILIPPE DES PORTES

Je n'ai pas fini avec ces poëtes du seizième siècle ; plus on considère un sujet, pour peu qu'il ait quelque valeur, et plus on y découvre une diversité de points de vue et de ressources ; bien loin de s'épuiser, il se féconde. J'ai montré en Du Bartas le plus grand exemple peut-être de la célébrité viagère ou même posthume, hors du centre et à l'étranger ; je montrerai aujourd'hui en Des Portes le plus grand exemple de la fortune et de la condition, même politique, d'un poëte à la cour.

On a beaucoup écrit de Des Portes, et j'en ai souvent parlé moi-même : je tâcherai ici de ne pas me répéter et de ne pas trop copier les autres, du moins les récents. Mais il m'a semblé curieux de le traiter à part, sous un certain aspect. On a bientôt dit qu'il avait 10,000 écus de bénéfices et que c'était le mieux renté des beaux esprits de son temps ; mais rien ne saurait rendre l'idée exacte de cette grande existence, si on n'en rassemble tous les détails et si on ne la déroule dans son entier.

Philippe Des Portes naquit à Chartres, en 1546, de Philippe Des Portes, bourgeois de cette ville, et de Marie Édeline. Dreux du Radier, dans un intéressant article que je citerai souvent [1]. s'attache fort à prouver que Des Portes ne fut pas enfant naturel comme les savants auteurs du *Gallia christiana* l'avaient dit en un endroit par mégarde (tome VIII, p. 1268), et comme le furent très-honorablement d'ailleurs, en leur temps, Baïf et Mellin de Saint-Gelais. Il démontre la légitimité de naissance du poëte avec un grand surcroît de preuves et en lui rendant tout le cortége nombreux de sa parenté authentique. Thibaut Des

---

[1]. Il faut l'aller chercher dans *le Conservateur, ou Collection de morceaux rares....* (septembre 1757). Il vient un moment où ces morceaux enterrés ainsi en d'anciens recueils sont presque introuvables.

Portes, sieur de Bevilliers, grand audiencier de France, était son frère et devint son héritier. Mathurin Régnier était son neveu avéré du côté maternel, et il ressemblait à son oncle, dit-on, non-seulement d'esprit, mais aussi de visage. Dans une assez belle élégie latine de Nicolas Rapin, où celui-ci contemple en songe et nous représente les funérailles idéales de Des Portes, on voit ce frère et ce neveu menant le deuil et fondant en larmes à la tête des proches qui suivent à pas lents :

Tum procedebant agnati et sanguine juncti.

Il n'y a rien en tout cela qui sente le bâtard. Des Portes en eut, mais il ne l'était pas [1].

Tallemant des Réaux, dans un ature curieux article (*Historiettes*, tome I), et qu'il faut croiser avec celui de Du Radier, donne quelques détails, trop peu certains, sur les premières années et les aventures du jeune Philippe. D'abord clerc de procureur, puis secrétaire d'évêque, il va de Paris en Avignon, il voyage en Italie : il rapporta de ce pays, à coup sûr, toute sorte de butin poétique et de matière à imitations gracieuses. On l'aperçoit en pied à la cour de France vers 1570 ; il débute, il est amoureux et célèbre ses martyres avec une douceur qui paraît nouvelle, même après tant d'amours de Du Bellay, de Ronsard et de Baïf. Ces deux derniers, vivants et régnants, l'accueillent et le célèbrent à leur tour dans des pièces de vers pleines de louanges. Des Portes n'a que vingt-cinq ans, et déjà son heureuse étoile a chassé tous les nuages. Sa fortune marche devant, il n'a plus qu'à la suivre.

La situation n'avait jamais été meilleure en haut lieu pour les poëtes; Charles IX régnait, et il portait dans la protection des arts, dans le goût des vers en particulier, cette même impétuosité qu'il mettait à tout. L'habitude des poëtes est de se plaindre des choses, et il n'est que trop vrai que de tout temps

---

1. Dreux du Radier, au moment où il redresse l'inadvertance des auteurs du *Gallia christiana*, en a commis lui-même une assez piquante et singulière. Dans l'élégie latine de Rapin, le frère de Des Portes est ainsi désigné :

Primus ibi frater lente *Beuterius* ibat...

Du Radier découvre là un second frère de Des Portes, qu'il appelle *M. de Beutière*. Mais Niceron et Goujet disent positivement que Des Portes, n'eut qu'un frère unique, M. de Bevilliers; et si en effet, au lieu de *Beuterius*, on lit *Beulerius*, on trouve ce *Bevilliers* en personne. Une faute d'impression avait déguisé l'identité.

plusieurs, et des plus dignes, ont encouru d'amères rigueurs de la destinée. Pourtant l'âge des Mécènes ou de ceux qui y visent ne se trouve pas non plus si rare qu'on voudrait bien le dire, et, à prendre les diverses époques de notre histoire, les règnes favorables aux lettres et aux rimeurs n'ont pas manqué. Sans remonter beaucoup plus haut que le moment où nous sommes, il y avait eu de belles fortunes littéraires à la cour : le renom d'Alain Chartier résonnait encore; les abbayes et les prélatures de Mellin de Saint-Gelais et de Hugues Salel, étaient d'hier, et le bon Amyot cumulait toutes sortes d'honneurs à son corps défendant. Je crois pourtant qu'il faut distinguer entre la première faveur dont François Ier environna les poëtes et savants, et celle dont ses successeurs continuèrent de les couvrir : celle-ci fut, à certains égards, beaucoup moins importante pour l'objet, mais, pour l'effet, beaucoup plus réelle et plus libérale que l'autre. François Ier avait bien commencé, mais la fin se soutint mal, et, la dernière moitié de son règne coupa court au gracieux et libre essor du début. Ceux qu'il avait tant excités et favorisés d'abord, il se crut obligé de les réprimer ou du moins de les laisser poursuivre. Une assez grande obscurité entoure la plupart de ces vies de Marot, de Des Periers, de Dolet [1]; mais il paraît trop bien que sur la fin de François Ier tout se gâta. C'est qu'aussi, dans ce premier mouvement de nouveauté qu'avait si fort aidé l'enthousiasme du roi chevaleresque et qui fut toute une révolution, de grandes questions étaient en jeu, et que les idées, une fois lancées, ne s'arrêtèrent pas sur la pente; ces gracieux et plaisants esprits de Marot, de Marguerite de Navarre, de Rabelais, étaient aisément suspects d'hérésie ou de pis encore. Plus tard on se le tint pour dit et on prit ses précautions : le bel esprit et le sérieux se séparèrent.

L'école de Ronsard n'eut pas même grand effort de calcul à faire pour ne pas se compromettre dans les graves questions du jour, dans ces disputes de politique, de théologie et de libre examen. Naturellement païens de forme et d'images, les poëtes de cette génération restèrent bons catholiques en pratique et purement courtisans. On n'en trouverait que deux ou trois au plus qui firent exception, comme Théodore de Bèze ou Florent

---

1. La biographie de nos poëtes français ne devient guère possible au complet et avec une entière précision qu'à dater du milieu du xvie siècle, et à partir de l'école de Ronsard.

Chrestien. Quant à D'Aubigné et à Du Bartas, ils appartiennent déjà à une troisième génération, et ils essayèrent précisément à leur manière de se lever en opposants contre ce genre de poésie mythologique, artificielle et courtisanesque, qui les offensait.

Elle atteignit à son plus grand éclat et à sa perfection la plus polie avec Des Portes, et c'est vers 1572 qu'elle se produisit dans cette seconde fleur. Je suis bien fâché de le dire, mais cette année 1572, celle même de la Saint Barthélemi, fut une assez belle année poétique et littéraire. En 1572, dans un recueil intitulé : *Imitations de quelques Chants de l'Arioste par divers Poëtes françois*, le libraire Lucas Breyer offrait au public la primeur des poésies inédites de Des Portes, qui paraissaient plus au complet l'année suivante[1]. Dans le même temps, les œuvres revues de Ronsard étaient recueillies chez Gabriel Buon. Frédéric Morel mettait en vente celles de Jacques et Jean de La Taille (1572-1574). Abel L'Angelier préparait une réimpression de Jacques Tahureau ; et enfin le même Lucas Breyer donnait une édition entière d'Antoine de Baïf, *Amours, Jeux, Passetemps et Poëmes* (1572-1574). Or, dans le volume des *Passetemps*, on lisait cet exécrable sonnet *sur le corps de Gaspard de Coligny gisant sur le pavé :*

> Gaspar, tu dors ici, qui soulois en ta vie
> Veiller pour endormir de tes ruses mon Roy;
> Mais lui, non endormi, t'a pris en désarroy,
> Prévenant ton dessein et ta maudite envie.
> Ton ame misérable au dépourvu ravie...

Je fais grâce du reste de cette horreur. Et voilà ce qu'un honnête poëte écrivait en manière de *passetems*, tout à côté d'agréables idylles traduites de Bion ou de Moschus[2]. Ce Baïf, l'aîné

---

1. *Les premières Œuvres de Philippe Des Portes*, dédiées au Roi de Pologne, Paris, Robert le Mangnier, 1573, in-4°.
2. Il convient, en jugeant à froid, de modérer sa propre rigueur et de faire la part de la fièvre du temps. Le Tasse, jeune, qui était à Paris en 1571, à la veille de la Saint-Barthélemi, ne paraît pas avoir pensé autrement que Baïf; l'excès de son zèle catholique dépassait celui du cardinal d'Este, et un mémoire de lui sur les troubles de France, retrouvé en 1817, le doit faire regarder, on rougit de le dire, comme un approbateur et un apologiste de la Saint-Barthélemi. On peut lire là-dessus l'intéressant chapitre intitulé *le Tasse en France*, que M. Valery vient de donner dans ses *Curiosités et Anecdotes italiennes;* on y trouvera rassemblées de piquantes particularités sur les mœurs et le ton de cette cour. — Ces ferveurs fanatiques ont valu aux poètes de la Pléiade le fâcheux honneur

de Des Portes, était devenu son intime ami et, avec bien moins d'esprit mais un goût passionné pour les lettres, il s'était fait une grande et singulière existence : il nous la faut bien connaître pour mieux apprécier ensuite celle de Des Portes, la plus considérable de toutes.

Nul parmi les condisciples et les émules de Ronsard n'avait poussé si loin l'ardeur de l'étude et de l'imitation antique que Jean-Antoine de Baïf. Né en Italie, à Venise, vers 1532 ou même 1530, fils naturel de l'ambassadeur français Lazare de Baïf, et d'une jeune demoiselle du pays, il semblait avoir apporté de cette patrie de la renaissance la superstition et l'idolâtrie d'un néophyte[1]. Après avoir chanté ses amours comme tous les poëtes du temps, il s'était mis sans trêve à traduire les petites et moyennes pièces des anciens, et, au milieu du fatras laborieux qu'il entassait, il rencontrait parfois de charmants hasards et dignes d'une muse plus choisie. On en aura bientôt la preuve. Mais, riche et prodigue, c'était avant tout un patron littéraire et un centre. Écoutons le bon Colletet en parler avec abondance de cœur et comme si, à remémorer cet âge d'or des rimes, l'eau vraiment lui en venait à la bouche : « Le roi Charles IX, dit-il,

---

d'être loués par le père Garasse. On lit, dans sa *Doctrine curieuse des beaux esprits de ce temps* (p. 124 et suiv.), une triste anecdote, malheureusement trop circonstanciée. Le poëte Rapin, mourant à Poitiers (décembre 1608) entre les mains de quatre pères jésuites, avec le regret, assure Garasse, d'avoir méconnu et persécuté leur compagnie, adressa aux assistants sa confession générale, et leur raconta comment il n'avait fait qu'une seule bonne action dans sa jeunesse : c'était lorsqu'un certain *maraud*, venant à se glisser dans la familiarité des poëtes de la Pléiade et dans la sienne, s'était mis à y insinuer des maximes *athéistes*; mais Ronsard fut le premier qui, suivant l'ardeur de son courage, cria *au loup*, et fit ce beau poëme contre les athées, qui commence :

O ciel, ô terre, ô mer, ô Dieu, père commun, etc., etc.

Turnèbe et Sainte-Marthe vinrent ensuite et poussèrent en vers et en prose contre ce Mézence (*in Mezentium*); « et nous ne nous désistâmes point, ajouta Rapin, jusques à ce que nous eûmes fait condamner cet infâme par arrêt de la Cour à perdre la vie, comme il fit *étant pendu et puis brûlé publiquement en la place de Grève...* » Telles furent les dernières paroles de Rapin, selon le témoignage de Garasse, qui se trouvait pour lors à Poitiers. On peut sans doute récuser un témoin si folâtre; mais ici il croit louer, et le sonnet de Baïf est là pour montrer que tout est possible.

1. Lazare de Baïf, père de Jean-Antoine, avait essayé lui-même d'être auteur en français; mais il se montra aussi rude en sa langue qu'il paraissait élégant dans la latine. Il avait traduit en vers français et publié l'*Electre* de Sophocle dès 1537. Son *Hécube*, traduite d'Euripide, ne vint qu'après. Joachim Du Bellay lui attribue d'avoir le premier introduit quelques mots qui sont restés, par exemple, celui d'*Epigramme* et d'*Elégie*, et d'avoir trouvé aussi « ce beau mot composé, *aigre-doux*. »

qui aimoit Baïf comme un excellent homme de lettres, parmi d'autres gratifications qu'il lui fit, l'honora de la qualité de secrétaire ordinaire de sa chambre. Le roi Henri III voulut qu'à son exemple toute sa cour l'eût en vénération, et souvent même Sa Majesté ne dédaignoit pas de l'honorer de ses visites jusques en sa maison du faubourg Saint-Marcel, où il le trouvoit toujours en la compagnie des Muses, et parmi les doux concerts des enfants de la musique qu'il aimoit et qu'il entendoit à merveille [1]. Et comme ce prince libéral et magnifique lui donnoit de bons gages, il lui octroya encore de temps en temps quelques offices de nouvelle création et de *certaines confiscations* qui procuroient à Baïf le moyen d'entretenir aux études quelques gens de lettres, de régaler chez lui tous les savants de son siècle et de tenir bonne table. Dans cette faveur insigne, celui-ci s'avisa d'établir en sa maison une Académie des bons poëtes et des meilleurs esprits d'alors, avec lesquels il en dressa les loix, qui furent approuvées du roi jusques au point qu'il en voulut être et obliger ses principaux favoris d'en augmenter le nombre. J'en ai vu autrefois l'Institution écrite sur un beau vélin signé de la main propre du roi Henri III, de Catherine de Médicis sa mère, du duc de Joyeuse et de quelques autres, qui tous s'obligeoient par le même acte de donner une certaine pension annuelle pour l'entretien de cette fameuse Académie. Mais hélas ! [2]... »

Et Colletet arrive aux circonstances funestes qui la ruinèrent. J'ai moi-même parlé ailleurs avec quelque détail de ce projet d'Académie, et j'en ai indiqué les analogies anticipées avec l'Académie française. Lorsque la reine Christine fit visite à celle-ci, en 1658, l'illustre compagnie, surprise à l'improviste, n'avait pas résolu la question de savoir si on resterait assis ou debout devant la reine. Un académicien présent, M. de La Mesnardière, rappela à ce sujet que, « du temps de Rousard, il se tint une assemblée de gens de lettres et de beaux esprits à Saint-Victor, où

---

1. O cite, en effet, de fameux musiciens de ce siècle qui mettaient des airs aux paroles des poëtes : Orlande le jeune avait noté en musique un certain sonnet d'Olivier de Magny, un petit dialogue entre un amant et le nocher Caron, qui avait tenu longtemps en émoi toute la cour. Thibault de Courville et Jacques Mauduit conduisaient les concerts de Baïf; Guedron et Du Cauroy faisaient les airs des chansons de Du Perron. — L'école de Marot et de Saint-Gelais avait eu aussi ses musiciens, dont on sait les noms. J'ai sous les yeux (Bibliothèque Mazarine) un recueil imprimé de Chansons avec musique, de 1553.
2. Vie de Baïf, manuscrit de Colletet.

Charles IX alla plusieurs fois, et que tout le monde étoit assis devant lui. » Ce précédent fit loi [1].

Sur ce chapitre des libéralités des Valois, nous apprenons encore qu'en 1581 le roi donna à Ronsard et à Baïf la somme de *douze mille livres comptant* [2] pour les vers (mascarades, combats et tournois) qu'ils avaient composés aux noces du duc de Joyeuse, outre les livrées et les étoffes de soie dont cet illustre seigneur leur avait fait présent à chacun. Cet argent *comptant* avait alors un très-grand prix ; car trop souvent, à ces époques de comptabilité irrégulière, les autres libéralités octroyées demeuraient un peu sur le papier. On cite l'exemple d'Henri Estienne à qui le roi (1585) avait donné mille écus pour son traité de *la Précellence du Langage françois;* mais le trésorier ne lui voulut délivrer sur son brevet que six cents écus comptant. Et comme Henri refusait, le trésorier lui dit en se moquant : « Je vois bien que vous ne savez ce que c'est que finances ; vous reviendrez à l'offre et ne la retrouverez pas. » Ce qui se vérifia en effet ; aucun autre trésorier n'offrit mieux ; un édit contre les protestants survint à la traverse, et Henri Estienne dut s'en retourner à Genève en toute hâte, le brevet en poche et les mains vides.

Sous Louis XIV même, sous Colbert, on sait l'éclat que firent à un certain moment ces fastueuses pensions accordées à tous les hommes de lettres et savants illustres en France et à l'étranger. Il alla de ces pensions, dit Perrault (*Mémoires*), en Italie, en Allemagne, en Danemark et jusqu'en Suède; elles y arrivaient par lettres de change. Quant à celles de Paris, on les distribua la première année à domicile, dans des bourses de soie d'or; la seconde année, dans des bourses de cuir. Puis il fallut

---

1. L'Académie des Valois ne tenait pas toujours ses séances à Saint-Victor. D'Aubigné, qui dut à son talent de bel esprit agréable d'y être admis par le roi, dans le temps où il était attaché au Béarnais captif et à la veille de l'évasion de 1576, D'Aubigné nous apprend (*Histoire universelle*, livre II, chap. xx) qu'alors cette Académie s'assemblait dans le cabinet même du roi, deux fois par semaine, et qu'on y entendait toutes sortes d'hommes doctes, et même des dames qui avaient étudié; on y posait des problèmes de bel esprit et de métaphysique. Le problème était chaque fois proposé *par celui qui avoit le mieux fait à la dernière dispute.* — Enfin la musique jouait un assez grand rôle dans ces réunions de Saint-Victor pour que le père Ménestrier y ait vu un commencement d'opéra (*des Représentations en Musique anciennes et modernes*, page 166); et, en ce sens, la fondation de Baïf était en effet une tentative anticipée, sinon d'*Académie royale de Musique*, du moins de *Conservatoire*.

2. Deux mille écus à chacun.

les aller toucher soi-même; puis les années eurent quinze et seize mois, et, quand vint la guerre avec l'Espagne, on ne les toucha plus du tout. Aujourd'hui, il faut tout dire, si on est par trop rogné au budget, on est très-sûrement payé au trésor.

Les poëtes favoris et bons catholiques savaient sans doute profiter des créations d'offices et des petites *confiscations* en leur faveur, mieux que le calviniste Henri Estienne ne faisait de son brevet. On voit pourtant, à de certaines plaintes de Baïf, que lui aussi il eut un jour bien de la peine à se défaire de deux offices de nouvelle création dont Charles IX l'avait gratifié, et l'honnête donataire s'en prend tout haut à la prodigieuse malice d'un petit secrétaire fripon. Quoi qu'il en soit, dans sa retraite de Saint-Victor, où tous les illustres du temps vinrent s'asseoir, et où nous verrons Des Portes en un moment de douleur se retirer, Baïf continua de vivre heureux et fredonnant, menant musiques et aubades, même au bruit des arquebusades du Louvre, et chamarrant sa façade de toutes sortes d'inscriptions grecques bucoliques et pindariques, jusqu'à l'heure où les guerres civiles prirent décidément le dessus et où tout s'y abîma. Ses dernières années furent gênées et chagrines; il mourut du moins assez à propos (1589) pour ne pas voir sa maison chérie mise au pillage [1].

Mais revenons; nous ne sommes guère qu'au début de Des Portes, à ce lendemain de la Saint-Barthélemi où Bèze et les

---

1. Moréri et Gouget retardent cette mort jusqu'en 1591. — Ce badin de Moncrif, dans son *Choix d'anciennes Chansons*, après en avoir cité une de l'honnête Baïf, a eu le front d'écrire : « Peut-être est-ce le premier poëte qui a imaginé d'avoir une *petite maison* dans un faubourg de Paris. Une Académie, qu'il y établit dans de certains jours, n'étoit peut-être qu'un prétexte. » Il faut bien être de son xviii<sup>e</sup> siècle pour avoir de ces idées-là. Colletet fils, qui ne badinait pas, a ajouté la note suivante au manuscrit de son père : « Il me souvient, étant jeune enfant, d'avoir vu la maison de cet excellent homme que l'on montroit comme une marque précieuse de l'antiquité; elle étoit située (sur la paroisse de Saint-Nicolas du Chardonnet) à l'endroit même où l'on a depuis bâti la maison des religieuses angloises de l'ordre de saint Augustin, et sous chaque fenêtre de chambre on lisoit de belles inscriptions grecques en gros caractères, tirées du poëte Anacréon, de Pindare, d'Homère et de plusieurs autres, qui attiroient agréablement les yeux des doctes passants. » Une de ces inscriptions, j'imagine, et non certes la moins appropriée, aurait été celle-ci, tirée de Théocrite : « La cigale est chère à la cigale, la fourmi à la fourmi, et l'épervier aux éperviers; mais à moi la Muse et le chant. Que ma maison tout entière en soit pleine! car ni le sommeil, ni l'éclat premier du renouveau n'est aussi doux, ni les fleurs ne plaisent aux abeilles autant qu'à moi les Muses me sont chères... »
— C'est dans ce même couvent des Anglaises, bâti en 1634 sur l'emplacement de la maison de Baïf, que par la suite (*volventibus annis*) a été élevée madame Sand.

autres poëtes huguenots comparent Charles IX à Hérode, et où notre nouveau venu lui dédie son *Roland furieux* imité de l'Arioste. Son *Rodomont*, autre imitation, qui n'a guère que sept cents vers, lui était payé huit cents écus d'or, de ces écus dits *à la couronne*; plus d'un écu par vers. Demandez à D'Aubigné et même à Malherbe : le Béarnais, avant ou après la messe, et ne fût-ce que d'intention, fit-il mine jamais d'être si généreux ?

Dreux du Radier a très-bien remarqué le tact de Des Portes au début dans les moindres choses : à Charles IX, prince bouillant et impétueux, il s'adresse avec les fureurs de *Roland* en main et avec les fiertés de *Rodomont*; au duc d'Anjou, plutôt galant et tendre, il dédie dans le même temps les beautés d'*Angélique* et les douleurs de ses amants. Courtisan délicat, il savait avant tout consulter les goûts de ses patrons et assortir ses offrandes.

Mais je ne suivrai pas Du Radier dans sa discussion des amours et des maîtresses de Des Portes. Celui-ci a successivement célébré trois dames, sans préjudice des amours *diverses*. La première, *Diane*, était-elle en effet cette Diane de Cossé-Brissac qui devint comtesse de Mansfeld et eut une fin tragique, surprise et tuée par son mari dans un adultère? La seconde maîtresse, *Hippolyte*, et la troisième, *Cléonice*, étaient-elles d'autres dames que nous puissions nommer de cette cour? Du Radier s'y perd, et Tallemant le contredit. Ce qui paraît certain, c'est que Des Portes aimait en effet très-haut, et que son noble *courage*, comme on disait, aspirait aux plus belles fortunes ; si ses sonnets furent très-platoniques, sa pratique passait outre et allait plus effectivement au réel. Un jour qu'il était vieux, Henri IV lui dit en riant, devant la princesse de Conti : « Monsieur de Tiron, il faut que vous aimiez ma *nièce*; cela vous réchauffera et vous fera faire encore de belles choses. » La princesse répondit assez vivement : « Je n'en serois pas fâchée, il en a aimé de meilleure maison que moi » Elle faisait allusion à la reine Marguerite, femme de Henri IV ; on avait jasé d'elle autrefois et du poëte.

Des Portes ne célébrait pas moins les amours de ses patrons que les siens, et on peut deviner que cela l'avançait encore mieux. On a des stances de lui pour le roi Charles IX à *Cal-*

*lirée :* était-ce la belle Marie Touchet d'Orléans, la seule maitresse connue de Charles IX ? Il y a dans la pièce un assez beau portrait de ce jeune et sauvage chasseur, qui eut le malheur de tourner au féroce :

> J'ai mille jours entiers, au chaud, à la gelée,
> Erré, la trompe au col, par mont et par vallée,
> Ardent, impatient. . . . . . . . .

Dans d'autres stances pour le duc d'Anjou allant assiéger la Rochelle (1572), on entend des accents plus doux ; le guerrier élégiaque se lamente pour la demoiselle de Châteauneuf, la plus belle blonde de la cour, qu'il laissa bientôt pour la princesse de Condé, et à laquelle il revint après la mort de celle-ci. Le ton est tout différent pour les deux frères : Charles IX résistait et se cabrait contre l'amour ; le duc d'Anjou y cède et s'y abandonne languissamment.

La pièce qui suit, ou *Complainte pour M. le duc d'Anjou élu roi de Pologne* (1573), et l'autre *Complainte pour le même étant en Pologne* (1574), regardent la princesse de Condé[1], à ce que Du Radier assure. Nous assistons aux moyens et aux progrès de la faveur de Des Portes. Il accompagna le prince dans son royaume lointain, et après neuf mois de séjour maudit, il quitta cette contrée pour lui trop barbare avec un *Adieu* de colère. Dans le siècle suivant, Marie de Gonzague appelait à elle en Pologne le poëte Saint-Amant, qui ne s'y tint pas davantage. Bernardin de Saint-Pierre, plus tard, a réparé ces injures, et, tout comblé d'une faveur charmante, il a laissé à ces forêts du Nord des adieux attendris.

Mais rien n'explique mieux le degré de familiarité et l'insinuation intime de Des Portes que deux élégies sur lesquelles Du Radier a fixé son attention, et dont nous lui devons la clef. L'*Aventure* première a pour sujet le premier rendez-vous heureux d'*Eurylas* (Henri III, encore duc d'Anjou) avec la belle *Olympe* (la princesse de ⋅ndé). Olympe était d'abord toute cruelle et rigoureuse, ignorant les effets de l'amour, et son amie la jeune *Fleur-de-Lys* (Marguerite de Valois) l'en reprenait et lui disait d'une voix flatteuse :

---

1. Marie de Clèves, fille du duc de Nevers, morte en couches le 30 octobre 1574.

> Que faites-vous, mon cœur ? quelle erreur vous transporte
> De fermer aux Amours de vos pensers la porte ?
> Quel plaisir aurez-vous vivant toujours ainsi ?
> Amour rend de nos jours le malheur adouci ;
> Il nous élève au ciel, il chasse nos tristesses,
> Et, au lieu de servir, nous fait être maîtresses.
> L'air, la terre et les eaux révèrent son pouvoir ;
> Il sait, comme il lui plaît, les étoiles mouvoir ;
> Tout le reconnaît Dieu. Que pensez-vous donc faire
> D'irriter contre vous un si fort adversaire ?
> Par lui votre jeunesse en honneur fleurira ;
> Sans lui cette beauté rien ne vous servira,
> Non plus que le trésor qu'un usurier enserre,
> Ou qu'un beau diamant caché dessous la terre.
> On ne doit sans Amour une Dame estimer ;
> Car nous naissons ici seulement pour aimer !

A ces doux propos, pareils à ceux d'Anna à sa sœur Didon, la sévère Olympe résiste encore ; mais son heure a sonné ; elle a vu le bel et indifférent Eurylas ; leurs yeux se rencontrent,

> . . . . . . . Et, sans savoir comment,
> Leurs deux cœurs *sont* navrés par un trait seulement.

Le mari jaloux s'en mêle et enferme Olympe ! L'imprudent ! rien ne mûrit une ardeur amoureuse comme de se sentir sous les verrous. Olympe ne pense plus à autre chose qu'à en sortir et qu'à oser. Le sommeil et Vénus en songe lui viennent en aide. Au fond du vieux palais (de Fontainebleau peut-être) est un lieu propice, un sanctuaire réservé aux amants fortunés : Vénus le lui indique dans le songe, en y joignant l'heure de midi et tous les renseignements désirables :

> Vénus, ce lui sembloit, à ces mots l'a baisée,
> Laissant d'un chaud désir sa poitrine embrasée,
> Puis disparut légère. Ainsi qu'elle partoit,
> Le Ciel tout réjoui ses louanges chantoit ;
> Les Vents à son regard tenoient leurs bouches closes,
> Et les petits Amours faisoient pleuvoir des roses.

Olympe s'éveille et n'a plus qu'à obéir. Vénus lui a également permis de conduire avec elle Camille, sa compagne, qui doit combler les vœux d'un certain Floridant ; mais Olympe va plus loin, elle songe, de son propre conseil, à mettre la jeune

*Fleur-de-Lys* de la partie, et sans le lui dire; car *Fleur-de-Lys* est éprise du gracieux *Nirée*, et Olympe, en ce jour de fête, veut faire le bonheur de son amie comme le sien.

Tout se passe à ravir, et au gré de la déesse ; les couples heureux se rencontrent ; mais seule la jeune *Fleur-de-Lys* s'étonne et résiste ; elle blâme la téméraire Olympe, laquelle sait bien alors lui rappeler les anciens conseils, et lui rendre malicieusement la leçon à son tour :

> Hé quoi, lui disoit-elle, où est votre assurance ?
> Où sont tous ces propos si pleins de véhémence
> Que vous me souliez dire afin de m'enflammer,
> Avant que deux beaux yeux m'eussent forcé d'aimer ?
> . . . . . . . . . . . . . . . . . . . . . . . . .
> Comme un soldat craintif, qui, bien loin du danger,
> Ne bruit que de combats, de forcer, d'assiéger,
> Parle haut des couards, leur lâcheté reproche,
> Puis fuit honteusement lorsque l'ennemi s'approche ;
> Vous fuyez tout ainsi, d'un cœur lâche et peureux,
> Bien que votre ennemi ne soit pas rigoureux.

Si l'on n'était en matière si profane, j'allais dire que c'est en petit la situation de Polyeucte et de Néarque, quand celui-ci, après avoir poussé son ami, recule. Mais la sage *Fleur-de-Lys* tient bon jusqu'à la fin. On se demande, à voir cette discrétion extrême et ce demi-voile jeté sur un coin du tableau, quel peut être ce gracieux et timide *Nirée*, compagnon d'Eurylas. Est-ce le duc de Guise ? se dit Du Radier ; est-ce Du Guast ? est-ce Chanvalon ? Et moi je demande bien bas : Ne serait-ce pas Des Portes lui-même, le discret poëte, qui fait ici le modeste et n'a garde de trahir l'honneur de sa dame ?

Cette élégie finit par quelques traits charmants pour peindre les délices mutuelles dans cette rencontre.

> O jeune enfant, Amour, le seul dieu des liesses,
> Toi seul pourrois conter leurs mignardes caresses...;

et après une énumération assez vive :

> Tu les peux bien conter, car tu y fus toujours !

Il me semble que l'on comprend mieux maintenant le talent, le rôle amolli et la grâce chatouilleuse de Des Portes[1].

---

1. Il y a une sotte histoire sur son compte, et qui le ferait poëte beau-

La seconde élégie ou *Aventure*, intitulée *Cléophon*, nous fait pénétrer encore plus curieusement dans ces mœurs d'alors et dans cette fonction aussi séduisante que peu grandiose du poëte. Il s'agit en cette pièce de déplorer l'issue funeste du duel qui eut lieu le 27 avril 1578, près de la Bastille (là où est aujourd'hui la place Royale), entre Quelus, Maugiron et Livarot d'une part, d'Antragues, Riberac et Schomberg de l'autre. Des six combattants quatre finalement périrent, dont surtout les deux mignons d'Henri III, Quelus et Maugiron. Celui-ci fut tué sur la place ; Quelus, auteur de la querelle, ne mourut de ses blessures que trente-trois jours après. Le poëte raconte donc le malheur, le dévouement des deux amis, *Damon* (Quelus) et *Lycidas* (Maugiron), et l'inconsolable douleur de l'autre ami *Cléophon*, c'est-à-dire d'Henri III, qui ne quitte pas le chevet du survivant tant qu'il respire.

Et de sa blanche main le fait boire et manger.

Les souvenirs de Nisus et d'Euryale animent et épurent assez heureusement cette complainte. On y retrouve un écho de ces accents étrangement sensibles que Théocrite a presque consacrés dans l'idyle intitulée *Aïtès* ; et le poëte français ne fait guère que retourner et paraphraser en tous sens ces vers de Bion : « Heureux ceux qui aiment, quand ils sont payés d'un égal amour ! Heureux était Thésée dans la présence de Pirithoüs, même quand il fut descendu dans l'affreux Ténare ! Heureux était Oreste parmi les durs Axéniens, puisque Pylade avait entrepris le voyage de moitié avec lui ! Bienheureux était l'Éacide Achille tant que son compagnon Patrocle vivait ! heureux il était en mourant, parce qu'il avait vengé sa mort[1]. »

coup plus naïf vraiment qu'il n'était ; nous en savons déjà assez pour la démentir. On raconte qu'il parut un jour en habit négligé devant Henri III, tant, ajoute-t-on, il était *homme d'étude et adonné à sa poésie!* et Henri III lui aurait dit : « J'augmente votre pension de tant, pour que vous vous présentiez désormais devant moi avec un habit plus propre. » De telles distractions seraient bonnes chez La Fontaine ; mais Des Portes avait à la cour l'esprit un peu plus présent. S'il parut un jour en tel négligé, après quelque élégie, ce ne fut de la part du galant rimeur qu'une manière adroite et muette de postuler un bénéfice de plus.

1. Il faudrait ici, en contraste immédiat et pour représailles sanglantes, opposer des passages de D'Aubigné en ses *Tragiques;* style sauvage, inculte, hérissé, indignation morale qui ne se contient plus, injure ardente, continuelle, forcenée, rien n'y manque comme châtiment de l'élégie ; mais la plupart du temps aussi, cette trop grossière éloquence ne se saurait citer, et, des deux poëtes, le moins moral est encore le plus facile

## AU XVI<sup>e</sup> SIÈCLE.

Nous sommes tout préparés maintenant à bien admettre la faveur de Des Portes, le crédit immense dont il disposa, et sa part active dans les affaires. Prenons-le donc de ce côté et voyons-le à l'œuvre.

Il ne faut que plus savoir encore que notre abbé, si chargé de bénéfices et de titres ecclésiastiques, n'en omettait pourtant pas tout à fait les fonctions. On lit dans le *Journal d'Henri III*, à la date de 1585, et parmi les anecdotes burlesques de ces années de puérilité et de scandale : « Le dernier jour du mois (octobre), le Roi s'en alla à Vincenne pour passer les fêtes de la Toussaint et faire les pénitences et prières accoutumées avec ses confrères les Hiéronymites, auxquels, ledit jour du mois de septembre précédent, il avoit fait lui-même, et de sa bouche, le prêche ou exhortation; et, quelques jours auparavant, il leur avait fait faire pareille exhortation par Philippe Des Portes, abbé de Tiron, de Josaphat et d'Aurillac[1], son bien-aimé et favori poëte. » Ainsi tour à tour, ce roi à bilboquets et à chapelets employait le bel esprit accommodant à prêcher ses confrères, comme à pleurer ses mignons[2].

Si bien qu'il se sentît de longue main auprès d'Henri III, Des Portes avait cru devoir s'attacher au duc de Joyeuse, le plus brillant et le plus actif des favoris d'alors ; il était son

---

à transcrire. Dans la satire intitulée *les Princes*, on sent à tout moment l'allusion à Des Portes :

> Des ordures des grands le poëte se rend sale,
> Quand il peint en César un ord Sardanapale...
> . . . . . . . . . Leurs poëtes volages
> Nous chantent ces douceurs comme amoureuses rages...
> Qu'ils recherchent le los des affétés poëtes..., etc.

1. Des Portes eut bien encore d'autres titres et qualités : il fut chanoine de la Sainte-Chapelle, abbé de Bomport, de Vaux-de-Cernai ; cette dernière abbaye ne lui vint pourtant qu'en échange de celle d'Aurillac, qu'il permuta. Le *Gallia christiana* est tout marqué, à chaque volume, de son nom et de ses louanges. Nous lui découvrirons en avançant d'autres abbaye sencore ; ç'a été sa vocation d'être le mieux crossé des élégiaques.

2. D'Aubigné y pensait évidemment quand il s'écriait :

> Si, depuis quelque temps, vos rimeurs hypocrites,
> Déguisés, ont changé tant de phrases écrites
> Aux profanes amours, et de mêmes couleurs
> Dont ils servoient Satan, infâmes bateleurs,
> S'ils colorent encor leurs pompeuses prières
> De fleurs des vieux païens et fables mensongères,
> Ces écoliers d'erreur n'ont pas le style appris,
> Que l'Esprit de lumière apprend à nos esprits.
> De quelle oreille Dieu prend les phrases flatresses
> Desquelles ces pipeurs fléchissent leurs maîtresses ?

(Satire des *Princes*.)

conseil en tout et comme son premier ministre. On en a un piquant exemple raconté par De Thou en ses *Mémoires*. Celui-ci, âgé de trente-trois ans, n'était encore que maître des requêtes; il avait passé sa jeunesse aux voyages. Le président De Thou, son oncle, le voulait pourvoir de sa survivance, et il se plaignait de la négligence de son neveu à s'y pousser. Il en parlait un jour sur ce ton à François Choesne, lieutenant général de Chartres, qui courut raconter à l'autre De Thou les regrets du vieil oncle, et le presser de se mettre en mesure. Mais le futur historien allégua que le moment n'était pas venu, que les sollicitations n'allaient pas à son humeur, qu'il en faudrait d'infinies dans l'affaire en question ; enfin toutes sortes de défaites et d'excuses comme en sait trouver le mérite indépendant et peu ambitieux. Mais Choesne l'arrêta court : « Rien de plus simple, lui dit-il; si vous croyez votre dignité intéressée, abstenez-vous : laissez-moi faire; je me charge de tout. Vous connaissez Philippe Des Portes, et vous n'ignorez pas qu'il est de mes parents et de mes amis. Il peut tout près du duc de Joyeuse, lequel fait tout près du roi. Ce sera, j'en réponds, leur faire plaisir, à Des Portes et au duc, que de les employer pour vous. »

Et tout d'un trait, Choesne court chez Des Portes, qu'il trouve près de sortir et le *portefeuille* sous le bras, un portefeuille rouge de ministre : oui, en vérité, notre gracieux poëte en était là. Des Portes allait chez le duc de Joyeuse *travailler*, comme on dit. En deux mots Choesne le met au fait; c'était le matin : « Revenez dîner aujourd'hui, lui dit Des Portes, et je vous rendrai bon compte [1]. » A l'heure du dîner, Choesne trouve l'affaire faite et De Thou président à mortier en survivance; il court l'annoncer à celui-ci qui, tout surpris d'une telle facilité et d'une telle diligence, est confondu de se voir si en retard de civilité, et qui se rend lui-même au plus vite chez Des Portes, entamant dès l'entrée toutes sortes d'excuses. Mais Des Portes ne souffrit pas qu'il lui en dît davantage, et lui répondit noblement : « Je sais que vous êtes de ceux à qui il convient mieux de témoigner leur reconnaissance des bons offices, que de prendre la peine

---

1. A propos de dîner, ceux de Des Portes étaient célèbres et lui faisaient grand honneur : « *Nullus enim eum vel hospitalis mensæ liberalibus epulis.... vel omni denique civilis vitæ splendore superavit,* » a dit Scévole de Sainte-Marthe.

de les solliciter. Quand vous m'avez employé pour vous auprès du duc de Joyeuse, comptez que vous nous avez obligés l'un et l'autre ; c'est en pareille occasion qu'on peut dire qu'on se fait honneur quand on rend service à un homme de mérite. »

Certes Des Portes, on le sait trop, n'avait pas un sentiment moral très-profond ni très-rigide ; ce qu'on appelle dignité de conscience et principes ne doit guère se chercher en lui ; mais, tout l'atteste, il avait une certaine libéralité et générosité de cœur, un charme et une séduction sociale qui font beaucoup pardonner[1], un tour, une représentation aisée, pleine de magnificence et d'honneur, enfin ce qu'on peut appeler du moins des parties de l'honnête homme.

De Thou reconnaissant le priait de l'introduire sur-le-champ chez le duc de Joyeuse pour offrir ses remercîments confus. Mais Des Portes, qui savait combien les grands sont légers et peu soucieux, même de la reconnaissance pour le bien qu'ils ont fait sans y songer autrement, éluda cette louable effusion, et lui dit qu'ils ne trouveraient pas le duc à cette heure ; qu'un remercîment si précipité le pourrait même importuner dans l'embarras d'affaires où l'on était, et qu'il se chargeait du compliment et des excuses. Cependant Joyeuse partit pour son commandement de Normandie ; la visite fut remise au retour. Quelque temps après (1587), survint la défaite de Coutras, où périt ce jeune seigneur, et le long enchaînement des calamités civiles recommença.

Ce fut un coup affreux pour Des Portes, et qui semblait briser sa fortune au moment où elle touchait au faîte. L'affection pourtant, on aime à le penser, eut une grande part en ses regrets. Dans l'accablement où il tomba à la première nouvelle de cette mort, fuyant la société des hommes, il se retira chez Baïf à Saint-Victor, en ce monastère même des muses que nous avons décrit précédemment. C'est De Thou encore qui nous apprend cela, et qui alla l'y voir pour le consoler.

La poésie dut alors lui revenir en aide ; tout en suivant l'ambition, il en avait maudit souvent les conditions et les gênes. Il aimait la nature, il la sentait avec une sorte de vivacité tendre ; il put, durant ces quelques mois de retraite, se reprendre avec

---

1. *Ingenii morumque suavitas,* répète-t-on de lui à l'envi dans tous les éloges du temps.

regret aux beaux jours envolés, et se redire ce sonnet de lui, déjà ancien, qu'il adressait au vieux Dorat :

> Quel destin favorable, ennuyé de mes peines,
> Rompra les forts liens dont mon col est pressé ?
> Par quel vent reviendrai-je au port que j'ai laissé,
> Suivant trop follement des espérances vaines ?
>
> Verrai-je plus le temps qu'au doux bruit des fontaines,
> Dans un bocage épais mollement tapissé,
> Nous récitions nos vers, moi d'amour offensé,
> Toi bruyant de nos Rois les victoires hautaines ?
>
> Si j'échappe d'ici, Dorat, je te promets
> Qu'Apollon et Cypris je suivrai désormais,
> Sans que l'ambition mon repos importune.
>
> Les venteuses faveurs ne me pourront tenter,
> Et de peu je saurai mes désirs contenter,
> Prenant congé de vous, Espérance et Fortune.

C'était également, si l'on s'en souvient, le vœu final de Gil Blas, mais qui, plus sage, paraît s'y être réellement tenu.

Convient-il de placer déjà à ce moment plusieurs des retours chrétiens de Des Portes, de ces sonnets spirituels et de ces prières qui, dans une âme mobile, ne semblent pas avoir été sans émotion et sans sincérité? Les *Psaumes* ne vinrent que plus tard, et furent l'œuvre de sa vieillesse. Mais, dès l'époque où nous sommes, il avait composé des pièces contrites, dont plusieurs datent certainement d'une grande maladie qu'il avait faite en 1570. On a souvent cité ce sonnet, assez pathétique, qui paraît bien avoir été l'original dont s'est inspiré Des Barreaux pour le sien devenu fameux :

> Hélas ! si tu prends garde aux erreurs que j'ai faites,
> Je l'avoue, ô Seigneur ! mon martyre est bien doux ;
> Mais, si le sang de Christ a satisfait pour nous,
> Tu décoches sur moi trop d'ardentes sagettes.
>
> Que me demandes-tu ? Mes œuvres imparfaites,
> Au lieu de t'adoucir, aigriront ton courroux ;
> Sois-moi donc pitoyable, ô Dieu ! père de tous ;
> Car où pourrai-je aller, si plus tu me rejettes ?
>
> D'esprit triste et confus, de misère accablé,
> En horreur à moi-même, angoisseux et troublé,
> Je me jette à tes pieds, sois-moi doux et propice !

Ne tourne point les yeux sur mes actes pervers,
Ou, si tu les veux voir, vois-les teints et couverts
Du beau sang de ton Fils, ma grâce et ma justice [1].

Il est probable que, durant les semaines d'affliction, ces pensées graves lui repassèrent au moins par l'esprit, de même que plus tard, après la Ligue, et vieillissant, il fut peut-être plus sincèrement repentant par accès qu'on ne l'a cru. Ces natures sensibles, mêmes raffinées, sont ainsi.

Dans tous les cas, cette variation, pour le moment, dura peu, et l'ambition le reprit de plus belle. Henri III mort (ce qu'il faut noter pour sa décharge), on retrouve Des Portes ligueur, bien que *sentant un peu le fagot*, et attaché à l'amiral de Villars, cousin de Joyeuse : il l'avait probablement connu dans cette maison. Du Havre-de-Grâce, où l'avait placé Joyeuse, Villars s'était jeté dans Rouen et y concentrait en lui tous les pouvoirs. C'était un caractère violent et fougueux, un capitaine plein d'ambition et d'ailleurs capable. Des Portes s'est insinué près de lui ; il le conduit et le domine ; il se fait l'âme de son conseil et le bras droit de ses négociations ; il devient le véritable premier ministre, enfin, de ce *roi d'Yvetot* : la *Satyre Ménippée* appelle ainsi Villars, qui était mieux que cela, et une espèce de roi en effet dans cette anarchie de la France. Quant à Des Portes, *le poëte ingrat de l'Amirauté*, comme la *Ménippée* dit encore, sa fortune en ces années désastreuses (1591-1594) se trouve autant réparée qu'elle peut l'être ; ses bénéfices sont saisis, il est vrai ; mais il a en main de quoi se les faire rendre, et avec usure. Dans toutes les négociations où il figure, il ne s'oublie pas.

Palma Cayet raconte que, dans le temps même où Villars se

---

1. Le dernier tercet a été ainsi reproduit et agrandi par Des Barreaux

J'adore en périssant la raison qui t'aigrit :
Mais dessus quel endroit tombera ton tonnerre,
Qui ne soit tout couvert du sang de Jésus-Christ ?

Dans les dernières éditions de Des Portes, au lieu du *beau sang de ton Fils*, on lit du *clair sang*, que j'aime moins. Ce qui dénote, à coup sûr, que Des Barreaux connaissait le sonnet de Des Portes, c'est moins la ressemblance du sentiment, et même du dernier trait, que quelques mots insignifiants, comme *propice*, *aigrir*, qui se trouvent avoir passé dans son sonnet. Du Radier fut le premier, dans l'article du *Conservateur*, à dénoncer cette imitation, et il en revendique la *découverte* avec une certaine vivacité, au tome 1ᵉʳ de ses *Récréations historiques et critiques*. Dans l'intervalle, en effet, un M. de La Blaquière avait écrit de Verdun une lettre à Fréron (*Année littéraire*, mars 1758) pour annoncer la même trouvaille. On pourrait soutenir également que Des Portes a inspiré à Racan sa belle pièce de *la retraite* ; il l'y a du moins aidé.

cantonnait à Rouen et préparait son indépendance, ce capitaine, très-prudent et avisé à travers ses fougues, négociait secrètement avec le cardinal de Bourbon, qui présidait alors le Conseil du roi, tantôt à Chartres, tantôt à Mantes, « et ce par le moyen de Desportes, et qu'en furent les paroles si avant qu'il fût parlé audit Conseil de donner main levée des abbayes et bénéfices dudit sieur Des Portes occupés par les royaux. » L'affaire rompit par le refus des détenteurs, et le poëte-diplomate se vengea, montrant bientôt *ce que peut un homme de conseil quand il rencontre un homme d'exécution*[1].

Mais Sully, en ses *Économies royales*, est celui qui nous en apprend le plus sur la situation et l'importance du conseiller de Villars. Après des pourparlers préliminaires et des tentatives avortées qui avaient eu lieu durant le siége même de Rouen, le principal serviteur d'Henri IV y revient en titre, muni de pleins pouvoirs pour traiter (1594). Les affaires de la Ligue allaient fort mal; Paris était à la veille de se rendre à son roi; mais Rouen tenait bon, et c'était un embarras considérable. Sully, à peine arrivé dans la ville rebelle, y trouve La Font, son ancien maître d'hôtel, et qui l'était de M. de Villars; ce La Font servait d'entremetteur secondaire. Dès le premier moment, Sully envoie Du Perat, un de ses officiers, visiter de sa part M. de Villars, madame de Simiers et M. de Tiron, les trois grands personnages. Qu'était-ce que madame de Simiers? Demandez à Tallemant: madame de Simiers (mademoiselle de Vitry), ancienne fille d'honneur de Catherine de Médicis, avait passé comme maîtresse de Des Portes à Villars, et dans ce moment elle s'arrangeait comme elle l'entendait entre tous deux[2]. M. de Tiron et elle font aussitôt répondre à Sully, qui leur demandait comment il avait à se conduire, de se reposer ce jour-là, et que le lendemain matin ils lui feraient savoir de leurs nouvelles. Mais M. de Tiron ne s'en tient pas à ce message, et, dès que la nuit

---

1. Et notez comme Des Portes sait bien choisir ceux à qui il s'attache; d'abord, c'était Joyeuse, le plus politique des favoris, et qui tendait même à se substituer à Guise en tête de la Ligue; aujourd'hui, c'est Villars, le plus valeureux et le plus capable du parti.
2. « Madame de Simiers prioit souvent Des Portes de lui rimer des élégies qu'elle avoit faites en prose : elle appeloit cela *envoyer ses pensées au rimeur*. (Costar, suite de la Défence de M. de Voiture). — Le poëte La Roque, en ses *Mélanges*, adresse un sonnet à madame de Simiers, non loin d'un autre sonnet à Des Portes; il parle du bel esprit de cette dame: *Votre beauté des Muses le séjour*. Elle avait dû être de l'Académie d'Henri III.

est venue, il arrive en personne ; c'est ici que toute sa diplomatie se déploie.

Après les compliments ordinaires et extraordinaires, il commence par regretter le retard de l'arrivée de M. de Rosny ; il explique au long, en les exagérant peut-être, quelques incidents qui ont passé à la traverse, et les changements d'humeur de *l'homme* (M. de Villars). Deux envoyés en effet, l'un, don Simon Antoine, de la part du roi d'Espagne, l'autre, La Chapelle-Marteau, de la part de la Ligue, venaient d'apporter des propositions au gouverneur. Des Portes développe tout cela ; il étale les difficultés : il n'est pas fâché de se rendre nécessaire. Plusieurs catholiques des principaux de la cour du roi avaient, de plus, écrit à M. de Villars de se méfier, de ne pas trop accorder sa confiance à un négociateur hérétique comme M. de Rosny. Des Portes a eu soin de se munir de ces lettres, mais il ne les montre qu'avec discrétion. Puis il montre sans aucune réserve trois autres lettres d'un ton différent : l'une du cardinal de Bourbon à M. de Villars pour l'enhardir à traiter ; l'autre de M. de Vitry à madame de Simiers sa sœur, dans le même sens ; et la troisième enfin de l'évêque d'Évreux, Du Perron, à Des Portes lui-même. Celle-ci nous est très-curieuse en ce qu'elle témoigne du singulier respect et de la déférence avec laquelle ce prélat éminent s'adresse à son ancien patron, se dit son obligé, et confesse ne devoir qu'à lui d'avoir pu connaître la cour. Après avoir communiqué ces pièces, Des Portes donna son avis sur la marche à suivre, sur les écueils à tourner ; il promit son assistance : « Mais qu'on laisse seulement passer à M. de Villars toutes ses fougues... Et peu à peu nous le rangerons, dit-il, à ce qui sera juste et raisonnable. » Sully, bien qu'il jugeât qu'*il pouvait bien y avoir de l'artifice en tout ce langage*, ne laissa pas d'en demeurer d'accord, et, sur cette première conversation, on se donna le bonsoir.

Je ne dirai pas la suite avec détail ; on peut recourir à Sully lui-même : il suffit qu'on ait le ton. Dans les conditions *sine qua non* que posait Villars, et à côté de l'*amirauté* exigée pour lui, il se trouvait les abbayes de Jumiéges, Tiron, Bonport, Vallasse et Saint-Taurin, stipulées comme appartenant *à de ses serviteurs*. Nous savons quel serviteur, du moins le principal : il ne se perd pas de vue [1]. L'abbé de Tiron d'ailleurs aida bien

---

1. Toutes ces abbayes furent-elles stipulées pour lui seul ? Ce serait plus

réellement et efficacement à la solution ; il s'employa avec toute sa finesse à adoucir Villars et à le déterminer. Il faisait son pont à lui-même près d'Henri IV, et ce prince pouvait répondre à ceux des fidèles et *ultra* qui auraient trouvé à redire ensuite sur l'abbé ligueur : « *M. de Tiron a rendu des services* [1]. »

Ceci obtenu, Des Portes n'eut plus qu'à vieillir riche et honoré. Il traduisit les Psaumes, sans doute pour réparer un peu et satisfaire enfin aux convenances de sa situation ecclésiastique. Le succès, à le bien voir, fut contesté (1603) ; Malherbe lui en dit grossièrement en face ce que Du Perron pensait et disait plus bas. Mais ces sortes de vérités se voilent toujours d'assez d'éloges aux oreilles des vivants puissants, et Des Portes put se faire illusion sur sa décadence [2]. Il se continuait avec harmonie par Bertaut ; il rajeunissait surtout avec éclat et bonheur dans son neveu, l'illustre Mathurin Régnier. Tout comblé de biens d'église qu'il était, ayant refusé vers la fin l'archevêché de Bordeaux, il sut encore passer pour modeste, et son épitaphe en l'abbaye de Bonport célébra son désintéressement. C'est dans cette dernière abbaye qu'il coula le plus volontiers ses dernières années, au sein d'une magnifique bibliothèque dont il faisait les honneurs aux curieux avec une obligeance infinie, et qu'après lui son fils naturel laissa presque dilapider [3]. On parle aussi d'une belle maison de lui à Vanves, où il allait recueillir ses rêves, et dont le poëte La Roque a célébré la fontaine. Il mourut à Bonport en octobre 1606, âgé d'environ soixante et un ans. L'Estoile lui a prêté d'être mort assez impénitent et de n'avoir

---

qu'on ne lui en connaît. Quand on regarde le ciel par une belle nuit, on y découvre étoiles sur étoiles ; plus on regarde dans la vie de Des Portes et plus on y découvre d'abbayes.

1. A propos de cette reddition de Rouen, D'Aubigné (*Histoire univer-selle*, livre IV, chap iv) dit de Villars : « Il fut récompensé de l'Etat d'Amiral de France ; et encore *par la menée de Philippe Des Portes*, on lui remit entre les mains Fécamp, que Bois-Croizé (ou Bois-Rozé) qui l'avoit pris, comme nous l'avons dit, quitta à son grand regret avec d'étranges remontrances et mécontentements. » Ainsi Des Portes obtient à son maître les meilleures conditions en même temps que de très-bonnes pour lui, et du même train aussi qu'il a l'air de rendre service au roi : rien n'y manque.

2. Ses *Psaumes* survécurent même, dans la circulation, à ses *Premières Œuvres*, lesquelles ne passent guère en réimpression l'année 1611. Dom Liron (*Bibliothèque chartraine*) nous apprend que Thibaut Des Portes, sieur de Bevilliers, frère du nôtre, fit faire, en 1624, une très-belle édition de ces *Psaumes* avec des chants de musique.

3. Une portion fut sauvée pourtant, et passa, on ne dit pas comment, aux Jésuites de la rue Saint-Jacques (voir le père Jacob, *Traité des plus belles Bibliothèques*, page 524).

cru au *purgatoire* non plus que M. de Bourges (Renaud de Beaune) ; on allègue comme preuve qu'il aurait enjoint expressément, à sa fin, de chanter seulement les deux Psaumes : *O quam dilecta tabernacula*, et *Lætatus sum*. Peu avant de mourir, il aurait dit en soupirant : « J'ai trente mille livres de rente, et je meurs ! »

Mais tout cela m'a l'air de propos sans conséquence, et tels qu'il en dut circuler : on a prêté à Rabelais le rieur d'être mort en riant ; on a supposé que le riche abbé de Tiron ne pouvait faire autrement que de regretter ses richesses [1].

Ce qu'il faut redire, après les contemporains, à la louange de Des Portes, c'est qu'il n'eut pas d'ennemis, et que, dans sa haute fortune, il fit constamment le plus de bien qu'il put aux personnes [2]. D'Aubigné seul paraît l'avoir détesté dans ses écrits, et *la Confession de Sancy* est envenimée d'injures à ce nom de Tiron. Mais les auteurs de la *Ménippée* eux-mêmes ne gardèrent pas rancune à Des Portes, ni lui à eux ; Passerat, Gillot, Rapin, on les retrouve tout à fait réconciliés, et ce dernier a célébré la mort de son ami dans une pompeuse et affectueuse élégie latine.

Malherbe, à sa manière, fut cruel ; on sait l'exemplaire de Des Portes annoté par lui. M. Chasles en a rendu un compte judicieux et piquant [3] ; moi-même j'y ai appelé l'attention autrefois, et j'en ai signalé les chicanes. Il y a de ces hommes prépondérants qui ont de singuliers priviléges : ils prennent le droit de se faire injustes ou du moins justes à l'excès envers les autres, et ils imposent leurs rigueurs, tandis qu'avec eux, quoi qu'ils fassent, on reste juste et déférent : ainsi de Malherbe. Censeur impitoyable et brutal pour Ronsard, pour Des Portes, il se maintient lui-même respecté : dans quelques jours, il paraîtra une édition de lui annotée par André Chénier, et qui est tout à sa gloire [4].

1. On cite encore de lui ce mot assez vif et plus vraisemblable, quand il refusa l'archevêché de Bordeaux, ne voulant pas, disait-il, avoir charge d'âmes : « Mais vos moines? lui répondit-on. — Oh! bien, eux, ils n'en ont pas. »
2. A chaque pas qu'on fait dans la lecture des livres du temps, on découvre de nouveaux bons offices de Des Portes : c'est à lui encore que Vauquelin de La Fresnaie avait dû la bienveillance de Joyeuse, et par suite la lieutenance générale de Caen (voir la dernière satire, livre I, de Vauquelin).
3. *Revue de Paris*, 20 décembre 1840.
4. Dans la Bibliothèque-Charpentier, et par les bons soins de M. Antoine de La Tour, dont le père possède l'exemplaire original. — André Chénier

Je ne voulais ici que développer l'existence sociale de Des Portes, son influence prolongée et cette singularité de fortune qui en a fait alors le plus grand seigneur et comme le D'Épernon des poëtes. Il serait fastidieux d'en venir, après tant de pages, à apprécier des œuvres et un talent suffisamment jugés. Un mot seulement, avant de clore, sur sa célèbre chanson : *O nuit! jalouse nuit!* qui se chantait encore sous la minorité de Louis XIV. Elle est imitée de l'Arioste, du *Capitolo VII* des poésies diverses : *O ne' miei damni...* Dans le *Capitolo* précédent, l'aimable poëte adressait un hymne de félicitation à la nuit et à tout ce qu'elle lui avait amené de furtif et d'enivré [1]; ici, au contraire, il lui lance l'invective pour sa malencontreuse lumière. Il faut dire à l'honneur de Des Portes que plusieurs des traits les plus heureux de sa chanson ne se rencontrent pas dans l'italien, et que, s'il n'est pas original, il est peut-être plus délicat :

> Je ne crains pas pour moi, j'ouvrirois une armée
> Pour entrer au séjour qui recèle mon bien,

n'appartient qu'à lui, aussi bien que ce délicieux vers :

> Les beaux yeux d'un berger de long sommeil touchés.

Cette jolie chanson de Des Portes rappelle aussi une invocation antique attribuée à Bion, et qu'un amoureux adresse à l'étoile du soir, à Vesper. Je m'étais donné le plaisir de la traduire, lorsque je me suis aperçu qu'elle était traduite déjà ou imitée par nos vieux poëtes, par Ronsard, au IV⁵ livre de ses *Odes*, et surtout par le bon Baïf en ses *Amours*. Voici la charmante version de celui-ci, je n'y ai changé qu'un petit mot.

> De l'aimable Cypris ô lumière dorée !
> Hesper, de la nuit noire ô la gloire sacrée,
> Qui excelles d'autant sur les astres des cieux
> Que moindre que la lune est ton feu radieux,
> Je te salue, Ami. Conduis-moi par la brune
> Droit où sont mes amours, au défaut de la lune
> Qui cache sa clarté. Je ne vas dérober,
> Ni pour d'un pèlerin le voyage troubler ;

---

naturellement, ce semble, aurait dû s'appliquer de préférence à Régnier, ou même à Ronsard, non pas à Malherbe: c'est ainsi que les prévisions et les analogies sont en défaut.

1. C'est d'après ce *Capitolo VI* qu'Olivier de Magny, en ses *Odes* (1559), a fait sa *Description d'une nuit amoureuse;* et Gilles Durant, ses stances: *O nuit, heureuse nuit!...*

Mais je suis amoureux ! Vraiment c'est chose belle
Aider au doux désir d'un amoureux fidèle.

Oserai-je ajouter à côté ma propre imitation comme variante?

Chère Étoile du soir, belle lumière d'or
De l'aimable Aphrodite, ornement et trésor
Du noir manteau des nuits, et qui, dans ses longs voiles,
Luit moins que le croissant et plus que les étoiles,
O cher Astre, salut ! Et comme, de ce pas,
Je vais chanter ma plainte au balcon de là-bas,
Prête-moi ton rayon ; car la lune nouvelle
S'est trop vite couchée. Ah ! lorsque je t'appelle,
Ce n'est pas un larron, pour guetter méchamment:
Mais j'aime, et c'est honneur d'être en aide à l'amant !

Et dans des vers à cette même étoile, un poëte moderne, M. Alfred de Musset, a dit, comme s'il eût mêlé au pur ressouvenir de Bion un sentiment ému de Byron :

Pâle Étoile du soir, messagère lointaine,
Dont le front sort brillant des voiles du couchant,
De ton palais d'azur, au sein du firmament,
    Que regardes-tu dans la plaine?
La tempête s'éloigne, et les vents sont calmés...

et dans tout ce qui suit, une teinte d'Ossian continue de voiler légèrement la sérénité antique :

Tu fuis en souriant, mélancolique amie...
Triste larme d'argent du manteau de la nuit...

Ce n'est plus simplement l'astre d'*or* ; et le dernier trait enfin, le dernier cri s'élance et se prolonge dans l'infini comme une plainte du cœur.

Étoile de l'amour, ne descends pas des cieux !

Je renvoie au volume, que chacun a lu ; mais j'avais besoin, en terminant, de ramener un parfum de vraie poésie après ces anecdotes des Valois et cette vie diplomatique du plus courtisan et du plus abbé des poëtes.

Mars 1842.

# ANACRÉON

## AU SEIZIÈME SIÈCLE

La première édition d'Anacréon, donnée à Paris par Henri Estienne, est de 1554. Le grand mouvement d'innovation poétique de l'école de la Pléiade datait de 1550, c'est-à-dire était en plein développement, quand ce recueil de jolies odes parut. Henri Estienne, très-jeune, appartenait, par le zèle, par les études, par tous les genres de fraternité, à la génération qui se levait et qui se proclamait elle-même *gallo-grecque* : il s'en distingua avec quelque originalité en avançant et sut être plus particulièrement *gréco-gaulois*. Il n'était pas poëte français ; mais on peut dire qu'en publiant les chansons de Téos, il contribua, pour sa part, autant que personne, au trésor que les nouveaux venus trouvèrent sous leur main et qu'ils ne réussirent qu'incomplètement à ravir. Il leur en fournit même la portion la plus transportable, pour ainsi parler, et comme la monnaie la mieux courante. Presque tout ce qu'ils prirent de ce côté, ils l'emportèrent plus aisément et la gardèrent.

Les premiers essais de 1550 à 1555 sont extrêmement incultes, incorrects, et sentent l'effort à travers leur fierté. L'Anacréon est venu à point comme pour amollir et adoucir la verve férocement pindarique de Ronsard et consorts, pour les ramener au ton de la grâce. Dans le dithyrambe pour la fête du bouc, célébrée en l'honneur de Jodelle, après le succès de sa *Cléopâtre* (1553), Baïf et tous les autres à tue-tête répétaient en chœur ce refrain de chanson à Bacchus ; je copie textuellement :

Iach iach ia ha
Evoe iach ia ha !

L'Anacréon d'Henri Estienne rompit un peu ce chorus bizarre, et, comme un doux chant dans un festin, tempéra l'ivresse.

Je n'ai pas à discuter ici la question de l'authenticité des poésies de l'Anacréon grec, et j'y serais parfaitement insuffisant. On était allé d'abord jusqu'à soupçonner Henri Estienne de les avoir fabriquées. Depuis qu'on a retrouvé d'autres manuscrits que ceux auxquels il avait eu recours et qu'il n'avait jamais produits, cette supposition excessive est tombée. Il restait à examiner toujours si ces poésies remontent bien réellement au lyrique de Théos, au contemporain de Cambyse et de Polycrate, à l'antique Ionien qui, sous sa couronne flottante, prêta les plus aimables accents à l'orgie sacrée. L'opinion de la critique paraît aujourd'hui être fixée sur ce point, et les érudits, m'assure-t-on, s'accordent en général à ne considérer les pièces du recueil publié par Henri Estienne (à deux ou trois exceptions près) que comme étant très-postérieures au père du genre, comme de simples imitations, et seulement *anacréontiques* au même sens que tant d'autres jolies pièces légères de nos littératures modernes. Qui donc les a pu faire, ces charmantes odes pleines d'élégance et de délicatesse, et auxquelles tant de gens de goût ont cru avant que la critique et la grammaire y eussent appliqué leur loupe sévère? Y a-t-il eu là aussi, à l'endroit d'Anacréon, des Macpherson et des Surville de l'antiquité? Je me figure très-bien que, même sans fraude, et d'imitation en imitation, les choses se soient ainsi transformées et transmises, que des contemporains de Bion et de Moschus aient commencé à raffiner le genre, que tant d'auteurs agréables de l'*Anthologie*, tels qu'un Méléagre, y aient contribué, et que, sous les empereurs et même auparavant, les riches voluptueux, à la fin des banquets, aient dit aux Grecs chanteurs : *Faites-nous de l'Anacréon!* Cicéron nous parle de ce Grec d'Asie, épicurien et poëte, ami de Pison, et qui tournait si élégamment l'épigramme, qui célébrait si délicatement les orgies et les festins de son disciple débauché. On a une invitation à dîner qu'il lui adresse. Certes, si ce Philodème (c'était son nom) a voulu faire de l'anacréontique, il n'a tenu qu'à lui d'y réussir[1].

Le goût pourtant, une fois averti par la science, se rend

---

1. Voir la dissertation à son sujet, tome I, page 196, *Mélanges de Critique et de Philologie*, par Chardon de La Rochette.

compte à son tour de la différence de ton entre les imitations et l'original, même quand ce dernier terme de comparaison manque ; et il arrive ici précisément ce qui s'est vu pour plusieurs morceaux très-admirés de la statuaire antique : on les avait pris au premier coup d'œil, et sous la séduction de la découverte, pour les chefs-d'œuvre de l'art, dont ils n'étaient que la perfection déjà déclinante et amollie. Quelques bas-reliefs augustes, quelques magnifiques torses retrouvés, sont venus replacer le grand art sur ses bases divines. Ainsi on se représente que, même dans sa grâce, le premier et véritable Anacréon devait avoir une largeur et un grandiose de ton, un désordre sublime et hardi, quelque chose, si j'ose le dire, de ce qu'a notre Rabelais dans sa grossièreté, mais que revêtait amplement en cette Ionie la pourpre et la rose, un libre *faire* en un mot, que le *dix-huitième siècle* de la Grèce, si élégant et si prolongé qu'il fût, n'a plus été capable d'atteindre et qu'il n'a su que polir. L'Anacréon primitif avait l'*enthousiasme* proprement dit. Bien des pièces au contraire de l'Anacréon qu'on lit, de cet Anacréon qui semble refait souvent à l'instar de l'épigramme de Platon sur *l'Amour endormi*, ne sont guère que le pendant de ces petites figurines d'ivoire, de ces petits joyaux précieux qu'au temps de l'empire les belles dames romaines ou les patriciens à la mode avaient sur leurs tables : *l'Amour prisonnier*, *l'Amour mouillé*, *l'Amour noyé*, *l'Amour oiseau*, *l'Amour laboureur*, *l'Amour voleur de miel*, toute la race enfin des Amours roses et des Cupidons de l'antiquité. Henri Estienne, en sa préface d'éditeur, ne sortait pas de cet ordre de comparaisons, quand il rappelait par rapport à son sujet ce joujou délicat de la sculpture antique, ce petit navire d'ivoire que recouvraient tout entier les ailes d'une abeille.

Mais cette circonstance même d'être d'une date postérieure et de l'époque du joli plutôt que du beau ne faisait que rendre ces légers poëmes plus propres à l'imitation et mieux assortis au goût du moment. L'agréable et le fin se gagnent encore plus aisément que le grand ; on commence surtout très-volontiers par le mignard et le subtil. *Le Sanglier pénitent* de Théocrite (si une telle pièce est de Théocrite) agréera bien mieux tout d'emblée que ces admirables pièces des *Thalysies* ou de la *Pharmaceutrie*. On s'en prendra d'abord à Bembe, et non à Dante. Les littératures étrangères s'inoculent plutôt par ces pointes.

L'Anacréon d'Estienne, s'il ne rentrait pas tout à fait dans la classe des grands et premiers modèles, était du moins le plus pur et le plus achevé des moindres (*minores*), et il arrivait à propos pour les corriger : intervenant entre Jean Second et Marulle, il remettait en idée l'exquis et le simple. Dans cette ferveur, dans cette avidité dévorante de l'érudition et de l'imitation, il n'y avait guère place au choix; on en était à la gloutonnerie première; Anacréon commença à rapprendre la friandise. Il eut à la fois pour effet de tempérer, je l'ai dit, le pindarique, et de clarifier le Rabelais. Au milieu de la jeune bande en plein départ, et par la plus belle matinée d'avril, que fit Henri Estienne ? Il jeta brusquement un essaim et comme une poignée d'abeilles, d'abeilles blondes et dorées dans le rayon, et plus d'un en fut heureusement piqué; il s'en attacha presque à chacun du moins une ou deux, qu'ils emportèrent dans leurs habits et qui se retrouvent dans leurs vers.

Ce que je dis là d'Anacréon se doit un peu appliquer aussi, je le sais, à l'*Anthologie* tout entière, publiée à Paris en 1531, et dont Henri Estienne donna une édition à son tour; mais Anacréon, qui forme comme la partie la plus développée et le bouquet le mieux assemblé de l'*Anthologie*, qui en est en quelque sorte le grand poëte et l'Homère (un Homère aviné), Anacréon, par la justesse de son entrée et la fraîcheur de son chant, eut le principal effet, et mérita l'honneur.

Quand les *Analecta* de Brunck parurent en 1776, ils vinrent précisément offrir à l'adolescence d'André Chénier sa nourriture la plus appropriée et la plus maternelle : ainsi, pour nos vieux poëtes, l'ancienne *Anthologie* de Planudes, et surtout l'Anacréon d'Estienne : il fut un contemporain exact de leur jeunesse.

Du jour où il se verse dans la poésie du seizième siècle, on y peut suivre à la trace sa veine d'argent. A partir du second livre, les *Odes* de Ronsard en sont toutes traversées et embellies; et chez la plupart des autres, on marquerait également l'influence. L'esprit français se trouvait assez naturellement prédisposé à cette grâce insouciante et légère; l'Anacréon, chez nous, était comme préexistant; Villon dans sa ballade des *Neiges d'antan*, Mellin de Saint-Gelais dans une quantité de madrigaux raffinés, avaient prévenu le genre : Voltaire, au défaut d'Anacréon lui-même, l'aurait retrouvé.

La veine anacréontique, directement introduite en 1554, et qui se prononce dès les seconds essais lyriques de Ronsard, de Du Bellay et des autres, fit véritablement transition entre la vigueur assez rude des débuts et la douceur un peu mignarde et polie des seconds disciples, Des Portes et Bertaut ; cette veine servit comme de canal entre les deux. Mais ce n'est pas ici de l'anatomie que je prétends faire, et une fois la ligne principale indiquée, je courrai plus librement.

Remi Belleau, épris de cette *naïveté* toute neuve et de cette *mignardise* (c'était alors un éloge), s'empressa de traduire le charmant modèle en vers français. Sa traduction, qui parut en 1556, ne sembla peut-être pas aux contemporains eux-mêmes tout à fait suffisante :

> Tu es un trop sec biberon
> Pour un tourneur d'Anacréon,
> Belleau, . . . . . . .

lui disait Ronsard. *Belleau*, comme qui dirait *Boileau*, par opposition au chantre du *vin*, ce n'est qu'un jeu de mots ; mais, à la manière dont Ronsard refit plus d'une de ces petites traductions, on peut croire qu'il ne jugeait pas celles de son ami définitives. Deux ou trois morceaux pourtant ont bien réussi au bon Belleau, et Saint-Victor, dans sa traduction en vers d'Anacréon, a désigné avec goût deux agréables passages : l'un est dans le dialogue entre *la Colombe et le Passant ;* la colombe dit qu'elle ne voudrait plus de sa liberté :

> Que me vaudroit désormais
> De voler par les montagnes,
> Par les bois, par les campagnes,
> Et sans cesse me brancher
> Sur les arbres pour chercher
> Je ne sais quoi de champêtre
> Pour sauvagement me paître,
> Vu que je mange du pain
> Becqueté dedans la main
> D'Anacréon, qui me donne
> Du même vin qu'il ordonne
> Pour sa bouche ; et, quand j'ai bu
> Et mignonnement repu,

Sur sa tête je sautelle ;
Puis de l'une et de l'autre aile
Je le couvre, et sur les bords
De sa lyre je m'endors !

L'autre endroit est tiré de cette ode : *Qu'il se voudrait voir transformé en tout ce qui touche sa maîtresse :*

Ha ! que plût aux Dieux que je fusse
Ton miroir, afin que je pusse,
Te mirant dedans moi, te voir ;
Ou robe, afin que me portasses ;
Ou l'onde en qui tu te lavasses,
Pour mieux tes beautés concevoir !

Ou le parfum et la civette
Pour emmusquer ta peau douillette
Ou le voile de ton tetin,
Ou de ton col la perle fine
Qui pend sur ta blanche poitrine,
Ou bien, Maîtresse, ton patin !

Ce dernier vers, dans sa chaussure bourgeoise, a je ne sais quoi de court et d'imprévu, de tout à fait bien monté.

Mais il était plus facile, en général, aux vrais poëtes d'imiter Anacréon que de le traduire. Belleau gagna surtout, on peut le croire, à ce commerce avec le plus délicat des anciens d'emporter quelque chose de ce léger esprit de la muse grecque qui se retrouva dans l'une au moins de ses propres poésies. Il est douteux pour moi qu'il eût jamais fait son adorable pièce d'*Avril* tant de fois citée, sans cette gracieuse familiarité avec son premier modèle ; car, si quelque chose ressemble en français pour le pur souffle, pour le *léger poétique désintéressé*, à la *Cigale* d'Anacréon, c'est l'*Avril* de Belleau. Il arriva ici à nos poëtes ce qu'un anonyme ancien a si bien exprimé dans une ode que nous a conservée l'un des manuscrits de l'*Anthologie*; je n'en puis offrir qu'une imitation :

Je dormais : voilà qu'en songe
(Et ce n'était point mensonge),
Un vieillard me vit passer,
Beau vieillard sortant de table ;
Il m'appelle, ô voix aimable !
Et moi je cours l'embrasser.

Anacréon, c'est lui-même,
Front brillant, sans rien de blême ;
Sa lèvre sentait le vin ;
Et dans sa marche sacrée,
Légèrement égarée,
Amour lui tenait la main.

Faisant glisser de sa tête
Lis et roses de la fête,
Sa couronne de renom,
Il se l'ôte et me la donne :
Je la prends, et la couronne
Sentait son Anacréon.

Le cadeau riant m'invite,
Et sans songer à la suite,
Joyeux de m'en parfumer,
Dans mes cheveux je l'enlace :
Depuis lors, quoi que je fasse,
Je n'ai plus cessé d'aimer.

Eh bien ! ce que le poëte grec dit là pour les amours était un peu vrai pour la poésie ; nos amis de la Pléiade, après avoir embrassé le vieillard et avoir essayé un moment sur leur tête cette couronne qui *sentait son Anacréon*, en gardèrent quelque bon parfum, et depuis ce temps il leur arriva quelquefois d'*anacréontiser* sans trop y songer.

Belleau, pour son compte, n'a guère eu ce hasard heureux que dans son *Avril*; d'autres petites inventions qui semblaien prêter à pareille grâce, telles que *le Papillon*, lui ont moins réussi[1].

---

1. Au défaut du *Papillon* de Belleau, j'en citerai ici un autre, une des plus jolies chansons de ce gai patoi du Midi, et qui montre combien vraiment l'esprit poétique et anacréontique court le monde et sait éclore sous le soleil partout où il y a des abeilles, des cigales et des papillons. Le refrain est celui-ci :

> Picho couquin de parpayoun.
> Vole, vole, te prendrai proun !...

« Petit coquin de papillon, vole, vole, je te prendrai bien ! — De poudre d'or sur ses ailettes, de mille couleurs bigarré, un papillon sur la violette ! et puis sur la marguerite, voltigeait dans un pré. Un enfant joli comme un ange, joue ronde comme une orange, demi-nu, volait après lui. Et pan ! il le manquait, et puis la bise qui soufflait dans sa chemise faisait voir son petit dos (*son picho quicü*). — Petit coquin de papillon, vole, vole, je te prendrai bien ! — Enfin le papillon s'arrête sur un bouton d'or printanier, et le bel enfant, par derrière, vient doucement, et puis, leste ! dans sa main, il le fait prisonnier. Vite alors, vite à sa cabanette il le porte avec mille baisers ; et puis, quand il rouvre la prison, ne trouve plus dans sa menote que la poudre d'or de ses ailes..., petit coquin de papillon ! »

Celui de tous assurément qui se ressentit et profita le mieux de la couronne odorante est Ronsard. Ce que j'ai pu conjecturer de l'*Avril*, ne peut-on pas aussi le penser sans trop d'invraisemblance de ces délicieux couplets : *Mignonne, allons voir si la rose...*, où une fraîcheur matinale respire? Après deux ou trois journées d'Anacréon, cela doit venir tout naturellement, ce semble, au réveil. On composerait le plus irréprochable bouquet avec ces imitations anacréontiques (et je n'en sépare pas ici Bion ni Moschus), avec un choix de ces pièces qui ont occupé tour à tour nos vieux rimeurs et notre jeune Chénier. Ne pouvant tout citer, et l'ayant fait très-fréquemment ailleurs, j'en présenterai du moins un petit tableau pour les curieux qui se plaisent à ces collections; eux-mêmes compléteront le cadre :

*L'Amour endormi*, de Platon, a été traduit par André ;

*L'Amour oiseau*, de Bion, l'a été par Baïf (*Passe-tems*, liv. II) ;

*L'Amour mouillé*, d'Anacréon, par La Fontaine, qui ne fait pas tout à fait oublier Ronsard (*Odes*, liv. II, 19) ;

*L'Amour laboureur*, de Moschus, par André encore ;

*L'Amour prisonnier des Muses*, d'Anacréon, et *l'Amour écolier*, de Bion, par Ronsard (*Odes*, liv. IV, 25, et liv. V, 24) ;

*L'Amour voleur de miel*, d'Anacréon à la fois et de Théocrite, après avoir été traduit assez sèchement par Baïf (*Passe-tems*, liv. I), et prolixement limité par Olivier de Magny (*Odes*, liv. IV), a été ensuite reproduit avec tant de supériorité par Ronsard (toujours lui, ne vous en déplaise), que je mettrai ici le morceau, ne fût-ce que pour couper la nomenclature :

>Le petit enfant Amour
>Cueilloit des fleurs à l'entour
>D'une ruche, où les avettes
>Font leurs petites logettes.
>
>Comme il les alloit cueillant,
>Une avette sommeillant
>Dans le fond d'une fleurette
>Lui piqua la main douillette.
>
>Si tot que piqué se vit,
>Ah ! je suis perdu (ce dit);
>Et s'en-courant vers sa mère
>Lui montra sa playe amère :

Ma mère, voyez ma main,
Ce disoit Amour tout plein
De pleurs, voyez quelle enflure
M'a fait une égratignure !

Alors Vénus se sourit,
Et en le baisant le prit,
Puis sa main lui a soufflée
Pour guarir sa playe enflée :

Qui t'a, dis-moy, faux garçon,
Blessé de telle façon ?
Sont-ce mes Graces riantes
De leurs aiguilles poignantes ?

— Nenni, c'est un serpenteau,
Qui vole au printemps nouveau
Avecque deux ailerettes
Çà et là sur les fleurettes.

— Ah ! vraiment je le cogno
(Dit Vénus); les villageois
De la montagne d'Hymette
Le surnomment Melissette.

Si doncques un animal
Si petit fait tant de mal,
Quand son alène époinçonne
La main de quelque personne,

Combien fais-tu de douleur
Au prix de lui, dans le cœur
De celui en qui tu jettes
Tes venimeuses sagettes ?

Ce sont là de ces imitations à la manière de La Fontaine ; une sorte de naïveté gauloise y rachète ce qu'on perd d'ailleurs en précision et en simplicité de contour. Vénus, comme une bonne mère, *souffle* sur la main de son méchant *garçon* pour e guérir ; elle lui demande qui l'a ainsi blessé, et si ce ne sont pas ses Graces riantes avec leurs *aiguilles*. Arrêtée à temps, cette façon familière est un agrément de plus[1]. Bien souvent, toutefois, ce côté bourgeois se prolonge, et tranche avec l'élé-

---

1. En cette imitation, Ronsard a combiné ingénieusement quelques traits de la scène de Vénus blessée par Diomède (*Iliade*, chant V). Vénus, piquée d'un coup de lance à l'extrémité de la *paume*, vers la naissance du poignet, s'enfuit, remonte au ciel, et se jette en criant aux pieds de Dionée sa mère, qui la caresse de la main pour l'apaiser. Et Minerve dit malicieusement à Jupiter que c'est en voulant sans doute engager quel-

gance, avec la sensibilité épicurienne. On se retrouve accoudé parmi les *pots* ; on fourre les *marrons* sous la cendre ; Bacchus, l'été, boit *en chemise* sous les treilles : heureux le lecteur quand d'autres mots plus crus et des images désobligeantes n'arrivent pas. La nappe enfin, quand nappe il y a, est fréquemment salie, par places, de grosses gouttes de cette vieille lie rabelaisienne.

Mieux vaudrait, mieux vaut alors que tout déborde, que le jus fermente : l'image bachique a aussi sa grandeur. Ronsard, en je ne sais plus quel endroit, s'écrie :

> Comme on voit en septembre, aux tonneaux angevins,
> Bouillir en écumant la jeunesse des vins...

Cela est chaud, cela est poétique, et nous rend Anacréon encore, lequel, en sa *Vendange*, a parlé du *jeune Bacchus bouillonnant et cher aux tonneaux*.

Mais, d'ordinaire, on reconnaît bien plutôt le coin d'Anacréon en eux à quelque chose de léger, à je ne sais quel *petit signe*, comme celui auquel il dit qu'on reconnaît les amants.

Baïf, l'un des plus inégaux parmi les imitateurs des anciens, et qui a outrageusement gâté *l'Oaristys* et *la Pharmaceutrie*[2], a eu de singuliers éclairs de talent, et, si l'on ne peut dire précisément que c'est à Anacréon qu'il les doit, puisque c'est plutôt avec Théocrite et Bion qu'il les rencontre, il se ressent du moins alors du voisinage et ne sort pas de l'anacréontique. On sait les gracieux vers de son *Amour vengeur* ; l'amant malheureux, près de se tuer, y parle à l'inhumaine :

> Je vas mourir : par la mort désirée,
> Ma bouche ira bientôt être serrée ;

que femme grecque à suivre les Troyens qu'elle aime tant, et en la flattant à dessein, que Vénus s'est déchiré sa main douillette à l'agrafe d'or de la tunique. Ronsard a mis quelque chose de cette plaisanterie dans la bouche de la mère :

> Sont-ce mes Grâces riantes
> De leurs aiguilles poignantes ?

1. Voici l'endroit et la pièce entière ; mais comment réussir à calquer des lignes si fines, une touche si simple ?

> Le fier coursier porte à sa croupe
> Du fer brûlant le noir affront ;
> Le Parthe orgueilleux, dans un groupe,
> Se détache, thiare au front ;
> Et moi, je sais d'abord celui qu'Amour enflamme :
> Il porte un petit signe au dedans de son âme.

2. Dans *les Jeux* de Baïf, les églogues XVI et XVIII.

> Mais ce pendant qu'encor je puis parler,
> Je te dirai devant que m'en aller :
> La rose est belle, et soudain elle passe ;
> Le lis est blanc et dure peu d'espace ;
> La violette est bien belle au printemps,
> Et se vieillit en un petit de temps ;
> La neige est blanche, et d'une douce pluie
> En un moment s'écoule évanouie,
> Et ta beauté, belle parfaitement,
> Ne pourra pas te durer longuement.

Des Portes, qui n'allait plus emprunter si loin ses modèles et s'en tenait habituellement aux Italiens, a ressaisi et continué le plus fin du genre au sonnet suivant :

> Vénus cherche son fils, Vénus tout en colère
> Cherche l'aveugle Amour par le monde égaré ;
> Mais ta recherche est vaine, ô dolente Cythère !
> Il s'est couvertement dans mon cœur retiré.
>
> Que sera-ce de moi ? que me faudra-t-il faire ?
> Je me vois d'un des deux le courroux préparé ;
> Égale obéissance à tous deux j'ai juré :
> Le fils est dangereux, dangereuse est la mère.
>
> Si je recèle Amour, son feu brûle mon cœur ;
> Si je décèle Amour, il est plein de rigueur,
> Et trouvera pour moi quelque peine nouvelle.
>
> Amour, demeure donc en mon cœur sûrement ;
> Mais fais que ton ardeur ne soit pas si cruelle,
> Et je te cacherai beaucoup plus aisément [1].

On ne peut faire un pas dans ces poëtes sans retrouver la trace et comme l'infusion d'Anacréon. Jacques Tahureau, qui en était digne, n'a pas assez vécu pour en profiter. Olivier de Magny, en ses derniers recueils, y a puisé plusieurs de ses meilleures inspirations. En voici une qui n'est qu'une imitation lointaine, mais qui me paraît d'un tour franc, et non sans une certaine saveur de terroir qui en fait l'originalité. Le poëte s'adresse à un de ses amis appelé Jean Castin, et déplore la condition précaire des hommes :

> Mon Castin, quand j'aperçois
> Ces grands arbres dans ces bois,

---

1. Voir, pour le début, celui de *l'Amour fugitif* de Moschus, puis l'ode

Dépouillés de leur parure,
Je ravasse à la verdure
Qui ne dure que six mois.

Puis je pense à notre vie
Si malement asservie,
Qu'el' n'a presque le loisir
De choisir quelque plaisir,
Qu'elle ne nous soit ravie.

Nous semblons à l'arbre verd
Qui demeure un temps couvert
De mainte feuille naïve,
Puis, dès que l'hiver arrive,
Toutes ses feuilles il perd.

Ce pendant que la jeunesse
Nous répand de sa richesse,
Toujours gais nous florissons ;
Mais soudain nous flétrissons
Assaillis de la vieillesse.

Car ce vieil faucheur, ce Tems,
Qui dévore ses enfans,
Ayant ailé nos années,
Les fait voler empennées
Plus tôt que les mêmes vents[1].

Doncques tandis que nous sommes,
Mon Castin, entre les hommes,
N'ayons que notre aise cher,
Sans aller là-haut chercher
Tant de feux et tant d'atomes.

Quelque fois il faut mourir,
Et, si quelqu'un peut guérir
Quelque fois de quelque peine,
Enfin son attente vaine
Ne sait plus où recourir.

L'espérance est trop mauvaise.
Allons doncques sous la braise
Cacher ces marrons si beaux,
Et de ces bons vins nouveaux
Appaisons notre mésaise.

d'Anacréon, dans laquelle l'amour, après avoir épuisé contre lui tous ses traits, se lance lui-même en guise de flèche dans son cœur, et, une fois logé là, n'en sort plus.
1. Plus vite que les vents mêmes.

> Aisant'ainsi notre cœur,
> Le petit Archer vainqueur
> Nous viendra dans la mémoire ;
> Car, sans le manger et boire,
> Son trait n'a point de vigueur.
>
> Puis avecq' nos nymphes gayes
> Nous irons guérir les playes
> Qu'il nous fit dedans le flanc,
> Lorsqu'au bord de cet étang
> Nous dansions en ces saulayes [1].

Je n'aurais qu'à ouvrir les recueils poétiques de Jean Passerat et de Nicolas Rapin pour y ramasser à plaisir de nouveaux exemples. Gilles Durant, surtout, foisonne en cas raffinés : *Amour pris au las, Amour jouant aux échecs*; Jean Dorat, dans ses imitations grecques, avait déjà fait, d'un goût tout pareil, *Amour se soleillant* [2]. Mais j'aime mieux citer de Durant quelques stances, où un ton de sentiment rachète la manière :

> Serein je voudrois être, et sous un vert plumage,
>  Çà et là voletant,
> Solitaire, passer mes ans dans ce bocage,
>  Ma sereine chantant.
>
> Oiseau, je volerois à toute heure autour d'elle ;
>  Puis sur ses beaux cheveux
> J'arrêterois mon vol, et brûlerois mon aile
>  Aux rayons de ses yeux.

Et après avoir continué quelque temps, et avec vivacité, sur ce genre d'ébats :

> Parfois épointonné d'une plus belle envie,
>  Je voudrois becqueter
> Sur ses lèvres le miel et la douce ambroisie
>  Dont se paît Jupiter.
>
> Sous mon plumage vert, à ces beaux exercices
>  Je passerois le jour,
> Tout confit en douceurs, tout confit en délices,
>  Tout confit en amour.

---

1. Au troisième livre des *Odes* d'Olivier de Magny (1559).
2. Aux Grands-Jours de Poitiers de l'an 1579, à propos de cette puce célèbre qu'Etienne Pasquier aperçut et dénonça sur le sein de mademoiselle Des Roches, on ne manqua pas de chanter *l'Amour puce*, et l'avocat Claude Binet, parodiant *l'Amour piqué* par une abeille, imagina de le faire piquer par cette puce.

Puis, le soir arrivé, je ferois ma retraite
  Dans ce bois entassé,
Racontant à la Nuit, mère d'amour secrète,
  Tout le plaisir passé.

Toujours le même sujet, on le voit, ce même fond renaissant qui présente, a dit Moncrif, *certaines délicatesses, certaines simplicités, certaines contradictions*, dont le cœur humain abonde. Le détail seul, à y regarder de très-près, diffère, et l'ingénieux s'y retrouve pour qui s'y complait [1].

Vauquelin de la Fresnaie, en plus d'une épigramme ou d'une idylle, contribuerait aussi pour sa part au léger butin, si on le voulait complet [2]. C'est lui qui donne cette exacte et jolie définition de l'idylle, telle que les anciens l'entendaient : « Ce nom d'*Idillie* m'a semblé se rapporter mieux à mes desseins, d'autant qu'il ne signifie et ne représente que diverses petites *images* et gravures en la semblance de celles qu'on grave aux lapis, aux

---

1. Olivier de Magny, que nous citons tout à l'heure, avait dit déjà assez gentiment, dans une ode *à s'amie*, selon une idée analogue de métamorphose amoureuse :

> Quand je te vois le matin
> Amasser en ce jardin
> Les fleurs que l'aube nous donne,
> Pour t'en faire une couronne,
> Je désire aussi soudain
> Être, en forme d'une abeille,
> Dans quelque rose vermeille
> Qui doit choir dedans ta main.
>
> Car tout coi je me tiendrois
> (Alors que tu t'en viendrois
> La cueillir sur les épines)
> Entre ses feuilles pourprines,
> Sans murmurer nullement.
> Ne battre l'une ou l'autre l'aile,
> De peur qu'une emprise telle
> Finit au commencement.
>
> Puis, quand je me sentirois
> En ta main, je sortirois,
> Et m'en irois prendre place,
> Sans te poindre, sur ta face ;
> Et là, baisant mille fleurs
> Qui sont autour de ta bouche,
> Imiterois cette mouche
> Y suçant mille senteurs.
>
> Et si lors tu te fâchois,
> Me chassant de tes beaux doigts,
> Je m'en irois aussi vite
> Pour ne te voir plus dépite ;
> Mais premier, autour de toi,
> Je dirois, d'un doux murmure,
> Ce que pour t'aimer j'endure
> Et de peines et d'émoi.

2. Les *Mémoires* de la Société académique de Falaise (1841) contiennent une bonne notice sur Vauquelin, par M. Victor Choisy : recommandable exemple pour chaque ville ou chaque province d'étudier ainsi son vieux poëte.

gemmes et calcédoines, pour servir quelquefois de cachet. Les miennes en la sorte, pleines d'amour enfantine, ne sont qu'imagettes et petites tablettes de fantaisies d'Amour. » Une idylle, une *odelette* anacréontique ou une pierre gravée, c'est bien cela; et, à la grâce précise de sa définition, le bon Vauquelin montre assez qu'il a dû souvent atteindre dans le détail à la justifier. Son volume de poésies est peut-être celui d'où l'on tirerait le plus de traits dans le goût de ceux que nous cherchons :

> Amour, tais-toi ! mais prends ton arc,
> Car ma biche belle et sauvage,
> Soir et matin sortant du parc,
> Passe toujours par ce passage.
>
> Voici sa piste : oh ! la voilà !
> Droit à son cœur dresse ta vire[1],
> Et ne faux point ce beau coup-là,
> Afin qu'elle n'en puisse rire.
>
> Hélas ! qu'aveugle tu es bien !
> Cruel, tu m'as frappé pour elle :
> Libre, elle fuit, elle n'a rien ;
> Mais las ! ma blessure est mortelle.

Mais il faut craindre pourtant d'entasser par trop ces riens agréables et d'affadir à force de sucreries. Je n'ai voulu ici que dégager un dernier point de vue en cette poésie du xvi<sup>e</sup> siècle et diriger un aperçu dont l'idée est plus souriante que le détail prolongé n'en serait piquant. L'Anacréon, chez nous, ne cessa de vivre et de courir sous toutes les formes durant le siècle suivant et depuis jusqu'à nos jours. L'abbé de Rancé, âgé de douze ans, en donnait une très-bonne édition grecque ; La Fontaine le pratiquait à la gauloise toute sa vie. Chaulieu, plus qu'aucun, se peut dire notre Anacréon véritable, et c'est dommage que sa poésie trop négligemment jetée ne nous rende pas tout son feu naturel et son génie. Moncrif, avec bien moins de largeur, et plusieurs du xviii<sup>e</sup> siècle après lui, ont eu des parties, des traits aiguisés du genre. Voltaire, en quelques pièces légères, l'a saisi et comme fixé à ce point parfait de bel-esprit, de sensibilité et de goût, qui sied à notre nation. André Chénier n'a eu que peu d'anacréontique, à proprement parler, dans le sens final ; il est

---

1. *Vire*, espèce de trait d'arbalète, lequel, lorsqu'on le tire, vole comme en tournant (Ménage).

remonté plus haut, et, si j'écris quelque jour sur Théocrite, comme j'en ai le désir, je marquerai avec soin ces différences. Le plus vraiment anacréontique des modernes a peut-être été le Sicilien Meli. Béranger pourrait sembler tel encore, mais par quelques imitations habiles et de savantes gaietés, plutôt que par l'humeur et le fond : lui aussi, je le qualifierai un poëte de l'art. Quoi qu'il en soit, c'est bien certainement au xvi° siècle et au début que l'imitation immédiate et naïve d'Anacréon se fait le mieux sentir. Le second temps, le second pas des essais de la Pléiade en demeure tout marqué. Ayant insisté précédemment sur l'issue et les phases dernières de cette école, sur ce que j'ai appelé son détroit de sortie, j'ai tenu à bien fixer aussi les divers points du détroit d'entrée ; c'est entre les deux qu'elle a eu comme son lac fermé et sa mer intérieure. En 1550, irruption brusque, rivage inégal; en 1554, continuation plus ornée, plus polie, jusqu'à ce qu'en 1572 on arrive tout en plein au golfe de mollesse. A partir de 1554, la colline, la tour d'Anacréon est signalée : la flottille des poëtes prend le vieillard à bord, et il devient comme l'un des leurs.

Et maintenant, de ma part, c'est pour longtemps; c'en est fait, une bonne fois, de venir parler de ces poëtes du xvi° siècle et de leurs fleurettes : j'ai donné le fond du panier.

Avril 1842.

# DE L'ESPRIT DE MALICE
## AU BON VIEUX TEMPS

LA MONNOIE — GROSLEY

I

Pourquoi pas aujourd'hui une de ces petites dissertations comme on n'en fait plus, comme Addison les esquissa en morale, comme d'Israëli les crayonna en littérature, qui ne soient ni des traités ni des odes, et ne prétendent qu'à être de simples essais ? Essayons.

On se demande souvent, lorsqu'on lit des livres du vieux temps et qu'on les trouve à la fois assaisonnés d'une certaine malice et de beaucoup de naïveté, ce qu'il faut croire de leurs auteurs et de l'esprit qui les a inspirés. C'est surtout lorsqu'on les voit se jouer autour des objets de leur vénération et de leur culte, y porter toutes sortes de familiarités et même des hardiesses, puis reprendre tout aussitôt ou paraître n'avoir pas quitté le ton révérencieux, c'est alors qu'on s'étonne et qu'on cherche à faire la double part dans ce mélange, la part d'une bonhomie qui serait pourtant bien excessive, et celle d'une ruse qu'on ne peut admettre non plus si raffinée.

Nos anciens *Mystères* ou représentations dramatiques de choses saintes sont le genre qui provoque le plus naturellement ces questions. Nos bons aïeux n'y éludaient aucun des côtés scabreux du sujet; bien loin de là, ils étalaient au long ces endroits et les paraphrasaient avec complaisance [1]. Qu'il s'agisse, par exemple, de Conception immaculée et d'Incarnation, ils vont tout déduire par le menu, mettre tout en scène, les tenants et aboutissants. Joachim et Anne, les parents de la Vierge, et qui ne l'eurent qu'après vingt ans de ménage, commencent par se plaindre longuement de leur stérilité. Joachim surtout, dont l'offrande a été refusée au temple, ne peut digérer son affront :

>   Quant j'ay bien en mon cas regard,
>   Je suis réputé pour infâme ;
>   Tient-il à moy ou à ma femme
>   Que ne pouvons enfans avoir,
>   Ou se le divin préscavoir
>   De Dieu l'a ordonné ainsi?
>   J'en suis en si très grant soucy
>   Que je ne sçay quelle part aller.

Et il s'en va aux champs parmi ses bergers qui ne peuvent lui arracher que des demi-mots et ne parviennent pas à le distraire :

>   ACHIN, *l'un des bergers.*
>   Passez le temps avecques nous
>   Pour vous oster de ceste peine.
>   JOACHIM.
>   Je vueil aller sur ceste plaine
>   Contempler ung petit mon cas.

---

1. La première partie de ce volume étant déjà imprimée, je profite d'une dernière occasion pour mentionner une publication très-importante sur les anciens mystères que donne en ce moment (1843) M. Louis Paris, bibliothécaire de Reims. Il y traite plus particulièrement du mystère de la *Passion*, et cela en vue des *Toiles peintes* de l'Hôtel-Dieu de Reims, qui en sont comme une mise en scène illustrée et une commémoration. M. L. Paris, en voulant bien citer et contredire avec toute sorte de courtoisie gracieuse notre opinion peu favorable à ce vieux théâtre, fait appel à notre goût mieux informé. Il nous signale et nous recommande, entre autres, une scène de quelque intérêt, lorsque Judas découvre, comme Œdipe, qu'il a tué son père et épousé sa mère (tome I, page 58) ; on trouve là en effet la matière, sinon la forme, de l'horreur tragique. Nous distinguerions plus volontiers, et comme s'acheminant vers le pathétique, le dialogue entre Jésus et sa sainte mère (tome I, page 317), lorsque celle-ci, à la veille de la Passion, le supplie en vain d'être un peu clément envers lui-même. Ces situations naturelles avaient encore de quoi émouvoir indépendamment de ce qu'on appelle talent, et il semblerait en vérité qu'ici vers la fin de cette dernière scène il y ait eu un éclair de talent. Mais ce que nous pouvons dire en toute assurance, c'est que des publications comme celle de M. L. Paris, en déroulant les pièces avec ampleur et fidélité, aident beaucoup au règlement définitif de la question.

Enfin Dieu prend pitié d'eux, et un Ange est envoyé à sainte Anne pour lui annoncer qu'elle sera mère. Marie, aussitôt née, croît chaque jour en piété et en sagesse ; dès-lors nul détail n'est épargné : son vœu de virginité, celui de Joseph, leur embarras à tous deux quand on les marie, et l'aveu mutuel qu'ils se font, les doutes de Joseph ensuite, quand il voit ce qu'il ne peut croire, et la façon dont il les exprime, tout cela est exposé, développé bout à bout avec une naïveté incontestable, avec une naïveté telle qu'il est presque impossible aujourd'hui d'extraire seulement les passages et de les isoler de leur lieu sans avoir l'air déjà de narguer et de profaner. Or, un tel effet ne se peut admettre à la date où ces représentations eurent plein crédit. Force est donc de se rejeter sur la naïveté profonde des auteurs et des spectateurs. Et pourtant je me pose tout à côté la question que voici : Quelques-unes de ces scènes singulièrement familières n'ont-elles pas excité assez vite, chez un bon nombre des acteurs et spectateurs, quelque chose de ce sourire et de ces plaisanteries sans conséquence qui circulent ou qui, du moins, naguère circulaient volontiers parmi les bons chrétiens de campagne, les soirs où l'on chantait certains gais noëls ?

Les *Noëls* bourguignons de La Monnoie peuvent nous être comme une limite extrême à cet égard. On ne saurait nier qu'il ne s'y soit glissé, avec intention de l'auteur, une assez sensible dose de raillerie et de malice ; pourtant la gaieté surtout domine et fait les frais. Je ne dis pas qu'on soit très-édifié en les chantant, mais je ne crois pas non plus qu'on en ait été très-scandalisé là où d'emblée ils circulèrent, chez les bourgeois et les vignerons. La Monnoie semble avoir voulu faire après coup comme les chœurs lyriques de ces vieux mystères de la Nativité et de la Conception qui étaient fort de sa connaissance, et il les a faits avec un talent et un sel dont il n'y a pas vestige dans les anciennes pièces. Pourtant, je n'aperçois pas de solution de continuité ni de rupture entre l'esprit premier qui se réjouissait aux scènes naïves et celui qui accueillit ses fins couplets. On est avec lui à l'extrême limite, j'en conviens ; mais en deçà on trouve place pour bien des degrés de cette plaisanterie indécise et de cette malice peu définie qui me paraît précisément un ingrédient essentiel dans la naïveté de nos bons aïeux, et que je voudrais caractériser.

Cet esprit du vieux temps, tel que je le conçois et tel qu'on l'aime, avant toutes les philosophies et les réformes, était quelque chose de très-franc, de très-naturel et aussi d'assez compliqué. On se tromperait fort si on le croyait toujours aussi simple qu'il le paraît, et de même si on l'estimait toujours aussi malin qu'à la rigueur il pourrait être. L'esprit du bon vieux temps, avant qu'on l'eût éveillé et gâté, avant qu'on lui eût appris tout ce qu'il recélait, et qu'on lui eût donné, suivant le langage des philosophes, *conscience* et clef de lui-même, cet esprit allait son train sans tant de façons, se conduisant comme un brave manant chez lui : il doute, il gausse, il croit, tout cela se mêle. Mais c'est parce que la foi, ce qu'on appelle la *foi du charbonnier*, s'y trouve avant et après tout, c'est pour cela que le reste a si bien ses coudées franches. Le xviii$^e$ siècle, ne l'oublions pas, et déjà la Réforme en son temps, sont venus tout changer ; ils sont venus donner un sens grave et presque rétroactif à bien des choses qui se passaient en famille à l'amiable : pures espiègleries et gaietés que se permettaient les aînés de la maison entre soi. Ces peccadilles, une fois dénoncées, et quand on a su ce qu'on faisait, ont pris une importance énorme. Pour se les expliquer chez nos dignes aïeux, et pour en absoudre leur religion, on a pris le parti de les faire en masse plus naïfs encore qu'ils n'étaient, c'est-à-dire trop bêtes. Non pas. Notre indulgence plénière à leur égard n'est qu'une vanité de plus. Nos aïeux soupçonnaient plus d'une chose, ils en riaient, ils s'en tenaient là. Les filles avaient la beauté du diable ; chacun avait, je l'ai dit, la foi du charbonnier ; et plus d'un laissait percer le bon sens du maraud : le gros du monde roulait ainsi, sans aller plus mal. L'esprit du bon vieux temps en soi n'eût jamais fait de révolution, n'eût jamais passé à l'état de xviii$^e$ siècle : il a fallu à certains moments deux ou trois hommes ou démons, les Luther et les Voltaire, pour le tirer chacun en leur sens et pour jeter le pont. Mais le propre du vieil esprit, même gaillard et narquois, était de ne pas franchir un certain cercle, de ne point passer le pont : il joue devant la maison et y rentre à peu près à l'heure ; il tape aux vitres, mais sans les casser. Il a le dos rond. L'esprit que j'appelle de xviii$^e$ siècle au contraire a pour caractère le prosélytisme, le dogmatisme, beaucoup de morgue ; il pousse au Naigeon et au Dulaure. Il n'y en a pas l'ombre chez nos bons aïeux, en leurs plus libres moments; rien de cet esprit prédicant, agressif, qui tire parti de tout: ils n'en tiraient que plaisir.

On a remarqué dès longtemps cette gaieté particulière aux pays catholiques ; ce sont des enfants qui sur le giron de leur mère lui font toutes sortes de niches et prennent leurs aises. Le catholicisme chez lui permet bien des choses, quand on ne l'attaque pas de front. N'avez-vous jamais remarqué dans la foule, un jour de fête, ces bons grands chevaux de gardes municipaux entre les jambes desquels se pressent les passants, filles et garçons, et qui ne mettent le sabot sur personne ? Tels sont les bons chevaux de garde du pape en pays catholiques[1]. Chez nous, le gallicanisme compliqua un peu : il permit d'être plus logique, il empêcha aussi de l'être trop. La gaieté se trempa davantage d'un certain bon sens pratique, sans toutefois passer outre. Il y eut toujours la paroisse et le curé. Entre deux Pâques pourtant, l'espace était long, la marge était large, et le malin, sans avoir l'air d'y songer, s'accordait bien des choses.

La race de ces esprits du vieux temps, très-secouée et un peu modifiée par le XVIᵉ siècle, mais encore fidèle, a survécu jusque dans le XVIIIᵉ, et il est curieux de la retrouver là plus distincte dans quelques individus à part, dans quelques échantillons tranchés. Nous verrons tout à l'heure jusqu'à quel point La Monnoie en était. Quelqu'un aussi qui certainement en tenait fort, l'un de ces derniers Gaulois, c'était Grosley, l'illustre Troyen. Il raconte en sa *Vie* (écrite par lui-même) une historiette qui revient droit à mon propos. Tout enfant, les soirs, il lisait beaucoup ; il lisait les figures de la Bible, les vies des saints, et adressait, chemin faisant, toutes sortes de questions auxquelles le plus souvent répondait d'autorité la bonne vieille servante installée dans la famille depuis trois générations, et qu'on appelait simplement *Marie Grosley :* « *Là, là,* disait

---

[1]. On lit dans les *Œuvres choisies* de La Monnoie (tome II, page 221):
« Le Pogge vivoit dans un siècle de bonne foi et d'ingénuité où il étoit
« permis à la bouche d'exprimer ce que le cœur pensoit. Lui, avec quelques-
« uns de ses confrères et autres galans hommes de ce temps-là, s'assem-
« bloient à certains jours en une chambre secrète du palais du Pape, et là
« se divertissoient à faire ces jolis Contes, dont nous avons encore le recueil,
« traduit en toutes sortes de langues... C'est ainsi qu'on en usoit alors en
« Italie, et ce ne fut guère qu'après le concile de Trente qu'on devint plus
« réservé. Avec quelle liberté n'ont pas écrit les Bernin, les Mauro, les
« Molza, sans qu'on leur ait fait d'affaire? »

celle-ci, il n'y a que les prêtres qui sachent cela et encore, les prêtres eux-mêmes doivent y croire sans y aller voir ; ça ne regarde que les médecins. » Telles étaient les réponses que l'enfant obtenait d'ordinaire sur les questions relatives à la religion, à la physique ; et à ces solutions de la servante-gouvernante, sa bonne et vénérable aïeule, d'une voix plus douce, ajoutait quelquefois : « Va, va, mon enfant, quand tu seras grand, tu verras qu'il y a bien des choses dans un *chosier*. » Et Grosley nous dit qu'en avançant dans la vie il eut mainte fois occasion de renvoyer bien des choses et des pensées au *chosier* de sa grand'mère.

Et bien ! même en ces vieux âges d'auparavant, à maint spectacle, à maint prône, en mainte occasion profane ou sacrée, il y avait (en doutez-vous ?) plus d'une servante Marie, plus d'une aïeule de Grosley, plus d'un Grosley enfant qui faisait des questions; il naissait plus d'une pensée, et cette pensée trouvait son mot, et les honnêtes paroissiens souriaient en se signant; puis on renvoyait, ou mieux on faisait finalement retomber le tout au grand *chosier* d'à côté ; c'était question close ; au moindre rappel, au premier coup de cloche, tout au plus tard au second, on baissait la tête, on pliait les deux genoux devant la croyance subsistante et vénérée; on faisait acte sincère de cette humilité et de cette reconnaissance du néant humain, qui n'est pas la moindre fin de toute sagesse.

Entre l'esprit du pur bon vieux temps, tel que j'essaye ici de le saisir, non pas à telle ou telle époque déterminée, (car il nous fuirait peut-être), mais dans son ensemble et comme dans son émanation même, entre cet esprit et celui du xviii° siècle que nous connaissons de près, il y eut pourtant un intermédiaire, un conducteur un peu ambigu et couvert, que j'appellerai tout de suite par son nom, l'Érasme, le Bayle, le Montaigne, le Fontenelle. Ici l'auteur sait ce qu'il fait, mais il le dissimule autant qu'il le veut. Le lecteur est partout chatouillé d'une pointe discrète qui vient on ne sait d'où, et s'arrête à fleur de peau ; il ne tient guère qu'à lui de se l'enfoncer davantage ou de se l'épargner. Mais ces ménagements et ces calculs n'ont qu'un temps. Au xvi° siècle, l'esprit protestant fit à sa manière ce qu'a fait plus tard l'esprit philosophique au xviii° siècle. Il attaqua brutalement les choses dans une fin chrétienne et démasqua les habiles. Le xviii° siècle les tira à lui et les salua ses complices. En eux dès-lors la pointe parut à nu et devint aiguillon.

Malgré tout, même depuis Érasme, même durant Montaigne, même à travers Bayle, quelque chose de cet esprit d'autrefois, mi-parti de malice et de soumission sincère, s'est conservé chez quelques individus de marque, la malice dominant, il est vrai, mais la soumission aussi retrouvant son jour. Parmi nos poëtes, jusque parmi les plus émancipés, la race se suit très-distincte. Je laisse bien vite Rabelais de côté ; c'est un trop gros morceau pour que je m'en incommode. Mais Passerat, mais Régnier, qui pourtant ont passé par lui, retrouvent des conversions *sincères* (j'insiste sur le mot), de vraies larmes. Le bon Gringoire, auteur de railleuses sotties et le type de ce vieux genre, finit pieusement et mérite d'être enterré à Notre-Dame. La Fontaine, Piron lui-même, sont de grands exemples. Chez tous ces hommes, qu'y avait-il eu à leurs plus vifs moments et à leurs heures les plus buissonnières ? Écoutons Grosley encore nous parlant d'un de ses amis, le joyeux abbé Courtois : « Il m'admettoit, dit-il, à partager ses plaisirs, dont la gaieté, *qui lui étoit commune avec toutes les belles âmes*, faisoit le fond et formoit l'assaisonnement. » Voilà bien le vrai fonds antique de nos pères, fonds de gaieté sans malignité et sans fiel, ou bien gaieté aiguisée de malice, mais sans rien d'ambitieux, d'orgueilleux et de subversif. Ces derniers points nous reviennent en propre et à tous les vrais modernes.

## II

Ceci posé, et par manière de libre éclaircissement, je m'étendrai un peu sur deux échantillons du vieux genre, et d'abord sur La Monnoie, qu'une nouvelle édition de ses *Noëls* a remis récemment sur le tapis [1]. Un écrivain estimable, M. Viardot, en a parlé à son tour assez au long et avec connaissance de cause, étant, je crois, du pays ; pourtant, comme il lui est arrivé d'en parler dans un Recueil qui, en se proclamant *indépendant*, est plus qu'aucun assujetti à de certains systèmes, le critique trop docile a mêlé à son analyse d'étranges préoc-

1. *Les Noëls Bourguignons* de Bernard de La Monnoie (*Gui-Barozai*), publiés, avec une traduction littérale en regard, par M. Fertiault. (Paris, Ch. Gosselin.)

cupations, et dans le choix que le bon La Monnoie avait fait, cette fois, du patois natal, il a plu à son admirateur de découvrir je ne sais quelles perspectives toutes merveilleuses : « On peut dire, écrit-il de La Monnoie, *qu'il sentait le besoin de tourner le dos au passé* au lieu de le regarder toujours en face, *de se laisser aller au courant des siècles*, au lieu d'en remonter la pente, et *d'avancer sur le flot du présent vers les mers inconnues de l'avenir*. Il avait entrevu, comme Charles Perrault, *la loi du progrès, ou, si l'on veut, de la progression qui régit la vie de l'humanité* ; il était *du parti de Perrault*[1] !... » Assez d'apocalypse ; je m'arrête. On se demande comment des esprits honnêtes et dont, en d'autres moments et en d'autres matières, le caractère serait plutôt le bon sens, se peuvent laisser aller à de tels *dadas*, que le philosophe du logis leur fournit tout bridés. Je suis fâché pour ce philosophe s'il ne lui arrive jamais de rire, à part lui, de ce qu'il inspire ; je commence vraiment à craindre qu'il ne garde tout son sérieux. Notre point de vue sur le bon vieux temps ne serait pas assez complet si nous n'avions à lui opposer de tels vis-à-vis. Il y a d'ailleurs dans le travail de M. Viardot des parties mieux vues et dont il faut savoir gré à l'auteur : il lui eût suffi peut-être de les indiquer du doigt ; cédant à l'esprit de système, il y a mis le pouce. Mais d'autres tout à côté y auraient employé le poing.

Revenons à nos moutons et à La Monnoie qui en tient fort. Il était de la race directe du vieux temps ; mais le xvi° siècle y avait passé, c'est-à-dire Rabelais et Montaigne, c'est-à-dire encore tous les Grecs et les Latins. Né à Dijon en 1641, élevé au collège des jésuites de cette ville, il marqua de bonne heure sa vocation pour le bon mot, pour l'épigramme, pour l'agréable rien ; Martial surtout était son fait. Après des études de droit à Orléans, il s'en retourna vivre dans son pays, au sein de la société fort agréable et lettrée qu'offrait cet illustre parlement de Bourgogne. Remarquez pourtant que ce séjour prolongé loin de Paris où il ne vint habiter qu'en 1707, âgé de plus de soixante ans, le fit toujours un peu moins contemporain de son siècle qu'il ne devait l'être, au moins pour la littérature française. Il a du rapport avec Bayle sur ce point comme sur plu-

---

1. *Revue indépendante*, juillet 1842.

sieurs autres. Malgré ses prix coup sur coup à l'Académie française, La Monnoie est très-peu un poëte du siècle de Louis XIV. Boileau devait juger de tels vers détestables et comme non avenus ; mais la *moyenne* des académiciens du temps y trouvait une expression prosaïque châtiée et suffisamment élégante, qui lui rappelait la manière des bons vers Louis XIII ou Mazarin ; la moyenne de l'Académie était sujette alors à retarder un peu. La Monnoie, avant 1671, année de son premier prix, avait bien plus cultivé la poésie latine que la française. Le madrigal, il nous l'a dit, était à sa portée ordinaire, et le sonnet son *nec plus ultra*. Il se dépensait en quatrains, en menus distiques, en hendécasyllabes latins, même en traductions du latin en grec ; il retournait et remâchait, en s'amusant, son plat de dessert et de *quatre-mendiants* du xvi° siècle. Plus d'une fois il lui arriva de pousser la gaudriole jusqu'à la priapée. Ses soi-disant *poëmes* couronnés n'interrompent qu'à peine ce train d'habitude ; le *Ménagiana* nous donne tout à fait sa mesure. Lorsque La Monnoie mourut très-âgé, à quatre-vingt-sept ans (1728), au milieu du concert d'éloges qui s'éleva de toutes parts, il échappa à un journaliste de dire que M. de La Monnoie *n'était que médiocrement versé dans la moderne littérature française*. Plus d'un biographe s'est récrié sur ce jugement, et l'abbé Papillon[1] déclare avoir peine à le comprendre. Rien de plus facile toutefois, si l'on entend par littérature moderne Racine dans *Athalie*, par exemple, Fénelon, La Bruyère, déjà Montesquieu naissant[2]. Le siècle de Louis XIV a modifié pour nous et entièrement renouvelé le fonds classique moderne. En quoi consistait ce fonds auparavant ? On avait les Italiens, quelques Espagnols, toute la littérature latine, et si délaissée aujourd'hui, du xvi° et même du xvii° siècle. C'est là où vivait d'habitude et où correspondait La Monnoie. A travers la gloire de son époque, gloire qui se ramasse à nos yeux dans une sorte de nuage éblouissant, il savait distinguer et même préférer, pour son usage propre, une foule d'illustres antérieurs ou contemporains à la veille d'être ignorés, et auxquels il trouvait je ne sais quel sel qui le ragoû-

---

1. *Bibliothèque des Auteurs de Bourgogne.*
2. M. Viardot a cru voir une preuve irrécusable du caractère tout *moderne* de La Monnoie dans un éloge qu'il fit de l'*OEdipe* de Voltaire, lequel éloge est en *distiques latins* ; belle manière de se montrer moderne ! Ce qu'il serait vrai de dire, c'est que, tout en possédant et admirant les anciens, La Monnoie les jugeait avec liberté d'esprit.

tait dans quelque coin du cornet. Mais surtout il puisait sans cesse à nos vieilles sources gauloises ; il savait nos francs aïeux à dater de la fin du xv° siècle, et tirait de leurs écrits un suc qui commençait à devenir chose rare autour de lui. La dose de malice et de finesse *salée* qu'il leur demandait était sans doute pour le moins égale à celle qu'ils y avaient mise. En sectateur de Martial, il sentait fort son Mellin de Saint-Gelais. Pourtant une modestie naturelle, cette espèce de candeur si compatible, nous l'avons vu, avec une gaieté native, et l'absence de toute arrière-pensée, le remettaient aisément au niveau des Brodeau, des Marot et autres fins naïfs qu'il savourait sans cesse, qu'il commentait avec délices, et qu'il allait à sa manière reproduire et égaler. C'est du mélange, en effet, et comme du croisement exact de son érudition gauloise et de son art *classique* que naquirent un jour ses *Noëls bourguignons*.

Les noëls n'avaient jamais cessé en Bourgogne; c'était un débris de mystère, une ou deux scènes de la Nativité qui avaient continué de se jouer et de se chanter au réveillon, mais en devenant de plus en plus profanes en même temps que populaires. Souvent même le refrain de *Noël* n'était plus qu'un prétexte et un cadre où s'interposaient les événements du jour : le chanteur courait et s'ébattait à sa guise, sauf à revenir toucher barre au divin berceau. Les gens d'esprit du crû se mêlaient volontiers à ces jeux en patois, et payaient leur écot à ce qu'on peut appeler les *atellanes* de la Crèche. Le bonhomme Aimé Piron, père du célèbre Alexis, et apothicaire de son état, avait fait nombre de ces petites pièces qui couraient la province. Un jour qu'il en récitait une à La Monnoie, celui-ci lui dit : « C'est plein d'esprit, mais c'est négligé; vous faites cela trop vite.—*Vrà*, lui répond l'apothicaire en le regardant ironiquement du coin de l'œil. — *Vrà*, lui réplique La Monnoie en appuyant plus fort sur son mot. — *E bé!* répond l'autre en continuant de parler patois, *i vorô bé t'i voi.*—*Parguienne*, reprend aussitôt le poëte dijonnais, *tu mi voirai.* » Et peu de temps après il tenait sa gageure et donnait ses premiers *Noëi*[1].

Les *Noëi* circulèrent plusieurs années, chantés çà et là et non imprimés; ils ne se publièrent décidément qu'en 1700. Leur succès fut grand, et trop grand ; ils allèrent, dit-on, jusqu'à la

---

1. *Notice* de M. Fertiault.

cour. Une telle lumière mettait leurs plaisanteries trop à nu ; c'était des badineries de famille ; la rue du Tillot ou de la Roulotte leur convenait mieux. L'éveil une fois donné, un vicaire de Dijon prêcha contre, et l'affaire se grossit : la Sorbonne eut à juger de la culpabilité, et peu s'en fallut qu'elle ne condamnât. Les modernes biographes ont comparé cette quasi-condamnation aux procès de Béranger. On doit rappeler aussi que les anciens mystères avaient été, sous François I<sup>er</sup>, déférés au parlement et interdits comme prêtant au scandale. On ne trouverait rien, en effet, dans les malins couplets de *Gui-Barozai*, de plus chatouilleux au dogme que ce qu'on lit dans ces vieux mystères de *la Conception*, écrits, je le crois, en toute simplesse, mais bientôt récités et entendus avec un demi-sourire [1].

Ainsi, une différence piquante entre ces mystères et les *Noëi*, c'est que pour les premiers l'auteur était plus simple, plus contrit, plus humblement dévôt, que ne le furent bientôt acteurs et auditeurs, et qu'au contraire ici, pour les cantiques bourguignons, *Barozai* avait certes le nez plus fin que le joyeux public qui en fit tout d'abord son régal sans songer au péché.

Mais bien d'autres différences s'y marquent, dont la principale, à mon gré, consiste dans la façon et dans le talent. La Monnoie s'y prit avec ce patois comme avec une langue encore flottante, qui n'avait pas eu jusque-là ses auteurs classiques, et dont il s'agissait, en quelque sorte, de trouver la distinction et de déterminer l'atticisme. Cet atticisme existait plus ou moins sensible pour les francs Bourguignons, et au xvi<sup>e</sup> siècle déjà Tabourot avait dit du jargon dijonnais que c'était *le Tuscan de Bourgogne*, donnant à entendre par là que le bourguignon le plus fin se parlait à Dijon, de même que l'italien réputé le plus fin était celui de Toscane. Pour nous qui, par rapport à cet attique bourguignon, ne sommes pas même des Béotiens, mais des Scythes, nous nous hasarderons toutefois à le deviner, à le déguster chez La Monnoie, comme précédemment nous avons fait ailleurs pour les vers du poëte Jasmin : les procédés, de part et d'autre, ne sont pas très-différents et demeurent classiques. Ceux qui parlent tant de poésie populaire devraient bien

---

1. Si l'on me pressait, j'en saurais donner trop de preuves. Mais ces citations ainsi détachées acquièrent une gravité que les passages n'ont pas sur place. J'y renvoie ceux qui savent. (Voir pourtant, au précédent *Tableau*, chapitre du *Théâtre français*).

s'apercevoir un peu de cela, dans les admirations confuses qu'ils prodiguent et dans les mauvais vers qu'ils vont provoquer. La Monnoie appliqua là en petit la méthode d'Horace, lorsque celui-ci voulut créer le genre et la langue lyrique chez les Latins; ou bien, pour prendre un exemple plus proportionné, il fit ce que plus tard M. de Surville essaya de réaliser pour la langue du xv° siècle. Mais ce que M. de Surville recherchait après coup et artificiellement, La Monnoie l'appliqua à quelque chose de vivant et de réel[1]. D'ailleurs, son soin dut être le même; il n'avait pas reproché pour rien à Aimé Piron d'aller trop vite et d'être négligé; lui, il sut, sans le paraître, se rendre châtié, scrupuleux, concis; il fut le Malherbe pratique du genre,

D'un mot mis en sa place enseigna le pouvoir!

de sorte que, par une singularité très-curieuse, il se trouve être du siècle de Louis XIV en patois, et en patois seulement; car là, véritable disciple de Boileau, il corrige, il resserre, il choisit, tandis que, dans ses vers français, il n'a que prosaïsme et langueur. Le *Glossaire* qu'il a joint à ses *Noëls* constitue, à bâtons rompus, toute une poétique raffinée et charmante, où chaque mot a son histoire et ses autorités. Dans un joli apologue latin, il se compare à Ennius, lequel, un jour, se serait amusé à exprimer en langage *osque* l'enfance de Jupiter et le berceau de Crète; les flamines se fâchèrent et firent tapage; mais Jupiter, qui voulut en juger par lui-même, se mit à pouffer de rire dès le second couplet. *Ennius* ici est de la modestie; pour que la corrélation fût exacte, il faudrait Varron, ou même quelque docte Italiote, contemporain d'Horace et de Virgile. On épuiserait ces comparaisons qui éclaircissent la pensée, en disant encore que pour cette habileté à introduire, à insinuer l'art dans le dicton populaire, La Monnoie fut le Béranger du genre, ou un Paul-Louis Courier, mais qui ne laissa point du tout percer le bout de l'oreille. *Barozai* était bien, des deux, le vrai *vigneron*.

Heureuse rencontre! sans cette idée d'écrire en son patois, La Monnoie ne léguait aucune preuve de son très-franc talent de poëte. En français, c'était un versificateur académique, dénué

1. Il dut bien aussi songer, érudit comme il était, aux gracieuses poésies que lui offrait la littérature italienne dans la *lingua contadinesca*, et dont Laurent de Médicis donna le premier des modèles exquis.

d'imagination et de vigueur ; dans les petites pièces il se montrait un pur bel-esprit ; en latin, il ne faisait que retourner les anciens, le Catulle et le Martial, et sans chance d'avenir, il le savait bien[1]. Mais voilà que le patois lui sourit, et, du coup, son étincelle poétique, qui allait se perdre sans emploi, trouve où se loger ; elle prend forme et figure ; elle anime un petit corps d'insecte ailé et bourdonnant, qu'elle a comme saisi au passage. Là trouvent place, tout à point, son esprit naïf et son trait ; il y décèle aussi son imagination, ou plutôt le patois de lui-même la fournit à son goût, et, en quelque sorte, la défraie : deux ou trois de ces jolis mots, sveltes, chantants, intraduisibles, dans une petite pièce, cela fait les ailes de l'abeille.

La Monnoie avait un grain de sel, ou, pour parler le langage du crû, un grain de *moutarde*. Ce grain n'était pas assez, quand il le dépaysait, pour assaisonner ou mieux (que la chimie me le permette) pour faire lever cette pâte toujours un peu froide et blanche de la noble langue française, surtout allongée et alignée en alexandrins. En opérant de près, au contraire, sur les mots du pays, et dans toutes les conditions d'affinité, le grain fit merveille.

L'humeur qui domine dans les *Noëi* est libre et sent légèrement la parodie. Mais il est une parodie naturelle et presque inévitable qui naît du travestissement même de la Nativité en bourguignon et de ce rapprochement de *Lubine, Robine et Bénigne* avec les Rois-Mages. C'est comme dans un tableau de la Nativité, de l'ancienne école flamande, où la Vierge se trouve, de toute nécessité, coiffée à l'anversoise. Nous en sourions, mais les Flamands plutôt s'en édifiaient. La Monnoie s'est très-bien rendu compte de cet effet ; à propos des traductions ou imitations que Marot faisait de Martial, on lit : « Il y a encore une remarque à « faire sur la manière de traduire de Marot, c'est qu'il ajuste à « la mode de son temps la plupart des sujets de son auteur ; « M. de Bussy en use à peu près de même, ce qui donne à la « traduction un air d'original qui ne déplaît point. C'est une « espèce de parodie d'une langue à une autre [2]... » Ainsi fit-il

---

1. Voir au tome II, page 276, des *Œuvres choisies* de La Monnoie (édit. in-4°), ce qu'il dit de la poésie latine moderne et de Santeuil. Ces fragments de critique, qui paraissent tirés le plus souvent des lettres de La Monnoie, sont en général pleins de vivacité et de sens : on y retrouve l'homme familier et causant.

2. *Œuvres choisies*, tome II, page 374. En matière sacrée, l'exemple de

en ses Noëls, et ses figures y prennent un air de connaissance et de voisinage qui récrée la scène. Le bonhomme Joseph a la mine *ébahie* durant l'accouchement et regarde sans parler sa compagne transie ; l'archange Gabriel, *en robe cramoisie*, descend au secours ; les bœufs et les ânes de la crèche sont en joie et font leur partie sur toutes sortes de tons, en personnes bien apprises. A entendre cette mélodie étrange, à laquelle ils sont peu faits, les Mages, effrayés, ont pensé *gâter la cérémonie;* ces Rois-Mages, surtout le noir, étaient un continuel sujet de gaieté :

> Joseph, plein de respect,
> Dit : Messieurs, je vous prie,
> Excusez, s'il vous plaît,
> C'est un âne qui crie.

On a là comme le premier fond de plaisanterie obligée. L'ingénieux auteur n'a pas manqué d'y ajouter sa dose, et ne s'est pas épargné les licences du gai bon sens. On est sous une minorité, avec le divin Enfant et la Vierge-mère toute clémente ; on se permet le mot pour rire, sans prétendre le moins du monde secouer le joug ; trop heureux d'adorer, on payera, on paye à l'avance son tribut en alleluias et en chansons. Que si le sens humain trouve par moments que ce mystère, cette rédemption tant attendue, est le chemin le plus long, *le chemin de l'école,* et que le maître a pris le grand tour pour nous sauver, n'est-ce pas aussi qu'il nous montre mieux par là tout son amour? Et puis le plus sûr est de baisser la tête, car, en définitive, on a affaire, tout francs vignerons qu'on est, au *Maître du pressoir.* Les libertés de ce genre sont fréquentes chez La Monnoie. Le *Franklin*, c'est-à-dire le bon sens malin, a eu sa réclame de tout temps. Ici on assiste tant soit peu, je l'ai déjà dit, aux *atellanes*, ou, si l'on veut, aux *saturnales* de la Crèche. Quand les soldats romains accompagnaient, un jour de triomphe, le char de leur *Imperator*, ils chantaient des vers fescennins ; et nous-même nous avons pu entendre les grognements des fidèles sur *le petit Caporal*, qui certes était bien leur Dieu. L'essentiel es de savoir s'il y a esprit de révolte ou non, et cet esprit ne paraît pas dans les *Noëi*. Nous y voyons le grain de plaisanterie s'appliquer même à de plus chatouilleux que le divin Enfant, je

---

Menot et de Maillard, ces parodistes naïfs, et qu'il savait sur le bout de ses doigts, dut lui revenir aussi et lui fournir plus d'un trait.

veux dire à un petit-fils de Louis XIV. Dans une chanson et dialogue sur le passage du duc de Bourgogne à Dijon, après toutes sortes de descriptions de la fête et du festin, il est dit (j'use de la traduction de M. Fertiault) :

> Au reste, une chose étrange,
> Le Prince Bourbon,
> Tout comme nous, quand il mange,
> Branle le menton,
> Branle le menton, Brunette,
> Branle le menton.
>
> Il but non pas des rasades,
> Mais des jolis coups,
> Et tant qu'il but je pris garde
> Qu'il ne disait mot,
> Qu'il ne disait mot, Brunette,
> Qu'il ne disait mot.

Est-ce là une bêtise de paysan à la *La Palisse*[1] ? Est-ce un rappel indirect que le héros, l'enfant des Dieux est pourtant un homme ? Prenez-le comme vous voudrez.

La plus jolie pièce à choisir, si l'on voulait citer, serait sans doute le XIV° des *Noëls de la Roulotte*, sur la conversion de *Blaizotte* et de *Gui*, son ami, c'est-à-dire de madame de La Monnoie et de l'auteur lui-même. On retrouve ici encore une de ces modes du vieux temps. La femme restait plus dévote que le mari, qui faisait le brave et le rieur durant deux ou trois saisons, mais elle finissait doucement par le ramener. Vers un certain noël donc, Blaizotte, jadis si jolie, se sent prise, un peu tard, *d'un saint désir de rejeter toute amour en arrière*, et de renoncer à la bagatelle. Elle en fait part à son ami Gui, au cœur tendre et encore attaché. Le bon Gui d'abord se laisse un bout de temps tirer l'oreille ; mais, voyant qu'il le faut et que l'heure a sonné, il finit à son tour par faire de nécessité vertu et par suivre son modèle chéri. Il règne dans cette chanson, à demi railleuse et à demi émue, un reste de parfum de l'âge d'or, un accent de *Philémon et Baucis*, du *bon Damète* et de la *belle Amarante* :

> Ils s'aiment jusqu'au bout, malgré l'effort des ans.

[1] La Monnoie se trouve être l'auteur de cette fameuse chanson de *La Palisse*, qui a eu une singulière fortune.

On lit à ce propos, dans les *OEuvres choisies*[1], une agréable anecdote qui fait comme le commentaire de la chanson : « Mard « dernier, jour de sainte Geneviève, patrone de Paris, ma « femme, dit La Monnoie, s'étant levée plus matin qu'à l'ordi- « naire, mit son bel habit de satin à fleurs, et me vint dire en « conséquence qu'elle s'alloit mettre sous la protection de la « sainte... » Et il raconte alors comment, dans la chapelle sou- terraine où elle s'agenouille en toute ferveur, quelqu'un ou quel- qu'une trouve moyen de lui couper, sans qu'elle le sente, la queue de son manteau. De là une plaisante aventure qui émous- tille le ménage, et il fait à la dame un petit dizain de consola- tion, dans cette idée que, loin que ce soit fripon ou friponne, qui ait donné ce coup de ciseau, ce doit être assurément quel- que honnête personne qui, à voir tant de ferveur, se sera dit tout bas :

. . . . . Vraiment c'est une sainte,
Je veux avoir un bout de son manteau.

Je ne donnerai pas ici de plus ample échantillon des *Noëi*; j'aime mieux, pour toutes sortes de raisons, renvoyer les cu- rieux à l'édition très-accessible de M. Fertiault[2]. M. Viardot, qui a d'ailleurs fort bien traité ce chapitre des extraits, a beau- coup insisté sur les rapprochements avec Voltaire et Béranger,

1. Tome II, page 278.
2. Amateur des anciens comme il était, La Monnoie me pardonnera de préférer à une citation de lui, toujours scabreuse en présence des *grandes dames* et des *beaux messieurs*, la traduction suivante d'une des plus jo- lies pièces des anciens, qui avaient aussi leur manière de *noël*. A une certaine époque de l'année, chez les Rhodiens surtout, les enfants allaient faire *la quête de l'hirondelle*; ils chantaient aux portes: « Elle est venue, « elle est venue, l'hirondelle, amenant les belles saisons et la belle année; « blanche sur le ventre, et sur le dos noire. Ne tireras-tu pas hors de « la grasse maison un panier de figues, et un gobelet de vin, et une « éclisse de fromage, et du froment? L'hirondelle ne refuse pas même un « petit gâteau. Est-ce que nous nous en irons? ou bien aurons-nous quel- « que chose? Si tu nous donnes, nous nous en irons ; sinon, nous ne lais- « serons pas la place; ou nous emporterons la porte, ou le dessus de la « porte ou bien la femme qui est assise là-dedans. Elle est petite, la « femme, et nous l'emporterons aisément. Allons, donne; si peu que tu « nous donnes, ce sera beaucoup. Ouvre, ouvre la porte à l'hirondelle, car « nous ne sommes pas des vieillards, nous sommes de petits enfants. » Ainsi, même dans ces chants et ces plaisanteries populaires, la Grèce savait mettre de la discrétion et une touche gracieuse de légèreté ; nos bons Bourguignons, que La Monnoie dut contenter, y voulaient d'abord plus de lardons et de langue salée. M. Rossignol, nous le savons, a re- cueilli beaucoup de détails érudits sur ces jolis chants et ces *noëls* de l'antiquité; il rendrait service en les publiant.

rapprochements qui nous frappent surtout aujourd'hui, mais qu'il ne faudrait pas rendre trop exclusifs. La Monnoie peut paraître à quelques égards un précurseur de Voltaire, mais en ce sens que Voltaire est un successeur de Villon; il a l'air de jeter à la cantonade plus d'une réplique à Béranger, mais à condition que Béranger et lui se soient rencontrés auparavant dans quelque corridor de l'abbaye de Thélème.

Pour conclusion dernière de tout ceci : nos contes et fabliaux du moyen âge, qui avaient eu tant de développement et de richesse originale, aboutissent à La Fontaine, lequel couronne admirablement le genre; nos miracles et mystères, qui n'avaient eu que bien peu d'œuvres qu'on puisse citer (si même il en est de telles), ont un ricochet bizarre, et viennent aboutir et se relever, par une parodie graduée et insensible, dans les *Noëls* de La Monnoie.

Celui-ci, enfin, qui courait grand risque de se perdre dans le cortége nombreux des érudits ou des faiseurs de madrigaux, aura laissé du moins deux choses qui resteront, le *Ménagiana* et les *Noël;* c'est-à-dire un plat de noisettes pour le dessert des doctes, et un bouquet de muguet et de violettes à embaumer le jambon du milieu dans le souper du Bourguignon.

### III

Quant à Grosley, second échantillon d'autrefois que j'ai promis et auquel il me tarde de venir, il n'avait rien de poétique ; il goûtait peu le madrigal, et, bien loin de là, il est allé un jour jusqu'à écrire tout brutalement : « Les recueils que « chaque année nous donne sous le titre d'*Étrennes d'Apol-* « *lon, des Muses,* etc., etc., peuvent être comparés à ces cor- « nets de *vermine* qu'au Pérou les gueux payoient pour im- « pôt. » Voilà de ces crudités un peu fortes, du Caton l'ancien tout pur. Grosley avait d'autres parties plus avenantes; il tenait de la bonne vieille roche et prose antique. Né à Troyes le 18 novembre 1718, et ainsi égaré en plein xviii° siècle, il nous a laissé sur lui, sur son enfance et sa jeunesse, une portion de volume malheureusement inachevée, mais empreinte d'une saveur qui sent son fruit. Cette *Vie* incomplète est tombée, par un second accident, aux mains d'un éditeur et continuateur des moins capables de l'entendre. Grosley a eu son Brossette, et dix fois pis, dans l'abbé Maydieu. Cet abbé était, autant qu'on le peut juger à l'œuvre, un maître sot qui a entouré à plaisir les jolies pages de son auteur d'un fatras d'apostrophes et d'ampoules, en un mot de tout ce qui leur ressemble le moins. Elles n'en ressortent que mieux[1]. Ce quart de volume est un de ces livres comme je les aime, comme on devrait, ce me semble, en avoir toujours un sur sa table pour se débarbouiller du grand style. Quand j'ai lu quelque chose de bien lyrique, que j'ai ouï et applaudi quelque chose de bien académique, quand j'ai assisté à l'un de ces triomphes parlementaires où l'orateur factieux a mis la main sur son cœur, où le politique intéressé et versatile a prodigué les mots de loyauté et de patrie, où chacun est venu tirer tour à tour sa magnifique révérence aux hautes lumières de l'époque et à la conscience du genre humain, j'ouvre, en rentrant, mon Grosley ou quelque livre de ce coin-là, mon *Journal de Collé*, ma *Margrave de Bareith*, et, après quelques pages lues, je retrouve pied dans le terre-à-terre de notre humble nature, en disant tout bas à l'honorable, à l'éloquent, à l'illustre : *Tu mens*.

On a vu, par une citation précédente, comment Grosley dut ses premières leçons de philosophie à sa vénérable aïeule et à sa vieille servante Marie. On ne se bornait pas toutefois à le faire taire, quand il questionnait trop, et à le renvoyer au *chosier* : « Chaque soir, écrit-il, à la commémoration du saint
« du lendemain se joignoit celle des parents et amis. Il y aura
« demain dix, vingt, quarante ans qu'est mort un tel ou une
« telle, disoit Marie, dont la mémoire étoit inépuisable, et à
« qui ces événements étoient d'autant plus présents que, de-
« puis soixante ans, tous les gens de la famille ou du voisi-
« nage avoient rendu l'âme entre ses mains. Si un chef de
« famille ou quelque proche parent étoit l'objet de la commé-
« moration, après lui avoir renouvelé le tribut de larmes, on
« s'étendoit sur son mérite, sur les bonnes qualités qui l'a-
« voient principalement distingué, sur sa dernière maladie, et
« sur sa mort. S'il s'agissoit d'un moindre parent, d'un ami,

---

[1]. Les exigences de la censure se sont jointes aux scrupules de l'abbé Maydieu pour supprimer ou affaiblir plus d'un endroit. Quelques personnes à Troyes possèdent des copies de ces morceaux retranchés ; j'en dois une à l'obligeance de M. Harmand, bibliothécaire de la ville.

« d'un voisin, qui se fût mal comporté, sa conduite étoit exa-
« minée, presque toujours excusée par mon aïeule et carac-
« térisée dans la bouche de la vieille Marie par quelque trait
« malin, qui débutoit presque toujours par *là, là*. L'éloge ou
« le blâme, à l'égard de la conduite d'autrui, avoient pour
« base les principes suivants : qu'il faut savoir vivre de peu,
« désirer peu, ne rien devoir, ne faire tort, dans aucun genre,
« à qui que ce soit, ne se point faire tort à soi-même, soit en
« décousant ou négligeant ses affaires, soit par des excès rui-
« neux pour la santé. La mort de tous ceux qui avoient vécu
« conformément à ces principes avoit été douce, paisible,
« tranquille; celle des gens qui s'en étoient éloignés, avoit
« été comme leur vie. Imbu dans l'enfance de ces leçons
« en action, elles ont, pour ainsi dire, passé dans mon
« tempérament, et beaucoup influé sur le système de vie
« que j'ai suivi imperturbablement et sans regrets. Dans
« la suite de mes études, elles se trouvèrent fortifiées par
« celles d'Horace, de Plutarque et de Montaigne. J'étois d'au-
« tant plus disposé à prendre ces dernières à la lettre, qu'elles
« n'étoient que la répétition de celles de mon aïeule et de
« Marie. »

L'exemple vivant de son père aida puissamment aussi à former le jeune enfant: avocat instruit et intègre, homme antique et modeste, usant de toutes les ressources que lui permettait une condition quelque peu étroite et gênée, il nous offre, sous la plume de son fils qui le perdit trop tôt et qui le regretta toujours, une physionomie à la fois grave et attendrissante. Amoureux de l'étude, avec un sentiment naturel pour les productions des arts et un esprit curieux des pays étrangers, il n'avait pu se livrer à cette diversité de vocation; son fils en hérita et fut plus heureux : « Ce goût, dit-il, que
« je me suis trouvé à portée de satisfaire, étoit une continuité
« du sien; *c'étoit un vœu que j'acquittois*. A la vue de toutes
« les belles choses que m'ont offertes les pays étrangers, ma
« première réflexion se portoit sur le plaisir qu'auroit eu mon
« père en la partageant. » C'est ainsi que dans ces mœurs sévères et sous cette écorce peu polie, la délicatesse et la plus précieuse de toutes, celle du moral, se retrouve[1].

---

1. Ajoutez que, pour la gaieté également, Grosley trouvait en son père de qui tenir. Ce digne père avait un goût si décidé pour Aristophane, que,

Il ne faudrait pas croire pourtant que les études surchargeassent outre mesure cette première et libre enfance de Grosley. Son devoir fait, il jouissait d'une grande latitude, et il nous décrit avec complaisance ses assiduités aux exercices, même aux tracasseries de la paroisse, surtout auprès d'un vieux sacristain goutteux qui le chassait quelquefois, et ne manquait jamais de dire, lorsqu'il rencontrait son père : « Monsieur Grosley, je vous avertis que vous avez un garçon qui sera un grand musard. » Prenant ce mot de *musard* au sens que lui donne La Mothe-Le-Vayer, par opposition à celui de guerrier ou *soudard*, Grosley s'en félicite, et trouve que la prophétie en lui s'est vérifiée ; car *c'est le propre des muses de nous amuser inutilement*, et de nous payer avec leur seule douceur : « Mon « père, dit-il, *musard* lui-même en ce sens, ne devoit ni ne « pouvoit improuver des musarderies qui, entretenant le jeune « âge dans la niaiserie qui est son apanage, laissent à l'âme la « souplesse qui est le premier principe de la douceur du carac- « tère et de la disposition à la gaieté ; principe que détruit né- « cessairement la morgue qu'établit une éducation pédantesque « et continuellement soignée. » J'aime à citer ces pensées saines, même dans leur expression négligée. La phrase de Grosley est longue ; il profita peu du goût moderne ; il pensait, comme Bayle, « que le style coupé est, contre l'apparence, plus prolixe que le style lié ; que, par exemple, Sénèque est un verbiageur, et que ce qu'il redouble en six phrases, Cicéron l'auroit dit en une. » Il est vrai qu'avec lui on n'a souvent affaire qu'à un reste de façon d'écrire provenant du xvie siècle, et qu'en renonçant au Sénèque on ne retrouve pas le Cicéron.

Élevé dans sa ville natale au collège de l'Oratoire, en un temps où les passions jansénistes y régnaient et où le fanatisme des convulsions bouleversait bien des têtes, il resta dégagé de toute influence, jugeant et moqueur, *ingeniosus, sed dolos meditans*, disait la note du maître. Cette franchise gaie et caustique, qui fait le fond de son humeur, se décelait déjà par mainte espièglerie, et il n'agréa les hypocrites *à cols tors* d'aucun côté. Témoin d'un charivari en toute forme que les violents et *ultra* du parti donnèrent au vénérable abbé Du Guet, retiré alors à Troyes, et qui venait de se déclarer contre les convulsionnaires,

ne sachant pas le grec, il passa les loisirs de ses dernières années à lire et à commenter le grand comique sur une traduction latine.

il en put conclure que les fous et les méchants sont de tous les partis. Dans les années qu'il passa ensuite à Paris en clerc de procureur, pour y suivre ses cours de droit, il vit beaucoup et familièrement le savant et excellent Père Tournemine, et apprit à y goûter les honnêtes gens de tous bords, même jésuites, ce qui ne laissait pas de lui demander un petit effort; car il était et demeura toujours à cet endroit dans ce qu'il appelle *la religion de MM. Pithou*.

Peu tenté d'un grand théâtre, s'étant dit de bonne heure en vertu de sa morale première : *Paix et peu, c'est ma devise;* décidé, malgré toutes les sollicitations, à revenir se fixer dans sa patrie et à rester un franc *Troyen*, il s'accorda pourtant les voyages. Celui d'Italie, qu'il fit une première fois en 1745 et 1746, bien moins en caissier qu'en amateur, au sein de l'état-major du maréchal de Maillebois, lui ouvrit de plus en plus le monde et mit en saillie ses heureux dons spirituels, alors adoucis et rendus aimables par la jeunesse. Il refit plus tard, et tout littérairement, un second voyage d'Italie, aussi bien qu'un autre en Angleterre et un aussi en Hollande; il visita même Voltaire aux *Délices*. Ces déplacements multipliés, les estimables ou piquants écrits qu'il publiait dans l'intervalle sur divers points de droit, d'histoire, ou sur ses voyages mêmes, mirent Grosley en relation et le maintinrent en correspondance avec les gens de lettres et les savants de son temps, surtout les étrangers, desquels il était fort apprécié : il se fonda de la sorte une vie d'érudit de province, pas trop cantonné, et tout à fait dans le genre du xvie siècle. Au retour de chaque voyage, il se ressaisit de son gîte natal et de la tranquillité du *chez soi* avec un nouveau bonheur : « Cette tranquillité recouvrée, dit-« il [1], est pour le voyageur qui la sait goûter ce qu'est la terre « pour les marins fatigués d'une longue navigation, l'ombre et « la fraîcheur pour des moissonneurs qui ont porté le poids du « jour, la coudraie sous laquelle le compère Étienne

<pre>
         A retrouvé Tiennette plus jolie
         Qu'elle ne fut onc en jour de sa vie. »
</pre>

Et il ajoute aussitôt d'un ton plus sérieux : « Je joindrois à cet « avantage la lumière, l'intérêt et l'espèce de vie que jette sur

---

1. *Voyage en Hollande.*

« les faits historiques la vue des lieux où ces faits se sont pas-
« sés : cette lumière est à la géographie, qu'elle semble ani-
« mer, ce que la géographie elle-même est à l'histoire. »

Les ouvrages de Grosley ont peu de lecteurs aujourd'hui ; en y regardant bien, on trouverait dans presque tous, si je ne me trompe, quelque chose de particulier, d'original, de non vulgaire pour l'idée et à la fois de populaire de ton et de tour [1]; mais pourtant il faut convenir qu'en prolongeant le Bayle au-delà des limites possibles, en s'abandonnant à tout propos au *sans-gêne* de la note, de la digression et de la rapsodie locale, en ne tenant nul compte enfin des façons littéraires exigées par le goût d'alentour, Grosley, vieillissant, s'est de plus en plus perdu dans le *farrago*. On ne cite plus guère de lui et on ne recherche désormais que deux productions d'un genre bien différent : son ouvrage sérieux et solide, la *Vie de Pierre Pithou*, et son premier essai tout badin et burlesque, les *Mémoires de l'Académie de Troyes*.

Si La Monnoie, dans ses *Noëi*, n'a fait autre chose que ressaisir et publier la plus fine poésie *posthume* du seizième siècle, Grosley, à son tour, nous en a rendu la prose très-verte et parfois très-crue dans ses *Mémoires* de ladite Académie. On ne pourrait indiquer convenablement ici les titres exacts de toutes les dissertations qui en font partie, et pour lesquelles la bonne servante Marie, tandis qu'on les préparait à la ronde autour de son feu de cuisine, suggéra au passage plus d'un joyeux trait. La plus citée de ces dissertations est celle qui traite de *l'usage de battre sa maîtresse*. L'auteur y démontre par toutes sortes d'exemples historiques tirés des Grecs et des Romains, l'antiquité, la légitimité et la bienséance de cet usage, lequel, inconnu, dit-il, des barbares, n'a jamais eu cours que chez les

---

1. Ayant été reçu, en 1754, associé de l'Académie de Châlons en Champagne, il y lut, par exemple pour sa bienvenue, une spirituelle dissertation historique et critique sur la fameuse *Conjuration de Venise*. Il y met en question l'authenticité du récit consacré, et après nombre d'inductions sagaces, il conclut, en disant agréablement « que cette manœuvre, bien considérée sous toutes ses faces, n'est sans doute autre chose qu'un coup de maître qui termine une partie d'échecs entre le Frère Paul Sarpi et le marquis de Bedemar. » Il ajoute qu'on la doit reléguer *dans le magasin des décorations dont la politique s'est servie de tout temps pour cacher au peuple les ressorts des machines qu'elle fait jouer*. Ainsi, nouveauté de vue et mordant d'expression, c'est là le coin qui marque le Grosley aux bons endroits. Dans le cas présent d'ailleurs, les découvertes et conjectures subséquentes sont venues plutôt vérifier son aperçu. (Daru, *Histoire de Venise*, livre XXXI).

nations et dans les époques polies. Je remarque aussi une dissertation en faveur des idiomes provinciaux ou patois, question qui a été reprise depuis par de spirituels érudits, mais dont la première ébauche se trouve dans l'opuscule champenois [1].

Troyes était depuis longtemps célèbre par ses *Almanachs*, non moins que par sa *Bibliothèque bleue :* Grosley, en bon citoyen et *patriote,* comme on disait alors dans l'acception véridique du mot, essaya de rajeunir, de relever ce genre des almanachs et d'en faire un véhicule d'instruction locale et populaire. Il donna donc durant plusieurs années (1757-1768) ses *Éphémérides troyennes,* assaisonnées chaque fois de mémoires historiques sur le pays, de biographies des compatriotes illustres ; cette publication était conçue dans un esprit assez analogue à celui du *Bonhomme Richard* de Franklin. Mais Grosley avait compté sans ses hôtes ; les inconvénients d'une petite ville et des petites passions qui y pullulent se firent bientôt sentir à lui par mille tracasseries et misères. Jeune, du temps qu'il habitait Paris, quand il y avait rencontré dans la chambre du père Tournemine Voltaire, Piron, Le Franc, tous ensemble, et qu'il avait vu poindre entre eux les rivalités et les colères, il s'était dit d'éviter ce pavé brûlant, théâtre des *entremangeries* littéraires. La province toutefois le lui rendit, et il trouva dans sa rue même plus d'un caillou. On n'élude jamais l'expérience humaine. « J'ai vécu « dans le monde, écrit-il, jusqu'à trente-cinq ans, m'imagi- « nant que tout ce qu'Ovide et les poëtes disent de l'envie « étoit pure fiction. J'ai découvert depuis que l'envie est un « des principaux mobiles des actions et des jugements des « hommes. » J'ai assez répété que Grosley était peu de son siècle ; il s'en montra pourtant sur un point, et mal lui en prit. Un héritage imprévu l'ayant mis en fonds, il s'imagina

---

1. A en lire le début, on ne sait trop véritablement si Grosley plaisante, ou si en effet il regrette un peu : « Quand plusieurs provinces, dit-il, for-
« ment un même corps de nation, on doit réunir les divers idiomes qui
« y sont en usage pour en former une langue polie. C'est par ce moyen
« que les Grecs ont porté leur langue au plus haut point de perfection.
« Chez les nations modernes, quelques génies supérieurs ont suivi leur
« exemple avec succès, entre autres, le Tassoni chez les Italiens, et
« parmi nous Ronsard et Rabelais. Pourquoi donc Vaugelas restreint-il le
« bon usage de la langue françoise à la manière de parler des meilleurs
« écrivains et des personnes polies de la ville et de la cour? Comment la
« capitale a-t-elle adopté ce principe injurieux pour les provinces? et
« comment celles-ci l'ont-elles souffert sans réclamation ? »

trop solennellement, et à la *Jean-Jacques*, d'aller faire cadeau à la ville de huit bustes en marbre représentant les plus illustres compatriotes (Pithou, Passerat, Mignard, Girardon, etc.) : Vassé, sculpteur du roi, fut chargé de l'exécution. Une telle munificence de la part d'un bourgeois et d'un voisin fit bien jaser ; on débita mille sottises ; ce fut bien pis lorsqu'une banqueroute dont il se trouva victime obligea Grosley de laisser sa donation incomplète et d'en rester à cinq bustes, plus le piédestal nu du sixième. Les quolibets s'en mêlèrent : on prétendit que ce piédestal d'attente n'était pas destiné dans sa pensée à un autre que lui. La ville, pour compléter, ayant acheté chez un marbrier de Paris un buste de pacotille qu'on baptisa du nom de *chancelier Boucherat*, Grosley eut la faiblesse de se piquer et de se plaindre dans le *Journal encyclopédique*. Une autre fois, ce fut à propos d'un concert donné à l'hôtel de ville, et où les bustes se trouvaient perdus jusqu'au cou dans une estrade, qu'il écrivit non moins vivement pour réclamer contre ce qu'il appelait une *avanie*. Ces malheureux bustes eurent toutes sortes de mésaventures. Un jour qu'on reblanchissait la salle, les ouvriers crurent que les marbres étaient compris dans le badigeonnage, et ils les barbouillèrent si bien que, malgré tout ce qu'on put faire, la teinte leur en resta, semblable à des *langes d'enfants mal blanchis*. On peut dire que cette bizarre donation des bustes, par toutes ses conséquences, aigrit et gâta la vie de Grosley; elle lui créa comme un *tic*, multiplia sous sa plume les petites notes et parenthèses caustiques, et lui inculqua toute la misanthropie dont cette franche et gaie nature était susceptible.

Aussi pourquoi se faisait-il du xviii° siècle ce jour-là ? ou si c'était chez lui une réminiscence encore du xvi°, pourquoi le prenait-il cette fois par le côté sénatorial et romain plutôt qu'à l'ordinaire par le côté champenois et gaulois ?

Je préfère, pour mon compte, à l'emphase de ces bustes un autre usage généreux à la fois et malin que fit Grosley d'une part de cette succession dans laquelle il avait été avantagé. Liquidation faite, il mit en réserve quarante mille livres qu'il abandonna à sa sœur en présent par acte notarié, et, comme cette sœur et aussi son mari tenaient du vilain, il déclara dans l'acte authentique qu'il leur faisait cette galanterie *proprio motu*, et *uniquement pour lui-même, dispensant même de re-*

*connoissance en tant que besoin seroit.* De pareils traits d'humeur et de caractère étaient décidément trop forts pour la routine du quartier, et l'excellent Grosley avait fini par passer dans le Bourg-Neuf pour un emporte-pièce et un homme à redouter. Il fait énergiquement justice de ces bas-propos dans ce petit apologue : « Six mâtins, dit-il, accroupis autour
« d'une ch..., (il a la manie antique de nommer toutes choses
« par leur nom) s'en gorgeoient depuis trois heures. Un
« aigle passe, s'abat et en enlève une becquée. Les mâtins
« rassasiés s'entretiennent de l'aigle, de sa voracité, de sa
« méchanceté. C'est là le tableau des sots dont l'univers est
« rempli. Après avoir grossièrement déchiré le prochain, si
« quelqu'un jette une plaisanterie à la finesse de laquelle ils
« ne peuvent atteindre : *Oh ! le méchant !* s'écrient-ils en
« chœur. »

Grosley, jeune, eut des amours ; il n'en eut qu'une fois dans le vrai sens et à l'état de passion ; ce fut à l'âge de vingt-six ans, durant de rieuses vendanges, et pour une mademoiselle Louison qu'on peut voir d'ici, « grande, longue, avec un corps de baleine qui l'allongeoit encore, et réunissant toute la nigauderie de la Champagne à celle du couvent qu'elle quittoit. » Il y avait à choisir entre elle et une sœur charmante, et encore une demoiselle de Navarre, éblouissante de beauté et d'esprit, qu'avait distinguée déjà le maréchal de Saxe ; la nature, à première vue, se déclara pour mademoiselle Louison. Cela fait une des plus jolies et des plus ironiques pages des Mémoires, une page digne de La Fontaine, un peu trop irrévérente toutefois pour être citée ; nous n'osons plus, depuis *Werther*, plaisanter de la sorte du sentiment. « L'amour, Dieu merci, ne m'a pas tenu que cette fois, conclut Grosley, en manière de maladie. » Au retour de son premier voyage d'Italie, il forma une espèce de liaison tendre qui dura douze ans et qui se brisa par l'intervention assez imprévue d'un rival ; mais il ne paraît pas qu'elle lui ait laissé de bien émouvants souvenirs. Le roman n'est pas son fait. Assez de ce jeu-là, se dit-il ; il est trop glissant. La gaieté, la curiosité, qui lui avaient d'abord servi d'antidote, devinrent plus que jamais le dédommagement. Il vieillit ainsi, accoquiné aux vieilles mœurs, le dernier et le mieux conservé des malins anciens, allant chaque jour en robe de chambre et en bonnet

de nuit faire son tour de ville et causer au soleil avec les tisserands de sa chère rue du Bois, tirant d'eux ou leur faisant à plaisir quelque bon conte, comme au meilleur temps des *écraignes* et des coteries. Un peu de temps avant sa mort, lui si amusable, il ressentit comme un espèce de dégoût qui lui semblait indiquer que cette facétie de la sottise humaine n'avait plus rien de nouveau à lui offrir : « Le dégoût, écrivait-
« il, augmentant à mesure que l'on approche du but, on fait
« comme le pilote qui, en vue du port, resserre et abaisse les
« voiles : *portui propinquans, contraho vela*. Heureux ceux
« qui, en cet état, peuvent encore aller à la rame, c'est-à-dire
« à qui il reste quelque ressource, ou en eux-mêmes, ou dans
« des goûts indépendants des secours d'autrui ! » Il mourut le 4 novembre 1785.

Son testament exprima cette diversité d'humeur, de qualités et de défauts, et, si j'ose le dire, ses malices, sa prud'homie et ses rides. Ses legs furent à la fois humains et caustiques, ironiques et généreux. Il s'occupait de l'avenir de ses *deux chats, ses commensaux*, et il léguait une somme pour contribuer à l'érection d'un monument *en l'honneur du grand Arnauld*, soit à Paris, soit à Bruxelles. « L'étude suivie, di-
« sait-il, que j'ai faite de ses écrits m'a offert un homme, au
« milieu d'une persécution continue, supérieur aux deux grands
« mobiles des déterminations humaines, la crainte et l'espé-
« rance, un homme détaché, comme le plus parfait anacho-
« rète, de toutes vues d'intérêt, d'ambition, de bien-être, de
« sensualité, qui dans tous les temps ont formé les recrues
« des partis. Ses écrits sont l'expression de l'éloquence du
« cœur, qui n'appartient qu'aux ames fortes et libres. Il n'a
« pas joui de son triomphe. Clément XIII lui en eût procuré
« les honneurs, en faisant déposer sur son tombeau les clés du
« *Grand-Jésus*, comme celles du Château-Neuf de Randon
« furent déposées sur le cercueil de Du Guesclin. » Voilà bien, certes, de la grandeur ; Grosley, à ce moment, se ressouvenait du testament de Pithou.

De tels accents soudains nous montrent combien ces natures d'autrefois savaient concilier de choses, en allier presque de contraires, et je le prouverai par un dernier trait, tiré de Grosley encore, purement bizarre, mais qui se rattache plus directement à nore premier sujet. Il avait un oncle prieur qui mourut. Un autre de ses oncles, frère du mort, est prévenu du décès à l'instant même, et arrive dans la chambre mortuaire. Il se fait ouvrir armoires et coffres, et ne trouve rien ; il soupçonne la servante, maîtresse du logis, d'avoir tout pris. Aux premiers mots énergiques qu'il profère, celle-ci s'enfuit dans un cabinet et s'y barricade. L'oncle Barolet (c'était son nom) tire l'épée, la passe par les fentes et le dessous de la porte, et fait tant qu'après bien des cris la fille capitule et rend environ deux cents louis *en or bien trébuchant*. Cependant les cris avaient jeté l'alarme dans le cloître; on avait couru au syndic, lequel arrive enfin pour mettre le holà et pour imposer au violent héritier par sa mine magistrale et ses représentations : mais que trouve-t-il en entrant? il le voit à genoux dans la ruelle du lit où gisait le corps, pleurant à chaudes larmes et récitant, avec les lunettes sur le nez et les louis dans sa poche, les sept Psaumes pour le repos de la pauvre âme. Le premier instant l'avait rendu à l'épanchement de sa douleur. Ainsi sur les âmes franches, dit Grosley, la nature conserve et exerce ses droits.

Le bon vieux temps était comme cet oncle Barolet : l'instant d'auparavant en gaieté ou en colère, l'instant d'après en prière, et le tout sincèrement.

Mais qu'ai-je fait? Je ne voulais qu'esquisser une légère dissertation, et voilà un développement en forme, deux portraits avec théorie, et, chemin faisant, des accrocs à la majesté contemporaine, des irrévérences de droite et de gauche, presque de la polémique. Allons, on est toujours de son temps.

Octobre 1842.

# CLOTILDE DE SURVILLE

M. Raynouard ayant à parler, dans le *Journal des Savants* de juillet 1824, de la publication des *Poëtes Français depuis le douzième siècle jusqu'à Malherbe*, par M. Auguis, reprochait à l'éditeur d'avoir rangé dans sa collection Clotilde de Surville, sans avertir expressément, que, si on l'admettait, ce ne pouvait être à titre de poëte du quinzième siècle. Le juge si compétent n'hésitait pas à déclarer l'ingénieuse fraude, quelque temps protégée du nom de Vanderbourg, comme tout à fait décelée par sa perfection même, et il croyait peine perdue de s'arrêter à la discuter. « Ces poésies, disait-il, méritent sans doute d'obtenir un rang dans notre histoire littéraire ; mais il n'est plus permis aujourd'hui de les donner pour authentiques. Leur qualité reconnue de pseudonymes n'empêchera pas de les rechercher comme on recueille ces fausses médailles que les curieux s'empressent de mettre à côté des véritables, et dont le rapprochement est utile à l'étude même de l'art. » Et il citait l'exemple fameux de Chatterton, fabriquant, sous le nom du vieux Rowley, des poésies remarquables, qui, par le suranné de la diction et du tour, purent faire illusion un moment. Comme exemple plus récent encore de pareille supercherie assez piquante, il rappelait les *Poésies occitaniques*, publiées vers le même temps que Clotilde, et que Fabre d'Olivet donna comme traduites de l'ancienne langue des troubadours. Elles étaient, en grande partie, de sa propre composition ; mais, en insérant dans ses notes des fragments prétendus originaux, Fabre avait eu l'artifice d'y entremêler quelques fragments véritables, dont il avait légèrement fondu le ton avec celui de ses pastiches ; de sorte que la confusion devenait plus facile et que l'écheveau était mieux brouillé.

Si donc Clotilde de Surville, au jugement des philologues connaisseurs, n'est évidemment pas un poëte du quinzième siècle, ce ne peut être qu'un poëte de la fin du dix-huitième, qui a paru au commencement du nôtre. Nous avons affaire en elle, sous son déguisement, à un recueil proche parent d'André Chénier, et nous le revendiquons.

M. Villemain, dans ses charmantes leçons, avec cette aisance de bon goût qui touchait à tant de choses, ne s'y est pas trompé, et il nous a tracé notre programme. « Encore une remarque, disait-il après quelques citations et quelques observations grammaticales et littéraires. M. de Surville était un fidèle serviteur de la cause royale. Il s'est plu, je crois, dans la solitude de l'exil, à cacher ses douleurs sous ce vieux langage. Quelques vers de ce morceau sur les malheurs du règne de Charles VII sont des allusions visibles aux troubles de la France à la fin du dix-huitième siècle. C'est encore une explication du grand succès de ces poésies. Elles répondaient à de touchants souvenirs ; comme l'ouvrage le plus célèbre du temps, *le Génie du Christianisme*, elles réveillaient la pitié et flattaient l'opposition[1]. »

Mais, avant de chercher à s'expliquer d'un peu près comment M. de Surville a pu être amené à concevoir et à exécuter son poétique dessein, on rencontre l'opinion de ceux qui font honneur de l'invention, dans sa meilleure part du moins, à l'éditeur lui-même, à l'estimable Vanderbourg. Cette idée se produit assez ouvertement dans l'Éloge de cet académicien, prononcé en août 1839 par M. Daunou, et je la lis résumée en trois lignes dans une lettre que le vénérable maître, interrogé à ce sujet, me répondit : « Il me paraît impossible que les poésies de Clotilde soient du quinzième siècle, et j'ai peine à croire qu'Étienne de Surville *ait été capable* de les composer au dix-huitième. Vanderbourg doit y avoir eu la principale part en 1803.»

Sans nier que Vanderbourg n'ait eu une très-heureuse coopération dans le recueil dont il s'est fait le parrain, sans lui refuser d'y avoir mis son cadeau, d'y avoir pu piquer, si j'ose dire, çà et là plus d'un point d'érudition ornée, peut-être même en lui accordant, à lui qui a le goût des traductions, celle de l'ode de Sapho qu'il prend soin de ne donner en effet que dans sa préface, comme la seule traduction qu'on connaisse de Clo-

---

1. *Tableau de Littérature au moyen âge*, tome II.

tilde, et avec l'aveu qu'il n'en a que sa propre copie, je ne puis toutefois aller plus loin, et, entrant dans l'idée particulière de son favorable biographe, lui rien attribuer du fond général ni de la trame. Vanderbourg a laissé beaucoup de vers ; il en a inséré notamment dans les dix-sept volumes des *Archives littéraires*, dont il était le principal rédacteur. Mais, sans sortir de sa traduction en vers des Odes d'Horace, qu'y trouvons-nous? J'ai lu cette traduction avec grand soin. Excellente pour les notes et les commentaires, combien d'ailleurs elle répond peu à l'idée du talent poétique que, tout plein de Clotilde encore, j'y épiais ! Ce ne sont que vers prosaïques, abstraits, sans richesse et sans curiosité de forme ; à peine quelques-uns de bons et coulants comme ceux-ci, que, détachés, on ne trouvera guère peut-être que passables. Dans l'ode à Posthumus (II, xiv), *linquenda tellus* :

> La terre, et ta demeure, et l'épouse qui t'aime,
> Il faudra quitter tout, possesseur passager !
> Et des arbres chéris, cultivés par toi-même,
> Le cyprès, sous la tombe, ira seul t'ombrager.

Et ceux-ci à Virgile : *Jam veris comites...* (IV, xii) :

> Messagers du printemps, déjà les vents de Thrace
> Sur les flots aplanis font voguer les vaisseaux;
> La terre s'amollit, et des fleuves sans glace
>   On n'entend plus gronder les eaux.

Ou encore à Lydie (I, xxv) :

> Bientôt, sous un portique à ton tour égarée,
> Tu vas de ces amans essuyer les mépris,
> Et voir les nuits sans lune aux fureurs de Borée
>   Livrer tes cheveux gris !

Mais ce mieux, ce *passable* poétique est rare, et j'ai pu à peine glaner ces deux ou trois strophes. Ainsi, jusqu'à nouvel ordre, et à moins que des vers originaux de Vanderbourg ne viennent démentir ceux de ses traductions, c'est bien lui qui, à titre de versificateur, me semble parfaitement *incapable* et innocent de Clotilde[1].

---

1. Si on me demande comment j'accorde cette opinion avec l'idée que la traduction, très-admirée, de l'ode de Sapho pourrait bien être de lui, je

J'avais songé d'abord à découvrir dans les recueils du dix-huitième siècle quelques vers signés de Surville, avant qu'il se fût vieilli, à les mettre en parallèle, comme mérite de forme et comme manière, avec les vers que nous avons de Vanderbourg, et à instruire ainsi quant au fond le débat entre eux. Mais ma recherche a été vaine ; je n'ai pu rien trouver de M. de Surville, et il m'a fallu renoncer à ce petit parallèle qui m'avait souri.

En était-il sérieusement besoin ? Je ne me pose pas la question ; car, le dirai-je? ce sont les préventions mêmes qui pouvaient s'élever dans l'esprit de M. Daunou, héritier surtout de l'école philosophique, contre le marquis de Surville émigré, un peu chouan et fusillé comme tel, ce sont ces impressions justement qui me paraissent devoir se tourner plutôt en sa faveur, et qui me le confirment comme le *trouvère* bien plus probable d'une poésie chevaleresque, monarchique, toute consacrée aux regrets, à l'honneur des dames et au culte de la courtoisie.

Sans donc plus m'embarrasser, au début, de cette double discussion que, chemin faisant, plus d'un détail éclaircira, je suppose et tiens pour résolu :

1° Que les poésies de Clotilde ne sont pas du quinzième siècle, mais qu'elles datent des dernières années du dix-huitième[1];

2° Que M. de Surville en est l'auteur, le rédacteur principal. Et si je parviens à montrer qu'il est tout naturel, en effet, qu'il ait conçu cette idée dans les conditions de société où il vivait, et à reproduire quelques-unes des mille circonstances qui, autour de lui, poussaient et concouraient à une inspiration pareille, la part exagérée qu'on serait tenté de faire à l'éditeur posthume se trouvera par là même évanouie.

Le marquis de Surville était né en 1755, selon Vanderbourg, ou seulement vers 1760, selon M. Du Petit-Thouars (*Biographie universelle*) qui l'a personellement connu ; ce fut en 1782 qu'il

---

réponds qu'il aurait été soutenu dans cet unique essai par l'original, par les souvenirs très-présents de Catulle et de Boileau, par les licences et les facilités que se donne le vieux langage, par la couleur enfin de Clotilde, dont il était tout imbu. Un homme de goût, longtemps en contact avec son poëte, peut rendre ainsi l'étincelle *une fois*, sans que cela tire à conséquence.

1. Pour ceux à qui les conclusions de M. Raynouard et la rapidité si juste de M. Villemain ne suffiraient pas, j'indiquerai une discussion à fond qui se rencontre dans un bon travail de M. Vaultier sur la poésie lyrique en France durant ces premiers siècles (*Mémoires de l'Académie de Caen*, 1840).

découvrit, dit-on, les manuscrits de son aïeule, en fouillant dans des archives de famille pour de vieux titres ; ce fut du moins à dater de ce moment qu'il trouva sa veine et creusa sa mine. Il avait vingt-deux ou vingt-sept ans alors, très-peu d'années de plus qu'André Chénier. Or, quel était, en ce temps-là, l'état de bien des esprits distingués, de bien des imaginations vives, et leur disposition à l'égard de notre vieille littérature?

On a parlé souvent de nos *trois siècles littéraires* ; cette division reste juste : la littérature française se tranche très-bien en deux moitiés de trois siècles, trois siècles et demi chacune. Celle qui est nôtre proprement, et qui commence au XVI° siècle, ne cesse plus dès-lors, et se poursuit sans interruption, et, à certains égards, de progrès en progrès, jusqu'à la fin du XVIII°. Avant le XVI°, c'est à une autre littérature véritablement, même à une autre langue, qu'on a affaire, à une langue qui aspire à une espèce de formation dès le XII° siècle, qui a ses variations, ses accidents perpétuels, et, sous un aspect, sa décadence jusqu'à la fin du XV°. La nôtre se dégage péniblement à travers et de dessous. On cite en physiologie des organes qui, très-considérables dans l'enfant, sont destinés ensuite à disparaître : ainsi de cette littérature antérieure et comme provisoire. Telle qu'elle est, elle a son ensemble, son esprit, ses lois ; elle demande à être étudiée dans son propre centre ; tant qu'on a voulu la prendre à reculons, par bouts et fragments, par ses extrémités aux XV° et XIV° siècles, on y a peu compris.

On en était là encore avant ces dix dernières années. Certes les notices, les extraits, les échantillons de toutes sortes, les matériaux en un mot, ne manquaient pas ; mais on s'y perdait. Une seule vue d'ensemble et de suite, l'ordre et la marche, l'*organisation*, personne ne l'avait bien conçue. L'abbé de La Rue et Méon, ces derniers de l'ancienne école, et si estimables comme *fouilleurs*, ne pouvaient, je le crois, s'appeler des guides. Ce n'est que depuis peu que, les publications se multipliant à l'infini, et la grammaire en même temps s'étant déchiffrée, quelques esprits philosophiques ont jeté le regard dans cette étude, et y ont porté la vraie méthode. Tout cela a pris une tournure, une certaine suite, et on peut se faire une idée assez satisfaisante aujourd'hui de ces trois siècles *littéraires* précurseurs, si on ose les qualifier ainsi.

Dans l'incertitude des origines, le xvi° siècle et l'extrémité du xv° restèrent longtemps le bout du monde pour la majorité même des littérateurs instruits. On n'avait jamais perdu de vue le xvi°; l'école de Ronsard, il est vrai, s'était complétement éclipsée; mais, au-delà, on voyait Marot, et on continuait de le lire, de l'imiter. Le genre marotique, chez Voiture, chez La Fontaine, chez J.-B. Rousseau, avait retrouvé des occasions de fleurir. Refaire après eux du Marot eût été chose commune. L'originalité de M. de Surville, c'est précisément d'avoir passé la frontière de Marot, et de s'être aventuré un peu au-delà, à la lisière du moyen âge. De ce pays, neuf alors, il rapporta la branche verte et le bouton d'or humide de rosée : dans la renaissance romantique moderne, voilà son fleuron.

Il se figura et transporta avant Marot cette élévation de ton, cette poésie ennoblie, qu'après Marot seulement, l'école de Ronsard s'était efforcée d'atteindre, et que Du Bellay, le premier, avait prêchée. Anachronisme piquant, qui mit son talent au défi, et d'où vint sa gloire !

Cette étude, pourtant, de notre moyen âge poétique avait commencé au moment juste où l'on s'en détachait, c'est-à-dire à Marot même. C'était presque en antiquaire déjà que celui-ci avait donné son édition de Villon qu'il n'entendait pas toujours bien, et celle du *Roman de la Rose* qu'il arrangeait un peu trop. Vers la seconde moitié du siècle, les *Bibliothèques* françaises d'Antoine Du Verdier et de La Croix Du Maine, surtout les doctes *Recherches* d'Étienne Pasquier, et les *Origines* du président Fauchet qui précédèrent, établirent régulièrement cette branche de critique et d'érudition nationale, laquelle resta longtemps interrompue après eux, du moins quant à la partie poétique. Beaucoup de pêle-mêle dans les faits et dans les noms, des idées générales contestables lorsqu'il s'en présente, une singulière inexactitude matérielle dans la reproduction des textes, étonnent de la part de ces érudits, au milieu de la reconnaissance qu'on leur doit. Ceux qui étaient plus voisins des choses les embrassaient donc d'un moins juste coup d'œil, et même, pour le détail, ils les savaient moins que n'ont fait leurs descendants [1]. C'est qu'être plus voisin des choses

1. En 1594, l'avocat Loisel fit imprimer le poëme *de la Mort*, attribué à Hélinand, qu'il dédia au président Fauchet, comme au *père et restaurateur des anciens poëtes*. Cette petite publication, une des premières et la première peut-être qui ait été tentée d'un très-vieux texte non rajeuni, est

et des hommes, une fois qu'on vient à plus de cinquante ans de distance, cela ne signifie trop rien, et que tout est également à rapprendre, à recommencer. Et puis il arrivait, au sortir du moyen âge, ce qu'on éprouve en redescendant des montagnes : d'abord on ne voit derrière soi à l'horizon que les dernières pentes qui vous cachent les autres ; ce n'est qu'en s'éloignant qu'on retrouve peu à peu les diverses cîmes, et qu'elles s'échelonnent à mesure dans leur vraie proportion. Ainsi le XIII° siècle littéraire, dans sa chaîne principale, a été long à se bien détacher et à réapparaître.

Au XVII° siècle, il se fait une grande lacune dans l'étude de notre ancienne poésie, j'entends celle qui précède le XVI°. La préoccupation de l'éclat présent et de la gloire contemporaine remplit tout. De profonds érudits, des juristes, des feudistes, explorent sans doute dans tous les sens les sources de l'histoire: mais la poésie n'a point de part à leurs recherches : ils en rougiraient. Un jour, Chapelain, homme instruit, sinon poëte, fut surpris par Ménage et Sarazin sur le roman de *Lancelot*, qu'il était en train de lire. Il n'eut pas le temps de le cacher, et Ménage, le classique érudit, lui en fit une belle querelle. Sarazin, qui avait trempé, comme Voiture, à ce vieux style, se montra plus accommodant. Il faut voir, dans un très-agréable récit de ce dialogue, que Chapelain adresse au cardinal de Retz, et qui vaut mieux que toute sa *Pucelle*, avec quelle précaution il cherche à justifier sa lecture, et à prouver à M. Ménage qu'après tout il ne sied pas d'être si dédaigneux, quand on s'occupe comme lui des origines de la langue[1]. — Un autre jour, en plein beau siècle, Louis XIV

pleine de fautes, d'endroits corrompus et non compris. De Loisel à Méon inclusivement, quand on avait affaire même à de bons manuscrits, on paraissait croire que tous ces vieux poëtes écrivaient au hasard, et qu'il suffisait de les entendre en gros. Un tel à-peu-près, depuis quelques années seulement, n'est plus permis.

1. *Continuation des Mémoires* de Sallengre, par le P. Desmolets, t. VI, seconde partie. — Chapelain montre très-bien le profit philologique qu'il y avait, presque à chaque ligne, à tirer de ces vieilles lectures ; mais il se trompe étrangement lui-même quand il croit que son roman de *Lancelot* en prose (édition Vérard probablement), qui était pour la rédaction de la fin du XV° siècle ou du XVI°, remonte à *plus de quatre cents ans*, et va rejoindre le français de Villehardouin. Il est d'ailleurs aussi judicieux qu'ingénieux lorsque, sortant de la pure considération du langage et en venant au fond, il dit que, « comme les poésies d'Homère étaient les fables des Grecs et des Romains, nos vieux romans sont aussi les fables des François et des Anglois ; » et quand il ajoute par une vue assez profonde : « *Lancelot*, qui a été composé dans les ténèbres de notre antiquité moderne, et sans autre lecture que celle du livre du monde, est une relation

était indisposé et s'ennuyait ; il ordonna à Racine, qui lisait fort bien, de lui lire quelque chose. Celui-ci proposa les *Vies de Plutarque* par Amyot : « Mais c'est du gaulois, » répondit le roi. Racine promit de substituer, en lisant, des mots plus modernes aux termes trop vieillis, et s'en tira couramment sans choquer l'oreille superbe. Cette petite anecdote est toute une image et donne la mesure. Il fallait désormais que, dans cette langue polie, pas un vieux mot ne dépassât [1].

Fontenelle, qui est si peu de son siècle, et qui passa la première moitié de sa vie à le narguer et à attendre le suivant, marqua son opposition encore en publiant chez Barbin son Recueil des plus belles pièces des vieux poëtes depuis Villon ; mais ce qui remontait au-delà ne paraissait pas soupçonné.

L'Académie des inscriptions, instituée d'abord, comme son nom l'indique, pour de simples médailles et inscriptions en l'honneur du roi, et qui ne reçut son véritable règlement qu'au commencement du XVIII° siècle, ouvre une ère nouvelle à ces études à peine jusqu'alors ébauchées. Les vieux manuscrits français, surtout de poésies, avaient tenu fort peu de place dans les grandes collections et les cabinets des Pithou, Du Puy, Baluze, Huet. M. Foucault, dans son intendance de Normandie, en avait recueilli un plus grand nombre ; Galland, le traducteur des Contes arabes, en donna le premier un extrait ; mais avec quelle inexpérience ! Il s'y joue moins à l'aise qu'aux *Mille et une Nuits*. L'histoire seule ramenait de force à ces investigations, pour lesquelles les érudits eux-mêmes semblaient demander grâce. Sainte-Palaye, en commençant à rendre compte de l'*Histoire des trois Maries*, confesse ce dégoût et cet ennui qu'il ne tardera pas à secouer. Dans la série

fidèle, sinon de ce qui arrivoit entre les rois et les chevaliers de ce temps-là, au moins de ce qu'on étoit persuadé qui pouvoit arriver... Comme les médecins jugent de l'humeur peccante des malades par leurs songes, on peut par la même raison juger des mœurs et des actions de ce vieux siècle par les rêveries de ces écrits. » Le bonhomme Chapelain entendait donc déjà très-bien en quel sens la littérature, même la plus romanesque et la plus fantastique, peut être dite l'expression de la société. Allons ! nous n'avons pas tout inventé.

1. « Pourquoi employer une autre langue que celle de son siècle? disait le sévère bon sens de Boileau à propos de la fable du *Bûcheron*, par La Fontaine. Mais La Fontaine, dans ce ton demi-gaulois, parle sa vraie langue ; il n'a fait expressément du pastiche que dans ses stances de *Janot et Catin*. Madame Des Houlières et La Fare, s'il m'en souvient, en ont fait aussi en deux ou trois endroits.

des nombreux mémoires qu'il lit à l'Académie, on peut saisir le progrès de sa propre inclination : il entre dans l'amour de cette vieille poésie par Froissart qu'il apprécie à merveille comme esprit littéraire fleuri, d'une imagination à la fois mobile et fidèle. L'abbé Sallier lit, vers le même temps (1734), ses observations sur un recueil manuscrit des Poésies de Charles d'Orléans. Sans guère revenir au-delà des idées de Boileau et de l'*Art poétique* qu'il cherche seulement à rectifier, et sans prétendre à plus qu'à transférer sur son prince poëte l'éloge décerné à Villon, le docte abbé insiste avec justesse sur le règne de Charles V et sur tout ce qu'il a produit ; il fait de ce roi *sage*, c'est-à-dire savant, le précurseur de François I$^{er}$. L'époque de Charles V, en effet, après les longs désastres qui avaient tout compromis, s'offrait comme une restauration, même littéraire, une restauration méditée et voulue. En bien ressaisir le caractère et l'effort, c'était remonter avec précision et s'asseoir sur une des terrasses les mieux établies du moyen âge déclinant. Comme première étape, en quelque sorte, dans cette exploration rétrospective, il y avait là un résultat.

Charles d'Orléans et Froissart, ces deux fleurs de grâce et de courtoisie, appelaient déjà vers les vieux temps l'imagination et le sourire. Hors de l'Académie, dans l'érudition plus libre et dans le public, par un mouvement parallèle, le même courant d'études et le même retour de goût se prononçaient. La première tentative en faveur des poëtes d'avant Marot, et qui les remit en lumière, fut le joli recueil de Coustelier (1723) dirigé par La Monnoie, l'un des plus empressés rénovateurs. Les éditions de Marot par Lenglet-Dufresnoy (1731), divulgaient les sources où l'on pouvait retremper les rimes faciles et les envieillir. La réaction *chevaleresque* à proprement parler put dater des éditions du *petit Jehan de Saintré* (1724) et de *Gérard de Nevers* (1725), rendues dans le texte original par Guellette : Tressan ne fera que suivre et hâter la mode en les modernisant. On voit se créer dès-lors toute une école de chevalerie et de poésie moyen âge, de trouvères et de troubadours plus ou moins factices ; ils pavoisent la littérature courante par la quantité de leurs couleurs. Tandis qu'au sein de l'Académie les purs érudits continuaient leur lent sillon, ce qui s'en échappait au dehors éveillait les imaginations rapides. Le savant Lévesque de La Ravalière donnait, en 1742, son édition des Poésies de Thibaut de Champagne, roi de Navarre, une renommée romanesque encore et faite pour séduire. Sainte-Palaye en recueillant ses *Mémoires sur la Chevalerie*, le marquis de Paulmy en exécutant sa *Bibliothèque des Romans* et plus tard ses *Mélanges tirés d'une grande Bibliothèque*[1], jetaient comme un pont de l'érudition au public : Tressan, en maître de cérémonies, donnait à chacun la main pour y passer. L'avocat La Combe fournissait le Vocabulaire. Qu'on y veuille songer, entre Tressan rajeunissant le vieux style, et Surville envieillissant le moderne, il n'y a qu'un pas : ils se rejoignent.

Ce n'est pas tout, et l'on serre de plus près la trace. Par l'entremise de ces académiciens amateurs auxquels il faut adjoindre Caylus, il s'établit dans un certain public une notion provisoire sur le moyen âge, et un lieu commun qu'on se mit à orner. Moncrif arrange son *Choix* d'anciennes chansons, et rime, pour son compte, ses deux célèbres romances dans le ton du bon vieux temps, *les constantes amours d'Alix et d'Alexis*, et *les Infortunes inouïes de la tant belle comtesse de Saulx*. Saint-Marc compose pour le mariage du comte de Provence (1771) son opéra d'*Adèle de Ponthieu*, dans lequel les fêtes de la chevalerie remplacent pour la première fois les ingrédients de la magie mythologique ; c'est un *Château d'Otrante* à la française ; la pièce obtient un prodigieux succès et l'honneur de deux musiques. On raffole de chevaliers courtois, de gentes dames et de donjons. Du Belloy évoque *Gabrielle de Vergy*, Sedaine (Grétry aidant) s'empare du fabliau d'*Aucassin et Nicolette*. Legrand d'Aussy s'empresse de rendre plus accessibles à tous lecteurs les Contes pur gaulois de Barbazan. Sautreau de Marsy avait lancé, en 1765, son *Almanach des Muses*; plus tard, avec Imbert, il compile les *Annales poétiques*, par où nos anciens échantillons quelque peu blanchis s'en vont dans toutes les mains. Dans le premier de ces recueils, c'est-à-dire l'*Almanach*, les rondeaux, triolets et fabliaux à la moderne foisonnent; le jargon puérilement vieillot gazouille ; les vers pastiches ne manquent pas : c'est l'exact pendant des fausses ruines d'alors dans les jardins. Dans l'un des volumes (1769),

---

1. Il y fut fort aidé par Contant d'Orville et par M. Magnin, de Salins, père du nôtre.

sous le titre de *Chanson rustique de Darinel*, je lis par exception une charmante petite pièce gauloise communiquée peut-être par Sainte-Palaye [1]. Enfin La Borde, éditeur des Chansons du châtelain de Coucy, ne ménage, pour reproduire nos vieilles romances avec musique, ni ses loisirs ni sa fortune, et il ne resiste pas non plus à un certain attrait d'imitation. On arrive ainsi tout droit à la romance drôlette du page dans *Figaro* : *Mon coursier hors d'haleine !*

Je n'ai point parlé encore d'un petit roman pastiche qui parut dans ces années (1765), et qui eut un instant de vogue, l'*Histoire amoureuse de Pierre Le Long et de Blanche Bazu*, par Sauvigny. Ce littérateur assez médiocre, mais spirituel, d'abord militaire, et qui avait servi à la cour de Lunéville, où il avait certainement connu Tressan, composa, rédigea dans le même goût, et d'après quelque manuscrit peut-être, cette gracieuse nouvelle un peu simplette, où d'assez jolies chansonnettes mi-vieillies et mi-rajeunies sont entremêlées. Tout cela doit suffire, je le crois, pour constater l'espèce d'engouement et de fureur qui, durant plus de trente ans, et jusqu'en 89, s'attachait à la renaissance de notre vieille poésie sous sa forme naïve ou chevaleresque. Rien ne manquait dans l'air, en quelque sorte, pour susciter ici ou là un Surville.

Ce que tant d'autres essayaient au hasard, sans suite, sans études, il le fit, lui, avec art, avec concentration et passion. Ce qui n'était qu'une boutade, un symptôme de chétive littérature qui s'évertuait, il le fixa dans l'ordre sévère. La source indiquée, mais vague, s'éparpillait en mille filets ; il en resserra le jet, et y dressa, y consacra sa fontaine.

On ne sait rien de sa vie, de ses études et de son humeur, sinon que, sorti du Vivarais, il entra au service dans le régiment de Colonel-Général, qu'il fit les campagnes de Corse et d'Amérique, où il se distingua par son intrépidité, et qu'étant en garnison à Strasbourg il eut querelle avec un Anglais sur la bravoure des deux nations. L'Anglais piqué, mais ne pouvant ou ne voulant jeter le gant lui-même, en chargea un de ses compatriotes qui était en Allemagne : d'où il résulta entre M. de Surville et ce nouvel adversaire un cartel et une

---

[1]. M. Paul Lacroix, à qui je suis redevable de plus d'une indication en tout ceci, me signale encore d'Arnaud-Baculard comme un des auteurs les plus probables de vieux vers pastiches. En sujets fidèles, on prêtait surtout des chansons à nos rois.

rencontre sur la frontière du duché des Deux-Ponts. Les deux champions légèrement blessés se séparèrent. M. de Surville, on le voit, avant de chanter la chevalerie, sut la pratiquer. A partir de 1782, il dut employer tous ses loisirs à la confection de sa *Clotilde*, dont quelque trouvaille particulière put, si on le veut absolument, lui suggérer la première idée. Sept ou huit ans lui suffirent. M. Du Petit-Thouars, qui le vit à Paris en 1790, un moment avant l'émigration, assure avoir eu communication du manuscrit, et l'avoir trouvé complet dès-lors et tel qu'il a été imprimé en 1803. Si, en effet, on examine la nature des principaux sujets traités dans ces poésies, et si on les déshabille de leur toilette brillamment surannée, on ne voit rien que le xviii° siècle à cette date, à cette veille juste de *Clotilde*, n'ait pu naturellement inspirer, et qui (forme et surface à part) ne cadre très-bien avec le fond, avec les genres d'alentour. Énumérons un peu :

Une *Héroïde* à son époux Bérenger ; Colardeau en avait fait[1]. De plus, le nom d'*Héloïse* revient souvent, et c'est d'elle que Clotilde aime à dater la renaissance des muses françaises.

Des *Chants d'Amour* pour les quatre saisons ; c'est une reprise, une variante de ces poëmes des *Saisons* et des *Mois* si à la mode depuis Roucher et Saint-Lambert.

Une ébauche d'un poëme *de la Nature et de l'Univers* : c'était la marotte du xviii° siècle depuis Buffon. Le Brun et Fontanes l'ont tenté ; André Chénier faisait *Hermès*.

Un poëme de *la Phélyppéide* ; voyez *la Pétréide*.

Les *Trois Plaids d'or*, c'est-à-dire les *Trois Manières* de Voltaire ; une autre pièce qui rappelle *les Tu et les Vous*, et où la *Philis* est simplement retournée en *Corydon*[2]. — Des stances et couplets dans les motifs de Berquin.

Et ces noms pleins d'à-propos qui reviennent parmi les parents ou parmi les trouvères favoris, *Vergy*, Richard *Cœur-de-Lion !* Il y a telle ébauche grecque d'André Chénier qui me

---

1. Colardeau et bien d'autres. J'ai sous les yeux un petit recueil en dix volumes, intitulé *Collection d'Héroïdes et de pièces fugitives* de Dorat, Colardeau, Pezay, Blin de Sainmore, Poinsinet, etc. (1771). Je note exprès ces dates précises et cette menue statistique littéraire qui côtoie les années d'adolescence ou de jeunesse de Surville. On est toujours inspiré d'abord par ses contemporains immédiats, par le poëte de la veille ou du matin, même quand c'est un mauvais poëte et qu'on vaut mieux. Il faut du temps avant de s'allier aux anciens.

2. Ici la réminiscence est manifeste et le *contre-calque* flagrant. Surville a été obligé, dans son roman-commentaire, de supposer que Voltaire avait

paraît avoir pu naître au sortir d'une représentation de *Nina ou la Folle par amour*; il me semble entendre encore, derrière certains noms chers à Clotilde, l'écho de la tragédie de Du Belloy ou de l'opéra de Sedaine [1]; Clotilde, à bien des égards,

connu le manuscrit. Ainsi, une pauvre *chanteresse* appelée Rosalinde chante devant son ancien amant, Corydon, devenu roi de Crimée, et qui n'a pas l'air de la reconnaître :

> Viens çà, l'ami ! N'attends demain !...
> Ah ! pardon, seigneur !... Je m'égare :
> Tant comme ici, l'œil ni la main
> N'ont vu ni touché rien de rare.
> Qu'un baiser doit avoir d'appas
> Cueilli dans ce palais superbe !...
> Mais il ne te souvient donc pas
> De ceux-là que prenions sur l'herbe ?

Ce sont les derniers vers des *Tu* et des *Vous* :

> Non, madame, tous ces tapis
> Qu'a tissus la Savonnerie,
> . . . . . . . . . . . . . . . . . . . .
> Ces riches carcans, ces colliers,
> Et cette pompe enchanteresse,
> Ne valent pas un des baisers
> Que tu donnais dans ta jeunesse.

Mais, chez Voltaire, le ton est badin ; chez Surville, pour variante, la chanteresse chante *avec pleurs*. Et dans *les Trois Plaids d'or*, tout correspond avec *les Trois Manières*, soit à l'inverse, soit directement, et jusque dans le moindre détail. Quand l'un des conteurs, Tylphis, se met à raconter son aventure en vers de huit syllabes :

> S'approcha leste et gai, l'œil vif et gracieux ;
> Réjouit tout chacun son air solacieux,
> Et, dès qu'eut Lygdamon son affaire déduite,
> Cy conte en verselets, sans tour ambitieux ;

on a un contre-coup ralenti du ton de Voltaire :

> . . . . . . . . . . . . . . . . . . . .
> Les Grecs en la voyant se sentaient égayés.
> Téone souriant conta son aventure
> En vers moins allongés et d'une autre mesure,
> Qui courent avec grâce et vont à quatre pieds,
> Comme en fit Hamilton, comme en fait la nature.

Et surtout quand on en vient au troisième amoureux chez Surville, à la troisième amante dans Voltaire, et au vers de dix syllabes si délicieusement défini par celui-ci :

> Apamis raconta ses malheureux amours
> En mètres qui n'étaient ni trop longs ni trop courts
> Dix syllabes, par vers mollement arrangées
> Se suivaient avec art et semblaient négligées ;
> Le rhythme en est facile, il est mélodieux ;
> L'hexamètre est plus beau, mais parfois ennuyeux ;

on a de l'autre côté cette imitation qui, lue en son lieu, paraît jolie, mais qui, en regard du premier jet, accuse la surcharge ingénieuse :

> Là, contant sans détour, ces mètres employa
> Par qui douce Élégie autrefois larmoya,
> Et qu'en France depuis, sur les rives du Rhône,
> A Puytendre Apollo pour Justine octroya.

Géographie, généalogie, comme on sent le chemin à reculons et le besoin de dépayser !

1. Dans le *Dialogue* d'Apollon et de Clotilde :

> ..... Adonc, par cettui je commence
> Qui fut ensemble ornement de la France

n'est qu'un *Blondel*, mais qui vise au ton exact et à la vraie couleur.

Et *Blondel* lui-même, à sa manière, y visait ; rien ne montre mieux combien alors ces mêmes idées, sous diverses formes, occupaient les esprits distingués, qu'un passage des intéressants *Essais* ou mémoires de Grétry. Le célèbre musicien raconte par quelles réflexions il fut conduit à faire cet air passionné de Richard : *Une fièvre brûlante...* dans le vieux style : « Y ai-je réussi? dit-il. Il faut le croire, puisque cent fois on m'a demandé si j'avais trouvé cet air dans le fabliau qui a procuré le sujet. La musique de *Richard*, ajoute-t-il, sans avoir à la rigueur le coloris ancien d'*Aucassin et Nicolette*, en conserve des réminiscences. L'ouverture indique, je crois, assez bien, que l'action n'est pas moderne. Les personnages nobles prennent à leur tour un ton moins suranné, parce que les mœurs des villes n'arrivent que plus tard dans les campagnes. L'air *O Richard! ô mon roi!* est dans le style moderne, *parce qu'il est aisé de croire que le poëte Blondel anticipait sur son siècle par le goût et les connaissances.* » Transposez l'idée de la musique à la poésie, vous avez Clotilde.

Je reviens. De tous ces vieux trouvères récemment remis en honneur par l'érudition ou par l'imagination du xviii° siècle, Surville, remarquez-le bien, n'en omet *aucun*, et compose ainsi à son aïeule une flatteuse généalogie poétique tout à souhait : Richard donc, Lorris, Thibaut, Froissart, Charles d'Orléans, et je ne sais quelle postérité de dames sous la bannière d'Héloïse, voilà l'école directe. De plus, dans les autres trouvères non remis en lumière alors, mais dignes de l'être et qu'on a retrouvés depuis, tels que Guillaume de Machau et Eustache Deschamps, il n'en devine *aucun*. Son procédé, de tout point, se circonscrit.

Surville, lisant les observations de l'abbé Sallier sur les poésies de Charles d'Orléans, a dû méditer ce passage : « Pour ce qu'il

> Et son flagel (*fléau*) ; c'est le roi d'Albion.
> Richard qu'on dit prince au cœur de lion ;
> Bouche d'abeille, à non moins digne titre
> Dut s'appeler. *Comme il se dit d'un philtre*
> *Qui fait courir en veines feux d'amour,*
> *Tels, quand lisez le royal troubadour,*
> *Sentez que flue es son ardente plume*
> *A flots brûlans le feu qui le consume...*

Je crois sentir encore plus sûrement que Surville a entendu chanter d'hier soir : *Une fièvre brûlante...* La première représentation est d'octobre 1785.

y auroit à reprendre dans la versification du poëte, il suffira de dire que la plupart de ses défauts ne tiennent qu'à l'imperfection du goût de ces premiers temps : *l'idée des beaux vers n'étoit pas encore venue à l'esprit*, et elle étoit réservée à un siècle plus poli. » Mais supposons que cette idée fût, en effet, venue à quelqu'un, pensa Surville. Et comme il avait lui-même le vif sentiment des vers, il ne s'occupa plus que du moyen, à cette distance, de le réaliser.

Faisons, se dit-il encore, faisons un poëte tout d'exception, un pendant de Charles d'Orléans en femme, mais un pendant accompli[1].

Une fois la pensée venue, qui l'empêcha de se lier avec quelqu'un des érudits ou des amateurs en vieux langage, sinon avec Sainte-Palaye, mort en 1781, du moins avec son utile collaborateur Mouchet, avec La Borde? Il avait composé des pièces de vers dans le goût de son temps; il essaya, La Combe ou Borel en main, d'en enveillir légèrement quelqu'une, et il en fit sans doute l'épreuve sur l'un ou l'autre de ses doctes amis[2]. Sûr alors de sa veine, il n'eut plus qu'à la pousser. Il combina, il carressa son roman; il créa son aïeule, l'embellit de tous les dons, l'éleva, et la dota comme on fait d'une enfant chérie. Il finit par croire à sa statue comme Pygmalion et par l'adorer. Que ce serait mal connaître le cœur humain, et même d'un poëte, que d'argumenter de ce qu'à l'heure de sa mort, écrivant à sa femme, il lui recommandait encore ces poésies comme de son aïeule, et sans se déceler! Il n'aimait donc pas la gloire? Il l'aimait passionnément, mais sous cette forme, comme un père aime son enfant et s'y confond. Cette aïeule refaite immortelle, pour lui gentilhomme et poëte, c'était encore le nom.

---

1. *Un Charles d'Orléans femme*, ce genre de substitution de sexe est un des déguisements les plus familiers à Surville dans ses emprunts et imitations. Ainsi quand il imite *les Tu et les Vous*, on a vu que c'est adressé à Corydon et non plus à Philis; ainsi, quand il s'inspire des *Trois Manières*, au lieu de l'archonte Eudamas pour président, il institue la reine Zulinde, et on a, par contre, les chanteurs et conteurs Lygdamon, Tylphis et Colamor, au lieu des trois belles, Eglé, Téone et Apamis.
2. L'épreuve ne pouvait être que relative, et elle se marque aux connaissances imparfaites d'alors. Des personnes familières avec les vieux textes noteraient aujourd'hui dans *Clotilde* les erreurs de mots dues nécessairement à cette manière de teinture. Quand La Combe ou Borel se trompent dans leurs vocabulaires, Surville les suit. Roquefort, en son *Glossaire*, remarque que le mot *voidie, voisdie*, ne signifie pas *vue*, mais

Il faut le louer d'une grande sagacité critique sur un point. Il comprit que cette réforme, cette restauration littéraire de Charles V, avait été surtout pédantesque de caractère et de conséquences, et que ce n'était ni dans maître Alain (malgré le baiser d'une reine), ni dans Christine de Pisan, qu'il fallait chercher des appuis à sa muse de choix. Il fut homme de goût, en ce qu'allant au cœur de cet âge, il déclara ingénieusement la guerre aux gloires régnantes, animant ainsi la scène et sauvant surtout l'ennui.

Mais M. de Surville montre-t-il du goût dans les fragments de prose qu'il a laissés et qu'on cite? Vanderbourg y accuse de la roideur, de l'emphase. Cela ne prouverait rien nécessairement contre ses vers. Surville avait l'étincelle : quelque temps il ne sut qu'en faire; elle aurait pu se dissiper; une fois qu'il eut trouvé sa forme, elle s'y logea tout entière. Qu'on ne cherche pas l'abeille hors de sa ruche, elle n'en sortit plus.

Et puis il ne faut rien s'exagérer : ce qui fait vivre Clotilde, ce qui la fait survivre à l'intérêt mystérieux de son apparition, ce sont quelques vers touchants et passionnés, ces couplets surtout de la mère à l'enfant. Le reste doit sa grâce à cette manière vieillie, à une pure surprise. Tel vers, telle pensée qu'on eût remarquée à peine en style ordinaire, frappe et sourit sous le léger déguisement. Tel minois qui, en dame et dans la toilette du jour, ne se distingue pas du commun des beautés, redevient piquant en villageoise. Rien ne rajeunit les idées comme de vieillir les mots ; car *vieillir* ici, c'est précisément ramener à l'enfance de la langue. Comme dans un joli enfant, on se met donc à noter tous les mots et une foule de petits traits que, hors de cet âge, on ne discernerait pas. Quoi? se peut-il que nos pères enfants en aient tant su? C'est un peu encore comme lorsqu'on lit dans une langue étrangère : il y a le plaisir de la petite reconnaissance ; on est tout flatté de comprendre, on est tenté de goûter les choses plus qu'elles ne valent, et de leur savoir gré de ressembler à ce qu'on sent. Mais ce genre d'intérêt n'a que le premier instant et s'use aussitôt. Je croirais volontiers qu'une des habiletés du rédacteur ou de l'éditeur de *Clotilde* a été de perdre, de déclarer perdus les

---

*pénétration, prudence fine, ruse.* Surville lit dans Borel que *voidie* signifie aussi *vue*, et il l'emploie en ce sens (fragment III, vers 17).

trop longs morceaux, les poëmes épiques ou didactiques : c'eût été trop mortel. Déjà le volume renferme des pièces un peu prolongées; car dans *Clotilde*, comme presque partout ailleurs en poésie française, ce sont les toutes petites choses qui restent les plus jolies, les rondeaux à la Marot, à la Froissart :

> Sont-ce rondels, faits à la vieille poste
> Du beau Froissart ? Contre lui nul ne joste [1],
> Ne jostera, m'est avis, de long-temps ;
> Graces, esprit et fraîcheur du printems
> L'ont accueilli jusqu'à sa derraine heure ;
> Le vieux rondel habite sa demeure
> A n'en sortir. . . . . . . . . .

Est-il donc permis de le confesser tout haut? en général, quand on fait de la poésie française, on dirait toujours que c'est une difficulté vaincue. Il semble qu'on marche sur des charbons ardents; il n'est pas prudent que cela dure, ni de recommencer quand on a réussi : trop heureux de s'en être bien tiré ! Lamartine est le seul de nos poëtes (après La Fontaine), le seul de nos contemporains, qui m'ait donné l'idée qu'on y soit à l'aise et qu'on s'y joue en abondance.

Pour en revenir à la méthode d'enveillissement et au premier effet qu'elle produit, je me suis amusé à l'essayer sur une toute petite pièce, très-peu digne d'être citée dans sa forme simple. Je n'ai fait qu'y changer l'orthographe *à la Surville*, et n'y ai remplacé qu'une couple de mots. Eh bien, par ce seul changement à l'œil, elle a déjà l'air de quelque chose. Si on supprimait les articles, si on y glissait quelques inversions, deux ou trois vocables bien accentués, quelques rides souriantes enfin, elle aurait chance d'être remarquée. Il faut supposer qu'une femme, Natalie ou Clotilde, — oui, Clotilde elle-même, si l'on veut, remercie une jeune fille peintre pour le bienfait qu'elle lui doit. Revenant de Florence où elle a étudié sous les maîtres d'avant Pérugin, cette jeune fille aura fait un ressemblant et gracieux portrait de Clotilde à ce moment où les femmes commencent à être reconnaissantes de ce qui les fait durer C'est donc Clotilde qui parle :

> De vos doits blancs, effilés et légiers
> Vous avez tracé mon ymaige

1. Joûte.

Me voylà belle, à l'àbry des dangiers
    Dont chasque hyvert nous endommaige!

Por ce doulx soing, vos pinceaulx, vos couleurs,
    Auroyent, seulz, esté sans puissance,
Et de mes traicts n'auroyent scr les meilleurs
    Sans vostre amour et sa présence.

Ainz de vostre ame à mon ame en secret
    Ugne lumière s'est meslée;
Elle a senty soubs la flour qui mouroit
    Ugne beaulté plus recélée.

Vostre doulx cueur de jeune fille au mier.
    A mieulx leu qu'au mirouër qui passe ;
Vous m'avez veue au bonheur ancien
    Et m'avez paincte soubs sa grace.

Vous vous diziez : « Ce cueur sensible et pront
    Esclayre encore sa pronelle.
Li mal fuyra : levons ce voyle au front ;
    Metons-y l'estoile éternelle. »

Et je revys; et dans mes plus biaulx ans
    Je me recognois, non la seule ;
De mes enfans, quelque jour, les enfans
    Soubriront à leur jeune aïeule.

O jeune fille, en qui le ciel mit l'art
    D'embelir à nos fronts le resve,
Que le bonheur vous doingt[1] un long regard,
    Et qu'ugne estoile aussy se lesve !

Et remarquez que je n'y ai mis absolument que la première couche. Mais, je le répète, dès que la poésie se présente avec quelque adresse sous cet air du bon vieux temps, on lui accorde involontairement quelque chose de ce sentiment composé qu'on aurait à la fois pour la vieillesse et pour l'enfance ; on est doublement indulgent.

Dans *Clotilde* pourtant, il y a plus, il y a l'art, la forme véritable, non pas seulement la première couche, mais le vernis qui fixe et retient : ainsi ces rondeaux d'un si bon tour, ces flèches des distiques très-vivement maniées. Le style possède sa façon propre, son nerf, l'image fréquente, heureuse, presque continue. De nombreux passages exposent une poétique concise et savante, qui me rappelle le poëme de *l'Inven-*

1. Donne.

*tion* d'André Chénier et sa seconde Épître si éloquemment didactique. Dans le *Dialogue* d'Apollon et de Clotilde, celle-ci, ramenée par la parole du dieu aux pures sources de l'antiquité classique qui ont toujours été, à elle, ses secrètes amours, exhale ainsi son transport[1] :

> Qu'est-ce qu'entends? donc n'étois si fallotte
> Quand proscrivis ces atours maigrelets,
> Et qu'au despris[2] de la tourbe ostrogotte
> Des revenans, démons et farfadets,
> Dressai mon vol aux monts de Thessalie,
> Bords de Lesbos et plaines d'Italie !
> Là vous connus, Homère, Anacréon,
> Cygne en Tibur, doux amant de Corinne!
> Là m'enseigna les secrets de Cyprine
> Cette Sapho qui brûla pour Phaon.
> Dès ce moment m'écriai dans l'ivresse :
> « Suis toute à vous, Dieux charmans de la Grèce !
> O du génie invincibles appuis,
> Bandeaux heureux de l'Amour et des nuits,
> Chars de Vénus, de Phébé, de l'Aurore,
> Ailes du Temps et des tyrans des airs,
> Trident sacré qui soulèves les mers,
> Rien plus que vous mon délire n'implore !... »

Et Apollon, lui répondant, la tempère toutefois et l'avertit du danger :

> Trop ne te fie à d'étranges secours ;
> Ne quiers d'autrui matière à tes discours;
> Pour guide auras, telle soit ta peinture,
> Deux livres seurs, ton cœur et la nature !

Or que dit Chénier (Élégie XVIII) :

> . . . . . . . . . Les poëtes vantés
> Sans cesse avec transport lus, relus, médités;
> Les dieux, l'homme, le ciel, la nature sacrée
> Sans cesse étudiée, admirée, adorée,
> Voilà nos maîtres saints, nos guides éclatants.

---

1. Je cite en ne faisant que rajeunir l'orthographe ; c'est une opération inverse à celle de tout à l'heure, et qui suffit pour tout rendre clair.
2. En dépit.

La poétique est la même, et ne diffère que par la distance des temps où elle est transplantée. Mais on pourrait soutenir qu'il y a bien du grec fin à travers l'accent gaulois de Surville, de même qu'il se retrouve beaucoup de la vieille franchise française et de l'énergie du XVI° siècle sous la physionomie grecque de Chénier : ce sont deux frères en renaissance.

On sait l'admirable comparaison que celui-ci encore fait de lui-même et de son œuvre avec le travail du *fondeur* :

> . . . . . . . . De mes écrits en foule
> Je prépare long-temps et la forme et le moule ;
> Puis sur tous à la fois je fais couler l'airain :
> Rien n'est fait aujourd'hui, tout sera fait demain.

Clotilde, dans un beau fragment d'épître, rencontrera quelque image analogue pour exprimer le travail de refonte auquel il faut soumettre les vers mal venus :

> Se veyons, s'épurant, la cire au feu mollir,

si nous voyons la cire s'épurer par la chaleur, dit-elle, les rimes au contraire ne s'épurent, ne se fourbissent [1] qu'à froid. Elle a commencé par citer agréablement *Calysto*, c'est-à-dire l'ourse qui a besoin de lécher longtemps ses petits,

> Ses oursins, de tout point, naissants disgraciés ;

elle ajoute :

> Point d'ouvrage parfait n'éclot du plus habile ;
> Cuidez qu'en parle à fond : quand loisir m'est donné,
> Reprends de mon jeune âge un fruit abandonné ;
> Le revois, le polis ; s'est gentil, le caresse ;
> Ainz, vois-je qu'est manqué, la flamme le redresse.

Mainte page ingénieuse nous offre ainsi, en détail, du Boileau refait et du Malherbe anticipé. On reconnaît qu'on a affaire à l'homme qui est surtout un poëte réfléchi, et qui s'est fait sa poétique avant l'œuvre.

---

1. Au lieu de *forbir*, Vanderbourg a lu *forcir*, qu'il ne sait comment expliquer ; mais je croirais presque qu'il a mal lu son texte, ce qui serait piquant et prouverait qu'il n'y est pour rien.

Lorsque l'élégant volume parut en 1805 [1], avec son noble frontispice d'un gothique fleuri et ses vignettes de trophées, il ne se présenta point sous ce côté critique qu'aujourd'hui nous y recherchons. Il séduisit par le roman même de l'aïeule, par cette absence trop vraie de l'éditeur naturel qui y jetait comme une tache de sang, par la grâce neuve de cette poésie exhumée, et par la passion portée çà et là dans quelques sentiments doux et purs. Ces regrets d'abord marqués sur les insultes d'*Albion*, sur les malheurs et les infortunes des *Lys*, devinrent un à-propos de circonstance, auquel l'auteur n'avait guère pu songer si, comme on l'assure, son manuscrit était antérieur à l'émigration [2]. Mais toutes les femmes et les mères surent bientôt et chantèrent les *Verselets à mon premier-né* sur la musique de Berton :

> O cher enfantelet, vrai pourtraict de ton père,
>   Dors sur le sein que ta bouche a pressé !
> Dors, petiot ; clos, ami, sur le sein de ta mère,
>   Tien doux œillet par le somme oppressé !

Ce ne sera pas faire tort à cette adorable pièce de rappeler que le motif, qu'on a rapproché souvent de celui de la *Danaé* de Simonide, parait emprunté plus immédiatement à deux romances de Berquin, nées en effet de la veille : l'une (1776) dont le refrain est bien connu :

> Dors, mon enfant, clos ta paupière,
> Tes cris me déchirent le cœur.... ;

et l'autre (1777), qui n'est plus dans la bouche d'une mère, mais dans celle du poëte lui-même auprès du berceau d'un enfant endormi :

---

1. L'année même où parurent à Grenoble les Poésies de Charles d'Orléans, mais qui, bien moins heureuses que *Clotilde*, attendent encore un éditeur digne d'elles. — Elles viennent tout d'un coup d'en trouver deux (1842).

2. Dans le séjour pourtant qu'il fit à Lausanne en 1797, et pendant lequel il préludait à sa publication par des morceaux insérés dans le journal de madame de Polier, M. de Surville put retoucher assez la première pièce, l'*Héroïde* à Bérenger, pour lui donner cet air de prophétie finale :

> Peuple égaré, quel sera ton réveil ?
> Ne m'entend, se complaît à s'abreuver de larmes,
>   Tise les feux qui le vont dévorants.
> Mieux ne vaudroit, hélas! repos que tant d'alarmes,
>   Et roi si preux que cent lâches tyrans?...

> Heureux enfant, que je t'envie
> Ton innocence et ton bonheur !
> Ah ! garde bien toute ta vie
> La paix qui règne dans ton cœur.
>
> Que ne peut l'image touchante
> Du seul âge heureux parmi nous !
> Ce jour peut-être où je le chante
> De mes jours est-il le plus doux....

Voilà le meilleur du Berquin ; on y retrouve un accord avec cette stance de *Clotilde* :

> Tretous avons été, comme ez toi, dans cette heure ;
> Triste raison que trop tôt n'adviendra !
> En la paix dont jouis, s'est possible, ah ! demeure !
> A tes beaux jours même il en souviendra.

Mais l'art et la supériorité de Surville ne m'ont jamais mieux paru qu'en comparant de près la source et l'usage. La première romance de Berquin a pour sujet une femme abandonnée par son amant ; ce qui peut être pathétique, mais qui touche au banal et gâte la pureté maternelle. Chez Surville, c'est une mère heureuse. Et pour le détail de l'expression et la nuance des pensées, ici tout est neuf, délicat, distingué, naturel et créé à la fois :

> Étend ses brasselets ; s'étend sur lui le somme ;
> Se clot son œil ; plus ne bouge.... il s'endort....
> N'étoit ce teint flouri des couleurs de la pomme [1],
> Ne le diriez dans les bras de la mort ?
>
> Arrête, cher enfant !... j'ai frémi tout entière....
> Réveille-toi : chasse un fatal propos....

Et tout ce qui suit. Chez l'autre, on va au romanesque commun, à la sensiblerie philanthropique du jour. En pressant Surville

---

[1]. « O vous, petits Amours, *pareils à des pommes rouges*, » a dit Théocrite dans l'idylle intitulée *Thalysies*. On se croit dans le gaulois naïf, on rencontre le gracieux antique : ces jolies veines s'entrecroisent.

dans ce détail, on est tout étonné, à l'art qu'on lui reconnaît de trouver en lui un maître, un poëte comme Chénier, de cett école des habiles studieux, et, à un certain degré, de la postérité de Virgile.

Le propre de cette grande école seconde, à laquelle notre Racine appartient, et dont Virgile est le roi, consiste précisément dans une originalité compatible avec une imitation composite. On citerait tel couplet des Bucoliques où le génie éclectique de Virgile se prend ainsi sur le fait[1]. Pour ce trait si enchanteur de Galatée, on pourrait soutenir sans rêverie qu'il s'est ressouvenu à la fois de trois endroits de Théocrite. De même encore se comporte-t-il sans cesse à l'égard d'Homère. Ce sont des croisements sans fin de réminiscences, des greffes doubles, et des combinaisons consommées : *tres imbris torti radios*. J'en demande bien pardon à nos Scaligers, mais le procédé ici n'est pas autre, quoiqu'il n'ait lieu que de Surville à Berquin. Simonide en tiers est dans le fond.

Le premier succès de Clotilde fut grand, la discussion animée, et il en resta un long attrait de curiosité aux esprits poétiques piqués d'érudition. Charles Nodier, dont la riche et docte fantaisie triomphe en arabesques sur ces questions douteuses, ne pouvait manquer celle-ci, contemporaine de sa jeunesse. Dans ses *Questions de Littérature légale*, publiées pour la première fois en 1811, il résumait très-bien le débat, et en dégageait les conclusions toutes négatives à la prétendue Clotilde, toutes en faveur de la paternité réelle de M. de Surville. Après quelques-uns des aperçus que nous avons tâché à notre tour de développer : « Comment expliquer, ajoutait-il, dans ce poëme *de la Nature et de l'Univers* que Clotilde avait, dit-on, commencé à dix-sept ans, la citation de Lucrèce, dont les œuvres n'étaient pas encore découvertes par le Pogge et ne pénétrèrent probablement en France qu'après être sorties, vers 1473, des presses de Thomas Ferrand de Bresse? Comment comprendre qu'elle ait pu parler à cette époque des sept satellites de Saturne, dont le premier fut observé pour la première fois par Huygens en 1655, et le der-

---

1. Dans l'Églogue VIII, par exemple, au couplet : *Talis amor Daphnim...*, pour l'ensemble, Virgile s'inspire de la génisse de Lucrèce : *At mater virides saltus* ; de Lucrèce encore pour un détail, *propter aquæ rivum*, et de Varius pour un autre. Il compose de tous ces emprunts, et dans le sentiment qui lui est propre, un petit tableau original :

Tous ces métaux unis dont j'ai formé le mien!

nier par Herschell en 1789[1]. » M. de Roujoux, dans son *Essai sur les Révolutions des Sciences*, publié vers le même temps que les *Questions* de Charles Nodier, avait déjà produit quelques-unes de ces raisons, et elles avaient d'autant plus de signification sous sa plume qu'il se trouvait alors avoir entre les mains, par une rencontre singulière, un nouveau manuscrit inédit de M. de Surville. Si ingénieux que soit le second volume attribué à Clotilde encore et publié en 1826 par les deux amis, je ne puis consentir à y reconnaître cet ancien manuscrit pur et simple; j'ai un certain regret que les deux éditeurs, entrant ici avec trop d'esprit et de verve dans le jeu poétique de leur rôle, n'aient plus voulu se donner pour point de départ cette opinion critique de 1811, qu'ils ont, du reste, partout ailleurs soutenue depuis.

Il n'y avait déjà que trop de jeu dans la première *Clotilde*, et de telles surprises ne se prolongent pas. Les *Verselets à mon premier-né* seront lus toujours; le reste ensemble ne suffirait pas contre l'oubli. Quant à l'auteur qui a réussi trop bien, en un sens, et qui s'est fait oublier dans sa fiction gracieuse, un nuage a continué de le couvrir, lui et sa catastrophe funeste. Émigré en 91, il fit, dans l'armée des princes, les premières campagnes de la Révolution. Rentré en France, vers octobre 1798, avec une mission de Louis XVIII, il fut arrêté, les uns disent à La Flèche, d'autres à Montpellier (tant l'incertitude est grande!), mais, d'après ce qui paraît plus positif, dans le département de la Haute-Loire, et on le traduisit devant une commission militaire au Puy. Il tenta d'abord de déguiser son nom; puis, se voyant reconnu, il s'avoua hautement commissaire du roi, et marcha à la mort la tête haute. L'arrêt du tribunal (ironie sanglante!) portait au considérant : *condamné pour vols de diligence*. André Chénier à l'échafaud fut plus heureux.

Ni l'un ni l'autre n'ont vu sortir du tombeau leurs œuvres. L'un se frappait le front en parlant au ciel; l'autre, d'un geste, désignait de loin à sa veuve la cassette sacrée.

Surville n'a pas eu et ne pouvait avoir d'école. On se plaira

---

1. Ton vaste Jupiter, et ton lointain Saturne,
Dont sept globules nains traînent le char nocturne.

Ces vers toutefois ne se trouvent que dans le volume de *Clotilde* publié en 1826.

pourtant à noter, dans la lignée de renaissance que nous avons vu se dérouler depuis, deux noms qui ne sont pas sans quelque éclair de parenté avec le sien : mademoiselle de Fauveau (si chevaleresque aussi) pour la reproduction fleurie de la sculpture de ces vieux âges, et dans des rangs tout opposés, pour la prose habilement refaite, Paul-Louis Courier.

Novembre 1841.

Au mois d'avril 1842, j'eus l'honneur de recevoir de M. Lavialle de Masmorel, président du tribunal civil de Brives et ancien député de la Corrèze, une lettre dont l'extrait, si flatteur qu'il soit, ne m'intéresse pas seul : « Monsieur, en parcourant la *Revue des Deux Mondes*..., je lis avec « plaisir un article de vous sur les poésies de Clotilde de Surville. Vous avez « rencontré parfaitement juste lorsque vous avez attribué ces poésies au « marquis de Surville. Ce fait est pour moi de la plus grande certitude; « car il m'a été certifié par mon père, qui, ayant été le compagnon d'in- « fortune du malheureux Surville et son ami intime, avait fini par lui « arracher l'aveu qu'il était réellement l'auteur des prétendues œuvres de « son aïeule.... Vous pouvez compter entièrement sur la certitude de mes » renseignements, et j'ai pensé qu'il vous serait agréable de les recueil- » lir. »

FIN.

# TABLE DES MATIÈRES

| | |
|---|---|
| AVERTISSEMENT. | 1 |
| Préface de la première édition | 3 |
| Tableau de la poésie française au xvi<sup>e</sup> siècle. | 5 |
| Histoire du théâtre français au xvi<sup>e</sup> siècle. | 169 |
| Du roman au xvi<sup>e</sup> siècle et de Rabelais. | 259 |
| Conclusion. | 277 |
| Appendice, vie de Ronsard. | 287 |
| — pièces et notes. | 303 |
| AVERTISSEMENT de la seconde partie. | 311 |
| Mathurin Régnier et André Chénier. | 313 |
| Joachim Du Bellay. | 327 |
| Jean Bertaut | 359 |
| Du Bartas | 380 |
| Philippe Des Portes. | 408 |
| Anacréon au xvi<sup>e</sup> siècle. | 432 |
| De l'esprit de malice au bon vieux temps. | 448 |
| Clotilde de Surville. | 475 |

Paris. — Imp. V<sup>ve</sup> P. LAROUSSE et C<sup>ie</sup>, rue du Montparnasse, 19.

Extrait du Catalogue de la **BIBLIOTHÈQUE-CHARPENTIER**
13, RUE DE GRENELLE-SAINT-GERMAIN, 13. PARIS

# PETITE BIBLIOTHÈQUE-CHARPENTIER
## FORMAT PETIT IN-32 DE POCHE
Chaque volume est orné d'eaux-fortes par les premiers artistes

### ALFRED DE MUSSET

**PREMIÈRES POÉSIES**, avec un portrait de l'auteur gravé à l'eau-forte par M. Waltner, d'après le médaillon de David d'Angers, et une eau-forte d'après Bida, par M. Lalauze.................................................................. 1 vol.

**LA CONFESSION D'UN ENFANT DU SIÈCLE**, avec un portrait de l'auteur dessiné à la sanguine par Eugène Lami, fac-simile par M. Legenisel, et une eau-forte d'après Bida, par M. Lalauze.................................................................. 1 vol.

**POÉSIES NOUVELLES**, avec un portrait de l'auteur, réduction de l'eau-forte de Léopold Flameng, d'après le tableau de Landelle, et une eau-forte de M. Lalauze, d'après Bida.................................................................. 1 vol.

**COMÉDIES ET PROVERBES**, tome I, avec un portrait de l'auteur gravé par M. Alphonse [Lamotte], d'après la lithographie de Gavarni, et une eau-forte de M. Lalauze, d'après [Bida].................................................................. 1 vol.

— Tome II, avec un portrait de l'auteur gravé par M. Alphonse Lamotte, d'après le buste de Mezzara, une eau-forte de M. Lalauze, d'après Bida et une eau-forte de M. Abot, représentant le tombeau d'Alfred de Musset.................................................................. 1 vol.

— Tome III, avec un portrait de l'auteur gravé par M. Monziès, copie d'une photographie d'après nature, et une eau-forte de M. Lalauze, d'après Bida.................. 1 vol.

**CONTES ET NOUVELLES**, avec un portrait de l'auteur gravé par M. Waltner, d'après une aquarelle d'Eugène Lami, faite spécialement pour ce volume, et deux eaux-fortes de M. Lalauze, d'après Bida.................................................................. 1 vol.

### PROSPER MÉRIMÉE

**COLOMBA**, avec deux dessins de M. J. Worms, gravés à l'eau-forte par M. Champollion.................................................................. 1 vol.

### ALPHONSE DAUDET

**CONTES CHOISIS**, avec deux eaux-fortes de M. Edmond Morin............. 1 vol.

### JULES SANDEAU

**LE DOCTEUR HERBEAU**, avec deux dessins de M. Bastien-Lepage, gravés à l'eau-forte par M. Champollion.................................................................. 1 vol.

### THÉOPHILE GAUTIER

**MADEMOISELLE DE MAUPIN**, avec quatre dessins de M. Eugène Giraud, gravés à l'eau-forte par M. Champollion.................................................... 2 vol.

**FORTUNIO**, avec deux dessins de Théophile Gautier, reproduits en fac-simile... 1 vol.

### PAUL DE MUSSET

**LUI ET ELLE**, avec deux dessins de M. G. Rochegrosse, gravés à l'eau-forte.... 1 vol.

---

Prix du volume, broché.................................................. 4 »
Reliure en cuir de Russie ou maroquin.
— coins, tête dorée.................................................. 7 »
— 1/2 veau, tranches rouges ou tranches dorées............. 6 50

---

Paris. — Imp. E. CAPIOMONT et V. RENAULT, rue des Poitevins, 6.

www.ingramcontent.com/pod-product-compliance
Lightning Source LLC
Chambersburg PA
CBHW050558230426
43670CB00009B/1176